国家级示范性高等院校精品规划教材

经济数学

主　编　黄晓丽　杨　波
副主编　饶　峰　陈　勇

天津大学出版社
TIANJIN UNIVERSITY PRESS

内容简介

本书是为了适应培养“实用型、应用型”的大学本科经济管理人才的要求而编写的经济管理类本科生的基础课教材。内容包括函数、极限与连续、导数与微分、中值定理与导数的应用、不定积分、定积分、定积分的应用、向量代数与空间解析几何、多元函数微分学、二重积分、常微分方程与差分方程、无穷级数。

本书可供一般高等院校、独立学院的经济管理类专业学生使用,也可供其他专业学生参考使用。

图书在版编目(CIP)数据

经济数学/黄晓丽,杨波主编. —天津:天津大学出版社,2010.9

国家级示范性高等院校精品规划教材

ISBN 978-7-5618-3700-9

Ⅰ.①经… Ⅱ.①黄… ②杨… Ⅲ.经济数学-高等学校-教材 Ⅳ.①F224.0

中国版本图书馆 CIP 数据核字(2010)第 177929 号

出版发行 天津大学出版社
出 版 人 杨欢
地　　址 天津市卫津路 92 号天津大学内(邮编:300072)
网　　址 www.tjup.com
电　　话 发行部:022-27403647 邮购部:022-27402742
印　　刷 天津市泰宇印务有限公司
经　　销 全国各地新华书店
开　　本 185mm×260mm
印　　张 27
字　　数 680 千字
版　　次 2010 年 9 月第 1 版
印　　次 2010 年 9 月第 1 次
定　　价 39.00 元

前　言

众所周知，数学在经济科学、管理科学中有着十分广泛的应用。随着计算机技术的应用，数学在经济及其管理中的重要性日益突出。因此，选择一本适合当前学生实际又符合教育部有关课程的基础要求的数学教材为各校教学的当务之急。特别对于培养实用型人才的一般院校、独立学院而言，目前国内尚缺乏这类教材。为此，我们在吸收国内外有关教材的优点的基础上，结合自己的丰富教学经验编写了这本《经济数学》教材。本教材具有以下几个特点：

1. 在符合教育部关于经济类微分课程教学基本要求的前提下，以“必需、够用”为度，不片面追求理论体系的完整性和运算技巧，突出数学思想、数学方法及数学的应用。

2. 根据经济、管理类学生具有文、理兼收的特点，本教材在讲授知识时注意对初等数学内容的复习，精选教学内容，简化理论推导，典范例题，智谋应用，做到通俗易懂，让学生有兴趣、有能力地学好该课程。

3. 本书按章节配备适量的习题。习题一般分两部分，一部分为基本要求题，有利于学生掌握基本概念、基本运算、基本方法；另一部分为综合题，要求略高。每章后面有本章小结和复习题。

4. 适当增加微积分在经济管理类中的基本应用知识，有利于学生后续课程的学习以及今后的工作。

本教材内容包括一元函数微积分、多元函数微积分、二重积分、级数、微分方程、无穷级数等，附录有常见的初等数学公式、参数方程与极坐标简介、积分表。

由于编者水平有限，时间紧迫，难免存在疏漏之处，敬请专家、同行及广大读者指正。

编　者

2010年1月

目　录

第一章 函 数

函数是微积分研究的主要对象，本章将对函数等有关概念进行较系统的介绍，为以后各章的学习作好准备.

第一节 函 数

函数是变量与变量的一种对应关系，本书研究的变量均取值实数，因此我们必须了解实数的一些性质以及实数集的常见表示法.

一、实数

数是人类在争取生存、进行生产和交换中创造的一种特殊语言，是量的描述及其运算的手段.

实数是有理数与无理数的总称，它有以下性质.

(1)实数对四则运算(即加、减、乘、除)是封闭的，即任意两个实数进行加、减、乘、除(除法要求分母不为零)运算后，其结果仍是实数.

(2)有序性，即任意两个实数 a 与 b 可以比较大小，满足且只满足下列关系之一:

$$a<b,\quad a=b,\quad a>b$$

且大小关系具有传递性，即若 $a<b,b<c$，则 $a<c$.

(3)稠密性，即任意两实数之间仍有实数. 特别地，有理数和无理数在实数集中是稠密的.

(4)连续性，即实数可以与数轴上的点一一对应.

微积分中经常比较两变量的大小，为此我们必须熟悉一些常见的不等式.

实数 a 的绝对值 $|a|$ 定义为

$$|a|=\begin{cases}a & (a\geqslant 0)\\ -a & (a<0)\end{cases}.$$

它表示数轴上的 a 点到原点的距离，以下两种不等式是常见的含有绝对值的不等式.

三角不等式:设 a,b 为实数，则

$$|a+b|\leqslant|a|+|b|,$$
$$||a|-|b||\leqslant|a-b|.$$

利用数学归纳法可将它推广为

$$|a_1+a_2+\cdots+a_n|\leqslant|a_1|+|a_2|+\cdots+|a_n|,$$

其中 $a_i(i=1,2,\cdots,n)$ 为实数.

平均值不等式:设 $a_i(i=1,2,\cdots,n)$ 是非负实数，则有

$$\sqrt[n]{a_1a_2\cdots a_n}\leqslant\frac{a_1+a_2+\cdots+a_n}{n}.$$

为描述一个变量，常需指出其变化范围，这就要用到实数的集合，而区间是今后常用的实

数集.

设 a、b 是两个实数,且 $a<b$ 则:

(1)满足不等式 $a<x<b$ 的实数 x 的全体叫做以 a、b 为端点的开区间,记作 (a,b),即 $(a,b)=\{x|a<x<b\}$.

(2)满足不等式 $a\leqslant x\leqslant b$ 的实数 x 的全体叫做以 a、b 为端点的闭区间,记作 $[a,b]$,即 $[a,b]=\{x|a\leqslant x\leqslant b\}$.

(3)满足不等式 $a\leqslant x<b$ 或 $a<x\leqslant b$ 的实数 x 的全体叫做以 a、b 为端点的半开区间,记作 $[a,b)$ 或 $(a,b]$,即 $[a,b)=\{x|a\leqslant x<b\}$,$(a,b]=\{x|a<x\leqslant b\}$.

以上三种区间称为有限区间,数 $b-a$ 称为它们的长度.从数轴上看,有限区间为长度有限的线段(不包括端点,或包括一个、两个端点)(如图 1-1).

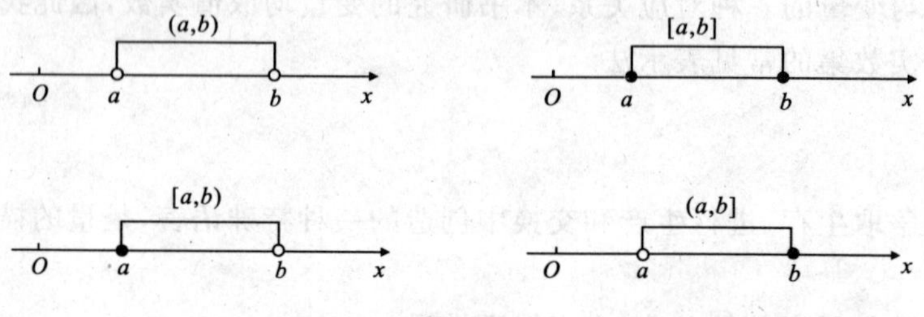

图 1-1

除上述有限区间外,还有无限区间.为了表示无限区间,首先引进记号 $+\infty$ 与 $-\infty$(不是数!),分别读作正无穷大与负无穷大.

(4)满足不等式 $a<x$ 或 $x<b$ 的实数 x 的全体记作 $(a,+\infty)$ 或 $(-\infty,b)$,即 $(a,+\infty)=\{x|x>a\}$,$(-\infty,b)=\{x|x<b\}$.

(5)满足不等式 $a\leqslant x$ 或 $x\leqslant b$ 的实数 x 的全体记作 $[a,+\infty)$ 或 $(-\infty,b]$,即 $[a,+\infty)=\{x|x\geqslant a\}$,$(-\infty,b]=\{x|x\leqslant b\}$.

$[a,+\infty)$,$(-\infty,b]$,$(a,+\infty)$ 以及 $(-\infty,b)$ 在数轴上表现为长度为无限的半直线(如图 1-2).

图 1-2

全体实数 $\mathbf{R}$ 记作 $(-\infty,+\infty)$.

以 a 为中心的开区间 $(a-\delta,a+\delta)(\delta>0)$ 称为 a 的邻域,δ 称为此邻域的半径(图 1-3).常将邻域 $(a-\delta,a+\delta)$ 记作 $O(a,\delta)$ 或 $O(a)$.在 $O(a,\delta)$ 中去掉中心点 a 后,称为 a 的去心邻域(图 1-4),记作 $O^{\circ}(a,\delta)$ 或 $O^{\circ}(a)$.

图 1-3 图 1-4

由于 $a-\delta<x<a+\delta$ 相当于 $|x-a|<\delta$,因此

$$O(a,\delta)=\{x\,|\,|x-a|<\delta\}.$$

因为 $|x-a|$ 表示点 x 与点 a 的距离,所以 $O(a,\delta)$ 表示与 a 的距离小于 δ 的实数 x 的全体.

类似的，$\mathring{O}(a,\delta)=\{x \mid 0<|x-a|<\delta\}$，这里$|x-a|>0$表示$x\neq a$.

如果一个实数x在某个区间(a,b)内，就用符号$x\in(a,b)$表示，如$2\in(0,3)$.

例 1　用区间表示x的变化范围.

(1)$2<x\leqslant 6$；　(2)$x\geqslant 0$；　(3)$x^2<9$；　(4)$|x-3|\leqslant 4$.

解　(1)$(2,6]$；　(2)$[0,+\infty)$；　(3)$(-3,3)$；　(4)$[-1,7]$.

二、函数的概念

在对自然现象与社会现象的观察与研究过程中，人们会碰到各种各样的量，在某个问题的研究过程中保持不变的量称为常量，可以取不同数值的量称为变量.

例如，把一个密闭容器中的气体加热时，容器中的气体的体积和分子个数保持不变，是常量；而气体的温度和容器内的气压在不断变化，因而是变量.

又如，一个商场的面积是常量，而每天到商场购物的人数是变量.

在同一研究问题中，往往同时有几个变量在变化着. 这几个变量并不是孤立地在变，而是相互联系并遵循着一定的变化规律. 我们先看以下几个例子.

例 2　在物体作自由落体运动的过程中，物体的高度h，运动速度v，下落时间t，下落距离S都是变量；下落开始时的初始高度h_0及加速度g是常量. 它们之间有以下关系：

$$S+h=h_0,\quad v=gt,\quad S=\frac{1}{2}gt^2.$$

例 3　把一杯热的饮料放到冰箱中去，饮料的温度随时间的变化而变化.

例 4　经济学经常研究消费与收入之间的关系. 一般地，消费随收入的变化而变化.

抛开上述例子各自的具体含义，其共同本质是变量之间相互依赖的关系. 当其中一个变量取定了一个数值时，按照某种确定的对应关系，就可以求得另一个变量的一个相应值. 函数的一般概念正是这样抽象出来的.

定义 1　设在某一问题中有两个变量x和y，变量x的变化范围为D. 如果对D中每一个值x，按照某种对应法则f，都有变量y的一个唯一确定值与之对应，则称变量y是变量x的一个函数，记为

$$y=f(x)\quad (x\in D).$$

称x为自变量，y为因变量或函数. x的变化范围D称为函数的定义域，y的变化范围称为函数的值域，一般记为M.

表示一个函数通常有三种方法.

1. 列表法

列表法就是将自变量的一系列值与其对应的函数值列成一张表来表示函数，例如中学数学用表中所列的立方根表、三角函数表等. 在现实生活中，彩票的中奖号码是时间的函数，可以列表将两者对应起来，但是没有一个能使我们致富的彩票中奖公式.

列表法的优点是便于应用.

例 5　如表

x	0	1	3
y	2	1	2

也是一个函数，它的定义域为{0,1,3}，值域为{1,2}. 对应法则是通过表格给出的. 或者说此函数包含三个对应：0→2，1→1 和 3→2. 把这些对应点表示在坐标平面上，就得到此函数的图像.

2. 图像法

图像法就是在平面直角坐标系中用图形来表示函数 $y=f(x)$.

用图形表示函数的优点是它的直观性，函数的变化趋势从图形上看可以一目了然，便于对函数进行定性分析. 本书中函数的表示将以公式法为主，并尽可能地辅以图像说明.

3. 解析法

解析法对于自变量和常数施以四则运算、乘幂、取对数、指数及三角函数. 反三角函数等数学运算所得到的式子称为解析表达式，用解析表达式表示函数的方法叫解析法（又称公式法），例如 $y=\sqrt{x}$，$y=\sin x$，$S=\pi r^2$ 等都是用公式表示的函数.

例 6　设函数 $f(x)=3x+1$，求下列函数值：

(1) $f(-4)$；　(2) $f(a+1)$；　(3) $f(-x)$；

(4) $f(x+\Delta x)$；　(5) $f[f(x)]$；　(6) $f(x^2+3)$.

解　(1) $f(-4)=3\times(-4)+1=-11$；

(2) $f(a+1)=3(a+1)+1=3a+4$；

(3) $f(-x)=3(-x)+1=-3x+1$；

(4) $f(x+\Delta x)=3(x+\Delta x)+1$；

(5) $f[f(x)]=3f(x)+1=3(3x+1)+1=9x+4$；

(6) $f(x^2+3)=3(x^2+3)+1=3x^2+10$.

上面所列举的函数，都是用一个公式表示了一个函数，但是有的函数用一个公式表示不出来，需要用两个或两个以上的公式表示，这样的函数叫分段函数，例如：

绝对值函数
$$y=|x|=\begin{cases}x & (x\geqslant 0)\\ -x & (x<0)\end{cases}.$$

例 7　函数

$$f(x)=\operatorname{sgn} x=\begin{cases}1 & \text{当 } x>0\\ 0 & \text{当 } x=0\\ -1 & \text{当 } x<0\end{cases}$$

称为**符号函数**，它的定义域 $D=(-\infty,+\infty)$，值域 $W=\{-1,0,1\}$，它们的图形如图 1-5 所示. 对于任何实数 x，下列关系成立：

$$x=\operatorname{sgn} x\cdot|x|.$$

例如，$\operatorname{sgn}(-3)\cdot|-3|=-1\cdot 3=-3$.

例 8　设 x 为任一实数. 不超过 x 的最大整数简称为 x 的最大整数，记作 $[x]$. 例如 $\left[\frac{5}{7}\right]=0$，$[\sqrt{2}]=1$，$[\pi]=3$，$[-1]=-1$，$[-3.5]=-4$.

一般地，有 $[x]=n$，当 $x\in[n,n+1)$，$n=0,\pm1,\pm2,\cdots$，把 x 看作变量，则函数

$$f(x)=[x]$$

称为**取整函数**，它的定义域 $D=(-\infty,+\infty)$，值域为整数集 **Z**. 它的图形如图1-6所示，这个图形称为**阶梯曲线**. 在 x 的整数值处，图形发生跳跃，跃度为 1.

对于分段函数，要注意以下几点：

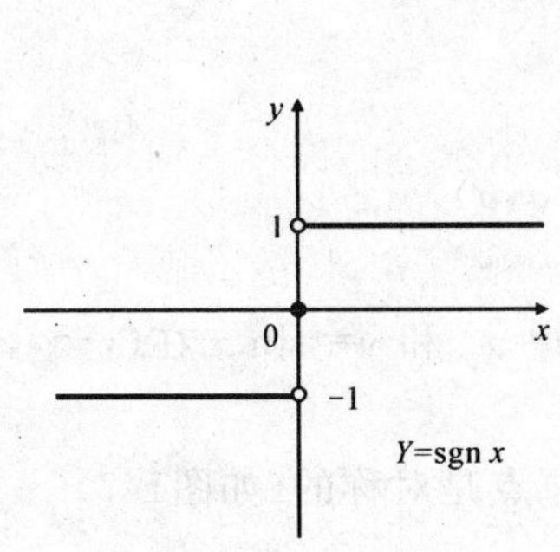

图 1-5

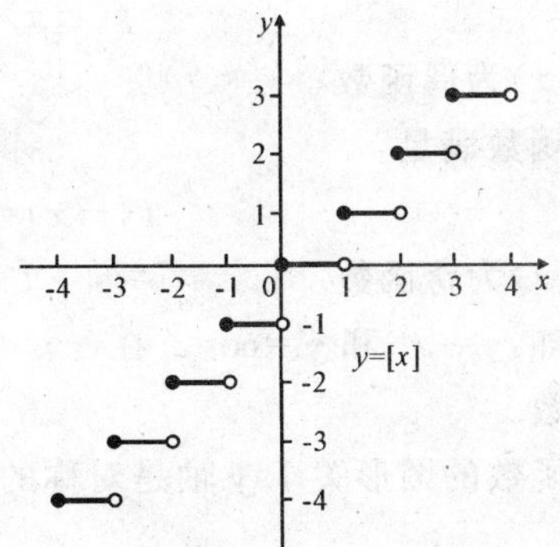

图 1-6

(1)分段函数是由几个公式合起来表示的函数，而不是几个函数；

(2)分段函数的定义域是各段上 x 取值范围的并集；

(3)分段函数在求函数值时，首先根据 x 所在的区段，再用该区段的函数表达式.

一个函数主要是由对应法则和其定义域 D 所确定的，与其变量所选用的记号没有关系. 函数的定义域 D 可根据问题的实际意义来确定. 例如，在圆的面积 $S=\pi r^2$ 中，定义域 $D=\{r|r\geqslant 0\}$. 若考虑由某一公式表示的函数 $y=f(x)$，如果不特别声明，则认定其定义域为使 $f(x)$ 有意义的 x 的全体. 例如 $y=\sqrt{1-x^2}$ 的定义域为 $[-1,1]$. 通常求定义域时应注意如下几点：

1)分母不能为零；

2)开偶次方时，被开方式的值非负；

3)对数式中的真数必须大于零，底数大于零且不等于 1，等等.

例 9 判断下述函数 $f(x)$，$g(x)$ 是否相等.

(1) $f(x)=x$, $g(x)=(\sqrt{x})^2$； (2) $f(x)=x+1$, $g(x)=\dfrac{x^2-1}{x-1}$；

(3) $f(x)=2\lg x$, $g(x)=\lg x^2$； (4) $f(x)=x$, $g(x)=\dfrac{x^3+x}{x^2+1}$.

解 因为两函数相等的充分必要条件是定义域与对应法则完全一致，因此：

(1) $f(x)$ 与 $g(x)$ 不相等，因为 $f(x)$ 的定义域是 $(-\infty,+\infty)$，而 $g(x)$ 的定义域是 $[0,+\infty)$，定义域不同；

(2) $f(x)$ 与 $g(x)$ 不相等，因为 $f(x)$ 的定义域是 $(-\infty,+\infty)$，而 $g(x)$ 的定义域是 $(-\infty,1)\cup(1,+\infty)$，定义域不同；

(3) $f(x)$ 与 $g(x)$ 不相等，因为 $f(x)$ 的定义域是 $(0,+\infty)$，而 $g(x)$ 的定义域是 $(-\infty,0)\cup(0,+\infty)$，定义域不同；

(4) $f(x)$ 与 $g(x)$ 相同，首先是定义域均为 $(-\infty,+\infty)$，其次是对应法则相同，因为 $g(x)=\dfrac{x^3+x}{x^2+1}=\dfrac{x(x^2+1)}{x^2+1}=x=f(x)$.

三、函数的性质

1. 奇偶性

设函数 $y=f(x)$ 的定义域关于原点对称，即 $x\in(-a,a)$. 若函数满足

$$f(-x)=f(x),\quad \forall x\in(-a,a),$$

则称 $f(x)$ 为偶函数；

若函数满足

$$f(-x)=-f(x),\quad \forall x\in(-a,a),$$

则称 $f(x)$ 为奇函数.

例如，$y=x^2$ 和 $y=\cos x$ 在 $(-\infty,+\infty)$ 上是偶函数；$y=x^3$ 和 $y=\sin x$ 在 $(-\infty,+\infty)$ 上是奇函数.

偶函数的图形关于 y 轴是对称的；奇函数的图形关于原点是对称的(如图1-7).

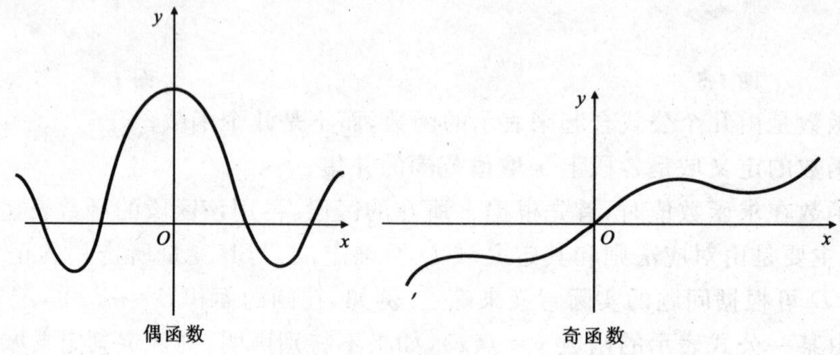

图 1-7

需要注意的是，不能说函数 $f(x)$ 非奇即偶或非偶即奇. 如 $f(x)=x+1$ 既不是奇函数，也不是偶函数. 因 $f(-1)=0$，$f(1)=2$，既无 $f(-1)=-f(1)$，也无 $f(-1)=f(1)$.

2. 单调性

设函数 $y=f(x)$ 在区间 I 上有定义，任意的 $x_1,x_2\in I$. 若 $x_1<x_2$ 时，总有

$$f(x_1)<f(x_2)\quad (f(x_1)>f(x_2)),$$

则称 $f(x)$ 在区间 I 上是单调增(单调减)的. 单调增与单调减统称为单调. I 称为 $f(x)$ 的单调区间，$f(x)$ 称为 I 上的单调函数.

例如，函数 $y=x^2$ 在 $(-\infty,0)$ 内是单调减的；而在 $(0,+\infty)$ 内是单调增的. 在现实生活中，消费是收入的单调增函数. 从图形上看，单调增函数的曲线当 x 往右边移动时上升；而单调减函数的曲线当 x 往右边移动时下降(如图 1-8).

3. 周期性

设函数 $y=f(x)$ 的定义域为 D. 若存在 $T_0>0$，对任意 $x\in D$，有

$$f(x+T_0)=f(x)$$

则称 $f(x)$ 是周期函数，满足上面等式的最小正数 T_0 叫做 $f(x)$ 的周期.

例如，$y=\sin x$，$y=\cos x$ 是以 2π 为周期的函数；$y=\tan x$，$y=\cot x$ 是以 π 为周期的函数.

有很多自然现象，像季节、气候等都是年复一年地呈周期变化的；有很多经济活动，小到商品销售，大到经济宏观运行，其变化均具有周期规律性. 从图形上看，以 T 为周期的函数 $f(x)$ 的曲线沿 x 轴平行移动 T 仍然保持不变(如图 1-9).

4. 有界性

设函数 $y=f(x)$ 的定义域为 D. 若存在 $M>0$，对任意 $x\in D$，都有

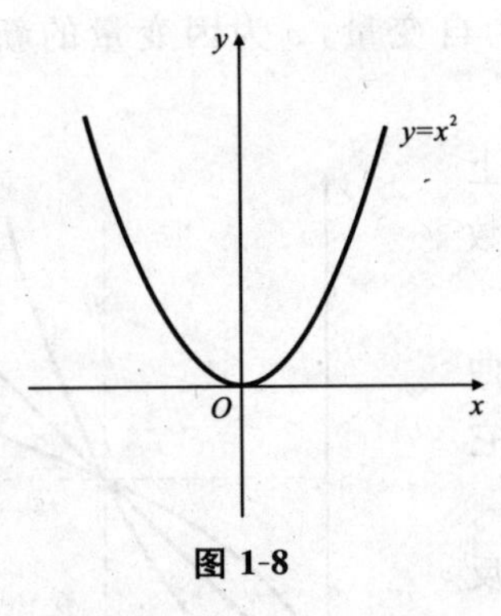

图 1-8

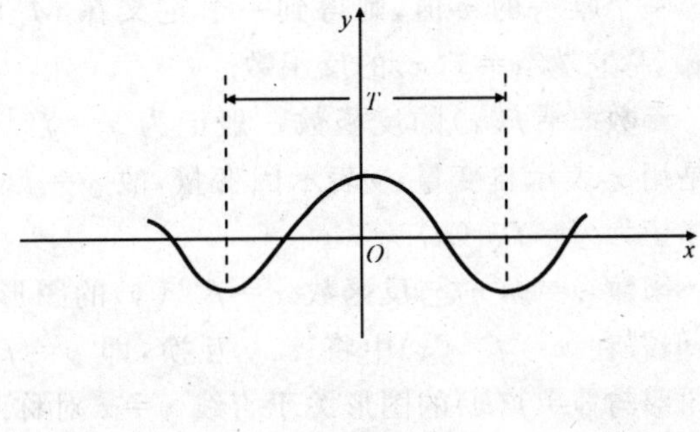

图 1-9

$$|f(x)|\leqslant M,$$

则称 $f(x)$ 在 D 内是有界的，否则称 $f(x)$ 在 D 内无界.

例如，函数 $y=\sin x$，$y=\cos x$ 在 $(-\infty,+\infty)$ 内是有界的，因为对 $\forall x\in(-\infty,+\infty)$，有 $M=1$，使得

$$|\sin x|\leqslant 1,\quad |\cos x|\leqslant 1.$$

从图形上看，有界函数的图形介于带状区域之间(如图 1-10).

可以证明：在闭区间 $[a,b]$ 上的单调函数 $f(x)$ 是 $[a,b]$ 上的有界函数.

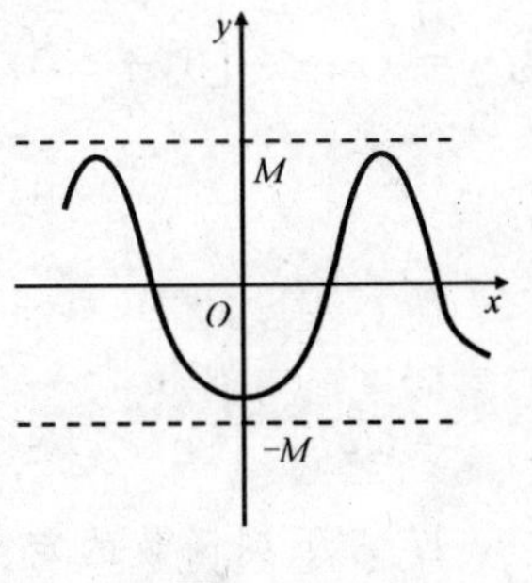

图 1-10

四、反函数

在函数的定义中有两个变量：一个叫自变量，一个叫因变量，一主一从，地位不同. 然而在实际问题中，谁是自变量，谁是因变量，并不是绝对的，它们是可以依所研究的具体问题不同而转化的.

下面两个函数分别由表(1)和表(2)给出.

表(1)

x	0	1	2
y	2	3	1

表(2)

y	2	3	1
x	0	1	2

把表(1)(函数(1))中的自变量和因变量互换，能够得到新的函数(表(2))，这个新的函数称为原来函数的反函数.

再如，设某种商品的单价是 P，每日销售量为 Q，每日的销售收入为 R，则销售收入 R 是销售量 Q 的函数，即

$$R=PQ.$$

若制订计划要求每日的收入为 R，问每日销售量 Q 要达到多少？则应将 Q 表示成 R 的函数，即

$$Q=\frac{R}{P},$$

称 $Q=\dfrac{R}{P}$ 为 $R=PQ$ 的反函数.

定义 2　设函数 $y=f(x)$，$x\in D$，$y\in M$. 若对 M 中的每一个 y 值，都可以通过关系式 $y=f(x)$

确定一个唯一的 x 值,则得到一个定义在 M 上的以 y 为自变量,x 为因变量的新函数:$x=\varphi(y)$,称它为 $y=f(x)$的反函数.

函数 $y=f(x)$的反函数一般记为 $x=f^{-1}(y)$. 习惯上总是用 x 表示自变量,y 表示因变量,故 $y=f(x)$的反函数可以记为 $y=f^{-1}(x)$.

函数 $y=f(x)$与反函数 $x=f^{-1}(y)$的图形是同一条曲线;但若在 $x=f^{-1}(y)$中将 x、y 互换,即 $y=f^{-1}(x)$,则它的图形与 $y=f(x)$的图形关于直线 $y=x$ 对称.

什么函数存在反函数呢? 可以证明:单调函数存在反函数,且反函数与其函数有相同的单调性.

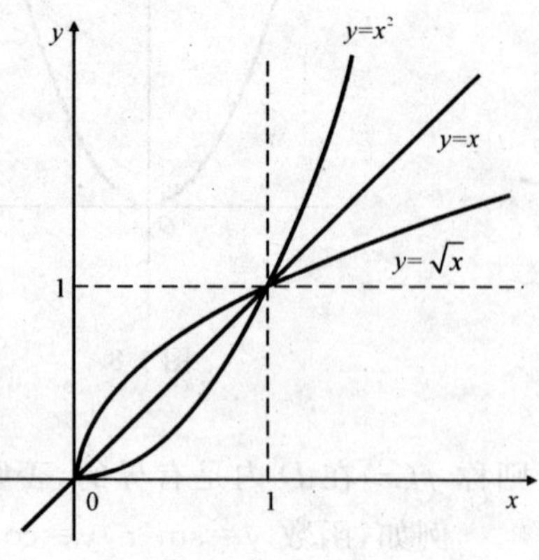

图 1-11

例 10 求函数 $y=x^2(x\in[0,+\infty))$的反函数,并在同一坐标系内作出这两个函数的图形.

解 因为函数 $y=x^2$ 在区间$[0,+\infty)$上单调增,所以它的反函数存在,由 $y=x^2$ 解得 $x=\sqrt{y}$,$y\geqslant 0$. 于是 $y=x^2(x\in[0,+\infty))$的反函数习惯上表示为 $y=\sqrt{x}$,$x\in[0,+\infty)$. 这两个函数的图形如图 1-11 所示.

习题 1-1

1. 求下列函数的定义域:

(1) $y=\sqrt{9-x^2}$　　(2) $y=\cos\sqrt{x^2-1}$

(3) $y=\dfrac{\sqrt{2x-3}}{x^2+2x-3}$　　(4) $y=\sqrt{3-x}+\arctan\dfrac{1}{x}$

(5) $y=\dfrac{\ln(3-x)}{\sqrt{|x|-1}}$　　(6) $y=\sqrt{\lg\dfrac{5x-x^2}{4}}$

2. 求下列函数的定义域并作图:

(1) $y=|x-2|$　　(2) $y=\begin{cases}x & (0\leqslant x<2)\\ 2 & (x\geqslant 2)\end{cases}$

(3) $y=\begin{cases}x^2+1 & (0<x\leqslant 2)\\ 0 & (x=0)\\ x^2-1 & (-1<x<0)\end{cases}$

3. 下列各题中,函数 $f(x)$和 $g(x)$是否相同? 为什么?

(1) $f(x)=\ln x^2$,$g(x)=2\ln x$

(2) $f(x)=\sqrt{1-\cos^2 x}$,$g(x)=\sin x$

(3) $f(x)=\dfrac{x^2-1}{x+1}$,$g(x)=x-1$

(4) $f(x)=x$,$g(x)=e^{\ln x}$

4. 判断下列函数的奇偶性：

(1) $y=\cos 2x$ (2) $y=3x^2-x^3$

(3) $f(x)=\frac{a^x-a^{-x}}{2}$ (4) $f(x)=\ln\frac{1+x}{1-x}$

(5) $f(x)=\frac{a^x+1}{a^x-1}$ (6) $f(x)=\ln(x+\sqrt{1+x^2})$

5. 设 $f(x)=\sqrt{4+x^2}$，求下列函数值：

$f(0), f(2), f(\frac{1}{a}), f(x-1), f(t_0+h)$.

6. 设 $f(x)=\arcsin x$，求下列函数值：

$f(0), f(-1), f(\frac{\sqrt{3}}{2}), f(-\frac{\sqrt{2}}{2})$.

7. 设 $f(x)=ax+b$，求 $\Delta y=f(x+h)-f(x)$.

8. 设 $f(x)=\frac{1}{x}$，求 $\Delta y=f(x+h)-f(x)$.

9. 若 $f(x+\frac{1}{x})=x^2+\frac{1}{x^2}+3$，求 $f(x)$.

10. 求证 $f(x)+f(-x)$ 是偶函数；$f(x)-f(-x)$ 是奇函数.

11. 已知 $f(x)=\begin{cases} x-1 & (x>0) \\ 0 & (x=0) \\ x+1 & (x<0) \end{cases}$，求 $f[f(3)]$ 的值.

12. 已知函数 $f(x)$ 的定义域为 $[0,1]$，求下列各函数的定义域：

(1) $f(x+a)(a>0)$ (2) $f(x^2)$ (3) $f(\sin x)$

13. 求下列函数的反函数：

(1) $y=\sqrt[3]{x+1}$ (2) $y=\frac{1-x}{1+x}\quad(x\neq -1)$

(3) $y=\lg(x+2)+1$ (4) $y=3^{2x+5}$

(5) $y=\frac{2^x}{2^x+1}$

14. 求值：

(1) $\log_3 1$ (2) $\log_2\frac{1}{8}$

(3) $\log_3 81$ (4) $\log_a a^n\quad(a>0, a\neq 1)$

(5) $3^{\log_3 3.1}$ (6) $2^{1+\log_2 5}$

15. 将下列指数式和对数式互化：

(1) $5^4=625$ (2) $3^{-2}=\frac{1}{9}$

(3) $\log_2 8=3$ (4) $\log_2\frac{1}{4}=-2$

16. 已知 $f(x)=\arccos x$，求 $f(-1), f(0), f(\frac{\sqrt{3}}{2}), f(-\frac{1}{2})$ 的值.

B

1. 证明若 $f(x)$、$g(x)$ 是 $(-a,a)$ 上的奇函数，则在 $(-a,a)$ 上，$f(x)\pm g(x)$ 是奇函数，$f(x)g(x)$、$f(x)/g(x)(g(x)\neq 0)$ 是偶函数. 并证明 $x\pm\sin x$，$x^2\sin x$，$x\cos x$ 在 $(-\infty,+\infty)$ 上是奇函数；$x\sin x$，$1+x^2$，$x^2\operatorname{sgn} x$ 在 $(-\infty,+\infty)$ 上是偶函数.

2. 证明若 $f(x)$、$g(x)$ 是 D 上的有界函数，则 $f(x)\pm g(x)$ 与 $f(x)g(x)$ 也是 D 上的有界函数，并证明 $\cos x+\dfrac{x}{1+x^2}$，$\sin x\cdot\dfrac{x}{1+x^2}$ 在 $(-\infty,+\infty)$ 上有界.

第二节　初等函数

初等函数是微积分中主要研究的一类函数，其表达形式直接明了，运算方便，并为非初等函数的构造提供了基础.

一、基本初等函数

在中学学过的常数函数、幂函数、指数函数、对数函数、三角函数和反三角函数统称为基本初等函数. 这些函数中的多数函数我们已经比较熟悉，这里只做简要复习.

(1) 常数函数 $y=C$（C 为常数），定义域为 $(-\infty,+\infty)$，图像为过点 $(0,C)$ 且平行于 x 轴的直线. 微积分中也经常将常数视为常数函数，读者可根据具体情况予以识别.

(2) 幂函数 $y=x^a$（a 为实数），该函数的定义域因 a 的取值不同而不同. 但无论 a 为何值，它在区间 $(0,+\infty)$ 内总有定义，且图像过点 $(1,1)$. $a>0$ 和 $a<0$ 的图像分别如图 1-12～图 1-14所示.

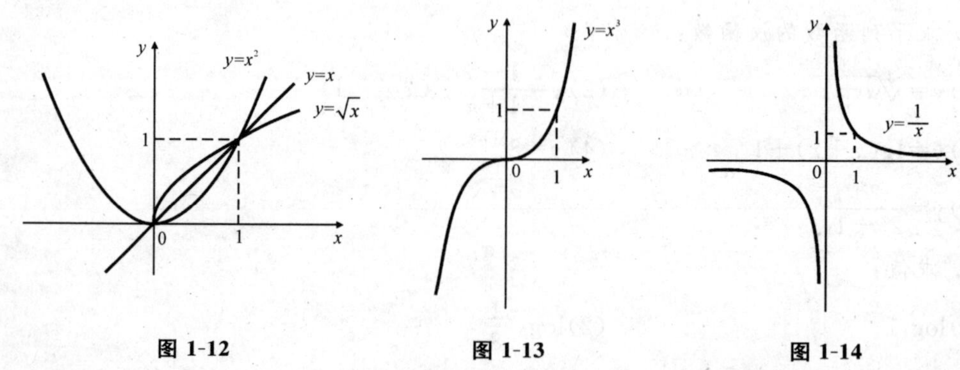

图 1-12　　图 1-13　　图 1-14

(3) 指数函数 $y=a^x$（$a>0$ 且 $a\neq 1$），定义域为 $(-\infty,+\infty)$，值域为 $(0,+\infty)$. $a>1$ 时，函数单调递增；$a<1$ 时，函数单调减少. 图像过点 $(0,1)$. 在科学记数中常用到以 e（e 为无理数，e $=2.718\,28\cdots$）为底的指数函数 $y=\mathrm{e}^x$，图像见图 1-15.

(4) 对数函数 $y=\log_a x$（$a>0$ 且 $a\neq 1$），定义域为 $(0,+\infty)$，值域为 $(-\infty,+\infty)$. $a>1$ 时，作函数单调递增；$0<a<1$ 时，函数单调减少. 图像过点 $(1,0)$，图像见图 1-16. 在科学记数中，常用到以 e 为底的对数函数，称为自然对数，记作 $y=\ln x$.

(5) 三角函数，包括正弦、余弦、正切、余切、正割和余割函数.

1) 正弦函数 $y=\sin x$ 的定义域为 $(-\infty,+\infty)$，值域为 $[-1,1]$，在 $\left[2k\pi-\dfrac{\pi}{2},2k\pi+\dfrac{\pi}{2}\right]$ 上

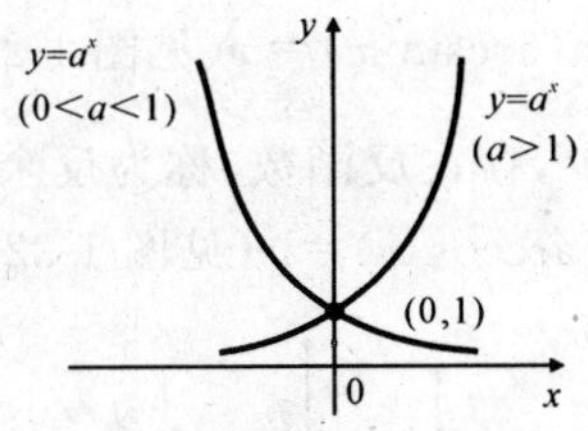

图 1-15

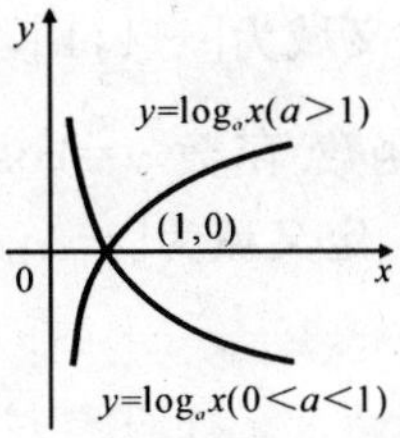

$y=\log_a x(a>1)$

(1,0)

$y=\log_a x(0<a<1)$

图 1-16

单调增加，在$\left[2k\pi+\frac{\pi}{2},2k\pi+\frac{3\pi}{2}\right]$上单调减少($k\in\mathbf{Z}$)，它是以 2π 为周期的周期函数，见图 1-17.

2)余弦函数 $y=\cos x$ 的定义域、值域和周期与正弦函数相同，在$[(2k-1)\pi,2k\pi]$上单调增加，在$[2k\pi,(2k+1)\pi]$上单调减少($k\in\mathbf{Z}$)，见图 1-18.

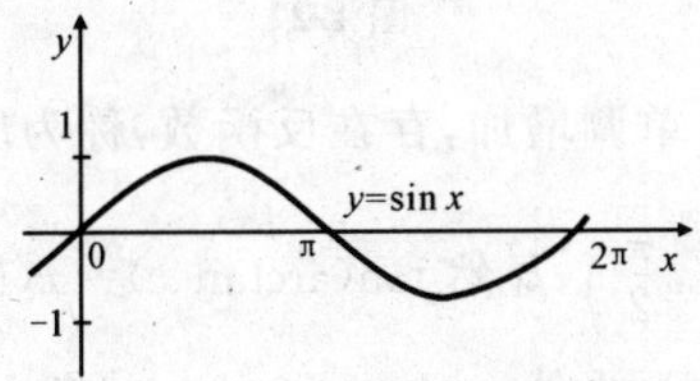

图 1-17

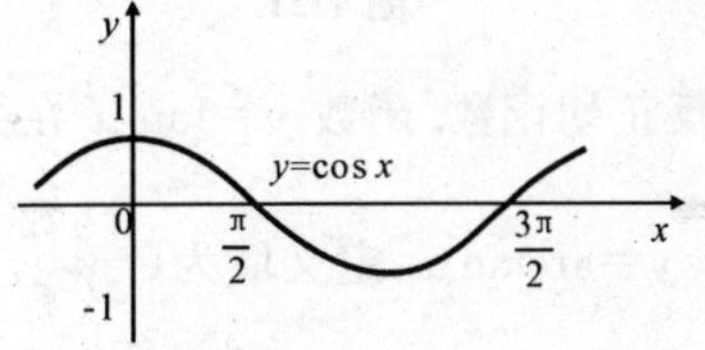

图 1-18

3)正切函数 $y=\tan x$，定义域为$(k\pi-\frac{\pi}{2},k\pi+\frac{\pi}{2})$($k\in\mathbf{Z}$)，值域为$(-\infty,+\infty)$，是以 π 为周期的周期函数，在有定义的区间上单调增加，见图 1-19.

4)余切函数 $y=\cot x$，定义域为$(k\pi,(k+1)\pi)$($k\in\mathbf{Z}$)，值域为$(-\infty,+\infty)$，是以 π 为周期的周期函数，在有定义的区间上单调减少，见图 1-20.

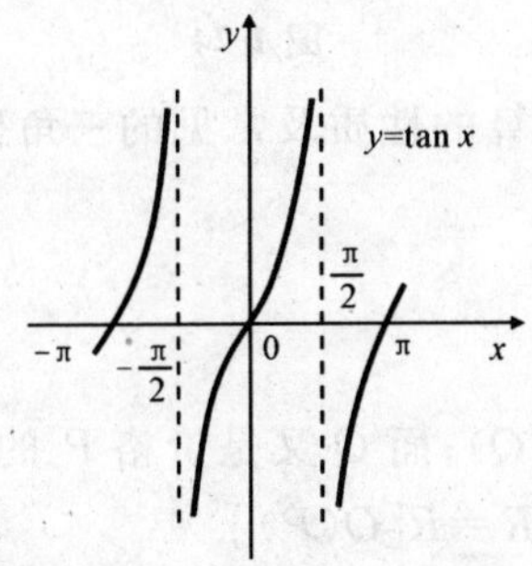

图 1-19

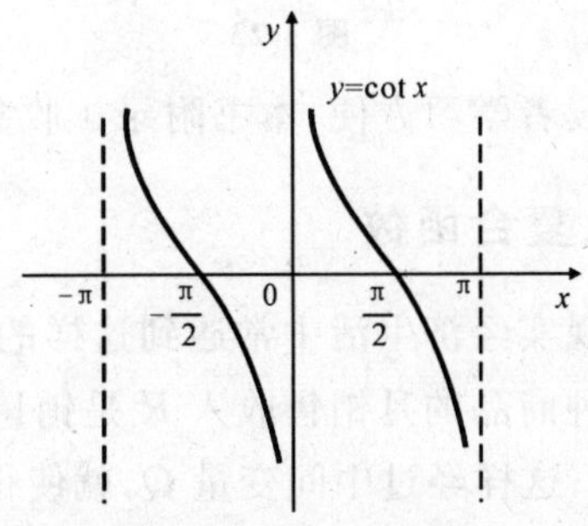

图 1-20

5)在微积分中还会遇到正割函数和余割函数，它们的记号和定义分别为

$$\sec x=\frac{1}{\cos x},\quad \csc x=\frac{1}{\sin x}$$

(6)反三角函数，包括反正弦、反余弦、反正切和反余切函数.

1)反正弦函数. 函数 $y=\sin x$ 在定义域$(-\infty,+\infty)$内不是单调函数，在该区间内不存在反函数，但在区间$\left[-\frac{\pi}{2},\frac{\pi}{2}\right]$上单调增加，所以在该区间上存在反函数，称为反正弦函数，记作

$y=\arcsin x$,定义域为$[-1,1]$,值域为$\left[-\frac{\pi}{2},\frac{\pi}{2}\right]$,显然 $\sin(\arcsin x)=x$(见图 1-21).

2)反余弦函数.函数 $y=\cos x$ 在区间$[0,\pi]$上单调减少,存在反函数,称为反余弦函数,记作 $y=\arccos x$,定义域为$[-1,1]$,值域为$[0,\pi]$,显然 $\cos(\arccos x)=x$(见图 1-22).

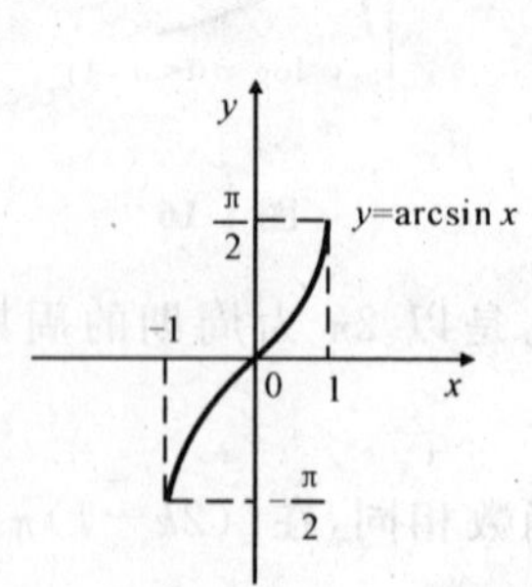

图 1-21

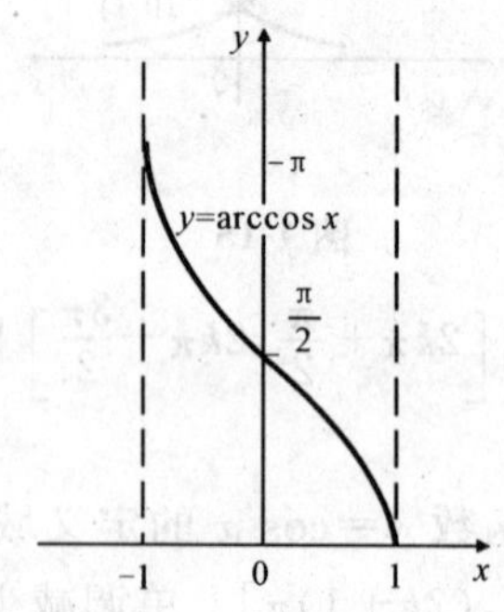

图 1-22

3)反正切函数.函数 $y=\tan x$ 在开区间$\left(-\frac{\pi}{2},\frac{\pi}{2}\right)$内单调增加,存在反函数,称为反正切函数,记作 $y=\arctan x$,定义域为$(-\infty,+\infty)$,值域为$\left(-\frac{\pi}{2},\frac{\pi}{2}\right)$,显然 $\tan(\arctan x)=x$(图 1-23).

4)反余切函数. $y=\text{arccot}\, x$,$x\in(-\infty,+\infty)$,$y\in(0,\pi)$,显然 $\cot(\text{arccot}\, x)=x$(图 1-24).

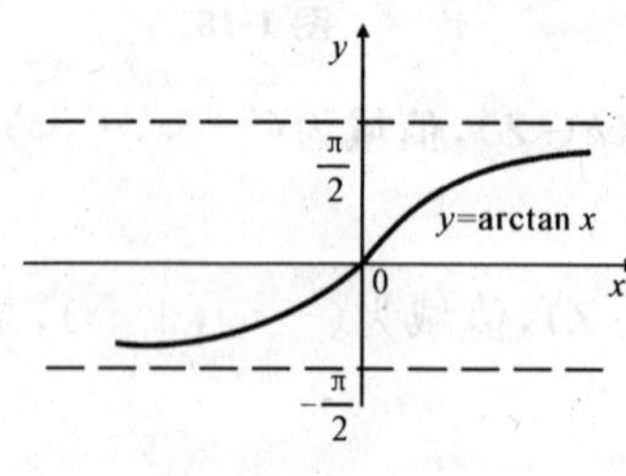

图 1-23

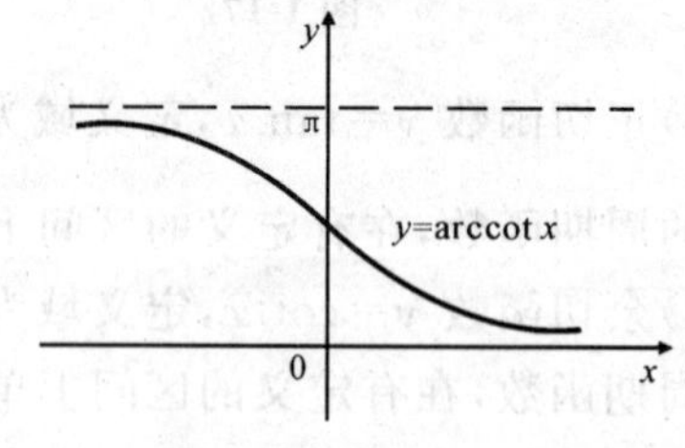

图 1-24

为读者学习方便,本书附录 1 收集了有关指数、对数运算的性质及常见的三角公式.

二、复合函数

在现实经济生活中常遇到这样的问题:

某种商品的月销售收入 R 是销量 Q 的函数,即 $R=R(Q)$;而 Q 又是价格 P 的函数,即 $Q=Q(P)$;这样经过中间变量 Q,就使得 R 成为了 P 的函数 $R=R[Q(P)]$.

像这样由函数套函数而得到的函数就是复合函数.

大家知道形如 $y=\sin x$ 的函数叫正弦函数,但是函数 $y=\sin 2x$ 还叫不叫正弦函数?根据定义可知:$y=\sin 2x$ 不叫正弦函数.那么,它应该如何称谓?

令 $u=2x$,我们称函数 $y=\sin 2x$ 是正弦函数 $y=\sin u$ 和一次函数 $u=2x$ 的复合函数.

定义 设 y 是 u 的函数

$$y=f(u),$$

而 u 又是 x 的函数

$$u=\varphi(x),$$

且当 x 在某一区间 I 取值时，相应的 u 值可使 y 有定义，那么我们称 y 是 x 的一个定义于 I 的复合函数，记作

$$y=f[\varphi(x)],$$

u 称为中间变量，$u=\varphi(x)$ 称为内层函数，$y=f(u)$ 称为外层函数.

根据这个定义，易知，复合函数 $f[\varphi(x)]$ 的定义区间或者与 $\varphi(x)$ 的定义区间一致，或者只是 $\varphi(x)$ 的定义区间的一部分.

如：复合函数 $y=\sqrt{1-x^2}$ 可表示为函数 $y=\sqrt{u}$ 和 $u=1-x^2$ 的复合函数. 函数 $y=\sqrt{u}$ 的定义域为 $u\geqslant0$，函数 $u=1-x^2$ 的值域为 $(-\infty,1]$，二者不一致，故复合函数 $y=\sqrt{1-x^2}$ 的定义域是使得 $u\geqslant0$ 成立的一切 x 值，即 $x\in[-1,1]$.

例 1 设 $y=\ln u, u=\sin x$，则复合函数 $y=\ln\sin x$.

函数的复合还可以推广到两个以上的函数的情形.

例 2 设 $y=\cos u, u=e^v, v=\tan x$，则复合函数 $y=\cos e^{\tan x}$.

基本初等函数可以复合成复合函数，与此相对应，复合函数也可以分解成若干个基本初等函数或基本初等函数四则运算后得到的简单函数的复合.

例 3 写出下列复合函数的复合过程.

(1) $y=\sqrt{1+x^2}$； (2) $y=\cos(2x-1)$；

(3) $y=\cos^2 x$； (4) $y=\sqrt{1-x^2}$；

(5) $y=[\lg(x^2+2)]^3$.

解 (1) 函数 $y=\sqrt{1+x^2}$ 是由函数 $y=\sqrt{u}, u=1+x^2$ 复合而成；

(2) 函数 $y=\cos(2x-1)$ 是由函数 $y=\cos u, u=2x-1$ 复合而成；

(3) 函数 $y=\cos^2 x$ 是由 $y=u^2, u=\cos x$ 复合而成；

(4) 函数 $y=\sqrt{1-x^2}$ 是由函数 $y=\sqrt{u}, u=1-x^2$ 复合而成；

(5) 函数 $y=[\lg(x^2+2)]^3$ 是由函数 $y=u^3, u=\lg v, v=x^2+2$ 复合而成.

三、初等函数

基本初等函数经有限次四则运算以及有限次复合所得的可以用一个式子表示的函数叫初等函数.

例如：线性（一次）函数 $y=ax+b$，二次函数 $y=ax^2+bx+c$ 以及 $y=\sqrt{2x}$，$y=(x^2-1)^3$，$y=e^{4x}$，$y=\sin(1+\cos 2x)-\sqrt{x-1}$ 等都是初等函数.

注意：

①基本初等函数是初等函数.

②分段函数一般不是初等函数，但当它每一段都是初等函数时，我们仍可用处理初等函数的方法来处理每一段函数.

不是初等函数的函数统称为非初等函数，例如分段函数 $f(x)=\begin{cases}x+1, & x\geqslant0\\ x^2, & x<0\end{cases}$ 就是一个非初等函数.

但分段函数 $g(x)=\sqrt{x^2}=\begin{cases}x, x\geqslant0\\ -x, x<0\end{cases}$ 却是一个初等函数，因为 $g(x)=\sqrt{x^2}$ 可以看成是

$g(u)=u^{\frac{1}{2}}$，$u=x^2$ 这两个基本初等函数复合而成.

对于一个初等函数式中，什么地方是四则运算，什么地方是复合运算，分清这两类完全不同类型的运算是非常重要的. 例如函数 $y=x^2\sin \mathrm{e}^x$ 中，x^2 与 $\sin \mathrm{e}^x$ 之间是乘法运算而不是复合运算；$\sin \mathrm{e}^x$ 是由 $\sin u$ 与 $u=\mathrm{e}^x$ 经复合运算而构成的，不是四则运算.

习题 1-2

1. 指出下列初等函数的复合过程.

(1) $y=\sin 2^x$　　(2) $y=\log_3(1+2x)$

(3) $y=\sqrt{\tan x}$　　(4) $y=\sqrt[3]{(1+2x)^2}$

(5) $y=4^{(3x-2)^2}$　　(6) $y=\sqrt{\ln \tan \frac{x}{2}}$

(7) $y=[\sin(x^2)]^4$　　(8) $y=(2^x+1)^{\frac{2}{3}}$

2. 设 $f(x)=4x^3-3x$，$\varphi(x)=\sin 2x$，写出 $f[\varphi(x)]$，$\varphi[f(x)]$，$f[f(x)]$的表达式.

3. 下列函数中哪些是初等函数？哪些不是初等函数？

(1) $y=\mathrm{e}-x^2+\sin 2x$　　(2) $y=\sqrt{x}+\ln(2-\frac{1}{2}\cos x)$

(3) $y=\begin{cases}-1 & (x\geqslant 0)\\ 3 & (x<0)\end{cases}$

4. 设 $g(x)=\log_a x\,(a>0,a\neq 1)$，证明：

(1) $g(x)+g(y)=g(xy)$　　(2) $g(x)-g(y)=g(\frac{x}{y})$

5. 一无盖的长方体木箱，容积为 1 m^3，高为 2 m，设底面一边的长为 x m，把木箱的表面积表示为 x 的函数.

B

1. 若函数 $f(x)$的定义域为$[0,1]$，分别求函数 $f(\ln x)$和 $f(x+a)+f(x-a)\,(0<a<\frac{1}{2})$的定义域.

2. 设 $f(x)=x/\sqrt{1+x^2}$，求 $f[f(x)]$，$f[f(f(x))]$.

3. 设 $\varphi(x)=\begin{cases}3+x, & x<0\\ x, & x\geqslant 0\end{cases}$，求 $\varphi[\varphi(x)]$.

4. 设复合函数 $y=f[\varphi(x)]$的定义域为 D. 证明：

(1)若内函数 $\varphi(x)$是偶函数，则 $f[\varphi(x)]$是偶函数；

(2)若内函数 $\varphi(x)$是奇函数，外函数 $f(u)$是偶函数，则 $f[\varphi(x)]$是偶函数；

(3)若 $\varphi(x)$、$f(u)$都是奇函数，则 $f[\varphi(x)]$也是奇函数.

第三节 经济学中的常用函数

在经济科学理论及经济活动的分析和决策中，对一些主要的经济量之间的相关关系的研究，需要专门的经济知识和广泛的数学方法．本节仅介绍几个有关经济活动的常见函数，作为学习的参考．

一、需求函数

某一商品的需求量是指关于一定的价格水平，在一定时间内消费者愿意而且有支付能力购买的商品量，一般可认为需求量 Q 是价格 P 的函数，即

$$Q=f(P).$$

一般说来，需求函数是价格 P 的单调减函数，即商品的价格上涨会使需求量减少，需求函数的常见形式有

线性函数 $Q=-aP+b$ （其中 $a,b>0$）

二次函数 $Q=a-bP-cP^2$ （其中 $a,b,c>0$）

指数函数 $Q=ae^{-bP}$ （其中 $a,b>0$）

例 1 设某商品需求函数为

$$Q=-aP+b \qquad (a,b>0),$$

讨论 $P=0$ 时的需求量 Q 和 $Q=0$ 时的价格．

解 当 $P=0$ 时，$Q=b$．

当 $Q=0$ 时，$P=\frac{b}{a}$．

即当价格为 $\frac{b}{a}$ 时，需求量为 0．

二、供给函数

一般说来，商品的市场价格越高，生产者愿意而且能够向市场提供的商品量也越多，供给量 S 是价格 P 的函数，即

$$S=\varphi(P).$$

通常情况下，供给函数都是单调增加的，常见的供给函数有线性函数、二次函数、幂函数、指数函数等，其中线性供给函数为

$$S=aP-b \qquad (a,b>0).$$

例 2 某大米产地计划每年向农贸市场提供价格为 c 元的大米 a 万斤．为增加供应量，采取提价措施，如果价格每增加 k 元，就可为市场多提供大米 b 万斤．求该大米产地每年向市场提供大米的供应函数．

解 设每年大米的供应量为 Q(万斤)，每斤大米的价格为 P(元)；则每斤大米提价 $P-c$(元)($P>c$)，这时供应量增加 $\frac{b(P-c)}{k}$(万斤)；故所求的供应函数为

$$Q=a+\frac{b(P-c)}{k}\text{(万斤)}.$$

使某种商品的市场需求量与供给量相等的价格 P_0，称为均衡价格. 当市场价格 $P>P_0$ 时，供给量将增加而需求量相应地减少，这时"供大于求"，必然使价格 P 下降；当 $P<P_0$ 时，供给量将减少而需求量增加，这时"物资短缺"，又使 P 上升，市场调节就是这样来实现的.

例 3 已知某商品的需求函数和供给函数分别为

$$Q=14.5-1.5P,\quad S=-7.5+4P,$$

求该商品的均衡价格 P_0.

解 由供需均衡条件 $Q=S$，可得

$$14.5-1.5P=-7.5+4P,$$

解得 $P=4$，故均衡价格 $P_0=4$.

三、成本函数

成本函数：在一定时间内生产一定数量产品的总成本一般由固定成本和变动成本两部分组成. 其中固定成本是常量，变动成本通常看作与产量有关（其他因素忽略不计），所以总成本 C 一般都写成产量 Q 的函数 $C=C(Q)=C_0+C_1(Q)$（式中 C_0 为固定成本，C_1 为变动成本）.

例 4 某房产开发建设公司每年最多可建房 b m²，最少可建房 a m²，固定费用为 k_0 元. 如果每平方米建筑面积需增加费用 k 元，试求该公司每年建房的总成本函数.

解 显然总成本是年建房面积的函数. 设年建房面积为 Q(m²)，总成本为 C(元). 由于总成本等于固定成本与变动成本之和，所以根据题意得到总成本函数为

$$C=C(Q)=k_0+kQ\quad (a\leqslant Q\leqslant b).$$

四、收入函数

总收入是生产者出售一定数量产品所得到的全部总收入，如果用 Q 表示出售的产品数量，R 表示总收入，则

$$R=R(Q),$$

如果产品的价格 P 保持不变，则

$$R=PQ.$$

五、利润函数

利润是生产中获得的总收益与投入的总成本之差，即 $L(Q)=R(Q)-C(Q)$.

例 5 已知某产品价格为 P，需求函数 $Q=50-5P$，成本函数 $C=50+2Q$，求产量 Q 为多少时，利润 L 最大？最大利润是多少？

解 已知需求函数 $Q=50-5P$，所以价格

$$P=10-\frac{Q}{5},$$

收益函数

$$R=PQ=10Q-\frac{Q^2}{5}.$$

故利润函数

$$L=R(Q)-C(Q)$$

$$=8Q-\frac{Q^2}{5}-50$$

$$=-\frac{1}{5}(Q-20)^2+30.$$

因此 $Q=20$ 时，取得最大利润，最大利润为 30.

习题 1-3

1. 设某工厂生产某种产品 x t，每吨产品的价格为 u 万元，市场销售量为 y 万元，设 u 与 x 之间有函数关系 $u=\frac{2x}{x+3}$，y 与 u 之间有函数关系 $y=100-u$，问当该厂的产量 $x=9$ t 时，市场销售量 y 是多少万元？

2. 某厂生产录音机的成本为每台 50 元，预计当以每台 x 元的价格卖出时，消费者每月购买 $200-x$ 台，请将该厂的月利润表达为价格 x 的函数.

3. 设某种商品的需求函数与供给函数分别为 $D(P)=\frac{5\,600}{P}$，$S(P)=P-10$.

(1)找出均衡价格，并求此时的供给量与需求量.

(2)在同一坐标系中画出供给与需求曲线.

4. 生产某种产品 x 个单位的利润是

$$L(x)=x-0.01x^2 \quad (\text{元}),$$

问生产多少个单位时，获得的利润最大？

5. 某工厂生产某种商品 x 个单位的费用为 $C(x)=5x+200$(元)，得到的收入 $R(x)=10x-0.01x^2$(元). 问生产多少个单位时，才能使利润 $L=R-C$ 为最大？

本章小结

1. 函数概念

变量与常量 在一个确定的考察过程中，保持不变的量称为常量，否则称为变量.

在论及变量时应指明考察过程.

函数 设 x,y 是两个变量，x 的变化范围为 D. 如果对 D 中每一个值 x，按照某个确定的对应法则 f，都有变量 y 的一个唯一确定的值与之对应，则称变量 y 是变量 x 的函数，记作 $y=f(x)$.

定义域 使函数 $f(x)$ 有定义的自变量 x 的集合 D.

值域 当 x 在定义域 D 中变动时，函数值 $f(x)$ 的集合.

分段函数 当自变量 x 在定义域中的不同范围内变化时，规则 f 用不同式子表示的函数称为分段函数.

函数相等 当两个函数的定义域与对应规则都相同时，称这两个函数相等.

2. 函数性质

单调性 $f(x)$ 在 (a,b) 上单调增(或单调减)是指 $x_1<x_2$ 时 $f(x_1)<f(x_2)$(或 $f(x_1)>f(x_2)$).

单调性的判定，目前只能从定义出发，例如判别 $f(x_2)-f(x_1)$ 的符号，以后（第四章）将会介绍较简单的方法.

奇偶性 当 $f(-x)=-f(x)(x\in D)$ 时，f 为奇函数，它的图形关于原点对称；当 $f(-x)=f(x)(x\in D)$ 时，f 为偶函数，它的图形关于 y 轴对称.

四则运算对奇偶性的影响如下表所示：

	$f\pm g$	$f\cdot g$ 或 f/g
f 奇 g 奇	奇	偶
f 奇 g 偶	不定	奇
f 偶 g 偶	偶	偶

周期性 满足 $f(x+T)=f(x)(x\in D, T$ 为正常数）的函数叫周期函数. 最小正周期叫基本周期.

有界性 $f(x)$ 在区间 I 上有界是指存在正常数 M，使得

$$|f(x)|\leqslant M \quad (x\in I).$$

3. 复合函数、反函数、初等函数

复合函数 复合函数 $f[g(x)]$ 有意义，g 的值域必须包含在 f 的定义域中. 复合运算就是代入运算.

按复合的概念分解函数，有利于分析函数的构造，简化函数的某些运算.

反函数 严格单调函数必有反函数. 从 $y=f(x)$ 中解出 $x=f^{-1}(y)$，得反函数的表达式. 由于函数的表示与变量记号无关，$x=f^{-1}(y)$ 与 $y=f^{-1}(x)$ 是同一个函数，但所画曲线不一样. 曲线 $y=f(x)$ 与 $x=f^{-1}(y)$ 是相同的，而 $y=f(x)$ 与 $y=f^{-1}(x)$ 两曲线则关于直线 $y=x$ 对称.

初等函数 由基本初等函数及常数函数经有限次四则运算与复合运算构成的函数（由一个解析式表示）称为初等函数.

复习题 1

1. 下列各函数中，为相同的函数是（ ）.

A. $f(x)=\ln x^2, g(x)=2\ln x$

B. $f(x)=|x|, g(x)=\sqrt{x^2}$

C. $f(x)=x, g(x)=(\sqrt{x})^2$

D. $f(x)=\dfrac{|x|}{x}, g(x)=1$

2. 下列函数中为奇函数的是（ ）.

A. $f(x)=x^2\cos x$　　B. $\varphi(x)=\dfrac{a^x+a^{-x}}{2}$

C. $g(x)=\arccos x$　　D. $h(x)=\dfrac{1+x}{1-x}$

3. 下列函数中为同一函数的是（ ）.

A. $y=x^0$ 与 $y=1$

B. $y=\frac{x^2-4}{x+2}$与 $y=x-2$

C. $y=x$ 与 $y=|x|$

D. $y=x^2-2x$ 与 $y=(x-1)^2-1$

4. 已知 $f(x)=\begin{cases} x-1 & x>0 \\ 0 & x=0 \\ x+1 & x<0 \end{cases}$,则 $f[f(3)]$的值是(　).

A. 1　　B. 2　　C. 3　　D. 5

5. 函数 $y=-\sqrt{x-1}(x\geqslant 1)$的反函数是(　).

A. $y=x^2+1\quad(x\in\mathbf{R})$　　B. $y=x^2+1\quad(x\geqslant 0)$

C. $y=x^2+1\quad(x\leqslant 0)$　　D. 不存在

6. 下列命题为假命题的是(　).

A. 奇函数的反函数是奇函数

B. 偶函数的反函数是偶函数

C. 增函数的反函数是增函数

D. 减函数的反函数是减函数

7. 若函数 $f(x)=\frac{mx}{4x-3}$在其定义域内恒有 $f[f(x)]=x$,则 m 的值是(　).

A. 3　　B. $\frac{3}{2}$　　C. $-\frac{3}{2}$　　D. -3

8. 如果奇函数 $f(x)$在[3,7]上是增函数,且最小值为 5,那么 $f(x)$在[-7,-3]上是(　).

A. 增函数且最小值为-5

B. 增函数且最大值为-5

C. 减函数且最小值为-5

D. 减函数且最大值为-5

9. 已知函数 $y=f(x)$的图像关于 $x=a$ 对称,则对于定义域上任意的 x 满足(　).

A. $f(x)=f(2a-x)$　　B. $f(x)=f(2a+x)$

C. $f(x)=f(a+x)$　　D. $f(x)=f(a-x)$

10. 已知函数 $f(x)$的图像过(0,1)点,则 $f(4-x)$的反函数的图像一定过点(　).

A. (3,0)　　B. (0,3)　　C. (4,1)　　D. (1,4)

11. 已知 $f(x)=\log_2 x$,求 $f(2)$,$f(\frac{1}{2})$,$f(4)$,并在坐标平面上作出下列各点$(2,f(2))$,$(\frac{1}{2},f(\frac{1}{2}))$,$(4,f(4))$.

12. 写出下列函数的复合过程.

(1)$y=2^{3x^2-5}$　　(2)$y=\log_a\sqrt{\sin 2x}$

13. 求函数 $y=\arccos\frac{2x}{1+x^2}$的定义域和值域.

14. 求下列函数的反函数.

(1) $y=\sqrt[3]{x+1}$ (2) $y=\frac{1-x}{1+x}$

15. 若 $f(x)=2x^2+x-1$,求$\frac{f(x+h)-f(x)}{h}$.

16. 若 $\varphi(x)=\begin{cases}x, & x\leqslant 0\\ -x, & x>0\end{cases}$,而 $f(x)=\sqrt{\varphi^2(x)}$,求 $\varphi[f(x)]$的表达式.

第二章　极限与连续

函数给出了变量的对应关系，但研究变量的变化仅靠对应关系是不够的，还需要通过变量变化的趋势来研究，这便是极限的概念. 微积分是建立在极限基础上的，因此了解极限对于掌握微积分是至关重要的. 从这个意义上说，极限是微积分中一个最基本、最重要的概念.

第一节　数列极限

一、数列

定义 1　设 $y_n=f(n)$ 是以正整数集为定义域的函数. 称有顺序的一列数

$$y_1,y_2,\cdots,y_n,\cdots$$

为一个无穷数列，简称数列，记作 $\{y_n\}$ 或 $\{f(n)\}$，其中每一个数都称为数列的项，第 n 个数 y_n 称为数列的第 n 项或一般项，也叫通项. 例如：

$\{2n-1\}$ 为 $1,3,5,7,\cdots,2n-1,\cdots$；

$\{2^{n-1}\}$ 为 $1,2,4,8,\cdots,2^{n-1},\cdots$；

$\left\{\left(-\dfrac{1}{2}\right)^{n-1}\right\}$ 为 $1,-\dfrac{1}{2},\dfrac{1}{4},-\dfrac{1}{8},\cdots,(-\dfrac{1}{2})^{n-1},\cdots$；

$\{\dfrac{1}{n}\}$ 为 $1,\dfrac{1}{2},\dfrac{1}{3},\cdots,\dfrac{1}{n},\cdots$；

$\{C\}$ 为 $C,C,C,\cdots,C,\cdots$.

数列可以用图像来表示. 图 2-1(a)、(b)、(c) 分别是数列 $\{2n-1\}$、$\{\dfrac{n+1}{2n}\}$、$\{1+\dfrac{(-1)^n}{n}\}$ 的图像表示. 从图上看，它们是一群孤立的点.

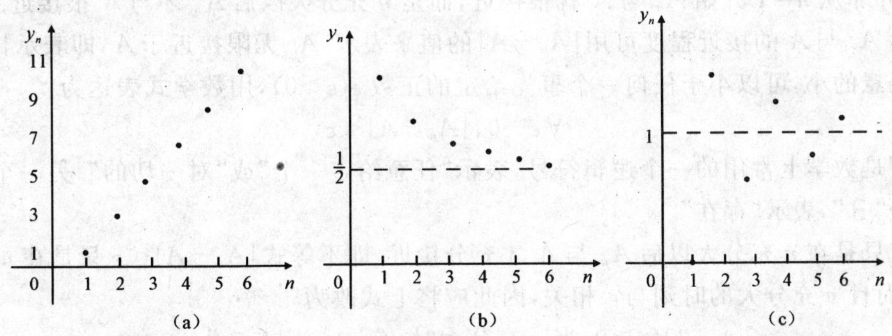

图 2-1

若 $y_1\leqslant y_2\leqslant\cdots\leqslant y_n\leqslant\cdots$，则称 $\{y_n\}$ 为单调增加数列，如 $\{2n-1\}$；若 $y_1\geqslant y_2\geqslant\cdots\geqslant y_n\geqslant\cdots$，则称 $\{y_n\}$ 为单调减少数列，如 $\{\dfrac{1}{n}\}$，$\{\dfrac{n+1}{2n}\}$.

对于$\{y_n\}$,如果存在常数$M>0$,使对一切y_n满足$|y_n|\leqslant M$,则$\{y_n\}$是有界的,如$\{\frac{1}{n}\}$,$\{(-1)^{n+1}\}$;否则,称$\{y_n\}$是无界的.

二、数列的极限

有时我们要确定数列变化的趋势或性态.例如,当n无限变大时,y_n会发生什么样的变化?下面我们先看一下我国古代数学家刘徽的割圆术(公元3世纪).

设有一圆,欲求其面积,我们无法直接求出其精确面积,于是寻求其近似值:首先作内接正6边形,把它的面积记为A_1,A_1作为圆面积的近似值,但还不够精确;再作内接正12边形,其面积记为A_2;再作内接正24边形,其面积记为A_3;依此下去,每次边数加倍,一般地把内接正$6\times2^{n-1}$边形的面积记为$A_n(n=1,2,3,\cdots)$.这样,就得到一系列内接正多边形的面积:

$$A_1,A_2,A_3,\cdots,A_n,\cdots,$$

它们构成了数列$\{A_n\}$.注意到n越大,内接正多边形与圆的差别就越小,从而以A_n作为圆面积的近似值也越精确.但是无论n取得多么大,只要n取定了,A_n终究只是多边形的面积,还不是圆面积.因此,设想n无限增大(记为$n\to\infty$,读作n趋向无穷大),即内接正多边形的边数无限增加时,显然,内接正多边形的面积A_n将无限接近于圆的面积(一个确定的数值).数学上,将这个确定的数值称为数列$A_1,A_2,A_3,\cdots,A_n,\cdots$当$n\to\infty$时的极限.可以看到,正是这个数列的极限精确地表达了圆的面积.因此需要建立数列极限的概念.

定义2 若数列$\{x_n\}$在n无限增大(即$n\to\infty$)时,x_n无限接近某个常数A,则称A为数列$\{x_n\}$的极限,记作

$$\lim_{n\to\infty}x_n=A \quad 或 \quad x_n\to A(n\to\infty).$$

若$\{x_n\}$有极限,则称数列$\{x_n\}$是收敛的,或数列$\{x_n\}$收敛于A.若$\{x_n\}$没有极限,则称数列$\{x_n\}$是发散的(如数列$\{(-1)^n\}$等).

上述定义是直观描述性的定义,没有量之间的关系,在数学上不好应用.那如何从量的方面建立极限的精确化定义呢?再回顾一下"割圆术",可得到以下两个结论:

(1)当$n\to\infty$时,A_n无限接近于常数A(圆面积);

(2)并非从$n=1$开始A_n与A就很接近,而是n充分大以后A_n才与A很接近.

显然A_n与A的接近程度可用$|A_n-A|$的值来表示.A_n无限接近于A,即表示$|A_n-A|$的值可以任意的小,可以小于任何一个事先给定的正数$\varepsilon(\varepsilon>0)$,用数学式表达为

$$\forall\varepsilon>0,|A_n-A|<\varepsilon,$$

其中"$\forall$"是数学上常用的一个逻辑符号,表示"任意给定一个"或"对一切的".另一个常用的逻辑符号是"$\exists$",表示"存在".

由于只是在n充分大以后A_n与A才充分接近,即不等式$|A_n-A|<\varepsilon$只是在n充分大时才成立,而且n充分大的时刻与ε相关,因此应将上式改为

$$“\forall\varepsilon>0,当n充分大时,有|A_n-A|<\varepsilon”,$$

进而表述成"$\forall\varepsilon>0,\exists N,\forall n>N$时,有$|A_n-A|<\varepsilon$".其中$N$是与$A$无关,但与$\varepsilon$有关的常数,它表示了$n$充分大的起始时刻(显然$N$不唯一).$n>N$,表示$n$充分大.由此我们可得到数列极限的精确定义.

定义3 设$\{x_n\}$是一数列,A是一常数.若对任意给定正数ε,总存在自然数N,对一切的$n>$

N，有$|x_n-A|<\varepsilon$，则称 A 为数列$\{x_n\}$的极限.

用逻辑符号表示：

$\lim\limits_{n\to\infty}x_n=A\Leftrightarrow\forall\varepsilon>0,\exists N,\forall n>N$，有$|x_n-A|<\varepsilon$.

例 1　求证 $\lim\limits_{n\to\infty}\dfrac{1}{n}=0$.

证　$\forall\varepsilon>0$(不妨设 $1>\varepsilon>0$)，要使$\left|\dfrac{1}{n}-0\right|<\varepsilon$，即$\dfrac{1}{n}<\varepsilon$，只要 $n>\dfrac{1}{\varepsilon}$，因此取 $N=\left[\dfrac{1}{\varepsilon}\right]$，则当 $n>N$ 时，有$\left|\dfrac{1}{n}-0\right|<\varepsilon$，即

$$\lim_{n\to\infty}\frac{1}{n}=0.$$

例 2　求证 $\lim\limits_{n\to\infty}\dfrac{1}{2^n}=0$.

证　$\forall\varepsilon>0$(不妨设 $1>\varepsilon>0$)，要使$\left|\dfrac{1}{2^n}-0\right|<\varepsilon$，即$\dfrac{1}{2^n}<\varepsilon$，只要 $n>\log_2\dfrac{1}{\varepsilon}$，因此取 $N=\left[\log_2\dfrac{1}{\varepsilon}\right]$，则当 $n>N$ 时，有$\left|\dfrac{1}{2^n}-0\right|<\varepsilon$，即

$$\lim_{n\to\infty}\frac{1}{2^n}=0.$$

例 3　常数列$\{C\}$的极限：$\lim\limits_{n\to\infty}C=C$(请读者自证)，也可以认为常数 C 的极限为 C.

例 4　求证 $\lim\limits_{n\to\infty}\dfrac{n}{n+1}=1$.

证　$\forall\varepsilon>0$，要使$\left|\dfrac{n}{n+1}-1\right|=\dfrac{1}{n+1}<\varepsilon$.

因$\dfrac{1}{n+1}<\dfrac{1}{n}$，故只要$\dfrac{1}{n}<\varepsilon$，即 $n>\dfrac{1}{\varepsilon}$即可. 因此取 $N=\left[\dfrac{1}{\varepsilon}\right]$. 当 $n>N$ 时，有$\left|\dfrac{n}{n+1}-1\right|<\varepsilon$，即

$$\lim_{n\to\infty}\frac{n}{n+1}=1.$$

注意：在利用数列极限的定义论证某个数 a 是数列 x_n 的极限时，重要的是对于任意给定的正数 ε，能够证明定义中所说的这种正整数 N 确实存在. 容易看出，这样的正整数 N 如果存在，它就不是唯一的. 按照极限概念，我们没有必要求出最小的 N. 如果知道$|x_n-a|$小于某个量(这个量与 n 有函数关系)，那么当这个量小于 ε 时，$|x_n-a|<\varepsilon$ 当然也成立. 若令这个量小于 ε 来定出 N 比较方便的话，就可采用这种方法来确定 N. 例 4 便是这样的.

***例 5**　如果数列 x_n 收敛，那么数列 x_n 一定有界(收敛数列的有界性).

证　因为数列 x_n 收敛，设 $\lim\limits_{n\to\infty}x_n=a$. 根据数列极限的定义，对于$\varepsilon=1$ 存在着正整数 N，使得对于 $n>N$ 时的一切 x_n，不等式$|x_n-a|<1$ 都成立. 于是，当 $n>N$ 时，有

$$|x_n|=|(x_n-a)+a|\leqslant|x_n-a|+|a|<1+|a|.$$

取 $M=\max\{|x_1|,|x_2|,\cdots,|x_N|,1+|a|\}$(这个式子表示，$M$ 是$|x_1|,|x_2|,\cdots,|x_N|,1+|a|$这 $N+1$ 个数中最大的数)，那么数列 x_n 中的一切 x_n 都满足不等式

$$|x_n| \leqslant M.$$

这就证明了数列 x_n 是有界的.

根据上述定理,如果数列 x_n 无界,那么数列 x_n 一定发散.但是,如果数列 x_n 有界,却不能断定数列 x_n 一定收敛,例如数列

$$1,-1,1,\cdots,(-1)^{n+1},\cdots$$

有界,但该数列是发散的.所以数列有界是数列收敛的必要条件,但不是充分条件.

习题 2-1

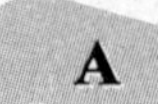

1. 设 $u_n=1-10^{-n}$,当 n 为何值时,不等式 $|u_n-1|<\varepsilon$ 成立?

(1)$\varepsilon=0.1$　　(2)$\varepsilon=0.001$　　(3)$\varepsilon=10^{-m}$

2. 设 $x_n=\dfrac{n}{n+1}$,对于给定的 ε 值,取怎样的 N 才能使当 $n>N$ 时 $|x_n-1|<\varepsilon$ 成立?

(1)$\varepsilon=0.1$　　(2)$\varepsilon=0.01$　　(3)$\varepsilon=10^{-m}$

3. 用极限的"ε-N"定义证明下列极限.

(1)$\lim\limits_{n\to\infty}(2+\dfrac{1}{n})=2$　　(2)$\lim\limits_{n\to\infty}\dfrac{2n+1}{3n+1}=\dfrac{2}{3}$　　(3)$\lim\limits_{n\to\infty}\dfrac{\sin\frac{n\pi}{2}}{n}=0$

B

1. 设 $\lim\limits_{n\to\infty}x_n=A,\lim\limits_{n\to\infty}y_n=B$,根据数列极限定义证明 $\lim\limits_{n\to\infty}(x_n+y_n)=A+B$.

2. 对于数列$\{x_n\}$,如果

$$\lim_{k\to\infty}x_{2k}=a,\lim_{k\to\infty}x_{2k+1}=a,$$

证明 $\lim\limits_{n\to\infty}x_n=a$.

3. 若 $u_n=(-1)^n\dfrac{n}{n+1}$,数列$\{u_n\}$是否有极限? 能否说如果$\{|u_n|\}$收敛,则$\{u_n\}$也收敛?

第二节　函数的极限

函数的极限是指因变量在随着自变量的变化而变化的过程中能无限地接近于某个常数.显然,函数极限要比数列极限复杂得多,因它的自变量可以趋于一个有限数,也可以趋于无限.

一、自变量趋于有限数时 $f(x)$ 的极限

设 $f(x)$ 在 $x=a$ 的附近有定义,现考察 $x\neq a$ 且 x 无限接近 a,即 $x\to a$(读作 x 趋于 a)时 $f(x)$ 的变化趋势.

例 1　设 $y=\tan x$,讨论 $x\to\dfrac{\pi}{4}$时,函数的变化趋势.从函数图形(如图 2-2)上可以看出 x

无限接近$\frac{\pi}{4}$时，函数值就无限接近 1，因此认为 1 是 $\tan x$ 在 $x\to\frac{\pi}{4}$时的极限，记作

$$\lim_{x\to\frac{\pi}{4}}\tan x=1.$$

例 2　若 $f(x)\begin{cases}\tan x & (x\neq\frac{\pi}{4})\\ 2 & (x=\frac{\pi}{4})\end{cases}$. 现考察 $x\to\frac{\pi}{4}$时函数的变化趋势. 从函数图形上（如图 2-3）可以看出，x 无限接近$\frac{\pi}{4}$时，$f(x)$也无限接近 1，因此

$$\lim_{x\to\frac{\pi}{4}}f(x)=1.$$

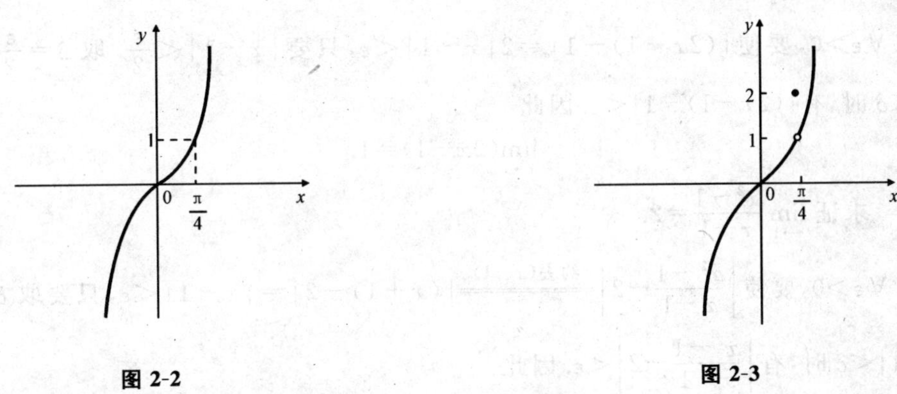

图 2-2　　　　图 2-3

上述两例说明函数在 $x=\frac{\pi}{4}$处的极限与 $f(x)$在$\frac{\pi}{4}$处有无定义无关，与$f(x)$在$\frac{\pi}{4}$处的函数值无关. 因此认为 $x\to\frac{\pi}{4}$是 $x\neq\frac{\pi}{4}$且 x 无限接近$\frac{\pi}{4}$.

下面给出函数极限定义的直观描述.

定义 1　设 $f(x)$在 x_0 的某个去心邻域内有定义. 如果当 $x\to x_0$（$x\neq x_0$ 且 x 无限接近 x_0）时，$f(x)$无限接近一个常数 A，则称 $x\to x_0$ 时，$f(x)$以 A 为极限，记作

$$\lim_{x\to x_0}f(x)=A \text{ 或 } f(x)\to A(x\to x_0).$$

如何给出 $\lim\limits_{x\to x_0}f(x)=A$ 的精确定义呢？同样注意到例 1、例 2 中函数极限：

(1)当 $x\to x_0$ 时，$f(x)$与 A 无限接近；

(2)只有当 x 与 x_0 充分接近，即$|x-x_0|$充分小时（注意$|x-x_0|>0$），$f(x)$才与 A 很接近，于是采用与数列极限类似方法建立函数极限的定义.

定义 2　设 $f(x)$在 x_0 的某个去心邻域有定义，A 为一常数. 若对任意给定的正数 ε，总存在正数 δ，当 $0<|x-x_0|<\delta$ 时，有

$$|f(x)-A|<\varepsilon,$$

则称 A 为 $f(x)$在 $x\to x_0$ 时的极限. 若这样的常数不存在，则称 $x\to x_0$ 时 $f(x)$没有极限或 $\lim\limits_{x\to x_0}f(x)$不存在.

用逻辑符号可表示为：

$\lim\limits_{x\to x_0}f(x)=A\Leftrightarrow\forall\varepsilon>0,\exists\delta>0,\forall x$，当 $0<|x-x_0|<\delta$，有$|f(x)-A|<\varepsilon$.

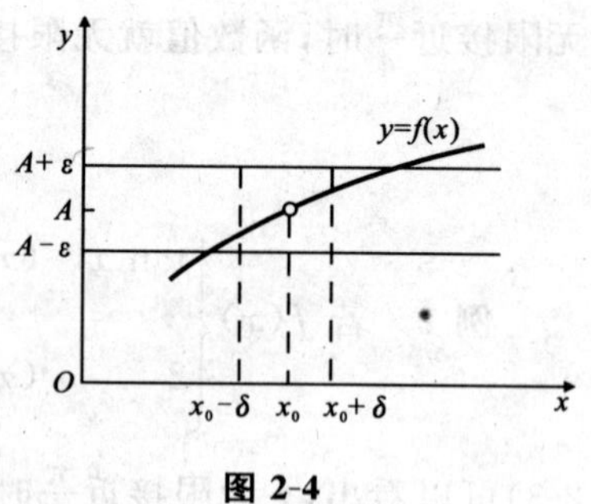

图 2-4

函数 $f(x)$ 当 $x\to x_0$ 时的极限为 A 的几何解释如下：任意给定一正数 ε，作平行于 x 轴的两条直线 $y=A+\varepsilon$ 和 $y=A-\varepsilon$，介于这两条直线之间是一横条区域. 根据定义，对于给定的 ε，存在着点 x_0 的一个去心的 δ 邻域 $O^\circ(x_0,\delta)$，当 $y=f(x)$ 的图形上的点的横坐标 $x\in O^\circ(x_0,\delta)$ 时，这些点的纵坐标 $f(x)$ 满足不等式

$$|f(x)-A|<\varepsilon,$$

即 $A-\varepsilon<f(x)<A+\varepsilon$，从而这些点落在上面所说的横条区域内(图 2-4).

例 3　求证 $\lim\limits_{x\to 1}(2x-1)=1$.

证　$\forall\varepsilon>0$，要使 $|(2x-1)-1|=2|x-1|<\varepsilon$，只要 $|x-1|<\dfrac{\varepsilon}{2}$. 取 $\delta=\dfrac{\varepsilon}{2}$，则当 $0<|x-1|<\delta$ 时，有 $|(2x-1)-1|<\varepsilon$. 因此

$$\lim_{x\to 1}(2x-1)=1.$$

例 4　求证 $\lim\limits_{x\to 1}\dfrac{x^2-1}{x-1}=2$.

证　$\forall\varepsilon>0$，要使 $\left|\dfrac{x^2-1}{x-1}-2\right|\xlongequal{\text{约去}(x-1)}|(x+1)-2|=|x-1|<\varepsilon$，只要取 $\delta=\varepsilon$，则当 $0<|x-1|<\delta$ 时，有 $\left|\dfrac{x^2-1}{x-1}-2\right|<\varepsilon$. 因此

$$\lim_{x\to 1}\frac{x^2-1}{x-1}=2.$$

注：因为 $x\to 1$ 时是 $x\neq 1$ 的，故 $\dfrac{x^2-1}{x-1}$ 可约分为 $x+1$. 这里也可看出定义中规定 $x\neq x_0$，且 x 与 x_0 无限接近的好处.

考察符号函数 $\operatorname{sgn} x=\begin{cases}1 & (x>0)\\ 0 & (x=0)\\ -1 & (x<0)\end{cases}$ 在 $x\to 0$ 时的极限时发现 $\lim\limits_{x\to 0}\operatorname{sgn} x$ 不存在，且若 $x>0$ 且 $x\to 0$(即 x 从 0 点的右边趋于 0)或 $x<0$ 且 $x\to 0$(即 x 从 0 点的左边趋于 0)时 $\operatorname{sgn} x$ 的极限均存在. 对于这种极限，称为函数的单侧极限，下面给出定义.

定义 3　设 $y=f(x)$ 在 $x>x_0$ 时有定义，若 $x>x_0$ 且 $x\to x_0$(即 x 从 x_0 的右侧趋于 x_0)时，$f(x)$ 无限接近一个常数 A，则称当 $x\to x_0$ 时，$f(x)$ 以 A 为右极限，记作

$$\lim_{x\to x_0^+}f(x)=A\quad\text{或}\quad f(x_0^+)=A.$$

类似可定义 $f(x)$ 在 $x\to x_0$ 时的左极限(请读者自行给出)，记作

$$\lim_{x\to x_0^-}f(x)=A\quad\text{或}\quad f(x_0^-)=A.$$

函数的极限与其左右极限的关系可表为下述定理.

定理　当 $x\to x_0$ 时，函数 $f(x)$ 极限存在的充分必要条件是 $f(x)$ 的左、右极限存在且相等，即

$$\lim_{x\to x_0}f(x)=A\Leftrightarrow f(x_0^+)=f(x_0^-)=A.$$

请读者自行给出证明.

例 5 证明:函数

$$f(x)=\begin{cases}x-1 & (x<0)\\ 0 & (x=0)\\ x+1 & (x>0)\end{cases}$$

当 $x\to 0$ 时,$f(x)$的极限不存在.

证 仿例 3 可证左极限

$$\lim_{x\to -0}f(x)=\lim_{x\to -0}(x-1)=-1,$$

而右极限

$$\lim_{x\to +0}f(x)=\lim_{x\to +0}(x+1)=1.$$

因为左极限和右极限不相等,所以 $\lim\limits_{x\to 0}f(x)$不存在(图 2-5).

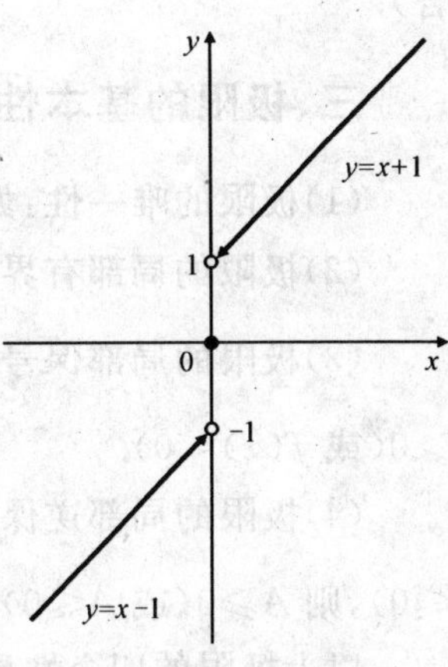

图 2-5

二、自变量趋于无穷时 $f(x)$的极限

自变量 x 趋于无穷大可分为以下三种情形:$|x|$无限增大时,称 $x\to\infty$;$x>0$ 且 x 无限增大时,称 $x\to+\infty$;$x<0$ 且 $|x|$无限增大时,称 $x\to-\infty$.

若 $f(x)$在 x 趋于无穷大的某过程中无限接近某常数 A,则 A 便是自变量趋于无穷大的该过程时的极限.仿照上述极限定义,可以得到如下定义.

定义 4 设 $f(x)$在$|x|>M$ 时有定义,A 为一常数.若对任意给定的正数 ε,总存在正数 Z,当$|x|>Z$ 时,有$|f(x)-A|<\varepsilon$,则称 A 为 $f(x)$在 $x\to\infty$时的极限,记作

$$\lim_{x\to\infty}f(x)=A \text{ 或 } f(x)\to A(x\to\infty).$$

定义 5 设 $f(x)$在 $x>M$ 时有定义,A 为一常数.若对任意给定的正数 ε,总存在正数 Z,当 $x>Z$ 时,有$|f(x)-A|<\varepsilon$,则称 A 为$f(x)$在 $x\to+\infty$时的极限,记作

$$\lim_{x\to+\infty}f(x)=A \text{ 或 } f(x)\to A(x\to+\infty).$$

仿定义 5 可以给出 $\lim\limits_{x\to-\infty}f(x)=A$ 或$f(x)\to A(x\to-\infty)$的定义,这里从略.

从几何上说,$\lim\limits_{x\to\infty}f(x)=A$ 的意义是:作直线 $y=A-\varepsilon$ 和 $y=A+\varepsilon$,则总有一正数 X 存在,使当 $x<-X$ 或 $x>X$ 时,函数 $y=f(x)$的图形就位于这两条直线之间(图 2-6).

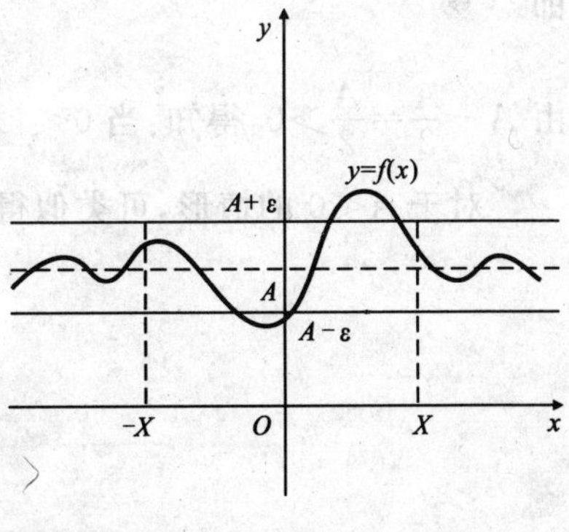

图 2-6

例 6 证明 $\lim\limits_{x\to\infty}\dfrac{1}{x}=0$.

证 $\forall\varepsilon>0$,要使 $\left|\dfrac{1}{x}-0\right|=\dfrac{1}{|x|}<\varepsilon$,只要$|x|>\dfrac{1}{\varepsilon}$,故取 $Z=\dfrac{1}{\varepsilon}$,当$|x|>Z$ 时,有 $\left|\dfrac{1}{x}-0\right|<\varepsilon$,因此 $\lim\limits_{x\to\infty}\dfrac{1}{x}=0$.

由 $y=\dfrac{1}{x}$的图形可以看到直线 $y=0$ 是函数 $y=\dfrac{1}{x}$图形的水平渐近线.一般地说,如果

$\lim\limits_{x\to\infty} f(x)=c$,或 $\lim\limits_{x\to+\infty} f(x)=c$,或 $\lim\limits_{x\to-\infty} f(x)=c$,那么直线 $y=c$ 便是函数 $y=f(x)$ 的水平渐近线.

若将数列通项看作定义在正整数集上的函数(整标函数),即数列极限仅是函数极限的特例.下面介绍的函数极限性质同样适合于数列极限,并以 $\lim\limits_{x\to x_0} f(x)$ 为例(对其他极限形式也适合).

三、极限的基本性质

(1)极限的唯一性:如果变量的极限存在,那么它的极限是唯一的.

(2)极限的局部有界性:若 $\lim\limits_{x\to x_0} f(x)=A$,则在 $x=x_0$ 的某去心邻域内 $f(x)$ 有界.

(3)极限的局部保号性:若 $\lim\limits_{x\to x_0} f(x)=A>0$(或 $A<0$),则在 $x=x_0$ 的某去心邻域内 $f(x)>0$(或 $f(x)<0$).

(4)极限的局部逆保号性:若 $\lim\limits_{x\to x_0} f(x)=A$,且在 $x=x_0$ 的某去心邻域内 $f(x)\geqslant 0$(或 $f(x)\leqslant 0$),则 $A\geqslant 0$(或 $A\leqslant 0$).

以上极限的四个性质,在极限理论以及整个微积分的理论中都占有重要的地位,务必记住.这里仅对性质 3 予以证明,其他性质请读者自行证明.

证 设 $A>0$.因 $\lim\limits_{x\to x_0} f(x)=A$,故由极限定义得知,对于取定的 $\varepsilon=\dfrac{A}{2}>0$,总存在 $\delta>0$,使 $0<|x-x_0|<\delta$,有

$$|f(x)-A|<\frac{A}{2},$$

即

$$A-\frac{A}{2}<f(x)<A+\frac{A}{2},$$

由 $A-\dfrac{A}{2}=\dfrac{A}{2}>0$,得知:当 $0<|x-x_0|<\delta$ 时,$f(x)>0$.

对于 $A<0$ 的情形,可类似得证.

习题 2-2

1. 用"ε-δ"或"ε-Z"语言来叙述下列各个极限的定义.

(1) $\lim\limits_{x\to-1} f(x)=4$ (2) $\lim\limits_{x\to x_0^+} f(x)=A$

(3) $\lim\limits_{x\to4^-} f(x)=1$ (4) $\lim\limits_{x\to+\infty} f(x)=2$

(5) $\lim\limits_{x\to\infty} f(x)=B$ (6) $\lim\limits_{x\to-\infty} f(x)=0$

2. 根据函数极限定义证明:

(1) $\lim\limits_{x\to2}(5x+2)=12$ (2) $\lim\limits_{x\to2}\dfrac{x^2-4}{x-2}=4$

(3) $\lim\limits_{x\to\infty}\frac{1}{x^2}=0$

B

1. 根据极限定义证明对于函数 $f(x)$，当 $x\to x_0$ 时，极限存在的充要条件是：$f(x)$ 在 x_0 处的左、右极限存在并且相等.

2. 设 $\lim\limits_{x\to\infty}f(x)=A(A>0)$，证明当 $|x|$ 充分大时，$f(x)>\frac{A}{2}$.

第三节　极限的运算法则

同样以 $\lim\limits_{x\to x_0}f(x)$ 为例说明极限的运算法则，它同样适用于函数极限的其他形式及数列极限.

一、极限的四则运算法则

定理 1　若 $\lim\limits_{x\to x_0}f(x)=A,\lim\limits_{x\to x_0}g(x)=B$，则：

(1) $\lim\limits_{x\to x_0}(f(x)\pm g(x))=\lim\limits_{x\to x_0}f(x)\pm\lim\limits_{x\to x_0}g(x)=A\pm B$.

(和(或差)的极限等于极限的和(或差))

(2) $\lim\limits_{x\to x_0}[f(x)g(x)]=\lim\limits_{x\to x_0}f(x)\cdot\lim\limits_{x\to x_0}g(x)=A\cdot B$.

(乘积的极限等于极限的乘积)

(3) 当 $\lim\limits_{x\to x_0}g(x)=B\neq0$ 时，$\lim\limits_{x\to x_0}\frac{f(x)}{g(x)}=\frac{\lim\limits_{x\to x_0}f(x)}{\lim\limits_{x\to x_0}g(x)}=\frac{A}{B}$.

(当分母极限不为零时，商的极限等于极限之商)

证　仅证法则(2)，其余读者自行练习.

$\forall\varepsilon>0$，因

$$\begin{aligned}|f(x)g(x)-AB|&=|[f(x)g(x)-Ag(x)]+[Ag(x)-AB]|\\&\leqslant|g(x)||f(x)-A|+|A||g(x)-B|\end{aligned}$$

又 $\lim\limits_{x\to x_0}f(x)=A,\lim\limits_{x\to x_0}g(x)=B$，故对 $\varepsilon>0,\exists\delta>0$，当 $0<|x-x_0|<\delta$，有 $|g(x)|<M$(极限的局部有界性，常数 $M>0$)，即有

$$|f(x)-A|<\varepsilon,\quad |g(x)-B|<\varepsilon,$$

于是

$$|f(x)g(x)-AB|\leqslant M\varepsilon+|A|\varepsilon=(M+|A|)\varepsilon,$$

即

$$\lim_{x\to x_0}f(x)g(x)=AB.$$

计算极限时，首先总是考虑应用极限的四则运算法则，这里强调的是必须以两极限均存在(用商的极限法则时还必须分母极限不为 0)为前提. 下面给出几个推论.

推论 1　$\lim\limits_{x\to x_0}cf(x)=c\lim\limits_{x\to x_0}f(x)$.

即常数因子可以提到极限号外.

推论 2　$\lim\limits_{x \to x_0}[f(x)]^k = [\lim\limits_{x \to x_0} f(x)]^k$（$k$ 为正整数且 $\lim\limits_{x \to x_0} f(x)$ 存在）.

即幂的极限等于极限的幂.

例 1　求下列极限：

(1) $\lim\limits_{x \to 2}(2x^2 + x - 5)$；　(2) $\lim\limits_{x \to 5}\dfrac{2x^2 + x - 1}{x^2 - 5x + 3}$.

解　(1) 原式 $= \lim\limits_{x \to 2}(2x^2) + \lim\limits_{x \to 2} x - \lim\limits_{x \to 2} 5$

$$= 2 \times 2^2 + 2 - 5$$

$$= 5.$$

(2) 原式 $= \dfrac{\lim\limits_{x \to 5}(2x^2) + \lim\limits_{x \to 5} x - \lim\limits_{x \to 5} 1}{\lim\limits_{x \to 5} x^2 - \lim\limits_{x \to 5} 5x + \lim\limits_{x \to 5} 3}$

$$= \frac{2 \times 5^2 + 5 - 1}{5^2 - 5 \times 5 + 3} = \frac{54}{3} = 18.$$

以上几个例子都符合四则运算法则的条件，因此可以直接应用四则运算法则，实际上就是把自变量的极限值代入函数中的结果，这种求极限的方法称为代入法. 一般求极限时应先用代入法试试.

例 2　求 $\lim\limits_{x \to 1}\dfrac{x^2 - 1}{2x^2 - x - 1}$.

解　将 $x = 1$ 代入分子、分母，其值均为 0，这时称极限是"$\dfrac{0}{0}$"型. 显然不符合商的运算法则的条件，因此首先应对函数作恒等变形. 由于分子、分母都是多项式，所以可将分子、分母分解因式. 注意到 $x \to 1$ 时，$x \neq 1$，故可先约去分子与分母的非零因子 $(x-1)$，最后再利用运算法则求极限. 于是

$$\lim_{x \to 1}\frac{x^2 - 1}{2x^2 - x - 1} = \lim_{x \to 1}\frac{(x-1)(x+1)}{(x-1)(2x+1)} = \lim_{x \to 1}\frac{x+1}{2x+1} = \frac{2}{3}.$$

例 3　求 $\lim\limits_{x \to 9}\dfrac{\sqrt{x} - 3}{x - 9}$.

解法一　极限是"$\dfrac{0}{0}$"型. 利用上例的方法：

$$\lim_{x \to 9}\frac{\sqrt{x} - 3}{x - 9} = \lim_{x \to 9}\frac{\sqrt{x} - 3}{(\sqrt{x} - 3)(\sqrt{x} + 3)} = \lim_{x \to 9}\frac{1}{\sqrt{x} + 3} = \frac{1}{6}.$$

解法二　当分式中含有根式时，可将根式有理化，然后约去公因子，最后再利用运算法则求极限. 即

$$\lim_{x \to 9}\frac{\sqrt{x} - 3}{x - 9} = \lim_{x \to 9}\frac{(\sqrt{x} - 3)(\sqrt{x} + 3)}{(x - 9)(\sqrt{x} + 3)} = \lim_{x \to 9}\frac{x - 9}{(x - 9)(\sqrt{x} + 3)} = \lim_{x \to 9}\frac{1}{\sqrt{x} + 3} = \frac{1}{6}.$$

例 4　求下列函数的极限：

(1) $\lim\limits_{x \to 0}\dfrac{\sin x}{\sin \dfrac{x}{2}}$；　(2) $\lim\limits_{x \to \frac{\pi}{4}}\dfrac{\sin x - \cos x}{\cos 2x}$.

解　极限是"$\dfrac{0}{0}$"型，需用三角公式进行恒等变形.

(1)原式$=\lim\limits_{x\to 0}\dfrac{2\sin\dfrac{x}{2}\cos\dfrac{x}{2}}{\sin\dfrac{x}{2}}$

$=\lim\limits_{x\to 0}2\cos\dfrac{x}{2}=2$;

(2)原式$=\lim\limits_{x\to\frac{\pi}{4}}\dfrac{\sin x-\cos x}{\cos^2 x-\sin^2 x}$

$=\lim\limits_{x\to\frac{\pi}{4}}\dfrac{1}{-(\cos x+\sin x)}$

$=-\dfrac{1}{\sqrt{2}}$.

以上几个例子都是“$\dfrac{0}{0}$”型的极限,由于分母的极限为 0,所以不能直接应用四则运算法则,必须先想办法消去零因子后再用四则运算法则来求,这种求极限的方法称为约去零因子法.约去零因子的过程必须是恒等变形,主要目的是使分母的极限不再为 0,这样就可以用四则运算法则了.

二、无穷小量与无穷大量

无穷小量和无穷大量是极限过程中常见的两种变量.

定义 1　若在 x 的某一变化过程中,函数 $f(x)$ 以零为极限,则称 $f(x)$ 为上述过程中的无穷小量.

如:因 $\lim\limits_{x\to\infty}\dfrac{1}{x}=0$,故 $f(x)=\dfrac{1}{x}$ 当 $x\to\infty$ 时是无穷小量;

因 $\lim\limits_{x\to-\infty}2^x=0$,故 $f(x)=2^x$ 当 $x\to-\infty$ 时是无穷小量;

因 $\lim\limits_{x\to 0}x=0$,故 $f(x)=x$ 当 $x\to 0$ 时是无穷小量.

若 $\lim\limits_{x\to x_0}f(x)=A$,则由极限的四则运算法则知:$\lim\limits_{x\to x_0}[f(x)-A]=0$,因此 $x\to x_0$ 时 $f(x)-A$ 是无穷小量,于是我们可以得到一个极限与无穷小量的关系定理.

定理 2　函数 $y=f(x)$ 在 x 的某个变化过程中以常数 A 为极限的充分必要条件是 $f(x)=A+\alpha$,即

$$\lim f(x)=A\Leftrightarrow f(x)=A+\alpha,$$

其中 α 是所考察过程中的无穷小量.

无穷小量的性质:

(1)有限个无穷小量的和、差、积仍为无穷小量;

(2)有界函数与无穷小量的乘积仍为无穷小量.

例 5　证明 $\lim\limits_{x\to\infty}\dfrac{\sin x}{x}=0$.

证　因为 $\dfrac{\sin x}{x}=\dfrac{1}{x}\sin x$,当 $x\to\infty$ 时,$\dfrac{1}{x}\to 0$,又 $|\sin x|\leqslant 1$,故由性质(2)知:$\lim\limits_{x\to\infty}\dfrac{\sin x}{x}=0$.

定义 2 若 $x\to x_0$ 时，非零变量 $f(x)$ 为无穷小量，则称 $\frac{1}{f(x)}$ 为无穷大量，式 $\frac{1}{f(x)}$ 在 $x\to x_0$ 时极限为无穷大，表示为 $\lim\limits_{x\to x_0}\frac{1}{f(x)}=\infty$（极限不存在，但仍读作"$x\to x_0$ 时 $\frac{1}{f(x)}$ 的极限等于无穷大"），它表明当 x 无限接近 x_0 时，函数值 $\left|\frac{1}{f(x)}\right|$ 无限增大，此时若 $f(x)>0$，则可记 $\lim\limits_{x\to x_0}\frac{1}{f(x)}=+\infty$（称 $\frac{1}{f(x)}$ 为正无穷大量）；若 $f(x)<0$，则可记 $\lim\limits_{x\to x_0}\frac{1}{f(x)}=-\infty$（称 $\frac{1}{f(x)}$ 为负无穷大量）.

常见的无穷大量：

因 $\lim\limits_{x\to 0}x=0$，故 $f(x)=\frac{1}{x}$，当 $x\to 0$ 时是无穷大量，记 $\lim\limits_{x\to 0}\frac{1}{x}=\infty$；

因 $\lim\limits_{x\to +\infty}2^{-x}=0$，故 $f(x)=2^x$，当 $x\to +\infty$ 时是无穷大量（正无穷大量），记 $\lim\limits_{x\to 0}2^x=+\infty$.

由基本初等函数 $y=\ln x$ 的图形（图 2-7），我们还可得到

$$\lim_{x\to 0^+}\ln x=-\infty,$$

$$\lim_{x\to +\infty}\ln x=+\infty.$$

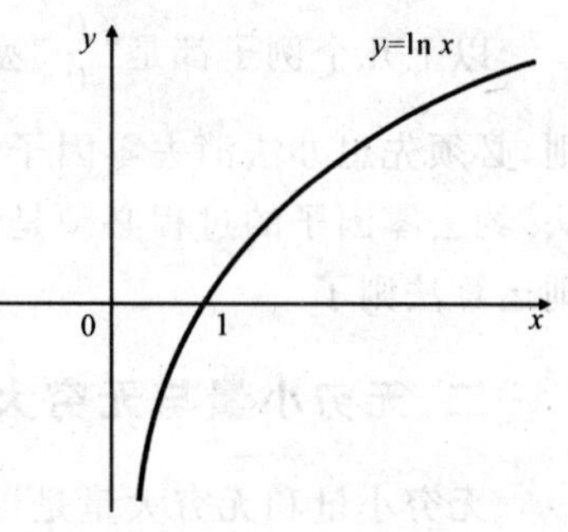

图 2-7

显然直线 $x=0$ 是函数 $y=\ln x$ 的渐近线，称为垂直渐近线.

一般，若 $\lim\limits_{x\to x_0}f(x)=\infty$（或 $\lim\limits_{x\to x_0^+}f(x)=\infty$，$\lim\limits_{x\to x_0^-}f(x)=\infty$），$x_0$ 为实数，则称 $x=x_0$ 为 $f(x)$ 的垂直渐近线.

注意：

①无穷小量与无穷大量都是变量，它们描述的是变量的一种变化趋势. 因此，一个不等于零的常数，哪怕它的绝对值非常小，如 10^{-10}、10^{-20} 等，也不是无穷小量. 同样，一个常数，哪怕是非常大，也不是无穷大量.

②常函数中只有 0 函数是无穷小量.

③一个变量是无穷小量还是无穷大量，要由自变量的变化过程来决定. 同一变量，在某一变化过程中是无穷小量，而在另一变化过程中就可能是无穷大量. 如 $f(x)=\frac{1}{x}$，当 $x\to\infty$ 时是无穷小量；而当 $x\to 0$ 时，是无穷大量.

无穷小量与无穷大量有如下密切的关系：

定理 3

(1) 如果 $f(x)$ 是无穷大量，则 $\frac{1}{f(x)}$ 是无穷小量；

(2) 如果 $f(x)(f(x)\neq 0)$ 是无穷小量，则 $\frac{1}{f(x)}$ 是无穷大量.

如：当 $x\to 1$ 时，$\frac{1}{x-1}$ 是无穷大量，则 $x-1$ 为无穷小量；当 $x\to +\infty$ 时，e^{-x} 是无穷小量，则 e^x 是无穷大量.

关于无穷大量还有一个重要性质：

定理 4 若 $\lim\limits_{x\to x_0}f(x)=\infty$，$\lim\limits_{x\to x_0}g(x)=L(L\neq 0)$，则

$$\lim_{x\to x_0} f(x)g(x)=\infty,\lim_{x\to x_0}[f(x)+g(x)]=\infty.$$

证　因 $\lim\limits_{x\to x_0}\dfrac{1}{f(x)g(x)}=\lim\limits_{x\to x_0}\dfrac{1}{f(x)}\cdot\lim\limits_{x\to x_0}\dfrac{1}{g(x)}=0$,

故
$$\lim_{x\to x_0} f(x)g(x)=\infty.$$

而
$$\lim_{x\to x_0}[f(x)+g(x)]=\lim_{x\to x_0} f(x)\Big[1+\frac{g(x)}{f(x)}\Big]=\infty.$$

例 6　求 $\lim\limits_{x\to\infty}(x^3-100x^2)$.

解　因 $\lim\limits_{x\to\infty}(x^3-100x^2)=\lim\limits_{x\to\infty}x^3\Big(1-\dfrac{100}{x}\Big)$,

故由定理知
$$\lim_{x\to\infty}(x^3-100x^2)=\infty.$$

例 7　求 $\lim\limits_{x\to+\infty}\dfrac{2x^2+3x-4}{3x^2+2x-1}$.

解　因为 $x\to+\infty$ 时,分子、分母均趋于∞,称极限是"$\dfrac{\infty}{\infty}$"型. 因为当 $x\to+\infty$ 时,分子、分母的极限均不存在,因此,不能直接用商的运算法则. 这时,常将分子、分母中最高次幂提出来,约分后,再求极限. 于是

$$\lim_{x\to+\infty}\frac{2x^2+3x-4}{3x^2+2x-1}=\lim_{x\to+\infty}\frac{x^2\Big(2+\dfrac{3}{x}-\dfrac{4}{x^2}\Big)}{x^2\Big(3+\dfrac{2}{x}-\dfrac{1}{x^2}\Big)}=\frac{2}{3}.$$

例 8　求 $\lim\limits_{x\to+\infty}\dfrac{3x^2-2x+1}{2x^3+3x^2-5}$.

解　将分子、分母的最高次幂 x^2、x^3 分别提出,则

$$\lim_{x\to+\infty}\frac{3x^2-2x+1}{2x^3+3x^2-5}=\lim_{x\to+\infty}\frac{x^2\Big(3-\dfrac{2}{x}+\dfrac{1}{x^2}\Big)}{x^3\Big(2+\dfrac{3}{x}-\dfrac{5}{x^3}\Big)}=0.$$

例 9　求 $\lim\limits_{x\to+\infty}\dfrac{2x^3+5}{3x^2-7x}$.

解　考虑 $\lim\limits_{x\to+\infty}\dfrac{3x^2-7x}{2x^3+5}$,利用上例的方法,易得 $\lim\limits_{x\to+\infty}\dfrac{3x^2-7x}{2x^3+5}=0$. 所以原极限

$$\lim_{x\to+\infty}\frac{2x^3+5}{3x^2-7x}=\infty.$$

综合上述三例,可得

$$\lim_{x\to+\infty}\frac{a_0x^n+a_1x^{n-1}+\cdots+a_n}{b_0x^m+b_1x^{m-1}+\cdots+b_m}=\begin{cases}\dfrac{a_0}{b_0} & (n=m)\\ 0 & (n<m)\\ \infty & (n>m)\end{cases}.$$

例 10　求 $\lim\limits_{x\to+\infty}\dfrac{x-\sin x}{x+\sin x}$.

解　因为当 $x\to+\infty$ 时,$|\sin x|\leqslant 1$,故极限是"$\dfrac{\infty}{\infty}$"型. 分子、分母同除以 x,则

$$\lim_{x\to+\infty}\frac{x-\sin x}{x+\sin x}=\lim_{x\to+\infty}\frac{1-\dfrac{1}{x}\sin x}{1+\dfrac{1}{x}\sin x}=1.$$

例 11 求 $\lim\limits_{x\to1}\left(\dfrac{1}{1-x}-\dfrac{3}{1-x^3}\right)$.

解 因 $x\to1$ 时，$\dfrac{1}{1-x}$及$\dfrac{3}{1-x^3}$均趋于∞，称极限是"$\dfrac{\infty}{\infty}$"型. 这时，不可直接用和的运算法则，应先通分，然后约去公因式，再求极限. 即

$$\lim_{x\to1}\left(\frac{1}{1-x}-\frac{3}{1-x^3}\right)=\lim_{x\to1}\frac{1+x+x^2-3}{1-x^3}$$
$$=\lim_{x\to1}\frac{(x-1)(x+2)}{(1-x)(x^2+x+1)}=-1.$$

以上几个例子都是"$\dfrac{\infty}{\infty}$"型，由于分子与分母极限都不存在，故不能直接用四则运算法则来求，一般要将无穷大问题中的无穷大因子提出后，再考虑用四则运算法则.

例 12 求极限：

(1) $\lim\limits_{\Delta x\to0}\dfrac{\sqrt{x+\Delta x}-\sqrt{x}}{\Delta x}$；(2) $\lim\limits_{x\to\infty}(\sqrt{x^2+1}-\sqrt{x^2-1})$.

解 (1)原式 $=\lim\limits_{\Delta x\to0}\dfrac{(\sqrt{x+\Delta x}-\sqrt{x})(\sqrt{x+\Delta x}+\sqrt{x})}{\Delta x(\sqrt{x+\Delta x}+\sqrt{x})}$

$$=\lim_{\Delta x\to0}\frac{1}{\sqrt{x+\Delta x}+\sqrt{x}}=\frac{1}{2\sqrt{x}};$$

(2)原式 $=\lim\limits_{x\to\infty}\dfrac{(\sqrt{x^2+1}-\sqrt{x^2-1})(\sqrt{x^2+1}+\sqrt{x^2-1})}{\sqrt{x^2+1}+\sqrt{x^2-1}}=0.$

三、极限的复合运算法则

定理 5(极限的复合运算法则) 若 $\lim\limits_{t\to t_0}f(t)=A$，$\lim\limits_{x\to x_0}g(x)=t_0$，且 $g(x)$在 x_0 的附近均有 $g(x)\neq t_0$，则

$$\lim_{x\to x_0}f[g(x)]=A.$$

这里略去定理的证明，提醒读者注意的是该定理提供了极限计算中使用变量代换的理论根据，并在后面的两个重要极限的使用中起到重要作用.

例 13 求 $\lim\limits_{x\to1}\dfrac{\sqrt[3]{x}-1}{\sqrt{x}-1}$.

解 该极限是"$\dfrac{0}{0}$"型. 令 $x=t^6$，则 $x\to1$ 时 $t\to1$. 于是

$$\lim_{x\to1}\frac{\sqrt[3]{x}-1}{\sqrt{x}-1}=\lim_{t\to1}\frac{t^2-1}{t^3-1}=\lim_{t\to1}\frac{(t-1)(t+1)}{(t-1)(t^2+t+1)}=\frac{2}{3}.$$

例 14 求 $l=\lim\limits_{x\to1^+}\left(\sqrt{\dfrac{1}{x-1}+1}-\sqrt{\dfrac{1}{x-1}-1}\right)$.

解　令 $t=\dfrac{1}{x-1}$，则 $x\to1^+$ 时，$t\to+\infty$. 于是

$$l=\lim_{t\to+\infty}(\sqrt{t+1}-\sqrt{t-1})=\lim_{t\to+\infty}\frac{2}{\sqrt{t+1}+\sqrt{t-1}}=0.$$

习题 2-3

A

1. 求极限：

(1) $\lim\limits_{x\to2}(2x^2-3x+1)$　　(2) $\lim\limits_{x\to4}(2x-1)(x+3)$

(3) $\lim\limits_{x\to2}\dfrac{x^2+5}{x^2-3}$　　(4) $\lim\limits_{x\to0}(\dfrac{x^2-3x+1}{x-4}+1)$

2. 求极限：

(1) $\lim\limits_{x\to\sqrt{3}}\dfrac{x^2-3}{x^4+x^2+1}$　　(2) $\lim\limits_{x\to1}\dfrac{x^3+1}{x-1}$

3. 求极限：

(1) $\lim\limits_{x\to-1}\dfrac{x^3+1}{x+1}$　　(2) $\lim\limits_{x\to-2}\dfrac{x^3+3x^2+2x}{x^2-x-6}$

(3) $\lim\limits_{x\to0}\dfrac{(x+1)^2-1}{x}$　　(4) $\lim\limits_{x\to-\frac{1}{2}}\dfrac{6x^2+x-1}{2x^2-5x-3}$

4. 求极限：

(1) $\lim\limits_{x\to\infty}\dfrac{x^2-2x-1}{3x^2+1}$　　(2) $\lim\limits_{x\to\infty}\dfrac{x^3-3x+2}{x^4-x^2}$

(3) $\lim\limits_{x\to\infty}\dfrac{2x^3-1}{x^2+1}$

5. 求极限：

(1) $\lim\limits_{x\to0}\dfrac{\sqrt{1+x}-\sqrt{1-x}}{x}$　　(2) $\lim\limits_{x\to3}\dfrac{x-3}{\sqrt{x+1}-2}$

(3) $\lim\limits_{x\to0}\dfrac{\sqrt[3]{1+mx}-1}{x}$　　(4) $\lim\limits_{x\to a}\dfrac{\sqrt{ax}-x}{x-a}$

B

1. 求极限：

(1) $\lim\limits_{n\to\infty}\dfrac{10^n-2}{10^{n+1}+5}$　　(2) $\lim\limits_{n\to\infty}\dfrac{(-2)^n+3^n}{(-2)^{n+1}+3^{n+1}}$

2. 求极限：

(1) $\lim\limits_{n\to\infty}\dfrac{1+2+\cdots+n}{n^2}$

(2) $\lim\limits_{n\to\infty}\dfrac{1+a+a^2+\cdots+a^n}{1+b+b^2+\cdots+b^n}(|a|<1,|b|<1)$

3. 设 $f(x)=\begin{cases} x-1 & (x<0) \\ \dfrac{x^2+3x-1}{x^3+1} & (x\geqslant 0) \end{cases}$，求 $\lim\limits_{x\to 0}f(x)$，$\lim\limits_{x\to +\infty}f(x)$，$\lim\limits_{x\to -\infty}f(x)$.

第四节　极限存在准则与两个重要极限

下面我们不加证明地给出两个极限存在的准则，并由此导出两个重要极限.

一、极限存在的两个准则

1. 夹逼准则

定理 1　若函数 $f(x)$，$g(x)$，$h(x)$ 在 x_0 的某去心邻域内满足

$$g(x)\leqslant f(x)\leqslant h(x),$$

且 $\lim\limits_{x\to x_0}g(x)=\lim\limits_{x\to x_0}h(x)=A$，则 $\lim\limits_{x\to x_0}f(x)=A$.

注意：该准则适用于函数极限的各种形式，对数列极限也有相应结论.

2. 单调有界收敛准则

定理 2　如果数列 $\{x_n\}$ 单调有界，则 $\lim\limits_{n\to\infty}x_n$ 一定存在.

二、两个重要极限

1. 重要极限Ⅰ　$\lim\limits_{x\to 0}\dfrac{\sin x}{x}=1$

这一重要极限有两个特征：

(1)极限是"$\dfrac{0}{0}$"型；

(2)分子 sin 记号后的变量与分母在形式上完全一致，故只要 $\lim\limits_{x\to a}f(x)=0$，便有 $\lim\limits_{x\to a}\dfrac{\sin f(x)}{f(x)}=1$.

证　在图 2-8 所示的单位圆中，设圆心角 $\angle AOB=x$ $\left(0<x<\dfrac{\pi}{2}\right)$，点 A 处的切线与 OB 的延长线相交于 D，又 $BC\perp OA$，则

$$\sin x=CB,\ x=\overset{\frown}{AB},\ \tan x=AD.$$

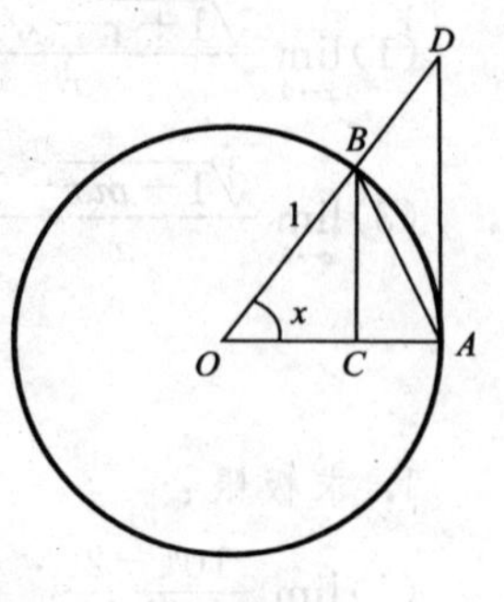

图 2-8

因为

$\triangle AOB$ 的面积<圆扇形 AOB 的面积<$\triangle AOD$ 的面积，

所以

$$\frac{1}{2}\sin x<\frac{1}{2}x<\frac{1}{2}\tan x,$$

即

$$\sin x<x<\tan x.$$

除以 $\sin x$，就有 $1<\dfrac{x}{\sin x}<\dfrac{1}{\cos x}$，从而

$$\cos x<\frac{\sin x}{x}<1.$$

因为当 x 用 $-x$ 代替时，$\cos x$ 与 $\frac{\sin x}{x}$ 都不变号，所以上面的不等式对于开区间 $\left(-\frac{\pi}{2},0\right)$ 内的一切 x 也是成立的.

由于 $0\leqslant 1-\cos x=AC<AB<\overset{\frown}{AB}=x\to 0(x\to 0)$，故由夹逼准则得知 $\lim\limits_{x\to 0}(1-\cos x)=0$，即 $\lim\limits_{x\to 0}\cos x=1$.

于是

$$\lim_{x\to 0}\frac{\sin x}{x}=1.$$

利用这一重要极限，可以求得一系列涉及三角函数的极限.

例 1　求下列极限：

(1) $\lim\limits_{x\to 0}\frac{\sin kx}{x}$；　(2) $\lim\limits_{x\to 0}\frac{\sin 3x}{\sin 4x}$；　(3) $\lim\limits_{x\to 0}\frac{x}{\tan x}$；　(4) $\lim\limits_{x\to 0}\frac{1-\cos x}{x^2}$.

解　(1) 原式 $=\lim\limits_{x\to 0}k\frac{\sin kx}{kx}=k\lim\limits_{x\to 0}\frac{\sin kx}{kx}=k\cdot 1=k$；.

(2) 原式 $=\lim\limits_{x\to 0}\frac{\sin 3x}{3x}\cdot\frac{4x}{\sin 4x}\cdot\frac{3}{4}=\frac{3}{4}\lim\limits_{x\to 0}\frac{\sin 3x}{3x}/\lim\limits_{x\to 0}\frac{\sin 4x}{4x}=\frac{3}{4}$；

(3) 原式 $=\lim\limits_{x\to 0}x/\frac{\sin x}{\cos x}=\lim\limits_{x\to 0}1/\frac{\sin x}{x}\cdot\cos x$

$=1/\lim\limits_{x\to 0}\frac{\sin x}{x}\cdot\lim\limits_{x\to 0}\cos x=1/1\cdot 1=1$；

(4) 因 $\frac{1-\cos x}{x^2}=\frac{2\sin^2(x/2)}{x^2}=\frac{1}{2}\left[\frac{\sin(x/2)}{x/2}\right]^2$，于是

原式 $\xlongequal{令 t=\frac{x}{2}}\lim\limits_{t\to 0}\frac{1}{2}\left(\frac{\sin t}{t}\right)^2=\frac{1}{2}\left(\lim\limits_{t\to 0}\frac{\sin t}{t}\right)^2=\frac{1}{2}$.

例 2　求下列极限：

(1) $\lim\limits_{x\to 0}\frac{\sin(\sin x)}{\sin x}$；　(2) $\lim\limits_{x\to\frac{\pi}{2}}\frac{\cos x}{\frac{\pi}{2}-x}$；

(3) $\lim\limits_{x\to\infty}x\sin\frac{1}{x}$；　(4) $\lim\limits_{x\to\infty}\frac{2x-1}{x^2\sin(2/x)}$.

解　(1) 令 $t=\sin x$，当 $x\to 0$ 时，$t\to 0$，则

原式 $=\lim\limits_{t\to 0}\frac{\sin t}{t}=1$；

(2) 原式 $=\lim\limits_{x\to\frac{\pi}{2}}\frac{\sin\left(\frac{\pi}{2}-x\right)}{\frac{\pi}{2}-x}$

$\xlongequal{令 t=\frac{\pi}{2}-x}\lim\limits_{t\to 0}\frac{\sin t}{t}$

$=1$；

(3)令 $t=\frac{1}{x}$,当 $x\to\infty$时,$t\to 0$,原式$=\lim\limits_{t\to 0}\frac{\sin t}{t}=1$;

(4)原式$=\frac{1}{2}\lim\limits_{x\to\infty}(2-\frac{1}{x})\frac{2/x}{\sin(2/x)}\xlongequal{令\ t=\frac{1}{x}}\frac{1}{2}\lim\limits_{t\to 0}(2-t)\frac{2t}{\sin 2t}=1$.

例 3 求极限:

(1)$\lim\limits_{x\to 0}\frac{\tan x}{x}$; (2)$\lim\limits_{x\to 0}\frac{\arcsin x}{x}$.

解 (1)原式$=\lim\limits_{x\to 0}\frac{\sin x}{x}\cdot\frac{1}{\cos x}$

$=\lim\limits_{x\to 0}\frac{\sin x}{x}\cdot\lim\limits_{x\to 0}\frac{1}{\cos x}$

$=1$;

(2)设 $t=\arcsin x$,则 $x=\sin t$,当 $x\to 0$ 时,$t\to 0$,则

原式$=\lim\limits_{t\to 0}\frac{t}{\sin t}$

$=1$.

例 4 本章第一节提到圆面积 A 是它的内接正 n 边形的面积 S_n 当 $n\to\infty$时的极限.利用中学数学知识,容易算得半径为 r 的圆的内接正 n 边形的面积

$$S_n=\frac{nr^2}{2}\sin\frac{2\pi}{n},$$

于是圆面积

$$A=\lim_{n\to\infty}\frac{nr^2}{2}\sin\frac{2\pi}{n}$$

$$=\pi r^2\lim_{n\to\infty}\frac{\sin\frac{2\pi}{n}}{\frac{2\pi}{n}}.$$

令 $x_n=\frac{2\pi}{n}$,则当 $n\to\infty$时,$x_n\to 0$;又考虑到当 x 以任意方式趋于零时,$\frac{\sin x}{x}\to 1$,故

$$\lim_{n\to\infty}\frac{\sin\frac{2\pi}{n}}{\frac{2\pi}{n}}=\lim_{x_n\to 0}\frac{\sin x_n}{x_n}=1,$$

因此半径为 r 的圆面积

$$A=\pi r^2.$$

2. 重要极限Ⅱ $\lim\limits_{x\to\infty}\left(1+\frac{1}{x}\right)^x=\mathrm{e}$ 或 $\lim\limits_{x\to 0}(1+x)^{\frac{1}{x}}=\mathrm{e}$

这个重要极限也有两个特征:

(1)极限是"1^∞"型;

(2)底是两项之和,第一项是常数 1,第二项是无穷小量,指数是无穷大量,且与底的第二项互为倒数,故当 $\lim\limits_{x\to a}f(x)=\infty$时,有 $\lim\limits_{x\to a}\left[1+\frac{1}{f(x)}\right]^{f(x)}=\mathrm{e}$,或当 $f(x)\neq 0$ 且 $\lim\limits_{x\to a}f(x)=0$ 时,

有 $\lim\limits_{x\to a}[1+f(x)]^{\frac{1}{f(x)}}=\mathrm{e}$.

先看一下其特例 $\lim\limits_{n\to\infty}(1+\frac{1}{n})=\mathrm{e}$.

令 $x_n=\left(1+\frac{1}{n}\right)^n$，$n=1,2,\cdots$. 对具体的 n，计算 x_n 的值，见下表.

n	1	2	3	4	5	6	7	8	10	100	1 000	…
x_n	2.0	2.25	2.369	2.441	2.488	2.521	2.546	2.565	2.594	2.705	2.717	…

我们看到$\{x_n\}$是单调增加的，可以证明对任何 n，$x_n<3$，即$\{x_n\}$是单调增加的有界数列. 由单调有界收敛准则，$\{x_n\}$的极限存在. 用字母 e 表示这个极限的值，即

$$\lim_{n\to\infty}\left(1+\frac{1}{n}\right)^n=\mathrm{e}.$$

e 是一个无理数，其值是 e＝2.718 281 828 459 045…. 数 e 是一个重要的常数，以 e 为底的指数函数 e^x 及对数函数 $\ln x$ 常出现在重要问题之中.

至于该极限的证明，这里略去. 有兴趣的同学可参阅相关书籍.

利用这一重要极限，可以求得一系列涉及幂指函数 $u(x)^{v(x)}$ 的极限.

例 5 求极限：

(1) $\lim\limits_{x\to\infty}(1-\frac{1}{x})^x$； (2) $\lim\limits_{x\to 0}(1+x)^{\frac{1}{2x}}$；

(3) $\lim\limits_{x\to\infty}(1-\frac{2}{x})^x$； (4) $\lim\limits_{x\to\infty}(1+\frac{1}{x})^{x+2}$.

解 (1) 原式 $=\lim\limits_{x\to\infty}\left[\left(1+\frac{1}{-x}\right)^{-x}\right]^{-1}$

$=\mathrm{e}^{-1}$；

(2) 原式 $=\lim\limits_{x\to 0}[(1+x)^{\frac{1}{x}}]^{\frac{1}{2}}$

$=\mathrm{e}^{\frac{1}{2}}$；

(3) 原式 $=\lim\limits_{x\to\infty}\left[\left(1+\frac{1}{-\frac{x}{2}}\right)^{-\frac{x}{2}}\right]^{-2}$

$=\mathrm{e}^{-2}$；

(4) 原式 $=\lim\limits_{x\to\infty}(1+\frac{1}{x})^x\cdot(1+\frac{1}{x})^2$

$=\mathrm{e}(1+0)^2=\mathrm{e}$.

例 6 求极限：

(1) $\lim\limits_{x\to 0}(1+\tan x)^{\cot x}$； (2) $\lim\limits_{x\to 0}(1+x)^{\frac{2}{\sin x}}$；

(3) $\lim\limits_{x\to\infty}(1+\frac{1}{3x-2})^x$； (4) $\lim\limits_{x\to\infty}\left(\frac{2x-1}{2x+1}\right)^{x+\frac{3}{2}}$.

解 (1) 原式 $=\lim\limits_{x\to 0}(1+\tan x)^{\frac{1}{\tan x}}$

$=\mathrm{e}$；

(2) 原式 $=\lim\limits_{x\to 0}[(1+x)^{\frac{1}{x}}]^{\frac{2x}{\sin x}}$

$=e^2$；

(3)原式$=\lim\limits_{x\to\infty}\left[\left(1+\frac{1}{3x-2}\right)^{3x-2}\right]^{\frac{x}{3x-2}}$

$=e^{\frac{1}{3}}$；

(4)原式$=\lim\limits_{x\to\infty}\left(1+\frac{-2}{2x+1}\right)^{x+\frac{3}{2}}$

$=\lim\limits_{x\to\infty}\left[\left(1+\frac{-2}{2x+1}\right)^{\frac{2x+1}{-2}}\right]^{-1}\cdot\left(1+\frac{-2}{2x+1}\right)$

$=e^{-1}$.

例 7　求极限：

(1)$\lim\limits_{x\to 0}\frac{\ln(1+x)}{x}$；　　(2)$\lim\limits_{x\to 0}\frac{a^x-1}{x}$.

解　(1)原式$=\lim\limits_{x\to 0}\frac{1}{x}\ln(1+x)$

$=\lim\limits_{x\to 0}\ln(1+x)^{\frac{1}{x}}$

$\overset{[注]}{=}\ln e=1$；

注意：此例解中用到了连续函数的极限性质.

(2)令 $t=a^x-1$，则 $x=\log_a(1+t)=\frac{\ln(1+t)}{\ln a}$，当 $x\to 0$ 时，$t\to 0$.，则

原式$=\lim\limits_{t\to 0}\frac{t}{\frac{\ln(1+t)}{\ln a}}$

$=\lim\limits_{t\to 0}\frac{\ln a}{\frac{1}{t}\ln(1+t)}$

$=\lim\limits_{t\to 0}\frac{\ln a}{\ln(1+t)^{\frac{1}{t}}}$

$=\frac{\ln a}{\ln e}$

$=\ln a$.

习题 2-4

1. 求极限：

(1)$\lim\limits_{x\to 0}\frac{\sin 3x}{x}$　　(2)$\lim\limits_{x\to 0}\frac{\sin\frac{1}{2}x}{x}$

(3)$\lim\limits_{x\to 0}\frac{\tan 2x}{x}$　　(4)$\lim\limits_{x\to\infty}x\sin\frac{2}{x}$

(5)$\lim\limits_{x\to 0}\frac{1-\cos 2x}{x^2}$　　(6)$\lim\limits_{x\to 0}\frac{\sin 4x}{\sin 3x}$

(7) $\lim\limits_{x\to 0}\dfrac{1-\cos 2x}{x\sin x}$　　(8) $\lim\limits_{x\to 1}\dfrac{\sin(1-x)}{1-x^2}$

(9) $\lim\limits_{x\to 0}\dfrac{\sin 2x}{\sqrt{1+3x}-1}$　　(10) $\lim\limits_{x\to a}\dfrac{\sin x-\sin a}{x-a}$

(11) $\lim\limits_{x\to 0}\dfrac{\arctan x}{x}$　　(12) $\lim\limits_{x\to 0}\dfrac{\arctan 3x}{x}$

(13) $\lim\limits_{x\to 0}\dfrac{\sin 2x}{\tan 5x}$　　(14) $\lim\limits_{x\to 0}\dfrac{x-\sin x}{x+\sin x}$

2. 求极限：

(1) $\lim\limits_{x\to\infty}\left(1+\dfrac{1}{x}\right)^{2x}$　　(2) $\lim\limits_{x\to 0}(1+x)^{-\frac{1}{x}}$

(3) $\lim\limits_{x\to\infty}\left(1-\dfrac{1}{x}\right)^{x+2}$　　(4) $\lim\limits_{x\to\infty}\left(1+\dfrac{3}{x}\right)^{x}$

(5) $\lim\limits_{x\to 0}(1+2x)^{\frac{1}{x}}$　　(6) $\lim\limits_{x\to\infty}\left(1-\dfrac{3}{x}\right)^{x}$

(7) $\lim\limits_{x\to\infty}\left(\dfrac{2x+3}{2x+1}\right)^{x+1}$　　(8) $\lim\limits_{x\to\infty}\left(\dfrac{x+1}{x-2}\right)^{x}$

(9) $\lim\limits_{x\to\frac{\pi}{2}}(1+\cos x)^{-\sec x}$　　(10) $\lim\limits_{x\to\infty}\left(\dfrac{x-1}{x}\right)^{\frac{1}{\sin\frac{1}{x}}}$

第五节　无穷小的比较

一、无穷小的比较

同是无穷小量，趋于零的快慢程度不一定相同. 例如，当 $x\to 0$ 时，x^2 也是无穷小量，但是 x^2 趋于零的速度比 x 快得多(见下表).

x	10^{-1}	10^{-2}	10^{-3}	10^{-4}	…
x^2	10^{-2}	10^{-4}	10^{-6}	10^{-8}	…

为了对两个无穷小量 α、β 趋于零的快慢进行比较，考虑它们的商 $\frac{\alpha}{\beta}$(自然地假设 $\beta\neq 0$)的极限，以此建立一个比较准则.

定义　设当 $x\to x_0$ 时，α、β 均为无穷小.

(1) 如果 $\lim\limits_{x\to x_0}\dfrac{\beta}{\alpha}=0$，则称 β 是 α 的高阶无穷小，记为 $\beta=o(\alpha)$.

(2) 如果 $\lim\limits_{x\to x_0}\dfrac{\beta}{\alpha}=\infty$，则称 β 是 α 的低阶无穷小.

(3) 如果 $\lim\limits_{x\to x_0}\dfrac{\beta}{\alpha}=C\neq 0$，则称 β 与 α 是同阶无穷小.

(4) 如果 $\lim\limits_{x\to x_0}\dfrac{\beta}{\alpha}=1$，则称 β 是 α 的等价无穷小，记为 $\beta\sim\alpha$.

例如：因 $\lim\limits_{x\to 0}\dfrac{8x^2}{x}=\lim\limits_{x\to 0}8x=0$，故当 $x\to 0$ 时，$8x^2$ 是比 x 高阶的无穷小量；

因 $\lim\limits_{x\to 0}\dfrac{x^2}{5x^2}=\lim\limits_{x\to 0}\dfrac{1}{5}=\dfrac{1}{5}$，故当 $x\to 0$ 时，x^2 与 $5x^2$ 是同阶的无穷小量；

因 $\lim\limits_{x\to 1}\dfrac{x^2-1}{x-1}=\lim\limits_{x\to 1}(x+1)=2$，故当 $x\to 1$ 时，(x^2-1) 与 $(x-1)$ 是同阶的无穷小量.

例 1 两个无穷小 α、β 之积 $\alpha\beta$ 仍是无穷小量，那么无穷小 $\alpha\beta$ 与 α 或 β 相比（ ）.

A. 是高阶无穷小量

B. 是同阶无穷小量

C. 可能是高阶，也可能是同阶

D. 与 α、β 中阶数较高的那个同阶

解 因 $\lim\limits_{x\to x_0}\dfrac{\alpha\beta}{\alpha}=\lim\limits_{x\to x_0}\beta=0$，故 $\alpha\beta$ 是 α 的高阶无穷小.

同理 $\alpha\beta$ 也是 β 的高阶无穷小，故选 A.

例 2 当 $x\to 0$ 时，比较无穷小 x^2+x 和 $x+\sin x$.

解 $\lim\limits_{x\to 0}\dfrac{x+\sin x}{x^2+x}=\lim\limits_{x\to 0}\dfrac{1+\dfrac{\sin x}{x}}{x+1}=2$，

故当 $x\to 0$ 时，x^2+x 和 $x+\sin x$ 是同阶无穷小.

通常在作近似计算时，高阶无穷小可以忽略不计；在求极限时，等价无穷小有互换定理.

二、等价无穷小的性质

关于等价无穷小，有下面两个定理.

定理 1 β 与 α 是等价无穷小的充分必要条件为

$$\beta=\alpha+o(\alpha).$$

证 必要性 设 $\alpha\sim\beta$，则

$$\lim\frac{\beta-\alpha}{\alpha}=\lim\left(\frac{\beta}{\alpha}-1\right)=\lim\frac{\beta}{\alpha}-1=0,$$

因此 $\beta-\alpha=o(\alpha)$，即 $\beta=\alpha+o(\alpha)$.

充分性 设 $\beta=\alpha+o(\alpha)$，则

$$\lim\frac{\beta}{\alpha}=\lim\frac{\alpha+o(\alpha)}{\alpha}=\lim\left[1+\frac{o(\alpha)}{\alpha}\right]=1,$$

因此 $\alpha\sim\beta$.

定理 2 设 $\alpha\sim\alpha'$，$\beta\sim\beta'$，且 $\lim\dfrac{\beta'}{\alpha'}$ 存在，则

$$\lim\frac{\beta}{\alpha}=\lim\frac{\beta'}{\alpha'}.$$

证 $\lim\dfrac{\beta}{\alpha}=\lim\left(\dfrac{\beta}{\beta'}\cdot\dfrac{\beta'}{\alpha'}\cdot\dfrac{\alpha'}{\alpha}\right)$

$=\lim\dfrac{\beta}{\beta'}\cdot\lim\dfrac{\beta'}{\alpha'}\cdot\lim\dfrac{\alpha'}{\alpha}$

$=\lim\dfrac{\beta'}{\alpha'}$.

注意到 $\alpha\beta\sim\alpha'\beta'$.

我们可以从上述定理得知：在极限运算的过程中，如果无穷小在函数式中处于因子地位（即与其他部分是相乘除的关系），则可以用它的等价无穷小来代替，这样往往可以极大地简化运算，加快计算速度.

当 $x\to 0$ 时，常见的等价无穷小有：

$$\sin x\sim x, 1-\cos x\sim\frac{x^2}{2}, \ln(1+x)\sim x, e^x-1\sim x, (1+x)^\alpha-1\sim\alpha x.$$

也可推广为：若 $x\to x_0$ 时 $f(x)\to 0$，则 $x\to x_0$ 时

$$\sin f(x)\sim f(x), 1-\cos f(x)\sim\frac{f^2(x)}{2}, \ln[1+f(x)]\sim f(x),$$
$$e^{f(x)}-1\sim f(x), [1+f(x)]^\alpha-1\sim\alpha f(x).$$

例 3 利用等价无穷小的性质求下列极限：

(1) $\lim\limits_{x\to 0}\dfrac{\sin x^2}{1-\cos x}$；(2) $\lim\limits_{x\to 0}\dfrac{\sin nx}{\arcsin x}$；

(3) $\lim\limits_{x\to 0}\dfrac{2\sin x-\sin 2x}{x^3}$.

解 (1)因 $\sin x^2\sim x^2(x\to 0)$，$1-\cos x\sim x^2/2(x\to 0)$，

故 $\lim\limits_{x\to 0}\dfrac{\sin x^2}{1-\cos x}=\lim\limits_{x\to 0}\dfrac{x^2}{x^2/2}=2$；

(2)当 $x\to 0$ 时， $\sin nx\sim nx$，$\arcsin x\sim x$（第四节例 3），$\arcsin mx\sim mx$，

原式 $=\lim\limits_{x\to 0}\dfrac{nx}{mx}=\dfrac{n}{m}$；

(3)原式 $=\lim\limits_{x\to 0}\dfrac{2\sin x(1-\cos x)}{x^3}$

$=\lim\limits_{x\to 0}\dfrac{2x\cdot\dfrac{x^2}{2}}{x^3}$

$=1$.

注意：求极限时，函数式中的无穷小只有处在因子地位时才能用等价无穷小代换，处于两无穷小相减的情形时，一般不能作无穷小代换. 因此本题先将 $2\sin x-\sin 2x$ 写成乘积形式：$2\sin x(1-\cos x)$.

习题 2-5

1. 当 $x\to\infty$ 时，$\dfrac{1}{x\sin\dfrac{1}{x}}$ 是不是无穷小？为什么？

2. 求证：(1)当 $x\to 0$ 时，x^3 是 x^2 的高阶无穷小量；

(2)当 $x\to 1$ 时，$x-1$ 是 $(x-1)^2$ 的低阶无穷小量.

3. 证明：当 $x\to 0$ 时，下列各对无穷小是等价的.

(1) $\tan x\sim x$ (2) $\ln(1+x)\sim\sin x$

(3) $\arctan x \sim x$　　(4) $1-\cos^2 x \sim x^2$

4. 利用等价无穷小的性质，求下列极限：

(1) $\lim\limits_{x\to 0}\dfrac{\tan 3x}{2x}$　　(2) $\lim\limits_{x\to 0}\dfrac{\sin x^n}{(\sin x)^n}$

(3) $\lim\limits_{x\to 0}\dfrac{\tan x-\sin x}{\sin^3 x}$　　(4) $\lim\limits_{x\to 0}\dfrac{\sin 2x+x^2}{\tan 3x}$

(5) $\lim\limits_{x\to 0}\dfrac{\sqrt{1+x+x^2}-1}{\sin 2x}$

5. 当 $x\to 0$ 时，下列各函数都是无穷小，试确定哪些是 x 的高阶无穷小？同阶无穷小？低阶无穷小？等价无穷小？

(1) x^2+x　　(2) $x+\sin x$

(3) $x-\sin x$　　(4) $1-\cos 2x$

(5) $\tan 2x$　　(6) $\sin^3 x$

B

1. 已知 $\lim\limits_{x\to 2}\dfrac{x^2+ax+b}{x^2-x-2}=2$，求常数 a 和 b.

2. 若极限 $\lim\limits_{x\to\infty}\left(\dfrac{4x^2+3}{x-1}+ax+b\right)=0$，求常数 a、b.

第六节　连续函数

连续函数是微积分中基本的研究对象，本节将介绍连续函数的概念与性质.

一、函数连续性的概念

自然界中许多现象，如气温的变化，河水的流动，都是连续地变化着的. 这种现象在函数关系上的反映，就是函数的连续性.

函数的连续性，从函数图形来看，就是函数的曲线是连续不断的，因而可一笔画成.

例 1　作出下列函数的图形，并观察图形的连续性.

(1) $y=\dfrac{1}{x}$；　　(2) $y=\begin{cases}2x+1 & (x\leqslant 1)\\ 2 & (x>1)\end{cases}$；

(3) $y=\begin{cases}\dfrac{x^2-4}{x-2} & (x\neq 2)\\ 1 & (x=2)\end{cases}$.

解　它们的图形分别为图 2-9(a)、(b)、(c).

(1) 如图 2-9(a)，函数 $y=\dfrac{1}{x}$ 在 $x=0$ 处分成两段，因此 $y=\dfrac{1}{x}$ 在 $x=0$ 处不连续，原因是 $y=\dfrac{1}{x}$ 在 $x=0$ 处无定义.

(2) 如图 2-9(b)，此函数在 $x=1$ 处分为两段，因此该函数在 $x=1$ 处不连续，造成不连续的原因是函数在 $x=1$ 处的左右极限不相等.

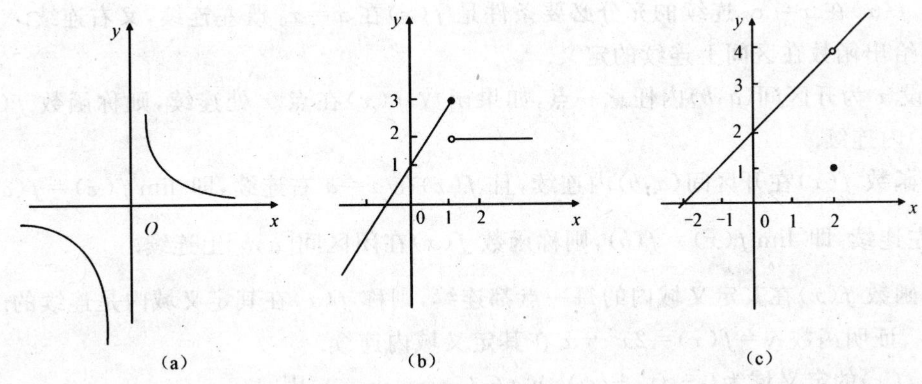

图 2-9

(3)如图 2-9(c),此函数在 $x=2$ 处不连续,其原因是该函数在 $x=2$ 处的极限值不等于这一点的函数值.

下面给出函数 $f(x)$ 在 x_0 处连续的定义.

定义 1　如果函数 $f(x)$ 在 x_0 处满足以下三个条件:

(1) $f(x)$ 在 x_0 处有定义(即 $f(x_0)$ 存在);

(2) $f(x)$ 在 x_0 处有极限;

(3) $f(x)$ 在 x_0 处的极限值等于这点的函数值.

则称函数 $f(x)$ 在 x_0 处连续, $x=x_0$ 为 $f(x)$ 的连续点.

此定义可简化成

$$f(x)\text{在 } x=x_0 \text{ 连续} \Leftrightarrow \lim_{x\to x_0} f(x)=f(x_0).$$

例 2　设函数 $f(x)=\begin{cases} e^x & (x<0) \\ b & (x=0) \\ a+x & (x>0) \end{cases}$,当 a、b 为何值时,函数 $f(x)$ 在 $x=0$ 处连续.

解　$f(x)$ 在 $x=0$ 处有定义, $f(0)=b$,因

$$\lim_{x\to 0^-} f(x)=e^0=1,$$

$$\lim_{x\to 0^+} f(x)=\lim_{x\to 0^+}(a+x)=a,$$

故要使 $\lim\limits_{x\to 0} f(x)$ 存在,必有 $a=1$.

又 $\lim\limits_{x\to 0} f(x)=f(0)=1$,故 $b=1$.

所以,当 $a=1$, $b=1$ 时, $f(x)$ 在 $x=1$ 处连续.

根据极限的四则运算

$$\lim_{x\to x_0} f(x)=f(x_0) \Leftrightarrow \lim_{x\to x_0}[f(x)-f(x_0)]=0.$$

这样我们可将极限定义表述如下.

定义 2　设函数 $y=f(x)$ 在点 x_0 及其近旁有定义,如果自变量的增量 $\Delta x=x-x_0$ 趋于 0 时,对应的函数的增量 $\Delta y=f(x+\Delta x)-f(x_0)$ 也趋于 0,那么就称函数 $y=f(x)$ 在 x_0 处连续.

该定义应用起来比较方便,并且易于理解函数在某一点处连续的本质特征:当自变量的变化很小时,函数值的变化也很小.

定义 3　若 $\lim\limits_{x\to x_0^+} f(x)=f(x_0)$ (或 $\lim\limits_{x\to x_0^-} f(x)=f(x_0)$),则称 $f(x)$ 在 $x=x_0$ 右(或左)连续.

显然 $f(x)$ 在 $x=x_0$ 连续的充分必要条件是 $f(x)$ 在 $x=x_0$ 既左连续，又右连续.

下面给出函数在区间上连续的定义.

定义 4 设 x 为开区间 (a,b) 内任意一点，如果函数 $f(x)$ 在点 x 处连续，则称函数 $f(x)$ 在开区间 (a,b) 内连续.

如果函数 $f(x)$ 在开区间 (a,b) 内连续，且 $f(x)$ 在 $x=a$ 右连续，即 $\lim\limits_{x\to a^+}f(x)=f(a)$，$f(x)$ 在 $x=b$ 左连续，即 $\lim\limits_{x\to b^-}f(x)=f(b)$，则称函数 $f(x)$ 在闭区间 $[a,b]$ 上连续.

如果函数 $f(x)$ 在其定义域内的每一点都连续，则称 $f(x)$ 在其定义域内是连续的.

例 3 证明函数 $y=f(x)=2x^2-x$ 在其定义域内连续.

证 $f(x)$ 的定义域为 $(-\infty,+\infty)$，$\forall x\in(-\infty,+\infty)$，因

$$\begin{aligned}\Delta y&=f(x+\Delta x)-f(x)\\&=[2(x+\Delta x)^2-(x+\Delta x)]-(2x^2-x)\\&=4x\Delta x+2\Delta x^2-\Delta x\\&=\Delta x(4x+2\Delta x-1)\to 0(\Delta x\to 0).\end{aligned}$$

故 $y=f(x)$ 在点 x 处连续.

由于点 x 是定义域内任一点，所以函数 $y=2x^2-x$ 在定义域 R 内连续.

连续函数的图形是一条连续而不间断的曲线. 而基本初等函数 $f(x)$ 在其定义域内的图形也是连续不断的. 因此，我们不加证明地指出：**基本初等函数在其定义域内每点处连续**. 也就是说，**基本初等函数在其定义域内是连续的**.

有兴趣的读者也可仿例 3 给出该结构的严格证明.

二、函数的间断点

$f(x)$ 在 $x=x_0$ 点不连续，则称 $f(x)$ 在 $x=x_0$ 间断，$x=x_0$ 为间断点. 下面给出间断点的定义.

定义 5 函数 $f(x)$ 在点 x_0 的某邻域内（至多除了点 x_0 本身）有定义. 由函数 $f(x)$ 在点 x_0 连续的定义可知，如果函数 $f(x)$ 有下列三种情形之一：

(1) 在点 x_0 处没有定义，即 $f(x_0)$ 不存在；

(2) $\lim\limits_{x\to x_0}f(x)$ 不存在；

(3) 虽 $f(x_0)$ 及 $\lim\limits_{x\to x_0}f(x)$ 都存在，但 $\lim\limits_{x\to x_0}f(x)\neq f(x_0)$.

则 $f(x)$ 在点 x_0 **不连续**，这时点 x_0 称为函数 $f(x)$ 的**不连续点或间断点**.

通常我们把间断点分为两类：第一类间断点及第二类间断点. 凡是左、右极限都存在的间断点称为**第一类间断点**，其中左、右极限不相等者称为**跳跃间断点**，左、右极限相等者称为**可去间断点**. 不是第一类间断点的任何间断点，都称为**第二类间断点**，其中极限为∞者称为**无穷间断点**.

例 4 指出下列函数的间断点及其间断点的类型.

(1) $f(x)=\tan x$；(2) $f(x)=\operatorname{sgn} x$；

(3) $f(x)=\dfrac{x^2-1}{x-1}$；(4) $f(x)=\begin{cases}1 & (x\neq 0)\\ 0 & (x=0)\end{cases}$.

解 (1)函数 $f(x)=\tan x$ 在点 $x=\frac{k\pi}{2}$(k 为奇数)处没有定义,所以点 $x=\frac{k\pi}{2}$是函数 $\tan x$ 的间断点.因

$$\lim_{x\to\frac{k\pi}{2}}\tan x=\infty,$$

称 $x=\frac{k\pi}{2}$为函数 $\tan x$ 的无穷间断点(图2-10).

(2)考虑函数 $f(x)=\operatorname{sgn} x$,极限 $\lim\limits_{x\to 0}\operatorname{sgn} x$ 不存在.实际上,左极限 $\lim\limits_{x\to -0}\operatorname{sgn} x=-1$,右极限 $\lim\limits_{x\to +0}\operatorname{sgn} x=1$,左极限与右极限虽都存在,但不相等,故 $x=0$ 为函数 $\operatorname{sgn} x$ 的跳跃间断点(图2-11).

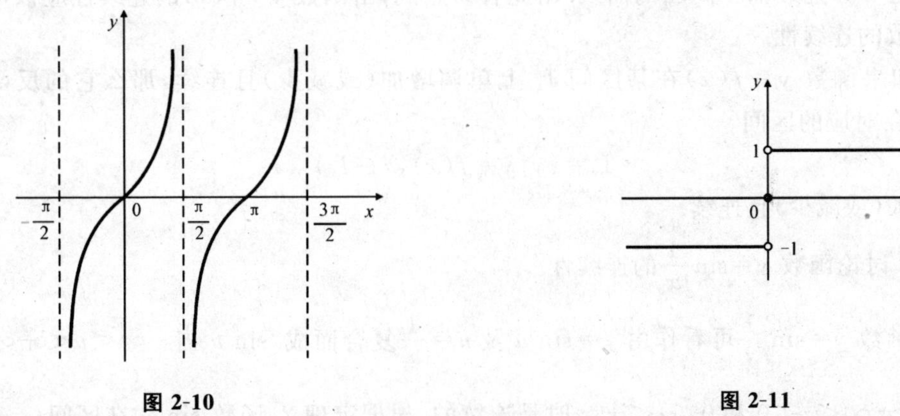

图 2-10　　图 2-11

(3)函数 $f(x)=\frac{x^2-1}{x-1}$在点 $x=1$ 处没有定义,所以 $x=1$ 是该函数的间断点(图 2-12).

由于

$$\lim_{x\to 1}\frac{x^2-1}{x-1}=\lim_{x\to 1}(x+1)=2,$$

所以 $x=1$ 为可去间断点.

$f(x)$在 $x=1$ 间断,只是因为 $f(x)$在 $x=1$ 处没有定义.如果补充函数在 $x=1$ 处的定义:令 $x=1$ 时 $y=2$,则函数在点 $x=1$ 就成为连续.

(4)因 $\lim\limits_{x\to 0}f(x)=1$,$f(0)=0$,故 $x=0$ 是 $f(x)$的可去间断点(图 2-13).

图 2-12　　图 2-13

若改变 $f(0)$的值,令 $f(0)=1$,则 $f(x)$在 $x=1$ 连续.

三、连续函数的运算

由函数在某点连续的定义和极限运算法则,立即可得出下列定理.

定理 1 两个在某点连续的函数的和、差、积、商(分母在该点不为零),是一个在该点连续的函数.

定理 2 设函数 $u=\varphi(x)$在点 $x=x_0$ 连续,且 $\varphi(x_0)=u_0$,而函数 $y=f(u)$在点 $u=u_0$ 连续,那么复合函数 $y=f[\varphi(x)]$在点 $x=x_0$ 也是连续的.

由于函数 $y=f(x)$的图形与它的反函数 $y=f^{-1}(x)$(如果存在的话)的图形关于直线 $y=x$ 对称,因此,如果 $y=f(x)$的图形是一条连续而不间断的曲线,那么它的反函数 $y=f^{-1}(x)$的图形也是一条连续而不间断的曲线.由此容易想到,由函数 $y=f(x)$的连续性应该可以推出它的反函数的连续性.

定理 3 如果函数 $y=f(x)$在某区间 I_x 上单调增加(或减少)且连续,那么它的反函数 $x=f^{-1}(y)$也在对应的区间

$$I_y=\{y\,|\,y=f(x),x\in I_x\}$$

上单调增加(或减少)且连续.

例 5 讨论函数 $y=\sin\dfrac{1}{x}$的连续性.

解 函数 $y=\sin\dfrac{1}{x}$可看作由 $y=\sin u$ 及 $u=\dfrac{1}{x}$复合而成. $\sin u$ 当 $-\infty<u<+\infty$ 时是连续的,$\dfrac{1}{x}$当 $-\infty<x<0$ 和 $0<x<+\infty$ 时是连续的.根据定理 2,函数 $\sin\dfrac{1}{x}$在区间$(-\infty,0)$和$(0,+\infty)$内是连续的.

四、初等函数的连续性

由于初等函数是由基本初等函数经过有限多次的四则运算式复合得到的,且基本初等函数在其定义域内连续,故由上述定理可得到一个重要结论.

定理 4 一切初等函数在其定义区间内连续.

所谓定义区间是指包含在定义域内的区间.

根据函数 $f(x)$在点 x_0 连续的定义,如果已知 $f(x)$在点 x_0 连续,那么

$$\lim_{x\to x_0}f(x)=f(x_0)=f(\lim_{x\to x_0}x).$$

因此上述关于初等函数连续性的结论提供了求极限的一个方法,这就是:如果 $f(x)$是初等函数,且 x_0 是 $f(x)$的定义区间内的点,则求 $f(x)$当 $x\to x_0$ 时的极限,只要求 $f(x)$在点 x_0 处的函数值就行了.

例 6 讨论 $f(x)=\begin{cases}\dfrac{\sin x}{x} & (x\neq0)\\ 0 & (x=0)\end{cases}$的连续性.

解 因$\dfrac{\sin x}{x}$是初等函数,其定义域为 $x\neq0$,故 $x\neq0$ 时 $f(x)$连续.现看 $x=0$ 时,因 $\lim\limits_{x\to0}f(x)=\lim\limits_{x\to0}\dfrac{\sin x}{x}=1$,而 $f(0)=0$,故 $f(x)$在 $x=0$ 点间断.

例 7　求函数 $y=\dfrac{\sin x}{x^2-3x+2}$ 的连续区间.

解　因 $y=\dfrac{\sin x}{x^2-3x+2}$ 是初等函数，其定义域为 $x\neq 2$ 且 $x\neq 1$，故 y 的连续区间为 $(-\infty,1)\cup(1,2)\cup(2,+\infty)$.

例 8　求 $\lim\limits_{x\to e^{\pi}}\sin\ln x$.

解　因为 $y=\sin\ln x$ 是初等函数，它在点 $x_0=e^{\pi}$ 处有定义，因而在该点处连续. 因此，$\lim\limits_{x\to e^{\pi}}\sin\ln x=\sin(\lim\limits_{x\to e^{\pi}}\ln x)=\sin\ln(\lim\limits_{x\to e^{\pi}}x)=\sin\ln e^{\pi}=\sin\pi=0$.

五、闭区间上连续函数的性质

本小节我们不加证明地介绍闭区间上连续函数的两个重要性质.

定义 6　设函数 $f(x)$ 在区间 I 上有定义，如果存在 $x_0\in I$，使对任一 $x\in I$，都有

$$f(x)\leqslant f(x_0)\quad (f(x)\geqslant f(x_0)),$$

则称 $f(x_0)$ 是函数 $f(x)$ 在区间 I 上的最大值(最小值). 最大值与最小值统称为最值.

定理 5(最大值与最小值定理)　若函数 $f(x)$ 在闭区间 $[a,b]$ 上连续，则在该区间上 $f(x)$ 一定存在最大值和最小值.

由该定理可知：若 $f(x)$ 在 $[a,b]$ 上连续，则 $f(x)$ 在 $[a,b]$ 上有界.

如图 2-14 所示，曲线弧 $\overset{\frown}{AB}$ 是闭区间 $[a,b]$ 上连续函数 $y=f(x)$ 的图像. 在该曲线上，至少存在一个最高点 $C(x_1,f(x_1))$ 和一个最低点 $D(x_2,f(x_2))$.

需要注意的是，定理中指出的“闭区间”和“连续”两个条件很重要. 满足条件时结论一定成立；不满足条件时，结论可能不成立. 我们应当弄清充分条件与结论之间的逻辑关系.

如：$y=\dfrac{1}{|x|}$ 在闭区间 $[-1,1]$ 上不连续，它不存在最大值(图 2-15). 函数 $y=\tan x$ 在开区间 $(-\dfrac{\pi}{2},\dfrac{\pi}{2})$ 内连续，它既不存在最大值，也不存在最小值.

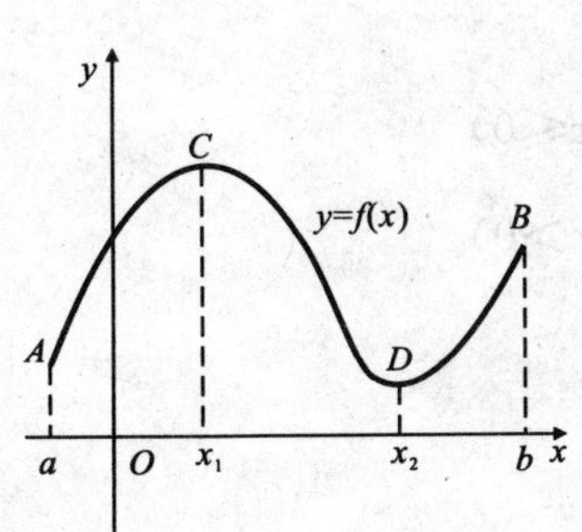

图 2-14

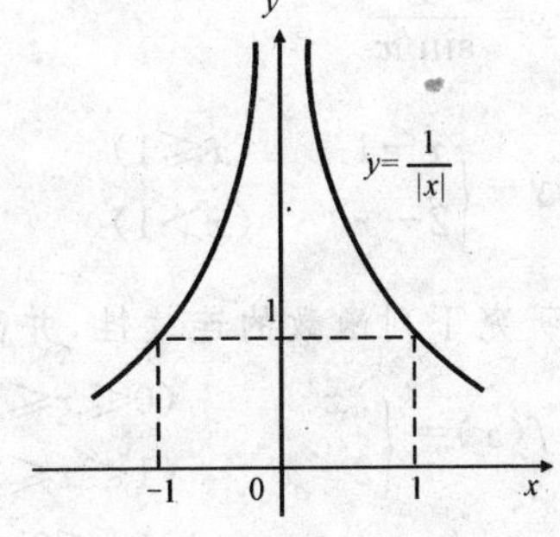

图 2-15

***定理 6(介值定理)**　若函数 $f(x)$ 在闭区间 $[a,b]$ 上连续，且 $f(a)\neq f(b)$，则对于介于 $f(a)$ 与 $f(b)$ 之间的任何一个实数 c，必至少存在一 $\xi\in(a,b)$，使 $f(\xi)=c$.

在几何上，定理 6 的结论意味着，若 c 介于 $f(a)$ 与 $f(b)$ 之间，则水平直线 $y=c$ 必交曲线 $y=f(x)$ 于某点 $(\xi,c)(a<\xi<b)$(图 2-16).

推论(根的存在定理)　若函数 $f(x)$ 在闭区间 $[a,b]$ 上连续，且 $f(a)$ 与 $f(b)$ 异号，则至少

存在一 $\xi \in (a,b)$,使 $f(\xi)=0$.

如图 2-17 所示,曲线 $y=f(x)$从 x 轴下方的 A 点连续地变动到 x 轴上方的 B 点时,必与 x 轴至少相交于一点$(\xi,0)$. 这一事实常常被用于判定方程的根的存在性.

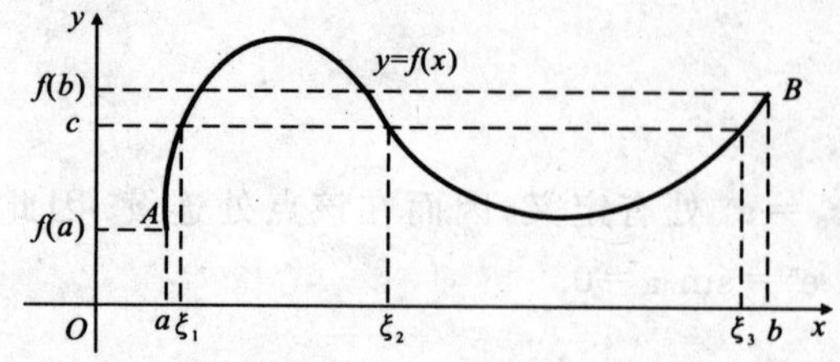

图 2-16

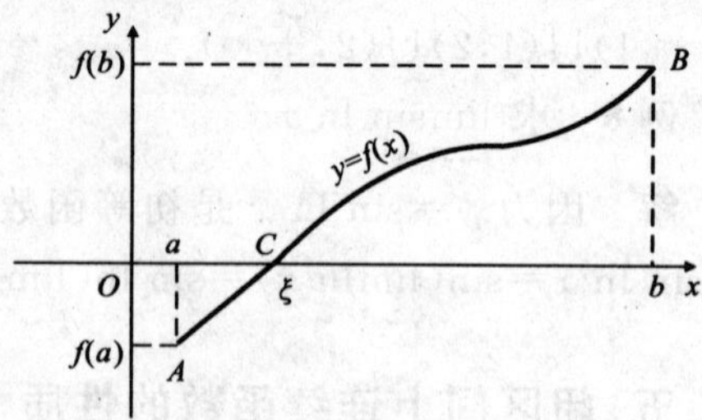

图 2-17

例 9 证明方程 $x^5-3x=1$ 在区间$(1,2)$内有根.

证 令 $f(x)=x^5-3x-1$,则 $f(x)$在$[1,2]$上连续且 $f(1)=-3<0, f(2)=25>0$,于是由定理 6 推论知,存在 $\xi \in (1,2)$,使 $f(\xi)=0$,即方程 $x^5-3x=1$ 在$(1,2)$内有根.

习题 2-6

A

1. 讨论函数 $y=\begin{cases} 3x-2 & (x \geqslant 0) \\ \dfrac{\sin x}{x} & (x<0) \end{cases}$ 在 $x=0$ 的连续性.

2. 求下列各函数的间断点,并指明间断点的类型.

(1) $y=\dfrac{1}{1+x}$　　(2) $y=\dfrac{x^2-1}{x^2-3x+2}$

(3) $y=\dfrac{x}{\sin x}$　　(4) $y=\dfrac{1-\cos x}{x^2}$

(5) $y=\begin{cases} x-1 & (x \leqslant 1) \\ 2-x & (x>1) \end{cases}$　　(6) $y=\begin{cases} 3+x^2 & (x \leqslant 0) \\ \dfrac{\sin 3x}{x} & (x>0) \end{cases}$

3. 研究下列函数的连续性,并画出函数的图形.

(1) $f(x)=\begin{cases} x^2 & (0 \leqslant x \leqslant 1) \\ 2-x & (1<x \leqslant 2) \end{cases}$

(2) $f(x)=\begin{cases} x & (1<x \leqslant 2) \\ 1 & (-1 \leqslant x \leqslant 1) \end{cases}$

4. 求函数 $f(x)=\dfrac{x^3+3x^2-x-3}{x^2+x-6}$ 的连续区间,并求极限 $\lim\limits_{x \to 0} f(x)$, $\lim\limits_{x \to 2} f(x)$, $\lim\limits_{x \to -3} f(x)$.

5. 设函数 $y=f(x)=\ln x$,在任意正值 x 处有增量 Δx,求函数的改变量 Δy,并证明当 $\Delta x \to 0$ 时,$\Delta y \to 0$.

6. 求极限:

(1)$\lim\limits_{x\to 0}\sqrt{x^2-2x+5}$　　(2)$\lim\limits_{x\to\frac{\pi}{4}}\dfrac{\sin 2x}{2\cos(\pi-x)}$

(3)$\lim\limits_{x\to\frac{\pi}{4}}\dfrac{\sin x-\cos x}{\cos 2x}$　　(4)$\lim\limits_{x\to 0}\dfrac{\sqrt{x+4}-2}{\sin 5x}$

(5)$\lim\limits_{x\to 0}\ln\dfrac{\sin x}{x}$

7. 确定 a 的值,使函数 $f(x)=\begin{cases}e^x & (x<0)\\ a+x & (x\geqslant 0)\end{cases}$ 在 $x=0$ 处连续.

8. 设函数 $f(x)=\begin{cases}(1-x)^{\frac{1}{x}} & (x\neq 0)\\ k & (x=0)\end{cases}$ 在点 x_0 连续,求常数 k.

9. 证明方程 $\sin x-x+1=0$ 在 0 与 π 之间至少有一个实根.

10. 证明方程 $x+e^x=0$ 在区间$(-1,1)$内至少有一个根.

B

1. 证明方程 $x=a\sin x+b(a>0,b>0)$ 至少有一个不超过 $a+b$ 的正根.

2. 设函数 $f(x),g(x)$在$[a,b]$上连续,且 $f(a)>g(a),f(b)<g(b)$,试证在(a,b)内至少存在一点 ξ,使 $f(\xi)=g(\xi)$.

3. 若 $\lim\limits_{x\to 1}\dfrac{x^2+ax+b}{\sin(x^2-1)}=3$,求 a,b 的值.

本章小结

本章重点介绍了极限的概念和连续函数的有关概念,主要内容如下.

1. 极限的概念

(1)数列极限,函数极限(六种形式)的定义.

(2)极限的性质——唯一性、(局部)有界性、局部保号性.

(3)极限与左、右极限的关系:

$$\lim_{x\to x_0}f(x)=A\Leftrightarrow\lim_{x\to x_0^+}f(x)=\lim_{x\to x_0^-}f(x)=A;$$

$$\lim_{x\to\infty}f(x)=A\Leftrightarrow\lim_{x\to+\infty}f(x)=\lim_{x\to-\infty}f(x)=A.$$

(4)极限存在的两个准则:

1)单调有界收敛准则;

2)夹逼准则.

2. 极限的计算

(1)初等函数在其定义域内一点处的极限等于该点的函数值.

(2)若 $f(x)$在 $x=x_0$ 连续,则可交换函数符号和极限符号,即

$$\lim_{x\to x_0}f(x)=f(\lim_{x\to x_0}x).$$

(3)利用无穷小量与有界量的乘积仍是无穷小量的性质求极限.

(4)利用无穷小量与无穷大量的倒数关系求极限.

(5)利用极限的四则运算法则求极限.

(6)利用变量代换求极限:若 $x\to x_0$ 时 $\varphi(x)\to a$(a 为有限式无穷),则令 $y=\varphi(x)$,便有 $\lim\limits_{x\to x_0}f[\varphi(x)]=\lim\limits_{y\to a}f(y)$.

(7)利用等价无穷小代换法则求极限:若 $\alpha\sim\alpha',\beta\sim\beta'(x\to x_0)$,则当等式一端极限存在时 $\lim\limits_{x\to x_0}\alpha\gamma=\lim\limits_{x\to x_0}\alpha'\gamma,\lim\limits_{x\to x_0}\dfrac{\alpha}{\beta}=\lim\limits_{x\to x_0}\dfrac{\alpha'}{\beta'}$.

(8)利用两个重要极限求极限:$\lim\limits_{x\to 0}\dfrac{\sin x}{x}=1,\lim\limits_{x\to\infty}(1+\dfrac{1}{x})^x=\lim\limits_{x\to 0}(1+x)^{\frac{1}{x}}=\mathrm{e}$.

3. 无穷小量与无穷大量

(1)无穷小量与无穷大量的定义.

(2)无穷小量的阶.

(3)无穷小量和无穷大量的关系.

4. 连续函数的概念

(1)$f(x)$ 在 $x=x_0$ 连续$\Leftrightarrow\lim\limits_{x\to x_0}f(x)=f(x_0)\Leftrightarrow\lim\limits_{\Delta x\to 0}\Delta y=0$($\Delta x=x-x_0,\Delta y=f(x)-f(x_0)$).

(2)初等函数在其定义区间上连续.

(3)间断点的类型及其判定.

(4)闭区间上连续函数的性质——最值定理、有界性定理、介值定理、根存在定理.

复习题 2

1. 若 $\lim\limits_{x\to x_0^-}f(x)=A,\lim\limits_{x\to x_0^+}f(x)=A$,则下列说法中正确的是( ).

A. $f(x_0)=A$　　B. $\lim\limits_{x\to x_0}f(x)=A$

C. $f(x)$在点 x_0 有定义　　D. $f(x)$在点 x_0 处连续

2. 设 $f(x)=\dfrac{|x|}{x}$,则 $\lim\limits_{x\to 0}f(x)$是( ).

A. 1　　B. -1　　C. 不存在　　D. 0

3. 无穷小量是( ).

A. 比零稍大一点的一个数

B. 一个很小很小的数

C. 以零为极限的一个量

D. 数零

4. 下列等式错误的是( ).

A. $\lim\limits_{x\to 0}\mathrm{e}^{\frac{1}{x}}=\infty$　　B. $\lim\limits_{x\to 0^-}\mathrm{e}^{\frac{1}{x}}=0$

C. $\lim\limits_{x\to 0^+}\mathrm{e}^{\frac{1}{x}}=+\infty$　　D. $\lim\limits_{x\to\infty}\mathrm{e}^{\frac{1}{x}}=1$

5. 下列各式正确的是( ).

A. $\lim\limits_{x\to\infty}(1+x)^{\frac{1}{x}}=\mathrm{e}$　　B. $\lim\limits_{x\to 0}(1+\frac{1}{x})^{x}=\mathrm{e}$

C. $\lim\limits_{x\to 0}(1+x)^{\frac{1}{x}}=\mathrm{e}$　　D. $\lim\limits_{x\to\infty}(1+\frac{1}{x})^{\frac{1}{x}}=\mathrm{e}$

6. $\lim\limits_{x\to\infty}\dfrac{x+\sin x}{x}=$(　).

A. 0　　B. 1　　C. 0　　D. 不存在

7. $\lim\limits_{x\to 0}\dfrac{x^2\sin\frac{1}{x}}{\sin x}$的值是(　).

A. 1　　B. ∞　　C. 0　　D. 不存在

8. 若 $f(x)=\begin{cases}\mathrm{e}^x & (x<0)\\ a+x & (x\geqslant 0)\end{cases}$在 $x=0$ 处连续,则 $a=$(　).

A. 2　　B. 1　　C. 0　　D. -1

9. 设 $f(x)=\begin{cases}\dfrac{1}{x}\sin\dfrac{x}{3} & (x\neq 0)\\ a & (x=0)\end{cases}$在$(-\infty,+\infty)$上是连续的,则 $a=$(　).

A. 0　　B. 1　　C. $\dfrac{1}{3}$　　D. 3

10. 函数 $y=\arccos\sqrt{\ln(x^2-1)}$的连续区间为(　).

A. $|x|>1$　　B. $|x|>2$

C. $[-\sqrt{\mathrm{e}+1},-\sqrt{2}]\cup[\sqrt{2},\sqrt{\mathrm{e}+1}]$

D. $(-\sqrt{\mathrm{e}+1},-\sqrt{2})\cup(\sqrt{2},\sqrt{\mathrm{e}+1})$

11. 当 $x\to 0^+$ 时,下列函数中,无穷小量者是(　).

A. $x\sin\dfrac{1}{x}$　　B. $\mathrm{e}^{\frac{1}{x}}$　　C. $\ln x$　　D. $\dfrac{1}{x}\sin x$

12. 若 $\lim\limits_{x\to 2}\dfrac{x^2+ax+b}{x^2-x-2}=2$,则有(　).

A. $a=2,b=8$　　B. $a=2,b=5$

C. $a=0,b=-8$　　D. $a=2,b=-8$

13. 求极限:

(1) $\lim\limits_{x\to\sqrt{3}}\dfrac{x^2-3}{x^2+1}$　　(2) $\lim\limits_{x\to 4}\dfrac{x^2-6x+8}{x^2-5x+4}$

(3) $\lim\limits_{x\to 1}\left(\dfrac{1}{1-x}-\dfrac{3}{1-x^3}\right)$　　(4) $\lim\limits_{x\to\infty}\dfrac{x^2-1}{2x^2-x-1}$

(5) $\lim\limits_{x\to\infty}\dfrac{5\cos 4x}{x}$　　(6) $\lim\limits_{x\to\infty}x(\sqrt{x^2+1}-x)$

(7) $\lim\limits_{x\to\infty}\dfrac{\sqrt{x^2+2x}-\sqrt{x-1}}{x}$　　(8) $\lim\limits_{x\to+\infty}(\sin\sqrt{x+1}-\sin\sqrt{x})$

(9) $\lim\limits_{x\to\infty}\left(\dfrac{x-2}{x+1}\right)^x$

14. 当 $x\to 0$ 时,下列无穷小量与 x 相比是什么阶的无穷小?

(1)$x+\sin x^2$　　(2)$\sqrt{x}+\sin x$

(3)$\ln(1+2x)$

15. 求下列函数的间断点,并确定其类型.

(1)$y=\dfrac{1-\cos x}{x^2}$　　(2)$f(x)=\dfrac{x}{\tan x}$

16. 证明方程 $x^5-7x=4$ 在区间(1,2)内至少有一个实根.

17. 若函数 $f(x)$,$g(x)$ 均为$[a,b]$上的连续函数,且 $f(a)<g(a)$,$f(b)>g(b)$,则存在点 $c\in(a,b)$使得 $f(c)=g(c)$.

18. 设数列$\{x_n\}$有界,且 $\lim\limits_{n\to\infty}y_n=0$,证明 $\lim\limits_{n\to\infty}x_ny_n=0$.

第三章　导数与微分

微分学是微积分的两大分支之一，它的核心概念是导数和微分.本章中，我们主要讨论导数和微分的概念以及它们的计算方法.

第一节　导数的概念

一、引入导数概念的实例

1. 变速直线运动的瞬时速度

假设一质点作变速直线运动，在$[0,t]$这段时间所经过的路程为S，则S是时间t的函数，即$S=S(t)$，求该质点在时刻$t_0\in[0,t]$的瞬时速度.

首先考虑质点在时刻t_0附近很短一段时间内的运动.设质点从t_0到$t_0+\Delta t$这段时间间隔内路程从$S(t_0)$变到$S(t_0+\Delta t)$，其改变量(见图 3-1)为

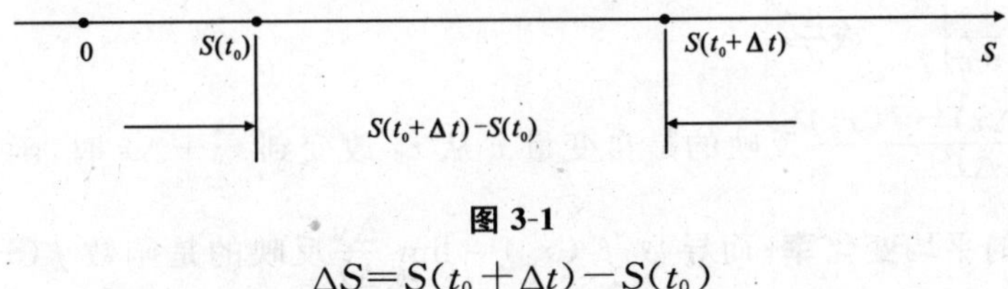

图 3-1

$$\Delta S=S(t_0+\Delta t)-S(t_0)$$

在这段时间内质点运动的**平均速度**为

$$\bar{v}=\frac{\Delta S}{\Delta t}=\frac{S(t_0+\Delta t)-S(t_0)}{\Delta t}$$

当时间间隔Δt很小时，可以认为质点在时间区间$[t_0,t_0+\Delta t]$内近似地作匀速直线运动.因此，可以用$\bar{v}$作为质点在时刻t_0的瞬时速度的近似值，而且Δt越小，近似程度越高.当时间间隔$\Delta t\to 0$时，我们就可把平均速度$\bar{v}$的极限值定义为时刻t_0的**瞬时速度**，记为$v(t_0)$，即

$$v(t_0)=\lim_{\Delta t\to 0}\frac{\Delta S}{\Delta t}=\lim_{\Delta t\to 0}\frac{S(t_0+\Delta t)-S(t_0)}{\Delta t}.$$

2. 产品总成本的变化率

设某产品的总成本C是产量Q的函数，即

$$C=C(Q)\qquad(Q>0),$$

当总产量Q由Q_0变到$Q_0+\Delta Q$时，总成本的增量为

$$\Delta C=C(Q_0+\Delta Q)-C(Q_0),$$

此时，称

$$\frac{\Delta C}{\Delta Q}=\frac{C(Q_0+\Delta Q)-C(Q_0)}{\Delta Q}$$

为产量由 Q_0 变到 $Q_0+\Delta Q$ 时**总成本的平均变化率**. 不难看出$\frac{\Delta C}{\Delta Q}$既依赖于 Q_0，又依赖于 ΔQ，当 $\Delta Q\to 0$ 时，如果极限

$$\lim_{\Delta Q\to 0}\frac{\Delta C}{\Delta Q}=\lim_{\Delta Q\to 0}\frac{C(Q_0+\Delta Q)-C(Q_0)}{\Delta Q}$$

存在，则此极限表示产量为 Q_0 时**总成本的变化率**. 经济学中也称之为总成本 C 在 Q_0 时的**边际成本**.

抛开上面两个实例的实际意义，从数学角度看，它们的数学结构完全相同，都是函数的改变量与自变量的改变量之比当自变量改变量趋于零时的极限. 将上面两实例在数量关系上的这种共性抽象出来，就得到了下面的导数概念.

二、导数的定义

定义 1 设函数 $y=f(x)$在点 x_0 的某邻域内有定义，当自变量 x 在 x_0 处取得增量 Δx（点 $x_0+\Delta x$ 仍在该邻域内）时，相应地函数 y 取得增量 $\Delta y=f(x_0+\Delta x)-f(x_0)$；如果 Δy 与 Δx 之比当 $\Delta x\to 0$ 时的极限存在，则称函数 $y=f(x)$在点 x_0 处**可导**，并称这个极限值为函数 $y=f(x)$在点 x_0 处的**导数**，记为 $f'(x_0)$，即

$$f'(x_0)=\lim_{\Delta x\to 0}\frac{\Delta y}{\Delta x}=\lim_{\Delta x\to 0}\frac{f(x_0+\Delta x)-f(x_0)}{\Delta x} \tag{1}$$

也可记作 $y'\Big|_{x=x_0}$，$\frac{\mathrm{d}y}{\mathrm{d}x}\Big|_{x=x_0}$ 或$\frac{\mathrm{d}f}{\mathrm{d}x}\Big|_{x=x_0}$.

$\frac{\Delta y}{\Delta x}=\frac{f(x_0+\Delta x)-f(x_0)}{\Delta x}$反映的是自变量 x 从 x_0 改变到 $x_0+\Delta x$ 时，函数 $f(x)$的平均变化速度，称为**函数的平均变化率**；而导数 $f'(x_0)=\lim\limits_{\Delta x\to 0}\frac{\Delta y}{\Delta x}$反映的是函数 $f(x)$在 x_0 处的变化速度，称为函数 $f(x)$在点 x_0 处的**变化率**.

函数 $f(x)$在点 x_0 处可导有时也说成 $f(x)$在点 x_0 处具有导数或导数存在.

导数定义式(1)还可取不同的形式.

在式(1)中，令 $h=\Delta x$，则

$$f'(x_0)=\lim_{h\to 0}\frac{f(x_0+h)-f(x_0)}{h}. \tag{2}$$

若令 $x=x_0+\Delta x$，则

$$f'(x_0)=\lim_{x\to x_0}\frac{f(x)-f(x_0)}{x-x_0}. \tag{3}$$

如果极限式(1)不存在，则称 $y=f(x)$在点 x_0 处不可导，称 x_0 为 $y=f(x)$的**不可导点**. 如果不可导的原因是式(1)中的极限为∞，我们也称函数 $y=f(x)$在点 x_0 处的导数为无穷大. 如果函数 $y=f(x)$在开区间 I 内每一点都可导，就称函数 $f(x)$在**开区间 I 内可导**. 此时，对于任一点 $x\in I$，都对应着 $f(x)$的一个确定的导数值，这样就构成了一个新的函数，这个函数叫做原来函数 $f(x)$的**导函数**，记作 y'，$f'(x)$，$\frac{\mathrm{d}y}{\mathrm{d}x}$或$\frac{\mathrm{d}f}{\mathrm{d}x}$.

在式(1)中，把 x_0 换成 x，即得导函数定义式

$$f'(x)=\lim_{\Delta x\to 0}\frac{f(x+\Delta x)-f(x)}{\Delta x}.$$

导函数也常简称导数，函数 $f(x)$ 在点 x_0 处的导数 $f'(x_0)$ 就是导函数 $f'(x)$ 在点 $x=x_0$ 处的函数值，即

$$f'(x_0)=f'(x)\Big|_{x=x_0}.$$

根据导数的定义求 $y=f(x)$ 的导数，一般包含以下三个步骤：

(1)求函数改变量 $\Delta y=f(x+\Delta x)-f(x)$；

(2)求比值 $\dfrac{\Delta y}{\Delta x}=\dfrac{f(x+\Delta x)-f(x)}{\Delta x}$；

(3)求极限 $f'(x)=\lim\limits_{\Delta x\to 0}\dfrac{f(x+\Delta x)-f(x)}{\Delta x}$.

例 1　求函数 $y=C$（C 为常数）的导数.

解　(1) $\Delta y=y(x+\Delta x)-y(x)=C-C=0$；

(2) $\dfrac{\Delta y}{\Delta x}=\dfrac{0}{\Delta x}=0$；

(3) $\dfrac{\mathrm{d}y}{\mathrm{d}x}=\lim\limits_{\Delta x\to 0}\dfrac{\Delta y}{\Delta x}=\lim\limits_{\Delta x\to 0}0=0$.

即 $(C)'=0$.

例 2　求函数 $y=x^n$（n 为正整数）的导数.

解　(1)
$$\begin{aligned}\Delta y&=(x+\Delta x)^n-x^n\\&=x^n+nx^{n-1}\Delta x+\frac{n(n-1)}{2}x^{n-2}(\Delta x)^2+\cdots+(\Delta x)^n-x^n\\&=nx^{n-1}\Delta x+\frac{n(n-1)}{2}x^{n-2}(\Delta x)^2+\cdots+(\Delta x)^n;\end{aligned}$$

(2) $\dfrac{\Delta y}{\Delta x}=nx^{n-1}+\dfrac{n(n-1)}{2}x^{n-2}\Delta x+\cdots+(\Delta x)^{n-1}$；

(3)
$$\begin{aligned}\frac{\mathrm{d}y}{\mathrm{d}x}&=\lim_{\Delta x\to 0}\frac{\Delta y}{\Delta x}\\&=\lim_{\Delta x\to 0}\left[nx^{n-1}+\frac{n(n-1)}{2}x^{n-2}\Delta x+\cdots+(\Delta x)^{n-1}\right]\\&=nx^{n-1}.\end{aligned}$$

即 $(x^n)'=nx^{n-1}$.

更一般地，对于幂函数 $y=x^\alpha$（α 为常数），有

$$(x^\alpha)'=\alpha x^{\alpha-1}\quad\text{（以后证明）}.$$

例如　$(\sqrt{x})'=\dfrac{1}{2}x^{\frac{1}{2}-1}=\dfrac{1}{2\sqrt{x}}$，

$$(x^{-1})'=-x^{-1-1}=-\frac{1}{x^2}.$$

当我们对求导的方法步骤熟练后，求导过程可以简略些.

例 3　求函数 $f(x)=a^x$（$a>0$，$a\neq 1$）的导数.

解
$$\begin{aligned}f'(x)&=\lim_{\Delta x\to 0}\frac{f(x+\Delta x)-f(x)}{\Delta x}=\lim_{\Delta x\to 0}\frac{a^{x+\Delta x}-a^x}{\Delta x}\\&=a^x\lim_{\Delta x\to 0}\frac{a^{\Delta x}-1}{\Delta x}=a^x\cdot\lim_{\Delta x\to 0}\frac{\mathrm{e}^{\Delta x\ln a}-1}{\Delta x\cdot\ln a}\cdot\ln a,\end{aligned}$$

利用 $\lim\limits_{x\to 0}\dfrac{e^x-1}{x}=1$，得

$$f'(x)=a^x\ln a$$

即 $(a^x)'=a^x\ln a$.

特殊地，当 $a=e$ 时，有 $(e^x)'=e^x$.

例 4 求函数 $f(x)=\log_a x(a>0,a\neq 1)$ 的导数.

解 $$f'(x)=\lim_{\Delta x\to 0}\frac{f(x+\Delta x)-f(x)}{\Delta x}=\lim_{\Delta x\to 0}\frac{\log_a(x+\Delta x)-\log_a x}{\Delta x}$$

$$=\lim_{\Delta x\to 0}\frac{1}{\Delta x}\log_a\frac{x+\Delta x}{x}=\lim_{\Delta x\to 0}\frac{1}{x}\cdot\frac{x}{\Delta x}\log_a(1+\frac{\Delta x}{x})$$

$$=\frac{1}{x}\lim_{\Delta x\to 0}\log_a(1+\frac{\Delta x}{x})^{\frac{x}{\Delta x}}=\frac{1}{x}\log_a e=\frac{1}{x\ln a}$$

即 $(\log_a x)'=\dfrac{1}{x\ln a}$.

特殊地，当 $a=e$ 时，有 $(\ln x)'=\dfrac{1}{x}$.

例 5 求函数 $f(x)=\sin x$ 的导数.

解 $$f'(x)=\lim_{\Delta x\to 0}\frac{f(x+\Delta x)-f(x)}{\Delta x}=\lim_{\Delta x\to 0}\frac{\sin(x+\Delta x)-\sin x}{\Delta x}$$

$$=\lim_{\Delta x\to 0}\frac{1}{\Delta x}\cdot 2\cos(x+\frac{\Delta x}{2})\sin\frac{\Delta x}{2}$$

$$=\lim_{\Delta x\to 0}\cos(x+\frac{\Delta x}{2})\cdot\frac{\sin\frac{\Delta x}{2}}{\frac{\Delta x}{2}}=\cos x,$$

即 $(\sin x)'=\cos x$.

用类似方法可求得 $(\cos x)'=-\sin x$.

三、左右导数

定义 2 若极限

$$\lim_{\Delta x\to 0^+}\frac{\Delta y}{\Delta x}=\lim_{\Delta x\to 0^+}\frac{f(x_0+\Delta x)-f(x_0)}{\Delta x}$$

存在，则称此极限为函数 $y=f(x)$ 在 x_0 处的**右导数**，记作 $f'_+(x_0)$.

若极限

$$\lim_{\Delta x\to 0^-}\frac{\Delta y}{\Delta x}=\lim_{\Delta x\to 0^-}\frac{f(x_0+\Delta x)-f(x_0)}{\Delta x}$$

存在，则称此极限为函数 $y=f(x)$ 在 x_0 处的**左导数**，记作 $f'_-(x_0)$. 即

$$f'_+(x_0)=\lim_{\Delta x\to 0^+}\frac{f(x_0+\Delta x)-f(x_0)}{\Delta x};$$

$$f'_-(x_0)=\lim_{\Delta x\to 0^-}\frac{f(x_0+\Delta x)-f(x_0)}{\Delta x}.$$

由极限存在的充要条件是左、右极限存在且相等可知，$f'(x_0)$ 存在的充要条件是右导数 $f'_+(x_0)$ 和左导数 $f'_-(x_0)$ 都存在且相等.

函数 $f(x)$ 在闭区间 $[a,b]$ 上可导，是指 $f(x)$ 在开区间 (a,b) 内处处可导，且 $f'_+(a)$ 及 $f'_-(b)$ 都存在.

例 6　讨论函数 $f(x)=|x|$ 在 $x=0$ 处的可导性.

解　函数 $y=|x|$ 的图形如图 3-2.

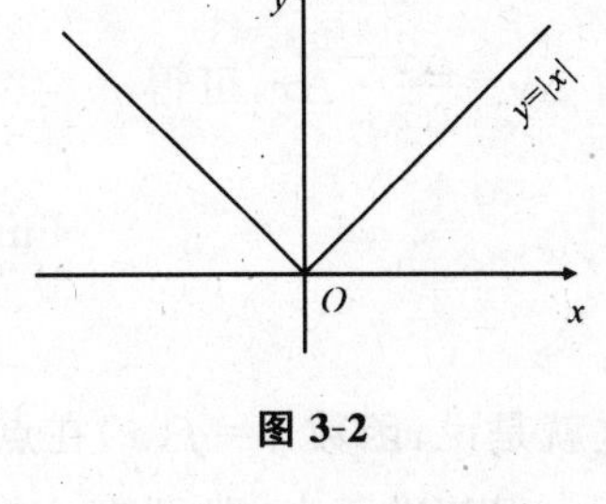

图 3-2

因为 $f'_+(0)=\lim\limits_{\Delta x\to 0^+}\dfrac{\Delta y}{\Delta x}=\lim\limits_{\Delta x\to 0^+}\dfrac{f(0+\Delta x)-f(0)}{\Delta x}$

$=\lim\limits_{\Delta x\to 0^+}\dfrac{\Delta x}{\Delta x}=1$，

而 $f'_-(0)=\lim\limits_{\Delta x\to 0^-}\dfrac{\Delta y}{\Delta x}=\lim\limits_{\Delta x\to 0^-}\dfrac{f(0+\Delta x)-f(0)}{\Delta x}$

$=\lim\limits_{\Delta x\to 0^-}\dfrac{-\Delta x}{\Delta x}=-1$，

则 $f'_+(0)\neq f'_-(0)$.

所以 $f'(0)$ 不存在，即函数 $y=|x|$ 在 $x=0$ 处不可导.

四、导数的几何意义

我们考察函数 $y=f(x)$ 所表示的曲线 L. 如图 3-3，在曲线 L 上取一点 $M(x_0,y_0)$，并在曲线上另取一动点 $Q(x_0+\Delta x,y_0+\Delta y)$，连接这两点的直线 MQ，是过 M 点的**割线**，这割线的斜率是 $\dfrac{\Delta y}{\Delta x}$. 因为过 M 点的**切线**是当动点 Q 沿曲线 L 趋向点 M 时，割线 MQ 的极限位置 MT_0，所以切线 MT_0 的斜率是当 $\Delta x\to 0$ 时，割线 MQ 的斜率 $\dfrac{\Delta y}{\Delta x}$ 的极限，即 $f'(x_0)=\lim\limits_{\Delta x\to 0}\dfrac{\Delta y}{\Delta x}$.

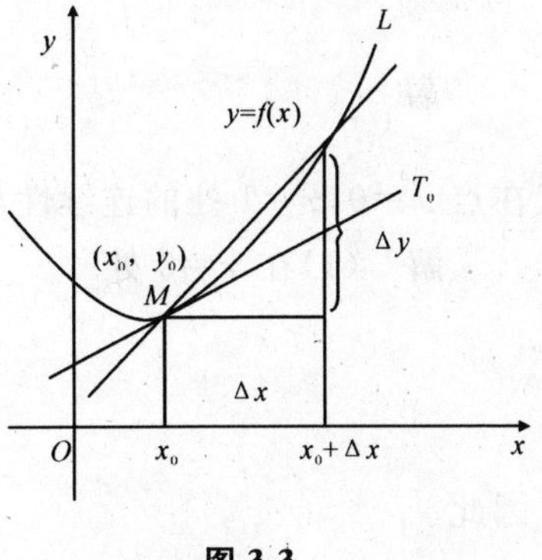

图 3-3

因此函数 $f(x)$ 在 $x=x_0$ 处的导数 $f'(x_0)$ 表示曲线 $y=f(x)$ 在点 $M(x_0,f(x_0))$ 处的切线的斜率，这就是导数的几何意义.

根据导数的几何意义，并应用直线点斜式方程，可知曲线 $y=f(x)$ 在点 $M(x_0,y_0)$ 处的**切线方程为**

$$y-y_0=f'(x_0)(x-x_0).$$

例 7　求曲线 $y=\dfrac{1}{x}$ 在 $(1,1)$ 处的切线方程.

解　因 $\left.\dfrac{\mathrm{d}y}{\mathrm{d}x}\right|_{x=1}=\left.-\dfrac{1}{x^2}\right|_{x=1}=-1$，故所求切线方程为

$$y-1=-1(x-1),$$

即 $x+y-2=0$.

五、函数的可导性与连续性的关系

函数 $y=f(x)$ 在点 x_0 处连续是指 $\lim\limits_{\Delta x\to 0}\Delta y=0$，而在点 x_0 处可导是指 $\lim\limits_{\Delta x\to 0}\dfrac{\Delta y}{\Delta x}$ 存在，那么这两种极限有什么关系呢？关于这个问题，我们有下面定理.

定理 1　如果函数 $y=f(x)$ 在点 x_0 处可导，则 $f(x)$ 在点 x_0 处连续，其逆不真.

证 因为 $f(x)$ 在 x_0 处可导，故有

$$f'(x_0)=\lim_{\Delta x\to 0}\frac{\Delta y}{\Delta x},$$

由 $\Delta y=\frac{\Delta y}{\Delta x}\cdot\Delta x$，可得

$$\lim_{\Delta x\to 0}\Delta y=\lim_{\Delta x\to 0}\left(\frac{\Delta y}{\Delta x}\cdot\Delta x\right)=\lim_{\Delta x\to 0}\frac{\Delta y}{\Delta x}\cdot\lim_{\Delta x\to 0}\Delta x$$
$$=f'(x_0)\cdot 0=0,$$

这就是说，函数 $y=f(x)$ 在点 x_0 处连续.

但其逆不真，即函数 $f(x)$ 在点 x_0 处连续，不能肯定函数在点 x_0 处一定可导. 这可由前面例 6 说明：因函数 $y=|x|$ 在 $x=0$ 处连续，但在 $x=0$ 处不可导. 故函数在某点连续是函数在该点可导的必要条件，但不是充分条件.

例 8 讨论函数

$$f(x)=\begin{cases}x-1 & (x\leqslant 0)\\ 2x & (0<x\leqslant 1)\\ x^2+1 & (x>1)\end{cases}$$

在点 $x=0$，$x=1$ 处的连续性与可导性.

解 (1)在 $x=0$ 处

$$\lim_{x\to 0^-}f(x)=\lim_{x\to 0^-}(x-1)=-1,$$
$$\lim_{x\to 0^+}f(x)=\lim_{x\to 0^+}2x=0,$$

因此

$$\lim_{x\to 0^-}f(x)\neq\lim_{x\to 0^+}f(x),$$

所以 $\lim\limits_{x\to 0}f(x)$ 不存在，从而 $f(x)$ 在点 $x=0$ 处不连续，故 $f(x)$ 在 $x=0$ 处不可导.

(2)在 $x=1$ 处

$$f'_-(1)=\lim_{\Delta x\to 0^-}\frac{f(1+\Delta x)-f(1)}{\Delta x}=\lim_{\Delta x\to 0^-}\frac{2(1+\Delta x)-2}{\Delta x}$$
$$=\lim_{\Delta x\to 0^-}\frac{2\Delta x}{\Delta x}=2,$$
$$f'_+(1)=\lim_{\Delta x\to 0^+}\frac{f(1+\Delta x)-f(1)}{\Delta x}$$
$$=\lim_{\Delta x\to 0^+}\frac{[(1+\Delta x)^2+1]-2}{\Delta x}=\lim_{\Delta x\to 0^+}\frac{2\Delta x+(\Delta x)^2}{\Delta x}$$
$$=\lim_{\Delta x\to 0^+}(2+\Delta x)=2,$$

即 $f'_-(1)=f'_+(1)$，所以在 $x=1$ 处 $f(x)$ 可导，且 $f'(1)=2$，从而 $f(x)$ 在 $x=1$ 处必连续.

一个连续函数，似乎除了几个个别点之外应该都可导，这种看法，在历史上很长的一段时间内，几乎得到所有数学家的肯定. 然而实际上并非如此，1872 年德国数学家魏尔斯特拉斯构造出一个处处连续，但处处不可导的例子，这与人们基于直观的普遍认识大相径庭，从而震惊了数学界和思想界. 这就促使人们在微积分研究中从依赖于直观转向理性思维，大大促进了微积分逻辑基础的创建工作.

习题 3-1

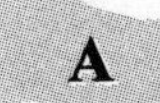

A

1. 用导数定义求下列各函数在指定点的导数：

(1) $f(x)=2x+3$，求 $f'(0)$，$f'(2)$；

(2) $f(x)=ax^2+bx+c$，其中 a,b,c 为常数，求 $f'(0)$，$f'\left(\frac{1}{2}\right)$，$f'\left(-\frac{b}{2a}\right)$.

2. 作直线运动的物体的运动方程为 $s=t^3+10$，求该物体在 $t=3$ 时的瞬时速度.

3. 求抛物线 $y=x^2$ 上点 $x=3$ 处的切线方程.

4. 某种产品生产 x 个单位的总成本 C 为 x 的函数：

$$C=C(x)=2+3\sqrt{x},$$

求生产 x_0 个单位时总成本的变化率.

5. 求下列函数的导数：

(1) $y=\sqrt[5]{x^2}$　　　　(2) $y=\dfrac{x\sqrt[3]{x^2}}{\sqrt{x^3}}$

(3) $y=a^x e^x$　　　　(4) $y=\dfrac{1}{x^2}$

(5) $y=\lg x$　　　　(6) $y=\sqrt{x\sqrt{x}}$

6. 设 $f(x)=\begin{cases}x^2 & x\geqslant 0\\ -x & x<0\end{cases}$，求 $f'_+(0)$，$f'_-(0)$，判断 $f'(0)$是否存在？

7. 设函数 $f(x)=\begin{cases}x^2+1 & (0\leqslant x<1)\\ 3x-1 & (x\geqslant 1)\end{cases}$，判断其在 $x=1$ 处是否可导？为什么？

8. 设函数 $f(x)=\begin{cases}\sin x & (x<0)\\ x & (x\geqslant 0)\end{cases}$，求 $f'(x)$.

9. 设 $f(x)=\sin x$，求 $f'\left(\dfrac{\pi}{3}\right)$，$\left[f\left(\dfrac{\pi}{3}\right)\right]'$.

10. 证明 $(\cos x)'=-\sin x$，并求 $(\cos x)'\big|_{x=0}$.

B

1. 设 $f(x)$ 可导且下列各极限均存在，则（　　）成立.

A. $\lim\limits_{x\to 0}\dfrac{f(x)-f(0)}{x}=f'(0)$

B. $\lim\limits_{h\to 0}\dfrac{f(a+2h)-f(a)}{h}=f'(a)$

C. $\lim\limits_{\Delta x\to 0}\dfrac{f(x_0)-f(x_0-\Delta x)}{\Delta x}=f'(x_0)$

D. $\lim\limits_{\Delta x\to 0}\dfrac{f(x_0+\Delta x)-f(x_0-\Delta x)}{2\Delta x}=f'(x_0)$

2. 若 $\lim\limits_{x\to a}\dfrac{f(x)-f(a)}{x-a}=A$，$A$ 为常数，则有(　　).

A. $f(x)$在点 $x=a$ 处连续

B. $f(x)$在点 $x=a$ 处可导

C. $\lim\limits_{x\to a}f(x)$存在

D. $f(x)-f(a)=A(x-a)+o(x-a)$

3. 设 $f(x)$在 $x=0$ 点连续，且

$$\lim_{x\to 0}\frac{f(x)-1}{x}=-1.$$

(1)求 $f(0)$；(2)问 $f(x)$在 $x=0$ 点是否可导.

4. 设 $f(x)=x(x+1)(x+2)\cdots(x+100)$，求 $f'(0)$.

5. 设函数 $f(x)=\begin{cases}x^2 & (x\leqslant 1)\\ bx+c & (x>1)\end{cases}$，为了使 $f(x)$在 $x=1$ 处连续且可导，b、c 应取什么值?

6. 讨论 $F(x)=\min\{x,\dfrac{1}{x}\}$在区间$(0,2)$内的可导性，并给出 F'的表达式.

7. 证明：

(1)偶函数的导数是奇函数；

(2)奇函数的导数是偶函数.

8. 证明：双曲线 $xy=a^2$ 上任一点处的切线与两坐标轴构成的三角形的面积都等于 $2a^2$.

9. 设 $f(x)$，$g(x)$在 x_0 点可导，且 $f(x_0)=g(x_0)$，$f'(x_0)=g'(x_0)$. 若 $h(x)$在 x_0 的某一邻域内满足 $f(x)\leqslant h(x)\leqslant g(x)$，证明：$h(x)$在 x_0 点可导，并且$h'(x_0)=f'(x_0)=g'(x_0)$.

第二节　导数的四则运算法则

从定义出发求函数的导数，不仅繁复，而且需要相当的技巧. 从本节开始，我们将逐步介绍几个基本的求导法则和另一些基本初等函数的求导公式，借助它们来简化求导数的计算.

下面介绍函数的和、差、积、商的求导法则. 为此，假设 $u(x)$和 $v(x)$在 x 处可导.

一、函数的和(差)求导法则

两个可导函数的和(差)的导数等于这两个函数导数的和(差)，即

$$[u(x)\pm v(x)]'=u'(x)\pm v'(x).\tag{1}$$

证　设 $F(x)=u(x)+v(x)$，则有

$$\begin{aligned}F'(x)&=\lim_{\Delta x\to 0}\frac{F(x+\Delta x)-F(x)}{\Delta x}\\&=\lim_{\Delta x\to 0}\frac{[u(x+\Delta x)+v(x+\Delta x)]-[u(x)+v(x)]}{\Delta x}\\&=\lim_{\Delta x\to 0}\left[\frac{u(x+\Delta x)-u(x)}{\Delta x}+\frac{v(x+\Delta x)-v(x)}{\Delta x}\right]\\&=u'(x)+v'(x),\end{aligned}$$

这就证明了和法则. 同理可证差法则.

公式(1)可推广到任意有限多个函数和、差的情形.

例 1　求函数 $y=x^3+\ln x-\cos x+\sin\pi$ 的导数.

解　$y'=(x^3+\ln x-\cos x+\sin\pi)'$

$=(x^3)'+(\ln x)'-(\cos x)'+(\sin\pi)'$

$=3x^2+\dfrac{1}{x}-(-\sin x)+0$

$=3x^2+\dfrac{1}{x}+\sin x.$

受和(差)法则的影响,有人可能会以为积的导数等于导数的积.然而,下面例子就可对此作出否定.

令 $u(x)=x^2$,$v(x)=x$,则 $u(x)\cdot v(x)=x^3$,于是$[u(x)\cdot v(x)]'=(x^3)'=3x^2$,而 $u'(x)\cdot v'(x)=2x\cdot 1=2x$,故$[u(x)\cdot v(x)]'\neq u'(x)\cdot v'(x)$.

函数积的导数怎样求?莱布尼茨给出了下面法则.

二、函数乘积的求导法则

两个可导函数乘积的导数等于第一个函数的导数与第二个函数的乘积,再加上第一个函数与第二个函数的导数的乘积,即

$$[u(x)\cdot v(x)]'=u'(x)\cdot v(x)+u(x)\cdot v'(x).\tag{2}$$

证　设 $F(x)=u(x)\cdot v(x)$,则有

$$F'(x)=\lim_{\Delta x\to 0}\frac{F(x+\Delta x)-F(x)}{\Delta x}=\lim_{\Delta x\to 0}\frac{u(x+\Delta x)\cdot v(x+\Delta x)-u(x)\cdot v(x)}{\Delta x}$$

$$=\lim_{\Delta x\to 0}\frac{u(x+\Delta x)\cdot v(x+\Delta x)-u(x)\cdot v(x+\Delta x)+u(x)\cdot v(x+\Delta x)-u(x)\cdot v(x)}{\Delta x}$$

$$=\lim_{\Delta x\to 0}\left[\frac{u(x+\Delta x)-u(x)}{\Delta x}\cdot v(x+\Delta x)+u(x)\frac{v(x+\Delta x)-v(x)}{\Delta x}\right]$$

$$=\lim_{\Delta x\to 0}\frac{u(x+\Delta x)-u(x)}{\Delta x}\cdot\lim_{\Delta x\to 0}v(x+\Delta x)+\lim_{\Delta x\to 0}u(x)\cdot\lim_{\Delta x\to 0}\frac{v(x+\Delta x)-v(x)}{\Delta x}$$

$$=u'(x)\cdot v(x)+u(x)\cdot v'(x).$$

这里 $\lim\limits_{\Delta x\to 0}u(x)=u(x)$,是因为 $u(x)$不随 Δx 的变化而改变,而 $\lim\limits_{\Delta x\to 0}v(x+\Delta x)=v(x)$是因为 $v'(x)$存在从而 $v(x)$在 x 处是连续的.

特别地,如果 $v(x)=C$(C 为常数),则有

$$[Cu(x)]'=Cu'(x).\tag{3}$$

例 2　求函数 $y=e^x\sin x$ 的导数.

解　$y'=(e^x)'\cdot\sin x+e^x(\sin x)'=e^x\sin x+e^x\cos x$

$=e^x(\sin x+\cos x).$

例 3　求函数 $y=(3\sin x-\cos x)\cdot\ln x$ 的导数.

解　$y'=(3\sin x-\cos x)'\ln x+(3\sin x-\cos x)(\ln x)'$

$=(3\cos x+\sin x)\ln x+(3\sin x-\cos x)\dfrac{1}{x}.$

三、函数商的求导法则

两个可导函数之商(分母不为零)的导数等于分子的导数与分母的乘积减去分子与分母的导数的乘积,再除以分母的平方,即

$$\left[\frac{u(x)}{v(x)}\right]'=\frac{u'(x)v(x)-u(x)v'(x)}{[v(x)]^2}\quad (v(x)\neq 0). \tag{4}$$

证 设 $F(x)=\dfrac{u(x)}{v(x)}$,则有

$$F'(x)=\lim_{\Delta x\to 0}\frac{F(x+\Delta x)-F(x)}{\Delta x}=\lim_{\Delta x\to 0}\frac{\dfrac{u(x+\Delta x)}{v(x+\Delta x)}-\dfrac{u(x)}{v(x)}}{\Delta x}$$

$$=\lim_{\Delta x\to 0}\frac{u(x+\Delta x)\cdot v(x)-u(x)\cdot v(x+\Delta x)}{\Delta x\cdot v(x+\Delta x)v(x)}$$

$$=\lim_{\Delta x\to 0}\frac{u(x+\Delta x)v(x)-u(x)v(x)+u(x)\cdot v(x)-u(x)\cdot v(x+\Delta x)}{\Delta x\cdot v(x+\Delta x)\cdot v(x)}$$

$$=\lim_{\Delta x\to 0}\frac{\dfrac{u(x+\Delta x)-u(x)}{\Delta x}v(x)-u(x)\dfrac{v(x+\Delta x)-v(x)}{\Delta x}}{v(x+\Delta x)\cdot v(x)}$$

$$=\frac{\lim\limits_{\Delta x\to 0}\dfrac{u(x+\Delta x)-u(x)}{\Delta x}\cdot\lim\limits_{\Delta x\to 0}v(x)-\lim\limits_{\Delta x\to 0}u(x)\cdot\lim\limits_{\Delta x\to 0}\dfrac{v(x+\Delta x)-v(x)}{\Delta x}}{\lim\limits_{\Delta x\to 0}v(x+\Delta x)\cdot\lim\limits_{\Delta x\to 0}v(x)}$$

$$=\frac{u'(x)\cdot v(x)-u(x)\cdot v'(x)}{[v(x)]^2}\quad (v(x)\neq 0).$$

例 4 求函数 $y=\tan x$ 的导数.

解 $$y'=(\tan x)'=\left(\frac{\sin x}{\cos x}\right)'=\frac{(\sin x)'\cos x-\sin x(\cos x)'}{\cos^2 x}$$

$$=\frac{\cos x\cdot\cos x-\sin x(-\sin x)}{\cos^2 x}=\frac{1}{\cos^2 x}=\sec^2 x,$$

即 $(\tan x)'=\sec^2 x$.

类似地,可求得

$$(\cot x)'=-\csc^2 x.$$

例 5 求函数 $y=\sec x$ 的导数.

解 $$y'=(\sec x)'=\left(\frac{1}{\cos x}\right)'=\frac{1'\cdot\cos x-1\cdot(\cos x)'}{\cos^2 x}$$

$$=\frac{\sin x}{\cos^2 x}=\sec x\cdot\tan x,$$

即 $(\sec x)'=\sec x\cdot\tan x$.

类似地,可求得

$$(\csc x)'=-\csc x\cdot\cot x.$$

例 6 求函数 $y=\dfrac{\sec x}{1+\tan x}$ 的导数.

解 $$y'=\left(\frac{\sec x}{1+\tan x}\right)'=\frac{(\sec x)'(1+\tan x)-\sec x(1+\tan x)'}{(1+\tan x)^2}$$

$$=\frac{\sec x\cdot\tan x(1+\tan x)-\sec x\sec^2 x}{(1+\tan x)^2}$$

$$=\frac{\sec x(\tan x+\tan^2 x-\sec^2 x)}{(1+\tan x)^2}=\frac{\sec x(\tan x-1)}{(1+\tan x)^2}.$$

习题 3-2

A

1. 证明导数公式：

$(\cot x)'=-\csc^2 x$；$(\csc x)'=-\csc x\cot x$.

2. 求下面函数的导数：

(1) $f(x)=x^{100}+5x+1$　(2) $G(y)=(y^2+1)(2y-7)$

(3) $g(x)=x^2+\dfrac{1}{x^2}$　(4) $f(t)=\sqrt{t}-\dfrac{1}{\sqrt{t}}$

(5) $f(u)=\dfrac{1-u^2}{1+u^2}$　(6) $H(t)=\sqrt[3]{t}(t+2)$

(7) $y=\dfrac{\sqrt{x}-1}{\sqrt{x}+1}$　(8) $y=\dfrac{x^5}{x^3-2}$

(9) $y=\cos x-2\tan x$　(10) $y=\csc x\cot x$

(11) $y=\dfrac{\tan x}{x}$　(12) $y=\dfrac{x}{\sin x+\cos x}$

(13) $y=x\sin x\cos x$　(14) $y=\dfrac{x^2\tan x}{\sec x}$

(15) $y=a^x+e^x$　(16) $y=e^x(x^2-x+1)$

(17) $y=\dfrac{10^x-1}{10^x+1}$　(18) $y=e^{-x}(\cos x+\sin x)$

3. 求曲线在指定点的切线方程：

(1) $y=x+\dfrac{4}{x}$　$(2,4)$　(2) $y=x+\sqrt{x}$　$(1,2)$

(3) $y=\dfrac{1}{1+x^2}$　$(-1,\dfrac{1}{2})$　(4) $y=\tan x$　$(\dfrac{\pi}{4},1)$

(5) $y=\sec x-2\cos x$　$(\dfrac{\pi}{3},1)$　(6) $y=x^2e^{-x}$　$(1,\dfrac{1}{e})$

B

1. 问对怎样的 x，$f(x)=x+2\sin x$ 的图形有水平切线？

2. 设 f、g 和 h 均可导，用积法则证明：$(fgh)'=f'gh+fg'h+fgh'$.

3. 设 $f(x)$ 可导，求下列函数的导数：

(1) $y=\dfrac{x}{f(x)}$　(2) $y=\dfrac{1+xf(x)}{\sqrt{x}}$

4. 讨论 $g(x)=\begin{cases}-1-2x & (x<-1)\\ x^2 & (-1\leqslant x\leqslant 1)\\ x & (x>1)\end{cases}$ 的可导性，给出 $g'(x)$ 的表达式.

5. $h(x)=|x-1|+|x+2|$ 何处可导？给出 $h'(x)$ 的表达式.

6. 写出曲线 $y=x-\dfrac{1}{x}$ 与 x 轴交点处的切线方程.

7. 当温度不变时，一定质量气体的压强 P 与体积 V 成反比，即 $PV=C$（C 为常数），试证 $-V\dfrac{\mathrm{d}P}{\mathrm{d}V}=P$.

第三节　反函数的求导法则和复合函数求导的链式法则

一、反函数的求导法则

定理 1　如果函数 $x=f(y)$ 在区间 I_y 内单调、可导且 $f'(y)\neq 0$，那么其反函数 $y=f^{-1}(x)$ 在对应区间 $I_x=\{x\,|\,x=f(y),y\in I_y\}$ 内也可导，且

$$[f^{-1}(x)]'=1/f'(y) \text{ 或 } \frac{\mathrm{d}y}{\mathrm{d}x}=1\Big/\frac{\mathrm{d}x}{\mathrm{d}y}. \tag{1}$$

证　由于 $x=f(y)$ 在 I_y 内单调、可导，由反函数存在定理知，$x=f(y)$ 的反函数 $y=f^{-1}(x)$ 是存在的，且 $f^{-1}(x)$ 在 I_x 内也单调、连续.

任取 $x\in I_x$，给 x 以增量 Δx（$\Delta x\neq 0, x+\Delta x\in I_x$），由 $y=f^{-1}(x)$ 的单调性可知

$$\Delta y=f^{-1}(x+\Delta x)-f^{-1}(x)\neq 0,$$

于是有

$$\frac{\Delta y}{\Delta x}=\frac{1}{\dfrac{\Delta x}{\Delta y}},$$

因为 $y=f^{-1}(x)$ 连续，故有

$$\lim_{\Delta x\to 0}\Delta y=0,$$

从而

$$[f^{-1}(x)]'=\lim_{\Delta x\to 0}\frac{\Delta y}{\Delta x}=\lim_{\Delta y\to 0}\frac{1}{\dfrac{\Delta x}{\Delta y}}=\frac{1}{f'(y)}.$$

上述结论可简单地说：反函数的导数等于直接函数的导数的倒数.

例 1　设 $y=f(x)=x^2, x\in(0,2)$，求其反函数 $x=f^{-1}(y)=g(y)$ 在 $y=1$ 处的导数 $g'(1)$.

解　函数 $y=f(x)=x^2$，当 $x\in(0,2)$ 时值域为 $(0,4)$，其反函数 $x=f^{-1}(y)=g(y)$ 的定义域为 $(0,4)$，值域为 $(0,2)$，因 $f(1)=1$，故 $g(1)=1$，又 $f'(x)=2x$，$f'(1)=2$，故由公式(1)，得

$$g'(1)=1/f'(1)=\frac{1}{2}.$$

另一方面，若直接求出反函数 $x=g(y)=\sqrt{y}, y\in(0,4)$，则 $g'(y)=\dfrac{1}{2\sqrt{y}}$，故 $g'(1)=\dfrac{1}{2}$.

两种方法得出的结果相同.

例 2　求函数 $y=\arcsin x$ 的导数.

解　函数 $y=\arcsin x$ 是函数 $x=\sin y, y\in\left(-\frac{\pi}{2},\frac{\pi}{2}\right)$ 的反函数. 由于函数 $x=\sin y, y\in\left(-\frac{\pi}{2},\frac{\pi}{2}\right)$ 是单调可导的,且 $(\sin y)'=\cos y>0$,因此在对应的区间 $(-1,1)$ 内,有

$$(\arcsin x)'=\frac{1}{(\sin y)'}=\frac{1}{\cos y}=\frac{1}{\sqrt{1-\sin^2 y}}=\frac{1}{\sqrt{1-x^2}},$$

即 $(\arcsin x)'=\frac{1}{\sqrt{1-x^2}}\quad x\in(-1,1).$

用类似的方法可得下列公式:

$$(\arccos x)'=-\frac{1}{\sqrt{1-x^2}}\quad x\in(-1,1);$$

$$(\arctan x)'=\frac{1}{1+x^2};$$

$$(\operatorname{arccot} x)'=-\frac{1}{1+x^2}.$$

例 3　求函数 $y=x\ln x-(1+x^2)\arctan x$ 的导数.

解　$y'=(x\ln x)'-[(1+x^2)\arctan x]'$

$$=x\cdot\frac{1}{x}+1\cdot\ln x-\left[2x\arctan x+(1+x^2)\frac{1}{1+x^2}\right]$$

$$=\ln x-2x\arctan x.$$

二、复合函数求导的链式法则

定理 2　如果 $u=g(x)$ 在点 x 可导,而 $y=f(u)$ 在点 $u=g(x)$ 可导,则复合函数 $y=f[g(x)]$ 在 x 处可导,且其导数为

$$[f(g(x))]'=f'(u)\cdot g'(x)\text{或}\frac{\mathrm{d}y}{\mathrm{d}x}=\frac{\mathrm{d}y}{\mathrm{d}u}\cdot\frac{\mathrm{d}u}{\mathrm{d}x}.\tag{2}$$

证　设 x 取得改变量 Δx,则 u 取得相应的改变量 Δu,从而 y 取得相应的改变量 Δy,即

$$\Delta u=g(x+\Delta x)-g(x),$$
$$\Delta y=f(u+\Delta u)-f(u).$$

当 $\Delta u\neq 0$ 时,则有

$$\frac{\Delta y}{\Delta x}=\frac{\Delta y}{\Delta u}\cdot\frac{\Delta u}{\Delta x},$$

因为 $u=g(x)$ 可导,则必连续,所以当 $\Delta x\to 0$ 时,$\Delta u\to 0$,因此有

$$\lim_{\Delta x\to 0}\frac{\Delta y}{\Delta x}=\lim_{\Delta x\to 0}\frac{\Delta y}{\Delta u}\cdot\lim_{\Delta x\to 0}\frac{\Delta u}{\Delta x}$$

$$=\lim_{\Delta u\to 0}\frac{\Delta y}{\Delta u}\cdot\lim_{\Delta x\to 0}\frac{\Delta u}{\Delta x},$$

即 $\frac{\mathrm{d}y}{\mathrm{d}x}=\frac{\mathrm{d}y}{\mathrm{d}u}\cdot\frac{\mathrm{d}u}{\mathrm{d}x}.$

当 $\Delta u=0$ 时,可以证明式(2)仍然成立(略).

式(2)表明,复合函数的导数等于复合函数对中间变量的导数乘以中间变量对自变量的导数.

对于多层复合函数,也有类似的求导法则,例如:

设 $y=f(u),u=\varphi(v),v=\psi(x)$ 构成复合函数,且满足相应的求导条件,则复合函数 $y=f[\varphi(\psi(x))]$ 对 x 的导数为

$$\frac{dy}{dx}=\frac{dy}{du}\cdot\frac{du}{dv}\cdot\frac{dv}{dx}.$$

例 4 求函数 $y=\sin 2x$ 的导数.

解 $y=\sin 2x$ 可看作由 $y=\sin u,u=2x$ 复合而成,因此,由公式(2)得

$$\frac{dy}{dx}=\frac{dy}{du}\cdot\frac{du}{dx}=(\cos u)\cdot 2=2\cos 2x.$$

注:若将 $y=\sin 2x$ 写成 $y=2\sin x\cos x$,运用乘法则,同样可得到 $\frac{dy}{dx}=2\cos 2x$.

例 5 求函数 $y=e^{\cos x}$ 的导数.

解 $y=e^{\cos x}$ 可以看作由 $y=e^u,u=\cos x$ 复合而成,因此

$$\frac{dy}{dx}=\frac{dy}{du}\cdot\frac{du}{dx}=e^u(-\sin x)=-e^{\cos x}\sin x.$$

例 6 求 $y=\ln\tan x$ 的导数.

解 $y=\ln\tan x$ 可看作 $y=\ln u,u=\tan x$ 复合而成,因此

$$\frac{dy}{dx}=\frac{dy}{du}\cdot\frac{du}{dx}=\frac{1}{u}\cdot\sec^2 x=\frac{1}{\tan x}\cdot\sec^2 x=\frac{1}{\sin x\cos x}.$$

应用链式法则时,首先要分析函数是由哪些简单的函数复合而成,再将各分解得到的简单函数的导数连乘即得所求.为了提高求导的速度,我们可不必每次写出具体的复合结构,只要记住各变量所处的层次,直接从外到里逐层处理就行了.

例 7 求函数 $y=\ln(x+\sqrt{x^2+a^2})$ 的导数.

解
$$\begin{aligned}y'&=\frac{1}{x+\sqrt{x^2+a^2}}(x+\sqrt{x^2+a^2})'\\&=\frac{1}{x+\sqrt{x^2+a^2}}\left[1+\frac{(x^2+a^2)'}{2\sqrt{x^2+a^2}}\right]\\&=\frac{1}{x+\sqrt{x^2+a^2}}\left(1+\frac{2x}{2\sqrt{x^2+a^2}}\right)\\&=\frac{1}{x+\sqrt{x^2+a^2}}\cdot\frac{\sqrt{x^2+a^2}+x}{\sqrt{x^2+a^2}}=\frac{1}{\sqrt{x^2+a^2}}.\end{aligned}$$

例 8 设 $x>0$,证明幂函数的导数公式 $(x^\alpha)'=\alpha x^{\alpha-1}$($\alpha$ 为任意实数).

证 因为 $x^\alpha=e^{\alpha\ln x}$ 所以有

$$\begin{aligned}(x^\alpha)'&=(e^{\alpha\ln x})'=e^{\alpha\ln x}(\alpha\ln x)'\\&=x^\alpha\cdot\alpha\cdot\frac{1}{x}=\alpha x^{\alpha-1}.\end{aligned}$$

三、基本求导法则与导数公式表

基本初等函数的导数公式与前面所讨论的求导法则,在初等函数的求导运算中起着重要

作用,我们必须熟练地掌握它们.为了便于查阅,我们把这些导数公式和求导法则归纳如下.

1. 常数和基本初等函数的导数公式

(1) $(C)'=0$

(2) $(x^{\alpha})'=\alpha x^{\alpha-1}$

(3) $(\sin x)'=\cos x$

(4) $(\cos x)'=-\sin x$

(5) $(\tan x)'=\sec^2 x$

(6) $(\cot x)'=-\csc^2 x$

(7) $(\sec x)'=\sec x\tan x$

(8) $(\csc x)'=-\csc x\cot x$

(9) $(a^x)=a^x\ln a$

(10) $(\mathrm{e}^x)'=\mathrm{e}^x$

(11) $(\log_a x)'=\dfrac{1}{x\ln a}$

(12) $(\ln x)'=\dfrac{1}{x}$

(13) $(\arcsin x)'=\dfrac{1}{\sqrt{1-x^2}}$

(14) $(\arccos x)'=-\dfrac{1}{\sqrt{1-x^2}}$

(15) $(\arctan x)'=\dfrac{1}{1+x^2}$

(16) $(\mathrm{arccot}\, x)'=-\dfrac{1}{1+x^2}$

2. 函数的和、差、积、商的求导法则

设 $u=u(x)$,$v=v(x)$都可导,则

(1) $(u\pm v)'=u'\pm v'$

(2) $(Cu)'=Cu'$(C为常数)

(3) $(u\cdot v)'=u'v+uv'$

(4) $\left(\dfrac{u}{v}\right)'=\dfrac{u'v-uv'}{v^2}(v\neq 0)$

3. 反函数的求导法则

设 $x=f(y)$在区间 I_y 内单调、可导,且 $f'(y)\neq 0$,则它的反函数 $y=f^{-1}(x)$在 $I_x=\{x|x=f(y),y\in I_y\}$内也可导,且

$$[f^{-1}(x)]'=\frac{1}{f'(y)} \quad 或 \quad \frac{\mathrm{d}y}{\mathrm{d}x}=\frac{1}{\frac{\mathrm{d}x}{\mathrm{d}y}}.$$

4. 复合函数求导的链式法则

设 $y=f(u)$,而 $u=g(x)$且 $f(u)$及 $g(x)$都可导,则复合函数 $y=f[g(x)]$的导数为

$$[f(g(x))]'=f'(u)\cdot g'(x),$$

即

$$\frac{\mathrm{d}y}{\mathrm{d}x}=\frac{\mathrm{d}y}{\mathrm{d}u}\cdot\frac{\mathrm{d}u}{\mathrm{d}x}.$$

习题 3-3

1. 设 $y=f(x)$ 的反函数为 $x=g(y)$，且 $f(4)=5$ 和 $f'(4)=\frac{2}{3}$，求 $g'(5)$.

2. 已知 $x=g(y)$ 是 $y=f(x)$ 的反函数，求 $g'(a)$.

(1) $f(x)=x^3+x+1, a=1$　　(2) $f(x)=x^5-x^3+2x, a=2$

(3) $f(x)=2x+\ln x, a=2$　　(4) $f(x)=\mathrm{e}^x+\ln x, a=\mathrm{e}$

3. 证明导数公式：

(1) $(\arccos x)'=-\frac{1}{\sqrt{1-x^2}}$　　(2) $(\arctan x)'=\frac{1}{1+x^2}$

(3) $(\operatorname{arccot} x)'=-\frac{1}{1+x^2}$

4. 求下列函数的导数：

(1) $f(x)=\sqrt{x}\ln x$　　(2) $f(x)=\tan x+\log_{10} x$

(3) $f(x)=\frac{x+1}{\ln x}$　　(4) $f(x)=(1+x^2)\arctan x$

(5) $f(t)=\frac{\arcsin t}{t}$　　(6) $g(x)=x\sin x\arccos x$

5. 求下列函数的导数：

(1) $y=\sin^2 x\cdot\sin(x^2)$　　(2) $y=\left(\arcsin\frac{1-2x}{3}\right)^3$

(3) $y=\sqrt{x+\sqrt{x}}$　　(4) $y=\ln\cos\frac{1}{x}$

(5) $y=\mathrm{e}^{-\cos^2\frac{1}{x}}$　　(6) $y=\arctan\frac{1}{x}$

(7) $y=\mathrm{e}^{-\frac{x}{2}}\sin 3x$　　(8) $y=\ln(\sec x+\tan x)$

(9) $y=\frac{1}{\sqrt{x\sqrt{x\sqrt{x}}}}$　　(10) $y=\ln[\ln(\ln x)]$

B

1. 若 $f(u)$ 可导，且 $y=f(\mathrm{e}^x)$，则有（　）.

A. $\mathrm{d}y=f(\mathrm{e}^x)\mathrm{d}x$　　B. $\mathrm{d}y=f'(\mathrm{e}^x)\mathrm{e}^x\mathrm{d}x$

C. $\mathrm{d}y=f'(\mathrm{e}^x)\mathrm{d}x$　　D. $\mathrm{d}y=[f(\mathrm{e}^x)]'\mathrm{d}x$

2. 设对任意 x，都有 $f(-x)=-f(x)$，$f'(-x_0)=-k\neq 0$，则 $f'(x_0)=$（　）.

A. k　　B. $-k$　　C. $\frac{1}{k}$　　D. $-\frac{1}{k}$

3. 设函数 $f(x)$ 和 $g(x)$ 可导，直 $f^2(x)+g^2(x)\neq 0$，试求函数 $\sqrt{f^2(x)+g^2(x)}$ 的导数.

4. 设 $f(x)$ 为可导函数，求 $\frac{dy}{dx}$.

(1) $y=f(x^2)$ (2) $y=f(\sin^2 x)+f(\cos^2 x)$

(3) $y=f(\arcsin\frac{1}{x})$ (4) $y=f(e^x+x^e)$

(5) $y=f\{f[f(x)]\}$ (6) $y=f(e^x)e^{f(x)}$

5. 已知 $f(\frac{1}{x})=\frac{x}{1+x}$，求 $f'(x)$.

6. 设 $f(1-x)=xe^{-x}$，且 $f(x)$ 可导，求 $f'(x)$.

7. 设 $x>0$ 时，可导函数 $f(x)$ 满足 $f(x)+2f(\frac{1}{x})=\frac{3}{x}$，求 $f'(x)(x>0)$.

8. 已知 $\psi(x)=a^{f^2(x)}$，且 $f'(x)=\frac{1}{f(x)\ln a}$，证明：$\psi'(x)=2\psi(x)$.

第四节 隐函数及由参数方程确定的函数的导数

一、隐函数求导法

前面所讨论的求导法则适用于因变量 y 与自变量 x 之间的函数关系是**显函数** $y=f(x)$ 的形式. 然而有些函数其变量 y 与 x 之间的关系是通过一个二元方程 $F(x,y)=0$ 确定的(例如 $x^2+y^2=25$ 或 $e^x-e^y-xy=0$)，这样的函数称为**隐函数**.

有些隐函数可以化为显函数，如 $x^2+y^2=25(y>0)$ 可化为 $y=\sqrt{25-x^2}$，但一般情况下，隐函数是不易或无法显化的. 如 $e^x-e^y-xy=0$ 就无法从中解出 y 或 x 来. 因而我们希望有一种方法可以直接通过方程来确定隐函数的导数，且与隐函数的显化无关. 这就是我们要介绍的隐函数求导法.

将 $F(x,y)=0$ 中的 y 看作是 x 的函数 $y=y(x)$，于是得恒等式 $F(x,y(x))=0$，利用复合函数的链式法则，在上式两边同时对 x 求导，再解出 y'，就得到所求隐函数的导数.

例 1 设 $x^2+y^2=25$，求 y'.

解 在 $x^2+y^2=25$ 两边同时对 x 求导，得

$$2x+2y\cdot y'=0,$$

解得

$$y'=-\frac{x}{y}.$$

需要强调的是，由于方程中的隐函数一般解不出来，所以所求导数表达式中仍保留变量 y，但这里的 y 不是自变量，而是因变量，是 x 的函数.

例 2 设 $e^x-e^y-xy=0$，求 y'.

解 在题设方程两边同时对 x 求导，得

$$e^x-e^y\cdot y'-y-xy'=0,$$

整理得

$$(e^y+x)y'=e^x-y,$$

解得

$$y'=\frac{e^x-y}{e^y+x}.$$

例 3 求曲线 $x^2+xy+y^2=4$ 在点(2,-2)处的切线方程.

解 在曲线方程两边同时对 x 求导,得

$$2x+y+xy'+2yy'=0$$

解出 y',得

$$y'=-\frac{2x+y}{x+2y},$$

由

$$y'\Big|_{\substack{x=2\\y=-2}}=1,$$

得曲线在点(2,-2)处的切线方程为

$$y-(-2)=1\cdot(x-2),$$

即

$$y=x-4.$$

在某些场合,利用所谓**对数求导法**求导,比用通常的方法简便些.这种方法是先在 $y=f(x)$ 的两边取对数,然后再求出 y 的导数.下面,我们用例子说明此方法.

例 4 求 $y=x^{\sin x}(x>0)$ 的导数.

解 在题设等式两边取对数得

$$\ln y=\sin x\ln x,$$

上式两边同时对 x 求导,注意到 y 是 x 的函数,得

$$\frac{1}{y}y'=\cos x\ln x+\sin x\frac{1}{x},$$

于是

$$y'=y(\cos x\ln x+\frac{\sin x}{x})$$

$$=x^{\sin x}(\cos x\ln x+\frac{\sin x}{x}).$$

一般地,设 $y=u(x)^{v(x)}(u(x)>0)$,如果 $u(x),v(x)$ 都可导,则在等式两边取对数,可得

$$\ln y=v(x)\ln u(x),$$

再在上式两边同时对 x 求导,得

$$\frac{y'}{y}=v'(x)\ln u(x)+\frac{v(x)u'(x)}{u(x)},$$

从而

$$y'=u(x)^{v(x)}[v'(x)\ln u(x)+\frac{v(x)u'(x)}{u(x)}].$$

例 5 求函数 $y=\sqrt{\frac{(x-1)(x-2)}{(x-3)(2x-9)}}(x>\frac{9}{2})$ 的导数.

解 先在等式两边取对数,得

$$\ln y=\frac{1}{2}[\ln(x-1)+\ln(x-2)-\ln(x-3)-\ln(2x-9)],$$

再在上式两边同时对 x 求导,把 y 看作 x 的函数,得

$$\frac{1}{y}y'=\frac{1}{2}(\frac{1}{x-1}+\frac{1}{x-2}-\frac{1}{x-3}-\frac{2}{2x-9}),$$

于是

$$y'=\frac{1}{2}y\left(\frac{1}{x-1}+\frac{1}{x-2}-\frac{1}{x-3}-\frac{2}{2x-9}\right),$$

即

$$y'=\frac{1}{2}\sqrt{\frac{(x-1)(x-2)}{(x-3)(2x-9)}}\left(\frac{1}{x-1}+\frac{1}{x-2}-\frac{1}{x-3}-\frac{2}{2x-9}\right).$$

对数求导法还常用于求多个函数乘积的导数，请看下例.

例 6　设函数 $y=\frac{(x+1)\sqrt[3]{x-1}}{(x+4)^2\mathrm{e}^x}$，求 y'.

解　在等式两边取对数，得

$$\ln y=\ln(x+1)+\frac{1}{3}\ln(x-1)-2\ln(x+4)-x,$$

再在上式两边同时对 x 求导，得

$$\frac{y'}{y}=\frac{1}{x+1}+\frac{1}{3(x-1)}-\frac{2}{x+4}-1,$$

于是

$$y'=\frac{(x+1)\sqrt[3]{x-1}}{(x+4)^2\mathrm{e}^x}\left(\frac{1}{x+1}+\frac{1}{3(x-1)}-\frac{2}{x+4}-1\right).$$

二、由参数方程所确定的函数的导数

有些函数关系可以由**参数方程**

$$\begin{cases}x=\varphi(t)\\ y=\psi(t)\end{cases}\quad(\alpha\leqslant t\leqslant\beta)\tag{1}$$

来确定. 例如，以原点为圆心，以 5 为半径的圆周上的点的坐标，可由参数方程

$$\begin{cases}x=5\cos t\\ y=5\sin t\end{cases}\quad(0\leqslant t\leqslant 2\pi)$$

来表示，其中 t 是点 $M(x,y)$ 与原点连线 OM 与 x 轴正向的夹角. 通过参数 t，确定变量 x 与 y 之间的函数关系.

在实际问题中，需要计算由参数方程(1)所确定的函数的导数. 由方程式消去参数 t 有时会有困难，因此，我们希望有一种方法能直接由参数方程算出它所确定的函数的导数来. 下面我们来讨论由参数方程(1)所确定的函数的求导方法.

一般地，设 $x=\varphi(t)$ 具有单调连续的反函数 $t=\varphi^{-1}(x)$，则变量 y 与 x 构成复合函数关系

$$y=\psi[\varphi^{-1}(x)].$$

为求这个复合函数的导数，我们假定 $x=\varphi(t)$ 和 $y=\psi(t)$ 都可导，且 $\varphi'(t)\neq 0$，则根据复合函数及反函数的求导法则，就有

$$\frac{\mathrm{d}y}{\mathrm{d}x}=\frac{\mathrm{d}y}{\mathrm{d}t}\cdot\frac{\mathrm{d}t}{\mathrm{d}x}=\frac{\mathrm{d}y}{\mathrm{d}t}\cdot 1/\frac{\mathrm{d}x}{\mathrm{d}t}=\frac{\psi'(t)}{\varphi'(t)},$$

即

$$\frac{\mathrm{d}y}{\mathrm{d}x}=\frac{\frac{\mathrm{d}y}{\mathrm{d}t}}{\frac{\mathrm{d}x}{\mathrm{d}t}}=\frac{\psi'(t)}{\varphi'(t)},\tag{2}$$

式(2)就是由参数方程(1)所确定的 y 为 x 的函数的导数公式.

注意:式(1)中的 t 要理解为 x 的函数.

例 7 求由参数方程 $\begin{cases} x=\arctan t \\ y=\ln(1+t^2) \end{cases}$ 所确定的函数 $y=y(x)$ 的导数.

解 由公式(2),有

$$\frac{\mathrm{d}y}{\mathrm{d}x}=\frac{\frac{\mathrm{d}y}{\mathrm{d}t}}{\frac{\mathrm{d}x}{\mathrm{d}t}}=\frac{\frac{2t}{1+t^2}}{\frac{1}{1+t^2}}=2t.$$

例 8 求曲线 $\begin{cases} x=t^2-1 \\ y=t-t^3 \end{cases}$,在 $t=1$ 处的切线方程.

解 曲线上对应 $t=1$ 的点 (x,y) 为 $(0,0)$,曲线在 $t=1$ 处的切线的斜率为

$$\left.\frac{\mathrm{d}y}{\mathrm{d}x}\right|_{t=1}=\left.\frac{1-3t^2}{2t}\right|_{t=1}=\frac{-2}{2}=-1,$$

于是所求的切线方程为

$$y-0=-1(x-0),$$

即 $y+x=0$.

习题 3-4

A

1. 求下列方程所确定的隐函数 y 的导数 $\frac{\mathrm{d}y}{\mathrm{d}x}$.

(1) $y^2-2xy+9=0$ (2) $x^3+y^3-3axy=0$

(3) $xy=\mathrm{e}^{x+y}$ (4) $y=1-x\mathrm{e}^y$

(5) $\arctan\frac{y}{x}=\ln\sqrt{x^2+y^2}$

2. 求由方程 $\sin(xy)+\ln(y-x)=x$ 所确定的隐函数 y 在 $x=0$ 处的导数 $\left.\frac{\mathrm{d}y}{\mathrm{d}x}\right|_{x=0}$.

3. 用对数求导法求下列函数的导数:

(1) $y=(x^2+1)^3(x+2)^2x^6$ (2) $y=x^{x^x}$

(3) $y=\frac{(2x+1)^2\sqrt[3]{2-3x}}{\sqrt[3]{(x-3)^2}}$ (4) $y=(1+\cos x)^{\frac{1}{x}}$

4. 求下列参数方程 $\frac{\mathrm{d}y}{\mathrm{d}x}$:

(1) $\begin{cases} x=\mathrm{e}^t \\ y=t\mathrm{e}^{2t} \end{cases}$ (2) $\begin{cases} x=\cos\theta+\theta\sin\theta \\ y=\sin\theta-\theta\cos\theta \end{cases}$

(3) $\begin{cases} x=a\cos^3\theta \\ y=a\sin^3\theta \end{cases}$ (4) $\begin{cases} x=2a\cot\theta \\ y=2a\sin^2\theta \end{cases}$

5. 求下列曲线在指定点的切线方程：

(1) $\begin{cases} x=\sin t \\ y=\sin(t+\sin t) \end{cases}$ 在 $t=0$ 处　　(2) $\begin{cases} x=\dfrac{3at}{1+t^2} \\ y=\dfrac{3at^2}{1+t^2} \end{cases}$ 在 $t=2$ 处

B

1. 用隐函数求导法证明椭圆 $\dfrac{x^2}{a^2}+\dfrac{y^2}{b^2}=1$ 在点 (x_0,y_0) 处的切线方程为：$\dfrac{x_0x}{a^2}+\dfrac{y_0y}{b^2}=1$.

2. 求双曲线 $\dfrac{x^2}{a^2}-\dfrac{y^2}{b^2}=1$ 在 (x_0,y_0) 处的切线方程.

3. 证明曲线 $\sqrt{x}+\sqrt{y}=\sqrt{C}$ 的任何切线在 x 轴和 y 轴上的截距之和等于 C.

4. 求曲线 $\begin{cases} x=t^3+4t \\ y=6t^2 \end{cases}$ 上切线与直线 $\begin{cases} x=-7t \\ y=12t-5 \end{cases}$ 平行的点.

5. 当忽略空气阻力时，抛射物体运动的轨迹参数方程为 $\begin{cases} x=v_1t \\ y=v_2t-\dfrac{1}{2}gt^2 \end{cases}$，其中 v_1、v_2 分别为抛射体初始的水平、铅直速度分量，g 是重力加速度，t 是飞行时间，求时刻 t 抛射体的运动速度.

6. 求心形线 $r=1+\sin\theta$ 在 $\theta=\dfrac{\pi}{3}$ 时的切线方程.

第五节　高阶导数

我们知道，变速直线运动的速度 $v(t)$ 是路程函数 $s(t)$ 对时间 t 的导数，即

$$v=\frac{\mathrm{d}s}{\mathrm{d}t} \quad 或 \quad v=s'(t),$$

而加速度 a 又是速度 $v(t)$ 对时间 t 的变化率，即速度 $v(t)$ 对时间 t 的导数，有

$$a=\frac{\mathrm{d}v}{\mathrm{d}t}=\frac{\mathrm{d}}{\mathrm{d}t}\left(\frac{\mathrm{d}s}{\mathrm{d}t}\right) \quad 或 \quad a=[s'(t)]'.$$

这种导数 $\dfrac{\mathrm{d}}{\mathrm{d}t}\left(\dfrac{\mathrm{d}s}{\mathrm{d}t}\right)$ 或 $[s'(t)]'$ 叫做 s 对 t 的**二阶导数**，记作 $\dfrac{\mathrm{d}^2s}{\mathrm{d}t^2}$ 或 $s''(t)$，所以，直线运动的加速度是路程函数 $s(t)$ 对时间 t 的二阶导数.

一般地，函数 $y=f(x)$ 的导数 $y'=f'(x)$ 仍然是 x 的函数，我们把 $y'=f'(x)$ 的导数叫做函数 $y=f(x)$ 的**二阶导数**，记作 y'' 或 $\dfrac{\mathrm{d}^2y}{\mathrm{d}x^2}$，即

$$y''=(y')' \quad 或 \quad \frac{\mathrm{d}^2y}{\mathrm{d}x^2}=\frac{\mathrm{d}}{\mathrm{d}x}\left(\frac{\mathrm{d}y}{\mathrm{d}x}\right).$$

相应地，我们把 $y=f(x)$ 的导数 $f'(x)$ 叫做函数 $y=f(x)$ 的**一阶导数**.

类似地，如果 $y''=f''(x)$ 的导数存在，称这个导数为函数 $y=f(x)$ 的**三阶导数**，三阶导数的导数叫**四阶导数**，……，一般地，$y=f(x)$ 的 $(n-1)$ 阶导数的导数叫做 $y=f(x)$ 的 **n 阶导数**，

分别记为

$$y''',y^{(4)},\cdots,y^{(n)} \quad 或 \quad \frac{d^3y}{dx^3},\frac{d^4y}{dx^4},\cdots,\frac{d^ny}{dx^n},$$

二阶及二阶以上的导数统称为**高阶导数**.求高阶导数也就是多次接连地求导数.

例 1 求函数 $y=x^k$(k 为正整数)的 n 阶导数.

解

$$y'=(x^k)'=kx^{k-1};$$
$$y''=(kx^{k-1})'=k(k-1)x^{k-2};$$
$$\cdots\cdots$$
$$y^{(k-1)}=k(k-1)\cdots3\cdot2\cdot x;$$
$$y^{(k)}=k!;$$
$$y^{(k+1)}=0.$$

因此,y 的 n 阶导数为

$$y^{(n)}=(x^k)^{(n)}=\begin{cases}k(k-1)\cdots(k-n+1)x^{k-n} & (n\leqslant k)\\ 0 & (n>k)\end{cases}.$$

例 2 设函数 $y=\sin ax$,求 y''.

解

$$y'=a\cos ax;$$
$$y''=-a^2\sin ax.$$

例 3 设 $x^4+y^4=16$,求 y''.

解 在方程两边同时对 x 求导,得

$$4x^3+4y^3y'=0,$$

从中解得

$$y'=-\frac{x^3}{y^3},$$

再在上式两端同时对 x 求导,得

$$y''=-\frac{y^3(x^3)'-x^3(y^3)'}{(y^3)^2}$$
$$=-\frac{3x^2y^3-3x^3y^2\cdot y'}{(y^3)^2},$$

最后把 $y'=-\frac{x^3}{y^3}$ 代入上式右端,得

$$y''=-\frac{3x^2y^3-3x^3y^2(-\frac{x^3}{y^3})}{(y^3)^2}$$
$$=-\frac{3x^2(y^4+x^4)}{y^7}.$$

注意到 x、y 满足 $x^4+y^4=16$,故最终结果可化为

$$y''=-\frac{48x^2}{y^7}.$$

例 4 设 $\begin{cases}x=a\cos t\\ y=b\sin t\end{cases}$,求二阶导数 $\frac{d^2y}{dx^2}$.

解

$$\frac{dy}{dx}=\frac{b\cos t}{-a\sin t}=-\frac{b}{a}\cot t,$$

$$\frac{d^2y}{dx^2}=\frac{d}{dx}\left(\frac{dy}{dx}\right)=\frac{\frac{d}{dt}\left(\frac{dy}{dx}\right)}{\frac{dx}{dt}}=\frac{\left(-\frac{b}{a}\cot t\right)'}{(a\cos t)'}$$

$$=\frac{-\frac{b}{a}(-\csc^2 t)}{-a\sin t}=-\frac{b}{a^2\sin^3 t}.$$

例 5 求函数 $y=\sin x$ 的 n 阶导数.

解 $$y'=\cos x=\sin\left(x+\frac{\pi}{2}\right),$$

$$y''=\cos\left(x+\frac{\pi}{2}\right)=\sin\left(x+2\cdot\frac{\pi}{2}\right),$$

$$y'''=\cos\left(x+2\cdot\frac{\pi}{2}\right)=\sin\left(x+3\cdot\frac{\pi}{2}\right),$$

$$\cdots\cdots$$

$$y^{(n)}=\cos\left[x+(n-1)\frac{\pi}{2}\right]=\sin\left(x+\frac{n\pi}{2}\right),$$

所以

$$(\sin x)^{(n)}=\sin\left(x+\frac{n\pi}{2}\right),$$

类似地,可求得

$$(\cos x)^{(n)}=\cos\left(x+\frac{n\pi}{2}\right).$$

例 6 求函数 $y=a^x$ 的 n 阶导数.

解 $$y'=a^x\cdot\ln a,$$

$$y''=a^x(\ln a)^2,$$

$$y'''=a^x(\ln a)^3,$$

$$\cdots\cdots$$

$$y^{(n)}=a^x(\ln a)^n,$$

即 $$(a^x)^{(n)}=a^x(\ln a)^n.$$

特别地,当 $a=\mathrm{e}$ 时,则有

$$(\mathrm{e}^x)^{(n)}=\mathrm{e}^x.$$

例 7 求函数 $y=\ln(1+x)$ 的 n 阶导数.

解 $$y'=\frac{1}{1+x}=(1+x)^{-1},$$

$$y''=(-1)(1+x)^{-2},$$

$$y'''=(-1)(-2)(1+x)^{-3},$$

$$\cdots\cdots$$

$$y^{(n)}=(-1)^{n-1}(n-1)!\,(1+x)^{-n},$$

即 $$[\ln(1+x)]^{(n)}=(-1)^{n-1}(n-1)!\,(1+x)^{-n}.$$

如果函数 $u=u(x)$ 及 $v=v(x)$ 都在点 x 处具有 n 阶导数,那么显然 $u(x)+v(x)$ 及 $u(x)-v(x)$ 也在点 x 处具有 n 阶导数,且

$$(u\pm v)^{(n)}=u^{(n)}\pm v^{(n)},$$

但乘积 $u(x)\cdot v(x)$ 的 n 阶导数并不如此简单，由

$$(u\cdot v)'=u'v+uv',$$

首先得到

$$(uv)''=u''v+2u'v'+uv'',$$
$$(uv)'''=u'''v+3u''v'+3u'v''+uv'''.$$

用数学归纳法可以证明

$$(uv)^{(n)}=u^{(n)}v+nu^{(n-1)}v'+\frac{n(n-1)}{2!}u^{(n-2)}v''+\cdots$$
$$+\frac{n(n-1)\cdots(n-k+1)u^{(n-k)}v^{(k)}}{k!}+\cdots+uv^{(n)},$$

上式称为**莱布尼茨公式**，这个公式可以这样记忆：把 $(u+v)^n$ 按二项式定理展开写成

$$(u+v)^n=u^nv^0+nu^{n-1}v^1+\frac{n(n-1)}{2!}u^{n-2}v^2+\cdots+u^0v^n,$$

即
$$(u+v)^n=\sum_{k=0}^{n}C_n^k u^{n-k}v^k,$$

然后把 k 次幂换成 k 阶导数(零阶导数理解为函数本身)，再把左端的 $(u+v)^n$ 换成 $(uv)^{(n)}$，这样就得到莱布尼茨公式

$$(uv)^{(n)}=\sum_{k=1}^{n}C_n^k u^{(n-k)}v^{(k)}.$$

例 8 设函数 $y=x^2\sin x$，求 $y^{(10)}$.

解 令 $u=\sin x, v=x^2$，所以

$$y=uv=(\sin x)\cdot x^2$$

$$\begin{aligned}y^{(10)}&=[(\sin x)\cdot x^2]^{(10)}\\&=(\sin x)^{(10)}\cdot x^2+10(\sin x)^{(9)}(x^2)'+\frac{10\times 9}{2}(\sin x)^{(8)}(x^2)''\\&=[\sin(x+10\cdot\frac{\pi}{2})]x^2+10\sin[(x+9\cdot\frac{\pi}{2})]\cdot 2x\\&\quad+\frac{10\times 9}{2}[\sin(x+8\cdot\frac{\pi}{2})]\cdot 2\\&=-x^2\sin x+20x\cos x+90\sin x.\end{aligned}$$

***例 9** 求函数 $y=\arctan x$ 在 $x=0$ 点的 n 阶导数.

解
$$y'=\frac{1}{1+x^2},\quad y''=\frac{-2x}{(1+x^2)^2},$$

因此
$$(1+x^2)\cdot y'=1,$$

方程两边关于 x 求 $n-1$ 阶导数，由莱布尼茨公式可得 $(1+x^2)y^{(n)}+(n-1)2xy^{(n-1)}+(n-1)(n-2)y^{(n-2)}=0$.

令 $x=0$，得

$$y^{(n)}(0)=-(n-1)(n-2)y^{(n-2)}(0),$$

由于 $y'(0)=1, y''(0)=0$，因此

$$y^{(2k)}(0)=0$$

$$
\begin{aligned}
y^{(2k-1)}(0) &= -(2k-2)(2k-3)y^{(2k-3)}(0)\\
&= (2k-2)(2k-3)(2k-4)(2k-5)y^{(2k-5)}_{(0)}\\
&= \cdots = (-1)^{k-1}(2k-2)! \quad (k=1,2,\cdots).
\end{aligned}
$$

习题 3-5

A

1. 求下列函数的二阶导数：

(1) $y=\ln(1+x^2)$　　(2) $y=x\ln x$

(3) $y=(1+x^2)\arctan x$　　(4) $y=xe^{x^2}$

2. 求由下列方程所确定的隐函数的二阶导数 $\dfrac{d^2y}{dx^2}$：

(1) $x^2-y^2=1$　　(2) $b^2x^2+a^2y^2=a^2b^2$

(3) $y=\tan(x+y)$　　(4) $y=1+xe^y$

3. 求下列参数方程确定的函数的二阶导数 $\dfrac{d^2y}{dx^2}$：

(1) $\begin{cases}x=\dfrac{t^2}{2}\\ y=1-t\end{cases}$　　(2) $\begin{cases}x=3e^{-t}\\ y=2e^t\end{cases}$

4. 验证函数 $y=C_1e^{\lambda x}+C_2e^{-\lambda x}$（$\lambda, C_1, C_2$ 是常数）满足关系式 $y''-\lambda^2y=0$.

5. 验证函数 $y=e^x\sin x$ 满足关系式 $y''-2y'+2y=0$.

6. 求下列函数的高阶导数：

(1) $y=x^2e^{2x}$，求 $y^{(20)}$　　(2) $y=x^2\sin 2x$，求 $y^{(50)}$

7. 若 $f''(x)$ 存在，求下列函数 y 的二阶导数：

(1) $y=f(x^2)$　　(2) $y=\ln[f(x)]$

B

1. 假设一质点的运动速度 v 和位移 S 由方程 $v=\sqrt{2gS+C}$ 确定，证明质点运动的加速度为常数.

2. 求一个二次多项式 P 使得 $P(2)=5, P'(2)=3, P''(2)=2$.

3. 若 $y=f(u), u=g(x)$，其中 $f(u), g(x)$ 均二次可导，证明：$\dfrac{d^2y}{dx^2}=\dfrac{d^2y}{du^2}\left(\dfrac{du}{dx}\right)^2+\dfrac{dy}{du}\cdot\dfrac{d^2u}{dx^2}$.

4. 求下列函数的 n 阶导数：

(1) $y=\sin^2 x$　　(2) $y=x\ln x$　　(3) $y=xe^x$　　(4) $y=\dfrac{1}{x^2+x}$

5. 设 $f(x)=x(x+1)(x+2)\cdots(x+n)$，求 $f^{(n)}(x)$.

6. 设 $F(x)=f(-x)$，且 $f(x)$ 有 n 阶导数，求 $F^{(n)}(x)$.

7. 设 $y=y(x)$ 由方程 $xe^{f(y)}=e^y$ 所确定，$f(u)$ 二阶可导且 $f'(u)\neq 1$，求 $\frac{d^2y}{dx^2}$.

第六节 函数的微分

微分概念是微积分中的另一个基本的重要概念.通过对它的讨论将有助于我们对导数更为深入的理解.

一、微分的概念

先看一个例子：

设有一金属圆板，半径为 r，在受热后它的半径伸长了 Δr，试问它的面积增加了多少？实际上，面积的增加量就是内半径为 r，外半径为 $r+\Delta r$ 的圆环的面积(图 3-4).

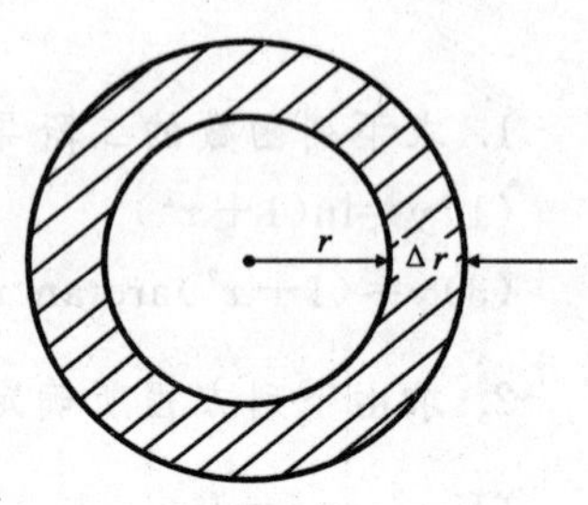

图 3-4

圆面积 S 的计算公式为

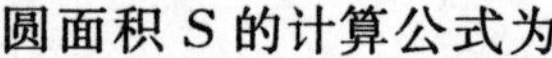

$$S=S(r)=\pi r^2,$$

所以

$$\begin{aligned}\Delta S&=S(r+\Delta r)-S(r)\\&=\pi(r+\Delta r)^2-\pi r^2\\&=2\pi r\Delta r+\pi(\Delta r)^2,\end{aligned}$$

上式右端包含两项：第一项 $2\pi r\Delta r$ 是 Δr 的一次式，第二项 $\pi(\Delta r)^2$ 是 Δr 的二次式.当 $\Delta r\to 0$ 时，第二项是比 Δr 高阶的无穷小，即 $\pi(\Delta r)^2=o(\Delta r)$，由此可见，如果半径改变微小，即 $|\Delta r|$ 很小时，面积的改变量 ΔS 可以近似地用第一项来代替，即

$$\Delta S\approx 2\pi r\Delta r.$$

一般地，若 $y=f(x)$ 是定义在某一区间上的函数，当给自变量一个改变量 Δx 时，相应的函数有改变量 Δy，如果 Δy 可表示为

$$\Delta y=A\Delta x+o(\Delta x),$$

其中 A 是不依赖于 Δx 的数，因此 $A\Delta x$ 是 Δx 的线性函数，且它与 Δy 之差 $\Delta y-A\Delta x=o(\Delta x)$ 是比 Δx 高阶的无穷小.且 $|\Delta x|$ 很小时，我们可以近似地用 $A\Delta x$ 来代替 Δy.

定义 设函数 $y=f(x)$ 在某区间内有定义，x_0 及 $x_0+\Delta x$ 在这区间内，如果函数的改变量

$$\Delta y=f(x_0+\Delta x)-f(x_0)$$

可表示为

$$\Delta y=A\Delta x+o(\Delta x),$$

其中 A 是不依赖于 Δx 的数，那么称函数 $y=f(x)$ 在点 x_0 是**可微的**，而 $A\Delta x$ 叫做函数 $y=f(x)$ 在点 x_0 的**微分**，记作 dy，即

$$dy=A\Delta x.$$

理解上面定义时，请注意若函数 $y=f(x)$ 在 x_0 处可微，则必有：

(1) dy 是 Δx 的线性函数；

(2) $\Delta y-dy$ 是比 Δx 更高阶的无穷小.

二、函数可微的条件

设 $y=f(x)$ 在点 x_0 处可微，即有

$$\Delta y=A\Delta x+o(\Delta x),$$

两边同除以 Δx，得

$$\frac{\Delta y}{\Delta x}=A+\frac{o(\Delta x)}{\Delta x},$$

于是，当 $\Delta x\to 0$ 时，由上式就可得到

$$A=\lim_{\Delta x\to 0}\frac{\Delta y}{\Delta x}=f'(x_0),$$

此即若函数 $f(x)$ 在 x_0 处可微，则 $f(x)$ 在点 x_0 一定可导，且 $A=f'(x_0)$.

反之，若函数 $y=f(x)$ 在 x_0 处可导，即有

$$\lim_{\Delta x\to 0}\frac{\Delta y}{\Delta x}=f'(x_0),$$

则根据极限与无穷小的关系，得

$$\frac{\Delta y}{\Delta x}=f'(x_0)+\alpha$$

其中 $\alpha\to 0$（当 $\Delta x\to 0$），由此得到

$$\Delta y=f'(x_0)\Delta x+\alpha\Delta x,$$

因 $\alpha\Delta x=o(\Delta x)$，且 $f'(x_0)$ 不依赖于 Δx，故由微分定义知，函数 $y=f(x)$ 在点 x_0 处可微.

综上所述，我们可以得到下面定理.

定理 函数 $f(x)$ 在点 x_0 可微的充分必要条件是函数 $f(x)$ 在点 x_0 可导，且当 $f(x)$ 在点 x_0 可微时，其微分一定是

$$\mathrm{d}y=f'(x_0)\Delta x.$$

函数 $y=f(x)$ 在任意点 x 的微分，称为**函数的微分**，记作 $\mathrm{d}y$ 或 $\mathrm{d}f(x)$.

如果 $y=x$，则 $\mathrm{d}x=(x)'\Delta x=\Delta x$，所以

$$\mathrm{d}y=f'(x)\mathrm{d}x,$$

从而有

$$\frac{\mathrm{d}y}{\mathrm{d}x}=f'(x),$$

此即，函数的导数等于函数的微分与自变量微分之商. 因此，导数又称为**微商**. 由于求微分的问题可归结为求导数的问题，因此求导数与微分的方法叫做**微分法**.

例 1 求函数 $y=x^2$ 当 x 由 1 改变到 1.01 时的微分.

解 函数的微分为

$$\mathrm{d}y=(x^2)'\mathrm{d}x=2x\mathrm{d}x.$$

由所给条件知 $x=1,\mathrm{d}x=0.01$，所以

$$\mathrm{d}y=2\times 1\times 0.01=0.02.$$

例 2 求函数 $y=x^3$ 在 $x=3$ 处的微分.

解 $\mathrm{d}y=(x^3)'|_{x=3}\mathrm{d}x=27\mathrm{d}x.$

三、微分的几何意义

为了对微分有比较直观的了解，下面，我们来说明微分的几何意义.

在直角坐标系中，函数 $y=f(x)$ 的图形是一条曲线，对于某一固定的 x_0 值，曲线上有一个确定的点 $M(x_0, y_0)$，当自变量 x 有微小改变量 Δx 时，就得到曲线上另一点 $N(x_0+\Delta x, y_0+\Delta y)$，从图 3-5 可知 $MQ=\Delta x, QN=\Delta y$.

过点 M 作曲线的切线 MT，它的倾斜角为 α，则

$$QP=MQ\cdot\tan\alpha=\Delta x\cdot f'(x_0),$$

即

$$dy=QP.$$

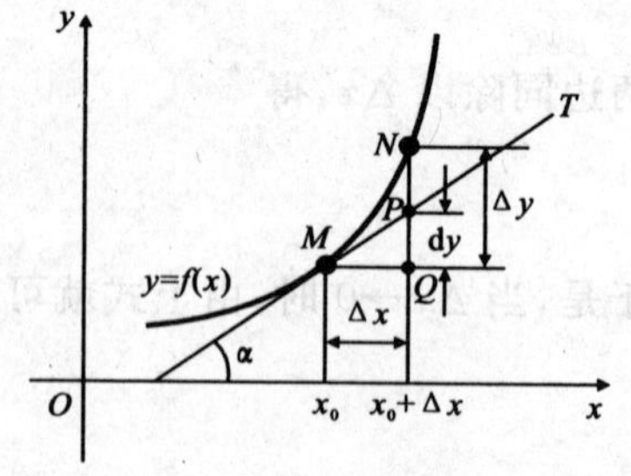

图 3-5

由此可见，对于可微函数 $y=f(x)$ 而言，当 Δy 是曲线 $y=f(x)$ 上的点的纵坐标的改变量时，dy 就是曲线的切线上的点的纵坐标的相应改变量，当 $|\Delta x|$ 很小时，$|\Delta y-dy|$ 比 $|\Delta x|$ 小得多，因此在 M 邻近，我们可以用切线段来近似代替曲线段. “以直代曲”是微积分中的重要数学思想.

四、基本初等函数的微分公式与微分运算法则

从函数微分的表达式

$$dy=f'(x)dx$$

可以看出，要计算函数的微分，只要计算函数的导数，再乘以自变量的微分即可. 因此，可得如下的微分公式和微分运算法则.

1. 基本初等函数的微分公式

(1) $d(C)=0$　　(2) $d(x^{\alpha})=\alpha x^{\alpha-1}dx$

(3) $d(\ln x)=\frac{1}{x}dx$　　(4) $d(\log_a x)=\frac{1}{x\ln a}dx$

(5) $d(e^x)=e^x dx$　　(6) $d(a^x)=a^x\ln a dx$

(7) $d(\sin x)=\cos x dx$　　(8) $d(\cos x)=-\sin x dx$

(9) $d(\tan x)=\sec^2 x dx$　　(10) $d(\cot x)=-\csc^2 x dx$

(11) $d(\sec x)=\sec x\cdot\tan x dx$　　(12) $d(\csc x)=-\csc x\cot x dx$

(13) $d(\arcsin x)=\frac{1}{\sqrt{1-x^2}}dx$　　(14) $d(\arccos x)=-\frac{1}{\sqrt{1-x^2}}dx$

(15) $d(\arctan x)=\frac{1}{1+x^2}dx$　　(16) $d(\text{arccot } x)=-\frac{1}{1+x^2}dx$

2. 微分的四则运算法则

(1) $d(u\pm v)=du\pm dv$

(2) $d(u\cdot v)=vdu+udv$，特殊地，$d(Cu)=Cdu$　（C 为任意常数）

(3) $d\left(\frac{u}{v}\right)=\frac{vdu-udv}{v^2}$　　$(v\neq 0)$

3. 复合函数的微分法则

与复合函数的求导法则相应的复合函数的微分法则可推导如下.

设 $y=f(u)$ 及 $u=g(x)$ 都可导,则复合函数 $y=f[g(x)]$ 的微分为

$$dy=\frac{dy}{dx}dx=f'(u)g'(x)dx.$$

由于 $g'(x)dx=du$,所以,复合函数 $y=f[g(x)]$ 的微分公式也可以写成

$$dy=f'(u)du \quad 或 \quad dy=\frac{dy}{du}du.$$

由此可见,无论 u 是自变量还是另一个变量的可微函数,微分形式 $dy=f'(u)du$ 保持不变.这一性质称为一阶**微分形式不变性**.这一性质表示当变换自变量时(即设 u 为另一变量的任一可微函数时),微分形式 $dy=f'(u)du$ 并不改变.

例 3 设函数 $y=e^{ax+bx^2}$,求 dy.

解法 1 利用 $dy=\frac{dy}{dx}dx$ 得

$$\begin{aligned}dy&=d\frac{(e^{ax+bx^2})}{dx}dx=e^{ax+bx^2}(ax+bx^2)'dx\\&=(a+2bx)e^{ax+bx^2}dx.\end{aligned}$$

解法 2 令 $u=ax+bx^2$,则 $y=e^u$,由微分形式不变性得

$$\begin{aligned}dy&=\frac{d(e^u)}{du}du=e^u du\\&=e^{ax+bx^2}d(ax+bx^2)\\&=(a+2bx)e^{ax+bx^2}dx.\end{aligned}$$

例 4 设函数 $y=e^{1-3x}\cdot\cos x$,求 dy.

解
$$\begin{aligned}dy&=d(e^{1-3x}\cos x)=\cos x\,d(e^{1-3x})+e^{1-3x}d(\cos x)\\&=\cos x\,e^{1-3x}(-3dx)+e^{1-3x}(-\sin x\,dx)\\&=-e^{1-3x}(3\cos x+\sin x)dx.\end{aligned}$$

例 5 求由方程 $e^{xy}=2x+y^3$ 所确定的隐函数 $y=f(x)$ 的微分 dy.

解 对方程两边求微分,得

$$\begin{aligned}d(e^{xy})&=d(2x+y^3)\\e^{xy}d(xy)&=d(2x)+d(y^3)\\e^{xy}(ydx+xdy)&=2dx+3y^2dy,\end{aligned}$$

于是

$$dy=\frac{2-ye^{xy}}{xe^{xy}-3y^2}dx.$$

例 6 设 $y=\frac{e^{2x}}{x^2}$,求 dy.

解
$$\begin{aligned}dy&=d\left(\frac{e^{2x}}{x^2}\right)=\frac{x^2d(e^{2x})-e^{2x}dx^2}{(x^2)^2}\\&=\frac{x^2e^{2x}\cdot 2dx-e^{2x}\cdot 2xdx}{x^4}=\frac{2e^{2x}(x-1)}{x^3}dx.\end{aligned}$$

例 7 在下列等式左端的括号中填入适当的函数,使等式成立.

(1)$d(\quad)=xdx$;(2)$d(\quad)=\cos\omega x dx$

解 (1)因为

$$d(x^2)=2xdx,$$

所以,有

$$xdx=\frac{1}{2}d(x^2)=d\left(\frac{x^2}{2}+C\right)\quad(C\text{为任意常数}),$$

故题(1)式左端括号中应填$\frac{1}{2}x^2+C$.

(2)因为

$$d(\sin\omega x)=\omega\cos\omega x dx,$$

所以,有

$$\cos\omega x dx=\frac{1}{\omega}d(\sin\omega x)=d\left(\frac{1}{\omega}\sin\omega x+C\right)\quad(C\text{为任意常数}),$$

故题(2)式左端括号中应填$\frac{1}{\omega}\sin\omega x+C$.

五、微分在近似计算中的应用

我们知道,如果函数$y=f(x)$在点x处的导数$f'(x)\neq 0$,那么当$\Delta x\to 0$时,微分dy是函数改变量Δy的线性的主要部分.因此,当$|\Delta x|$很小时,忽略高阶无穷小量,可用dy作为Δy的近似值,即

$$\Delta y\approx dy=f(x_0)\Delta x, \tag{1}$$

这个式子也可写成

$$\Delta y=f(x_0+\Delta x)-f(x_0)\approx f'(x_0)\Delta x,$$

或

$$f(x_0+\Delta x)\approx f(x_0)+f'(x_0)\Delta x. \tag{2}$$

特别地,取$x_0=0$,$\Delta x=x$,即得

$$f(x)\approx f(0)+f'(0)x\quad(|x|\text{很小}). \tag{3}$$

例 8 一个外直径为 10 cm 的球,球壳厚度为$\frac{1}{16}$ cm,试求球壳体积的近似值.

解 半径为r的球的体积为

$$V=f(r)=\frac{4}{3}\pi r^3,$$

球壳体积为ΔV,用dV作为其近似值

$$\begin{aligned}dV&=f'(r)dr=4\pi r^2 dr\\&=4\pi\cdot 5^2\left(-\frac{1}{16}\right)\approx -19.63\quad\left(\text{其中 } r=5, dr=-\frac{1}{16}\right),\end{aligned}$$

所以,球壳体积$|\Delta V|$的近似值为$|dV|=19.63\ \text{cm}^3$.

例 9 计算$\sqrt[3]{1.03}$的近似值.

解 设函数$f(x)=\sqrt[3]{x}$,则由公式(2)有

$$f(x_0+\Delta x)\approx f(x_0)+f'(x_0)\Delta x$$

$$=\sqrt[3]{x_0}+\frac{1}{3\sqrt[3]{x_0^2}}\Delta x.$$

令 $x_0=1,\Delta x=0.03$,则有

$$\sqrt[3]{1.03}\approx\sqrt[3]{1}+\frac{1}{3\sqrt[3]{1}}\times 0.03=1.01.$$

例 10 当 $|x|$ 很小时,证明下列近似公式:

(1) $\sin x\approx x$; (2) $\tan x\approx x$;

(3) $e^x\approx 1+x$; (4) $\ln(1+x)\approx x$;

(5) $(1+x)^\alpha\approx 1+\alpha x$ (α 为常数).

证 这里只证(3),其余各式的证明留给读者.

设函数 $f(x)=e^x$,取 $x_0=0$,则

$$f(0)=1,f'(0)=1,$$

故由公式(3),可得

$$e^x\approx f(0)+f'(0)x=1+x.$$

习题 3-6

1. 已知 $y=x^3-x$,计算在 $x=2$ 处当 Δx 分别等于 1,0.1,0.01 时的 Δy 及 dy.

2. 求下列函数的微分:

(1) $y=5x^2+3x+1$ (2) $y=(x^2+2x)(x-4)$

(3) $y=\arcsin(2x^2-1)$ (4) $y=2\ln^2 x+x$

(5) $y=\ln(\sec t+\tan t)$ (6) $y=\frac{\cos 2x}{1+\sin x}$

3. 求由方程 $\cos(xy)=x^2y^2$ 所确定的函数的微分.

4. 当 $|x|$ 很小时,证明下列近似公式:

(1) $\sin x\approx x$ (2) $\tan x\approx x$

(3) $\ln(1+x)\approx x$ (4) $(1+x)^\alpha\approx 1+\alpha x$ (α 为常数)

5. 正立方体的棱长 $x=10$ m,如果棱长增加 0.1 m,求此正方体体积增加的精确值与近似值.

6. 一平面圆环形,其内半径为 10 cm,宽为 0.1 cm,求其面积的精确值与近似值.

7. 求下列各式的近似值:

(1) $\sqrt[3]{8.02}$ (2) $\ln 1.01$ (3) $e^{0.05}$ (4) $\cos 60°20'$

B

1. 将适当的函数填入下列括号内,使等式成立.

(1) $d(\quad)=2dx$ (2) $d(\quad)=3xdx$

(3) $d(\quad)=\sin\omega x dx$ (4) $d(\quad)=\frac{1}{1+x}dx$

(5)d(　　)$=e^{-2x}dx$　　　　(6)d(　　)$=\frac{1}{\sqrt{x}}dx$

(7)d(　　)$=\sec^2 3x dx$　　　　(8)d(　　)$=\csc^2 2x dx$

2. 设 $y=f(\ln x)e^{f(x)}$，其中 f 可微，求 dy.

3. 证明 $y=\frac{e^x+e^{-x}}{2}$ 在 $x>0$ 时满足微分方程 $dy=\sqrt{y^2-1}dx$.

4. $y=f(x)$ 的微分函数 dy 关于 x 的微分称为 $y=f(x)$ 的二阶微分，记为 d^2y 或 $d^2f(x)$. 试问二阶微分是否还有形式不变性?

5. 设 $a>0$，且 $|x|$ 相对于 a 很小，用微分定义证明近似公式：$\sqrt[n]{a^n+x}\approx a+\frac{x}{na^{n-1}}$ （n 为正整数）.

本章小结

本章知识网络图：

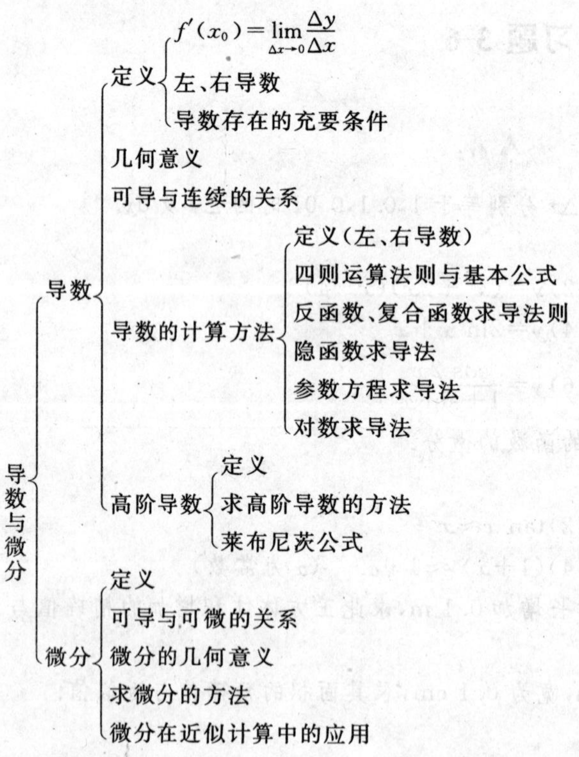

1. 基本概念

导数是一种特殊形式的极限，即函数的改变量与自变量的改变量之比当自变量改变量趋于零时的极限.

微分是函数改变量的线性主要部分，它等于导数与函数自变量改变量的乘积.

2. 几何意义

$f'(x_0)$ 是曲线 $y=f(x)$ 在点 $M_0(x_0,f(x_0))$ 处的切线斜率.

微分 dy 是曲线 $y=f(x)$ 在点 $M_0(x_0,f(x_0))$ 处的切线纵坐标对应于 Δx 的改变量.

3. 两个重要关系

(1)可导与连续的关系:可导必连续,连续不一定可导.

(2)可导与可微的关系:可导必可微,可微必可导.它们是等价关系.

4. 基本公式

导数公式	微分公式
$(x^{\alpha})'=\alpha x^{\alpha-1}$	$\mathrm{d}(x^{\alpha})=\alpha x^{\alpha-1}\mathrm{d}x$
$(\sin x)'=\cos x$	$\mathrm{d}(\sin x)=\cos x\mathrm{d}x$
$(\cos x)'=-\sin x$	$\mathrm{d}(\cos x)=-\sin x\mathrm{d}x$
$(\tan x)'=\sec^2 x$	$\mathrm{d}(\tan x)=\sec^2 x\mathrm{d}x$
$(\cot x)'=-\csc^2 x$	$\mathrm{d}(\cot x)=-\csc^2 x\mathrm{d}x$
$(\sec x)'=\sec x\tan x$	$\mathrm{d}(\sec x)=\sec x\tan x\mathrm{d}x$
$(\csc x)'=-\csc x\cot x$	$\mathrm{d}(\csc x)=-\csc x\cot x\mathrm{d}x$
$(a^x)'=a^x\ln a$	$\mathrm{d}(a^x)=a^x\ln a\mathrm{d}x$
$(\mathrm{e}^x)'=\mathrm{e}^x$	$\mathrm{d}(\mathrm{e}^x)=\mathrm{e}^x\mathrm{d}x$
$(\log_a x)'=\frac{1}{x\ln a}$	$\mathrm{d}(\log_a x)=\frac{1}{x\ln a}\mathrm{d}x$
$(\ln x)'=\frac{1}{x}$	$\mathrm{d}(\ln x)=\frac{1}{x}\mathrm{d}x$
$(\arcsin x)'=\frac{1}{\sqrt{1-x^2}}$	$\mathrm{d}(\arcsin x)=\frac{1}{\sqrt{1-x^2}}\mathrm{d}x$
$(\arccos x)'=-\frac{1}{\sqrt{1-x^2}}$	$\mathrm{d}(\arccos x)=-\frac{1}{\sqrt{1-x^2}}\mathrm{d}x$
$(\arctan x)'=\frac{1}{1+x^2}$	$\mathrm{d}(\arctan x)=\frac{1}{1+x^2}\mathrm{d}x$
$(\mathrm{arccot}\, x)'=-\frac{1}{1+x^2}$	$\mathrm{d}(\mathrm{arccot}\, x)=-\frac{1}{1+x^2}\mathrm{d}x$

5. 基本的计算方法

(1)求导的基本方法:

1)用定义求导;

2)用导数基本公式及求导法则求导.

①导数四则运算法则

$$(u\pm v)'=u'\pm v'$$

$$(uv)'=u'v+uv'$$

$$\left(\frac{u}{v}\right)'=\frac{u'v-uv'}{v^2}\qquad(v\neq 0)$$

②复合函数求导法则

若 $y=f(u),u=\varphi(x)$,则$\frac{\mathrm{d}y}{\mathrm{d}x}=\frac{\mathrm{d}y}{\mathrm{d}u}\cdot\frac{\mathrm{d}u}{\mathrm{d}x}$.

③反函数求导法则

$$\frac{\mathrm{d}y}{\mathrm{d}x}=1/\frac{\mathrm{d}x}{\mathrm{d}y}\qquad\left(\frac{\mathrm{d}x}{\mathrm{d}y}\neq 0\right)$$

④隐函数求导法则

对方程 $F(x,y)=0$ 两端同时求 x 的导数，将 y 看作 x 的函数，然后解出 y'_x.

⑤对数求导法则

对多个函数之积、商、幂、方根组成的函数或幂指函数 $u(x)^{v(x)}$，可“先取对数，再求导数”.

(2)求微分的方法：

求微分的方法与求导的方法类似. 由于 $dy=f'(x)dx$，故一般情况下，也可先求导数 $f'(x)$，再乘 dx.

6. 简单应用

(1)导数：曲线 $y=f(x)$ 在点 $M_0(x_0,y_0)$ 处有切线方程为

$$y-y_0=f'(x_0)(x-x_0).$$

(2)微分：当 $|\Delta x|$ 很小时，有

$$\Delta y\approx dy=f'(x_0)\Delta x.$$

这个公式可以用来直接计算函数改变量的近似值. 而公式

$$f(x_0+\Delta x)\approx f(x_0)+f'(x_0)\Delta x$$

可以用来计算函数的近似值.

复习题 3

1. 填空题

(1)已知 $f(x)$ 在 $x=a$ 处可导，且 $f'(a)=k(k\neq 0)$，则 $\lim\limits_{t\to 0}\dfrac{f(a-3t)-f(a-5t)}{t}=$ ________.

(2)设 $f(x)$ 是可导函数，Δx 是自变量在点 x 处的增量，则 $\lim\limits_{\Delta x\to 0}\dfrac{f^2(x+\Delta x)-f^2(x)}{\Delta x}=$ ________.

(3)已知 $f(x)=x(1-x)(2-x)\cdots(100-x)$，且 $f'(a)=2\times 98!$，则 $a=$ ________.

(4)设 $f(x)=\begin{cases}ax+b & (x\leqslant 1)\\ x^2 & (x>1)\end{cases}$ 在 $x=1$ 处可导，则 $a=$ ________，$b=$ ________.

(5)若 $f(x)=\begin{cases}x^2 & (\text{当 } x \text{ 为无理数时})\\ 0 & (\text{当 } x \text{ 为有理数时})\end{cases}$，则 $f'(0)=$ ________.

(6)已知 $f'(x_0)=-1$，则 $\lim\limits_{x\to 0}\dfrac{x}{f(x_0-2x)-f(x_0-x)}=$ ________.

(7)已知曲线 $y=x^3-3a^2x+b$ 与 x 轴相切，则 b^2 可以通过 a 表示为 $b^2=$ ________.

(8)设 $f(x)$ 在 $x=0$ 处连续，且 $\lim\limits_{x\to 0}\dfrac{f(x)+1}{x+\sin x}=2$，则 $f'(0)=$ ________.

2. 单项选择题

(1)设 $f(x)$ 为可导函数，且满足条件 $\lim\limits_{x\to 0}\dfrac{f(1)-f(1-x)}{2x}=-1$，则曲线 $y=f(x)$ 在点 $(1,f(1))$ 处的切线斜率为( ).

A. 2　　B. -1　　C. $\dfrac{1}{2}$　　D. -2

(2)若 $f(-x)=f(x)(-\infty<x<+\infty)$，在 $(-\infty,0)$ 内，$f'(x)>0$，且 $f''(x)<0$，则在 $(0,+\infty)$ 内，有(　).

A. $f'(x)>0, f''(x)<0$　　B. $f'(x)>0, f''(x)>0$

C. $f'(x)<0, f''(x)<0$　　D. $f'(x)<0, f''(x)>0$

(3)设函数 $f(x)$ 在点 $x=a$ 处可导，则函数 $|f(x)|$ 在点 $x=a$ 处不可导的充要条件是(　).

A. $f(a)=0$ 且 $f'(a)=0$　　B. $f(a)=0$ 且 $f'(a)\neq 0$

C. $f(a)>0$ 且 $f'(a)>0$　　D. $f(a)<0$ 且 $f'(a)<0$

(4)函数 $y=f(x)$ 在 x_0 点处可导，Δx、Δy 分别是自变量和函数的增量，$\mathrm{d}y$ 为其微分，且 $f'(x_0)\neq 0$，则 $\lim\limits_{\Delta x\to 0}\dfrac{\mathrm{d}y-\Delta y}{\Delta y}=$(　).

A. -1　　B. 1　　C. 0　　D. ∞

(5)已知 $f(x)$ 为可导偶函数，且 $\lim\limits_{x\to 0}\dfrac{f(1+x)-f(1)}{2x}=-2$，则曲线 $y=f(x)$ 在 $(-1,2)$ 处的切线方程为(　).

A. $y=4x+6$　　B. $y=-4x-2$　　C. $y=x+3$　　D. $y=-x+1$

3. 计算题

(1)设 $f(x)=(2^x-1)\varphi(x)$，其中 $\varphi(x)$ 在 $x=0$ 处连续，求 $f'(0)$.

(2)设 $f(x)$ 在 $x=0$ 处可导，且 $f'(0)=\dfrac{1}{3}$，又对任意的 x 有 $f(3+x)=3f(x)$，求 $f'(3)$.

(3)求下列函数 $f(x)$ 的 $f'_-(0)$ 及 $f'_+(0)$，又问 $f'(0)$ 是否存在？

①$f(x)=\begin{cases}\sin x & (x<0)\\ \mathrm{e}^x-1 & (x\geqslant 0)\end{cases}$　　②$f(x)=\begin{cases}\dfrac{\ln(1+x)}{1+\mathrm{e}^x} & (x\neq 0)\\ 0 & (x=0)\end{cases}$

4. 求下列函数的导数：

(1)$y=\sqrt{\cos(\sin^2 x)}$　　(2)$y=|x^3-x^2|$

(3)$y=\sec(\mathrm{e}^{\tan x^2})$　　(4)$y=\ln(x\sqrt{1-x^2}\sin x)$

(5)$y=\cos[\sin(2\ln x)+\tan \mathrm{e}^{2x}]$　　(6)$y=2^{\arctan\sqrt{x}}$

(7)$y=(\cos x)^{\sin x}$　　(8)$y=\dfrac{\sqrt{x+2}(2-x)^3}{(1-x)^5}$

5. 求下列函数的二阶导数：

(1)$y=\cos^2 x\cdot\ln x$　　(2)$y=\ln\sqrt{\dfrac{1-x}{1+x^2}}$

6. 求下列函数的 n 阶导数：

(1)$y=\dfrac{1-x}{1+x}$　　(2)$y=3^{-x}$

7. 设方程 $\mathrm{e}^{xy}+y^2=\cos x$ 确定 y 为 x 的函数，求 y'.

8. 设 $y=\arctan \mathrm{e}^x-\ln\sqrt{\dfrac{\mathrm{e}^{2x}}{\mathrm{e}^{2x}+1}}$，求 $\left.\dfrac{\mathrm{d}y}{\mathrm{d}x}\right|_{x=1}$.

9. 求曲线$\begin{cases}x=1+t^2\\y=t\end{cases}$在$t=2$处的切线方程.

10. 设方程$x=y^y$确定y是x的函数,求函数微分$\mathrm{d}y$.

第四章　中值定理与导数的应用

本章中我们将应用导数来研究函数的某些性态，并利用这些知识解决一些实际问题.

第一节　中值定理

我们首先学习罗尔定理，然后根据它推出拉格朗日中值定理和柯西中值定理.

一、罗尔定理

罗尔定理　如果函数 $f(x)$ 满足下列条件：

(1)在闭区间 $[a,b]$ 上连续；

(2)在开区间 (a,b) 内可导；

(3)在区间端点的函数值相等，即 $f(a)=f(b)$.

则在 (a,b) 内至少有一点 $\xi(a<\xi<b)$，使得函数 $f(x)$ 在该点的导数等于零，即 $f'(\xi)=0$.

罗尔定理的几何意义　在图 4-1 中，设曲线弧 $\overset{\frown}{AB}$ 的方程为 $y=f(x)(a\leqslant x\leqslant b)$. 罗尔定理的条件在几何上表示：弧 $\overset{\frown}{AB}$ 是一条连续的曲线弧，除端点外处处具有不垂直于 x 轴的切线，且两个端点的纵坐标相等. 定理的结论表达了这样一个几何事实：在曲线弧 $\overset{\frown}{AB}$ 上至少有一点 $C(\xi,f(\xi))$，在该点处曲线的切线是水平的. 从图中看到，在曲线的最高点或最低点处，切线是水平的，这就启发了我们证明这个定理的思路.

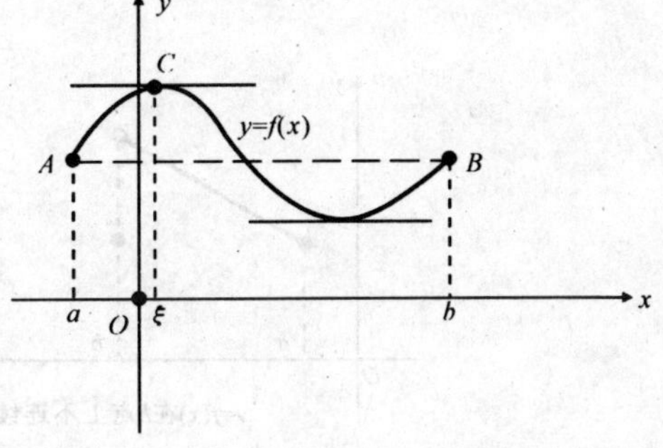

图 4-1

证　由于 $f(x)$ 在闭区间 $[a,b]$ 上连续，根据闭区间上连续函数的最大值和最小值定理，$f(x)$ 在闭区间 $[a,b]$ 上取得最大值 M 和最小值 m.

(1)如果 $M=m$，则 $f(x)$ 在区间 $[a,b]$ 上恒为常数. 由此 $f(x)$ 在区间 $[a,b]$ 上恒有 $f'(x)=0$，因此可以取 (a,b) 内任意一点作为 ξ，且有 $f'(\xi)=0$.

(2)如果 $M>m$，因为 $f(a)=f(b)$，所以 M 和 m 这两个数中至少有一个不等于 $f(x)$ 在区间 $[a,b]$ 的端点处的函数值. 为确定起见，不妨设 $M\neq f(a)$（如果设 $m\neq f(a)$，证法完全类似），那么必定在开区间 (a,b) 内有一点 ξ 使 $f(\xi)=M$. 下面证明 $f(x)$ 在点 ξ 处的导数等于零，即 $f'(\xi)=0$.

因为 ξ 是开区间 (a,b) 内的点，根据假设 $f'(\xi)$ 存在，即极限 $\lim\limits_{\Delta x\to 0}\dfrac{f(\xi+\Delta x)-f(\xi)}{\Delta x}$ 存在，故左、右极限都存在并且相等，因此

$$f'(\xi)=\lim_{\Delta x\to 0^+}\frac{f(\xi+\Delta x)-f(\xi)}{\Delta x}=\lim_{\Delta x\to 0^-}\frac{f(\xi+\Delta x)-f(\xi)}{\Delta x}.$$

由于 $f(\xi)=M$ 是 $f(x)$ 在 $[a,b]$ 上的最大值，因此不论 Δx 是正的还是负的，只要 $\xi+\Delta x$ 在 $[a,b]$ 上，总有 $f(\xi+\Delta x)\leqslant f(\xi)$，即 $f(\xi+\Delta x)-f(\xi)\leqslant 0$.

当 $\Delta x>0$ 时，$\dfrac{f(\xi+\Delta x)-f(\xi)}{\Delta x}\leqslant 0$ 从而根据函数极限的保号性，有

$$f'(\xi)=\lim_{\Delta x\to 0^+}\frac{f(\xi+\Delta x)-f(\xi)}{\Delta x}\leqslant 0,$$

同理，当 $\Delta x<0$ 时，有

$$f'(\xi)=\lim_{\Delta x\to 0^-}\frac{f(\xi+\Delta x)-f(\xi)}{\Delta x}\geqslant 0,$$

因此必然有 $f'(\xi)=0$.

注意：①定理中的三个条件缺一不可(图 4-2).

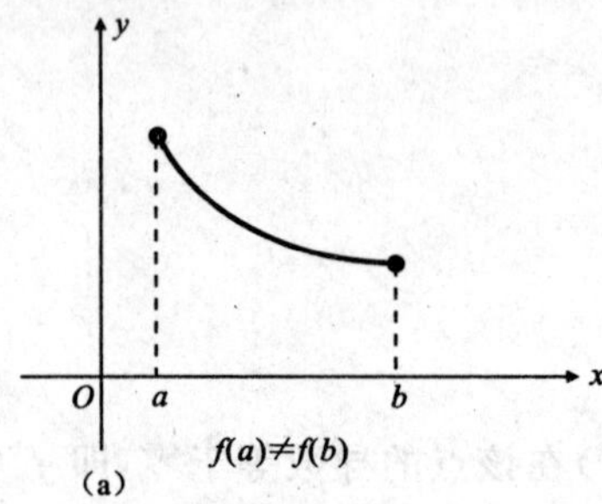

(a)

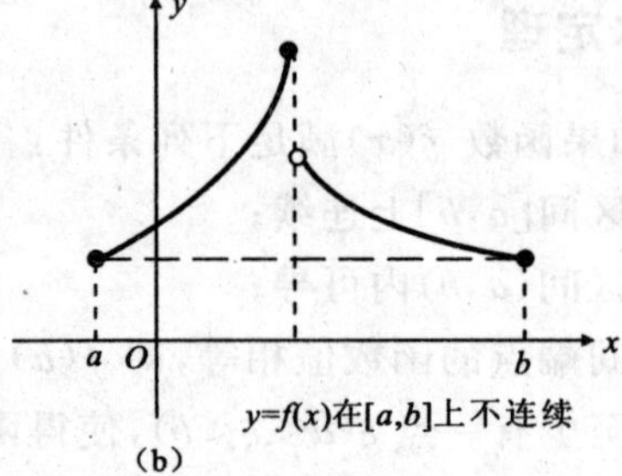

(b)

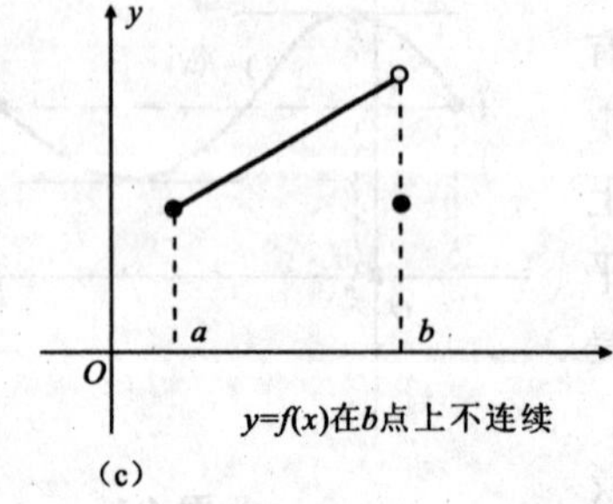

(c)

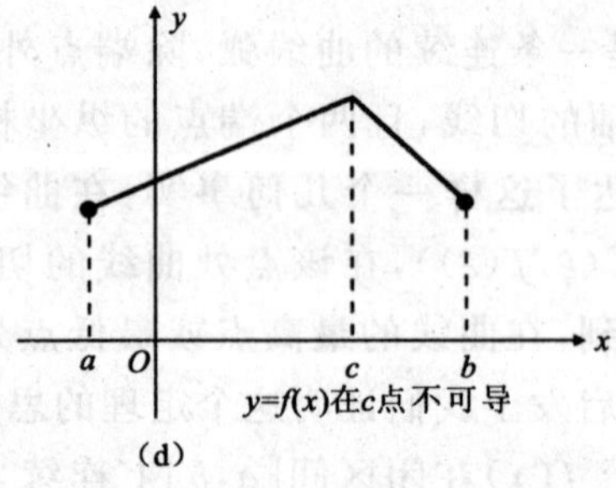

(d)

图 4-2

②定理中的条件是充分条件不是必要条件(图 4-3).

例 1 判定 $f(x)=x^2-x-2=(x-2)(x+1)$ 是否符合罗尔定律结论？

解 $f'(x)=2x-1=2(x-\frac{1}{2})$，$f(-1)=f(2)=0$，显然 $f(x)$ 在 $[-1,2]$ 上满足罗尔定理的三个条件，存在 $\xi=\frac{1}{2}\in(-1,2)$，使 $f'(\frac{1}{2})=0$，符合罗尔定理的结论.

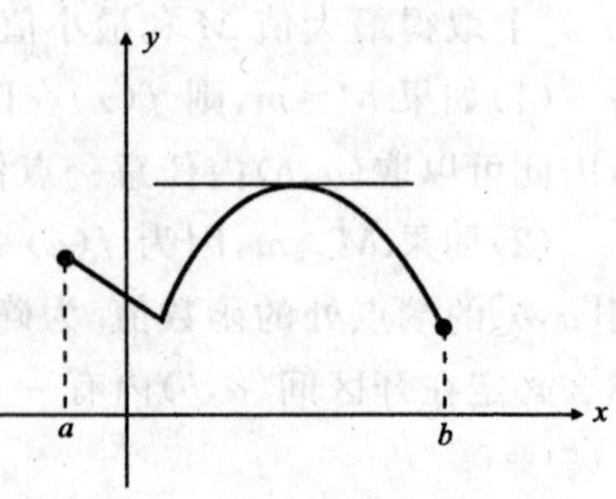

图 4-3

例 2 设函数 $f(x)=(x-1)(x-2)(x-4)(x-5)$，不求导数，判断方程 $f'(x)=0$ 有几个实根，并求其所在区间.

解 因为 $f(1)=f(2)=f(4)=f(5)=0$ 且 $f(x)$ 为初等函数，所以 $f(x)$ 在 $[1,2]$、$[2,4]$、$[4,5]$ 上满足罗尔定理条件. 因此在 $(1,2)$ 内至少存在一点 ξ_1，使 $f'(\xi_1)=0$；在 $(2,4)$ 内至少存在一点 ξ_2，使 $f'(\xi_2)=0$；在 $(4,5)$ 内至少存在一点 ξ_3，使 $f'(\xi_3)=0$，故 ξ_1、ξ_2、ξ_3 是方程

$f'(x)=0$的三个实根.

因为 $f'(x)$为三次多项式,最多只能有三个实根,所以 $f'(x)=0$ 只有三个实根,它们分别在区间(1,2),(2,4),(4,5)内.

二、拉格朗日中值定理

罗尔定理中 $f(a)=f(b)$这个条件是相当特殊的,它使罗尔定理的应用受到限制.如果把 $f(a)=f(b)$这个条件取消,但仍保留其余两个条件,对结论作相应的修改,那么就得到微分学中十分重要的拉格朗日(Lagrange)中值定理.

拉格朗日中值定理　如果函数 $f(x)$满足下列两个条件:

(1)在闭区间$[a,b]$上连续;

(2)在开区间(a,b)内可导.

则在(a,b)内至少有一点 $\xi(a<\xi<b)$,使等式 $f'(\xi)=\dfrac{f(b)-f(a)}{b-a}$成立.

拉格朗日中值定理的几何意义　由图 4-4 可看出,$\dfrac{f(b)-f(a)}{b-a}$为弦 AB 的斜率,而 $f'(\xi)$为曲线在点 C 处的切线的斜率.因此拉格朗日中值定理的几何意义是:如果连续曲线 $y=f(x)$的弧$\overset{\frown}{AB}$上除端点外处处具有不垂直于 x 轴的切线,那么在这弧上至少存在一点 C,使曲线在 C 点处的切线平行于弦 AB.

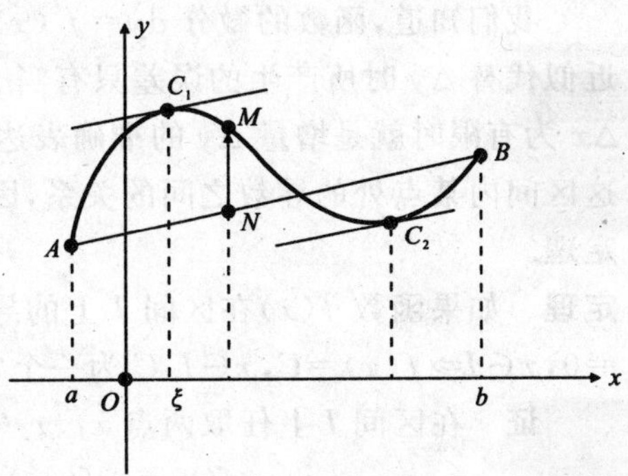

图 4-4

从罗尔定理的几何意义中(图 4-1)看出,由于 $f(a)=f(b)$,弦 AB 是平行于 x 轴的,因此点 C 处的切线实际上也平行于弦 AB.由此可见,罗尔定理是拉格朗日中值定理的特殊情形.

从上述拉格朗日中值定理与罗尔定理的关系,自然想到利用罗尔中值定理来证明拉格朗日中值定理.但在拉格朗日中值定理中,函数 $f(x)$不一定具备 $f(a)=f(b)$这个条件,为此我们构造一个与 $f(x)$有密切联系的函数 $\varphi(x)$,使 $\varphi(x)$满足条件 $\varphi(a)=\varphi(b)$.然后对 $\varphi(x)$应用罗尔定理,证得所要的结果.这种方法称为**辅助函数法**.

我们从拉格朗日中值定理的几何解释中来寻找辅助函数,从图 4-4 中看到,有向线段 NM 的值是 x 的函数,把它表示为 $\varphi(x)$,它与 $f(x)$有密切的联系,且当 $x=a$ 及 $x=b$ 时,点 M 与点 N 重合,即有 $\varphi(a)=\varphi(b)=0$.为求得函数 $\varphi(x)$的表达式,设直线 AB 的方程为 $y=L(x)$,则

$$L(x)=f(a)+\frac{f(b)-f(a)}{b-a}(x-a),$$

由于点 M、N 的纵坐标依次为 $f(x)$及 $L(x)$,故表示有向线段 NM 的值的函数

$$\varphi(x)=f(x)-L(x)=f(x)-f(a)-\frac{f(b)-f(a)}{b-a}(x-a),$$

下面就利用这个辅助函数来证明拉格朗日中值定理.

证　作辅助函数 $\varphi(x)=f(x)-f(a)-\dfrac{f(b)-f(a)}{b-a}(x-a)$.容易验证函数 $\varphi(x)$满足罗尔

定理的条件：$\varphi(a)=\varphi(b)=0$，$\varphi(x)$在闭区间$[a,b]$上连续，在开区间(a,b)内可导，且

$$\varphi'(x)=f'(x)-\frac{f(b)-f(a)}{b-a},$$

根据罗尔中值定理，可知在(a,b)内至少有一点ξ，使$\varphi'(\xi)=0$，即$f'(\xi)-\frac{f(b)-f(a)}{b-a}=0$.

由此得
$$f'(\xi)=\frac{f(b)-f(a)}{b-a}.$$

我们将$f'(\xi)=\frac{f(b)-f(a)}{b-a}$也叫做**拉格朗日中值公式**.

设x为区间$[a,b]$内一点，$x+\Delta x$为这区间内的另一点($\Delta x>0$或$\Delta x<0$)，则拉格朗日中值公式在区间$[x,x+\Delta x]$(当$\Delta x>0$时)或在区间$[x+\Delta x,x]$(当$\Delta x<0$时)上的形式为

$$f(x+\Delta x)-f(x)=f'(x+\theta\Delta x)\cdot\Delta x\quad(0<\theta<1).\tag{1}$$

这里数值θ是在0与1之间，所以$x+\theta\Delta x$是在x与$x+\Delta x$之间.

如果记$f(x)$为y，则式(1)又可写成$\Delta y=f'(x+\theta\Delta x)\cdot\Delta x\quad(0<\theta<1)$.

我们知道，函数的微分$dy=f'(x)\cdot\Delta x$是函数的增量Δy的近似表达式，一般说来，以dy近似代替Δy时所产生的误差只有当$\Delta x\to 0$时才趋于零；而式(1)则表示$f'(x+\theta\Delta x)\cdot\Delta x$在$\Delta x$为有限时就是增量$\Delta y$的准确表达式，它精确地表达了函数在一个区间上的增量与函数在这区间内某点处的导数之间的关系，因此拉格朗日中值定理又称为**有限增量定理**或**微分中值定理**.

定理 如果函数$f(x)$在区间I上的导数恒为零，那么$f(x)$在区间I上是一个常数. 即$f'(x)=0,x\in I\Rightarrow f(x)=C,x\in I$，$C$为一个常数.

证 在区间I上任取两点x_1、$x_2(x_1<x_2)$，应用拉格朗日公式得

$$f(x_2)-f(x_1)=f'(\xi)(x_2-x_1)\quad(x_1<\xi<x_2),$$

由假定可知$f'(\xi)=0$，所以$f(x_2)-f(x_1)=0$，即$f(x_2)=f(x_1)$，即$f(x)$在I上任意两点的函数值总是相等的，故$f(x)$在区间I上是一个常数.

例3 证明：$\arcsin x+\arccos x=\frac{\pi}{2},x\in[-1,1]$.

证 因为$(\arcsin x+\arccos x)'=\frac{1}{\sqrt{1-x^2}}+\left(-\frac{1}{\sqrt{1-x^2}}\right)=0$，且$\arcsin 1+\arccos 1=\frac{\pi}{2}$，

所以$\arcsin x+\arccos x=\frac{\pi}{2},x\in[-1,1]$.

例4 设$f(x)=x^2+2x,x\in[0,2]$，求使拉格朗日公式成立的ξ值.

解 $f(x)=x^2+2x,x\in[0,2]$满足拉格朗日中值定理的条件，将$f(0)=0$，$f(2)=8$，$f'(x)=2x+2$，代入拉格朗日公式得

$$f'(\xi)=2\xi+2=\frac{8-0}{2-0}=4，即\xi=1.$$

常用拉格朗日中值定理证明不等式.

例5 证明：当$x>0$时，$\frac{x}{1+x}<\ln(1+x)<x$.

证 引入辅助函数$f(x)=\ln(1+x)$，显然$f(x)$在区间$[0,x]$上满足拉格朗日中值定理的条件，根据定理有$f(x)-f(0)=f'(\xi)(x-0)$，$0<\xi<x$，由于$f(0)=0$，$f'(x)=\frac{1}{1+x}$，故

$\ln(1+x)=\frac{x}{1+\xi}$,因为 $0<\xi<x$,所以 $\frac{x}{1+x}<\frac{x}{1+\xi}<x$,即$\frac{x}{1+x}<\ln(1+x)<x$.

三、柯西中值定理

柯西中值定理　如果函数 $f(x)$、$g(x)$满足下列条件:

(1)在闭区间$[a,b]$上连续;

(2)在开区间(a,b)内可导;

(3)在(a,b)内的每一点处 $g'(x)\neq 0$.

那么在(a,b)内至少有一点 ξ,使等式$\frac{f(b)-f(a)}{g(b)-g(a)}=\frac{f'(\xi)}{g'(\xi)}$成立.

证　由假设 $g'(x)\neq 0$,可以得到 $g(b)-g(a)\neq 0$,这是由于,若 $g(b)-g(a)=0$,则 $g(x)$满足罗尔中值定理的三个条件,因而至少存在一点 $\xi\in(a,b)$,使$g'(\xi)=0$,则与 $g'(x)\neq 0$ 矛盾.

仿拉格朗日中值定理的证明方法,引入辅助函数 $\varphi(x)$.

$\varphi(x)=f(x)-f(a)-\frac{f(b)-f(a)}{g(b)-g(a)}[g(x)-g(a)]$,容易验证,辅助函数$\varphi(x)$满足罗尔定理的三个条件,且 $\varphi'(x)=f'(x)-\frac{f(b)-f(a)}{g(b)-g(a)}g'(x)$,根据罗尔定理,可知在$(a,b)$内必定有一点 ξ 使得 $\varphi'(\xi)=0$,即 $f'(\xi)-\frac{f(b)-f(a)}{g(b)-g(a)}\cdot g'(\xi)=0$,由此得$\frac{f(b)-f(a)}{g(b)-g(a)}=\frac{f'(\xi)}{g'(\xi)}$.

显然,如果取 $g(x)=x$,则柯西中值定理就是拉格朗日中值定理,即拉格朗日中值定理是柯西中值定理的特例.

例 6　设函数 $f(x)$在$[0,1]$上连续,在$(0,1)$内可导.证明:至少存在一点 $\xi\in(0,1)$,使 $f'(\xi)=2\xi[f(1)-f(0)]$.

证　题设可变形为:$\frac{f(1)-f(0)}{1-0}=\frac{f'(\xi)}{2\xi}=\left.\frac{f'(x)}{(x^2)'}\right|_{x=\xi}$,因此可设 $g(x)=x^2$,则函数$f(x)$、$g(x)$在$[0,1]$上满足柯西中值定理的条件,所以至少存在一点 $\xi\in(0,1)$,使$\frac{f(1)-f(0)}{1-0}=\frac{f'(\xi)}{2\xi}$成立,即 $f'(\xi)=2\xi[f(1)-f(0)]$成立.

习题 4-1

1. 验证下列各题,并求出相应的点 ξ.

(1)对函数 $f(x)=\cos 2x$ 在区间$\left[-\frac{\pi}{6},\frac{\pi}{6}\right]$上验证罗尔定理.

(2)对函数 $f(x)=x^4$ 在区间$[1,2]$上验证拉格朗日中值定理.

(3)对函数 $f(x)=x^2+1$ 与 $g(x)=x^3$ 在区间$[1,2]$上验证柯西中值定理.

2. 不用求出函数 $f(x)=x(x+1)(x+2)(x-1)(x+2)$ 的导数,说明方程$f'(x)=0$ 有几

个实根，并指出它们所在的区间.

3. 证明下列不等式：

(1) $|\arctan a-\arctan b|\leqslant|a-b|$　　(2) 当 $x>0$ 时，$\ln(1+x)<x$

4. 证明恒等式：$2\arctan x+\arcsin\dfrac{2x}{1+x^2}=\pi\quad(x\geqslant 1)$.

B

1. 证明对函数 $y=px^2+qx+r$ 应用拉格朗日中值定理时，所求得的点 ξ 总是位于区间的正中间.

2. 证明下列不等式：

(1) 当 $a>b>0$ 时，$\dfrac{a-b}{a}<\ln\dfrac{a}{b}<\dfrac{a-b}{b}$；　(2) 当 $x>0$ 时，$\ln\left(1+\dfrac{1}{x}\right)>\dfrac{1}{1+x}$.

3. 证明方程 $x^3+x-1=0$ 只有一个正根.

第二节　洛必达法则

如果当 $x\to a$（或 $x\to\infty$）时，两个函数 $f(x)$ 与 $g(x)$ 都趋于零或都趋于无穷大，那么极限 $\lim\limits_{\substack{x\to a\\(x\to\infty)}}\dfrac{f(x)}{g(x)}$ 可能存在，也可能不存在，例如 $\lim\limits_{x\to 0}\dfrac{\sin x}{x}$ 存在且等于 1，$\lim\limits_{x\to 0}\dfrac{x}{x^2}$ 不存在，通常把这类极限叫做未定式，分别称之为 $\dfrac{0}{0}$ 型未定式或 $\dfrac{\infty}{\infty}$ 型未定式. 对于这类极限，即使它存在也不能用“商的极限等于极限的商”这一法则. 下面我们将根据柯西中值定理来推出求这类极限的一种简便又重要的方法——洛必达法则.

一、$\dfrac{0}{0}$ 型未定式

定理 1　如果函数 $f(x)$ 及 $g(x)$ 满足下列条件：

(1) $\lim\limits_{x\to a}f(x)=\lim\limits_{x\to a}g(x)=0$；

(2) 在点 a 的某邻域内（点 a 可以除外）可导，且 $g'(x)\neq 0$；

(3) $\lim\limits_{x\to a}\dfrac{f'(x)}{g'(x)}=A$（或 ∞）.

则
$$\lim_{x\to a}\frac{f(x)}{g(x)}=\lim_{x\to a}\frac{f'(x)}{g'(x)}=A\text{（或}\infty\text{）}.$$

证　因为极限 $\lim\limits_{x\to a}\dfrac{f(x)}{g(x)}$ 与 $f(a)$ 及 $g(a)$ 的值无关，所以可补充定义 $f(a)=g(a)=0$. 于是由条件(1)、(2)知道，$f(x)$ 及 $g(x)$ 在点 a 的某一邻域内是连续的，设 x 是这邻域内的任意一点，那么在区间 $[a,x]$（或 $[x,a]$）上，函数 $f(x)$ 及 $g(x)$ 满足柯西中值定理的条件，因此有
$$\frac{f(x)}{g(x)}=\frac{f(x)-f(a)}{g(x)-g(a)}=\frac{f'(\xi)}{g'(\xi)}\quad(\xi\text{ 在 }x\text{ 与 }a\text{ 之间}).$$
对上式两端求 $x\to a$ 时的极限，注意到 $x\to a$ 时 $\xi\to a$，即得
$$\lim_{x\to a}\frac{f(x)}{g(x)}=\lim_{x\to a}\frac{f(x)-f(a)}{g(x)-g(a)}=\lim_{\xi\to a}\frac{f'(\xi)}{g'(\xi)}=A\text{（或}\infty\text{）}.$$

如果 $\lim\limits_{x\to a}\dfrac{f'(x)}{g'(x)}$ 仍属 $\dfrac{0}{0}$ 型未定式，且这时 $f'(x),g'(x)$ 能满足柯西中值定理中 $f(x),g(x)$ 所要满足的条件，那么可以继续用洛必达法则，即 $\lim\limits_{x\to a}\dfrac{f(x)}{g(x)}=\lim\limits_{x\to a}\dfrac{f'(x)}{g'(x)}=\lim\limits_{x\to a}\dfrac{f''(x)}{g''(x)}$，且可以依此类推．这种用导数商的极限来计算函数商的极限的方法称为**洛必达法则**.

如果无法求出 $\dfrac{f'(x)}{g'(x)}$ 的极限，则洛必达法则失效，此时改用别的方法求 $\dfrac{f(x)}{g(x)}$ 的极限.

例 1　求 $\lim\limits_{x\to 0}\dfrac{(1+x)^a-1}{x}$　（a 为任何实数）.

解　这是 $\dfrac{0}{0}$ 型未定式，由洛必达法则，可得

$$\lim_{x\to 0}\frac{(1+x)^a-1}{x}\overset{\text{“}\frac{0}{0}\text{”}}{=\!=}\lim_{x\to 0}\frac{a(1+x)^{a-1}}{1}=a.$$

例 2　求 $\lim\limits_{x\to 0}\dfrac{x-\sin x}{x^3}$.

解　这是 $\dfrac{0}{0}$ 型未定式，由洛必达法则，可得

$$\lim_{x\to 0}\frac{x-\sin x}{x^3}\overset{\text{“}\frac{0}{0}\text{”}}{=\!=}\lim_{x\to 0}\frac{1-\cos x}{3x^2}\overset{\text{“}\frac{0}{0}\text{”}}{=\!=}\lim_{x\to 0}\frac{\sin x}{6x}=\frac{1}{6}.$$

例 3　求 $\lim\limits_{x\to 0}\dfrac{\mathrm{e}^x-\mathrm{e}^{-x}-2x}{x-\sin x}$.

解　这是 $\dfrac{0}{0}$ 型未定式，用洛必达法则，可得

$$\lim_{x\to 0}\frac{\mathrm{e}^x-\mathrm{e}^{-x}-2x}{x-\sin x}\overset{\text{“}\frac{0}{0}\text{”}}{=\!=}\lim_{x\to 0}\frac{\mathrm{e}^x+\mathrm{e}^{-x}-2}{1-\cos x}\overset{\text{“}\frac{0}{0}\text{”}}{=\!=}\lim_{x\to 0}\frac{\mathrm{e}^x-\mathrm{e}^{-x}}{\sin x}\overset{\text{“}\frac{0}{0}\text{”}}{=\!=}\lim_{x\to 0}\frac{\mathrm{e}^x+\mathrm{e}^{-x}}{\cos x}=2.$$

例 4　求 $\lim\limits_{x\to 0}\dfrac{\ln(1+x)}{x^2}$.

解　$\lim\limits_{x\to 0}\dfrac{\ln(1+x)}{x^2}\overset{\text{“}\frac{0}{0}\text{”}}{=\!=}\lim\limits_{x\to 0}\dfrac{\frac{1}{1+x}}{2x}=\lim\limits_{x\to 0}\dfrac{1}{2x(1+x)}=\infty.$

例 5　求 $\lim\limits_{x\to 1}\dfrac{x^3-3x+2}{x^3-x^2-x+1}$.

解　$\lim\limits_{x\to 1}\dfrac{x^3-3x+2}{x^3-x^2-x+1}\overset{\text{“}\frac{0}{0}\text{”}}{=\!=}\lim\limits_{x\to 1}\dfrac{3x^2-3}{3x^2-2x-1}\overset{\text{“}\frac{0}{0}\text{”}}{=\!=}\lim\limits_{x\to 1}\dfrac{6x}{6x-2}=\dfrac{3}{2}.$

注：上式中的 $\lim\limits_{x\to 1}\dfrac{6x}{6x-2}$ 已经不是 $\dfrac{0}{0}$ 型未定式，不能再对它应用洛必达法则，否则导致错误.

二、$\dfrac{\infty}{\infty}$ 型未定式

与 $\dfrac{0}{0}$ 型未定式相似，$\dfrac{\infty}{\infty}$ 型未定式的洛必达法则如下.

定理 2 如果函数 $f(x)$ 及 $g(x)$ 满足条件：

(1) $\lim\limits_{x\to a}f(x)=\lim\limits_{x\to a}g(x)=\infty$；

(2) 在点 a 的某邻域内（点 a 可以除外）可导，且 $g'(x)\neq 0$；

(3) $\lim\limits_{x\to a}\dfrac{f'(x)}{g'(x)}=A$ （或∞）．

则
$$\lim_{x\to a}\frac{f(x)}{g(x)}=\lim_{x\to a}\frac{f'(x)}{g'(x)}=A(\text{或}\infty).$$

例 6 求 $\lim\limits_{x\to 0^+}\dfrac{\ln\cot x}{\ln x}$ $\left(\dfrac{\infty}{\infty}\right)$．

解
$$\lim_{x\to 0^+}\frac{\ln\cot x}{\ln x}=\lim_{x\to 0^+}\frac{\dfrac{1}{\cot x}\cdot\left(-\dfrac{1}{\sin^2 x}\right)}{\dfrac{1}{x}}=-\lim_{x\to 0^+}\frac{x}{\sin x\cos x}$$
$$=-\lim_{x\to 0^+}\frac{x}{\sin x}\lim_{x\to 0^+}\frac{1}{\cos x}=-1.$$

定理中 $x\to a$ 改为 $x\to\infty$ 时，洛必达法则同样有效．

例 7 求 $\lim\limits_{x\to+\infty}\dfrac{\ln x}{x^n}(n>0)$ $\left(\dfrac{\infty}{\infty}\right)$．

解
$$\lim_{x\to+\infty}\frac{\ln x}{x^n}=\lim_{x\to+\infty}\frac{\dfrac{1}{x}}{nx^{n-1}}=\lim_{x\to+\infty}\frac{1}{nx^n}=0.$$

例 8 求 $\lim\limits_{x\to+\infty}\dfrac{x^n}{e^{\lambda x}}$（$n$ 为正整数，$\lambda>0$） $\left(\dfrac{\infty}{\infty}\right)$．

解 应用洛必达法则 n 次，得
$$\lim_{x\to+\infty}\frac{x^n}{e^{\lambda x}}=\lim_{x\to+\infty}\frac{nx^{n-1}}{\lambda e^{\lambda x}}=\lim_{x\to+\infty}\frac{n(n-1)x^{n-2}}{\lambda^2 e^{\lambda x}}=\cdots=\lim_{x\to+\infty}\frac{n!}{\lambda^n e^{\lambda x}}=0.$$

注意：由例 7、例 8 可知：对数函数 $\ln x$、幂函数 x^n、指数函数 $e^{\lambda x}$ $(\lambda>0)$ 均为当 $x\to+\infty$ 时的无穷大，但它们增大的速度不一样，幂函数增大的速度比对数函数增大的速度快得多，指数函数增大的速度又比幂函数增大的速度快得多．

三、其他型未定式

对于其他型的未定式（如：$0\cdot\infty$、$\infty-\infty$、0^0、1^∞、∞^0 等），求这类未定式的极限的方法，就是将未定式经过适当的变换，化为求 $\dfrac{0}{0}$ 或 $\dfrac{\infty}{\infty}$ 型未定式的极限，下面用例子说明．

例 9 求 $\lim\limits_{x\to+\infty}x\left(\dfrac{\pi}{2}-\arctan x\right)$ $(0\cdot\infty)$．

解
$$\lim_{x\to+\infty}x\left(\frac{\pi}{2}-\arctan x\right)=\lim_{x\to+\infty}\frac{\dfrac{\pi}{2}-\arctan x}{\dfrac{1}{x}}=\lim_{x\to+\infty}\frac{-\dfrac{1}{1+x^2}}{-\dfrac{1}{x^2}}$$
$$=\lim_{x\to+\infty}\frac{x^2}{1+x^2}=1.$$

例 10 求 $\lim\limits_{x\to\frac{\pi}{2}}(\sec x-\tan x)$ $(\infty-\infty)$．

解　$\lim\limits_{x\to\frac{\pi}{2}}(\sec x-\tan x)=\lim\limits_{x\to\frac{\pi}{2}}\dfrac{1-\sin x}{\cos x}=\lim\limits_{x\to\frac{\pi}{2}}\dfrac{-\cos x}{-\sin x}=0.$

例 11　求 $\lim\limits_{x\to0^+}x^x$　(0^0).

解　$\lim\limits_{x\to0^+}x^x=\lim\limits_{x\to0^+}e^{x\ln x}=e^{\lim\limits_{x\to0^+}x\ln x}$，而

$$\lim_{x\to0^+}x\ln x=\lim_{x\to0^+}\frac{\ln x}{\frac{1}{x}}=\lim_{x\to0^+}\frac{\frac{1}{x}}{-\frac{1}{x^2}}=\lim_{x\to0^+}(-x)=0,$$

所以

$$\lim_{x\to0^+}x^x=e^{\lim\limits_{x\to0^+}x\ln x}=e^0=1.$$

例 12　求 $\lim\limits_{x\to1}x^{\frac{x}{x-1}}$　(1^∞).

解　设 $y=x^{\frac{x}{x-1}}$，则 $\ln y=\dfrac{x\ln x}{x-1}$，有

$$\lim_{x\to1}\ln y=\lim_{x\to1}\frac{x\ln x}{x-1}=\lim_{x\to1}\frac{\ln x+1}{1}=1,$$

从而

$$\ln\lim_{x\to1}y=1,$$

故

$$\lim_{x\to1}y=e.$$

注：从例 11、例 12 可以看出，对于求 0^0、1^∞、∞^0 型未定式的极限，可以利用对数（两边取对数）或利用对数恒等式将这类极限转化为求 $\dfrac{0}{0}$ 或 $\dfrac{\infty}{\infty}$ 型未定式的极限.

最后，值得指出的是，本节定理给出的是求未定式的一种方法. 当定理条件满足时，所求的极限当然存在（或为∞）；但当定理条件不满足时，所求极限却不一定不存在，也就是说，当 $\dfrac{f'(x)}{g'(x)}$ 极限不存在时（等于无穷大的情况除外），$\dfrac{f(x)}{g(x)}$ 的极限仍可能存在.

例如 $\lim\limits_{x\to\infty}\dfrac{x+\sin x}{x}\left(\dfrac{\infty}{\infty}\right)$，由 $\lim\limits_{x\to\infty}\dfrac{(x+\sin x)'}{(x)'}=\lim\limits_{x\to\infty}\dfrac{1+\cos x}{1}$，因为 $\lim\limits_{x\to\infty}\cos x$ 不存在，所以 $\lim\limits_{x\to\infty}\dfrac{1+\sin x}{1}$ 不存在，但不能说 $\lim\limits_{x\to\infty}\dfrac{x+\sin x}{x}$ 不存在，这是因为 $\lim\limits_{x\to\infty}\dfrac{x+\sin x}{x}=\lim\limits_{x\to\infty}\dfrac{1+\frac{\sin x}{x}}{1}=1.$

习题 4-2

A

1. 用洛必达法则求下列极限：

(1) $\lim\limits_{x\to0}\dfrac{\ln(1+3x)}{x}$　　(2) $\lim\limits_{x\to0}\dfrac{e^x-e^{-x}}{\sin x}$

(3) $\lim\limits_{x\to a}\dfrac{\sin x-\sin a}{x-a}$　　(4) $\lim\limits_{x\to\pi}\dfrac{\tan 5x}{\sin 3x}$

(5) $\lim\limits_{x\to\frac{\pi}{2}}\dfrac{\ln\sin x}{(\pi-2x)^2}$　　(6) $\lim\limits_{x\to1}\dfrac{x^3-1+\ln x}{e^x-e}$

(7) $\lim\limits_{x\to 0}\dfrac{\ln\tan 7x}{\ln\tan 2x}$ (8) $\lim\limits_{x\to\infty}(1+\dfrac{a}{x})^x$

(9) $\lim\limits_{x\to 0}x\cot 2x$ (10) $\lim\limits_{x\to 1}(\dfrac{2}{x^2-1}-\dfrac{1}{x-1})$

(11) $\lim\limits_{x\to 0^+}x^{\tan x}$ (12) $\lim\limits_{x\to 0^+}(\ln\dfrac{1}{x})^x$

2. 验证极限 $\lim\limits_{x\to+\infty}\dfrac{\sqrt{1+x^2}}{x}$ 存在，但不能用洛必达法则求出.

用洛必达法则求下列极限：

(1) $\lim\limits_{x\to 0}(1+\sin x)^{\frac{1}{x}}$ (2) $\lim\limits_{x\to+\infty}(x+\sqrt{1+x^2})^{\frac{1}{x}}$

(3) $\lim\limits_{x\to 0}\dfrac{\ln(1+x^2)}{\sec x-\cos x}$

第三节　函数的单调性

在第一章，我们介绍了函数在区间上单调的概念，下面利用导数来判断函数的单调性.

如果函数 $y=f(x)$ 在 (a,b) 上单调增加(单调减少)，那么它的图形是一条沿 x 轴正向上升(下降)的曲线(如图 4-5). 这时线上各点处的切线斜率是非负的(是非正的)，即 $y'=f'(x)\geqslant 0$ ($y'=f'(x)\leqslant 0$)，由此可见，函数的单调性与导数的符号有着密切的关系.

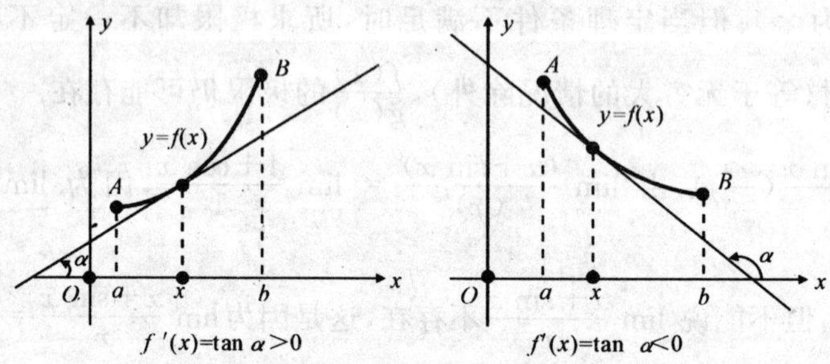

图 4-5

反过来，我们可以用导数的符号来判别函数的单调性，下面用拉格朗日中值定理来讨论这个问题.

定理(函数单调性的判别法)　设函数 $y=f(x)$ 在 $[a,b]$ 上连续，在 (a,b) 内可导，那么

(1) 如果在 (a,b) 内恒有 $f'(x)>0$，则函数 $y=f(x)$ 在 $[a,b]$ 上单调增加；

(2) 如果在 (a,b) 内恒有 $f'(x)<0$，则函数 $y=f(x)$ 在 $[a,b]$ 上单调减少.

证　在 $[a,b]$ 上任取两点 x_1、x_2 $(x_1<x_2)$，由假设知，函数 $f(x)$ 在 $[a,b]$ 上满足拉格朗日中值定理，因此有

$$f(x_2)-f(x_1)=f'(\xi)(x_2-x_1)\quad(x_1<\xi<x_2),\tag{1}$$

由于在式(1)中，$x_2-x_1>0$，因此，如果在 (a,b) 内 $f'(x)>0$，则 $f'(\xi)>0$，于是 $f(x_2)-f(x_1)=f'(\xi)(x_2-x_1)>0$，即 $f(x_1)<f(x_2)$，表明函数 $y=f(x)$ 在 $[a,b]$ 上单调增加.

同理,如果在(a,b)内 $f'(x)<0$,即 $f'(\xi)<0$,于是 $f(x_2)-f(x_1)<0$,即$f(x_1)>f(x_2)$,表明函数 $y=f(x)$在$[a,b]$上单调减少.

如果函数在其定义域的某个区间内是单调的,则称该区间为函数的**单调区间**.

注:①如果把这个定理中的闭区间换成其他各种区间(包括无穷区间),定理结论也成立.

②函数的单调性是函数在一个区间上的性质,要用导数在这个区间上的符号来判定,而不能用导数在一点处的符号来判别函数在一个区间上的单调性,区间内个别点处的导数为零不影响函数在区间的单调性.

例 1　讨论函数 $y=e^x-x+1$ 的单调性.

解　$y'=e^x-1$,令 $y'=e^x-1=0$,得 $x=0$,函数 $y=e^x-x+1$ 的定义域为$(-\infty,+\infty)$,因为在$(-\infty,0)$内 $y'<0$,所以函数 $y=e^x-x+1$ 在$(-\infty,0]$上单调减少;因为在$(0,+\infty)$内 $y'>0$,所以函数 $y=e^x-x+1$ 在$[0,+\infty)$上单调增加.

从例 1 中可看出,有些函数在它的定义区间上不是单调的,但是当我们用导数等于零的点来划分函数的定义区间以后,就可以使函数在各个部分区间上单调.

例 2　讨论函数 $y=\sqrt[3]{x^2}$的单调性.

解　函数的定义域为$(-\infty,+\infty)$,当 $x\neq0$ 时,函数的导数为 $y'=\dfrac{2}{3\sqrt[3]{x}}$,当 $x=0$ 时,函数的导数不存在,但在该点连续,在$(-\infty,0)$内,$y'<0$,因此函数 $y=\sqrt[3]{x^2}$在$(-\infty,0]$上单调减少;在$(0,+\infty)$内,$y'>0$,因此函数 $y=\sqrt[3]{x^2}$在$[0,+\infty)$上单调增加.

从例 2 中可看出,如果函数在某些点处不可导,则划分函数的定义区间的分点,还应包括这些导数不存在的点.综合上述两种情形,有如下结论:

如果函数在定义区间上连续,除去有限个导数不存在的点外导数存在且连续,那么导数等于零的点和导数不存在的点,可能是单调区间的**分界点**.

例 3　求函数 $f(x)=x^3-\dfrac{3}{2}x^2-6x+4$ 的单调区间.

解　函数的定义域为$(-\infty,+\infty)$,函数的导数 $f'(x)=3x^2-3x-6=3(x+1)(x-2)$,令 $f'(x)=0$,得 $x_1=-1$、$x_2=2$,用 x_1、x_2 把区间$(-\infty,+\infty)$分成三个部分区间.列表讨论如下.(符号↑表示函数 $f(x)$在相应的区间上单调增加,符号↓表示函数 $f(x)$在相应的区间上单调减少.)

x	$(-\infty,-1)$	-1	$(-1,2)$	2	$(2,+\infty)$
$f'(x)$	$+$	0	$-$	0	$+$
$f(x)$	↑	$7\frac{1}{2}$	↓	-6	↑

因此函数 $f(x)$在$(-\infty,-1]\cup[2,+\infty)$上单调增加,在$[-1,2]$上单调减少.最后,我们举一个利用函数的单调性证明不等式的例子.

例 4　证明:当 $x>1$ 时,$4\sqrt{x}>5-\dfrac{1}{x}$.

证　令 $f(x)=4\sqrt{x}-(5-\dfrac{1}{x})$,则

$$f'(x)=\frac{2}{\sqrt{x}}-\frac{1}{x^2}=\frac{1}{x^2}(2x\sqrt{x}-1).$$

由于 $f(x)$ 在 $[1,+\infty)$ 上连续，在 $(1,+\infty)$ 内 $f'(x)>0$，因此在 $[1,+\infty)$ 上 $f(x)$ 单调增加，从而当 $x>1$ 时，$f(x)>f(1)$，又由于 $f(1)=0$，故 $f(x)>f(1)=0$，即 $4\sqrt{x}-(5-\frac{1}{x})>0$，亦即

$$4\sqrt{x}>(5-\frac{1}{x}) \quad (x>1).$$

习题 4-3

1. 判定函数 $f(x)=\arctan x-x$ 的单调性.

2. 确定下列函数的单调区间：

(1) $y=2x^3-6x^2-18x+7$ (2) $y=\ln(x+\sqrt{4+x^2})$

(3) $y=x^2e^x$ (4) $y=x-e^{-x}$

3. 证明下列不等式：

(1) 当 $x>0$ 时，$1+\frac{1}{2}x>\sqrt{1+x}$ (2) 当 $0<x<\frac{\pi}{2}$ 时，$\tan x>x+\frac{1}{3}x^3$

1. 确定下列函数的单调区间：

(1) $y=\frac{x^2}{1+x}$ (2) $y=\frac{10}{4x^3-9x^2+6}$

2. 证明下列不等式：

(1) 当 $x>4$ 时，$2^x>x^2$ (2) 当 $x>0$ 时，$e^x>1+x+\frac{x^2}{2}$

第四节　曲线的凹凸性

函数的单调性反映在图形上，就是曲线的上升或下降，但如何上升，如何下降？图 4-6 中的曲线在区间 (a,b) 上虽然是上升的，但曲线在区间 (a,c) 和 (c,b) 上弯曲的方向显然不同，因此有必要研究曲线弯曲的方向.

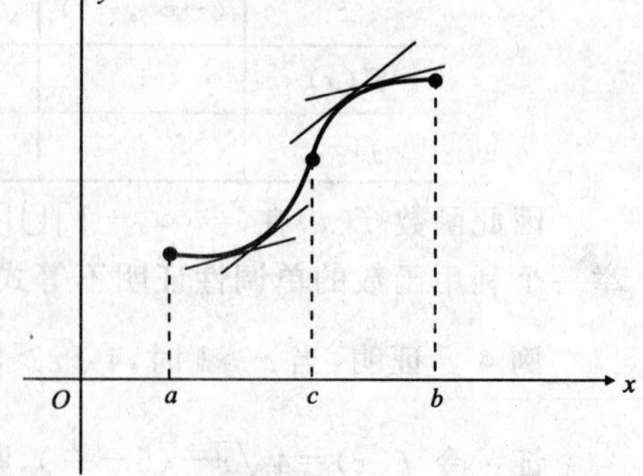

图 4-6

我们从图 4-6 可看到，在有的曲线弧上，曲线必在其上任意一点切线的上方，而在有的曲线弧上，曲线必在其上任意一点切线的下方，曲线的这种性质称为曲线的**凹凸性**. 因此曲线的凹凸性可以用曲线在其上任一点切线的位置来定义，下面给出曲线凹凸性的定义.

定义 如果在区间 (a,b) 内，曲线 $y=f(x)$ 在其上任意一点切线的上方，则称曲线 $y=f(x)$ 在区间 (a,b) 内是**凹的**（如图 4-7）. 如果在区间 (a,b) 内，曲线 $y=f(x)$ 在其上任意一点切线的下方，则称曲线 y

$=f(x)$在区间(a,b)内是**凸的**(如图 4-8).

下面讨论凹凸性的判别方法.

从图 4-7 可以看出,当曲线是凹的时,从左到右切线的斜率 $\tan\alpha$ 由小变到大,即 $f'(x)$单调增加,如果二阶导数存在,一般有 $f''(x)>0$.

从图 4-8 可以看出,当曲线是凸的时,从左到右切线的斜率 $\tan\alpha$ 由大变到小,即 $f'(x)$单调减少,如果二阶导数存在,一般有 $f''(x)<0$.

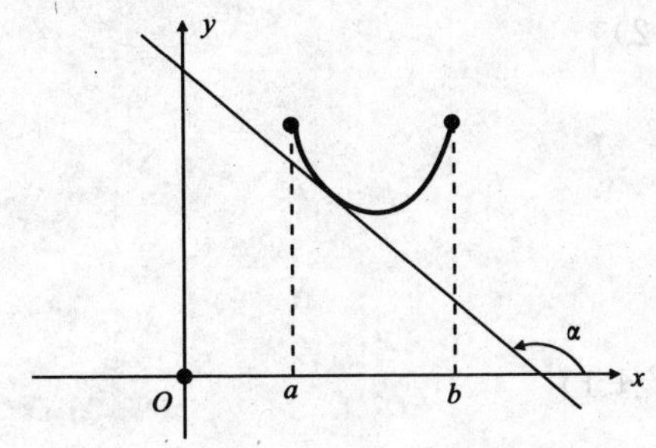

图 4-7

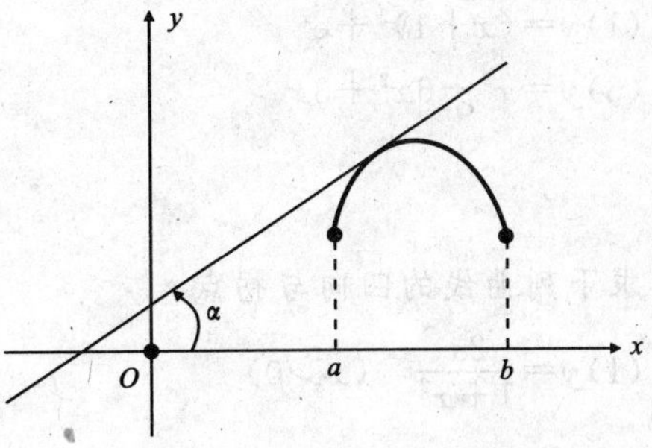

图 4-8

因此可以利用二阶导数的符号来判定曲线的凹凸性,这就是下面的曲线凹凸性的判定定理(证明从略).

定理　设 $f(x)$在(a,b)内具有二阶导数,那么

(1)若在(a,b)内 $f''(x)>0$,则 $f(x)$在(a,b)上的图形是凹的;

(2)若在(a,b)内 $f''(x)<0$,则 $f(x)$在(a,b)上的图形是凸的.

我们将曲线上凹凸的分界点称为**拐点**.由定理知拐点左右邻近的 $f''(x)$必异号,因而在拐点处 $f''(x)=0$ 或 $f''(x)$不存在.

例 1　求曲线 $y=x^4-2x^3-1$ 的凹凸性与拐点.

解　因为 $y'=4x^3-6x^2$,$y''=12x^2-12x=12x(x-1)$,令 $y''=0$,得 $x_1=0$,$x_2=1$.

列表讨论如下:

x	$(-\infty,0)$	0	$(0,1)$	1	$(1,+\infty)$
y''	+	0	−	0	+
y	$\cup$	$(0,-1)$拐点	$\cap$	$(1,-2)$拐点	$\cup$

可见曲线在区间$(-\infty,0)$和$(1,+\infty)$上是凹的(用符号$\cup$记之),在区间$(0,1)$上是凸的(用符号$\cap$记之),曲线的拐点是$(0,-1)$和$(1,-2)$.

例 2　求曲线 $y=\sqrt[3]{x}$的凹凸性与拐点.

解　函数在$(-\infty,+\infty)$内连续,当 $x\neq 0$ 时,$y'=\dfrac{1}{3\sqrt[3]{x^2}}$,$y''=-\dfrac{2}{9x\cdot\sqrt[3]{x^2}}$,$x=0$ 是 y''不存在的点,$x\in(-\infty,0)$时,$y''>0$;$x\in(0,+\infty)$时,$y''<0$.由定理知,曲线在$(-\infty,0)$上是凹的,在$(0,+\infty)$上是凸的,拐点为$(0,0)$.

习题 4-4

A

求下列曲线的凹向与拐点：

(1) $y=(x+1)^2+e^x$　　(2) $y=(x-2)^{\frac{5}{3}}$

(3) $y=x^3-6x^2+3x$　　(4) $y=xe^{-x}$

求下列曲线的凹向与拐点：

(1) $y=\dfrac{2x}{1+x^2}\quad(x>0)$　　(2) $y=\ln(x^2+1)$

第五节　函数的极值与最值

一、函数的极值及其求法

从第三节例 3 中可以看到，点 $x=-1$ 及 $x=2$ 是函数 $f(x)=x^3-\dfrac{3}{2}x^2-6x+4$ 的单调区间的分界点. 在点 $x=-1$ 的左侧邻近，函数 $f(x)$ 是单调增加的，在点 $x=-1$ 的右侧邻近，函数 $f(x)$ 是单调减少的，因此，存在着点 $x=-1$ 的一个去心邻域，对于该去心邻域内的任何点 x，$f(x)<f(-1)$ 均成立，称 $f(-1)$ 为 $f(x)$ 的一个极大值.

类似地，关于点 $x=2$，也存在着一个去心邻域，对于该去心邻域的任何点 x，$f(x)>f(2)$ 均成立，称 $f(2)$ 为 $f(x)$ 的一个极小值.

定义　设函数 $f(x)$ 在区间 (a,b) 内有定义，x_0 是 (a,b) 内的一个点，如果存在着点 x_0 的一个去心邻域，对于该去心邻域内的任何点 x，有

(1) $f(x)<f(x_0)$ 均成立，则称 $f(x_0)$ 是函数 $f(x)$ 的一个**极大值**；

(2) $f(x)>f(x_0)$ 均成立，则称 $f(x_0)$ 是函数 $f(x)$ 的一个**极小值**.

函数的极大值与极小值统称为函数的**极值**，使函数取得极值的点称为**极值点**. 例如，第三节例 3 中的函数 $f(x)=x^3-\dfrac{3}{2}x^2-6x+4$ 有极大值 $f(-1)=7\dfrac{1}{2}$ 和极小值 $f(2)=-6$，点 $x=-1$ 和 $x=2$ 是函数 $f(x)$ 的极值点.

注意：函数的极大值和极小值的概念是局部性概念. 如果 $f(x_0)$ 是函数 $f(x)$ 的一个极大值，那只是就 x_0 附近一个局部范围来说的，$f(x_0)$ 比附近的 $f(x)$ 都大，但在 $f(x)$ 的整个定义域上 $f(x_0)$ 不一定比所有的 $f(x)$ 都大，即 $f(x_0)$ 不一定是最大值. 关于极小值也类似.

在图 4-9 中，函数 $f(x)$ 有两个极大值 $f(x_1)$、$f(x_4)$，两个极小值 $f(x_2)$、$f(x_5)$，极小值 $f(x_5)$ 比极大值 $f(x_1)$ 还大，就整个区间 $[a,b]$ 来说，只有一个极大值是最大值，没有一个极小值是最小值.

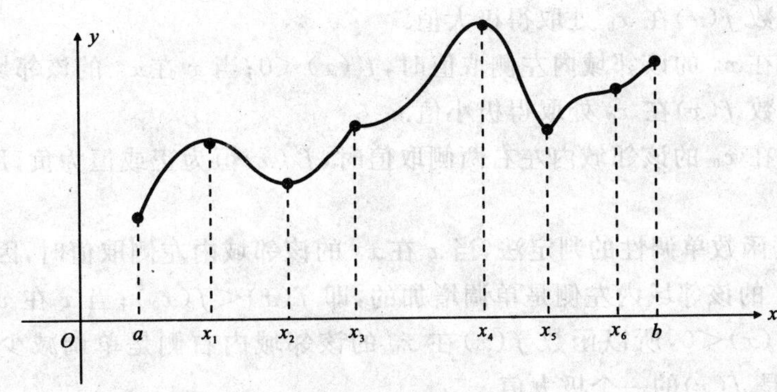

图 4-9

从图中还可看到，在函数取得极值处，曲线的切线是水平的或是不存在的，即斜率为 0 或斜率不存在；但曲线上有水平切线的地方，函数不一定在此取得极值. 例如图 4-9 中，在 $x=x_6$ 处，曲线有水平切线，但 $f(x_6)$ 不是极值.

由上述几何分析，我们给出函数极值的如下定理.

定理 1(极值存在必要条件)　设函数 $f(x)$ 在点 x_0 处可导，且在 x_0 处取得极值，那么这函数在 x_0 处的导数为零，即 $f'(x_0)=0$.

证　不妨设 $f(x_0)$ 是极大值(极小值的情形可类似地证明). 根据极大值的定义，在 x_0 的某个去心邻域内，对于任何点 x，$f(x)<f(x_0)$ 均成立，于是

当 $\Delta x>0$ 时，$\dfrac{f(x_0+\Delta x)-f(x_0)}{\Delta x}<0$，因此

$$f'_+(x_0)=\lim_{\Delta x\to 0^+}\frac{f(x_0+\Delta x)-f(x_0)}{\Delta x}\leqslant 0;$$

当 $\Delta x<0$ 时，$\dfrac{f(x_0+\Delta x)-f(x_0)}{\Delta x}>0$，因此

$$f'_-(x_0)=\lim_{\Delta x\to 0^-}\frac{f(x_0+\Delta x)-f(x_0)}{\Delta x}\geqslant 0.$$

因为 $f'(x_0)$ 存在，所以 $f'_-(x_0)=f'_+(x_0)$，即 $f'(x_0)=0$.

使导数为零的点(即方程 $f'(x)=0$ 的实根)叫做函数 $f(x)$ 的**驻点或稳定点**.

注：①由定理可知，可导的函数的极值点必是它的驻点. 但反过来，函数的驻点却不一定是极值点. 例如，$f(x)=x^3$，$f'(x)=3x^2$，$f'(0)=0$，而 $x=0$ 却不是这个函数的极值点. 因此，当我们求了函数的驻点后，还需要判断求得的驻点是不是极值点，是极大值点还是极小值点.

②定理要求"函数 $f(x)$ 在 x_0 处可导"，如果"函数 $f(x)$ 在 x_0 处不可导"，则 $f(x_0)$ 可能是极值点也可能不是极值点. 如图 4-9 中点 x_5 是极值点，点 x_3 不是极值点.

因此，在没有可导性的假设下，极值存在的必要条件应修改为：设函数 $f(x)$ 在点 x_0 处连续，如果 x_0 是 $f(x)$ 的极值点，则 $f'(x_0)=0$ 或 $f'(x_0)$ 不存在.

但是 $f'(x_0)=0$ 或 $f'(x_0)$ 不存在时，$f(x_0)$ 是否为函数 $f(x)$ 的极值呢？如果是的话，是极大值还是极小值呢？

定理 2(极值存在的一阶充分条件)　设函数 $f(x)$ 在点 x_0 处连续，且在点 x_0 的某邻域内可导，又 $f'(x_0)=0$ 或 $f'(x_0)$ 不存在.

(1)如果当 x 在 x_0 的该邻域内左侧取值时，$f'(x)>0$；当 x 在 x_0 的该邻域内右侧取值时，

$f'(x)<0$,那么函数 $f(x)$ 在 x_0 处取得极大值.

(2)如果当 x 在 x_0 的该邻域内左侧取值时,$f'(x)<0$;当 x 在 x_0 的该邻域内右侧取值时,$f'(x)>0$,那么函数 $f(x)$ 在 x_0 处取得极小值.

(3)如果当 x 在 x_0 的该邻域内左右两侧取值时,$f'(x)$ 恒为正或恒为负,那么函数 $f(x)$ 在 x_0 处没有极值.

证 (1) 根据函数单调性的判定法,当 x 在 x_0 的该邻域内左侧取值时,因为 $f'(x)>0$,所以函数 $f(x)$ 在 x_0 的该邻域内左侧是单调增加的,即 $f(x)<f(x_0)$;当 x 在 x_0 的该邻域内右侧取值时,因为 $f'(x)<0$,所以函数 $f(x)$ 在 x_0 的该邻域内右侧是单调减少的,即 $f(x)<f(x_0)$. 因此 $f(x_0)$ 是 $f(x)$ 的一个极大值.

类似地可论证情形(2)及情形(3).

根据上面的分析,我们可以按下列步骤来求 $f(x)$ 的极值点和极值:

(1)求函数 $f(x)$ 的定义域 D;

(2)求出导数 $f'(x)$;

(3)求出 $f(x)$ 的全部驻点以及一阶导数不存在的点;

(4)利用极值存在的一阶充分条件列表考察(3)中的每个点是否是极值点;

(5)求出各极值点处的函数值,就得函数 $f(x)$ 的全部极值.

例 1 求函数 $f(x)=x^3-3x^2-9x+5$ 的极值.

解 函数的定义域 $D=(-\infty,+\infty)$,$f'(x)=3x^2-6x-9=3(x+1)(x-3)$.

令 $3(x+1)(x-3)=0$,求得驻点 $x_1=-1$,$x_2=3$,于是列表如下:

x	$(-\infty,-1)$	-1	$(-1,3)$	3	$(3,+\infty)$
$f'(x)$	$+$	0	$-$	0	$+$
$f(x)$	↗	10 极大值	↘	-22 极小值	↗

由上表可知函数 $f(x)$ 在 $x=-1$ 处取得极大值,在 $x=3$ 处取得极小值. 极大值 $f(-1)=10$,极小值 $f(3)=-22$.

例 2 求函数 $f(x)=(x-4)\sqrt[3]{(x+1)^2}$ 的单调区间和极值.

解 函数的定义域 $D=(-\infty,+\infty)$,$f'(x)=\dfrac{5(x-1)}{3\sqrt[3]{x+1}}$,令 $f'(x)=0$,得 $x=1$,显然 $f'(-1)$不存在,于是列表如下:

x	$(-\infty,-1)$	-1	$(-1,1)$	1	$(1,+\infty)$
$f'(x)$	$+$	不存在	$-$	0	$+$
$f(x)$	↗	0 极大值	↘	$-3\sqrt[3]{4}$极小值	↗

由表知函数在$(-\infty,1)\cup(1,+\infty)$内单调增加,在$(-1,1)$内单调减少,函数 $f(x)$ 在 $x=-1$ 处取得极大值,在 $x=1$ 处取得极小值,且 $f(-1)=0$,$f(1)=-3\sqrt[3]{4}$.

当函数 $f(x)$ 在驻点处的二阶导数存在且不为零时,也可以利用下列定理来判定 $f(x)$ 在驻点处取得极大值还是极小值.

定理 3(极值存在的二阶充分条件) 设函数 $f(x)$ 在点 x_0 处具有二阶导数且 $f'(x_0)=0$,$f''(x_0)\neq 0$,那么

(1)当 $f''(x_0)<0$ 时,函数 $f(x)$ 在 x_0 处取得极大值;

(2)当 $f''(x_0)>0$ 时,函数 $f(x)$ 在 x_0 处取得极小值.

证　对于情形(1)由 $f''(x_0)<0$,又由于 $f'(x_0)=0$,根据二阶导数的定义有

$$f''(x_0)=\lim_{x\to x_0}\frac{f'(x)-f'(x_0)}{x-x_0}=\lim_{x\to x_0}\frac{f'(x)}{x-x_0}<0,$$

根据函数极限的局部保号性,当 x 在 x_0 的某个邻域内时,有 $\frac{f'(x)}{x-x_0}<0$,即当 $x>x_0$ 时,$f'(x)>0$;当 $x<x_0$ 时,$f'(x)<0$. 于是根据极值存在的一阶充分条件知道,$f(x)$ 在点 x_0 处取得极大值.

类似地可以证明情形(2).

注意:如果函数在驻点处的二阶导数为零,则极值存在的二阶充分条件失效,这种情况必须改用一阶充分条件判断.

例 3　求函数 $f(x)=x^3-3x^2+4$ 的极值.

解　$f'(x)=3x^2-6x=3x(x-2)$,$f''(x)=6x-6=6(x-1)$,令 $3x(x-2)=0$,求得驻点 $x_1=0$,$x_2=2$.

因为 $f''(0)=-6<0$,故 $f(x)$ 在 $x=0$ 处取得极大值,极大值为 $f(0)=4$.

因为 $f''(2)=6>0$,故 $f(x)$ 在 $x=2$ 处取得极小值,极小值为 $f(2)=0$.

二、函数的最值及其求法

在经济问题中,常常会遇到这样一类问题:在一定条件下,怎样使"产量最多"、"用料最省"、"成本最低"、"效率最高"等问题,这类问题在数学上有时可归结为求某一函数(通常称为**目标函数**)的最大值或最小值问题.

我们将函数在一个区间上的最大值和最小值统称为**最值**.

极值是一个邻域上的概念,是函数在极值点的某邻域内的最大值或最小值;最大值(或最小值)是指函数在所讨论的区间上全部函数值中的最大者(或最小者). 最大值(或最小值)是一个区间上的概念,下面分两种情况来讨论.

1. 目标函数在闭区间上连续

设函数 $f(x)$ 在闭区间 $[a,b]$ 上连续,由闭区间上连续函数的性质可知,函数 $f(x)$ 在 $[a,b]$ 上的最大值和最小值一定存在. 下面我们来讨论 $f(x)$ 在 $[a,b]$ 上的最大值和最小值的求法.

如果函数 $f(x)$ 的最大值(或最小值)在开区间 (a,b) 内的点 x_0 处取得,则 $f(x_0)$ 是 $f(x)$ 的极大值(或极小值),从而 x_0 一定是 $f(x)$ 的驻点或一阶导数不存在的点. 又 $f(x)$ 的最大值和最小值也可能在区间的端点处取得. 因此,可用如下方法求 $f(x)$ 在 $[a,b]$ 上的最大值和最小值.

设 $f(x)$ 在 (a,b) 内的驻点和一阶导数不存在的点为 $x_1,x_2,\cdots,x_n$,比较

$$f(a),f(x_1),\cdots,f(x_n),f(b)$$

的大小,其中最大的便是 $f(x)$ 在 $[a,b]$ 上的最大值,最小的便是 $f(x)$ 在 $[a,b]$ 上的最小值.

例 4　求函数 $y=x^4-2x^2+1$ 在 $[-2,2]$ 上的最大值与最小值.

解　$f'(x)=4x^3-4x=4x(x-1)(x+1)$,解方程 $f'(x)=0$,得到 $x_1=0$,$x_2=1$,$x_3=-1$,由于 $f(-2)=9$,$f(2)=9$,$f(0)=1$,$f(1)=0$,$f(-1)=0$,比较大小可得:$f(x)$ 在 $x=\pm2$ 处,

取得它在[-2,2]上的最大值 $f(\pm2)=9$;在 $x=\pm1$ 处,取得它在[-2,2]上的最小值 $f(\pm1)=0$.

注意:如果连续函数 $f(x)$ 在闭区间 $[a,b]$ 单调增加,则 $f(a)$ 是 $f(x)$ 在闭区间 $[a,b]$ 上的最小值,$f(b)$ 是 $f(x)$ 在闭区间 $[a,b]$ 上的最大值.如果函数 $f(x)$ 在闭区间 $[a,b]$ 单调减小,则 $f(a)$ 是 $f(x)$ 在闭区间 $[a,b]$ 上的最大值,$f(b)$ 是 $f(x)$ 在闭区间 $[a,b]$ 上的最小值.

2. 目标函数在开区间上连续

在开区间上连续的函数不一定有最大值、最小值,即使有最值,也不能用上述方法求出.

若函数满足下列两个条件:

(1) $f(x)$ 在开区间上有且仅有最大(最小)值;

(2) $f(x)$ 在开区间上只有一个可能取到极值的点.

则这个可能的极值点一定是函数的最大(最小)值点.(图 4-10)

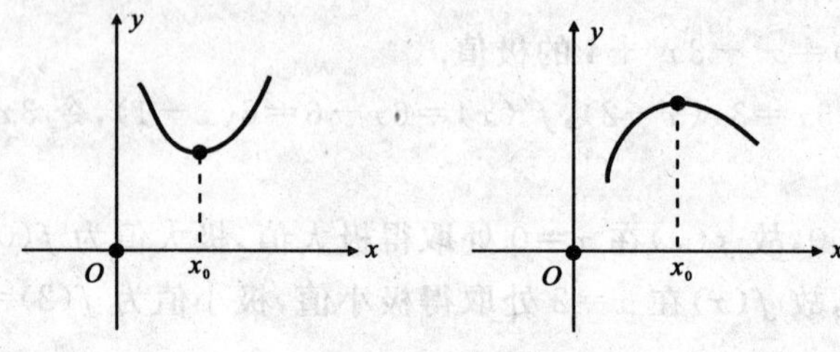

图 4-10

三、极值最值应用举例

例 5 要做一个无盖圆柱形的桶,当体积 V 为一定时,底面半径和圆柱桶高取何值时,才使得用料最省?

解 设圆柱桶的底面半径为 r,高为 h,则有 $V=\pi r^2h$,即 $h=\dfrac{V}{\pi r^2}$,则圆柱桶的表面积

$$S=\pi r^2+2\pi rh=\pi r^2+\frac{2V}{r},$$

令 $\dfrac{dS}{dr}=0$,得 $r=\sqrt[3]{\dfrac{V}{\pi}}$.

$\dfrac{d^2S}{dr^2}=2\pi+\dfrac{4V}{r^{-3}}$,因为 $\left.\dfrac{d^2S}{dr^2}\right|_{r=\sqrt[3]{\frac{V}{\pi}}}>0$,所以 $r=\sqrt[3]{\dfrac{V}{\pi}}$ 是 $S=\pi r^2+\dfrac{2V}{r}$ 的唯一极小值点,即为 $S=\pi r^2+\dfrac{2V}{r}$ 的最小值点.此时 $h=\sqrt[3]{\dfrac{V}{\pi}}$.故当 $r=h=\sqrt[3]{\dfrac{V}{\pi}}$ 时,用料最省.

例 6 某农场欲围一个面积为 6 m^2 的矩形场地,正面所用材料每米造价为 10 元,其余三面每米造价 5 元,求场地长、宽各为多少时,所用的材料费最少?

解 设正面长为 x,则宽为 $\dfrac{6}{x}$;设所用材料费为 C,则

$$C=10x+5x+\frac{6}{x}\times2\times5=15x+\frac{60}{x},\quad \frac{dC}{dx}=15-\frac{60}{x^2},$$

令

$$\frac{dC}{dx}=0,$$

得

$$x=2.$$

又

$$\frac{d^2C}{dx^2}=\frac{120}{x^3},\quad \left.\frac{d^2C}{dx^2}\right|_{x=2}=15>0,$$

所以 $x=2$ 是 $C=15x+\frac{60}{x}$ 的极小值点，从而是其最小值点.

于是得场地长为 2m，宽为 3m 时，所用材料费最省.

例 7　在 100 公里长的铁路线 AB 之旁的 C 处有一个工厂，与铁路垂直距离为 20 公里，由铁路的 B 处向工厂提供原料，公路与铁路每吨公里的货物运价比为 5∶3，为节约运费，在铁路的 D 处修一货物转运站. 设 AD 距离为 x 公里. 沿 CD 修一公路，如下图，问转运站 D 点距 A 为多少公里时，可使货物由供应站 B 运到工厂 C 的总运费最低?

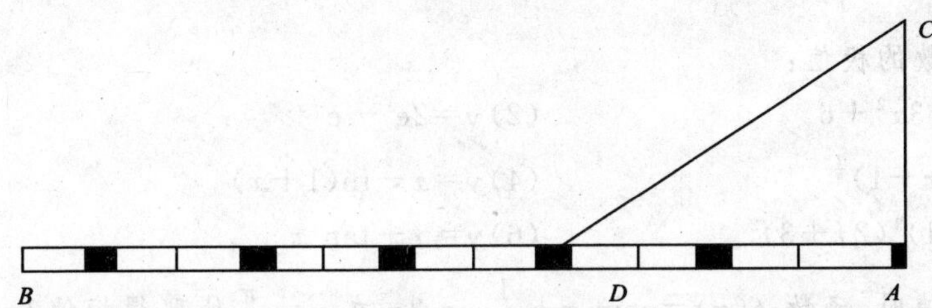

解　设每吨货物由供应站 B 运到工厂 C 的总费用为 y，转运站 D 点距 A 为 x 公里，公路、铁路每吨公里的货物运价分别为 $5a$，$3a$（a 为正常数），则 $y=5a\sqrt{400+x^2}+3a(100-x)$，$y'=\frac{5ax}{\sqrt{400+x^2}}-3a$，令 $y'=0$，得 $x=15$，由已知条件该问题必存在最小值，所以 $x=15$ 时，货物由供应站 B 运到工厂 C 的总运费最低.

例 8　某工厂生产某产品，年产量为 Q（单位：百台），总成本为 $C(Q)$（单位：万元），其中固定成本为 2 万元，每生产 1 百台成本增加 1 万元. 市场上每年可销售此种商品 4 百台，其销售总收入 R 是 Q 的函数 $R=R(Q)=\begin{cases}4Q-\frac{1}{2}Q^2 & (0\leqslant Q\leqslant 4)\\ 8 & (Q>4)\end{cases}$，问每年生产多少台，能使利润 $L=R(Q)-C(Q)$ 最大?

解　总成本 $C(Q)$ 是产量 Q 的函数 $C(Q)=2+Q$，则总利润函数为

$$L=R(Q)-C(Q)=\begin{cases}3Q-\frac{1}{2}Q^2-2 & (0\leqslant Q\leqslant 4)\\ 6-Q & (Q>4)\end{cases},$$

求导数得 $L'(Q)=\begin{cases}3-Q & (0\leqslant Q\leqslant 4)\\ -1 & (Q>4)\end{cases}$，令 $L'(Q)=0$ 得 $Q=3$，因 $L''(3)<0$，所以 $L(3)=2.5$ 为极大值也就是最大值.

即每年生产 3 百台时，总利润最大，此时最大总利润为 2.5 万元.

例 9　某商店每年销售某种商品 M 千克，每次订货的手续费为 a 元，商品的进价为 b 元/千克，存储费是平均库存商品价格的 $c\%$，平均库存量是批量的一半，求最优订货批量.

解　设订货批量为 x 千克，则年订货的手续费为 $a\cdot\frac{M}{x}$，年存储费为 $b\cdot\frac{x}{2}\cdot\frac{c}{100}=\frac{bcx}{200}$，商

品总进价为 bM，因此，全年总费用 $C(x)=\frac{aM}{x}+\frac{bcx}{200}+bM$，$C'(x)=\frac{bc}{200}-\frac{aM}{x^2}$，令 $C'(x)=0$，得 $x=\pm 10\sqrt{\frac{2aM}{bc}}$（负的舍去），而 $C''(x)=\frac{2aM}{x^3}>0$，所以当批量 $x=10\sqrt{\frac{2aM}{bc}}$ 时，总费用 $C(10\sqrt{\frac{2aM}{bc}})$ 最小，即最优订货批量为 $10\sqrt{\frac{2aM}{bc}}$ 千克.

习题 4-5

A

1. 求下列函数的极值：

(1) $y=2x^3-3x^2+6$　　(2) $y=2e^x-e^{-x}$

(3) $y=2-(x-1)^{\frac{2}{3}}$　　(4) $y=x-\ln(1+x)$

(5) $y=(x-1)^3(2x+3)^2$　　(6) $y=x+\tan x$

2. 问 a 为何值时，函数 $f(x)=a\sin x+\frac{1}{3}\sin 3x$ 在 $x=\frac{\pi}{3}$ 处取得极值？它是极大值还是极小值？并求此极值.

3. 求下列函数的最大值、最小值：

(1) $y=x^2-\frac{54}{x}\quad(x<0)$

(2) $y=2x-\sin 2x\quad(\frac{\pi}{4}\leqslant x\leqslant\pi)$

(3) $y=e^{-x}(x+1)\quad(1\leqslant x\leqslant 4)$

(4) $y=\ln(x^2+1)\quad(-1\leqslant x\leqslant 2)$

4. 欲用围墙围成面积为 216 m^2 的一块矩形土地，并在正中用一堵墙将其隔成两块，问这块土地的长和宽选取多大的尺寸，才能使所用建筑材料最省？

5. 设某商品的总成本函数为 $C(Q)=1\,000+3Q$，又需求函数 $Q=-100P+1\,000$（P 为该商品的单价），求能使利润最大的 P 值.

6. 某公司年销售某商品 5 000 台，每次进货费用为 40 元，单价为 200 元，年保管费用率为 20%，求最优订购批量.

B

1. 求下列函数的极值：

(1) $y=(x-1)\sqrt[3]{x^2}$　　(2) $y=\frac{1+3x}{\sqrt{4+5x^2}}$

(3) $y=\frac{3x^2+4x+4}{x^2+x+1}$

2. 在半径为 r 的半圆内作一内接梯形，使其底为直径，其他三边为圆的弦，问怎样作梯形面积最大？

3. 某厂要为新产品定价，已知生产 x 件这种新产品的成本为 $C(x)=100+2x$（元），又已知关于售价的一个经验公式为 $\frac{x}{100}=3\left(1-\frac{P}{10}\right)$，问产品定价为多少时，所获得的利润最大？

第六节　函数图形的描绘

一、曲线的渐近线

当函数的定义域和值域都是有限区间时，其图形仅局限于一定范围内，如椭圆. 而有些函数的定义域或值域是无限区间，此时函数的图形向无穷远处延伸，如曲线 $y=\frac{1}{x}$. 当曲线 $y=\frac{1}{x}$上的点沿曲线趋于无穷远时，该曲线与直线 $y=0$ 或 $x=0$ 无限地靠近，这样的直线叫做曲线的渐近线.

定义　如果曲线上的一点沿着曲线趋于无穷远时，该点与某条定直线的距离趋近于 0，则称此定直线为曲线的渐近线.

对于给定的曲线 $y=f(x)$如何确定该曲线是否有渐近线，如果有渐近线又怎样求其渐近线？以下根据渐近线与 x 轴的夹角，分三种情形进行讨论.

1.水平渐近线

设曲线 $y=f(x)$的定义域为无限区间，如果 $\lim\limits_{x\to+\infty}f(x)=b$ 或 $\lim\limits_{x\to-\infty}f(x)=b$，则直线 $y=b$ 是曲线 $y=f(x)$的一条水平渐近线(如图 4-11).

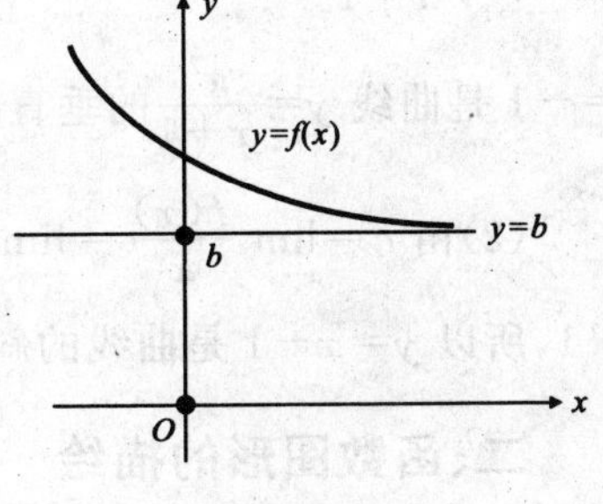

图 4-11

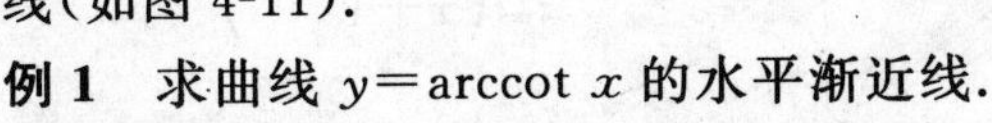

例 1　求曲线 $y=\operatorname{arccot} x$ 的水平渐近线.

解　因为 $\lim\limits_{x\to+\infty}\operatorname{arccot} x=0$，$\lim\limits_{x\to-\infty}\operatorname{arccot} x=\pi$，所以直线 $y=0$和 $y=\pi$ 是曲线 $y=\operatorname{arccot} x$ 的水平渐近线.

2.垂直渐近线

如果曲线 $y=f(x)$在 a 处间断，且 $\lim\limits_{x\to a^+}f(x)=\infty$或 $\lim\limits_{x\to a^-}f(x)=\infty$，则直线 $x=a$ 是曲线 $y=f(x)$的垂直渐近线(如图 4-12).

例 2　求曲线 $y=\frac{1}{x-1}$的垂直渐近线.

解　因为 $x=1$ 是曲线 $y=\frac{1}{x-1}$的间断点，又 $\lim\limits_{x\to1^+}\frac{1}{x-1}=+\infty$（或 $\lim\limits_{x\to1^-}\frac{1}{x-1}=-\infty$），所以 $x=1$ 是曲线 $y=\frac{1}{x-1}$的垂直渐近线(如图 4-13).

3.斜渐近线

设曲线 $y=f(x)$，如果 $\lim\limits_{x\to\pm\infty}[f(x)-(ax+b)]=0$ 成立，则称 $y=ax+b$ 是曲线 $y=f(x)$的一条斜渐近线(如图 4-14).

因为 $\lim\limits_{x\to\pm\infty}x\left[\frac{f(x)}{x}-a-\frac{b}{x}\right]=0$，所以有 $\lim\limits_{x\to\pm\infty}\left[\frac{f(x)}{x}-a-\frac{b}{x}\right]=\lim\limits_{x\to\pm\infty}\frac{f(x)}{x}-a=0$，即 $a=$

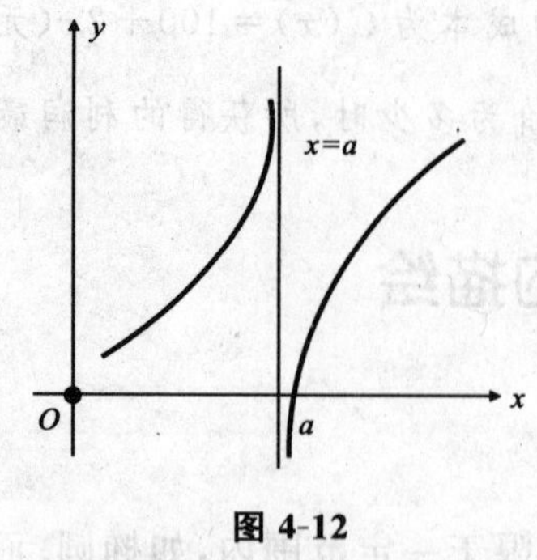

图 4-12

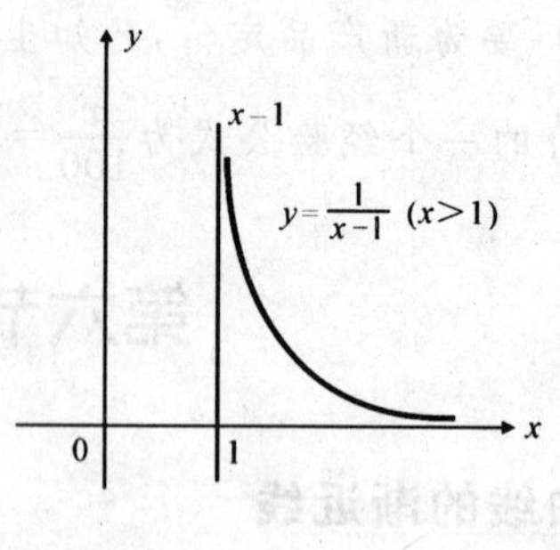

图 4-13

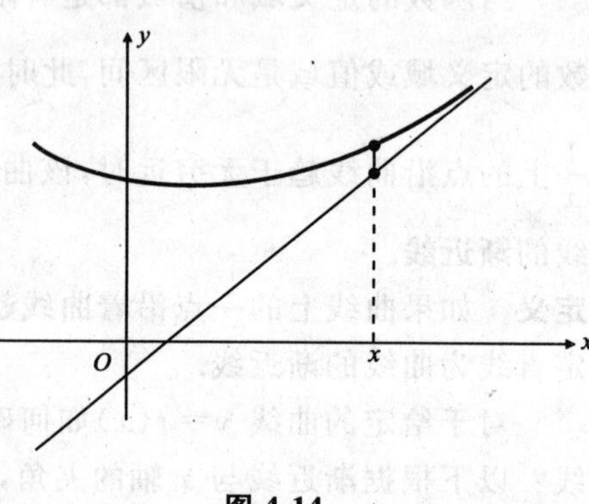

图 4-14

$\lim\limits_{x\to\pm\infty}\dfrac{f(x)}{x}$.

将 $a=\lim\limits_{x\to\pm\infty}\dfrac{f(x)}{x}$代入 $\lim\limits_{x\to\pm\infty}[f(x)-(ax+b)]=0$，得 $b=\lim\limits_{x\to\pm\infty}[f(x)-ax]$.

例 3 求曲线 $y=\dfrac{x^2}{x+1}$的渐近线.

解 (1)因为 $x=-1$ 是曲线 $y=\dfrac{x^2}{x+1}$的间断点，且 $\lim\limits_{x\to-1^+}\dfrac{x^2}{x+1}=+\infty$(或 $\lim\limits_{x\to-1^-}\dfrac{x^2}{x+1}=-\infty$)，可知 $x=-1$ 是曲线 $y=\dfrac{x^2}{x+1}$的垂直渐近线.

(2)由 $a=\lim\limits_{x\to\infty}\dfrac{f(x)}{x}=\lim\limits_{x\to\infty}\dfrac{x}{x+1}=1$，$b=\lim\limits_{x\to\infty}[f(x)-ax]=\lim\limits_{x\to\infty}\left(\dfrac{x^2}{x+1}-x\right)=\lim\limits_{x\to\infty}\dfrac{-x}{x+1}=-1$，所以 $y=x-1$ 是曲线的斜渐近线.

二、函数图形的描绘

对于一个函数，若能作出其图形，就能从直观上看出因变量与自变量之间的相互依赖关系. 在中学阶段，我们用描点法作函数的图形，下面利用导数描绘函数 $y=f(x)$的图形.

利用导数描绘函数图形的一般步骤如下：

(1)确定函数 $y=f(x)$的定义域以及函数图形的对称性，并求出函数的一阶导数 $f'(x)$和二阶导数 $f''(x)$；

(2)求出一阶导数 $f'(x)$和二阶导数 $f''(x)$等于零的点以及它们不存在的点，用这些点将函数的定义域划分成几个部分区间；

(3)确定在这些部分区间内 $f'(x)$、$f''(x)$的符号，并由此确定函数图形的升降、凹向、极值点、拐点；

(4)确定函数图形的渐近线；

(5)在直角坐标系中描出极值点、拐点，为了把图形描得准确些，有时还需要补充一些特殊点，然后结合情形(1)、(3)、(4)中得到的结果，画出函数 $y=f(x)$的图形.

例 4 画出函数 $y=\dfrac{x^2}{x-1}$的图形.

解　(1)所给函数 $y=f(x)$ 的定义域为 $(-\infty,1)\cup(1,+\infty)$，而

$$y'=\frac{x^2-2x}{(x-1)^2},\qquad y''=\frac{2}{(x-1)^3}.$$

(2) $y'=0$ 的根为 $x=0$ 和 2，$x=1$ 为一阶、二阶导数不存在的点. 用点 $x=0,1,2$ 将定义域 $(-\infty,1)\cup(1,+\infty)$ 划分成下列四个部分区间：$(-\infty,0)$，$(0,1)$，$(1,2)$，$(2,+\infty)$.

(3)列表讨论如下：

x	$(-\infty,0)$	0	$(0,1)$	1	$(1,2)$	2	$(2,+\infty)$
y'	$+$	0	$-$	不存在	$-$	0	$+$
y''	$-$	$-$	$-$	不存在	$+$	$+$	$+$
$y=f(x)$	↗	0 极大值	↘	间断	↘	4 极小值	↗

注：符号 ↗ 表示函数的图形在这个部分区间上是上升且是凸的，其余类似.

(4)渐近线：

因为 $\lim\limits_{x\to1}\dfrac{x^2}{x-1}=\infty$，所以 $x=1$ 是曲线 $y=\dfrac{x^2}{x-1}$ 的垂直渐近线；

因为 $a=\lim\limits_{x\to\infty}\dfrac{f(x)}{x}=\lim\limits_{x\to\infty}\dfrac{x}{x-1}=1$，$b=\lim\limits_{x\to\infty}\left(\dfrac{x^2}{x-1}-ax\right)=\lim\limits_{x\to\infty}\dfrac{x}{x-1}=1$，所以 $y=x+1$ 是曲线的斜渐近线.

(5)算出 $x=0,2$ 处的函数值：$f(2)=4$，$f(0)=0$. 从而得到函数 $y=\dfrac{x^2}{x-1}$ 图形上的两个点：$(2,4)$，$(0,0)$.

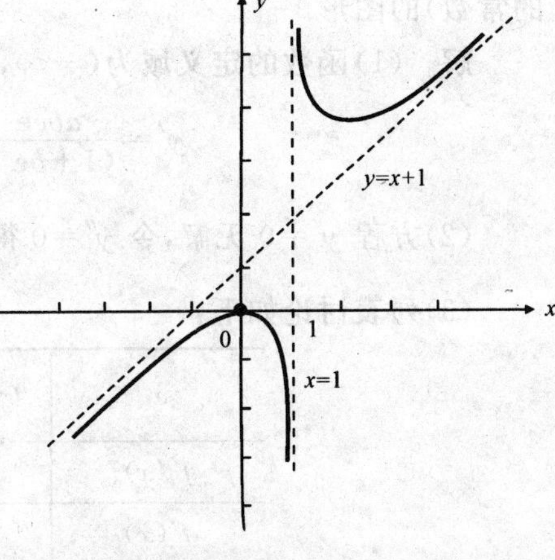

图 4-15

综合上述，就可以画出 $y=\dfrac{x^2}{x-1}$ 的图形（如图 4-15）.

如果所讨论的函数是奇函数或偶函数，那么，描绘函数图形时可以利用函数图形的对称性.

例 5　描绘函数 $f(x)=\dfrac{1}{\sqrt{2\pi}}\mathrm{e}^{-\frac{x^2}{2}}$ 的图形.

解　(1) 所给函数 $f(x)=\dfrac{1}{\sqrt{2\pi}}\mathrm{e}^{-\frac{x^2}{2}}$ 的定义域为 $(-\infty,+\infty)$. 显然 $f(x)$ 是偶函数，它的图形关于 y 轴对称，因此可以只讨论 $[0,+\infty)$ 上该函数的图形，求出

$$f'(x)=-\frac{x}{\sqrt{2\pi}}\mathrm{e}^{-\frac{x^2}{2}},\quad f''(x)=\frac{(x-1)(x+1)}{\sqrt{2\pi}}\mathrm{e}^{-\frac{x^2}{2}}.$$

(2) 在 $[0,+\infty)$ 上，方程 $f'(x)=0$ 的根为 $x=0$；方程 $f''(x)=0$ 的根为 $x=1$，用点 $x=1$ 把 $[0,+\infty)$ 划分成两个区间 $(0,1)$ 和 $(1,+\infty)$.

(3)列表讨论如下：

x	0	(0,1)	1	$(1,+\infty)$
$f'(x)$	0	$-$	$-$	$-$
$f''(x)$	$-$	$-$	0	$+$
$y=f(x)$	极大值	↘	拐点	↘

(4)渐近线:

由于 $\lim\limits_{x\to+\infty} f(x)=\lim\limits_{x\to+\infty}\dfrac{1}{\sqrt{2\pi}}e^{-\frac{x^2}{2}}=0$,所以 $y=0$ 是曲线的水平渐近线.

(5)算出 $f(0)=\dfrac{1}{\sqrt{2\pi}}$,$f(1)=\dfrac{1}{\sqrt{2\pi e}}$,从而得到函数 $y=\dfrac{1}{\sqrt{2\pi}}e^{-\frac{x^2}{2}}$ 图形上的两点 $M_1(0,\dfrac{1}{\sqrt{2\pi}})$ 和 $M_2(1,\dfrac{1}{\sqrt{2\pi e}})$,又由 $f(2)=\dfrac{1}{\sqrt{2\pi}e^2}$ 得 $M_3(2,\dfrac{1}{\sqrt{2\pi}e^2})$.

结合情形(3)、(4)、(5)的讨论,画出函数 $y=\dfrac{1}{\sqrt{2\pi}}e^{-\frac{x^2}{2}}$ 在 $[0,+\infty)$ 上的图形,最后利用图形的对称性,便可得到函数在 $(-\infty,0)$ 上的图形(图 4-16).

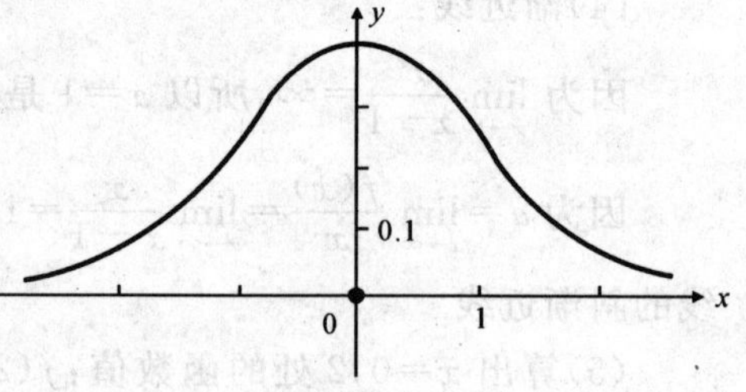

图 4-16

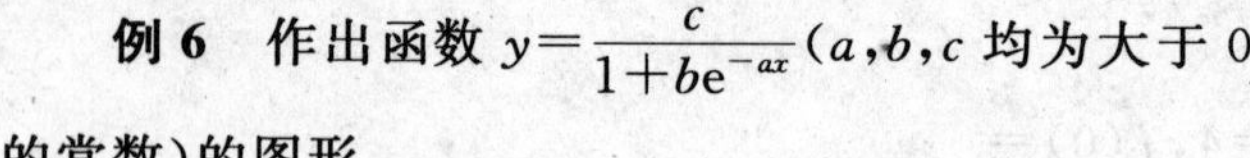

例 6 作出函数 $y=\dfrac{c}{1+be^{-ax}}$(a,b,c 均为大于 0 的常数)的图形.

解 (1)函数的定义域为 $(-\infty,+\infty)$,且有

$$y'=\frac{abce^{-ax}}{(1+be^{-ax})^2}>0,\ y''=\frac{a^2bce^{-ax}(be^{-ax}-1)}{(1+be^{-ax})^3}.$$

(2)方程 $y'=0$ 无解,令 $y''=0$ 得 $x=\dfrac{\ln b}{a}$.

(3)列表讨论如下:

x	$(-\infty,\frac{\ln b}{a})$	$\frac{\ln b}{a}$	$(\frac{\ln b}{a},+\infty)$
$f'(x)$	$+$	$+$	$+$
$f''(x)$	$+$	0	$-$
$y=f(x)$	↗	拐点 $(\frac{\ln b}{a},\frac{c}{2})$	↗

(4)渐近线

因为 $\lim\limits_{x\to-\infty} y=0$,所以有水平渐近线 $y=0$;

因为 $\lim\limits_{x\to+\infty} y=c$,所以有水平渐近线 $y=c$.

(5)特殊点 $A(\dfrac{\ln b}{a},\dfrac{c}{2})$.

综合上述,画出函数 $y=\dfrac{c}{1+be^{-ax}}$ 的图形(图 4-17).这条曲线称为逻辑斯蒂曲线,是实际应用中的一条重要曲线.

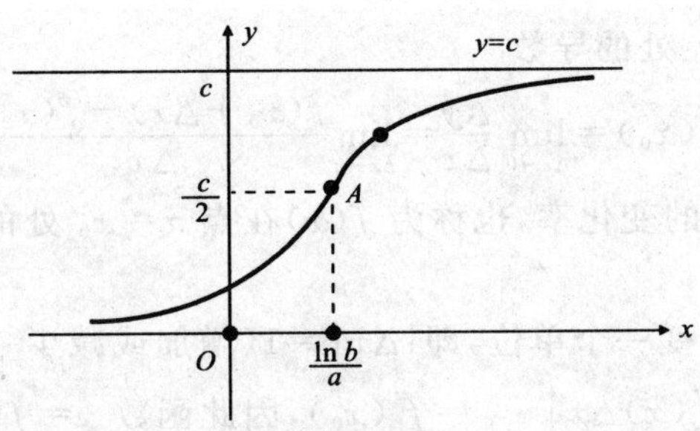

图 4-17

习题 4-6

A

1. 求下列曲线的渐近线：

(1) $y=e^{-x^2}$　　(2) $y=xe^{\sqrt{x}}$

(3) $y=\dfrac{x^3}{(x-1)^2}$　　(4) $y=\dfrac{4(x+1)}{x^2}-2$

2. 描绘下列函数的图形：

(1) $y=4x^4-6x^2+8x$　　(2) $y=\dfrac{2x-1}{(x-1)^2}$

(3) $y=\dfrac{2x^2}{(1-x)^2}$　　(4) $y=x\sqrt{3-x}$

B

描绘下列函数的图形：

(1) $y=\dfrac{4(x+1)}{x^2}-2$　　(2) $y=e^{-(x+1)^2}$

第七节　导数在经济管理中的应用

本节介绍经济学中常用的边际分析、弹性分析.

一、边际函数

1. 边际概念

在经济问题中，常常会使用变化率的概念.变化率一般分为平均变化率和即时或瞬时变化率，平均变化率就是函数的增量与自变量增量之比，瞬时变化率就是函数对自变量的导数，在经济学中也将瞬时变化率即导函数称为边际函数.

一般，称$\dfrac{\Delta y}{\Delta x}=\dfrac{f(x_0+\Delta x)-f(x_0)}{\Delta x}$为函数 $y=f(x)$在$(x_0,x_0+\Delta x)$内的平均变化率，它表示函数 $y=f(x)$在$(x_0,x_0+\Delta x)(\Delta x>0)$内的平均变化速度.

函数 $y=f(x)$ 在 $x=x_0$ 处的导数

$$f'(x_0)=\lim_{\Delta x\to 0}\frac{\Delta y}{\Delta x}=\lim_{\Delta x\to 0}\frac{f(x_0+\Delta x)-f(x_0)}{\Delta x},$$

称为函数 $y=f(x)$ 在点 x_0 的变化率，也称为 $f(x)$ 在点 $x=x_0$ 处的边际函数值，它表示 $f(x)$ 在点 $x=x_0$ 处的变化速度.

在点 $x=x_0$ 处，当 x 改变一个单位，即 $|\Delta x|=1$（增加或减少一个单位）时，函数相应的改变量 $\Delta y\Big|_{\substack{x=x_0\\ \Delta x=1}}\approx \mathrm{d}y\Big|_{\substack{x=x_0\\ \Delta x=1}}=f'(x)\Delta x\Big|_{\substack{x=x_0\\ \Delta x=1}}=f'(x_0)$，因此函数 $y=f(x)$ 在 $x=x_0$ 的边际函数值 $f'(x_0)$ 表示 $y=f(x)$ 在 $x=x_0$ 处，当 x 改变一个单位时（增加或减少，此处 x 是增加了一个单位），函数 y 近似地改变了边际 $f'(x_0)$ 个单位. 在应用问题中解释边际函数值的具体意义时，常常略去“近似”二字.

于是，在经济学中有如下定义.

定义 1 设函数 $y=f(x)$ 在 x 处可导，则称导数 $f'(x)$ 为 $f(x)$ 的**边际函数**. $f'(x)$ 在 x_0 处的函数值 $f'(x_0)$ 为**边际函数值**，简称为**边际**.

边际函数值 $f'(x_0)$ 的意义：当 $x=x_0$ 时，x 变化一个单位，y 变化边际 $f'(x_0)$ 个单位.

注意：x 变化一个单位有两种含义，即 x 增加一个单位或 x 减少一个单位.

例如，函数 $y=x^3$，在点 $x=2$ 处的边际函数值 $y'\Big|_{x=2}=3x^2\Big|_{x=2}=12$，它表示当 $x=2$ 时，x 增加一个单位，y“近似”增加 12 个单位；x 减少一个单位，y“近似”减少 12 个单位.

2. 经济学中常见的边际函数

1)边际成本

某产品的总成本是指生产一定数量的产品所需全部经济资源的投入费用的总额，一般可由固定成本和可变成本两部分组成.

平均成本是指生产一定数量产品时，平均每单位产品的成本.

边际成本即总成本的变化率.

设 C 为总成本，C_0 为固定成本，C_1 为可变成本，$\overline{C}$ 为平均成本，C' 为边际成本，Q 为产量，则有

总成本函数 $C=C(Q)=C_0+C_1(Q)$，

平均成本函数 $\overline{C}=\overline{C}(Q)=\dfrac{C(Q)}{Q}=\dfrac{C_0}{Q}+\dfrac{C_1(Q)}{Q}$，

边际成本函数 $C'=C'(Q)$.

例 1 已知某商品的总成本函数为 $C=C(Q)=1\,000+\dfrac{Q}{40}$，求：

(1)当 $Q=200$ 时的总成本和平均成本；

(2)当 $Q=200$ 到 $Q=400$ 时的总成本的平均变化率；

(3)当 $Q=400$、$Q=420$ 时的边际成本并解释其经济意义.

解 (1)当 $Q=200$ 时的总成本为

$$C(200)=\left(1\,000+\frac{Q^2}{40}\right)\Bigg|_{Q=200}=2\,000;$$

平均成本为：

$$\overline{C}=\overline{C}(200)=\frac{C(200)}{200}=\frac{2\,000}{200}=10.$$

②当 $Q=200$ 到 $Q=400$ 时的总成本的平均变化率为

$$\frac{\Delta C}{\Delta Q}=\frac{C(400)-C(200)}{200}=\frac{5\,000-1\,000}{200}=20.$$

③总成本函数的边际成本函数 $C'(Q)=\frac{Q}{20}$.

当 $Q=400$ 时的边际成本 $C'(400)=\left.\frac{Q}{20}\right|_{Q=400}=20$，它表示生产第 401 个单位产品所花费的成本为 20.

当 $Q=420$ 时的边际成本 $C'(420)=\left.\frac{Q}{20}\right|_{Q=420}=21$，它表示生产第 421 个单位产品所花费的成本为 21.

可见生产第 421 个单位产品的成本比生产第 401 个单位产品的成本要多一个单位.

2)边际收益

总收益是指出售一定数量产品所得到的全部收入.

平均收益是指出售一定数量产品，平均每出售单位产品所得到的收入，即为单位商品的售价.

边际收益即为总收益的变化率.

设 R 表示总收益，$\bar{R}$ 表示平均收益，R' 表示边际收益，P 表示商品价格，Q 表示商品数量，则

总收益函数　　$R=R(Q)$，

平均收益函数　　$\bar{R}=\bar{R}(Q)=\frac{R(Q)}{Q}$，

边际收益函数　　$R'=R'(Q)$.

例 2　设某产品的价格 P 与销量 Q 的函数关系为 $P=P(Q)=20-\frac{Q}{3}$，求销量为 30 个单位时的总收益、平均收益与边际收益.

解　$R=R(Q)=Q\cdot P(Q)=20Q-\frac{Q^2}{3}$；　$R(30)=30\cdot(20-\frac{30}{3})=300$；

$\bar{R}=\bar{R}(Q)=\frac{R(30)}{30}=\frac{300}{30}=10$；　$R'=R'(Q)=20-\frac{2Q}{3}$，　$R'(30)=0$.

3)边际需求

设需求函数 $Q=Q(P)$，则需求量 Q 对价格 P 的导数 $Q'=Q'(P)$ 称为边际需求函数.

例 3　某商品的需求函数为 $Q=Q(P)=6\,000-\frac{P^2}{8}$，求 $P=12$ 时边际需求，并说明其经济意义.

解　$Q'=Q'(P)=-\frac{P}{4}$，当 $P=12$ 时边际需求为 $Q'(12)=-3$.

经济意义为：当价格 $P=12$ 时，价格上涨(或下降)一个单位，需求量将减少(或增加)三个单位.

4)边际利润

总利润等于总收益与总成本之差.

设 L 表示产量为 Q 个单位时的总利润，$R(Q)$为总收益函数，$C(Q)$为总成本函数，则 $L=L(Q)=R(Q)-C(Q)$，边际利润 $L'(Q)=R'(Q)-C'(Q)$.

例 4 某企业生产某种产品，每天的总利润 L(单位:元)与产量 Q(单位:t)的函数关系为 $L(Q)=160Q-4Q^2$，求当每天生产 10 t、20 t、25 t 时的边际利润，并说明其经济意义.

解 边际利润为 $L'(Q)=160-8Q$，每天生产 10 t、20 t、25 t 时的边际利润分别为

$$L'(10)=80,\quad L'(20)=0,\quad L'(25)=-40.$$

经济意义：

$L'(10)=80$，表示当每天产量在 10 t 的基础上再增加 1 t 时，总利润将增加 80 元；

$L'(20)=0$，表示当每天产量在 20 t 的基础上再增加 1 t 时，总利润没有增加；

$L'(25)=-40$，表示当每天产量在 25 t 的基础上再增加 1 t 时，总利润将减少 40 元.

注：最大利润与边际的关系如下.

利润函数 $L=L(Q)=R(Q)-C(Q)$，边际利润 $L'(Q)=R'(Q)-C'(Q)$.

$L(Q)$取得最大值的必要条件为 $L'(Q)=0$，即 $R'(Q)=C'(Q)$，即利润函数取得最大值的必要条件是边际成本等于边际收益.

$L(Q)$取得最大值的充分条件为 $L''(Q)<0$，即 $R''(Q)<C''(Q)$，即利润函数取得最大值的充分条件是边际成本的导数(边际成本的变化率)大于边际收益的导数(变化率).

二、弹性概念

1. 函数的弹性

对于函数 $y=f(x)$，自变量的改变量 $\Delta x=(x+\Delta x)-x$ 称为自变量的绝对改变量，函数的改变量 $\Delta y=f(x+\Delta x)-f(x)$称为函数的绝对改变量. 而函数的导数 $f'(x)$称为函数 $y=f(x)$的绝对变化率. 但在实际中，仅仅研究函数的绝对改变量与绝对变化率还是不够的.

例如，商品甲的单价为 10 元，涨价 1 元，商品乙的单价为 1 000 元，也涨价 1 元. 两种商品价格的绝对改变量都是 1 元，但各与其原价相比，两者涨价的百分比却有很大的不同，商品甲涨了 $\frac{1}{10}=10\%$，商品乙涨了 $\frac{1}{1\,000}=0.1\%$. 因此，我们有必要进一步研究函数的相对改变量与相对变化率.

对于函数 $y=f(x)$，称 $\frac{\Delta x}{x}$ 为点 x 处的**自变量的相对改变量**，称 $\frac{\Delta y}{y}=\frac{f(x+\Delta x)-f(x)}{f(x)}$ 为函数 $y=f(x)$在点 x 处的**函数的相对改变量**.

例如，函数 $y=x^2$，当 x 从 8 增加到 10 时，y 相应地从 64 增加到 100，此时，自变量 x 的绝对增量 $\Delta x=2$，函数 y 的绝对增量 $\Delta y=36$. 又 $\frac{\Delta x}{x}=\frac{2}{8}=25\%$，$\frac{\Delta y}{y}=\frac{36}{64}=56.25\%$，即当 x 从 8 增加到 10 时，x 增加了 25%，y 相应地增加了 56.25%.

对于上例，再引入下式 $\frac{\Delta y}{y}/\frac{\Delta x}{x}=\frac{56.25\%}{25\%}=2.25$，它表示在(8,10)内，从 $x=8$ 时起，x 增加 1%，则 y 相应地平均增加 2.25%，称此商式为从 $x=8$ 到 $x=10$ 时，函数 $y=x^2$ 的平均相对变化率. 为此我们给出以下定义.

定义 2 设函数 $y=f(x)$在点 x_0 处可导，函数的相对改变量 $\frac{\Delta y}{y_0}=\frac{f(x_0+\Delta x)-f(x_0)}{f(x_0)}$ 与自变

量的相对改变量$\frac{\Delta x}{x_0}$之比$\frac{\Delta y}{y_0}/\frac{\Delta x}{x_0}$称为函数 $f(x)$从 x_0 到 $x_0+\Delta x$ **两点间的平均相对变化率**，或称为**两点间的弹性**. 当 $\Delta x\to 0$ 时，如果$\frac{\Delta y}{y_0}/\frac{\Delta x}{x_0}$的极限存在，则称此极限为函数 $f(x)$在点 x_0 处的**相对变化率**，或称**点弹性**，记作$\frac{Ey}{Ex}\bigg|_{x=x_0}$或$\frac{E}{Ex}f(x_0)$，即

$$\frac{Ey}{Ex}\bigg|_{x=x_0}=\lim_{\Delta x\to 0}\frac{\Delta y/y_0}{\Delta x/x_0}=\lim_{\Delta x\to 0}\frac{\Delta y}{\Delta x}\cdot\frac{x_0}{y_0}=f'(x_0)\frac{x_0}{f(x_0)}.$$

对一般的 x，若 $f(x)$可导，则$\frac{Ey}{Ex}=\lim\limits_{\Delta x\to 0}\frac{\Delta y/y}{\Delta x/x}=\lim\limits_{\Delta x\to 0}\frac{\Delta y}{\Delta x}\cdot\frac{x}{y}=y'\frac{x}{y}$是 x 的函数，称$\frac{Ey}{Ex}$为函数 $y=f(x)$的**弹性函数**.

函数 $y=f(x)$在点 x 处的弹性$\frac{E}{Ex}f(x)$反映了随着自变量 x 的变化，函数$f(x)$变化幅度的大小，也就是 $f(x)$对 x 变化反映的强烈程度或灵敏度.

$\frac{E}{Ex}f(x_0)$表示在点 $x=x_0$ 处，当 x 产生 1% 的改变时，函数 $y=f(x)$ 近似地改变$\frac{E}{Ex}f(x_0)\%$. 在应用问题中解释弹性的具体意义时，常常略去"近似"二字.

另外，弹性的数值前的符号，表示自变量与函数变化的方向是否一致. 例如市场需求量对收入水平的弹性一般是正的，表示市场需求量与收入水平变化方向一致；而市场需求量对价格的弹性一般是负的，表示市场需求量与价格变化方向相反.

例 5　求函数 $y=30e^{2x}$的弹性函数$\frac{Ey}{Ex}$及$\frac{Ey}{Ex}\bigg|_{x=4}$，并解释$\frac{Ey}{Ex}\bigg|_{x=4}$的意义.

解　$y'=60e^{2x}$，　$\frac{Ey}{Ex}=\frac{x}{y}y'=60e^{2x}\frac{x}{30e^{2x}}=2x$，　$\frac{Ey}{Ex}\bigg|_{x=4}=8$.

$\frac{Ey}{Ex}\bigg|_{x=4}=8$ 的定义：在点 $x=4$ 处，当 x 产生 1%的改变时，函数 $y=30e^{2x}$ 改变 8%.

2. 常见函数的弹性函数(a,b,c,λ 为常数)

(1)常数函数　　$f(x)=C$，　　$\frac{Ef(x)}{Ex}=0$；

(2)线性函数　　$f(x)=ax+b$，　　$\frac{Ef(x)}{Ex}=\frac{ax}{ax+b}$；

(3)幂函数　　$f(x)=ax^{\lambda}$，　　$\frac{Ef(x)}{Ex}=\lambda$；

(4)指数函数　　$f(x)=ba^{\lambda x}$，　　$\frac{Ef(x)}{Ex}=\lambda x\ln x$；

(5)对数函数　　$f(x)=b\log_a x$，　　$\frac{Ef(x)}{Ex}=\frac{x}{\ln a\cdot\log_a x}$；

(6)正弦函数　　$f(x)=\sin x$，　　$\frac{Ef(x)}{Ex}=x\cot x$；

(7)余弦函数　　$f(x)=\cos x$，　　$\frac{Ef(x)}{Ex}=-x\tan x$.

3. 经济学中常见的弹性函数

1)需求弹性函数

把对某商品的需求量看成商品价格 P 的函数，即需求函数 $Q=f(P)$，由于需求函数 $Q=f(P)$ 为单调减函数，ΔP 与 ΔQ 异号，于是 $f'(P)\frac{P}{Q}$ 为负数. 在经济学中为了用正数来表示需求弹性，所以用需求函数相对变化率的反号来定义需求弹性.

定义 3 设某商品的需求函数 $Q=f(P)$ 在 P 处可导，将 $-\frac{EQ}{EP}=-f'(P)\frac{P}{Q}$ 称为商品在价格为 P 时的**需求价格弹性**或简称**需求弹性**，记作 $\eta(P)$，即

$$\eta(P)=-\frac{EQ}{EP}=-f'(P)\frac{P}{Q}.$$

需求弹性 $\eta(P)$ 可衡量需求的相对变动对价格相对变动的反映程度.

例 6 已知某商品的需求函数 $Q=e^{\frac{-P}{10}}$，求 $P=5$、$P=10$、$P=15$ 时的需求弹性并说明其意义.

解 $Q'=f'(P)=-\frac{1}{10}e^{-\frac{P}{10}}$，需求弹性函数为 $\eta(P)=-f'(P)\frac{P}{Q}=\frac{1}{10}e^{-\frac{P}{10}}\frac{P}{e^{-\frac{P}{10}}}=\frac{P}{10}$.

$\eta(5)=0.5$，说明当 $P=5$ 时，价格上涨 1%，需求减少 0.5%；

$\eta(10)=1$，说明当 $P=10$ 时，价格与需求的变动幅度相同；

$\eta(15)=1.5$，说明当 $P=15$ 时，价格上涨 1%，需求减少 1.5%.

由以上例子可以看出：

当 $\eta(P)<1$ 时，说明需求的变动幅度小于价格的变动幅度；

当 $\eta(P)=1$ 时，说明需求的变动幅度与价格的变动幅度相同；

当 $\eta(P)>1$ 时，说明需求的变动幅度大于价格的变动幅度.

注：① 需求弹性很小的商品，即需求的变动幅度比价格的变动幅度小得多的商品，一般是生活必需品，如粮食、水等，这类商品在资源紧缺的情况下，政府都要对商品的价格进行控制. 需求弹性很大的商品，即需求的变动幅度比价格的变动幅度大得多的商品，一般不是生活必需品，如化妆品、名牌服装等，这类商品都是通过市场进行调价，政府一般不干预.

②需求弹性与总收益的关系.

总收益 R 是商品价格 P 与销售量 Q 的乘积，即

$$R=PQ=Pf(P),$$

$$R'=f(P)+Pf'(P)=f(P)\left[1+f'(P)\frac{P}{f(P)}\right]=f(P)[1-\eta(P)].$$

由上式可以看到：

$\eta(P)<1$，即需求的变动幅度小于价格的变动幅度，此时 $R'>0$，R 递增. 即价格上涨，总收益增加；价格下跌，总收益减少.

$\eta(P)=1$，即需求的变动幅度与价格的变动幅度相同，此时 $R'=0$，R 取得最大值.

$\eta(P)>1$，即需求的变动幅度大于价格的变动幅度，此时 $R'<0$，R 递减. 即价格上涨，总收益减少；价格下跌，总收益增加.

例 7 某商品的需求函数为 $Q=f(P)=75-P^2$.

(1)求 $P=4$ 时的需求弹性，并说明其经济意义.

(2)当 $P=4$ 时，价格上涨 1%，总收益变化百分之几？是增加还是减少？

(3)当 $P=6$ 时，价格上涨 1%，总收益变化百分之几？是增加还是减少？

解　$\eta(P)=2P\dfrac{P}{75-P^2}=\dfrac{2P^2}{75-P^2}$.

(1)$\eta(4)=\dfrac{32}{59}\approx 0.54$,说明当 $P=4$ 时,价格上涨 1%,需求减少 0.54%.

(2)$\eta(4)\approx 0.54<1$,所以价格上涨 1%,总收益增加.

因为 $R'(4)=27$,$R(4)=236$,所以$\left.\dfrac{ER}{EP}\right|_{P=4}=R'(4)\dfrac{4}{R(4)}=27\times\dfrac{4}{236}\approx 0.46$.说明当 $P=4$ 时,价格上涨 1%,总收益增加 0.46%.

(3)因为 $R'(6)=-33$,$R(6)=234$,所以$\left.\dfrac{ER}{EP}\right|_{P=6}=R'(6)\dfrac{6}{R(6)}=-0.846$.说明当 $P=6$ 时,价格上涨 1%,总收益减少 0.846%.

2)供给弹性

由于供给函数是单调增加的,因此 ΔP 与 ΔQ 同号,所以有以下定义.

定义 4　设某商品的供给函数 $Q=\varphi(P)$ 在 P 处可导,将$\dfrac{EQ}{EP}=\varphi'(P)\dfrac{P}{Q}$称为商品在价格为 P 的供给弹性,记作 $\varepsilon(P)$,即 $\varepsilon(P)=\dfrac{EQ}{EP}=\varphi'(P)\dfrac{P}{Q}$.

例 8　某商品的供给函数为 $Q=\varphi(P)=8+2P$,求 $P=4$ 时的供给弹性,并说明其意义.

解　$\varepsilon(4)=\left.\varphi'(P)\dfrac{P}{Q}\right|_{P=4}=\left.\dfrac{2P}{8+2P}\right|_{P=4}=\dfrac{1}{2}$.

$\varepsilon(4)=0.5$ 的意义:说明当 $P=4$ 时,价格变化 1%,供应量同方向变化 0.5%.

习题 4-7

A

1.求下列函数的边际函数与弹性函数:

(1)$y=ax^2+bx+c$　　(2)$y=x^a e^{-b(x+c)}$

(3)$y=60e^{4x}$

2.某产品产量为 Q,总收入 R 为 Q 的函数,$R=200Q-0.01Q^2$,求生产 50 个单位产品时的总收益、平均收益及边际收益.

3.某产品的成本函数为 $C(x)=2\,600+2x+0.001x^2$.

(1)求出产量分别为 1 000、2 000、3 000 时,生产的成本、平均成本、边际成本.

(2)产量多大时,平均成本最少?

4.设某产品产量为 Q 单位时的平均成本为 $\overline{C}(Q)=\dfrac{20}{Q}+0.5Q+2$,求产量为 10 个单位时的边际成本.

5.设收益函数和成本函数分别为 $R=R(Q)=200Q+\dfrac{Q^2}{20}$ (元),$C=C(Q)=100+5Q+\dfrac{Q^2}{10}$ (元).

求:(1)边际成本、边际收益、边际利润;(2)已生产并销售 25 个单位产品,销售 26 个单位产品约有多少利润?

6. 设商品的总收益 R 关于销售量 Q 的函数为 $R=100Q-0.8Q^2$.

求:(1)销量为 Q 时总收入的边际收入;(2)销量 $Q=50$ 单位时的边际收入;(3)销量 $Q=50$ 单位时,总收入对 Q 的弹性.

7. 设某商品的需求量 Q 关于价格 P 的函数为 $Q=400e^{-2P}$,求需求量 Q 对 P 的弹性,并分别求出需求弹性大于1、等于1、小于1时,该商品价格的取值范围.

B

1. 设某商品的需求函数为 $Q=10-\frac{P}{2}$,试求:

(1) 需求弹性;

(2) 当 $P=3$ 时的需求弹性;

(3) 在 $P=3$ 时,若价格上涨1%,总收益增加还是减少,它将变化百分之几.

2. 设某商品的需求函数为 $Q=Q(P)=108-P^2$,试求:

(1) 当 $P=4$ 时的边际需求,并说明其经济意义;

(2) 当 $P=4$ 时的需求弹性,并说明其经济意义;

(3) 在 $P=4$ 时,若价格上涨1%,总收益增加还是减少,它将变化百分之几;

(4) 在 $P=7$ 时,若价格上涨1%,总收益增加还是减少,它将变化百分之几;

(5) 在 P 为多少时,总收益最大?

本章小结

中值定理与导数的应用

中值定理

1. 罗尔定理：如果函数 $f(x)$ 在 $[a,b]$ 上连续；在 (a,b) 内可导；$f(a)=f(b)$；则至少有一点 $\xi(a<\xi<b)$，使得 $f'(\xi)=0$.
2. 拉格朗日中值定理：如果函数 $f(x)$ 在 $[a,b]$ 上连续；在 (a,b) 内可导；则至少有一点 $\xi(a<\xi<b)$，使等式 $f'(\xi)=\frac{f(b)-f(a)}{b-a}$ 成立.
3. 柯西中值定理：如果函数 $f(x)$、$g(x)$ 在 $[a,b]$ 上连续；在 (a,b) 内可导；在 (a,b) 内的每一点处 $g'(x)\neq 0$；那么在 (a,b) 内至少有一点 ξ，使等式 $\frac{f(b)-f(a)}{g(b)-g(a)}=\frac{f'(\xi)}{g'(\xi)}$ 成立.

导数的应用

1. 利用洛必达法则求未定式的极限：$\lim\frac{f(x)}{g(x)}\overset{\frac{0}{0}\text{或}\frac{\infty}{\infty}}{=\!=\!=}\lim\frac{f'(x)}{g'(x)}$.
2. 判断函数的单调性：如果在 (a,b) 内恒有 $f'(x)>0$，则函数 $y=f(x)$ 在 $[a,b]$ 上单调增加；如果在 (a,b) 内恒有 $f'(x)<0$，则函数 $y=f(x)$ 在 $[a,b]$ 上单调减少.
3. 判断曲线的凹凸性：如果在 (a,b) 内 $f''(x)>0$，则 $f(x)$ 在 (a,b) 上的图形是凹的；如果在 (a,b) 内 $f''(x)<0$，则 $f(x)$ 在 (a,b) 上的图形是凸的.
4. 求函数的极值与最值.
5. 求渐近线、描绘函数的图形.
6. 导数在经济管理中的应用
   - (1) 边际分析：边际就是经济函数对自变量的导数.
   - (2) 弹性分析：设函数 $y=f(x)$ 在点 x_0 处可导，称 $\left.\frac{Ey}{Ex}\right|_{x=x_0}=f'(x_0)\frac{x_0}{f(x_0)}$ 为函数 $y=f(x)$ 在点 x_0 处的弹性.

复习题 4

1. 求下列极限：

(1) $\lim\limits_{x\to+\infty}\left(\frac{2}{\pi}\arctan x\right)^{2x}$　　(2) $\lim\limits_{x\to 0}\frac{(e^x-1-x)^2}{x\sin^3 x}$

(3) $\lim\limits_{x\to+\infty}(a_0x^n+a_1x^{n-1}+\cdots+a_{n-1}x+a_n)e^{-7x}$

(4) $\lim\limits_{x\to 0}\frac{\ln\tan\left(\frac{\pi}{4}+ax\right)}{\sin bx}\quad(b\neq 0)$

(5) $\lim\limits_{x\to\infty}\left(\sin\frac{2}{x}+\cos\frac{1}{x}\right)^x$　　(6) $\lim\limits_{x\to+\infty}(x+e^x)^{\frac{1}{x}}$

(7) $\lim\limits_{x\to\infty}[(a_1^{\frac{1}{x}}+a_2^{\frac{1}{x}}+\cdots+a_n^{\frac{1}{x}})/n]^{nx}$ （其中 $a_1,a_2,\cdots,a_n>0$）

2. 证明下列不等式：

(1) 当 $x>0$ 时，$\ln(1+x)>\dfrac{\arctan x}{1+x}$；

(2) $1+x\ln(x+\sqrt{1+x^2})\geqslant\sqrt{1+x^2}$ （$x\in\mathbf{R}$）.

3. 设 $\dfrac{a_0}{n+1}+\dfrac{a_1}{n}+\cdots+a_n=0$，求证：方程 $a_0x^n+a_1x^{n-1}+\cdots+a_n=0$ 在 $(0,1)$ 内至少有一个实根.

4. 设 $f(x)$ 在 $[0,a]$ 上连续，在 $(0,a)$ 内可导，且 $f(a)=0$，证明存在一点 $\xi\in(0,a)$，使 $f(\xi)+\xi f'(\xi)=0$.

5. 设 $0<a<b$，函数 $f(x)$ 在 $[a,b]$ 上连续，在 (a,b) 内可导，证明存在一点 $\xi\in(a,b)$，使得 $f(b)-f(a)=\mathrm{e}^{-\xi}f'(\xi)(\mathrm{e}^b-\mathrm{e}^a)$.

6. 设 $f(x)=\begin{cases}x^{3x} & (x>0)\\ x+2 & (x\leqslant 0)\end{cases}$，求 $f(x)$ 的极值.

7. 求曲线 $y=\dfrac{x}{\mathrm{e}^x}$ 在拐点处的切线方程.

8. 某商品的成本函数为 $C(Q)=1+\sqrt{Q}$，需求函数为 $Q=\dfrac{5-P}{P}$，试求：(1) 成本 C 对销售量 Q 的弹性；(2) 收入 R 对销售量 Q 的弹性；(3) 收入 R 对价格 P 的弹性.

9. 设某酒厂有一批新酿的好酒，如果现在（假定 $t=0$）就售出，总收入为 R_0 元，如果窖藏起来待来日按陈酒出售，t 年末的总收入为 $R=R_0\mathrm{e}^{\frac{2\sqrt{t}}{5}}$，设银行的年利率为 r，并以连续复利计算利息，试问窖藏多少年售出可使总收入的现值最大？并求 $r=0.06$ 时的 t 值.

第五章　不定积分

在第三章，我们已经学习了已知可导函数 $F(x)$，求其导函数 $f(x)$的方法，本章将讨论它的逆问题，即对于给定的导函数 $f(x)$，求原函数 $F(x)$，使得$F'(x)=f(x)$.

第一节　不定积分的概念与性质

一、原函数

例 1　已知某曲线上任意一点 $M(x,y)$处，其切线的斜率为 $k=f(x)=2x$，又知该曲线经过原点，求该曲线的方程.

解　设所求的曲线方程为 $y=F(x)$. 根据题意

$$y'=F'(x)=2x.$$

经过观察可知

$$(x^2+C)'=2x,$$

所以

$$y=F(x)=x^2+C.$$

又已知 $x=0$ 时，$y=0$，所以

$$C=0.$$

即所求曲线的方程为 $y=x^2$.

上面的问题可以归结为：已知某函数的导数，求该函数，即已知 $F'(x)=f(x)$求 $F(x)$.

定义 1　设 $f(x)$是定义在某一区间 I 内的已知函数，如果存在函数 $F(x)$，使得在该区间 I 内的任一点都有 $F'(x)=f(x)$，那么，我们就称 $F(x)$为 $f(x)$的**原函数**.

从上面的例子可以看到

$$(x^2-1)'=2x,\quad (x^2+2)'=2x,\quad (x^2+C)'=2x,$$

故 x^2-1，x^2+2 及 x^2+C 均是 $2x$ 的原函数，因此 $2x$ 的原函数有无穷多个.

定理 1　如果函数 $f(x)$在区间 I 上存在原函数，那么，它就有无穷多个原函数，且其中任意两个原函数只差一个常数项.

证　先证明 $f(x)$的原函数有无穷多个.

设 $f(x)$的一个原函数为 $F(x)$，即 $F'(x)=f(x)$，设 C 为任意常数. 由于$[F(x)+C]'=F'(x)=f(x)$，所以 $F(x)+C$ 也是 $f(x)$的原函数. 故 $f(x)$的原函数有无穷多个.

再证 $f(x)$的任意两个原函数之差为常数.

设 $F(x)$和 $G(x)$都是 $f(x)$的原函数，即

$$F'(x)=f(x),\quad G'(x)=f(x),$$

令

$$H(x)=F(x)-G(x),$$

$$H'(x)=[F(x)-G(x)]'=f(x)-f(x)=0.$$

根据拉格朗日中值定理的推论，可得

$$H(x)=C,$$

即 $$F(x)-G(x)=C.$$

推论 如果 $F(x)$ 是 $f(x)$ 的一个原函数，那么，$F(x)+C$ 就是 $f(x)$ 的全部原函数，其中 C 为任意常数.

是否任何一个函数都有原函数存在呢?

定理 2(原函数存在定理) 如果函数 $f(x)$ 在区间 I 上连续，则函数 $f(x)$ 必有原函数.

简单地说就是:连续函数一定有原函数.

这个定理的证明将在下一章给出.

二、不定积分

定义 2 如果 $F(x)$ 是 $f(x)$ 的一个原函数，那么，$f(x)$ 的全部原函数叫做 $f(x)$ 的**不定积分**，记作 $\int f(x)\mathrm{d}x$.

故有 $$\int f(x)\mathrm{d}x = F(x)+C,$$

其中"$\int$"称为积分号，$f(x)$ 称为被积函数，$f(x)\mathrm{d}x$ 称为被积表达式，x 是积分变量，C 是任意常数.

例 2 求 $\int x^3\mathrm{d}x$.

解 由于 $\left(\frac{x^4}{4}\right)'=x^3$，所以 $\frac{x^4}{4}$ 是 x^3 的一个原函数.

于是 $$\int x^3\mathrm{d}x = \frac{x^4}{4}+C$$

例 3 求 $\int \cos x\mathrm{d}x$.

解 由 $(\sin x)'=\cos x$，可知 $\sin x$ 是 $\cos x$ 的一个原函数.

故 $$\int \cos x\mathrm{d}x = \sin x + C.$$

例 4 求 $\int \frac{1}{x}\mathrm{d}x$.

解 当 $x>0$ 时，有 $(\ln x)'=\frac{1}{x}$,

当 $x<0$ 时，有 $[\ln(-x)]'=\frac{1}{-x}(-x)'=\frac{1}{x}$,

又因为 $\ln|x|=\begin{cases}\ln x & 当\ x>0\\ \ln(-x) & 当\ x<0\end{cases}$，从而有 $(\ln|x|)'=\frac{1}{x}$.

故有 $$\int \frac{1}{x}\mathrm{d}x = \ln|x|+C.$$

例 5 用微分法验证下列等式:

$$\int(x^3+\cos x+\mathrm{e}^{2x})\mathrm{d}x = \frac{1}{4}x^4+\sin x+\frac{1}{2}\mathrm{e}^{2x}+C.$$

证 由于 $\left(\frac{1}{4}x^4+\sin x+\frac{1}{2}\mathrm{e}^{2x}\right)'=x^3+\cos x+\mathrm{e}^{2x}$,

所以
$$\int(x^3+\cos x+e^{2x})dx=\frac{1}{4}x^4+\sin x+\frac{1}{2}e^{2x}+C.$$

三、不定积分的几何意义

函数 $f(x)$ 在某区间上的一个原函数 $F(x)$，在几何上表示一条曲线 $y=F(x)$，称为**积分曲线**. 这条曲线上点 (x,y) 处的切线斜率等于 $f(x)$，即满足
$$F'(x)=f(x).$$

由于函数 $f(x)$ 的不定积分是 $f(x)$ 的全体原函数 $F(x)+C$（C 为任意常数）. 对于每一个给定的 C 值，都有一条确定的积分曲线，当 C 取不同的值时，就得到不同的积分曲线. 所有的积分曲线组成了积分曲线族. 由于积分曲线族中每一条积分曲线在同一横坐标 x 处的切线斜率都等于 $f(x)$，因此它们在同一横坐标 x 处的切线互相平行. 因为任意两条积分曲线的纵坐标之间只相差一个常数，所以它们都可由曲线 $y=F(x)$ 沿纵坐标轴方向上下平行移动而得到. 如图5-1所示.

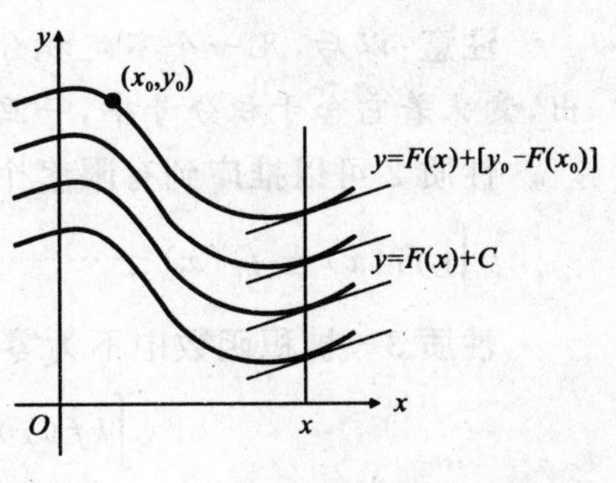

图 5-1

显然过平面上任一点处的积分曲线只能有一条，因此，如果已知 $f(x)$ 的原函数满足条件：在点 x_0 处原函数的值为 y_0，就可以确定积分常数 C 的值，从而找到一个特定的原函数. 在几何上它就是过点 (x_0,y_0) 的那一条积分曲线. 具体的做法是：把点 (x_0,y_0) 代入 $y=F(x)+C$，求得 $C=y_0-F(x_0)$，于是所要求的积分曲线为
$$y=F(x)+[y_0-F(x_0)].$$

例 6　设曲线经过点 $(1,2)$，且在曲线上点 (x,y) 处切线的斜率为 $2x$，求此曲线方程.

解　设曲线为 $y=f(x)$，则 $f'(x)=2x$，有
$$f(x)=\int 2x\,dx=x^2+C.$$
得积分曲线族 $y=x^2+C$，将 $x=1$，$y=2$ 代入得
$$C=1,$$
于是 $y=x^2+1$ 就是所求的曲线（图 5-2）.

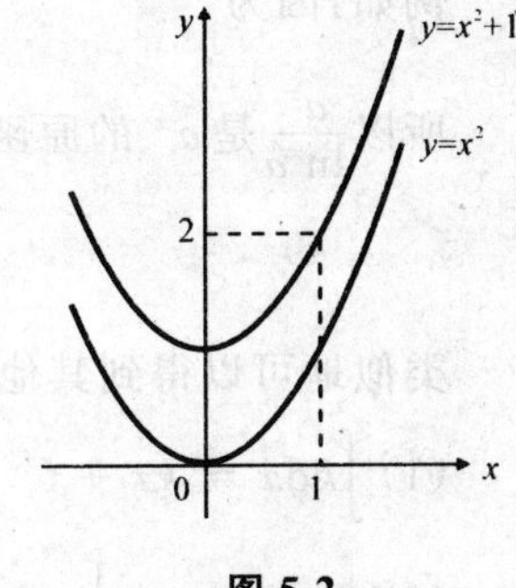

图 5-2

四、不定积分的性质

根据不定积分的定义，不定积分有以下性质.（假定以下所涉及的函数，其原函数存在.）

性质 1　微分运算与积分运算互逆性.

(1) $[\int f(x)dx]'=f(x)$　或　$d[\int f(x)dx]=f(x)dx$；

(2) $\int F'(x)dx=F(x)+C$　或　$\int dF(x)=F(x)+C$.

请读者自行证明.

性质 2　两个函数的代数和的不定积分等于各函数不定积分的代数和，即

$$\int[f_1(x)\pm f_2(x)]\mathrm{d}x=\int f_1(x)\mathrm{d}x\pm\int f_2(x)\mathrm{d}x.$$

证 只要证明等式右端的导数等于左端的被积函数即可.

由 $\left[\int f_1(x)\mathrm{d}x\pm\int f_2(x)\mathrm{d}x\right]'=\left[\int f_1(x)\mathrm{d}x\right]'\pm\left[\int f_2(x)\mathrm{d}x\right]'$

$$=f_1(x)\pm f_2(x).$$

说明 $\int f_1(x)\mathrm{d}x\pm\int f_2(x)\mathrm{d}x$ 是函数 $f_1(x)\pm f_2(x)$ 的不定积分,所以欲证的等式成立.

注意:以后,凡一个不定积分,用另外的不定积分表示时(如性质2)任意常数都不另外写出,意味着它含于积分号中,一旦该右端不含积分号时,则应立即添上任意常数.

性质2可以推广到有限多个函数代数和的情况,即

$$\int[f_1(x)\pm f_2(x)\pm\cdots\pm f_n(x)]\mathrm{d}x=\int f_1(x)\mathrm{d}x\pm\int f_2(x)\mathrm{d}x\pm\cdots\pm\int f_n(x)\mathrm{d}x.$$

性质3 被积函数中不为零的常数因子可以移到积分号的前面,即

$$\int kf(x)\mathrm{d}x=k\int f(x)\mathrm{d}x\quad(k\neq 0\text{ 的常数}).$$

性质3的证明与性质2相仿,读者可自证.

五、基本积分公式

既然积分运算与微分运算互为逆运算,那么很自然地可以从导数公式得到相应的积分公式.

例如:因为
$$\left(\frac{a^x}{\ln a}\right)'=a^x\quad(a>0,a\neq 1),$$

所以 $\frac{a^x}{\ln a}$ 是 a^x 的原函数,于是

$$\int a^x\mathrm{d}x=\frac{a^x}{\ln a}+C\quad(a>0,a\neq 1).$$

类似地可以得到其他积分公式,常用的基本积分公式有:

(1) $\int k\mathrm{d}x=kx+C$ (k 为常数)

(2) $\int x^\alpha\mathrm{d}x=\frac{1}{\alpha+1}x^{\alpha+1}+C\quad(\alpha\neq 1)$

(3) $\int\frac{1}{x}\mathrm{d}x=\ln|x|+C$

(4) $\int a^x\mathrm{d}x=\frac{a^x}{\ln a}+C\quad(a>0,a\neq 1)$

(5) $\int \mathrm{e}^x\mathrm{d}x=\mathrm{e}^x+C$

(6) $\int\sin x\mathrm{d}x=-\cos x+C$

(7) $\int\cos x\mathrm{d}x=\sin x+C$

(8) $\int\frac{1}{\sin^2 x}\mathrm{d}x=\int\csc^2 x\mathrm{d}x=-\cot x+C$

(9) $\int \frac{1}{\cos^2 x}\mathrm{d}x = \int \sec^2 x\mathrm{d}x = \tan x + C$

(10) $\int \frac{1}{\sqrt{1-x^2}}\mathrm{d}x = \arcsin x + C$

(11) $\int \frac{1}{1+x^2}\mathrm{d}x = \arctan x + C$

以上 11 个基本积分公式,是求不定积分的基础,必须熟悉牢记.以后,我们将利用各种不同的积分方法推导出更多的积分公式,不断充实基本积分表.

六、直接积分法

直接利用积分基本公式,或者只需将被积函数作简单的恒等变形,再用不定积分的性质和基本公式求得积分的方法,叫做**直接积分法**.

例 7 求 $\int \frac{x^3 - 2x + 2\sqrt{x} - 4}{x^2}\mathrm{d}x$.

解 原式 $= \int (x - \frac{2}{x} + 2x^{-\frac{3}{2}} - 4x^{-2})\mathrm{d}x$

$$= \int x\mathrm{d}x - \int \frac{2}{x}\mathrm{d}x + \int 2x^{-\frac{3}{2}}\mathrm{d}x - \int 4x^{-2}\mathrm{d}x$$

$$= \frac{1}{2}x^2 - 2\ln|x| - \frac{4}{\sqrt{x}} + \frac{4}{x} + C.$$

例 8 求 $\int (\mathrm{e}^{x+1} - \frac{1}{x} + 3^x \cdot 4^{-x})\mathrm{d}x$.

解 原式 $= \int \mathrm{e}^x \cdot \mathrm{e}\mathrm{d}x - \int \frac{1}{x}\mathrm{d}x + \int \left(\frac{3}{4}\right)^x \mathrm{d}x$

$$= \mathrm{e}\int \mathrm{e}^x \mathrm{d}x - \ln|x| + \frac{\left(\frac{3}{4}\right)^x}{\ln \frac{3}{4}}$$

$$= \mathrm{e} \cdot \mathrm{e}^x - \ln|x| + \frac{3^x \cdot 4^{-x}}{\ln 3 - 2\ln 2} + C.$$

例 9 求 $\int \frac{2x^2+1}{x^2(x^2+1)}\mathrm{d}x$.

解 原式 $= \int \frac{(x^2+1)+x^2}{x^2(x^2+1)}\mathrm{d}x$

$$= \int \frac{1}{x^2}\mathrm{d}x + \int \frac{1}{x^2+1}\mathrm{d}x$$

$$= -\frac{1}{x} + \arctan x + C.$$

例 10 求 $\int \frac{x^4}{x^2+1}\mathrm{d}x$.

解 原式 $= \int \frac{x^4 - 1 + 1}{x^2+1}\mathrm{d}x$

$$= \int \frac{(x^2+1)(x^2-1)+1}{x^2+1}\mathrm{d}x$$

$$= \int (x^2-1)\mathrm{d}x + \int \frac{1}{x^2+1}\mathrm{d}x$$

$$= \frac{1}{3}x^3 - x + \arctan x + C.$$

例 11　求 $\int \tan^2 x\mathrm{d}x$.

解　本题不能直接利用基本公式,但被积函数可以经过三角恒等变形化为

$$\tan^2 x = \sec^2 x - 1,$$

故

$$\int \tan^2 x\mathrm{d}x = \int (\sec^2 x - 1)\mathrm{d}x$$

$$= \int \sec^2 x\mathrm{d}x - \int \mathrm{d}x$$

$$= \tan x - x + C.$$

例 12　求 $\int \cos^2 \frac{x}{2}\mathrm{d}x$.

解　原式 $\xlongequal{\text{降次}} \int \frac{1+\cos x}{2}\mathrm{d}x$

$$= \frac{1}{2}\int \mathrm{d}x + \frac{1}{2}\int \cos x\mathrm{d}x$$

$$= \frac{1}{2}x + \frac{1}{2}\sin x + C.$$

例 13　求 $\int \frac{1}{\sin^2 x \cdot \cos^2 x}\mathrm{d}x$.

解　原式 $= \int \frac{\sin^2 x + \cos^2 x}{\sin^2 x \cdot \cos^2 x}\mathrm{d}x$

$$= \int \left(\frac{1}{\cos^2 x} + \frac{1}{\sin^2 x}\right)\mathrm{d}x$$

$$= \int \frac{1}{\cos^2 x}\mathrm{d}x + \int \frac{1}{\sin^2 x}\mathrm{d}x$$

$$= \tan x - \cot x + C.$$

习题 5-1

A

1. 填空:

(1)函数 x^3 的原函数是________.

(2)函数 x^3 是函数________的原函数.

(3)函数 $\sin 3x$ 的原函数是________.

(4)函数 $\sin 3x$ 是函数________的原函数.

2. 验证下列等式:

(1) $\int (4x^3+3x^2+2)\mathrm{d}x = x^4 + x^3 + 2x + C$

(2) $\int \frac{x}{\sqrt{x^2+2}}\mathrm{d}x=\sqrt{x^2+2}+C$

(3) $\int \sqrt{a^2-x^2}\mathrm{d}x=\frac{a^2}{2}\arcsin\frac{x}{a}+\frac{x}{2}\sqrt{a^2-x^2}+C$

(4) $\int (\ln x+1)\mathrm{d}x=x\ln x+C$

3. 已知曲线上任一点 x 处的切线的斜率为$\frac{1}{2\sqrt{x}}$,且曲线经过点(4,3),求此曲线的方程.

4. 求下列不定积分:

(1) $\int (2-x)^3\mathrm{d}x$　　(2) $\int (\sqrt{x}-1)(\sqrt[3]{x}+1)\mathrm{d}x$

(3) $\int \frac{x^2-\sqrt{x}+1}{x\sqrt{x}}\mathrm{d}x$　　(4) $\int \sqrt{x\sqrt{x\sqrt{x}}}\mathrm{d}x$

(5) $\int \frac{\mathrm{e}^{2x}-2^x}{\mathrm{e}^x}\mathrm{d}x$　　(6) $\int (\frac{3}{1+x^2}-\frac{2}{\sqrt{1-x^2}})\mathrm{d}x$

(7) $\int \frac{1}{x^2(x^2+1)}\mathrm{d}x$　　(8) $\int \frac{\mathrm{e}^{2x}-1}{\mathrm{e}^x-1}\mathrm{d}x$

(9) $\int \frac{\cos 2x}{\sin x+\cos x}\mathrm{d}x$　　(10) $\int \frac{1}{1+\cos 2x}\mathrm{d}x$

B

选择正确的项填在括号中:

(1) $\int \mathrm{d}(\arcsin\sqrt{x})=$(　).

A. $\arcsin\sqrt{x}$　　B. $-\arccos\sqrt{x}+C$

C. $\arcsin\sqrt{x}+C$　　D. $\arccos\sqrt{x}+C$

(2)设 $f'(x)$ 存在且连续,则$[\int \mathrm{d}f(x)]'=$(　).

A. $f(x)$　　B. $f'(x)$

C. $f(x)+C$　　D. $f'(x)+C$

(3)下列各等式中不正确的是(　).

A. $[\int f(x)\mathrm{d}x]'=f(x)$　　B. $\mathrm{d}[\int f(x)\mathrm{d}x]=f(x)$

C. $\int f'(x)\mathrm{d}x=f(x)+C$　　D. $\int \mathrm{d}f(x)=f(x)+C$

(4)若 $f'(x)=g(x)$,则(　)成立.

A. $\int g(x)\mathrm{d}x=f(x)+C$　　B. $\int f(x)\mathrm{d}x=g(x)+C$

C. $\int g'(x)\mathrm{d}x=f(x)+C$　　D. $\int f'(x)\mathrm{d}x=g(x)+C$

(5)设 $f(x)$的原函数是$\frac{1}{x}$,则 $f'(x)=$(　).

A. $\ln|x|$ B. $\frac{1}{x}$ C. $-\frac{1}{x^2}$ D. $\frac{2}{x^3}$

(6)如果 $\int \mathrm{d}f(x) = \int \mathrm{d}g(x)$，则必有（ ）.

A. $f'(x) = g'(x)$ B. $\mathrm{d}f(x) = \mathrm{d}g(x)$

C. $f(x) = g(x)$ D. $\mathrm{d}[\int f'(x)\mathrm{d}x] = \mathrm{d}[\int g'(x)\mathrm{d}x]$

(7) $[\int f'(x)\mathrm{d}x]' =$（ ）.

A. $f'(x)$ B. $f'(x)+C$ C. $f''(x)$ D. $f''(x)+C$

(8)若 $f(x) = x+\sqrt{x}$，则 $\int f'(x)\mathrm{d}x =$（ ）.

A. $x+\sqrt{x}$ B. $x+\sqrt{x}+C$

C. $1+\frac{1}{2\sqrt{x}}$ D. $1+\frac{1}{2\sqrt{x}}+C$

(9)设函数 $f(x)$ 可微，则 $\int \mathrm{d}f(x) =$（ ）.

A. $f(x)+C$ B. $f(x)$

C. $f(x)\mathrm{d}x+C$ D. $f(x)\mathrm{d}x$

(10)设 $x \geqslant 1$ 时 $F'(x) = f(x)$，$f(x)$ 为可导函数，且 $f(1) = -1$，又 $F(x) = xf(x)+x^2$，则 $f(x) =$（ ）.

A. $-2x-1$ B. $-x^2+1$ C. $-x^2-1$ D. $-2x+1$

第二节 换元积分法

前一节介绍了利用不定积分的性质与基本积分公式计算不定积分的直接积分法. 但能直接积分的简单函数是很有限的. 这一节我们将把复合函数的微分法反过来用于求不定积分. 利用中间变量的代换，得到复合函数的积分法，称为换元积分法，简称换元法. 换元法通常分为两类，第一类是把积分变量 x 作为自变量，引入中间变量 $u=\varphi(x)$；第二类是把积分变量 x 作中间变量，引入自变量 t 作变换 $x=\psi(t)$，从而将复杂的被积函数化为简单的类型，运用直接积分法求出积分.

一、第一换元积分法

例 1 求 $\int \cos 2x\mathrm{d}x$.

分析：计算 $\int \cos 2x\mathrm{d}x$ 不能直接套用基本公式，原因在于被积函数 $\cos 2x$ 与公式 $\int \cos x\mathrm{d}x$ 中的被积函数是不一样的. 如果令 $u = 2x$，则 $\cos 2x = \cos u\mathrm{d}u = 2\mathrm{d}x$，则 $\mathrm{d}x = \frac{1}{2}\mathrm{d}u$，所以有

$$\int \cos 2x\mathrm{d}x = \int \cos u \cdot \frac{1}{2}\mathrm{d}u = \frac{1}{2}\int \cos u\mathrm{d}u,$$

由于$\frac{\mathrm{d}}{\mathrm{d}u}(\sin u)=\cos u$，即对积分变量$u$而言$\sin u$是被积函数$\cos u$的原函数，因此有

$$\frac{1}{2}\int\cos u\mathrm{d}u=\frac{1}{2}\sin u+C,$$

再把$u=2x$代回，则

$$\int\cos 2x\mathrm{d}x=\frac{1}{2}\sin 2x+C.$$

综合上述分析，此题的正确解法应如下.

解 令$u=2x,\mathrm{d}u=2\mathrm{d}x$，得$\mathrm{d}x=\frac{1}{2}\mathrm{d}u$，则

$$\int\cos 2x\mathrm{d}x=\int\cos u\cdot\frac{1}{2}\mathrm{d}u=\frac{1}{2}\int\cos u\mathrm{d}u$$

$$=\frac{1}{2}\sin u+C=\frac{1}{2}\sin 2x+C.$$

这种解法对于复合函数的积分具有普遍意义，一般地有如下定理.

定理1 设

$$\int f(u)\mathrm{d}u=F(u)+C,\tag{1}$$

如果$u=\varphi(x)$有连续导数，则有

$$\int f[\varphi(x)]\varphi'(x)\mathrm{d}x=F[\varphi(x)]+C.\tag{2}$$

证 只要能够证明式(2)的右端对x的导数等于左端的被积函数即可.由已知

$$\int f(u)\mathrm{d}u=F(u)+C,$$

即有

$$\frac{\mathrm{d}}{\mathrm{d}u}F(u)=f(u).$$

又由复合函数的微分法，可得

$$\begin{aligned}\frac{\mathrm{d}}{\mathrm{d}x}F[\varphi(x)]&\xlongequal{u=\varphi(x)}\frac{\mathrm{d}}{\mathrm{d}u}F(u)\cdot\frac{\mathrm{d}u}{\mathrm{d}x}\\&=f(u)\cdot\varphi'(x)\\&=f[\varphi(x)]\cdot\varphi'(x).\end{aligned}$$

根据不定积分的定义，则有

$$\int f[\varphi(x)]\varphi'(x)\mathrm{d}x=F[\varphi(x)]+C.$$

把式(1)和式(2)联系起来，写成便于应用的形式：

$$\begin{aligned}\int f[\varphi(x)]\varphi'(x)\mathrm{d}x&=\int f[\varphi(x)]\mathrm{d}[\varphi(x)]\xlongequal{u=\varphi(x)}\int f(u)\mathrm{d}u\\&=F(u)+C\xlongequal{u=\varphi(x)}F[\varphi(x)]+C.\end{aligned}$$

例2 求$\int\mathrm{e}^{2x}\mathrm{d}x$.

解 $\int\mathrm{e}^{2x}\mathrm{d}x=\int\mathrm{e}^{2x}\cdot\frac{1}{2}\mathrm{d}(2x)\xlongequal{令u=2x}\frac{1}{2}\int\mathrm{e}^{u}\mathrm{d}u$

$$= \frac{1}{2}e^u + C \xlongequal{u=2x} \frac{1}{2}e^{2x} + C.$$

例 3　求 $\int \frac{e^x}{1+e^x}dx$.

解　$$\int \frac{e^x}{1+e^x}dx = \int \frac{1}{1+e^x}d(e^x) = \int \frac{1}{1+e^x}d(e^x+1)$$

$$\xlongequal{令\ u=e^x+1} \int \frac{1}{u}du = \ln|u| + C$$

$$\xlongequal{u=e^x+1} \ln(1+e^x) + C.$$

读者应注意到，在解题的过程中，关键有一个"凑"微分的过程，所以第一类换元积分法也称为**凑微分法**. 读者解题熟悉后，不再写出积分变量用新字母代换，而是在凑微分后，直接积分.

显然，用凑微分法计算不定积分时，熟记凑微分公式是十分必要的. 我们根据基本微分公式推导出常用的凑微分公式(在下列各式中，a、b 均为常数，且 $a\neq b$)：

(1)$dx=\frac{1}{a}d(ax+b)$

(2)$xdx=\frac{1}{2a}d(ax^2+b)$

(3)$x^\alpha dx=\frac{1}{a(\alpha+1)}d(ax^{\alpha+1}+b)$　$(\alpha\neq -1)$

(4)$\frac{1}{\sqrt{x}}dx=\frac{2}{a}d(a\sqrt{x}+b)$

(5)$\frac{1}{x^2}dx=-\frac{1}{a}d(\frac{a}{x}+b)$

(6)$\frac{1}{x}dx=d(\ln|x|+b)$

(7)$e^x dx=d(e^x+b)$

(8)$\cos x dx=\frac{1}{a}d(a\sin x+b)$

(9)$\sin x dx=-\frac{1}{a}d(a\cos x+b)$

(10)$\frac{1}{\sqrt{1-x^2}}dx=d(\arcsin x)=-d(\arccos x)$

(11)$\frac{1}{1+x^2}dx=d(\arctan x)=-d(\text{arccot}\ x)$

例 4　求 $\int(2x-1)^{98}dx$.

解　$$\int(2x-1)^{98}dx = \frac{1}{2}\int(2x-1)^{98}d(2x-1)$$

$$= \frac{1}{2}\cdot\frac{1}{98+1}(2x-1)^{98+1} + C$$

$$= \frac{1}{198}(2x-1)^{99} + C.$$

例 5 求 $\int xe^{2x^2}\,dx$.

解 $$\int xe^{2x^2}\,dx = \frac{1}{2}\int e^{2x^2}\,2x\,dx = \frac{1}{2}\int e^{2x^2}\,d(x^2)$$
$$= \frac{1}{4}\int e^{2x^2}\,d(2x^2)$$
$$= \frac{1}{4}e^{2x^2} + C.$$

例 6 求 $\int \frac{\cos\sqrt{x}}{\sqrt{x}}dx$.

解 $$\int \frac{\cos\sqrt{x}}{\sqrt{x}}dx = \int \cos\sqrt{x}\cdot 2d(\sqrt{x})$$
$$= 2\int \cos\sqrt{x}\,d(\sqrt{x})$$
$$= 2\sin\sqrt{x} + C.$$

例 7 求 $\int \frac{2x-1}{x^2-x+3}dx$.

解 $$\int \frac{2x-1}{x^2-x+3}dx = \int \frac{1}{x^2-x+3}d(x^2-x)$$
$$= \int \frac{1}{x^2-x+3}d(x^2-x+3)$$
$$= \ln|x^2-x+3| + C.$$

例 8 求 $\int \frac{1}{x(2+3\ln x)}dx$.

解 $$\int \frac{1}{x(2+3\ln x)}dx = \int \frac{1}{2+3\ln x}d(\ln x)$$
$$= \frac{1}{3}\int \frac{1}{2+3\ln x}d(2+3\ln x)$$
$$= \frac{1}{3}\ln|2+3\ln x| + C.$$

有时,需要将被积函数作适当的代数或三角函数式的恒等变形后,再用凑微分法求不定积分.

例 9 求 $\int \frac{1}{a^2+x^2}dx \quad (a>0)$.

解 $$\int \frac{1}{a^2+x^2}dx = \int \frac{1}{a^2}\cdot\frac{1}{1+(\frac{x}{a})^2}dx$$
$$= \frac{1}{a}\int \frac{1}{1+(\frac{x}{a})^2}d(\frac{x}{a})$$
$$= \frac{1}{a}\arctan\frac{x}{a} + C.$$

例 10 求 $\int \frac{1}{\sqrt{a^2-x^2}}dx \quad (a>0)$.

解 $\int \frac{1}{\sqrt{a^2-x^2}}\mathrm{d}x = \int \frac{1}{a}\frac{1}{\sqrt{1-(\frac{x}{a})^2}}\mathrm{d}x$

$= \int \frac{1}{\sqrt{1-(\frac{x}{a})^2}}\mathrm{d}(\frac{x}{a})$

$= \arcsin\frac{x}{a}+C.$

例 11 求 $\int \frac{1}{a^2-x^2}\mathrm{d}x$.

解 因为 $\frac{1}{a^2-x^2}=\frac{1}{(a+x)(a-x)}=\frac{1}{2a}\left(\frac{1}{a+x}+\frac{1}{a-x}\right)$，所以有

$$\int \frac{1}{a^2-x^2}\mathrm{d}x = \int \frac{1}{2a}\left(\frac{1}{a+x}+\frac{1}{a-x}\right)\mathrm{d}x$$

$$= \frac{1}{2a}\left[\int \frac{1}{(a+x)}\mathrm{d}(a+x)-\int \frac{1}{(a-x)}\mathrm{d}(a-x)\right]$$

$$= \frac{1}{2a}[\ln|a+x|-\ln|a-x|]+C$$

$$= \frac{1}{2a}\ln\left|\frac{a+x}{a-x}\right|+C.$$

例 12 求 $\int \tan x\mathrm{d}x$.

解 $\int \tan x\mathrm{d}x = \int \frac{\sin x}{\cos x}\mathrm{d}x = -\int \frac{1}{\cos x}\mathrm{d}(\cos x)$

$= -\ln|\cos x|+C.$

例 13 求 $\int \sec x\mathrm{d}x$.

解 $\int \sec x\mathrm{d}x = \int \frac{1}{\cos x}\mathrm{d}x = \int \frac{\cos x}{\cos^2 x}\mathrm{d}x$

$= \int \frac{1}{1-\sin^2 x}\mathrm{d}(\sin x)$

$= \frac{1}{2}\ln\left|\frac{1+\sin x}{1-\sin x}\right|+C$

$= \ln|\sec x+\tan x|+C.$

例 14 求 $\int \cos^3 x\mathrm{d}x$.

解 $\int \cos^3 x\mathrm{d}x = \int \cos^2 x\cdot\cos x\mathrm{d}x$

$= \int \cos^2 x\mathrm{d}(\sin x)$

$= \int (1-\sin^2 x)\mathrm{d}(\sin x)$

$= \sin x-\frac{1}{3}\sin^3 x+C.$

例 15 求$\int\cos 3x\cdot\cos 2x\mathrm{d}x$.

解 $\int\cos 3x\cdot\cos 2x\mathrm{d}x=\int\frac{1}{2}[\cos(3x+2x)+\cos(3x-2x)]\mathrm{d}x$

$$=\frac{1}{2}\int\cos 5x\mathrm{d}x+\frac{1}{2}\int\cos x\mathrm{d}x$$

$$=\frac{1}{10}\sin 5x+\frac{1}{2}\sin x+C.$$

注意:同一个积分题,可以有几种不同的解法,其结果在形式上可能不同,但实际上,它们最多只相差一个常数项.

例如:求$\int\sin x\cos x\mathrm{d}x$.

解法 1:$\int\sin x\cos x\mathrm{d}x=\int\sin x\mathrm{d}(\sin x)=\frac{1}{2}\sin^2 x+C_1$.

解法 2:$\int\sin x\cos x\mathrm{d}x=-\int\cos x\mathrm{d}(\cos x)=-\frac{1}{2}\cos^2 x+C_2$.

解法 3:$\int\sin x\cos x\mathrm{d}x=\frac{1}{2}\int\sin 2x\mathrm{d}x=-\frac{1}{4}\cos 2x+C_3$.

通过求导进行检验,三个积分都是对的.

二、第二换元积分法

下面我们通过一个具体的例子,来说明第二换元积分法计算不定积分的基本思想.

例 16 求$\int\frac{1}{1+\sqrt{x}}\mathrm{d}x$.

解 作变量代换$\sqrt{x}=t$,即 $x=t^2(t>0)$,其目的是把被积函数中的根号去掉.在上述代换下,有

$$\frac{1}{1+\sqrt{x}}=\frac{1}{1+t},\mathrm{d}x=2t\mathrm{d}t,$$

于是

$$\int\frac{1}{1+\sqrt{x}}\mathrm{d}x=\int\frac{2t}{1+t}\mathrm{d}t=2\int\frac{1+t-1}{1+t}\mathrm{d}t$$

$$=2\int(1-\frac{1}{1+t})\mathrm{d}t$$

$$=2\int\mathrm{d}t-2\int\frac{1}{1+t}\mathrm{d}(t+1)$$

$$=2t-2\ln|1+t|+C$$

$$=2\sqrt{x}-2\ln|1+\sqrt{x}|+C.$$

一般地说,若积分$\int f(x)\mathrm{d}x$不易计算,而如能作适当变换 $x=\psi(t)$,把原积分化为$\int f[\psi(t)]\psi'(t)\mathrm{d}t$的形式后容易积分,并且在求出原函数后容易将$t=\psi^{-1}(x)$代回还原,则可以使用这种方法.这就是第二换元积分法计算不定积分的基本思想.

定理 2 设 $f(x)$连续,$x=\psi(t)$是单调、可导的函数,且 $\psi'(t)\neq 0$.若 $\varphi(t)$是$f[\psi(t)]\psi'(t)$的一

个原函数，即

$$\int f[\psi(t)]\psi'(t)\mathrm{d}t = \varphi(t) + C, \tag{3}$$

则

$$\int f(x)\mathrm{d}x = \varphi[\psi^{-1}(x)] + C. \tag{4}$$

证 由复合函数的求导法则以及反函数的求导公式，有

$$\begin{aligned}\frac{\mathrm{d}}{\mathrm{d}x}\varphi[\psi^{-1}(x)] &= \frac{\mathrm{d}\varphi}{\mathrm{d}t}\cdot\frac{\mathrm{d}t}{\mathrm{d}x} = f[\psi(t)]\psi'(t)\cdot\frac{1}{\frac{\mathrm{d}x}{\mathrm{d}t}} \\ &= f[\psi(t)]\cdot\psi'(t)\cdot\frac{1}{\psi'(t)} \\ &= f[\psi(t)] = f(x).\end{aligned}$$

这说明 $\varphi[\psi^{-1}(x)]$是 $f(x)$的原函数，即式(4)成立.

将式(3)和式(4)合起来写成便于应用的形式：

$$\begin{aligned}\int f(x)\mathrm{d}x &\xlongequal{x=\psi(t)} \int f[\psi(t)]\psi'(t)\mathrm{d}t = \varphi(t) + C \\ &\xlongequal{t=\psi^{-1}(x)} \varphi[\psi^{-1}(x)] + C.\end{aligned}$$

例 17 求 $\int \frac{x}{\sqrt{x-3}}\mathrm{d}x$.

解 消除根式，令 $t=\sqrt{x-3}$，$x=t^2+3(t>0)$，$\mathrm{d}x=2t\mathrm{d}t$，有

$$\begin{aligned}\int \frac{1}{\sqrt{x-3}}\mathrm{d}x &= \int \frac{t^2+3}{t}\cdot 2t\mathrm{d}t \\ &= 2\int(t^2+3)\mathrm{d}t \\ &= 2\left(\frac{1}{3}t^3+3t\right)+C \\ &= \frac{2}{3}(x-3)^{\frac{3}{2}}+6(x-3)^{\frac{1}{2}}+C.\end{aligned}$$

例 18 求 $\int \sqrt{a^2-x^2}\mathrm{d}x \quad (a>0)$.

解 解题的关键就是消除被积函数的根号，我们可以利用同角三角函数的平方关系式.

设 $x=a\sin t\left(-\frac{\pi}{2}<t<\frac{\pi}{2}\right)$，那么

$$\sqrt{a^2-x^2}=\sqrt{a^2-a^2\sin^2 t}=a\cos t, \mathrm{d}x=a\cos t\mathrm{d}t,$$

于是根式化成了三角式

$$\begin{aligned}\int \sqrt{a^2-x^2}\mathrm{d}x &= \int a\cos t\cdot a\cos t\mathrm{d}t \\ &= a^2\int\cos^2 t\mathrm{d}t \\ &= a^2\left(\frac{t}{2}+\frac{\sin 2t}{4}\right)+C \\ &= \frac{a^2}{2}t+\frac{a^2}{2}\sin t\cos t+C.\end{aligned}$$

由于 $x=a\sin t\left(-\frac{\pi}{2}<t<\frac{\pi}{2}\right)$,所以

$$t=\arcsin\frac{x}{a}$$

$$\cos t=\sqrt{1-\sin^2 t}=\sqrt{1-\left(\frac{x}{a}\right)^2}=\frac{\sqrt{a^2-x^2}}{a},$$

于是所求的积分为

$$\int\sqrt{a^2-x^2}\,\mathrm{d}x=\frac{a^2}{2}\arcsin\frac{x}{a}+\frac{1}{2}x\sqrt{a^2-x^2}+C.$$

关于 $\cos t=\frac{\sqrt{a^2-x^2}}{a}$ 我们可从 $x=a\sin t$ 画一个辅助直角三角形(如图 5-3)直接写出

$$\cos t=\frac{\text{邻边}}{\text{斜边}}=\frac{\sqrt{a^2-x^2}}{a}.$$

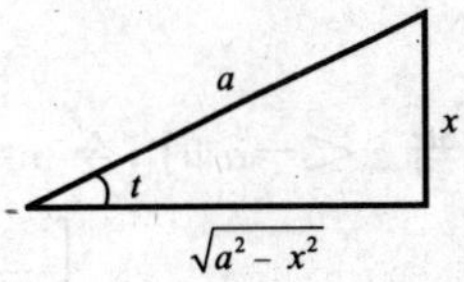

图 5-3

例 19 求 $\int\frac{1}{\sqrt{x^2+a^2}}\mathrm{d}x\quad(a>0)$.

解 设 $x=a\tan t\quad\left(-\frac{\pi}{2}<t<\frac{\pi}{2}\right)$,有

$$\sqrt{x^2+a^2}=\sqrt{a^2\tan^2 t+a^2}=a\sqrt{1+\tan^2 t}=a\sec t,$$
$$\mathrm{d}x=a\sec^2 t\mathrm{d}t,$$

$$\int\frac{1}{\sqrt{x^2+a^2}}\mathrm{d}x=\int\frac{a\sec^2 t}{a\sec t}\mathrm{d}t=\int\sec t\mathrm{d}t=\ln|\sec t+\tan t|+C.$$

为了把 $\sec t$ 及 $\tan t$ 换成 x 的函数,可以根据 $x=a\tan t$ 即 $\tan t=\frac{x}{a}$ 作辅助三角形(如图 5-4).

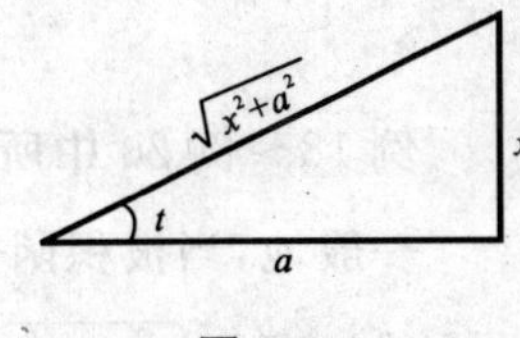

图 5-4

因 $\sec t=\frac{\sqrt{x^2+a^2}}{a}$,故

$$\int\frac{1}{\sqrt{x^2+a^2}}\mathrm{d}x=\ln\left|\frac{\sqrt{x^2+a^2}}{a}+\frac{x}{a}\right|+C_1$$
$$=\ln(\sqrt{x^2+a^2}+x)-\ln a+C_1$$
$$=\ln(x+\sqrt{x^2+a^2})+C.$$

例 20 求 $\int\frac{1}{\sqrt{x^2-a^2}}\mathrm{d}x\quad(a>0)$.

解 因为被积函数的定义域是 $x>a$ 和 $x<-a$ 两个区间,我们在两个区间内分别求不定积分.

当 $x>a$ 时,设 $x=a\sec t\left(0<t<\frac{\pi}{2}\right)$,那么

$$\sqrt{x^2-a^2}=\sqrt{a^2\sec^2 t-a^2}=a\tan t$$
$$\mathrm{d}x=a\sec t\tan t\mathrm{d}t,$$

于是 $$\int\frac{1}{\sqrt{x^2-a^2}}\mathrm{d}x=\int\frac{a\sec t\tan t}{a\tan t}\mathrm{d}t=\int\sec t\mathrm{d}t=\ln|\sec t+\tan t|+C_1.$$

为了把 $\sec t$ 及 $\tan t$ 换成 x 的函数，我们根据 $\sec t=\frac{x}{a}$ 作辅助三角形(如图 5-5).

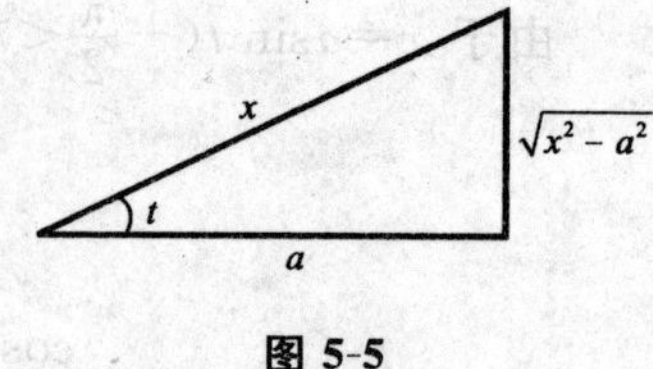

图 5-5

因

$$\tan t=\frac{\sqrt{x^2-a^2}}{a},$$

故

$$\int\frac{1}{\sqrt{x^2-a^2}}\mathrm{d}x=\ln\left|\frac{x}{a}+\frac{\sqrt{x^2-a^2}}{a}\right|+C_1$$

$$=\ln|x+\sqrt{x^2-a^2}|+C\quad(C=-\ln a+C_1).$$

当 $x<-a$ 时，令 $x=-u$，那么 $u>a$，由上段的结果，有

$$\int\frac{1}{\sqrt{x^2-a^2}}\mathrm{d}x=-\int\frac{1}{\sqrt{u^2-a^2}}\mathrm{d}u$$

$$=-\ln|u+\sqrt{u^2-a^2}|+C_2$$

$$=-\ln|-x+\sqrt{x^2-a^2}|+C_2$$

$$=\ln\left|\frac{-x-\sqrt{x^2-a^2}}{a^2}\right|+C_2$$

$$=\ln|-x-\sqrt{x^2-a^2}|-2\ln a+C_2$$

$$=\ln|x+\sqrt{x^2-a^2}|+C\quad(C=-2\ln a+C_2).$$

把 $x>a$ 及 $x<-a$ 内的结果合起来，

$$\int\frac{1}{\sqrt{x^2-a^2}}\mathrm{d}x=\ln|x+\sqrt{x^2-a^2}|+C.$$

例 18～例 20 中所用的方法称为**三角代换法**或称为**三角换元法**.

一般地，当被积函数含有根式 $\sqrt{a^2-x^2}$、$\sqrt{x^2\pm a^2}$ 时，作下列变换：

(1)含有 $\sqrt{a^2-x^2}$　令 $x=a\sin t$ 或 $a\cos t$；

(2)含有 $\sqrt{x^2-a^2}$　令 $x=a\sec t$ 或 $a\csc t$；

(3)含有 $\sqrt{x^2+a^2}$　令 $x=a\tan t$ 或 $a\cot t$.

下面我们通过例子来介绍一种也很有用的代换——**倒代换法**，利用它常可消去被积函数的分母中的变量因子 x.

例 21　求 $\int\frac{\sqrt{a^2-x^2}}{x^4}\mathrm{d}x$.

解　设 $x=\frac{1}{t}$，那么 $\mathrm{d}x=-\frac{1}{t^2}\mathrm{d}t$，于是

$$\int\frac{\sqrt{a^2-x^2}}{x^4}\mathrm{d}x=\int\frac{\sqrt{a^2-\frac{1}{t^2}}}{\frac{1}{t^4}}\left(-\frac{1}{t^2}\right)\mathrm{d}t$$

$$=-\int(a^2t^2-1)^{\frac{1}{2}}|t|\,\mathrm{d}t,$$

当 $x>0$ 时，$t>0$，有

$$\int \frac{\sqrt{a^2-x^2}}{x^4}\mathrm{d}x = -\frac{1}{2a^2}\int (a^2t^2-1)^{\frac{1}{2}}\mathrm{d}(a^2t^2-1)$$

$$= -\frac{(a^2t^2-1)^{\frac{3}{2}}}{3a^2}+C$$

$$= -\frac{(a^2-x^2)^{\frac{3}{2}}}{3a^2x^3}+C,$$

当 $x<0$ 时，$t<0$，有相同的结果，读者自己去完成.

在本节的例题中，有几个积分是以后经常会遇到的，所以它们通常也被当作公式使用. 这样，常用的积分公式，除了基本积分表中的 11 个外，再添加下面几个(其中常数 $a>0$)：

(12) $\int \tan x\mathrm{d}x = -\ln|\cos x|+C$

(13) $\int \cot x\mathrm{d}x = \ln|\sin x|+C$

(14) $\int \sec x\mathrm{d}x = \ln|\sec x+\tan x|+C$

(15) $\int \csc x\mathrm{d}x = \ln|\csc x-\cot x|+C$

(16) $\int \frac{1}{a^2+x^2}\mathrm{d}x = \frac{1}{a}\arctan\frac{x}{a}+C \quad (a>0)$

(17) $\int \frac{1}{x^2-a^2}\mathrm{d}x = \frac{1}{2a}\ln\left|\frac{x-a}{x+a}\right|+C \quad (a>0)$

(18) $\int \frac{1}{a^2-x^2}\mathrm{d}x = \frac{1}{2a}\ln\left|\frac{a+x}{a-x}\right|+C \quad (a>0)$

(19) $\int \frac{1}{\sqrt{a^2-x^2}}\mathrm{d}x = \arcsin\frac{x}{a}+C \quad (a>0)$

(20) $\int \sqrt{a^2-x^2}\mathrm{d}x = \frac{a^2}{2}\arcsin\frac{x}{a}+\frac{x}{2}\sqrt{a^2-x^2}+C \quad (a>0)$

(21) $\int \frac{1}{\sqrt{x^2+a^2}}\mathrm{d}x = \ln(x+\sqrt{x^2+a^2})+C \quad (a>0)$

(22) $\int \frac{1}{\sqrt{x^2-a^2}}\mathrm{d}x = \ln|x+\sqrt{x^2-a^2}|+C \quad (a>0)$

例 22 求 $\int \frac{1}{x^2+2x+5}\mathrm{d}x$.

解 $$\int \frac{1}{x^2+2x+5}\mathrm{d}x = \int \frac{1}{(x+1)^2+2^2}\mathrm{d}(x+1)$$

$$= \frac{1}{2}\arctan\frac{x+1}{2}+C \quad (\text{利用公式(16)}).$$

例 23 求 $\int \frac{1}{\sqrt{x^2-2x-1}}\mathrm{d}x$.

解 $$\int \frac{1}{\sqrt{x^2-2x-1}}\mathrm{d}x = \int \frac{1}{\sqrt{(x-1)^2-(\sqrt{2})^2}}\mathrm{d}(x-1)$$

$$= \ln|x-1+\sqrt{(x-1)^2-(\sqrt{2})^2}|+C$$

（利用公式(22)）

$$= \ln|x-1+\sqrt{x^2-2x-1}|+C.$$

例 24 求 $\int \frac{1}{\sqrt{1+x-x^2}}dx$.

解 $\int \frac{1}{\sqrt{1+x-x^2}}dx = \int \frac{1}{\sqrt{\left(\frac{\sqrt{5}}{2}\right)^2-\left(x-\frac{1}{2}\right)^2}}d\left(x-\frac{1}{2}\right)$

$$= \arcsin \frac{x-\frac{1}{2}}{\frac{\sqrt{5}}{2}}+C$$

$$= \arcsin \frac{2x-1}{\sqrt{5}}+C.$$

习题 5-2

A

1. 在下列各式的横线上填入适当的系数，使等式成立：

(1) $dx=$______ $d(1-2x)$　　(2) $xdx=$______ $d(3x^2+4)$

(3) $x^2dx=$______ $d(2-3x^3)$　　(4) $\frac{1}{x^2}dx=$______ $d\left(\frac{1}{x}+2\right)$

(5) $\frac{1}{\sqrt{x}}dx=$______ $d(2-\sqrt{x})$　　(6) $\frac{1}{x}dx=$______ $d(2\ln x+2)$

(7) $xe^{-2x^2}dx=$______ $d(e^{-2x^2})$　　(8) $\sin\frac{x}{2}dx=$______ $d\left(\cos\frac{x}{2}+1\right)$

(9) $\frac{1}{\sin^2 3x}dx=$______ $d(\cot 3x)$　　(10) $\frac{dx}{\cos^2\frac{x}{2}}=$______ $d\left(\tan\frac{x}{2}+1\right)$

(11) $\frac{1}{\sqrt{1-9x^2}}dx=$______ $d(\arcsin 3x)$

(12) $\frac{1}{1+9x^2}dx=$______ $d(\arctan 3x)$

2. 填空：

(1) $xdx=d(\quad)$　　(2) $\frac{1}{x^2}dx=d(\quad)$

(3) $\frac{1}{x}dx=d(\quad)$　　(4) $e^{3x}dx=d(\quad)$

(5) $\cos 3xdx=d(\quad)$　　(6) $\frac{1}{4+x^2}dx=d(\quad)$

(7) $\frac{x}{\sqrt{x^2+a^2}}\mathrm{d}x=\mathrm{d}(\quad)$　　(8) $\frac{\mathrm{d}x}{x(1+\ln^2 x)}=\mathrm{d}(\quad)$

3. 求下列不定积分:

(1) $\int\frac{x}{1+x^2}\mathrm{d}x$　　(2) $\int \mathrm{e}^{-2x}\mathrm{d}x$

(3) $\int u\sqrt{u^2-5}\,\mathrm{d}u$　　(4) $\int\frac{1}{x^2}\mathrm{e}^{\frac{1}{x}}\mathrm{d}x$

(5) $\int\frac{(\arcsin x)^4-1}{\sqrt{1-x^2}}\mathrm{d}x$　　(6) $\int\frac{1+\ln x}{(x\ln x)^2}\mathrm{d}x$

(7) $\int\frac{1+\cos^2 x}{1+\cos 2x}\mathrm{d}x$　　(8) $\int \mathrm{e}^x(1+\mathrm{e}^x)\mathrm{d}x$

(9) $\int\sec x\tan^3 x\mathrm{d}x$　　(10) $\int\sec^4 x\mathrm{d}x$

(11) $\int\frac{\sin\sqrt{x}}{\sqrt{x}}\mathrm{d}x$　　(12) $\int x\sqrt{x+1}\,\mathrm{d}x$

(13) $\int(1-\sin x)^5\cos x\mathrm{d}x$　　(14) $\int\frac{1}{\sqrt{x+1}+2}\mathrm{d}x$

(15) $\int\sin^4 x\mathrm{d}x$　　(16) $\int\sin^4 x\cdot\cos^3 x\mathrm{d}x$

(17) $\int\sin 5x\cdot\sin 3x\mathrm{d}x$　　(18) $\int\cos x\cos\frac{x}{2}\mathrm{d}x$

(19) $\int\frac{1}{x\sqrt{x^2-1}}\mathrm{d}x$　　(20) $\int\frac{1}{x+\sqrt{1-x^2}}\mathrm{d}x$

(21) $\int\frac{1}{\sqrt{x(1-x)}}\mathrm{d}x$　　(22) $\int\frac{1}{\sqrt{x^2+2x+2}}\mathrm{d}x$

B

求下列不定积分:

(1) $\int\frac{\arctan\sqrt{x}}{\sqrt{x}(1+x)}\mathrm{d}x$　　(2) $\int\frac{10^{\arccos x}}{\sqrt{1-x^2}}\mathrm{d}x$

(3) $\int\frac{\sqrt{1+x}-1}{\sqrt{1+x}+1}\mathrm{d}x$　　(4) $\int\frac{1}{x}\sqrt{\frac{1-x}{1+x}}\mathrm{d}x$

(5) $\int\frac{1}{(x^2+1)^2}\mathrm{d}x$　　(6) $\int x^2\sqrt{x^2-2}\,\mathrm{d}x$

(7) $\int\frac{1}{\sqrt{(x^2+1)^3}}\mathrm{d}x$　　(8) $\int\frac{x^2}{\sqrt{1-x^2}}\mathrm{d}x$

(9) $\int\frac{x\mathrm{d}x}{\sqrt{1-x^4}}$(提示:令 $x^2=\sin t$)　　(10) $\int\left(\frac{\sec x}{1+\tan x}\right)^2\mathrm{d}x$

第三节　分部积分法

第二节我们在复合函数求导法则的基础上研究了复合函数的积分方法——换元积分法. 现在我们利用两个函数乘积的微分法则，来推得另一个求积分的基本方法——**分部积分法**.

设函数 $u=u(x)$ 及 $v=v(x)$ 具有连续导数，那么，由微分公式 $\mathrm{d}(uv)=v\mathrm{d}u+u\mathrm{d}v$ 可得

$$u\mathrm{d}v=\mathrm{d}(uv)-v\mathrm{d}u,$$

从而两边积分得

$$\int u\mathrm{d}v=\int \mathrm{d}(uv)-\int v\mathrm{d}u=uv-\int v\mathrm{d}u,$$

称

$$\int u\mathrm{d}v=uv-\int v\mathrm{d}u$$

为**分部积分公式**.

例 1　求 $\int x\cos x\mathrm{d}x$.

解　把某个函数与 $\mathrm{d}x$ 凑微分，化成分部积分公式左边的形式，现将 $\cos x$ 凑入微分：

$$\int x\cos x\mathrm{d}x=\int x\mathrm{d}(\sin x)\quad (u=x,v=\sin x)$$

$$=x\cdot\sin x-\int\sin x\mathrm{d}x$$

$$=x\sin x+\cos x+C,$$

如果把 x 与 $\mathrm{d}x$ 凑微分，则有

$$\int x\cos x\mathrm{d}x=\int\cos x\mathrm{d}(\frac{1}{2}x^2)$$

$$=\frac{1}{2}x^2\cdot\cos x-\int\frac{1}{2}x^2\cdot\mathrm{d}(\cos x)$$

$$=\frac{1}{2}x^2\cos x+\frac{1}{2}\int x^2\sin x\mathrm{d}x$$

上式右端的积分比原来的积分更不容易求出.

由此可见，如果 u 和 $\mathrm{d}v$ 选择不当，就求不出结果. 所以应用分部积分法时，恰当选取 u 和 $\mathrm{d}v$ 是一个关键. 选取 u 和 $\mathrm{d}v$ 一般要考虑下面两点：

(1) $\mathrm{d}v$ 容易凑微分；

(2) $\int v\mathrm{d}u$ 要比 $\int u\mathrm{d}v$ 容易积出.

一般选择 u 与 v 有个经验公式："反、对、幂、指、三"，指的是按反三角函数、对数函数、幂函数、指数函数及三角函数的顺序，被积函数若为其中某两个函数乘积时，排在前面顺序的函数作为 u，排在后面顺序的函数作为 v，凑入微分，成为 $\mathrm{d}v$.

例 2　求 $\int x^2\mathrm{e}^x\mathrm{d}x$.

解　由于幂函数 x^2 排在指数函数 e^x 前面，故

$$\int x^2\mathrm{e}^x\mathrm{d}x=\int x^2\mathrm{d}(\mathrm{e}^x)=x^2\cdot\mathrm{e}^x-\int\mathrm{e}^x\mathrm{d}(x^2)$$

$$= x^2 \cdot e^x - 2\int xe^x dx$$

$$= x^2 e^x - 2\int x de^x$$

$$= x^2 e^x - 2(xe^x - \int e^x dx)$$

$$= x^2 e^x - 2xe^x + 2e^x + C.$$

例 3 求 $\int x\arctan x dx$.

解 由于反三角函数 $\arctan x$ 排在幂函数 x 的前面，故

$$\int x\arctan x dx = \int \arctan x d(\frac{1}{2}x^2)$$

$$= \frac{1}{2}x^2 \arctan x - \int \frac{1}{2}x^2 d(\arctan x)$$

$$= \frac{1}{2}x^2 \arctan x - \frac{1}{2}\int (1 - \frac{1}{x^2+1}) dx$$

$$= \frac{1}{2}x^2 \arctan x - \frac{x}{2} + \frac{1}{2}\arctan x + C.$$

例 4 求 $\int x^2 \ln x dx$.

解 由于对数函数 $\ln x$ 排在幂函数 x^2 的前面，故

$$\int x^2 \ln x dx = \int \ln x d(\frac{x^3}{3})$$

$$= \frac{x^3}{3}\ln x - \int \frac{x^3}{3} d(\ln x)$$

$$= \frac{x^3}{3}\ln x - \int \frac{x^3}{3} \cdot \frac{1}{x} dx$$

$$= \frac{x^3}{3}\ln x - \frac{1}{3}\int x^2 dx$$

$$= \frac{1}{3}\ln x - \frac{1}{9}x^3 + C.$$

例 5 求 $\int e^x \cos x dx$.

解 $\int e^x \cos x dx = \int \cos x d(e^x)$

$$= e^x \cos x - \int e^x d(\cos x)$$

$$= e^x \cos x + \int e^x \sin x dx$$

$$= e^x \cos x + \int \sin x d(e^x)$$

$$= e^x \cos x + e^x \sin x - \int e^x d(\sin x)$$

$$= e^x \cos x + e^x \sin x - \int e^x \cos x dx.$$

经过两次分部积分后,在上式的右端又出现了所求的积分 $\int e^x \cos x dx$,且其系数不为 1,于是移项得

$$2\int e^x \cos x dx = e^x \cos x + e^x \sin x + C_1.$$

注意:移项之后,右端已没有了积分号,所以应加任意常数.由此即得

$$\int e^x \cos x dx = \frac{1}{2} e^x (\sin x + \cos x) + C,$$

类似地有

$$\int e^x \sin x dx = \frac{1}{2} e^x (\sin x - \cos x) + C.$$

以上这种解题的方法,称为**循环法**.

例 6 求 $\int \ln x dx$.

解 利用分部积分公式,被积函数 $\ln x$ 可看作 u,而 dx 可看作 dv,即有

$$\begin{aligned}\int \ln x dx &= x\ln x - \int x d(\ln x) \\ &= x\ln x - \int x \cdot \frac{1}{x} dx \\ &= x\ln x - x + C.\end{aligned}$$

请读者用此方法求 $\int \sqrt{a^2 - x^2} dx$.

当被积函数是某一简单函数的高次幂函数时,我们可以适当选取 u、dv 通过分部积分后,得到该函数的高次幂函数与低次幂函数的关系,即所谓递推公式,故称**递推法**.

例 7 求 $I_n = \int (\ln x)^n dx$ 的递推公式(其中 n 为正整数,且 $n > 2$),并用公式计算 $\int (\ln x)^3 dx$.

解

$$\begin{aligned} I_n &= \int (\ln x)^n dx = x(\ln x)^n - \int x d(\ln x)^n \\ &= x(\ln x)^n - \int x \cdot n(\ln x)^{n-1} \frac{1}{x} dx \\ &= x(\ln x)^n - n\int (\ln x)^{n-1} dx \\ &= x(\ln x)^n - nI_{n-1}.\end{aligned}$$

所求的递推公式为

$$I_n = x(\ln x)^n - nI_{n-1}$$

$$\begin{aligned} I_3 &= \int (\ln x)^3 dx \\ &= x(\ln x)^3 - 3I_2 \\ &= x(\ln x)^3 - 3[x(\ln x)^2 - 2I_1] \\ &= x(\ln x)^3 - 3x(\ln x)^2 + 6I_1 \\ &= x(\ln x)^3 - 3x(\ln x)^2 + 6(x\ln x - x) + C.\end{aligned}$$

在计算不定积分时,也常常综合使用换元积分法与分部积分法.

例 8　求 $\int \sin\sqrt{x}\mathrm{d}x$.

解　被积函数中含有$\sqrt{x}$,先用第二换元积分法去掉根号.令 $x=t^2(t>0)$,$\mathrm{d}x=2t\mathrm{d}t$,得

$$\begin{aligned}\int \sin\sqrt{x}\mathrm{d}x &= \int 2t\sin t\mathrm{d}t \\ &= 2\int t\mathrm{d}(-\cos x) \\ &= 2(-t\cdot\cos t+\int \cos t\mathrm{d}t) \\ &= -2t\cdot\cos t+2\sin t+C \\ &= -2\sqrt{x}\cdot\cos\sqrt{x}+2\sin\sqrt{x}+C.\end{aligned}$$

习题 5-3

A

1. 求下列不定积分:

(1) $\int x\mathrm{e}^{-x}\mathrm{d}x$　　(2) $\int x\sin 2x\mathrm{d}x$

(3) $\int (x^2+1)\ln x\mathrm{d}x$　　(4) $\int \frac{x\arcsin x}{\sqrt{1-x^2}}\mathrm{d}x$

(5) $\int (\arcsin x)^2\mathrm{d}x$　　(6) $\int x^3\ln x\mathrm{d}x$

(7) $\int \mathrm{e}^{2x}\sin x\mathrm{d}x$　　(8) $\int \mathrm{e}^{\sqrt{x}}\mathrm{d}x$

(9) $\int (\ln x)^2\mathrm{d}x$　　(10) $\int \frac{\ln^2 x}{x^2}\mathrm{d}x$

(11) $\int \mathrm{e}^x\sin x\mathrm{d}x$　　(12) $\int \cos\ln x\mathrm{d}x$

(13) $\int x\sin x\cos x\mathrm{d}x$　　(14) $\int \frac{x\mathrm{e}^x}{(1+\mathrm{e}^x)^2}\mathrm{d}x$

2. 已知 $f(x)$ 的一原函数为$\frac{\sin x}{x}$,求$\int xf'(x)\mathrm{d}x$.

B

证明下列逆推公式:

(1)设 $I_n=\int \tan^n x\mathrm{d}x$,则 $I_n=\frac{1}{n-1}\tan^{n-1}x-I_{n-2}$,$n$ 为自然数且 $n\geqslant 2$.

(2)设 $I_n=\int \frac{\mathrm{d}x}{(x^2+a^2)^n}$,则 $I_n=\frac{1}{2a^2(n-1)}\left[\frac{x}{(x^2+a^2)^{n-1}}+(2n-3)I_{n-1}\right]$,$n$ 为自然数,且 $n\geqslant 2$,$a>0$.

第四节　积分表的使用

一般地说，积分的计算要比导数的计算更为灵活、复杂.因此，为了满足实际需要，人们先把许多常见的积分计算出来，再按照被积函数的特点，分门别类地编成积分表.求积分时，可根据被积函数的类型直接地或经过简单的变形后，在表内查得所需的结果.

本书附有一个积分表以备查用，以下我们来说明积分表的使用方法.

例 1　求下列积分：

(1) $\int \frac{1}{x^2(3x+2)}\mathrm{d}x$；　　(2) $\int \frac{x^2}{\sqrt{x^2+1}}\mathrm{d}x$；

(3) $\int \sqrt{\frac{x-1}{x+2}}\mathrm{d}x$；　　(4) $\int \frac{\mathrm{d}x}{5-4\cos x}$.

解　(1)被积函数含有 $ax+b$，在积分表(一)中查得公式(6).

$$\int \frac{1}{x^2(ax+b)}\mathrm{d}x = -\frac{1}{bx}+\frac{a}{b^2}\ln\left|\frac{ax+b}{x}\right|+C,$$

现令 $a=3,b=2$ 得

$$\int \frac{1}{x^2(3x+2)}\mathrm{d}x = -\frac{1}{2x}+\frac{3}{4}\ln\left|\frac{3x+2}{x}\right|+C.$$

(2)被积函数含有 $\sqrt{x^2+a^2}$，在积分表(六)中查得公式(35).

$$\int \frac{x^2}{\sqrt{x^2+a^2}}\mathrm{d}x = \frac{x}{2}\sqrt{x^2+a^2}-\frac{a^2}{2}\ln(x+\sqrt{x^2+a^2})+C,$$

现令 $a=1$ 得

$$\int \frac{x^2}{\sqrt{x^2+1}}\mathrm{d}x = \frac{x}{2}\sqrt{x^2+1}-\frac{1}{2}\ln(x+\sqrt{x^2+1})+C.$$

(3)被积函数含有 $\sqrt{\frac{x-a}{x-b}}$，在积分表(十)中查得公式(79).

$$\int \sqrt{\frac{x-a}{x-b}}\mathrm{d}x = (x-b)\sqrt{\frac{x-a}{x-b}}+(b-a)\ln(\sqrt{|x-a|}+\sqrt{|x-b|})+C,$$

现令 $a=1,b=-2$ 得

$$\int \sqrt{\frac{x-1}{x+2}}\mathrm{d}x = (x+2)\sqrt{\frac{x-1}{x+2}}-3\ln(\sqrt{|x-1|}+\sqrt{|x+2|})+C.$$

(4)被积函数含有三角函数，在积分表(十一)中查得关于积分 $\int \frac{\mathrm{d}x}{a+b\cos x}$ 的公式，但是公式有两个，要看 $a^2>b^2$ 或 $a^2<b^2$，而决定采用哪一个，现在 $a=5,b=-4$，即 $a^2>b^2$，所以用公式(106).

$$\int \frac{\mathrm{d}x}{a+b\cos x} = \frac{2}{a+b}\sqrt{\frac{a+b}{a-b}}\arctan\left(\sqrt{\frac{a-b}{a+b}}\tan\frac{x}{2}\right)+C\quad(a^2>b^2),$$

于是

$$\int \frac{\mathrm{d}x}{5-4\cos x} = \frac{2}{5+(-4)}\sqrt{\frac{5+(-4)}{5-(-4)}}\arctan\left(\sqrt{\frac{5-(-4)}{5+(-4)}}\tan\frac{x}{2}\right)+C$$

$$= \frac{2}{3}\arctan(3\tan\frac{x}{2})+C.$$

下面再举一个需要进行变量代换,然后再查求积分的例子.

例 2 求下列积分:

(1) $\int \frac{dx}{x\sqrt{9x^2+16}}$; (2) $\int x\arctan(\frac{1}{3}x+2)dx$.

解 (1)该积分不能在表中直接查出,需要先进行变换,令 $3x=t$,则

$$\int \frac{dx}{x\sqrt{9x^2+16}} = \int \frac{dt}{t\sqrt{t^2+4^2}},$$

在积分表(六)中查得公式(37)

$$\int \frac{dx}{x\sqrt{x^2+a^2}} = \frac{1}{a}\ln\frac{\sqrt{x^2+a^2}}{|x|}+C,$$

因此

$$\int \frac{dx}{x\sqrt{9x^2+16}} = \int \frac{dt}{t\sqrt{t^2+4^2}} = \frac{1}{4}\ln\frac{\sqrt{t^2+4^2}}{|t|}+C$$
$$= \frac{1}{4}\ln\frac{\sqrt{9x^2+16}}{|3x|}+C.$$

(2)令 $\frac{1}{3}x+2=t$,则 $x=3t-6$,于是

$$\int x\arctan(\frac{1}{3}x+2)dx = \int(3t-6)\arctan t\,d(3t-6)$$
$$= 9\int t\cdot\arctan t\,dt - 18\int\arctan t\,dt,$$

对于积分 $\int t\cdot\arctan t\,dt$ 查积分表(十二)得公式(120),其中取 $a=1$,则

$$\int t\arctan t\,dt = \frac{1}{2}(1+t^2)\arctan t - \frac{1}{2}t + C_1.$$

对于积分 $\int\arctan t\,dt$ 查积分表(十二)得公式(119),其中取 $a=1$,得

$$\int\arctan t\,dt = t\cdot\arctan t - \frac{1}{2}\ln(1+t^2)+C_2,$$

因此

$$\int x\arctan(\frac{1}{3}x+2)dx = 9\int t\arctan t\,dt - 18\int\arctan t\,dt$$
$$= \frac{9}{2}(1+t^2)\arctan t - \frac{9}{2}t - 18t\cdot\arctan t$$
$$+9\ln(1+t^2)+C$$
$$= \frac{9}{2}\left[1+\left(\frac{x+6}{3}\right)^2\right]\arctan\frac{x+6}{3} - \frac{9}{2}(\frac{x+6}{3})$$
$$-18\cdot\frac{x+6}{3}\arctan\frac{x+6}{3}+9\ln[1+\left(\frac{x+6}{3}\right)^2]+C$$
$$= \frac{1}{2}(x^2+12x+45)\arctan\frac{x+6}{3} - \frac{1}{2}(3x+18)$$
$$-(6x+36)\arctan\frac{x+6}{3}$$
$$+9\ln[1+\left(\frac{x+6}{3}\right)^2]+C.$$

再举一个逆推公式的例子如下.

例 3 求 $\int \sin^4 x\mathrm{d}x$.

解 在积分表(十一)中得到公式(95).

$$\int \sin^n x\mathrm{d}x = -\frac{\sin^{n-1} x\cos x}{n} + \frac{n-1}{n}\int \sin^{n-2} x\mathrm{d}x,$$

因此

$$\int \sin^4 x\mathrm{d}x = -\frac{1}{4}\sin^3 x\cos x + \frac{3}{4}\int \sin^2 x\mathrm{d}x.$$

对于积分 $\int \sin^2 x\mathrm{d}x$ 用公式(93).

$$\int \sin^2 x\mathrm{d}x = \frac{x}{2} - \frac{1}{4}\sin 2x + C,$$

于是

$$\int \sin^4 x\mathrm{d}x = -\frac{1}{4}\sin^3 x\cos x + \frac{3}{8}x - \frac{3}{16}\sin 2x + C.$$

由以上各例看出,利用积分表计算积分可以节省时间,但有些积分则需作适当的变换后才能使用积分表.同学们千万不要认为有了积分表,就可以不掌握基本积分方法,从例 2 可见,如果不掌握换元法,连积分表都不会查,因此,只有掌握了前面学过的基本积分方法才能灵活地使用积分表.

例 4 计算 $\int \sin^7 x\cos^3 x\mathrm{d}x$.

解 查表知可利用公式(99),但非常繁琐,故使用前面所学习的基本积分方法.

$$\begin{aligned}\int \sin^7 x\cos^3 x\mathrm{d}x &= \int \sin^7 x\cos^2 x\mathrm{d}(\sin x)\\ &= \int \sin^7 x(1-\sin^2 x)\mathrm{d}(\sin x)\\ &= \int \sin^7 x\mathrm{d}(\sin x) - \int \sin^9 x\mathrm{d}(\sin x)\\ &= \frac{1}{8}\sin^8 x - \frac{1}{10}\sin^{10} x + C.\end{aligned}$$

由此例知,求积分时究竟直接计算,还是查表计算,或是二者结合处理使用,应灵活掌握、处理,从而找出最合适的方法.

习题 5-4

利用积分表求下列积分:

(1) $\int \frac{x}{(4x+3)^2}\mathrm{d}x$　　(2) $\int \frac{\mathrm{d}x}{\sqrt{4x^2-9}}$

(3) $\int \frac{1}{x^2+2x+5}\mathrm{d}x$　　(4) $\int \frac{1}{\sqrt{5-4x+x^2}}\mathrm{d}x$

(5) $\int \sqrt{2x^2+9}\mathrm{d}x$　　(6) $\int \mathrm{e}^{-2x}\sin 3x\mathrm{d}x$

(7) $\int x\arcsin\frac{x}{2}\mathrm{d}x$　　(8) $\int \frac{1}{(x^2+9)^2}\mathrm{d}x$

(9) $\int \frac{1}{\sin^3 x}dx$ (10) $\int \sin 3x \sin 5x dx$

(11) $\int \frac{\sqrt{x-1}}{x}dx$ (12) $\int \cos^6 x dx$

(13) $\int x^2 \sqrt{x^2-2}dx$ (14) $\int \frac{1}{5-4\sin x}dx$

(15) $\int \sqrt{\frac{x-2}{x+5}}dx$ (16) $\int \frac{x}{\sqrt{1+x-x^2}}dx$

本章小结

1. 基本概念

(1)原函数:$F'(x)=f(x) \Leftrightarrow F(x)$为 $f(x)$的一个原函数.

(2)不定积分: $f(x)$ 的全部原函数为 $f(x)$ 的不定积分,记$\int f(x)dx$.

若 $F'(x)=f(x)$, 则 $\int f(x)dx = F(x)+C$.

2. 积分方法

(1)直接积分法.

(2)第一类换元积分法(凑微分法).

(3)第二类换元积分法,特别要掌握三角函数代换.

(4)分部积分法,公式:

$$\int u dv = uv - \int v du.$$

利用分部积分法做题就是通过"部分地"凑微分将 $\int u dv$ 转化为$\int v du$,这种转化应是朝有利于求积分的方向转化. 注意选 u 的顺序:"反、对、幂、指、三".

对于不同的被积函数类型,应该有针对性地、灵活地采用有效的积分方法.

应该指出的是:积分运算比起微分运算来不仅技巧性更强,而且业已证明,有许多初等函数是"积不出来"的,也就是说这些函数的原函数不能用初等函数来表示.

例如$\int \frac{\sin x}{x}dx$,$\int e^{-x^2}dx$,$\int \frac{1}{\ln x}dx$,$\int \frac{1}{\sqrt{1-k^2\sin x}}$(其中 $0<k<1$) 都"积不出来".

复习题 5

1. 填空题

(1) 一曲线经过原点且在其上每一点的切线的斜率 $k=\frac{x}{3}$,则此曲线的方程是__________.

(2)设 $f'(x)=1$,且 $f(0)=0$,则$\int f(x)dx=$__________.

(3)若 $F'(x)=f(x)$,则$\int xf(x^2)\mathrm{d}x=$________.

(4)若 $\int f(x)\mathrm{d}x=\frac{1}{1+x^2}+C$,则$\int f(\sin x)\cos x\mathrm{d}x=$________.

(5)若 $uv=x\sin x$,$\int u'v\mathrm{d}x=\cos x+C$,则$\int uv'\mathrm{d}x=$________.

(6) $\int\frac{x}{\sqrt{x^2+2}}\mathrm{d}x=$________.

(7) $\int\frac{\mathrm{e}^x-1}{\mathrm{e}^x+1}\mathrm{d}x=$________.

(8) $\int\frac{u'(x)}{u^2(x)}\mathrm{d}x=$________ $(u^2(x)\neq 0)$.

(9)若 $f'(x)(1+x^2)=1$,且 $f(0)=4$,则 $f(x)=$________.

(10)设 $f(x)$ 是连续函数,且$\int f(x)\mathrm{d}x=F(x)+C$,则$\int F(x)f(x)\mathrm{d}x=$________.

2. 选择题

(1)函数 $\cos\frac{\pi}{2}x$ 的一个原函数是( ).

A. $\frac{2}{\pi}\sin\frac{\pi}{2}x$ B. $\frac{\pi}{2}\sin\frac{\pi}{2}x$

C. $\frac{2}{\pi}\sin\frac{x}{2}$ D. $\frac{\pi}{2}\sin\frac{2}{\pi}x$

(2)若 $f(x)=x+\sin x$,则$\int f'(x)\mathrm{d}x=$( ).

A. $x+\sin x$ B. $x+\sin x+C$

C. $\frac{1}{2}x^2-\cos x+C$ D. $1+\cos x$

(3) $\int\frac{1}{x^2+4}\mathrm{d}x=$( ).

A. $\arctan\frac{x}{2}+C$ B. $-\frac{1}{2}\mathrm{arccot}\frac{x}{2}+C$

C. $2\arctan\frac{x}{2}+C$ D. $\frac{1}{2}\arctan\frac{x}{2}+C$

(4) $\int f(x)\mathrm{d}x=x\mathrm{e}^x+C$,则 $f(x)=$( ).

A. $(x+2)\mathrm{e}^x$ B. $(x-1)\mathrm{e}^x$

C. $x\mathrm{e}^x$ D. $(x+1)\mathrm{e}^x$

(5)已知 $f(x)$ 的一个原函数是 e^{-x^2},则$\int xf'(x)\mathrm{d}x=$( ).

A. $-(2x^2+1)\mathrm{e}^{-x^2}+C$ B. $-\frac{1}{2}\mathrm{e}^{-x^2}+C$

C. $x\mathrm{e}^{-x^2}+C$ D. $(2x^2-1)\mathrm{e}^{-x^2}+C$

(6)若$\int f(x)\mathrm{d}x=F(x)+C$,则$\int xf(ax^2+b)\mathrm{d}x=$( ).

A. $F(ax^2+b)+C$ B. $2aF(ax^2+b)+C$

C. $\frac{1}{2a}F(ax^2+b)+C$ D. $\frac{1}{a}F(ax^2+b)+C$

(7)若 $\int f(x)\mathrm{d}x = x^2 + C$,则 $\int xf(1-x^2)\mathrm{d}x = ($ $)$.

A. $2(1-x^2)^2+C$ B. $-2(1-x^2)^2+C$

C. $\frac{1}{2}(1-x^2)^2+C$ D. $-\frac{1}{2}(1-x^2)^2+C$

(8)设 $f(x) = \sin ax$,则 $\int xf''(x)\mathrm{d}x = ($ $)$.

A. $\frac{x}{a}\cos ax-\sin ax+C$ B. $ax\cos ax-\sin ax+C$

C. $\frac{x}{a}\sin ax-a\cos ax+C$ D. $ax\sin ax-a\cos ax+C$

(9) $\int xe^x\mathrm{d}t = ($ $)$.

A. $xe^x\cdot t+C$ B. xe^x+C

C. xe^x+e^x+C D. xe^x-e^x+C

3. 求下列不定积分(其中 a、b 为常数):

(1) $\int\frac{x}{\sqrt{2-3x^2}}\mathrm{d}x$ (2) $\int\frac{\arctan\sqrt{x}}{\sqrt{x}(1+x)}\mathrm{d}x$

(3) $\int\frac{1}{e^x+e^{-x}}\mathrm{d}x$ (4) $\int\frac{x^2}{1+x^6}\mathrm{d}x$

(5) $\int\frac{\ln\ln x}{x}\mathrm{d}x$ (6) $\int\sqrt{\frac{2+x}{2-x}}\mathrm{d}x$

(7) $\int\frac{1}{\sqrt{x(x+1)}}\mathrm{d}x$ (8) $\int\frac{1}{x^2\sqrt{x^2-1}}\mathrm{d}x$

(9) $\int x\sin^2 x\mathrm{d}x$ (10) $\int e^{ax}\cos bx\mathrm{d}x$

(11) $\int\frac{1}{\sqrt{1+e^x}}\mathrm{d}x$ (12) $\int\sqrt{x}\sin\sqrt{x}\mathrm{d}x$

(13) $\int\ln(1+x^2)\mathrm{d}x$ (14) $\int\arctan\sqrt{x}\mathrm{d}x$

(15) $\int\frac{\sqrt{1+\cos 2x}}{\sin 2x}\mathrm{d}x$ (16) $\int\frac{\sin^2 x}{\cos^3 x}\mathrm{d}x$

(17) $\int\frac{\cos x}{1+\sin x}\mathrm{d}x$ (18) $\int\frac{x\arccos x}{\sqrt{1-x^2}}\mathrm{d}x$

(19) $\int\frac{1}{\sin^2 x\cos^4 x}\mathrm{d}x$ (20) $\int\frac{1}{\sin^3 x\cos^5 x}\mathrm{d}x$

4. 设某商品的需求量 Q 是价格 P 的函数,该商品的最大需求量为 1 000(即 $P=0$ 时,$Q=$ 1 000),已知需求量的变化率(边际需求)为 $Q'(P)=-1\,000\ln 2(0.5)^P$,求需求量与价格的函数关系.

第六章　定积分

上一章已讨论了积分学中的不定积分问题，本章将讨论积分学中另一个重要的问题——定积分，我们将从实际问题中引出定积分的概念，然后讨论定积分的有关性质，并建立定积分与不定积分的联系，从而给出定积分的计算方法.

第一节　定积分的概念

一、引入定积分概念的三个实例

例1　设函数 $y=f(x)$ 在区间 $[a,b]$ 上非负且连续，由曲线 $y=f(x)$ 和三条直线 $x=a$，$x=b$，$y=0$ 所围成的图形 $aMNba$ 称为**曲边梯形**，如图 6-1，求曲边梯形 $aMNba$ 的面积.

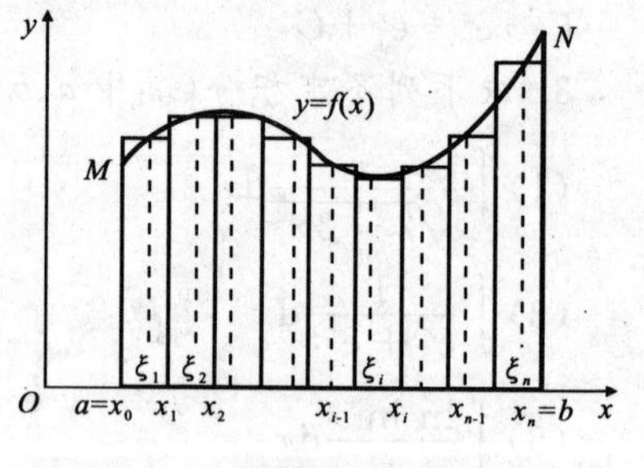

图 6-1

怎样计算上述曲边梯形的面积呢？首先，不难看出，该曲边梯形的面积取决于区间 $[a,b]$ 及定义在这个区间上的函数 $f(x)$. 如果 $f(x)$ 在 $[a,b]$ 上为常数 h，此时曲边梯形为矩形，则其面积等于 $h(b-a)$. 现在的问题是 $f(x)$ 在 $[a,b]$ 上不是常数，而是变化着的，因此它的面积就不能简单地用求矩形的面积公式计算. 但是由于 $f(x)$ 在 $[a,b]$ 上连续，当 x 变化不大时，$f(x)$ 变化也不大，因此，如果将区间 $[a,b]$ 分割成许多小区间，相应地将曲边梯形分割成许多小曲边梯形，每个区间上对应的小曲边梯形可以近似地看成小矩形，所有的小矩形面积的和，就是整个曲边梯形面积的近似值. 显然，分割得愈细，近似的程度愈好. 因此，将区间 $[a,b]$ 无限地细分，并使每个小曲边梯形的底边都趋向于零，则小矩形面积之和的极限就可定义为所要求的曲边梯形的面积.

根据上述分析，曲边梯形面积的计算可按下面步骤得到.

(1)分割　在区间 $[a,b]$ 内插入 $n-1$ 个分点，

$$a=x_0<x_1<x_2<\cdots<x_{i-1}<x_i<\cdots<x_{n-1}<x_n=b,$$

把区间 $[a,b]$ 分成 n 个小区间：

$$[x_0,x_1],[x_1,x_2],\cdots,[x_{i-1},x_i],\cdots,[x_{n-1},x_n].$$

相应地将曲边梯形分割成 n 个小曲边梯形，记小区间 $[x_{i-1},x_i]$ 的长度为

$$\Delta x_i=x_i-x_{i-1}\quad(i=1,2,\cdots,n).$$

将区间 $[x_{i-1},x_i]$ 上的小曲边梯形的面积记作

$$\Delta A_i\quad(i=1,2,\cdots,n).$$

(2)近似代替　在每一个小区间 $[x_{i-1},x_i]$ 上任取一点 ξ_i，以 Δx_i 为底边，以 $f(\xi_i)$ 为高作小矩形，其面积为

$$f(\xi_i)\Delta x_i\quad(i=1,2,\cdots,n),$$

以此作为相应的小曲边梯形面积 ΔA_i 的近似值，即

$$\Delta A_i \approx f(\xi_i)\Delta x_i \quad (i=1,2,\cdots,n).$$

(3)求和　把 n 个小矩形的面积相加，就得到曲边梯形面积 A 的近似值. 即

$$A \approx \sum_{i=1}^{n} f(\xi_i)\cdot\Delta x_i.$$

(4)取极限　区间分得愈细，近似值就愈接近精确度，我们要求小区间长度中最大的趋向于零，即 $\lambda=\max\{\Delta x_1,\Delta x_2,\cdots,\Delta x_i,\cdots,\Delta x_n\}\to 0$，这时分点将无限增多(即 $n\to\infty$). 取上式右端的极限，若极限存在，则以此极限值作为曲边梯形的面积. 即

$$A = \lim_{\lambda\to 0}\sum_{i=1}^{n} f(\xi_i)\cdot\Delta x_i.$$

计算曲边梯形的面积是分四步来完成的：

(1)分割；(2)近似代替；(3)求和；(4)取极限.

例 2　变力做功

设一物体作直线运动，受到与运动方向平行的力的作用，若力是恒力 F，物体的位移从 $S=a$ 到 $S=b$，则该力所作的功为

$$W=F\cdot(b-a)$$

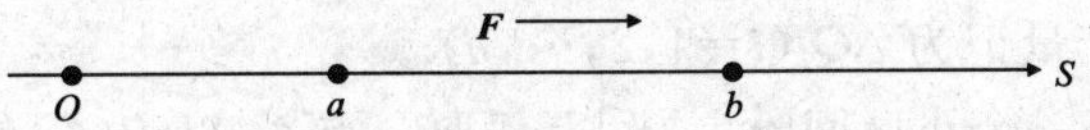

但是，在实际问题中，物体在运动过程中受到的作用力常常不是恒力，显然，就不能用上述公式来计算变力所作的功.

已知力 $F(S)$ 是位移 S 的连续函数，物体位移的区间为$[a,b]$(即位移从 a 到 b)，求变力 $F(S)$ 在区间$[a,b]$上所作的功.

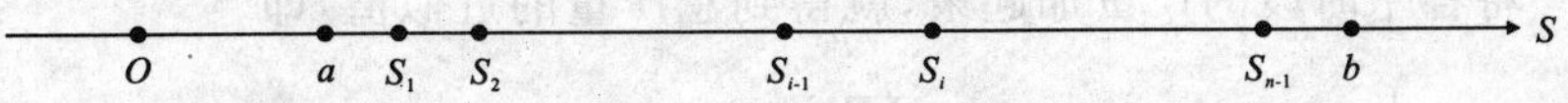

(1)分割　在$[a,b]$中插入 $n-1$ 个分点，

$$a=S_0<S_1<S_2<\cdots<S_{i-1}<S_i<\cdots<S_{n-1}<S_n=b,$$

把 S 的变化区间$[a,b]$分成几个小区间：

$$[S_0,S_1],[S_1,S_2],\cdots,[S_{i-1},S_i],\cdots,[S_{n-1},S_n].$$

记小区间$[S_{i-1},S_i]$的长度为：

$$\Delta S_i=S_i-S_{i-1} \quad (i=1,2,\cdots,n),$$

在位移区间$[S_{i-1},S_i]$上变力作的功记为 $\Delta W_i (i=1,2,\cdots,n)$.

(2)近似代替(以恒力代变力)　在每一个小区间$[S_{i-1},S_i]$上任取一点 ξ_i，以 ξ_i 处作用的力 $F(\xi_i)$ 作为小区间$[S_{i-1},S_i]$上各点所作用的力，于是相应的功为 $F(\xi_i)\cdot\Delta S_i$，以此作为 $F(S)$ 在位移区间$[S_{i-1},S_i]$上作的功 ΔW_i 的近似值. 即

$$\Delta W_i = F(\xi_i)\cdot\Delta S_i \quad (i=1,2,\cdots,n).$$

(3)求和　各小区间$[S_{i-1},S_i]$上恒力 $F(\xi_i)$ 所作的功之和作为$[a,b]$上力 $F(S)$ 所作功的近似值，即

$$W=\sum_{i}^{n}\Delta W_i \approx \sum_{i=1}^{n} F(\xi_i)\cdot\Delta S_i.$$

(4)取极限　区间分得愈细，近似值就愈接近精确值. 设

$$\lambda=\max_{1\leqslant i\leqslant n}\{\Delta S_i\}.$$

当 $\lambda\to 0$ 时，这时分点将无限增多($n\to\infty$). 如果和式 $\sum\limits_{i=1}^{n}F(\xi_i)\cdot\Delta S_i$ 的极限存在，则定义此极限值为变力 $F(S)$ 在区间 $[a,b]$ 上所作的功，即

$$W=\lim_{\lambda\to 0}\sum_{i=1}^{n}F(\xi_i)\cdot\Delta S_i.$$

例 3 由总产量变化率求总产量.

设某产品总产量的变化率是时间 t 的函数 $P=P(t)$，假设从时间 α 到时间 β 这段时间区间 $[\alpha,\beta]$ 内，生产是连续进行的，求这段时间内的总产量 Q.

当总产量的变化率是常数，即单位时间内生产的产品数不变时，总产量就是它的变化率与时间的乘积，但一般在实际工作中，产量的变化率不是常数，而是随时间变化的，若时间间隔很小，则变化率的变动也很小，可以近似看为一个常数，这样可以依照计算曲边梯形面积的思路和具体方法来求在 $[\alpha,\beta]$ 内的总产量.

(1)分割　用分点 $\alpha=t_0<t_1<t_2<\cdots<t_{i-1}<t_i<\cdots<t_{n-1}<t_n=\beta$ 将 $[\alpha,\beta]$ 分成 n 个小区间，其中第 i 个小区间为 $[t_{i-1},t_i]$，每个小区间的长度为

$$\Delta t_i=t_i-t_{i-1}\quad(i=1,2,\cdots,n)$$

将区间 $[t_{i-1},t_i]$ 上的总产量记为 $\Delta Q_i(i=1,2,\cdots,n)$.

(2)近似代替　在每一个小区间 $[t_{i-1},t_i]$ 上任取一点 ξ_i，以 $P(\xi_i)$ 作为 $[t_{i-1},t_i]$ 时段的产量变化率，当 Δt_i 很小时，可认为 $P(\xi_i)$ 是 $[t_{i-1},t_i]$ 上的常数，则在 $[t_{i-1},t_i]$ 时段上的总产量 ΔQ_i 可用 $P(\xi_i)\Delta t_i$ 来近似代替，即

$$\Delta Q_i\approx P(\xi_i)\cdot\Delta t_i\quad(i=1,2,\cdots,n).$$

(3)求和　将各个时段的产量加起来，就得到总产量的近似值，即

$$Q\approx\sum_{i=1}^{n}P(\xi_i)\cdot\Delta t_i.$$

(4)取极限　区间分得愈细，近似值就愈接近精确值. 设

$$\lambda=\max_{1\leqslant i\leqslant n}\{\Delta t_i\}.$$

当 $\lambda\to 0$ 时，这时分点将无限增多($n\to\infty$)，如果和式 $\sum\limits_{i=1}^{n}P(\xi_i)\cdot\Delta t_i$ 的极限存在，则定义此极限值为总产量的精确值，即

$$Q=\lim_{\lambda\to 0}\sum_{i=1}^{n}P(\xi_i)\cdot\Delta t_i.$$

请注意上面三个实际例子，第一个例子具有它的几何意义，第二个例子具有它的物理意义，第三个例子具有它的经济意义，但它们都有一个共性，都是通过**分割、近似代替、求和、取极限**四个阶段得到结构相同的极限. 为了更好地解决此类问题，我们抓住它在数量关系上的共同本质与特征加以概括得到定积分的概念.

二、定积分的定义

定义　设函数 $y=f(x)$ 在区间 $[a,b]$ 上有界，在 $[a,b]$ 中插入 $n-1$ 个分点，

$$a=x_0<x_1<x_2<\cdots<x_{i-1}<x_i<\cdots<x_{n-1}<x_n=b,$$

把区间$[a,b]$分成 n 个小区间

$$[x_0,x_1],[x_1,x_2],\cdots,[x_{i-1},x_i],\cdots,[x_{n-1},x_n],$$

各个小区间的长度为 $\Delta x_i=x_i-x_{i-1}(i=1,2,\cdots,n)$.

在每个小区间$[x_{i-1},x_i]$上任取一点 $\xi_i(x_{i-1}\leqslant\xi_i\leqslant x_i)$，作函数值 $f(\xi_i)$与小区间长度 Δx_i 的乘积 $f(\xi_i)\cdot\Delta x_i(i=1,2,\cdots,n)$并作出和式

$$\sum_{i=1}^{n}f(\xi_i)\cdot\Delta x_i\quad\text{（称为积分和式）},$$

记
$$\lambda=\max_{1\leqslant i\leqslant n}\{\Delta x_i\}.$$

如果对区间$[a,b]$的任一分法，和小区间$[x_{i-1},x_i]$上点 ξ_i 任意取法，当 $\lambda\to 0$ 时，上述和式的极限都存在且相等，则称此极限值为函数 $f(x)$在区间$[a,b]$上的定积分，记作

$$\int_a^b f(x)\mathrm{d}x=\lim_{\lambda\to 0}\sum_{i=1}^{n}f(\xi_i)\cdot\Delta x_i,$$

其中 $f(x)$称为被积函数，$f(x)\mathrm{d}x$ 称为被积表达式，x 称为积分变量，a 称为积分下限，b 称为积分上限，$[a,b]$称为积分区间.

上面三个实例均可用定积分表示.

(1)曲边梯形的面积 A 等于函数 $f(x)(f(x)\geqslant 0)$ 在$[a,b]$上的定积分：$A=\int_a^b f(x)\mathrm{d}x$.

(2) 变力所作的功 W 等于函数 $F(S)$ 在区间$[a,b]$上的定积分：$W=\int_a^b F(S)\mathrm{d}S$.

(3)在时间 $[\alpha,\beta]$ 上的总产量 Q 等于函数 $P(t)$ 在区间$[\alpha,\beta]$ 上的定积分：$Q=\int_\alpha^\beta P(t)\mathrm{d}t$.

三、关于定积分概念的三点说明

(1)定积分$\int_a^b f(x)\mathrm{d}x$ 是积分和式的极限，是一个数值，它的值仅与被积函数 $f(x)$和积分区间有关，而与积分变量的记号无关，即有

$$\int_a^b f(x)\mathrm{d}x=\int_a^b f(t)\mathrm{d}t=\int_a^b f(u)\mathrm{d}u.$$

(2)在定积分$\int_a^b f(x)\mathrm{d}x$ 的定义中，总是假设 $a<b$，为了今后使用方便，对于 $a=b,a>b$ 的情况规定：

$$\int_a^a f(x)\mathrm{d}x=0,\quad\int_a^b f(x)\mathrm{d}x=-\int_b^a f(x)\mathrm{d}x.$$

(3)如果函数 $f(x)$ 在区间$[a,b]$上的定积分$\int_a^b f(x)\mathrm{d}x$存在，则称函数 $f(x)$ 在区间$[a,b]$上可积. 因此，定积分$\int_a^b f(x)\mathrm{d}x$ 存在，与 ξ_i 的选取无关，与对区间的分法无关.

函数 $f(x)$在$[a,b]$上满足什么条件一定可积呢？

定理 1　若函数 $f(x)$在区间$[a,b]$上连续，则 $f(x)$在$[a,b]$上可积.

定理 2　若函数 $f(x)$在区间$[a,b]$上有界，且只有有限个第一类间断点，则 $f(x)$在$[a,b]$上可积.

（证明从略.）

本章以下所讨论的函数 $f(x)$，如不作声明，总假定所讨论的定积分是存在的，即是可积的.

四、定积分的几何意义

首先从定义出发来说明定积分的几何意义.

(1)前面我们讨论过在$[a,b]$上 $f(x)\geqslant 0$ 时，定积分在几何上表示以函数的图形为曲边的一个曲边梯形的面积(图 6-2).

$$\int_a^b f(x)\mathrm{d}x=\lim_{\lambda\to 0}\sum_{i=1}^{n}f(\xi_i)\cdot\Delta x_i=A.$$

(2)如果在$[a,b]$上，$f(x)\leqslant 0$ 时(如图 6-3)，那么 $f(x)$在$[a,b]$上的定积分为

$$\int_a^b f(x)\mathrm{d}x=\lim_{\lambda\to 0}\sum_{i=1}^{n}f(\xi_i)\cdot\Delta x_i.$$

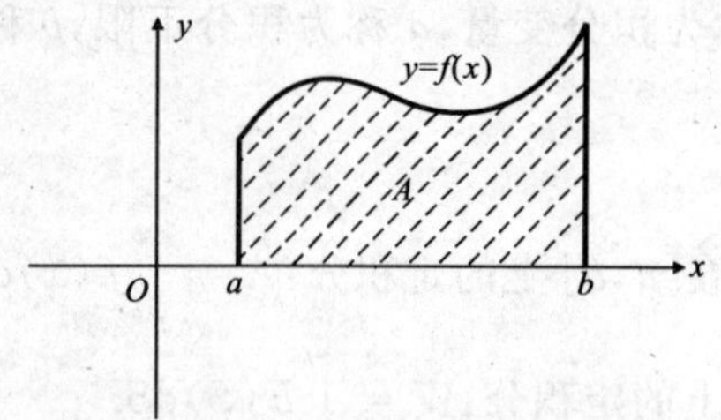

图 6-2

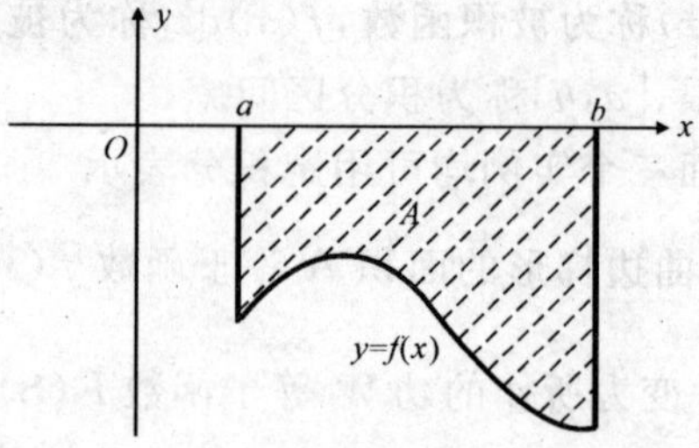

图 6-3

因 $\Delta x_i>0$，而 $f(\xi_i)\leqslant 0$，故 $f(\xi_i)\cdot\Delta x_i\leqslant 0$. 因此

$$\int_a^b f(x)\mathrm{d}x=\lim_{\lambda\to 0}\sum_{i=1}^{n}f(\xi_i)\Delta x_i=-A,$$

即 $\int_a^b f(x)\mathrm{d}x$ 的值为曲边梯形的面积的相反数.

(3)如果函数 $f(x)$ 在区间$[a,b]$上既可取正值又可取负值(如图 6-4)，则定积分$\int_a^b f(x)\mathrm{d}x$ 在几何上表示介于曲线 $y=f(x)$，直线 $x=a,x=b,y=0$ 之间的各部分面积的代数和，即

$$\int_a^b f(x)\mathrm{d}x=A_1-A_2+A_3-A_4.$$

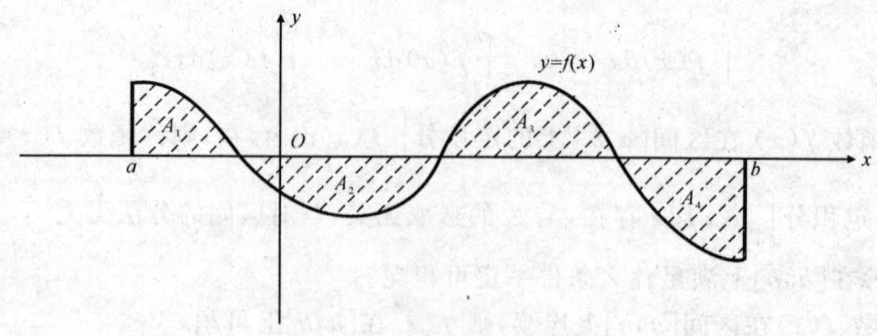

图 6-4

例 4 用定义计算 $\int_0^1 x^2\mathrm{d}x$.

解　因为 $f(x)=x^2$ 在 $[0,1]$ 上连续(如图 6-5),所以定积分 $\int_0^1 x^2\mathrm{d}x$ 存在. 于是定积分的值与区间的分法和 ξ_i 的取值无关.

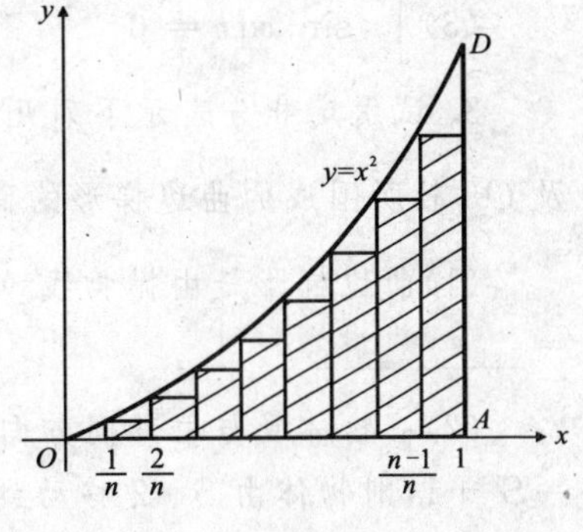

图 6-5

下面我们采取一些特殊的分法和取法.

(1)分割　在 $[0,1]$ 内插入 $n-1$ 个分点,将区间 $[0,1]$ 分成 n 个等分,各分点的坐标依次是

$$x_0=0,x_1=\frac{1}{n},x_2=\frac{2}{n},\cdots,$$

$$x_i=\frac{i}{n},\cdots,x_n=\frac{n}{n}=1,$$

每个小区间的长度均为 $\Delta x=\frac{1}{n}$.

(2)近似代替　取每个小区间 $[x_{i-1},x_i]$ 的右端点为 ξ_i,即

$$\xi_1=x_1=\frac{1}{n},\xi_2=x_2=\frac{2}{n},\xi_3=x_3=\frac{3}{n},\cdots,\xi_i=x_i=\frac{i}{n},\cdots,\xi_n=x_n=1,$$

作乘积 $f(\xi_i)\cdot\Delta x_i=\left(\frac{i}{n}\right)^2\cdot\frac{1}{n}=\frac{i^2}{n^3}(i=1,2,\cdots,n)$.

(3)求和

$$\begin{aligned}\sum_{i=1}^{n}f(\xi_i)\cdot\Delta x_i&=\sum_{i=1}^{n}\frac{i^2}{n^3}\\&=\frac{1}{n^3}(1^2+2^2+\cdots+n^2)\\&=\frac{1}{n^3}\cdot\frac{1}{6}n(n+1)(2n+1)\\&=\frac{1}{6}(1+\frac{1}{n})(2+\frac{1}{n}).\end{aligned}$$

(4)取极限

$$\begin{aligned}\int_0^1 x^2\mathrm{d}x&=\lim_{n\to\infty}\sum_{i=1}^{n}f(\xi_i)\cdot\Delta x_i\\&=\lim_{n\to\infty}\left[\frac{1}{6}(1+\frac{1}{n})(2+\frac{1}{n})\right]=\frac{1}{3}.\end{aligned}$$

由定积分的几何意义可知,$\int_0^1 x^2\mathrm{d}x$ 为曲线 $y=x^2$ 在区间 $[0,1]$ 上的曲边梯形的面积.

习题 6-1

1. 利用定积分定义求 $\int_0^1 \mathrm{e}^x\mathrm{d}x$.

2. 利用定积分的几何意义,证明下列等式:

(1) $\int_0^1 2x\mathrm{d}x=1$　　(2) $\int_0^1\sqrt{1-x^2}\mathrm{d}x=\frac{\pi}{4}$

(3) $\int_{-\pi}^{\pi} \sin x\mathrm{d}x = 0$ (4) $\int_{1}^{3} | x-2 | \mathrm{d}x = 1$

3. 试用定积分表示下列几何量或物理量.例如:由抛物线 $y=x^2+1$,直线 $x=-1,x=3$ 及 Ox 轴所围成的曲边梯形的面积 $A=\int_{-1}^{3}(x^2+1)\mathrm{d}x$.

(1)曲边梯形是由抛物线 $y=x^2$,直线 $y=4-3x$,及 Ox 轴所围成的,则曲边梯形的面积 A =__________.

(2)一物体受与位移同方向的力 $\vec{F}$ 的作用而作直线运动,力 $\vec{F}$ 是位移 S 的函数 $F=F(S)=S^2+1$,则物体由 $S=2$ 移动到 $S=5$ 时,变力对物体所作的功 $W=$__________.

(3)一质点作直线运动,其速率为 $v=4+t^2$,则从 $t=0$ 到 $t=3$ 的时间内,该质点所走的路程 $S=$__________.

第二节 定积分的性质

由定积分的定义及极限的运算法则,可以推出定积分以下性质(假设下面出现的定积分都存在).

性质 1 两个函数和(差)的定积分等于它们的定积分的和(差),即

$$\int_a^b [f(x) \pm g(x)]\mathrm{d}x = \int_a^b f(x)\mathrm{d}x \pm \int_a^b g(x)\mathrm{d}x.$$

证
$$\begin{aligned}\int_a^b [f(x) \pm g(x)]\mathrm{d}x &= \lim_{\lambda\to 0}\sum_{i=1}^{n}[f(\xi_i) \pm g(\xi_i)]\cdot \Delta x_i\\ &= \lim_{\lambda\to 0}\Big[\sum_{i=1}^{n} f(\xi_i)\cdot\Delta x_i \pm \sum_{i=1}^{n} g(\xi_i)\cdot\Delta x_i\Big]\\ &= \lim_{\lambda\to 0}\sum_{i=1}^{n} f(\xi_i)\cdot\Delta x_i \pm \lim_{\lambda\to 0}\sum_{i=1}^{n} g(\xi_i)\cdot\Delta x_i\\ &= \int_a^b f(x)\mathrm{d}x \pm \int_a^b g(x)\mathrm{d}x.\end{aligned}$$

此性质 1 可以推广到有限个函数和的形式:

$$\int_a^b [f_1(x)+f_2(x)+\cdots+f_n(x)]\mathrm{d}x =$$
$$\int_a^b f_1(x)\mathrm{d}x + \int_a^b f_2(x)\mathrm{d}x + \cdots + \int_a^b f_n(x)\mathrm{d}x.$$

性质 2 被积函数中的常数因子可以提到积分号外面,即

$$\int_a^b K\cdot f(x)\mathrm{d}x = K\cdot\int_a^b f(x)\mathrm{d}x.$$

证明与上相仿.

性质 3 如果积分区间$[a,b]$被点 c 分成区间$[a,c]$,$[c,b]$,则

$$\int_a^b f(x)\mathrm{d}x = \int_a^c f(x)\mathrm{d}x + \int_c^b f(x)\mathrm{d}x.$$

证 因为函数 $f(x)$在$[a,b]$上可积,所以无论把区间怎样分割,积分和式的极限总是不变的,因此在分割区间$[a,b]$时,总可以把点 c 取作一个分点,那么在$[a,b]$上的积分和式等于$[a,c]$上积分和式加上$[c,b]$上的积分和式,即

$$\sum_{[a,b]} f(\xi_i)\cdot\Delta x_i=\sum_{[a,c]} f(\xi_i)\cdot\Delta x_i+\sum_{[c,b]} f(\xi_i)\cdot\Delta x_i.$$

令 $\lambda\to 0(n\to\infty)$ 时，上式两端同时取极限，得

$$\int_a^b f(x)\mathrm{d}x=\int_a^c f(x)\mathrm{d}x+\int_c^b f(x)\mathrm{d}x.$$

推广：

$$\int_a^b f(x)\mathrm{d}x=\int_a^{c_1} f(x)\mathrm{d}x+\int_{c_1}^{c_2} f(x)\mathrm{d}x+\int_{c_2}^{c_3} f(x)\mathrm{d}x+\int_{c_3}^b f(x)\mathrm{d}x \text{ 等},$$

即有限个分点都成立.

注意：若 c 点为 $[a,b]$ 外的点上式也同样成立.

性质 4　如果在区间 $[a,b]$ 上，$f(x)\equiv 1$，则

$$\int_a^b 1\mathrm{d}x=\int_a^b \mathrm{d}x=b-a.$$

由定积分定义便可证明.

性质 5　如果在区间 $[a,b]$ 上，$f(x)\geqslant 0$，则

$$\int_a^b f(x)\mathrm{d}x\geqslant 0.$$

同理，若在区间 $[a,b]$ 上 $f(x)\leqslant 0$，则

$$\int_a^b f(x)\mathrm{d}x\leqslant 0.$$

由定义可以直接证明.

推论 1　如果在区间 $[a,b]$ 上有 $f(x)\leqslant g(x)$（如图 6-6），则

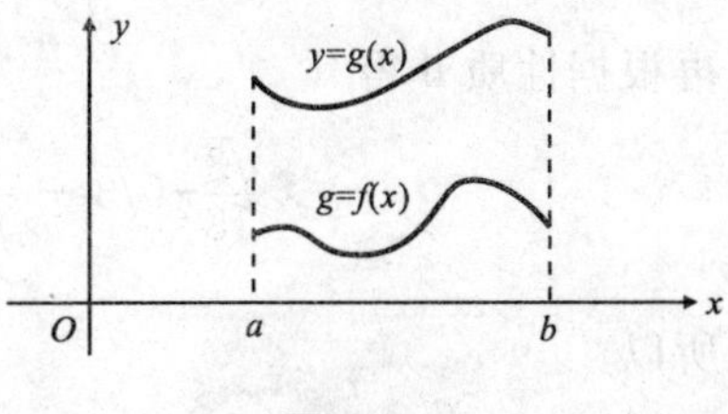

图 6-6

$$\int_a^b f(x)\mathrm{d}x\leqslant\int_a^b g(x)\mathrm{d}x.$$

推论 2　$$\left|\int_a^b f(x)\mathrm{d}x\right|\leqslant\int_a^b |f(x)|\mathrm{d}x\quad(a<b).$$

证　因为 $-|f(x)|\leqslant f(x)\leqslant|f(x)|$，所以由推论 1 及性质 2 可得

$$-\int_a^b |f(x)|\mathrm{d}x\leqslant\int_a^b f(x)\mathrm{d}x\leqslant\int_a^b |f(x)|\mathrm{d}x,$$

即

$$\left|\int_a^b f(x)\mathrm{d}x\right|\leqslant\int_a^b |f(x)|\mathrm{d}x.$$

注：$|f(x)|$ 在 $[a,b]$ 上的可积性可由 $f(x)$ 在 $[a,b]$ 上的可积性推出，这里我们不作证明.

性质 6（估值定理）　设存在常数 m 和 M 使函数 $f(x)$ 在区间 $[a,b]$ 上满足 $m\leqslant f(x)\leqslant M$（如图 6-7），则

$$m\cdot(b-a)\leqslant\int_a^b f(x)\mathrm{d}x\leqslant M\cdot(b-a).$$

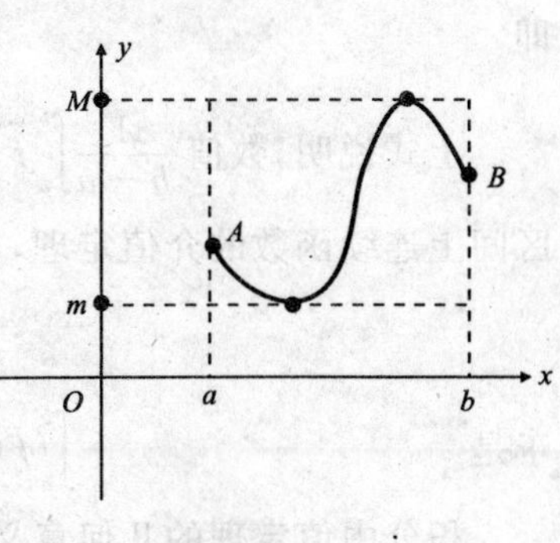

图 6-7

证　因为 $m\leqslant f(x)\leqslant M$，所以由性质 5 的推论 1 得

$$\int_a^b m\,\mathrm{d}x\leqslant\int_a^b f(x)\mathrm{d}x\leqslant\int_a^b M\mathrm{d}x.$$

再由性质 2 和性质 4 得

$$m\cdot(b-a)\leqslant\int_a^b f(x)\mathrm{d}x\leqslant M\cdot(b-a).$$

这个性质表明，由被积函数在积分区间上的最大值及最小值，可以估计积分值的大致范围，所以又把性质 6 称为估值定理.

例 1 试估计定积分 $\int_{\frac{1}{\sqrt{3}}}^{\sqrt{3}} x\arctan x\mathrm{d}x$ 的值.

解 先求出被积函数的最大值 M 和最小值 m.

因为在 $\left[\frac{1}{\sqrt{3}},\sqrt{3}\right]$ 上，函数 $f(x)=x\arctan x$ 的导数

$$f'(x)=\arctan x+\frac{x}{1+x^2}>0,$$

所以 $f(x)$ 在 $[\frac{1}{\sqrt{3}},\sqrt{3}]$ 上严格单调增加.

最大值 $M=f(\sqrt{3})=\sqrt{3}\arctan\sqrt{3}=\sqrt{3}\cdot\frac{\pi}{3}=\frac{\sqrt{3}}{3}\pi$；

最小值 $m=f(\frac{1}{\sqrt{3}})=\frac{1}{\sqrt{3}}\arctan\frac{1}{\sqrt{3}}=\frac{1}{\sqrt{3}}\cdot\frac{\pi}{6}=\frac{\sqrt{3}}{18}\pi$.

再根据性质 6 得

$$\frac{\sqrt{3}}{18}\pi(\sqrt{3}-\frac{1}{\sqrt{3}})\leqslant\int_{\frac{1}{\sqrt{3}}}^{\sqrt{3}} x\arctan x\mathrm{d}x\leqslant\frac{\sqrt{3}}{3}\pi(\sqrt{3}-\frac{1}{\sqrt{3}}),$$

所以

$$\frac{\pi}{9}\leqslant\int_{\frac{1}{\sqrt{3}}}^{\sqrt{3}} x\arctan x\mathrm{d}x\leqslant\frac{2\pi}{3}.$$

性质 7(积分中值定理) 如果函数 $f(x)$ 在闭区间 $[a,b]$ 上连续，则在 $[a,b]$ 上至少存在一点 ξ，使下式成立

$$\int_a^b \boldsymbol{f(x)\mathrm{d}x=f(\xi)(b-a)}\quad(\boldsymbol{a\leqslant\xi\leqslant b}).$$

证 因为 $f(x)$ 在 $[a,b]$ 上连续. 所以 $f(x)$ 在 $[a,b]$ 上一定存在最大值 M 和最小值 m. 由定积分性质 6，有

$$m(b-a)\leqslant\int_a^b f(x)\mathrm{d}x\leqslant M(b-a),$$

即

$$m\leqslant\frac{1}{b-a}\int_a^b f(x)\mathrm{d}x\leqslant M.$$

上式说明，数值 $\frac{1}{b-a}\int_a^b f(x)\mathrm{d}x$ 介于 $f(x)$ 在 $[a,b]$ 上的最大值 M 和最小值 m 之间，由闭区间上连续函数的介值定理，在 $[a,b]$ 上至少存在一点 ξ 使得

$$f(\xi)=\frac{1}{b-a}\int_a^b f(x)\mathrm{d}x,$$

于是

$$\int_a^b f(x)\mathrm{d}x=f(\xi)(b-a)\quad(a\leqslant\xi\leqslant b).$$

积分中值定理的几何意义是：由曲线 $y=f(x)(f(x)\geqslant0)$，直线 $x=a,x=b$ 及 Ox 轴所围成的曲边梯形 $aABba$ 的面积等于以区间 $[a,b]$ 为底，以 $f(\xi)$ 为高的矩形 $aMNba$ 的面积，如图 6-8.

如果函数 $f(x)$ 在闭区间 $[a,b]$ 上连续，则称

$$\frac{1}{b-a}\int_a^b f(x)\mathrm{d}x$$

为 $f(x)$ 在 $[a,b]$ 上的**平均值**.

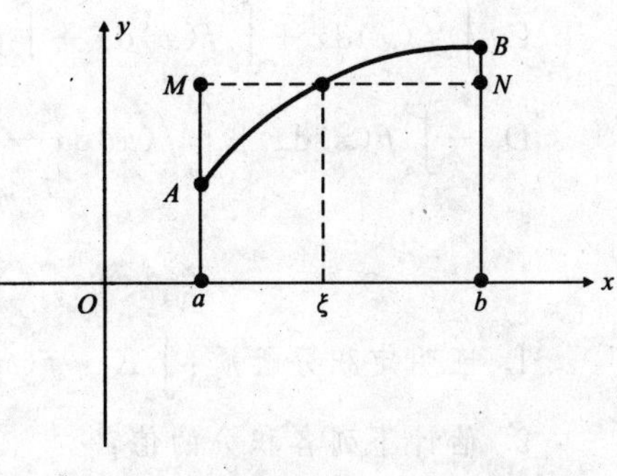

图 6-8

例如：物体以变速 $v(t)$ 作直线运动，在时间区间 $[t_1,t_2]$ 上经过的路程为 $\int_{t_1}^{t_2} v(t)\mathrm{d}t$，因此

$$v(\xi)=\frac{1}{t_2-t_1}\int_{t_1}^{t_2} v(t)\mathrm{d}t \quad (t_1\leqslant\xi\leqslant t_2)$$

便是运动物体在 $[t_1,t_2]$ 这段时间内的平均速度.

又如：已知某地某日自 0 时至 24 时的天气温度为 $T=f(t)$，其中 t 为时间，则

$$\frac{1}{24}\int_0^{24} f(t)\mathrm{d}t$$

表示该地、该日的平均气温.

习题 6-2

选择正确的答案填在括号内：

(1) $\int_{\frac{1}{2}}^{2} |\ln x|\,\mathrm{d}x=(\quad)$.

A. $\int_{\frac{1}{2}}^{1}\ln x\mathrm{d}x+\int_1^2\ln x\mathrm{d}x$　　B. $\int_{\frac{1}{2}}^{1}\ln x\mathrm{d}x-\int_1^2\ln x\mathrm{d}x$

C. $-\int_{\frac{1}{2}}^{1}\ln x\mathrm{d}x+\int_1^2\ln x\mathrm{d}x$　　D. $-\int_{\frac{1}{2}}^{1}\ln x\mathrm{d}x-\int_1^2\ln x\mathrm{d}x$

(2) 设 $f(x)$ 在 $[a,b]$ 上连续，则 $f(x)$ 在 $[a,b]$ 上的平均值为(　).

A. $\frac{f(a)+f(b)}{2}$　　B. $\int_a^b f(x)\mathrm{d}x$

C. $\frac{1}{2}\int_a^b f(x)\mathrm{d}x$　　D. $\frac{1}{b-a}\int_a^b f(x)\mathrm{d}x$

(3) 函数 $f(x)$ 在区间 $[-1,2]$ 上连续且平均值为 6，则 $\int_{-1}^{2} f(x)\mathrm{d}x=(\quad)$.

A. $\frac{1}{2}$　　B. 6　　C. 12　　D. 18

(4) 函数 $f(x)$ 在区间 $[a,b]$ 上连续，如图 6-9 所示，图中阴影部分的面积总和为(　).

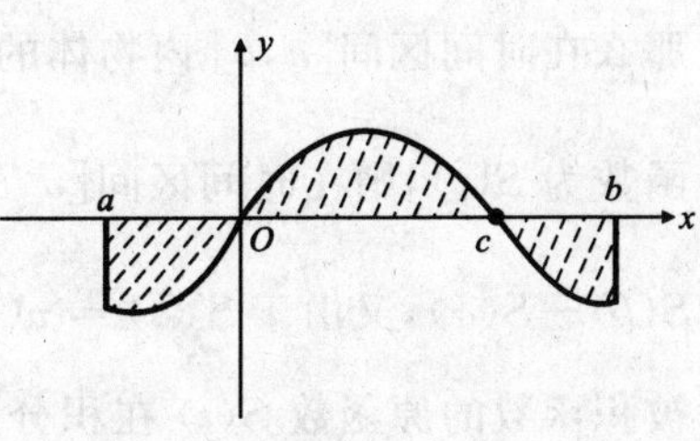

图 6-9

A. $\left|\int_a^b f(x)\mathrm{d}x\right|$

B. $\int_a^b |f(x)|\,\mathrm{d}x$

C. $\int_a^0 f(x)\mathrm{d}x+\int_0^c f(x)\mathrm{d}x+\int_c^b f(x)\mathrm{d}x$

D. $-\int_a^0 f(x)\mathrm{d}x+\int_0^c f(x)\mathrm{d}x-\int_c^b f(x)\mathrm{d}x$

B

1. 证明定积分性质：$\int_a^b K\cdot f(x)\mathrm{d}x=K\cdot\int_a^b f(x)\mathrm{d}x$.

2. 估计下列各积分的值：

(1) $\int_1^4 (x^2+1)\mathrm{d}x$　　(2) $\int_{\frac{1}{4}\pi}^{\frac{5}{4}\pi}(1+\sin^2 x)\mathrm{d}x$

(3) $\int_1^2 (2x^3-x^4)\mathrm{d}x$　　(4) $\int_0^2 \mathrm{e}^{x^2-x}\mathrm{d}x$

3. 不计算定积分，利用定积分的性质、几何意义比较下列各组积分值的大小：

(1) $\int_1^2 x^2\mathrm{d}x$ 和 $\int_1^2 x^3\mathrm{d}x$

(2) $\int_1^2 \ln x\mathrm{d}x$ 和 $\int_1^2 \ln^2 x\mathrm{d}x$

(3) $\int_{-\pi}^0 \sin x\mathrm{d}x$ 和 $\int_0^{\frac{\pi}{2}} \sin x\mathrm{d}x$

(4) $\int_0^{\pi} \mathrm{e}^{-x^2}\cos x\mathrm{d}x$ 和 $\int_{\pi}^{2\pi} \mathrm{e}^{-x^2}\cos^2 x\mathrm{d}x$

第三节　微积分学基本定理

我们在本章第一节中介绍了定积分的概念，并用一个简单的例子来说明．如何按定义直接计算定积分．读者从这个例子可知，在一般情况下，如果都按定义去计算，则计算很复杂，难度非常大，甚至有的根本不可能，为了使定积分在实际工作中得到广泛的应用，必须寻求一种简便易行的计算定积分的方法．

不定积分与定积分是两个完全不同的概念，但它们之间是有关系的，请先看例子．

如果物体作变速直线运动，已知在时间区间 $[a,b]$ 上，位移函数为 $S(t)$，速度函数为 $v(t)$，那么在时间区间 $[a,b]$ 内物体的位移可用定积分表示为 $\int_a^b v(t)\mathrm{d}t$；而另一方面，由已知其位移函数为 $S(t)$，则在时间区间 $[a,b]$ 上物体的位移又可表示为 $S(b)-S(a)$，所以有 $\int_a^b v(t)\mathrm{d}t=S(b)-S(a)$，又由于 $S'(t)=v(t)$，即 $S(t)$ 是 $v(t)$ 的原函数，这就是说，定积分 $\int_a^b v(t)\mathrm{d}t$ 等于其被积函数的原函数 $S(t)$ 在积分上限的函数值 $S(b)$ 与在积分下限的函数值 $S(a)$ 之差．

对一般函数 $f(x)$，设 $F'(x)=f(x)$ 是否也有

$$\int_a^b f(x)\mathrm{d}x=F(b)-F(a),$$

若上式成立，我们就找到了用 $f(x)$ 的原函数值差 $F(b)-F(a)$ 来计算 $f(x)$ 在 $[a,b]$ 上的定积分的方法，从而揭示了定积分与不定积分之间的内在联系，下面我们专门讨论这个问题．

一、变上限定积分

设函数 $f(x)$在$[a,b]$上连续，则对于任意的 $x(a\leqslant x\leqslant b)$积分

$$\int_a^x f(x)\mathrm{d}x$$

存在，且对于给定的 $x(a\leqslant x\leqslant b)$，就有一个唯一的积分值与之对应，所以上限为变量的定积分$\int_a^x f(x)\mathrm{d}x$ 是上限 x 的函数.

这里要特别注意：积分上限 x 与被积表达式 $f(x)\mathrm{d}x$ 中的积分变量 x 是两个不同的概念，在求积分时（或者说积分过程中）上限 x 是固定不变的，而积分变量 x 是在下限与上限之间变化的，为了使初学者区分它们的不同含义，我们根据定积分与积分变量记号无关的性质，另用字母 t 表示积分变量，于是变上限积分记为 $\Phi(x)$，即

$$\Phi(x)=\int_a^x f(x)\mathrm{d}x=\int_a^x f(t)\mathrm{d}t. \tag{1}$$

这个函数 $\Phi(x)$具有以下重要性质.

定理 1 如果函数 $f(x)$在区间$[a,b]$上连续，则变上限积分所确定的函数

$$\Phi(x)=\int_a^x f(t)\mathrm{d}t\quad(a\leqslant x\leqslant b)$$

在$[a,b]$上可导，且

$$\Phi'(x)=\frac{\mathrm{d}}{\mathrm{d}x}\int_a^x f(t)\mathrm{d}t=f(x)\quad(a\leqslant x\leqslant b). \tag{2}$$

证 我们直接按导数定义来证明（图 6-10）.

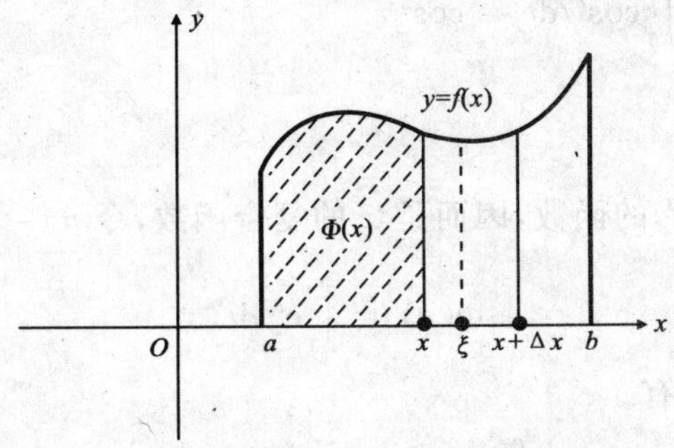

图 6-10

设 $x\in(a,b)$，给定 x 的改变量 Δx，使得 $x+\Delta x\in(a,b)$.

(1)求增量 $\Delta\Phi(x)$，有

$$\begin{aligned}\Delta\Phi(x)&=\Phi(x+\Delta x)-\Phi(x)\\&=\int_a^{x+\Delta x}f(t)\mathrm{d}t-\int_a^x f(t)\mathrm{d}t\\&=\int_x^{x+\Delta x}f(t)\mathrm{d}t\quad(\text{定积分性质 3})\\&=f(\xi)\cdot\Delta x\quad(\text{定积分中值定理}\ \xi\ \text{在}\ x\ \text{与}\ x+\Delta x\ \text{之间}).\end{aligned}$$

(2)求增量比值$\dfrac{\Delta\Phi(x)}{\Delta x}$，有

$$\frac{\Delta\Phi(x)}{\Delta x}=f(\xi).$$

(3)取极限,令 $\Delta x\to 0$,则 $\xi\to x$,有

$$\lim_{\Delta x\to 0}\frac{\Delta\Phi(x)}{\Delta x}=\lim_{\Delta x\to 0}f(\xi)$$

$$=\lim_{\xi\to x}f(\xi)=f(x)\quad（由于 f(x)的连续性）.$$

$x=a$ 处的右导数与 $x=b$ 处的左导数也可类似证明,从略.

即
$$\Phi'(x)=\frac{\mathrm{d}}{\mathrm{d}x}\int_a^x f(t)\mathrm{d}t=f(x).$$

这一定理也可说成:若 $f(x)$ 为连续函数,则变上限积分所确定的函数 $\int_a^x f(t)\mathrm{d}t$ 对积分上限 x 的导数等于被积函数 $f(t)$ 在积分上限 x 处的值 $f(x)$.

根据原函数的定义,又得到如下定理.

定理 2(原函数存在定理)　如果函数 $f(x)$在区间$[a,b]$上连续,则

$$\Phi(x)=\int_a^x f(t)\mathrm{d}t$$

是 $f(x)$在$[a,b]$上的一个原函数.

定理告诉我们:只要 $f(x)$ 是连续函数,它就一定有原函数存在.另一方面又揭示了连续函数的定积分与不定积分的关系,即变上限积分$\int_a^x f(t)\mathrm{d}t$ 是 $f(x)$ 的一个原函数.

例 1　求$\frac{\mathrm{d}}{\mathrm{d}x}\int_0^x \cos^2 t\mathrm{d}t$.

解　由定理 1 即得$\frac{\mathrm{d}}{\mathrm{d}x}\int_0^x \cos^2 t\mathrm{d}t=\cos^2 x$.

例 2　求$\frac{\mathrm{d}}{\mathrm{d}x}\int_1^{x^3} \mathrm{e}^{t^2}\mathrm{d}t$.

解　这里$\int_1^{x^3} \mathrm{e}^{t^2}\mathrm{d}t$ 是 x^3 的函数,因而是 x 的复合函数,令 $u=x^3$,则

$$\Phi(u)=\int_1^u \mathrm{e}^{t^2}\mathrm{d}t,$$

根据复合函数的求导公式,有

$$\begin{aligned}\frac{\mathrm{d}}{\mathrm{d}x}\int_1^{x^3}\mathrm{e}^{t^2}\mathrm{d}t&=\frac{\mathrm{d}}{\mathrm{d}u}\int_1^u\mathrm{e}^{t^2}\mathrm{d}t\cdot\frac{\mathrm{d}u}{\mathrm{d}x}\\&=\Phi'(u)\cdot 3x^2\\&=\mathrm{e}^{u^2}\cdot 3x^2=3x^2\mathrm{e}^{x^6}.\end{aligned}$$

一般地,能推出下面的公式:

$$\frac{\mathrm{d}}{\mathrm{d}x}\int_a^{\varphi(x)}f(t)\mathrm{d}t=f[\varphi(x)]\cdot\varphi'(x).\tag{3}$$

二、微积分基本定理(牛顿-莱布尼茨公式)

设 $f(x)$在$[a,b]$上连续,$F(x)$是 $f(x)$在$[a,b]$上的任一原函数,即 $F'(x)=f(x)$,则有

$$\int_a^b f(x)\mathrm{d}x=F(b)-F(a)\xlongequal{\text{记作}}F(x)\Big|_a^b.\tag{4}$$

证　已知 $F(x)$ 是 $f(x)$ 在 $[a,b]$ 上的一个原函数，而 $\Phi(x)=\int_a^x f(t)\mathrm{d}t$ 也是 $f(x)$ 在 $[a,b]$ 上的一个原函数，所以

$$\Phi(x)-F(x)=C\quad(C\text{ 为常数}),$$

即

$$\Phi(x)=F(x)+C$$

$$\int_a^x f(t)\mathrm{d}t=F(x)+C.$$

令 $x=a$，有

$$0=\int_a^a f(t)\mathrm{d}t=F(a)+C,$$

所以

$$C=-F(a),$$

即

$$\int_a^x f(t)\mathrm{d}t=F(x)-F(a).$$

对于 $x=b$ 时，上式当然也成立

$$\int_a^b f(t)\mathrm{d}t=F(b)-F(a),$$

从而

$$\int_a^b f(x)\mathrm{d}x=F(b)-F(a).$$

该公式把定积分的计算归结为求原函数的问题，揭示了定积分与不定积分的内在联系.公式(4)叫做**牛顿-莱布尼茨公式**，通常也叫做**微积分基本公式**.

下面我们利用公式(4)，计算几个简单的定积分.

例 3　求 $\int_0^1 x^2\mathrm{d}x$.

解　由于 $\frac{1}{3}x^3$ 是 x^2 的一个原函数，所以

$$\int_0^1 x^2\mathrm{d}x=\frac{1}{3}x^3\Big|_0^1=\frac{1}{3}.$$

我们在第一节按定义法计算过这个积分，现在又用公式(4)计算.两个方法相比较，用公式(4)计算简单多了.

例 4　求 $\int_{-1}^1\frac{1}{1+x^2}\mathrm{d}x$.

解

$$\int_{-1}^1\frac{1}{1+x^2}\mathrm{d}x=\arctan x\Big|_{-1}^1$$

$$=\arctan 1-\arctan(-1)=\frac{\pi}{4}-\left(-\frac{\pi}{4}\right)=\frac{\pi}{2}.$$

例 5　求椭圆 $\frac{x^2}{a^2}+\frac{y^2}{b^2}=1(a>b>0)$ 所围成的面积(如图 6-11).

解　因为椭圆围成的图形是上下、左右对称的图形.所以我们只计算它在第一象限的图形围成的面积乘以 4 倍即可.椭圆的面积

$$A=4\int_0^a\frac{b}{a}\sqrt{a^2-x^2}\mathrm{d}x$$

$$=4\cdot\frac{b}{a}\left(\frac{x}{2}\sqrt{a^2-x^2}+\frac{a^2}{2}\arcsin\frac{x}{a}\right)\Big|_0^a$$

$$=\frac{4b}{a}\cdot\frac{a^2}{2}(\arcsin 1-\arcsin 0)$$

$$=\frac{4b}{a}\cdot\frac{a^2}{2}\cdot\frac{\pi}{2}=ab\pi.$$

特殊地，当 $a=b$ 时，则得圆的面积 $A=\pi a^2$.

图 6-11

例 6　求 $\int_{-1}^{3}|2-x|\,\mathrm{d}x$.

解　被积函数可用分段函数表示，$|2-x|=\begin{cases}2-x & (x\leqslant 2)\\ x-2 & (x>2)\end{cases}$，则

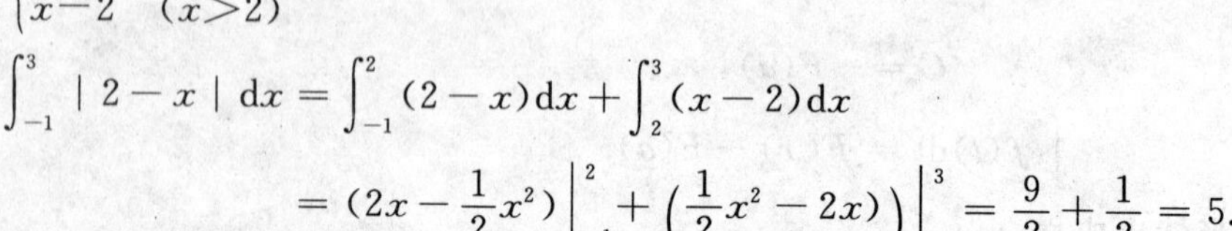

$$\int_{-1}^{3}|2-x|\,\mathrm{d}x=\int_{-1}^{2}(2-x)\mathrm{d}x+\int_{2}^{3}(x-2)\mathrm{d}x$$

$$=\left(2x-\frac{1}{2}x^2\right)\Big|_{-1}^{2}+\left(\frac{1}{2}x^2-2x\right)\Big|_{2}^{3}=\frac{9}{2}+\frac{1}{2}=5.$$

例 7　求 $\lim\limits_{x\to 0}\frac{\int_0^x \arctan t\mathrm{d}t}{x^2}$.

解　此题属于"$\frac{0}{0}$"型的极限问题，根据洛必达法则，有

$$\lim_{x\to 0}\frac{\int_0^x \arctan t\mathrm{d}t}{x^2}=\lim_{x\to 0}\frac{\left[\int_0^x \arctan t\mathrm{d}t\right]'}{(x^2)'}$$

$$=\lim_{x\to 0}\frac{\arctan x}{2x}\left(\frac{0}{0}\text{型}\right)$$

$$=\lim_{x\to 0}\frac{\frac{1}{1+x^2}}{2}=\frac{1}{2}.$$

例 8　计算 $\lim\limits_{x\to 0}\frac{\int_0^{\sin x}\mathrm{e}^{-t^2}\mathrm{d}t}{x}$.

解　此题属于"$\frac{0}{0}$"型的未定式，根据洛必达法则，有

$$\lim_{x\to 0}\frac{\int_0^{\sin x}\mathrm{e}^{-t^2}\mathrm{d}t}{x}=\lim_{x\to 0}\frac{\left[\int_0^{\sin x}\mathrm{e}^{-t^2}\mathrm{d}t\right]'}{(x)'}$$

$$=\lim_{x\to 0}\frac{\mathrm{e}^{-\sin^2 x}\cdot\cos x}{1}=1.$$

习题 6-3

A

1. 试求当 $x=0$ 及 $x=\frac{\pi}{4}$ 时函数 $y=\int_0^x \sin t\mathrm{d}t$ 的导数.

2. 求下列函数的导数：

(1) $\Phi(x)=\int_1^x \sqrt{1+t^2}\,\mathrm{d}t$

(2) $\Phi(x)=\int_x^{-1} t\mathrm{e}^{-t}\,\mathrm{d}t$

(3) $\Phi(x)=\int_0^{x^2} \frac{1}{\sqrt{1+t^2}}\mathrm{d}t$

(4) $\Phi(x)=\int_{x^2}^{x^3} \mathrm{e}^t\,\mathrm{d}t$

3. 求下列定积分：

(1) $\int_{-1}^1 (x^3+3x^2-x+2)\mathrm{d}x$　　(2) $\int_0^a \sqrt{x}(\sqrt{a}-\sqrt{x})^2\mathrm{d}x$

(3) $\int_0^1 \frac{1}{x^2+6x+9}\mathrm{d}x$　　(4) $\int_0^5 \frac{x^3}{x^2+1}\mathrm{d}x$

(5) $\int_{-1}^1 \frac{\mathrm{e}^x}{\mathrm{e}^x+1}\mathrm{d}x$　　(6) $\int_0^{\pi} \cos^2\frac{x}{2}\mathrm{d}x$

(7) $\int_0^{\frac{\pi}{4}} \tan^2\theta\mathrm{d}\theta$　　(8) $\int_0^1 \frac{1}{\sqrt{4-x^2}}\mathrm{d}x$

(9) $\int_0^{\sqrt{3}a} \frac{1}{a^2+x^2}\mathrm{d}x$　　(10) $\int_0^{2\pi} |\sin x|\,\mathrm{d}x$

4. 设函数 $f(x)=\begin{cases}\sqrt{x} & (0\leqslant x\leqslant 1)\\ \mathrm{e}^x & (1\leqslant x\leqslant 3)\end{cases}$，求 $\int_0^3 f(x)\mathrm{d}x$.

5. 求下列极限：

(1) $\lim\limits_{x\to 0}\frac{\int_0^x \mathrm{e}^{t^2}\mathrm{d}t}{x}$　　(2) $\lim\limits_{x\to 0}\frac{\left(\int_0^x \sin t^2\mathrm{d}t\right)^2}{\int_0^x t^2\sin t^3\mathrm{d}t}$　　(3) $\lim\limits_{x\to 0}\frac{\int_{\cos x}^1 \mathrm{e}^{-t^2}\mathrm{d}t}{x^2}$

B

1. 选择正确答案填在括号中.

(1)设 $f'(x)$连续，下列等式中正确的是（　）.

A. $\frac{\mathrm{d}}{\mathrm{d}x}\int_a^b f(x)\mathrm{d}x=f(x)$　　B. $\frac{\mathrm{d}}{\mathrm{d}x}\int f(x)\mathrm{d}x=f(x)$

C. $\frac{\mathrm{d}}{\mathrm{d}x}\int_a^x f(x)\mathrm{d}x=f(x)$　　D. $\int f'(x)\mathrm{d}x=f(x)+C$

(2) $\frac{\mathrm{d}}{\mathrm{d}x}\int_0^x \ln(t^2+1)\mathrm{d}t=$（　）.

A. $\ln(x^2+1)$　　B. $\ln(t^2+1)$

C. $2x\ln(x^2+1)$　　D. $2t\ln(t^2+1)$

(3)设 $F(x)=\int_x^2 \sqrt{3+t^2}\mathrm{d}t$，则 $F'(1)=$（　）.

A. $\sqrt{7}-2$　　B. $2-\sqrt{7}$

C. 2　　D. -2

(4)设 $F(x)=\int_x^0 t\mathrm{e}^t\mathrm{d}t$，则 $F'(x)=$（　）.

A. $x\mathrm{e}^x$　　B. $-x\mathrm{e}^x$

C. $x\mathrm{e}^{-x}$　　D. $-x\mathrm{e}^{-x}$

(5)在区间$[-1,1]$上，下列函数中可以用牛顿-莱布尼茨公式计算定积分 $\int_{-1}^1 f(x)\mathrm{d}x$ 是（　）.

A. $f(x)=\dfrac{1}{x-2}$　　B. $f(x)=\dfrac{1}{\sqrt[3]{x}}$

C. $f(x)=\dfrac{1}{(2x+1)^2}$　　D. $f(x)=\dfrac{1}{\sqrt{1+x}}$

(6) $\int_a^x f'(2t)\mathrm{d}t=$（　）.

A. $2[f(x)-f(a)]$　　B. $\dfrac{1}{2}[f(x)-f(a)]$

C. $2[f(2x)-f(2a)]$　　D. $\dfrac{1}{2}[f(2x)-f(2a)]$

(7) $\lim\limits_{x\to 0}\dfrac{\int_0^{x^2}\sin t^2\mathrm{d}t}{x^6}=$（　）.

A. 1　　B. 0　　C. ∞　　D. $\dfrac{1}{3}$

(8)设 $f(x)$ 为连续函数，$f(x)=4x-\int_0^1 f(x)\mathrm{d}x$，则$\int_0^1 f(x)\mathrm{d}x=$（　）.

A. 1　　B. 2　　C. 3　　D. 4

(9)设 $f(x)$ 连续，$\int_0^x (x-t)f(t)\mathrm{d}t=1-\cos x$，则 $f(x)=$（　）.

A. $\sin x$　　B. $-\sin x$　　C. $\cos x$　　D. $-\cos x$

(10)设 $f(x)$为区间$[a,b]$上的连续函数，则必有（　）.

A. $\int_a^x f(t)\mathrm{d}t$ 为 $f(x)$ 的一个原函数

B. $\int f(x)\mathrm{d}x=\int_a^x f(t)\mathrm{d}t$

C. $\int f(x)\mathrm{d}x=\int_a^x f(t)\mathrm{d}t+C$

D. $\int f(x)\mathrm{d}x=\int_a^x f(t)\mathrm{d}t+C$

2. 求由方程 $\int_0^y \mathrm{e}^t\mathrm{d}t+\int_0^x \cos t\mathrm{d}t=0$，所确定的隐函数 $y=y(x)$ 的导数$\dfrac{\mathrm{d}y}{\mathrm{d}x}$.

3. 求函数 $f(x)=\int_0^x t\mathrm{e}^{-t^2}\mathrm{d}t$ 的极值.

4. 设 $f(x)$在$[a,b]$上连续，在(a,b)内可导且 $f'(x)<0$，证明函数

$$F(x)=\frac{1}{x-a}\int_a^x f(t)\mathrm{d}t$$

在(a,b)内的二阶导数 $F''(x)<0$.

第四节 定积分的计算

一、定积分的换元法

定理 设函数 $f(x)$在区间$[a,b]$上连续,令 $x=\varphi(t)$,并设它满足:

(1)$\varphi(\alpha)=a,\varphi(\beta)=b$ 且当 t 在$[\alpha,\beta]$上(或$[\beta,\alpha]$上)变动时,$\varphi(t)$取值在$[a,b]$上变化;

(2)$\varphi'(t)$在区间$[\alpha,\beta]$上(或$[\beta,\alpha]$上)连续,且在(α,β)内(或(β,α)内)保持定号.

$$\int_a^b f(x)\mathrm{d}x=\int_\alpha^\beta f[\varphi(t)]\varphi'(t)\mathrm{d}t.$$

上式称为定积分的换元积分公式,在此式中,不论是 $\alpha<\beta$ 还是 $\alpha>\beta$,都应该是:x 的下限 a 对应于 t 的值 α 作为下限,x 的上限 b 对应于 t 的值 β 作为上限.

证 因为函数 $f(x)$ 在区间$[a,b]$上连续,所以 $f(x)$ 在$[a,b]$上存在原函数,设其一个原函数为 $F(x)$,由牛顿 - 莱布尼茨公式,有

$$\int_a^b f(x)\mathrm{d}x=F(b)-F(a),$$

又因为

$$\frac{\mathrm{d}}{\mathrm{d}x}F[\varphi(t)]=F'[\varphi(t)]\varphi'(t)=f[\varphi(t)]\cdot\varphi'(t),$$

其右边在 t 的区间$[\alpha,\beta]$上(或$[\beta,\alpha]$上)连续,所以由牛顿-莱布尼茨公式,有

$$\begin{aligned}\int_\alpha^\beta f[\varphi(t)]\varphi'(t)\mathrm{d}t&=F[\varphi(t)]\Big|_\alpha^\beta\\&=F[\varphi(\beta)]-F[\varphi(\alpha)]\\&=F(b)-F(a),\end{aligned}$$

所以

$$\int_a^b f(x)\mathrm{d}x=\int_\alpha^\beta f[\varphi(t)]\varphi'(t)\mathrm{d}t.$$

注意:①如果利用定积分换元积分公式做题,必须要"换元换限";

②由 $\varphi(\alpha)=a,\varphi(\beta)=b$,确定的 α、β 可能 $\alpha<\beta$,也可能 $\alpha>\beta$,但对新变量 t 的积分来说一定是 α 对应于 $x=a$ 的位置,β 对应于 $x=b$ 的位置;

③t 在$[\alpha,\beta]$上(或$[\beta,\alpha]$上)变动时,$\varphi(t)$的取值不超出$[a,b]$且充满$[a,b]$,$\varphi(t)$还必须具有单调性.

例 1 求 $\int_0^a\sqrt{a^2-x^2}\mathrm{d}x$.

解 令 $x=a\sin t$,则 $\mathrm{d}x=a\cos t\mathrm{d}t$. 当 $x=0$ 时,$t=0$;当 $x=a$ 时,$t=\frac{\pi}{2}$.有

$$\begin{aligned}\int_0^a\sqrt{a^2-x^2}\mathrm{d}x&=\int_0^{\frac{\pi}{2}}a^2\cos^2t\mathrm{d}t\\&=a^2\int_0^{\frac{\pi}{2}}\frac{1+\cos 2t}{2}\mathrm{d}t\end{aligned}$$

$$=\left(\frac{a^2t}{2}+\frac{a^2}{4}\sin 2t\right)\Big|_0^{\frac{\pi}{2}}$$

$$=\frac{\pi}{4}a^2.$$

例 2 求 $\int_0^4 \frac{x+2}{\sqrt{2x+1}}\mathrm{d}x$.

解 令 $t=\sqrt{2x+1}\quad(t>0)$，则

$$x=\frac{1}{2}(t^2-1),\quad \mathrm{d}x=t\mathrm{d}t.$$

当 $x=0$ 时，$t=1$；当 $x=4$ 时，$t=3$. 所以

所以
$$\int_0^4 \frac{x+2}{\sqrt{2x+1}}\mathrm{d}x=\int_1^3 \frac{\frac{t^2-1}{2}+2}{t}\cdot t\mathrm{d}t$$

$$=\frac{1}{2}\int_1^3(t^2+3)\mathrm{d}t$$

$$=\frac{1}{2}\left(\frac{1}{3}t^3+3t\right)\Big|_1^3$$

$$=\frac{1}{2}\left[\frac{27}{3}+9-\left(\frac{1}{3}+3\right)\right]=\frac{22}{3}.$$

例 3 求 $\int_0^{\frac{\pi}{2}}\cos^5 x\sin x\mathrm{d}x$.

解
$$\int_0^{\frac{\pi}{2}}\cos^5 x\sin x\mathrm{d}x=-\int_0^{\frac{\pi}{2}}\cos^5 x\mathrm{d}(\cos x)$$

$$\xlongequal{\text{令 } t=\cos x}-\int_1^0 t^5\mathrm{d}t$$

$$=-\frac{1}{6}t^6\Big|_1^0=\frac{1}{6}.$$

也可以不换字母，直接计算：

$$\int_0^{\frac{\pi}{2}}\cos^5 x\sin x\mathrm{d}x=-\int_0^{\frac{\pi}{2}}\cos^5 x\mathrm{d}(\cos x)$$

$$=-\frac{1}{6}\cos^6 x\Big|_0^{\frac{\pi}{2}}=\frac{1}{6}.$$

注意：①做题时，如果能用第一类换元积分（凑微分），就可以直接计算，不换字母，不换上下限；

②如果用第二类换元积分做题，这时要换元换限.

例 4 求 $\int_e^{e^3}\frac{\sqrt{1+\ln x}}{x}\mathrm{d}x$.

解
$$\int_e^{e^3}\frac{\sqrt{1+\ln x}}{x}\mathrm{d}x=\int_e^{e^3}\sqrt{1+\ln x}\,\mathrm{d}(\ln x+1)$$

$$=\frac{2}{3}(1+\ln x)^{\frac{3}{2}}\Big|_e^{e^3}$$

$$=\frac{2}{3}(1+\ln e^3)^{\frac{3}{2}}-\frac{2}{3}(1+\ln e)^{\frac{3}{2}}$$

$$=\frac{4}{3}(4-\sqrt{2}).$$

例 5　求 $\int_0^{\pi}\sqrt{\sin^3 x-\sin^5 x}\mathrm{d}x$.

解　$$\int_0^{\pi}\sqrt{\sin^3 x-\sin^5 x}\mathrm{d}x=\int_0^{\pi}\sin^{\frac{3}{2}}x\mid\cos x\mid\mathrm{d}x$$
$$=\int_0^{\frac{\pi}{2}}\sin^{\frac{3}{2}}x\cos x\mathrm{d}x-\int_{\frac{\pi}{2}}^{\pi}\sin^{\frac{3}{2}}x\cos x\mathrm{d}x$$
$$=\int_0^{\frac{\pi}{2}}\sin^{\frac{3}{2}}x\mathrm{d}(\sin x)-\int_{\frac{\pi}{2}}^{\pi}\sin^{\frac{3}{2}}x\mathrm{d}(\sin x)$$
$$=\frac{2}{5}\sin^{\frac{5}{2}}x\Big|_0^{\frac{\pi}{2}}-\frac{2}{5}\sin^{\frac{5}{2}}x\Big|_{\frac{\pi}{2}}^{\pi}$$
$$=\frac{2}{5}-(-\frac{2}{5})=\frac{4}{5}.$$

例 6　证明：

(1)若 $f(x)$在$[-a,a]$上连续且为偶函数，则
$$\int_{-a}^{a}f(x)\mathrm{d}x=2\int_0^a f(x)\mathrm{d}x;$$
(2)若 $f(x)$在$[-a,a]$上连续且为奇函数，则
$$\int_{-a}^{a}f(x)\mathrm{d}x=0.$$

证　因为$\int_{-a}^{a}f(x)\mathrm{d}x=\int_{-a}^{0}f(x)\mathrm{d}x+\int_0^a f(x)\mathrm{d}x$，对积分$\int_{-a}^{0}f(x)\mathrm{d}x$作变量代换，令 $x=-t$，则 $\mathrm{d}x=-\mathrm{d}t$.

当 $x=-a$ 时，$t=a$；当 $x=0$ 时，$t=0$. 所以
$$\int_{-a}^{0}f(x)\mathrm{d}x=-\int_a^0 f(-t)\mathrm{d}t=\int_0^a f(-t)\mathrm{d}t.$$
(1)若 $f(x)$是偶函数，则 $f(-t)=f(t)$.
$$\int_{-a}^{0}f(x)\mathrm{d}x=\int_0^a f(-t)\mathrm{d}t=\int_0^a f(t)\mathrm{d}t=\int_0^a f(x)\mathrm{d}x,$$
所以
$$\int_{-a}^{a}f(x)\mathrm{d}x=2\int_0^a f(x)\mathrm{d}x.$$
(2)若 $f(x)$是奇函数，则 $f(-t)=-f(t)$.
$$\int_{-a}^{0}f(x)\mathrm{d}x=\int_0^a f(-t)\mathrm{d}t=-\int_0^a f(t)\mathrm{d}t=-\int_0^a f(x)\mathrm{d}x,$$
于是
$$\int_{-a}^{a}f(x)\mathrm{d}x=0.$$

例 6 实际上就是对称区间上偶函数、奇函数的积分性质，可作公式用.

例如：求 $\int_{3}^{3}\frac{2\sin x}{x^4+x^2+1}\mathrm{d}x$ 的值.

因为积分区间$[-3,3]$是对称区间，且$\frac{2\sin x}{x^4+x^2+1}$是奇函数. 所以
$$\int_{-3}^{3}\frac{2\sin x}{x^4+x^2+1}\mathrm{d}x=0.$$

例 7 求$\int_{-\frac{\pi}{2}}^{\frac{\pi}{2}}(e^x-e^{-x}+\cos x)dx$.

解 因为$[-\frac{\pi}{2},\frac{\pi}{2}]$是对称区间,且 e^x-e^{-x}为奇函数,$\cos x$ 为偶函数. 所以

$$\begin{aligned}\int_{-\frac{\pi}{2}}^{\frac{\pi}{2}}(e^x-e^{-x}+\cos x)dx&=\int_{-\frac{\pi}{2}}^{\frac{\pi}{2}}(e^x-e^{-x})dx+\int_{-\frac{\pi}{2}}^{\frac{\pi}{2}}\cos xdx\\&=0+2\int_0^{\frac{\pi}{2}}\cos xdx\\&=2\sin x\Big|_0^{\frac{\pi}{2}}=2.\end{aligned}$$

注意:在求定积分时,若积分区间为对称区间,就要考虑一下被积函数的奇偶性.

例 8 求$\int_{-\frac{1}{2}}^{\frac{1}{2}}\frac{x^5+2}{\sqrt{1-x^2}}dx$.

解 因为$f(x)=\frac{x^5+2}{\sqrt{1-x^2}}=\frac{x^5}{\sqrt{1-x^2}}+\frac{2}{\sqrt{1-x^2}}=f_1(x)+f_2(x)$,且$f_1(x)$为奇函数,$f_2(x)$为偶函数. 所以

$$\begin{aligned}\int_{-\frac{1}{2}}^{\frac{1}{2}}\frac{x^5+2}{\sqrt{1-x^2}}dx&=\int_{-\frac{1}{2}}^{\frac{1}{2}}\frac{x^5}{\sqrt{1-x^2}}dx+\int_{-\frac{1}{2}}^{\frac{1}{2}}\frac{2}{\sqrt{1-x^2}}dx\\&=0+2\int_0^{\frac{1}{2}}\frac{2}{\sqrt{1-x^2}}dx\\&=4\arcsin x\Big|_0^{\frac{1}{2}}=\frac{2\pi}{3}.\end{aligned}$$

例 9 设 $f(x)$ 是以 T 为周期的连续函数. 试证明对于任意 a 有$\int_a^{a+T}f(x)dx=\int_0^T f(x)dx$.

证 $\int_a^{a+T}f(x)dx=\int_a^0 f(x)dx+\int_0^T f(x)dx+\int_T^{a+T}f(x)dx$,

为证本题,只需证明$\int_T^{a+T}f(x)dx=-\int_a^0 f(x)dx=\int_0^a f(x)dx$,即

$$\begin{aligned}\int_T^{a+T}f(x)dx&\xlongequal{令 x=t+T}\int_0^a f(t+T)dt\\&=\int_0^a f(t)dt=\int_0^a f(x)dx,\end{aligned}$$

所以

$$\int_a^{a+T}f(x)dx=\int_0^T f(x)dx.$$

本例说明周期函数在任意一个长度与周期值相等的区间上积分时,值相等.

二、定积分的分部积分法

设函数 $u=u(x)$,$v=v(x)$在区间$[a,b]$上连续可导,那么

$$d(uv)=vdu+udv,$$

所以

$$udv=d(uv)-vdu.$$

分别求上式两端在$[a,b]$上的定积分，得

$$\int_a^b u\,\mathrm{d}v=\int_a^b \mathrm{d}(uv)-\int_a^b v\,\mathrm{d}u,$$

于是

$$\int_a^b u\,\mathrm{d}v=uv\Big|_a^b-\int_a^b v\,\mathrm{d}u.$$

这个公式称为定积分的分部积分公式.

例 10 求$\int_1^2 x\ln x\mathrm{d}x$.

解

$$\begin{aligned}\int_1^2 x\ln x\mathrm{d}x&=\frac{1}{2}\int_1^2\ln x\mathrm{d}x^2\\&=\frac{1}{2}x^2\cdot\ln x\Big|_1^2-\frac{1}{2}\int_1^2 x^2\mathrm{d}(\ln x)\\&=2\ln 2-\frac{1}{2}\int_1^2 x^2\cdot\frac{1}{x}\mathrm{d}x\\&=2\ln 2-\frac{1}{4}x^2\Big|_1^2\\&=2\ln 2-\frac{3}{4}.\end{aligned}$$

例 11 求$\int_0^1 \mathrm{e}^{\sqrt{x}}\mathrm{d}x$.

解 令$t=\sqrt{x}$，$x=t^2$，$\mathrm{d}x=2t\mathrm{d}t$. 有

$$\begin{aligned}\int_0^1\mathrm{e}^{\sqrt{x}}\mathrm{d}x&=\int_0^1 2t\mathrm{e}^t\mathrm{d}t=2\int_0^1 t\mathrm{d}(\mathrm{e}^t)\\&=2t\mathrm{e}^t\Big|_0^1-2\int_0^1\mathrm{e}^t\mathrm{d}t\\&=2\mathrm{e}-2\mathrm{e}^t\Big|_0^1\\&=2.\end{aligned}$$

例 12 求$\int_0^{\frac{\pi}{2}}\mathrm{e}^x\sin x\mathrm{d}x$.

解

$$\begin{aligned}\int_0^{\frac{\pi}{2}}\mathrm{e}^x\sin x\mathrm{d}x&=\int_0^{\frac{\pi}{2}}\sin x\mathrm{d}(\mathrm{e}^x)\\&=\mathrm{e}^x\sin x\Big|_0^{\frac{\pi}{2}}-\int_0^{\frac{\pi}{2}}\mathrm{e}^x\mathrm{d}(\sin x)\\&=\mathrm{e}^{\frac{\pi}{2}}-\int_0^{\frac{\pi}{2}}\mathrm{e}^x\cos x\mathrm{d}x\\&=\mathrm{e}^{\frac{\pi}{2}}-\int_0^{\frac{\pi}{2}}\cos x\mathrm{d}(\mathrm{e}^x)\\&=\mathrm{e}^{\frac{\pi}{2}}-\mathrm{e}^x\cos x\Big|_0^{\frac{\pi}{2}}+\int_0^{\frac{\pi}{2}}\mathrm{e}^x\mathrm{d}(\cos x)\\&=\mathrm{e}^{\frac{\pi}{2}}+1-\int_0^{\frac{\pi}{2}}\mathrm{e}^x\sin x\mathrm{d}x\end{aligned}$$

所以 $$\int_0^{\frac{\pi}{2}} e^x \sin x dx = \frac{1}{2}(e^{\frac{\pi}{2}}+1).$$

例 13 证明 $I_n=\int_0^{\frac{\pi}{2}}\sin^n x dx=\int_0^{\frac{\pi}{2}}\cos^n x dx$

$$=\begin{cases}\frac{n-1}{n}\cdot\frac{n-3}{n-2}\cdot\cdots\cdot\frac{3}{4}\cdot\frac{1}{2}\cdot\frac{\pi}{2} & (n\text{ 为正偶数})\\ \frac{n-1}{n}\cdot\frac{n-3}{n-2}\cdot\cdots\cdot\frac{4}{5}\cdot\frac{2}{3} & (n\text{ 为大于 1 的正奇数})\end{cases}.$$

证 设 $x=\frac{\pi}{2}-t$，则 $dx=-dt$. 当 $x=0$ 时，$t=\frac{\pi}{2}$；当 $x=\frac{\pi}{2}$时，$t=0$. 于是

$$\int_0^{\frac{\pi}{2}}\sin^n x dx=-\int_{\frac{\pi}{2}}^0\sin^n\left(\frac{\pi}{2}-t\right)dt=\int_0^{\frac{\pi}{2}}\cos^n x dx.$$

下面只需证明对于 $\int_0^{\frac{\pi}{2}}\cos^n x dx$，结论正确即可.

当 $n=1$ 时，$I_1=\int_0^{\frac{\pi}{2}}\cos x dx=\sin x\Big|_0^{\frac{\pi}{2}}=1$；

当 $n>1$ 时，

$$\begin{aligned}I_n&=\int_0^{\frac{\pi}{2}}\cos^n x dx=\int_0^{\frac{\pi}{2}}\cos^{n-1}x\cdot\cos x dx\\&=\int_0^{\frac{\pi}{2}}\cos^{n-1}x d(\sin x)\\&=(\cos^{n-1}x\cdot\sin x)\Big|_0^{\frac{\pi}{2}}+\int_0^{\frac{\pi}{2}}(n-1)\sin^2 x\cos^{n-2}x dx\\&=(n-1)\int_0^{\frac{\pi}{2}}(1-\cos^2 x)\cos^{n-2}x dx\\&=(n-1)\int_0^{\frac{\pi}{2}}\cos^{n-2}x dx-(n-1)\int_0^{\frac{\pi}{2}}\cos^n x dx,\end{aligned}$$

即 $$I_n=(n-1)I_{n-2}-(n-1)I_n,$$

移项并整理得 $$I_n=\frac{n-1}{n}I_{n-2}.$$

如果把 n 换成 $n-2$，则得

$$I_{n-2}=\frac{n-3}{n-2}I_{n-4},$$

依次进行下去，直到 I_n 的下标递减到 0 或 1 为止，于是

$$I_{2m}=\frac{2m-1}{2m}\cdot\frac{2m-3}{2m-2}\cdot\cdots\cdot\frac{5}{6}\cdot\frac{3}{4}\cdot\frac{1}{2}I_0$$

$$I_{2m+1}=\frac{2m}{2m+1}\cdot\frac{2m-2}{2m-1}\cdot\cdots\cdot\frac{6}{7}\cdot\frac{4}{5}\cdot\frac{2}{3}I_1\quad(m=1,2,\cdots)$$

而 $$I_0=\int_0^{\frac{\pi}{2}}dx=\frac{\pi}{2},I_1=\int_0^{\frac{\pi}{2}}\cos x dx=1,$$

所以 $$I_{2m}=\frac{2m-1}{2m}\cdot\frac{2m-3}{2m-2}\cdot\cdots\cdot\frac{5}{6}\cdot\frac{3}{4}\cdot\frac{1}{2}\cdot\frac{\pi}{2}$$

$$I_{2m+1}=\frac{2m}{2m+1}\cdot\frac{2m-2}{2m-1}\cdot\cdots\cdot\frac{6}{7}\cdot\frac{4}{5}\cdot\frac{2}{3}\quad(m=1,2,\cdots)$$

或写成　$I_n=\int_0^{\frac{\pi}{2}}\sin^n x\,dx=\int_0^{\frac{\pi}{2}}\cos^n x\,dx$

$$=\begin{cases}\frac{n-1}{n}\cdot\frac{n-3}{n-2}\cdot\cdots\cdot\frac{5}{6}\cdot\frac{3}{4}\cdot\frac{1}{2}\cdot\frac{\pi}{2} & (n\text{ 为正偶数})\\ \frac{n-1}{n}\cdot\frac{n-3}{n-2}\cdot\cdots\cdot\frac{6}{7}\cdot\frac{4}{5}\cdot\frac{2}{3} & (n\text{ 为大于 1 的正奇数})\end{cases}$$

注:本例结果常作为公式使用,称为瓦里斯公式.

习题 6-4

A

1. 求下列定积分:

(1) $\int_1^5\frac{\sqrt{x-1}}{x}dx$　　(2) $\int_0^8\frac{1}{1+\sqrt[3]{x}}dx$

(3) $\int_0^{\frac{\pi}{2}}\sin x\cos^2 x\,dx$　　(4) $\int_1^{e^2}\frac{1}{x\sqrt{1+\ln x}}dx$

(5) $\int_0^{\ln 2}\sqrt{e^x-1}\,dx$　　(6) $\int_0^1 x^2\sqrt{1-x^2}\,dx$

(7) $\int_{-2}^{-1}\frac{1}{x^2+4x+5}dx$　　(8) $\int_{-2}^{-\sqrt{2}}\frac{1}{\sqrt{x^2-1}}dx$

(9) $\int_{-\frac{\pi}{2}}^{\frac{\pi}{2}}\sqrt{\cos x-\cos^3 x}\,dx$　　(10) $\int_0^{\pi}\sqrt{1+\cos 2x}\,dx$

2. 利用函数奇偶性计算下列定积分:

(1) $\int_{-3}^{3}\frac{x^5\cos x}{x^4+3x^2+1}dx$　　(2) $\int_{-1}^{1}\frac{\sin x+(\arctan x)^2}{1+x^2}dx$

3. 证明:$\int_0^1 x^m(1-x)^n dx=\int_0^1 x^n(1-x)^m dx$.

4. 求下列定积分:

(1) $\int_0^1 xe^{2x}dx$　　(2) $\int_0^1 x\ln(1+x)dx$

(3) $\int_0^{\frac{\pi}{2}}x^2\cos x\,dx$　　(4) $\int_0^{2\pi}e^{2x}\cos x\,dx$

(5) $\int_1^4\frac{\ln x}{\sqrt{x}}dx$　　(6) $\int_0^1(\arctan x)^2dx$

(7) $\int_0^3\arctan\sqrt{x}\,dx$　　(8) $\int_1^e\sin(\ln x)dx$

5. 利用逆推公式计算:$I_{100}=\int_0^{\pi}x\sin^{100}x\,dx$.

B

1. 求下列定积分：

(1) $\int_0^{\frac{\pi}{2}}\cos\frac{x}{2}\cos\frac{3x}{2}\mathrm{d}x$　　(2) $\int_1^2\sqrt{x-1}(x+1)^2\mathrm{d}x$

(3) $\int_0^2|(1-x)^5|\mathrm{d}x$　　(4) $\int_0^{16}\frac{1}{\sqrt{x+9}-\sqrt{x}}\mathrm{d}x$

(5) $\int_0^{\frac{\pi}{4}}\tan^3 x\mathrm{d}x$　　(6) $\int_0^{\frac{1}{2}}\frac{8x-\arctan 2x}{1+4x^2}\mathrm{d}x$

(7) $\int_1^4\frac{1+2\sqrt{x}}{\sqrt{x}(x+\sqrt{x})^2}\mathrm{d}x$　　(8) $\int_0^{\frac{\pi}{4}}\tan x\cdot\ln\cos x\mathrm{d}x$

(9) $\int_0^{e-1}(x+1)\ln^2(x+1)\mathrm{d}x$　　(10) $\int_{e^{-1}}^{e}|\ln x|\mathrm{d}x$

2. 设 $f(x)$是连续函数，证明下列各题：

(1) $\int_a^b f(x)\mathrm{d}x=(b-a)\int_0^1 f[a+(b-a)x]\mathrm{d}x$

(2) $\int_0^a x^3 f(x^2)\mathrm{d}x=\frac{1}{2}\int_0^{a^2}xf(x)\mathrm{d}x\quad(a>0)$

(3) $\int_0^1\left[\int_0^x f(t)\mathrm{d}t\right]\mathrm{d}t=\int_0^1(1-x)f(x)\mathrm{d}x$ （提示：用分部积分）

3. 设 $f(x)$ 是连续函数，又 $F(x)=\int_a^x f(t)\mathrm{d}t, a\neq 0$.

(1)证明：若 $f(x)$是奇函数，则 $F(x)$是偶函数.

(2)若 $f(x)$是偶函数，则 $F(x)$必定是奇函数吗？为什么？

第五节　广义积分与 Γ 函数

我们在前面所学的定积分，其积分区间$[a,b]$是有限的，并且被积函数 $f(x)$是有界的，但在一些实际问题中，我们会遇到被积函数无界或积分区间无限的积分，这类积分不是通常意义下的积分(即定积分)，所以称它们为广义积分. 相应地，把前面所讨论的积分称为常义积分.

一、无限区间上的广义积分

例 1　求曲线 $y=\frac{1}{x^2}$, $x=1$ 及 x 轴右边所围成的“开口曲边梯形”的面积(如图 6-12).

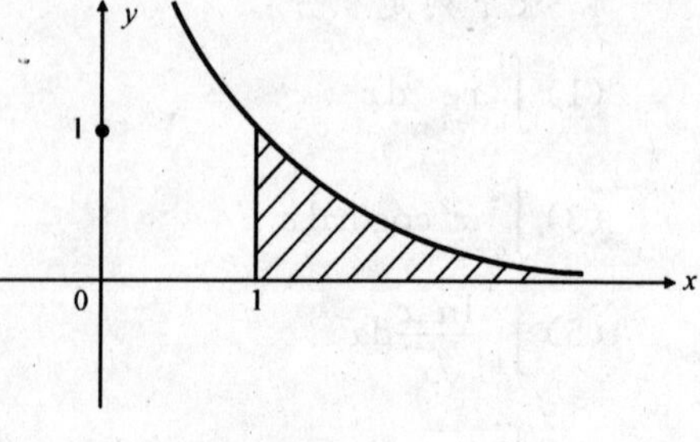

图 6-12

解　任意取一个数 $b>1$ 那么，在区间$[1,b]$上由曲线 $y=\frac{1}{x^2}$所围成的曲边梯形的面积为

$$\int_1^b\frac{1}{x^2}\mathrm{d}x=-\frac{1}{x}\Big|_1^b=1-\frac{1}{b}\quad(\text{这是常义积分}).$$

很明显，当 b 改变时，曲边梯形的面积也随之改变. 所以“开口曲边梯形”的面积为

$$\lim_{b\to+\infty}\int_1^b \frac{1}{x^2}\mathrm{d}x=\lim_{b\to+\infty}(1-\frac{1}{b})=1.$$

我们把这个极限值理解为函数 $y=\frac{1}{x^2}$ 在区间$[1,+\infty)$上的广义积分，记为$\int_1^{+\infty}\frac{1}{x^2}\mathrm{d}x$. 也就是说：函数 $y=\frac{1}{x^2}$ 在区间$[1,+\infty)$上的广义积分，就是函数 $y=\frac{1}{x^2}$ 在区间$[1,b]$上的定积分，当 $b\to+\infty$ 时的极限.

定义 1 设函数 $f(x)$在区间$[a,+\infty)$内连续，取 $b>a$，如果极限 $\lim\limits_{b\to+\infty} f(x)\mathrm{d}x$ 存在，则称这个极限值为函数 $f(x)$在无穷区间$[a,+\infty)$内的广义积分，记为

$$\int_a^{+\infty} f(x)\mathrm{d}x=\lim_{b\to+\infty}\int_a^b f(x)\mathrm{d}x$$

这时也称广义积分$\int_a^{+\infty} f(x)\mathrm{d}x$ 收敛；如果极限不存在，则称广义积分$\int_a^{+\infty} f(x)\mathrm{d}x$ **发散**.

通过定义便可知求广义积分$\int_a^{+\infty} f(x)\mathrm{d}x$ 的步骤：

(1) 先求定积分$\int_a^b f(x)\mathrm{d}x \quad (b>a)$；

(2) 然后求极限$\lim\limits_{b\to+\infty}\int_a^b f(x)\mathrm{d}x$.

这两个问题是我们以前已经解决了的问题. 因此，求广义积分$\int_a^{+\infty} f(x)\mathrm{d}x$，并不需要多少新的内容.

平行地给出下面两个定义.

定义 2 设函数 $f(x)$在区间$(-\infty,b]$内连续，取 $a<b$，如果极限 $\lim\limits_{a\to-\infty}\int_a^b f(x)\mathrm{d}x$ 存在，则称这个极限值为函数 $f(x)$ 在无穷区间$(-\infty,b]$ 内的广义积分，记为

$$\int_{-\infty}^b f(x)\mathrm{d}x=\lim_{a\to-\infty}\int_a^b f(x)\mathrm{d}x,$$

这时也称广义积分$\int_{-\infty}^b f(x)\mathrm{d}x$ **收敛**；如果极限不存在，则称广义积分$\int_{-\infty}^b f(x)\mathrm{d}x$ **发散**.

定义 3 设函数 $f(x)$ 在区间$(-\infty,+\infty)$ 上连续，定义

$$\begin{aligned}\int_{-\infty}^{+\infty} f(x)\mathrm{d}x&=\int_{-\infty}^0 f(x)\mathrm{d}x+\int_0^{+\infty} f(x)\mathrm{d}x\\&=\lim_{a\to-\infty}\int_a^0 f(x)\mathrm{d}x+\lim_{b\to+\infty}\int_0^b f(x)\mathrm{d}x,\end{aligned}$$

称它为 $f(x)$在无穷区间$(-\infty,+\infty)$上的广义积分.

注意：等式右边的两个广义积分都收敛，我们才说$\int_{-\infty}^{+\infty} f(x)\mathrm{d}x$ 收敛；否则发散.

例 2 计算广义积分$\int_{-\infty}^{+\infty}\frac{1}{1+x^2}\mathrm{d}x$.

解
$$\begin{aligned}\int_{-\infty}^{+\infty}\frac{1}{1+x^2}\mathrm{d}x&=\int_{-\infty}^0\frac{1}{1+x^2}\mathrm{d}x+\int_0^{+\infty}\frac{1}{1+x^2}\mathrm{d}x\\&=\lim_{a\to-\infty}\int_a^0\frac{1}{1+x^2}\mathrm{d}x+\lim_{b\to+\infty}\int_0^b\frac{1}{1+x^2}\mathrm{d}x\end{aligned}$$

$$= \lim_{a\to-\infty}(\arctan x)\Big|_a^0 + \lim_{b\to+\infty}(\arctan x)\Big|_0^b$$

$$= -\lim_{a\to-\infty}\arctan a + \lim_{b\to+\infty}\arctan b$$

$$= -(-\frac{\pi}{2}) + \frac{\pi}{2} = \pi.$$

例 3 求 $\int_0^{+\infty} e^{-x}\sin x dx$.

解 $\int_0^{+\infty} e^{-x}\sin x dx = \lim_{b\to+\infty}\int_0^b e^{-x}\sin x dx$

$$= \lim_{b\to+\infty}\int_0^b -\sin x d(e^{-x})$$

$$= \lim_{b\to+\infty}\left[(-\sin x\cdot e^{-x})\Big|_0^b - \int_0^b e^{-x} d(-\sin x)\right]$$

$$= \lim_{b\to+\infty}(-\sin b\cdot e^{-b}) + \lim_{b\to+\infty}\int_0^b -\cos x d(e^{-x})$$

$$= 0 + \lim_{b\to+\infty}\left[(-\cos x\cdot e^{-x})\Big|_0^b - \int_0^b e^{-x} d(-\cos x)\right]$$

$$= \lim_{b\to+\infty}(-\cos b\cdot e^{-b} + 1) - \lim_{b\to+\infty}\int_0^b \sin x\cdot e^{-x} dx$$

$$= 1 - \int_0^{+\infty} e^{-x}\sin x dx,$$

所以

$$\int_0^{+\infty} e^{-x}\sin x dx = \frac{1}{2}.$$

例 4 证明:广义积分 $\int_1^{+\infty}\frac{1}{x^\alpha}dx$,当 $\alpha > 1$ 时收敛;当 $\alpha \leqslant 1$ 时发散.

证 当 $\alpha=1$ 时,

$$\int_1^{+\infty}\frac{1}{x}dx = \lim_{b\to+\infty}\int_1^b\frac{1}{x}dx = \lim_{b\to+\infty}\ln x\Big|_1^b$$

$$= \lim_{b\to+\infty}(\ln b - 0) = +\infty;$$

当 $\alpha\neq 1$ 时,

$$\int_1^{+\infty}\frac{1}{x^\alpha}dx = \lim_{b\to+\infty}\int_1^b\frac{1}{x^\alpha}dx = \lim_{b\to+\infty}\frac{1}{1-\alpha}x^{1-\alpha}\Big|_1^b$$

$$= \lim_{b\to+\infty}\left(\frac{1}{1-\alpha}\cdot b^{1-\alpha} - \frac{1}{1-\alpha}\right)$$

$$= \begin{cases}\frac{1}{\alpha-1} & 当\ \alpha > 1\\ +\infty & 当\ \alpha < 1\end{cases}.$$

综上所述,广义积分 $\int_1^{+\infty}\frac{1}{x^\alpha}dx$,当 $\alpha > 1$ 时收敛;当 $\alpha \leqslant 1$ 时发散.

例 5 求 $\int_{-\infty}^{+\infty}\frac{x}{1+x^2}dx$.

解 不要以为此处的被积函数 $f(x)=\frac{x}{1+x^2}$ 在 $(-\infty,+\infty)$ 上是奇函数,从而积分为零,

即 $\int_{-\infty}^{+\infty}\frac{x}{1+x^2}\mathrm{d}x=0$,这是错误的.

此题应按广义积分的定义分成两项去考虑:

$$\int_{-\infty}^{+\infty}\frac{x}{1+x^2}\mathrm{d}x=\int_{-\infty}^{0}\frac{x}{1+x^2}\mathrm{d}x+\int_{0}^{+\infty}\frac{x}{1+x^2}\mathrm{d}x$$

$$=\lim_{a\to-\infty}\int_{a}^{0}\frac{x}{1+x^2}\mathrm{d}x+\lim_{b\to+\infty}\int_{0}^{b}\frac{x}{1+x^2}\mathrm{d}x$$

而

$$\lim_{a\to-\infty}\int_{a}^{0}\frac{x}{1+x^2}\mathrm{d}x=\lim_{a\to-\infty}\frac{1}{2}\ln(1+x^2)\Big|_{a}^{0}$$

$$=-\frac{1}{2}\lim_{a\to-\infty}\ln(1+a^2)=-\infty.$$

所以广义积分 $\int_{-\infty}^{0}\frac{x}{1+x^2}\mathrm{d}x$ 发散,从而原广义积分也发散.

二、无界函数的广义积分(瑕积分)

例 6 求曲线 $y=\frac{1}{\sqrt{x}}$,直线 $x=0$,$x=1$ 与 x 轴所围成的“开口曲边梯形”的面积(图 6-13).

解 因为当 $x\to0^+$ 时,$\frac{1}{\sqrt{x}}\to+\infty$,故函数 $y=\frac{1}{\sqrt{x}}$ 在 $x=0$ 处是无穷的(无界函数),为无穷型间断点.

给定很小的 $\varepsilon>0$,那么在区间 $[\varepsilon,1]$ 上由曲线 $y=\frac{1}{\sqrt{x}}$ 所围成的曲边梯形的面积为

$$\int_{\varepsilon}^{1}\frac{1}{\sqrt{x}}\mathrm{d}x=2\sqrt{x}\Big|_{\varepsilon}^{1}=2-2\sqrt{\varepsilon},$$

于是

$$\lim_{\varepsilon\to0^+}\int_{\varepsilon}^{1}\frac{1}{\sqrt{x}}\mathrm{d}x=\lim_{\varepsilon\to0^+}(2-2\sqrt{\varepsilon})=2.$$

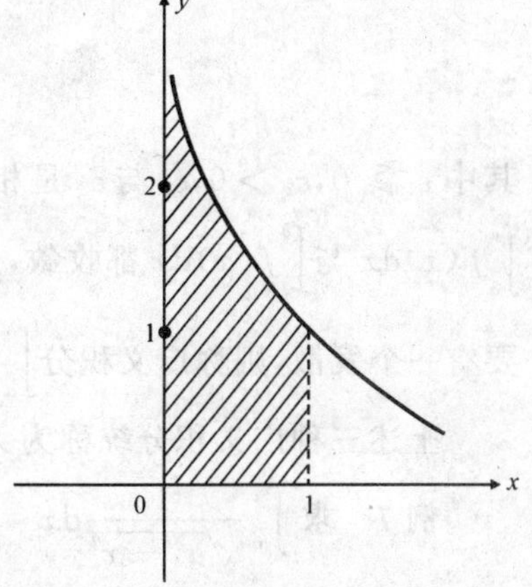

图 6-13

我们把这个极限值理解为函数 $y=\frac{1}{\sqrt{x}}$ 在区间 $(0,1)$ 上的广义积分,记为

$$\int_{0}^{1}\frac{1}{\sqrt{x}}\mathrm{d}x.$$

定义 4 设函数 $f(x)$ 在区间 $(a,b]$ 内连续,而 $\lim_{x\to a^+}f(x)=\infty$,取 $\varepsilon>0$,如果极限

$$\lim_{\varepsilon\to0^+}\int_{a+\varepsilon}^{b}f(x)\mathrm{d}(x)$$

存在,称这个极限值为函数 $f(x)$ 在区间 $(a,b]$ 内的广义积分,记为

$$\boldsymbol{\int_{a}^{b}f(x)\mathrm{d}x=\lim_{\varepsilon\to0^+}\int_{a+\varepsilon}^{b}f(x)\mathrm{d}x},$$

这时也称广义积分 $\int_{a}^{b}f(x)\mathrm{d}x$ 收敛;如果极限不存在,就称广义积分 $\int_{a}^{b}f(x)\mathrm{d}x$ 发散.

通过定义我们可以知道:求被积函数为无穷(无界)的广义积分 $\int_a^b f(x)\mathrm{d}x$ ($\lim\limits_{x\to a^+} f(x)=\infty$),计算方法为:

(1)先求定积分 $\int_{a+\varepsilon}^b f(x)\mathrm{d}x$;

(2)后求极限 $\lim\limits_{\varepsilon\to 0^+}\int_{a+\varepsilon}^b f(x)\mathrm{d}x$.

同样地,若函数 $f(x)$ 在 $x=b$ 或 $x=c(a<c<b)$ 处无穷(无界),则分别定义 $f(x)$ 在 $[a,b)$ 内(或 $[a,b]$ 上除 c 外)的广义积分.

定义 5 设函数 $f(x)$ 在区间 $[a,b)$ 内连续,而 $\lim\limits_{x\to b^-} f(x)=\infty$,取 $\varepsilon>0$,如果极限

$$\lim_{\varepsilon\to 0^+}\int_a^{b-\varepsilon} f(x)\mathrm{d}x$$

存在,称这个极限值为函数 $f(x)$ 在区间 $[a,b)$ 内的广义积分,记为

$$\int_a^b f(x)\mathrm{d}x=\lim_{\varepsilon\to 0^+}\int_a^{b-\varepsilon} f(x)\mathrm{d}x.$$

定义 6 设函数 $f(x)$ 在 $[a,b]$ 除点 $c(a<c<b)$ 外都连续,且 $\lim\limits_{x\to c} f(x)=\infty$,定义

$$\begin{aligned}\int_a^b f(x)\mathrm{d}x &= \int_a^c f(x)\mathrm{d}x+\int_c^b f(x)\mathrm{d}x \\ &= \lim_{\varepsilon_1\to 0^+}\int_a^{c-\varepsilon_1} f(x)\mathrm{d}x+\lim_{\varepsilon_2\to 0^+}\int_{c+\varepsilon_2}^b f(x)\mathrm{d}x,\end{aligned}$$

其中 $\varepsilon_1>0$,$\varepsilon_2>0$,ε_1 与 ε_2 是相互独立的,称它为 $f(x)$ 在 $[a,b]$ 上的广义积分,如果广义积分 $\int_a^c f(x)\mathrm{d}x$ 与 $\int_c^b f(x)\mathrm{d}x$ 都收敛,则称广义积分 $\int_a^b f(x)\mathrm{d}x$ 收敛;如果 $\int_a^c f(x)\mathrm{d}x$ 与 $\int_c^b f(x)\mathrm{d}x$ 中只要有一个发散,则称广义积分 $\int_a^b f(x)\mathrm{d}x$ 不存在或发散.

上述三种广义积分统称为无界函数的广义积分.

例 7 求 $\int_0^a \frac{1}{\sqrt{a^2-x^2}}\mathrm{d}x \quad (a>0)$.

解 被积函数 $f(x)=\frac{1}{\sqrt{a^2-x^2}}$ 在 $[0,a)$ 内连续,且 $\lim\limits_{x\to a} f(x)=\infty$,即 $f(x)$ 在点 $x=a$ 处无界.所以

$$\begin{aligned}\int_0^a \frac{1}{\sqrt{a^2-x^2}}\mathrm{d}x &= \lim_{\varepsilon\to 0}\int_0^{a-\varepsilon}\frac{1}{\sqrt{a^2-x^2}}\mathrm{d}x \\ &= \lim_{\varepsilon\to 0}\arcsin\frac{x}{a}\Big|_0^{a-\varepsilon} \\ &= \lim_{\varepsilon\to 0}\arcsin\frac{a-\varepsilon}{a}=\frac{\pi}{2}.\end{aligned}$$

例 8 证明广义积分 $\int_0^1 \frac{1}{x^\alpha}\mathrm{d}x$,当 $\alpha<1$ 时收敛,当 $\alpha\geqslant 1$ 时发散.

证 (1)当 $\alpha=1$ 时,

$$\int_0^1 \frac{1}{x^\alpha}\mathrm{d}x=\lim_{\varepsilon\to 0}\int_\varepsilon^1 \frac{1}{x}\mathrm{d}x=\lim_{\varepsilon\to 0}\ln x\Big|_\varepsilon^1$$

$$= \lim_{\varepsilon \to 0}(-\ln \varepsilon) = +\infty.$$

(2)当 $\alpha \neq 1$ 时，

$$\int_0^1 \frac{1}{x^\alpha}\mathrm{d}x = \lim_{\varepsilon \to 0}\int_\varepsilon^1 \frac{1}{x^\alpha}\mathrm{d}x = \lim_{\varepsilon \to 0}\frac{1}{1-\alpha}x^{1-\alpha}\Big|_\varepsilon^1$$

$$= \lim_{\varepsilon \to 0}\left(\frac{1}{1-\alpha} - \frac{1}{1-\alpha}\varepsilon^{1-\alpha}\right)$$

$$= \begin{cases} \infty & \alpha > 1 \\ \dfrac{1}{1-\alpha} & (\alpha < 1) \end{cases}.$$

综合(1)、(2)，广义积分 $\int_0^1 \frac{1}{x^\alpha}\mathrm{d}x$，当 $\alpha < 1$ 时收敛；当 $\alpha \geqslant 1$ 时发散.

例 9 讨论积分 $\int_{-1}^1 \frac{1}{x^2}\mathrm{d}x$ 的敛散性.

解 被积函数 $f(x) = \frac{1}{x^2}$ 在 $[-1,1]$ 上除 $x=0$ 外都连续，且 $\lim\limits_{x \to 0}\frac{1}{x^2} = \infty$，即 $f(x)$ 在 $x=0$ 处无界，所以

$$\int_{-1}^1 \frac{1}{x^2}\mathrm{d}x = \lim_{\varepsilon_1 \to 0}\int_{-1}^{0-\varepsilon_1} \frac{1}{x^2}\mathrm{d}x + \lim_{\varepsilon_2 \to 0}\int_{0+\varepsilon_2}^1 \frac{1}{x^2}\mathrm{d}x$$

$$= \lim_{\varepsilon_1 \to 0}\left(-\frac{1}{x}\right)\Big|_1^{-\varepsilon_1} + \lim_{\varepsilon_2 \to 0}\left(-\frac{1}{x}\right)\Big|_{\varepsilon_2}^1$$

$$= \lim_{\varepsilon_1 \to 0}\left(\frac{1}{\varepsilon_1} - 1\right) + \lim_{\varepsilon_2 \to 0}\left(-1 + \frac{1}{\varepsilon_2}\right),$$

由于这两个极限都不存在，所以广义积分 $\int_{-1}^1 \frac{1}{x^2}\mathrm{d}x$ 是发散的.

此题如果不注意被积函数 $\frac{1}{x^2}$ 在 $x=0$ 处的情况，仍然按常义积分计算，就会得出如下错误的结果

$$\int_{-1}^1 \frac{1}{x^2}\mathrm{d}x = \left(-\frac{1}{x}\right)\Big|_{-1}^1 = -2.$$

例 10 计算广义积分 $\int_1^{+\infty} \frac{1}{x\sqrt{x-1}}\mathrm{d}x$.

解 因为，积分区间无穷，函数在 $x=1$ 处无界，所以，这个积分包含两种情况.

$$\int_1^{+\infty} \frac{1}{x\sqrt{x-1}}\mathrm{d}x = \int_2^{+\infty} \frac{1}{x\sqrt{x-1}}\mathrm{d}x + \int_1^2 \frac{1}{x\sqrt{x-1}}\mathrm{d}x$$

$$= \lim_{b \to +\infty}\int_2^b \frac{1}{x\sqrt{x-1}}\mathrm{d}x + \lim_{\varepsilon \to 0}\int_{1+\varepsilon}^2 \frac{1}{x\sqrt{x-1}}\mathrm{d}x$$

$$\xlongequal[\mathrm{d}x = 2t\mathrm{d}t]{\text{令 } t^2 = x-1} \lim_{b \to +\infty}\int_1^{\sqrt{b-1}} \frac{2t}{(t^2+1)t}\mathrm{d}t + \lim_{\varepsilon \to 0}\int_{\sqrt{\varepsilon}}^1 \frac{2t}{(t^2+1)t}\mathrm{d}t$$

$$= \lim_{b \to +\infty} 2\arctan t\Big|_1^{\sqrt{b-1}} + \lim_{\varepsilon \to 0} 2\arctan t\Big|_{\sqrt{\varepsilon}}^1$$

$$= \lim_{b \to +\infty} 2\arctan \sqrt{b-1} - \lim_{\varepsilon \to 0} 2\arctan\sqrt{\varepsilon}$$

$$=2\cdot\frac{\pi}{2}=\pi.$$

三、Γ 函数

定义 7 含参变量 $S(S>0)$的广义积分

$$\Gamma(S)=\int_0^{+\infty}x^{S-1}e^{-x}dx \tag{1}$$

称为 **Γ 函数**.

Γ 函数是一个重要的广义积分,可以证明当 $S>0$ 时,这个广义积分是收敛的.

下面我们来讨论 Γ 函数的几个重要性质.

(1)递推公式 $\Gamma(S+1)=S\Gamma(S)\quad(S>0)$.

证
$$\begin{aligned}\Gamma(S+1)&=\int_0^{+\infty}x^S e^{-x}dx\\&=\lim_{b\to+\infty}\int_0^b x^S e^{-x}dx\\&=\lim_{b\to+\infty}\int_0^b x^S d(-e^{-x})\\&=\lim_{b\to+\infty}\left[-x^S e^{-x}\Big|_0^b+\int_0^b e^{-x}d(x^S)\right]\\&=\lim_{b\to+\infty}(-b^S e^{-b})+\lim_{b\to+\infty}S\int_0^b x^{S-1}e^{-x}dx\\&=0+S\int_0^{+\infty}x^{S-1}e^{-x}dx\\&=S\Gamma(S).\end{aligned}$$

显然
$$\Gamma(1)=\int_0^{+\infty}e^{-x}dx=1.$$

反复运用递推公式,便有

$$\Gamma(2)=1\cdot\Gamma(1)=1$$
$$\Gamma(3)=2\Gamma(2)=2!$$
$$\Gamma(4)=2\Gamma(3)=3!$$
$$\cdots\cdots$$
$$\Gamma(n+1)=n!\quad(n\text{ 为正整数}).$$

(2)$\Gamma(S)\cdot\Gamma(1-S)=\dfrac{\pi}{\sin(\pi S)}\quad(0<S<1)$.

这个公式称为余元公式,在此我们不作证明.

当 $S=\dfrac{1}{2}$时,由余元公式 $\Gamma(\dfrac{1}{2})=\sqrt{\pi}$.

(3)在 $\Gamma(S)=\int_0^{+\infty}x^{S-1}e^{-x}dx$ 中,作代换 $x=u^2$.有

$$\Gamma(S)=2\int_0^{+\infty}e^{-u^2}u^{2S-1}du, \tag{2}$$

再令 $2S-1=t$,则 $S=\dfrac{1+t}{2}$,即有

$$\int_0^{+\infty} e^{-u^2} u^t du = \frac{1}{2}\Gamma(\frac{1+t}{2}) \quad (t > -1),$$

上式左端是应用上常见的积分,它的值可以通过上式用 Γ 函数计算出来.

在式(2)中,令 $S=\frac{1}{2}$,得

$$\Gamma(\frac{1}{2}) = 2\int_0^{+\infty} e^{-u^2} du = \sqrt{\pi},$$

所以

$$\int_0^{+\infty} e^{-u^2} du = \frac{\sqrt{\pi}}{2},$$

上式左端的积分是在概率论中常用的积分.

例 11 计算下列各值:

(1) $\frac{\Gamma(6)}{2\Gamma(3)}$; (2) $\frac{\Gamma(\frac{5}{2})}{\Gamma(\frac{1}{2})}$.

解 (1) $\Gamma(6) = 5\Gamma(5) = 5 \cdot 4\Gamma(4) = 5 \cdot 4 \cdot 3\Gamma(3)$,

$$\frac{\Gamma(6)}{2\Gamma(3)} = \frac{5 \cdot 4 \cdot 3\Gamma(3)}{2\Gamma(3)} = 30.$$

(2) $\Gamma(\frac{5}{2}) = \Gamma(\frac{3}{2}+1) = \frac{3}{2}\Gamma(\frac{3}{2}) = \frac{3}{2}\Gamma(\frac{1}{2}+1)$

$$= \frac{3}{2} \cdot \frac{1}{2}\Gamma(\frac{1}{2}),$$

$$\frac{\Gamma(\frac{5}{2})}{\Gamma(\frac{1}{2})} = \frac{\frac{3}{2} \cdot \frac{1}{2}\Gamma(\frac{1}{2})}{\Gamma(\frac{1}{2})} = \frac{3}{4}.$$

例 12 计算积分:

(1) $\int_0^{+\infty} x^5 e^{-x} dx$; (2) $\int_0^{+\infty} x^{-\frac{1}{2}} e^{-x} dx$.

解 (1) $\int_0^{+\infty} x^5 e^{-x} dx = \Gamma(6) = 5! = 120.$

(2) $\int_0^{+\infty} x^{-\frac{1}{2}} e^{-x} dx = \int_0^{+\infty} x^{\frac{1}{2}-1} e^{-x} dx$

$$= \Gamma(\frac{1}{2}) = \sqrt{\pi}.$$

例 13 证明积分等式

$$\frac{1}{\sigma\sqrt{2\pi}}\int_{-\infty}^{+\infty} e^{-\frac{(x-\mu)^2}{2\sigma^2}} dx = 1 \quad (\sigma > 0).$$

证 设 $u=\frac{x-\mu}{\sqrt{2}\sigma}$,则 $dx=\sqrt{2}\sigma du$,所以

$$\frac{1}{\sigma\sqrt{2\pi}}\int_{-\infty}^{+\infty} e^{-\frac{(x-\mu)^2}{2\sigma^2}} dx = \frac{1}{\sigma\sqrt{2\pi}}\int_{-\infty}^{+\infty} e^{-u^2} \cdot \sqrt{2}\sigma du$$

$$= \frac{1}{\sqrt{\pi}}\int_{-\infty}^{+\infty} e^{-u^2} du \quad (\text{由于 } e^{-u^2} \text{ 为偶函数})$$

$$=\frac{2}{\sqrt{\pi}}\int_{0}^{+\infty}e^{-u^2}du$$

$$=\frac{2}{\sqrt{\pi}}\cdot\frac{\sqrt{\pi}}{2}=1.$$

即
$$\frac{1}{\sigma\sqrt{2\pi}}\int_{-\infty}^{+\infty}e^{-\frac{(x-\mu^2)}{2\sigma^2}}dx=1.$$

这个等式在概率论研究中非常重要,它是定义服从正态分布的随机变量的理论基础.

习题 6-5

A

1. 判别下列各广义积分的敛散性,如果收敛计算广义积分的值:

(1) $\int_{1}^{+\infty}\frac{1}{x^3}dx$　　(2) $\int_{1}^{+\infty}\frac{1}{\sqrt[3]{x}}dx$

(3) $\int_{0}^{+\infty}e^{-4x}dx$　　(4) $\int_{0}^{+\infty}e^{-x}\sin x dx$

(5) $\int_{-\infty}^{+\infty}\frac{1}{x^2+4x+5}dx$　　(6) $\int_{0}^{1}\frac{x}{\sqrt{1-x^2}}dx$

(7) $\int_{0}^{2}\frac{1}{(1-x)^3}dx$　　(8) $\int_{1}^{2}\frac{x}{\sqrt{x-1}}dx$

(9) $\int_{1}^{e}\frac{1}{\sqrt{1-(\ln x)^2}}dx$　　(10) $\int_{0}^{+\infty}\frac{1}{\sqrt{x(x+1)^3}}dx$

2. 当 k 为何值时,广义积分 $\int_{2}^{+\infty}\frac{dx}{x(\ln x)^k}$ 收敛?当 k 为何值时,这个广义积分发散?

3. 用 Γ 函数表示下列积分,并计算积分值($\Gamma(\frac{1}{2})=\sqrt{\pi}$):

(1) $\int_{0}^{+\infty}x^m e^{-x}dx$　(m 为自然数)　　(2) $\int_{0}^{+\infty}\sqrt{x}e^{-x}dx$

(3) $\int_{0}^{+\infty}x^5 e^{-x^2}dx$　　(4) $\int_{0}^{1}(\ln\frac{1}{x})^p dx$

B

证明:$\Gamma(\frac{2k+1}{2})=\frac{1\cdot 3\cdot 5\cdot\cdots\cdot(2k-1)\sqrt{\pi}}{2^k}$,其中 k 为自然数.

本 章 小 结

本章的基本内容是定积分的概念、计算.

1. 定积分是下列和式的极限

$$\int_{a}^{b}f(x)dx=\lim_{\lambda\to 0}\sum_{i=1}^{n}f(\xi_i)\Delta x_i,$$

其中 $\lambda=\max\limits_{1\leqslant i\leqslant n}\{\Delta x_i\}$.

因此,定积分是一个数,它依赖于被积函数 $f(x)$ 和积分区间 $[a,b]$.

定积分与积分变量用什么字母表示无关:

$$\int_a^b f(x)\mathrm{d}x=\int_a^b f(t)\mathrm{d}t.$$

定积分的几何意义是介于直线 $x=a,x=b$ 之间,x 轴之上、下相应的曲边梯形面积的代数和,例如:

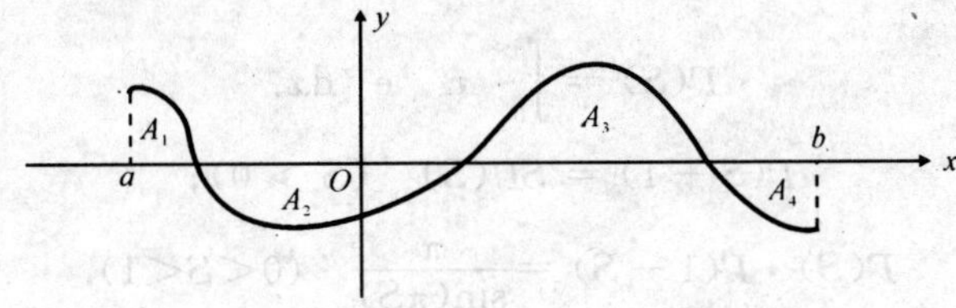

$$\int_a^b f(x)\mathrm{d}x=A_1-A_2+A_3-A_4.$$

2. 定积分的性质

(1)(线性性质) $\int_a^b[k_1f(x)+k_2g(x)]\mathrm{d}x=k_1\int_a^b f(x)\mathrm{d}x+k_2\int_a^b g(x)\mathrm{d}x$;

(2) $\int_a^b f(x)\mathrm{d}x=-\int_b^a f(x)\mathrm{d}x$, $\int_a^a f(x)\mathrm{d}x=0$;

(3) $\int_a^b f(x)\mathrm{d}x=\int_a^c f(x)\mathrm{d}x+\int_c^b f(x)\mathrm{d}x$;

(4)若 $f(x)\geqslant 0$,则 $\int_a^b f(x)\mathrm{d}x\geqslant 0$,

若 $f(x)\leqslant 0$,则 $\int_a^b f(x)\mathrm{d}x\leqslant 0$;

(5)若 $f(x)\geqslant g(x)$,则 $\int_a^b f(x)\mathrm{d}x\geqslant\int_a^b g(x)\mathrm{d}x$;

(6)(积分中值定理)设 $f(x)$ 在 $[a,b]$ 上连续,则在 $[a,b]$ 上至少存在一点 ξ,使下式成立

$$\int_a^b f(x)\mathrm{d}x=f(\xi)(b-a),\text{其中 } a\leqslant\xi\leqslant b;$$

(7)(估值定理)若 $f(x)$ 在 $[a,b]$ 上可积,且 $m\leqslant f(x)\leqslant M$,则有不等式

$$m(b-a)\leqslant\int_a^b f(x)\mathrm{d}x\leqslant M(b-a);$$

(8)若函数 $f(x)$ 在 $[a,b]$ 上连续,则有

$$\frac{\mathrm{d}}{\mathrm{d}x}\int_a^x f(t)\mathrm{d}t=f(x).$$

3. 广义积分

(1)积分区间无限的广义积分:

$$\int_a^{+\infty}f(x)\mathrm{d}x=\lim_{b\to+\infty}\int_a^b f(x)\mathrm{d}x;$$

$$\int_{-\infty}^b f(x)\mathrm{d}x=\lim_{a\to-\infty}\int_a^b f(x)\mathrm{d}x;$$

$$\int_{-\infty}^{+\infty} f(x)\mathrm{d}x = \int_{-\infty}^{0} f(x)\mathrm{d}x + \int_{0}^{+\infty} f(x)\mathrm{d}x.$$

(2)无界函数的广义积分：

$$\int_a^b f(x)\mathrm{d}x = \lim_{\varepsilon\to 0}\int_{a+\varepsilon}^{b} f(x)\mathrm{d}x\text{，函数在 } a \text{ 点处无界，}\varepsilon > 0, a < b;$$

$$\int_a^b f(x)\mathrm{d}x = \lim_{\varepsilon\to 0}\int_{a}^{b-\varepsilon} f(x)\mathrm{d}x\text{，函数在 } b \text{ 点处无界，}\varepsilon > 0, a < b.$$

(3)Γ 函数：

$$\Gamma(S) = \int_0^{+\infty} x^{S-1}\mathrm{e}^{-x}\mathrm{d}x.$$

公式：
$$\Gamma(S+1) = S\Gamma(S) \quad (S > 0);$$

$$\Gamma(S)\cdot\Gamma(1-S) = \frac{\pi}{\sin(\pi S)} \quad (0<S<1).$$

复习题 6

1. 填空题：

(1)函数 $y=\frac{1}{\sqrt[3]{x}}$在区间[1,8]上的平均值为__________；

(2) $\int_{-1}^{1}(1-|x|)\mathrm{d}x = $__________；

(3) $\frac{\mathrm{d}}{\mathrm{d}x}\left(\int_x^{x^2}\sin^{10}t\mathrm{d}t\right) = $__________；

(4)$\lim\limits_{x\to 0}\frac{\int_0^x \sin^2 t\mathrm{d}t}{x^3} = $__________；

(5) $\int_0^1\frac{\mathrm{d}x}{\mathrm{e}^x+\mathrm{e}^{-x}} = $__________；

(6) $\int_{-1}^{1}\left(\frac{x^2+\sin x}{1+x^2}\right)\mathrm{d}x = $__________；

(7) $\int_1^{\mathrm{e}} x^2\ln x\mathrm{d}x = $__________；

(8)已知 $f(0)=2, f(2)=3, f'(2)=4$，则$\int_0^2 xf''(x)\mathrm{d}x = $__________；

(9) $\int_0^4 \mathrm{e}^{\sqrt{x}}\mathrm{d}x = $__________；

(10) $\int_{-\infty}^{+\infty}\frac{A}{1+x^2}\mathrm{d}x = 1$，则 $A = $__________.

2. 选择题：

(1)设 $f(x)$ 是连续函数，且$\int f(x)\mathrm{d}x = F(x)+C$，则必有(　).

A. $\int_a^x f(t)\mathrm{d}t = F(x)$　　B. $\left[\int_a^x F(t)\mathrm{d}t\right]' = F(x)$

C. $\int_a^x F'(t)\mathrm{d}t = f(x)$　　D. $\left[\int_0^x F'(t)\mathrm{d}t\right]' = f(x)$

(2)设 $f(x) = \int_{-x}^{x}(t+\frac{\pi}{2})\sin^3 t\mathrm{d}t$，则 $f'(-\frac{\pi}{2}) = (\quad)$.

A. π　　B. $-\pi$　　C. 0　　D. 2π

(3)设 $F(x) = \int_x^{x+2\pi} \mathrm{e}^{\sin t}\cdot\sin t\mathrm{d}t$，则 $F(x) = (\quad)$.

A. 为正常数　　B. 为负常数

C. 恒为零　　D. 与 x 有关

(4)设 $f(x)$ 为连续函数，则积分 $\int_{\frac{1}{a}}^{a}(1-\frac{1}{t^2})f(t+\frac{1}{t})\mathrm{d}t(a>0)$ 等于(　).

A. 0　　B. 1　　C. a　　D. $\frac{1}{a}$

(5)设 $f(x)$ 为已知的连续函数，$t>0, S>0$，则 $t\int_0^{\frac{S}{t}} f(tx)\mathrm{d}x$ 的值(　).

A. 依赖于 S 和 t，不依赖于 x

B. 依赖于 S,t,x

C. 依赖于 t，不依赖于 S 和 x

D. 依赖于 S，不依赖于 t 和 x

(6)若对于任意一个连续函数 $f(x)$，总有 $\int_0^1 \mathrm{e}^x f(\mathrm{e}^x)\mathrm{d}x = \int_a^b f(u)\mathrm{d}u$，则必有(　).

A. $a=0, b=1$　　B. $a=0, b=\mathrm{e}$

C. $a=1, b=10$　　D. $a=1, b=\mathrm{e}$

(7)设 $M=\int_{-\frac{\pi}{2}}^{\frac{\pi}{2}}\frac{\sin x}{1+x^2}\cos^4 x\mathrm{d}x$，$N=\int_{-\frac{\pi}{2}}^{\frac{\pi}{2}}(\sin^3 x+\cos^4 x)\mathrm{d}x$，$P=\int_{-\frac{\pi}{2}}^{\frac{\pi}{2}}(x^2\sin^3 x-\cos^4 x)\mathrm{d}x$，则有(　).

A. $N<P<M$　　B. $M<P<N$

C. $N<M<P$　　D. $P<M<N$

(8)曲线 $y=x(x-1)(2-x)$ 与 Ox 轴所围成的图形的面积可表示为(　).

A. $\int_1^2 |x(x-1)(2-x)|\mathrm{d}x$

B. $\int_0^1 x(x-1)(2-x)\mathrm{d}x - \int_1^2 x(x-1)(2-x)\mathrm{d}x$

C. $-\int_0^1 x(x-1)(2-x)\mathrm{d}x + \int_1^2 x(x-1)(2-x)\mathrm{d}x$

D. $\left|\int_0^2 x(x-1)(2-x)\mathrm{d}x\right|$

(9)下列广义积分中，收敛的是(　).

A. $\int_{-\infty}^{0}\mathrm{e}^{-x}\mathrm{d}x$　　B. $\int_0^{+\infty}\frac{1}{x\ln x}\mathrm{d}x$

C. $\int_1^{+\infty}\frac{1}{\sqrt{x}(1+x)}\mathrm{d}x$　　D. $\int_0^{+\infty}x\cos x\mathrm{d}x$

(10)曲线 $y=\sqrt{2x-x^2}$ 与直线 $y=\frac{1}{\sqrt{3}}x$ 围成的平面图形的面积等于(　).

A. $2\int_{\frac{\pi}{6}}^{\frac{\pi}{2}}\cos\theta d\theta$　　　B. $2\int_{0}^{\frac{\pi}{6}}\sin\theta d\theta$

C. $2\int_{\frac{\pi}{6}}^{\frac{\pi}{2}}\cos^2\theta d\theta$　　　D. $2\int_{0}^{\frac{\pi}{6}}\cos^2\theta d\theta$

3. 解答题:

(1) $\int_0^2\frac{dx}{\sqrt{x+1}+\sqrt{(x+1)^3}}$;

(2) $\int_0^{\ln 2}\sqrt{e^x-1}dx$;

(3) $\int_{-1}^1(x^2\sqrt{1-x^2}+x\sqrt{1+x^2})dx$;

(4) $\int_0^1 x^3e^{x^2}dx$;

(5)设 $f(2x+1)=xe^x$,求 $\int_3^5 f(t)dt$;

(6)求 $\varphi(x)=\int_0^x t(t-1)dt$ 的增减区间与极值.

4. 指出下列计算中的错误且说明理由:

(1) $\int_{-1}^1\frac{dx}{1+x^2}=-\int_{-1}^1\frac{d(\frac{1}{x})}{1+(\frac{1}{x})^2}=-\arctan\frac{1}{x}\Big|_{-1}^1=-\frac{\pi}{2}$;

(2) $\int_{-1}^1\frac{dx}{x^2+1}\xlongequal{\text{令 }x=\frac{1}{t}}-\int_{-1}^1\frac{dt}{1+t^2}=-\int_{-1}^1\frac{dx}{x^2+1}$,所以 $\int_{-1}^1\frac{dx}{x^2+1}=0$;

(3) $\int_{-\infty}^{+\infty}\frac{x^3}{1+x^4}dx=\lim\limits_{b\to+\infty}\int_{-b}^b\frac{x^3}{1+x^4}dx=\lim\limits_{b\to+\infty}4\int_{-b}^b\frac{d(1+x^4)}{1+x^4}$

$=\lim\limits_{b\to+\infty}4\ln(1+x^4)\Big|_{-b}^b$

$=\lim\limits_{b\to+\infty}[4\ln(1+b^4)-4\ln(1+b^4)]=0.$

第七章　定积分的应用

定积分概念的出现和发展都是由实际问题引起和推动的，因此，定积分的应用也是非常广泛的．本章主要讨论定积分在几何上、经济上的应用，与此同时，介绍如何运用微元法将一个实际问题表达成为定积分的分析方法．

第一节　定积分的微元法

微元法介绍：

回顾一下用定积分求曲边梯形的面积及变力所作的功时，所用的方法是相同的：都是先把整体进行分割，然后在局部范围内"以直代曲"求出整体量在局部范围内的近似值，再求和、取极限，从而得到整体量．为了今后应用方便，我们把这种用定积分求整体量的步骤简化成下面三步．

第一步：取微分小段．分割区间$[a,b]$，在其中任取一个小区间，记为$[x,x+\Delta x]$．

第二步：表示微元．设所求的整体量是Q，取$\xi_i=x$（因为定积分的值与ξ_i的选法无关，因而ξ_i可取成小区间的左端点x），求出Q的局部量ΔQ的近似值$\mathrm{d}Q=f(x)\cdot\Delta x$，即

$$\Delta Q\approx \mathrm{d}Q=f(x)\cdot\Delta x=f(x)\mathrm{d}x,$$

所以$f(x)\cdot\Delta x$（或$f(x)\mathrm{d}x$）称为整体量的微元．

第三步：用定积分表示所求的整体量．把这些微元相加、取极限就得到整体量的定积分表达式

$$Q=\int_a^b f(x)\mathrm{d}x.$$

用以上步骤解决实际问题的方法称为**微元法**（或称**元素法**）．

第二节　定积分的几何应用

一、平面图形的面积

根据定积分$\int_a^b f(x)\mathrm{d}x$的几何意义，当$f(x)\geqslant 0$时（图 7-1），由曲线$y=f(x)$，直线$x=a$，$x=b$及x轴所围成的曲边梯形的面积为

$$A=\int_a^b f(x)\mathrm{d}x. \tag{1}$$

当$f(x)$在$[a,b]$上有正有负时（图 7-2），面积公式为

$$A=\int_a^b |f(x)|\mathrm{d}x=\int_a^{c_1}f(x)\mathrm{d}x-\int_{c_1}^{c_2}f(x)\mathrm{d}x+\int_{c_2}^{b}f(x)\mathrm{d}x. \tag{2}$$

例 1　设$y_2(x)$，$y_1(x)$在区间$[a,b]$上连续，且在$[a,b]$上，恒有$y_1(x)\leqslant y_2(x)$，求由曲线y

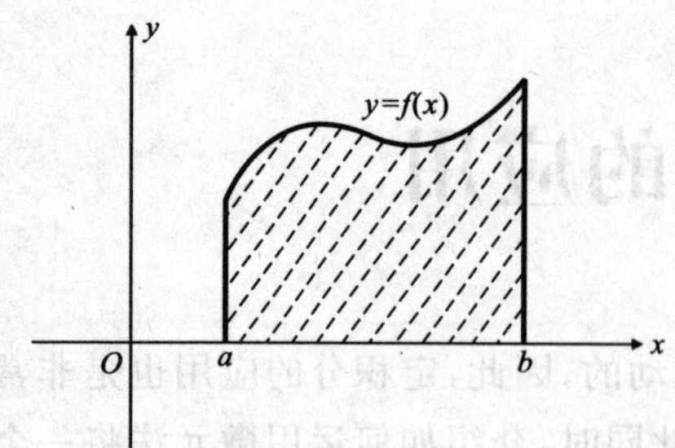

图 7-1

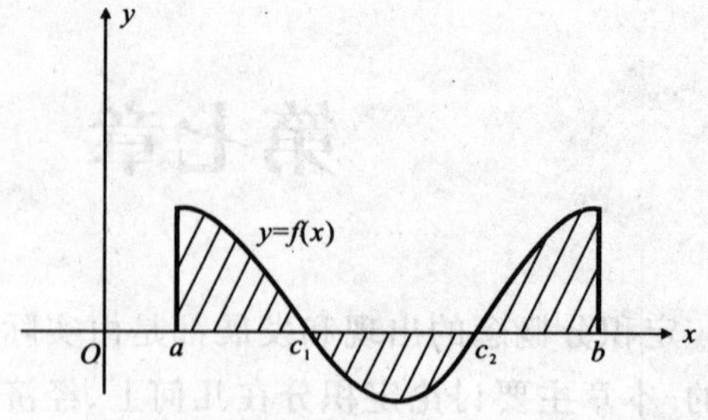

图 7-2

$=y_2(x)$，$y=y_1(x)$及直线 $x=a$，$x=b$ 所围成的图形(图 7-3)的面积.

图 7-3

解　方法一:用微元法推出公式

(1)在区间$[a,b]$上任取一小区间$[x,x+\mathrm{d}x]$.

(2)设此小区间上的面积为 ΔA，则 ΔA 近似于高为 $y_2(x)-y_1(x)$，底为 $\mathrm{d}x$ 的小矩形的面积，从而得到面积微元

$$\mathrm{d}A=[y_2(x)-y_1(x)]\mathrm{d}x.$$

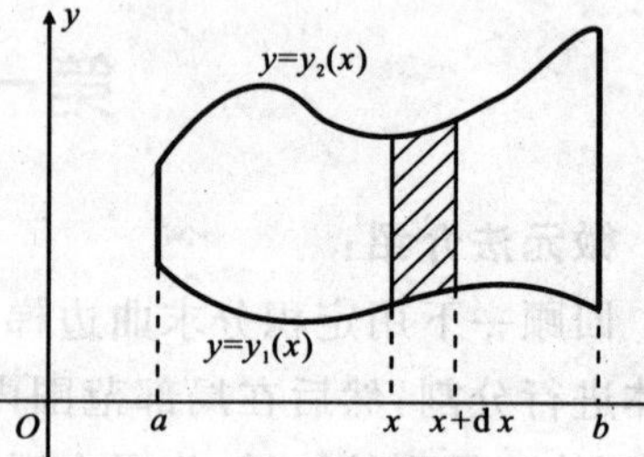

(3)以$[y_2(x)-y_1(x)]\mathrm{d}x$ 为被积表达式，在区间$[a,b]$上作定积分，就是所求图形的面积

$$A=\int_a^b[y_2(x)-y_1(x)]\mathrm{d}x. \tag{3}$$

方法二:将所围图形面积看作两曲边梯形面积之差，故可以直接用计算曲边梯形面积公式推出

$$A=\int_a^b y_2(x)\mathrm{d}x-\int_a^b y_1(x)\mathrm{d}x$$

$$=\int_a^b[y_2(x)-y_1(x)]\mathrm{d}x.$$

同理可得:

设 $x_2(y)$，$x_1(y)$ 在区间$[a,b]$上连续，且在$[c,d]$上恒有 $x_1(y)\leqslant x_2(y)$，则由曲线 $x=x_1(y)$，$x=x_2(y)$ 及直线 $y=c$，$y=d$ 所围的图形(图 7-4)的面积为

$$A=\int_c^d[x_2(y)-x_1(y)]\mathrm{d}y. \tag{4}$$

例 2　求正弦曲线 $y=\sin x\left(x\in\left[0,\frac{3\pi}{2}\right]\right)$和直线 $x=\frac{3\pi}{2}$及 x 轴所围成的平面图形的面积(图 7-5).

解　$A=\int_0^{\frac{3\pi}{2}}|\sin x|\mathrm{d}x$

$$=\int_0^{\pi}\sin x\mathrm{d}x-\int_{\pi}^{\frac{3\pi}{2}}\sin x\mathrm{d}x$$

$$=-\cos x\Big|_0^{\pi}+\cos x\Big|_{\pi}^{\frac{3\pi}{2}}$$

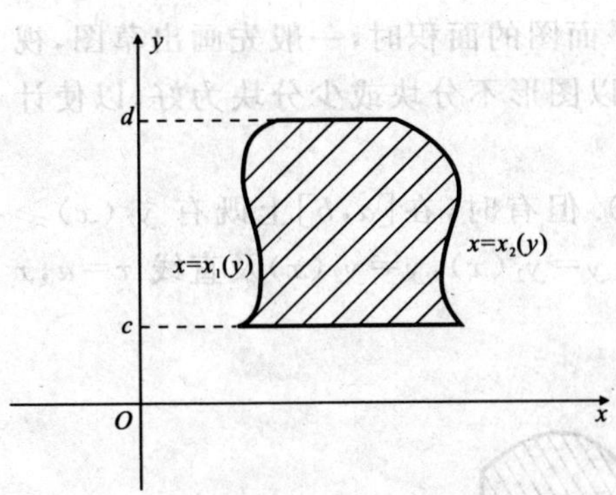

图 7-4

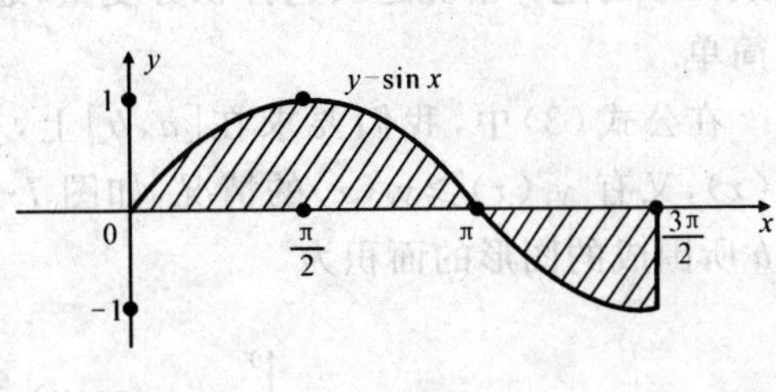

图 7-5

$$= 2 + 1 = 3.$$

例 3　求由抛物线 $y^2 = 2x$ 与直线 $x - y - 4 = 0$ 所围成图形的面积.

解　求出交点坐标,并画出图形,如图 7-6.

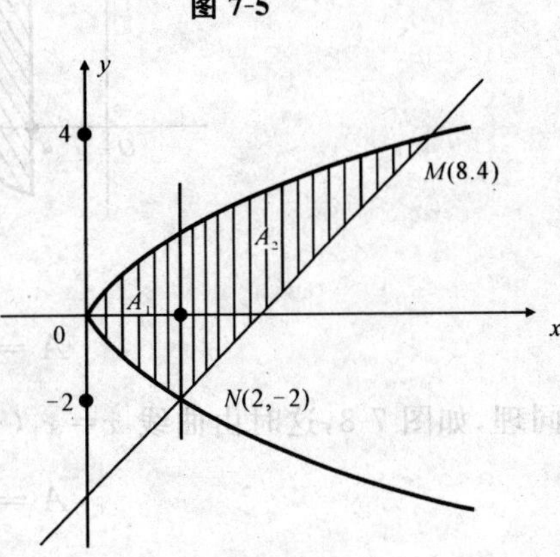

图 7-6

$$\begin{cases} y^2 = 2x \\ x - y - 4 = 0 \end{cases}$$

解得 $M(8,4)$, $N(2,-2)$.

方法一: 选 x 作积分变量,由图可以看出

$$A = A_1 + A_2.$$

因为,在 A_1 部分,由于抛物线的上半支方程是 $y = \sqrt{2x}$,下半支方程是 $y = -\sqrt{2x}$,所以

$$\begin{aligned} A_1 &= \int_0^2 [\sqrt{2x} - (-\sqrt{2x})]\,dx \\ &= 2\sqrt{2}\int_0^2 x^{\frac{1}{2}}\,dx \\ &= 2\sqrt{2} \cdot \frac{2}{3} \cdot x^{\frac{3}{2}} \Big|_0^2 = \frac{16}{3}; \end{aligned}$$

$$\begin{aligned} A_2 &= \int_2^8 [\sqrt{2x} - (x-4)]\,dx \\ &= \int_2^8 (\sqrt{2}x^{\frac{1}{2}} - x + 4)\,dx \\ &= (\sqrt{2} \cdot \frac{2}{3}x^{\frac{3}{2}} - \frac{1}{2}x^2 + 4x) \Big|_2^8 = \frac{38}{3}; \end{aligned}$$

因此
$$A = A_1 + A_2 = \frac{16}{3} + \frac{38}{3} = 18.$$

方法二: 选 y 作积分变量,这时应将曲线方程改写成 $x = \frac{1}{2}y^2$, $x = y + 4$,由公式(4)得

$$\begin{aligned} A &= \int_{-2}^4 (y + 4 - \frac{1}{2}y^2)\,dy \\ &= (\frac{1}{2}y^2 + 4y - \frac{1}{6}y^3) \Big|_{-2}^4 = 18. \end{aligned}$$

两种解法比较，显然第二种更简便. 由此可见，在求平面图的面积时，一般先画出草图，视围成图形的边界情况适当选择积分变量，通常情况下，应以图形不分块或少分块为好，以使计算简单.

在公式(3)中，我们要求在$[a,b]$上，$y_2(x)\geqslant y_1(x)$. 但有时，在$[a,b]$上既有 $y_2(x)\geqslant y_1(x)$，又有 $y_1(x)\geqslant y_2(x)$的情况，如图 7-7，这时由曲线 $y=y_1(x)$，$y=y_2(x)$及直线 $x=a$，$x=b$ 所围成的图形的面积为

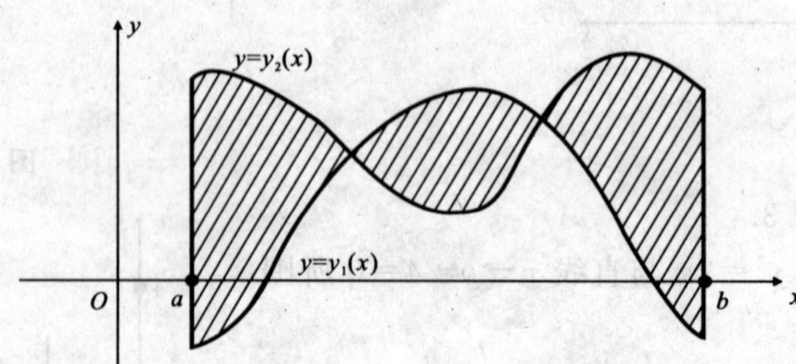

图 7-7

$$A=\int_a^b |y_2(x)-y_1(x)|\,\mathrm{d}x, \tag{5}$$

同理，如图 7-8，这时由曲线 $x=x_1(y)$，$x=x_2(y)$及直线 $y=c$，$y=d$ 所围成的图形的面积为

$$A=\int_c^d |x_2(y)-x_1(y)|\,\mathrm{d}y. \tag{6}$$

例 4 求由 $x=0$，$x=\pi$，$y=\sin x$，$y=\cos x$ 所围平面图形的面积.

解 画出平面图形(图 7-9).

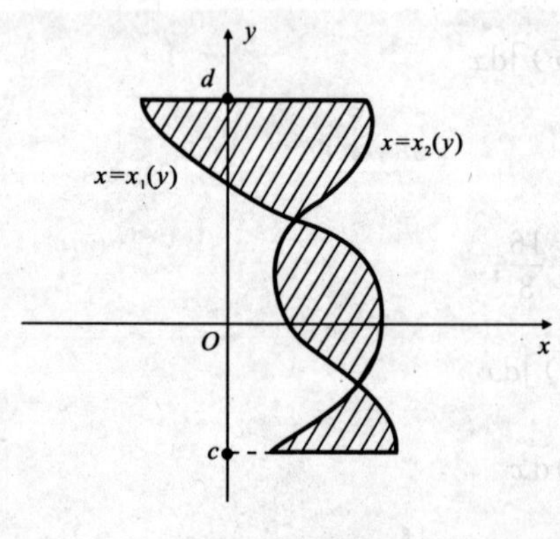

图 7-8

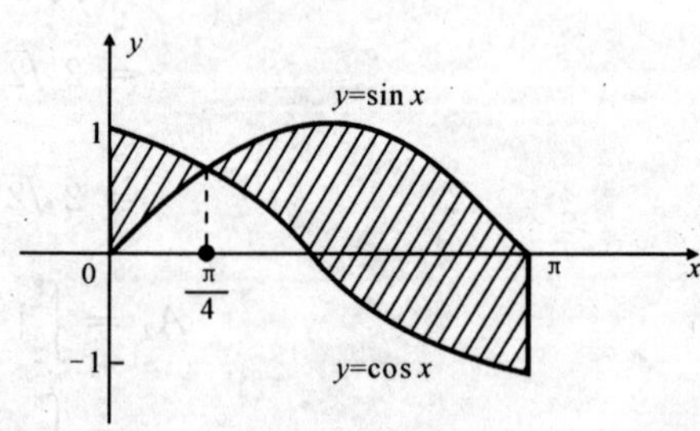

图 7-9

$$\begin{aligned}A&=\int_0^{\pi} |\sin x-\cos x|\,\mathrm{d}x\\&=\int_0^{\frac{\pi}{4}}(\cos x-\sin x)\mathrm{d}x+\int_{\frac{\pi}{4}}^{\pi}(\sin x-\cos x)\mathrm{d}x\\&=(\sin x+\cos x)\Big|_0^{\frac{\pi}{4}}+(-\cos x-\sin x)\Big|_{\frac{\pi}{4}}^{\pi}\\&=\left(\frac{\sqrt{2}}{2}+\frac{\sqrt{2}}{2}-1\right)+\left[1+\left(\frac{\sqrt{2}}{2}+\frac{\sqrt{2}}{2}\right)\right]\end{aligned}$$

$$=2\sqrt{2}.$$

*例 5　求由摆线 $x=a(t-\sin t)$，$y=a(1-\cos t)(a>0)$ 的第一拱与 Ox 轴所围成的图形的面积.

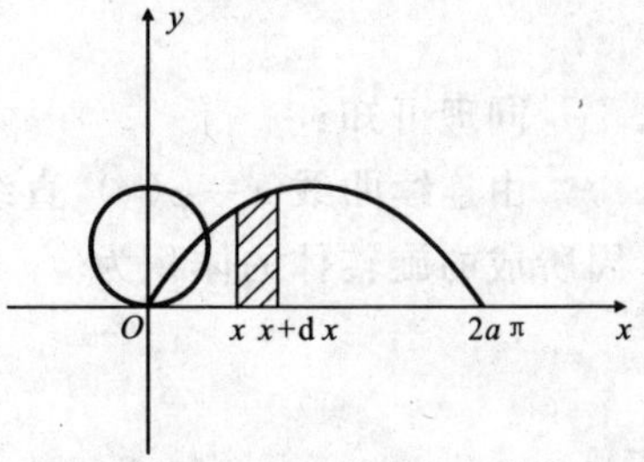

图 7-10

解　如图 7-10 所示，选择 x 为积分变量，画一小竖条矩形，面积微元为

$$dA=y\,dx$$

积分区间为$[0,2a\pi]$，于是所求图形的面积为

$$A=\int_0^{2a\pi}y\,dx,$$

现在的 y 与 x 之间没有直接的关系，而是通过第三个变量 t 联系着，因此，将积分变量换成 t，作积分变量变换：

令 $x=a(t-\sin t)$，$dx=a(1-\cos t)dt$. $x=0,t=0$；$x=2a\pi,t=2\pi$. 所以

$$A=\int_0^{2\pi}a(1-\cos t)\cdot a(1-\cos t)dt$$

$$=a^2\int_0^{2\pi}(1-\cos t)^2dt$$

$$=a^2\int_0^{2\pi}\left(\frac{3}{2}-2\cos t+\frac{1}{2}\cos 2t\right)dt$$

$$=a^2\left(\frac{3}{2}t-2\sin t+\frac{1}{4}\sin 2t\right)\Big|_0^{2\pi}=3\pi a^2.$$

一般地，设曲边梯形的曲边 $y=f(x)(f(x)\geqslant 0,x\in[a,b])$ 由参数方程 $x=\varphi(t)$，$y=\psi(t)$ 给出，且 $\varphi(\alpha)=a$，$\varphi(\beta)=b$，且 $\psi(t)$ 与 $\varphi'(t)$ 在$[\alpha,\beta]$上（或$[\beta,\alpha]$上）连续，则曲边梯形的面积为

$$A=\int_a^b f(x)dx=\int_\alpha^\beta \psi(t)\cdot\varphi'(t)dt. \tag{7}$$

二、立体的体积

用定积分计算立体体积主要讨论两种简单情况，即旋转体的体积和平行截面面积为已知的立体体积.

1. 曲边梯形绕底边旋转一周所成的旋转体的体积

例 6　求由连续曲线 $y=f(x)$，直线 $x=a$，$x=b(a<b)$ 及 Ox 轴所围成的曲边梯形绕 Ox 轴旋转一周的旋转体的体积，如图 7-11.

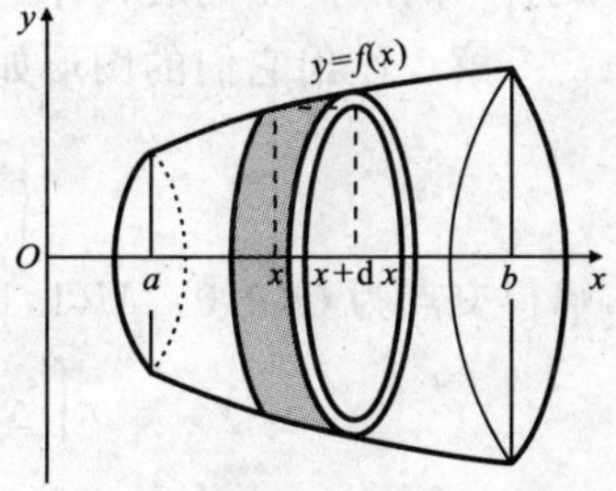

图 7-11

解　用微元法推导出公式.

取 x 为积分变量，它的变化区间为$[a,b]$.

(1)在区间$[a,b]$上任取一小区间$[x,x+dx]$.

(2)设与此小区间相对应的那部分旋转体的体积为 ΔV，则 ΔV 近似于以 $f(x)$ 为底半径，以 dx 为高的圆柱体的体积，从而得到体积微元为

$$dV=\pi[f(x)]^2\cdot dx.$$

(3)以 $\pi[f(x)]^2\cdot dx$ 为被积表达式，在区间$[a,b]$上作定积分，就是所求的旋转体的体

积，记为

$$V_x=\pi\int_a^b[f(x)]^2\mathrm{d}x=\pi\int_a^b y^2\mathrm{d}x. \tag{8}$$

同理可知：

由连续曲线 $x=\varphi(y)$，直线 $y=c,y=d(c<d)$ 及 Oy 轴所围成的曲边梯形绕 Oy 轴旋转一周所成的旋转体的体积为

$$V_y=\pi\int_c^d[\varphi(y)]^2\mathrm{d}y=\pi\int_c^d x^2\mathrm{d}y. \tag{9}$$

例 7 求椭圆$\frac{x^2}{a^2}+\frac{y^2}{b^2}=1(a>b>0)$所围成的图形分别绕 Ox 轴，Oy 轴旋转一周所成的旋转体的体积，如图 7-12.

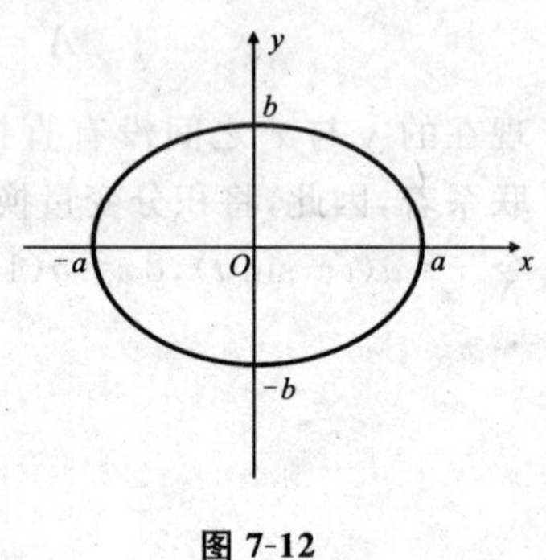

图 7-12

解 (1)由 $y^2=\frac{b^2}{a^2}(a^2-x^2)$，旋转椭球体的体积可以看作上半椭圆 $y=\frac{b}{a}\sqrt{a^2-x^2}$ 与 Ox 轴所围图形绕 Ox 轴旋转而成，即

$$\begin{aligned}V_x&=\pi\int_{-a}^a y^2\mathrm{d}x=\pi\int_{-a}^a\frac{b^2}{a^2}(a^2-x^2)\mathrm{d}x\\&=\frac{4}{3}\pi ab^2.\end{aligned}$$

(2)由 $x^2=\frac{a^2}{b^2}(b^2-y^2)$，得

$$\begin{aligned}V_y&=\pi\int_{-b}^b x^2\mathrm{d}y=\pi\int_{-b}^b\frac{a^2}{b^2}(b^2-y^2)\mathrm{d}y\\&=\frac{4}{3}\pi a^2b.\end{aligned}$$

当 $a=b=R$ 时，即球的体积

$$V_{球}=\frac{4}{3}\pi R^3.$$

例 8 求由曲线 $y=x^2$ 与 $x=y^2$ 所围成的图形绕 x 轴旋转一周所产生的旋转体的体积.

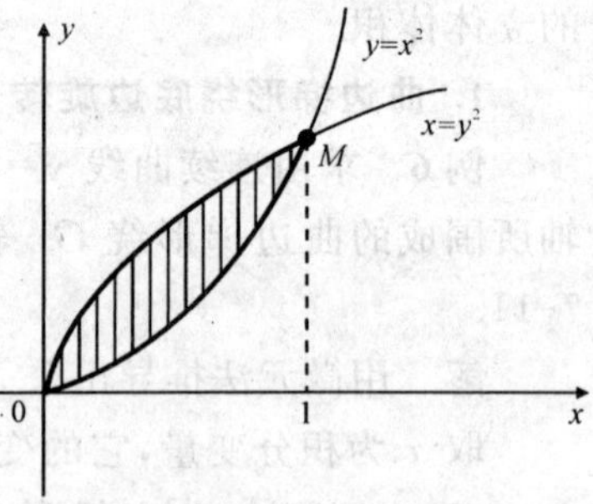

解 作出它们的图形如图 7-13，求出交点坐标.

$$\begin{cases}y=x^2\\x=y^2\end{cases}$$

解得交点为 $O(0,0)$，$M(1,1)$.

图 7-13

$$\begin{aligned}V_x&=\pi\int_0^1 y_2^2\mathrm{d}x-\pi\int_0^1 y_1^2\mathrm{d}x\\&=\pi\int_0^1 x\mathrm{d}x-\pi\int_0^1 x^4\mathrm{d}x\\&=\frac{1}{2}\pi x^2\Big|_0^1-\frac{1}{5}\pi x^5\Big|_0^1\\&=\pi\left(\frac{1}{2}-\frac{1}{5}\right)=\frac{3}{10}\pi.\end{aligned}$$

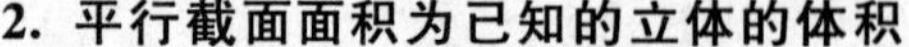

2. 平行截面面积为已知的立体的体积

设有一立体介于过点 $x=a, x=b(a<b)$ 且垂直于 Ox 轴的两平面之间(图 7-14)，以 $A(x)$ 表示过点 x 且垂直于 Ox 轴的平面截它所得的截面面积，又知 $A(x)$ 为 x 的连续函数，求此立体的体积.

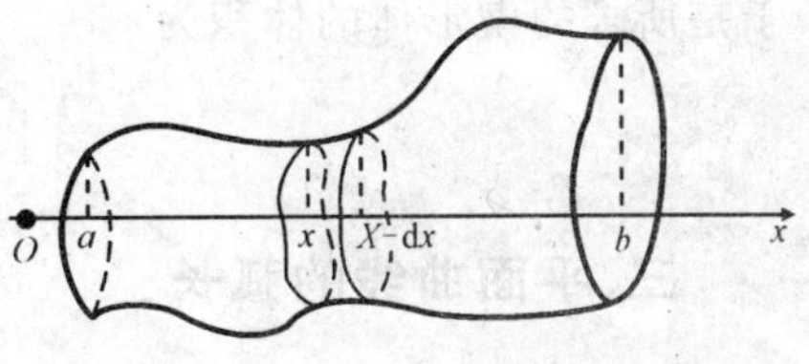

图 7-14

下面我们用微元法推导公式.

(1)取 x 为积分变量. 它的变化区间为$[a,b]$，在区间$[a,b]$上任取一小区间$[x,x+\mathrm{d}x]$.

(2)设与此小区间相对应的那部分立体的体积为 ΔV，则 ΔV 近似于以 $A(x)$ 为底，以 $\mathrm{d}x$ 为高的柱体的体积，从而得到体积微元为

$$\mathrm{d}V=A(x)\mathrm{d}x.$$

(3)以 $A(x)\mathrm{d}x$ 为被积表达式，在区间$[a,b]$上作定积分，就是所求的立体的体积，即

$$V_x=\int_a^b A(x)\mathrm{d}x.$$

同理可知：

设有一立体介于过点 $y=c, y=d(c<d)$，且垂直于 Oy 轴的两平面之间，以 $A(y)$ 表示过点 y 且垂直于 Oy 轴的平面截它所得的截面面积，又知 $A(y)$ 为 y 的连续函数，则此立体的体积为

$$V_y=\int_c^d A(y)\mathrm{d}y. \tag{11}$$

例 9　一平面经过半径为 a 的圆柱体的底面中心，并与底面交成角 $\alpha\left(0<\alpha<\frac{\pi}{2}\right)$，如图 7-15)，求这平面截圆柱体所得较小那部分的立体(楔形体)的体积.

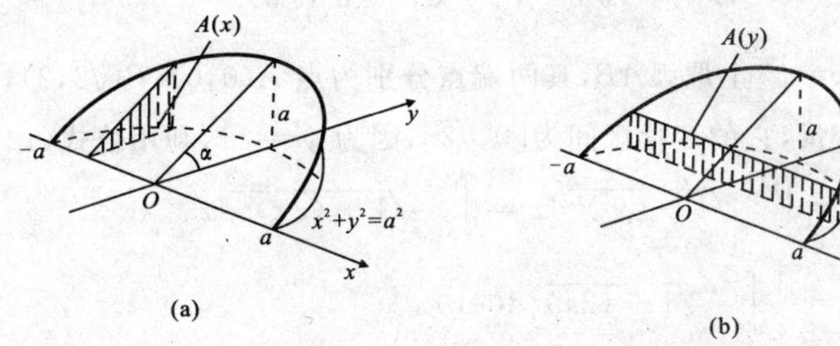

图 7-15

解　取平面与圆柱底面的交线为 x 轴，底面上过圆心且垂直于 x 轴的直线为 y 轴，则底面圆的方程为

$$x^2+y^2=a^2.$$

如果用一组垂直于 Ox 轴的平行平面截楔形体，所得的平行截面都是直角三角形，如图 7-15(a)，两条直角边分别为 y 与 $y\tan\alpha$，则平行截面面积为

$$A(x)=\frac{1}{2}y\cdot y\tan\alpha=\frac{1}{2}(a^2-x^2)\tan\alpha.$$

取 x 为积分变量，它的变化区间为$[-a,a]$，体积微元是

$$\mathrm{d}V=A(x)\mathrm{d}x=\frac{1}{2}(a^2-x^2)\tan\alpha\cdot\mathrm{d}x,$$

于是所求的楔形体的体积为

$$V=\frac{1}{2}\int_{-a}^{a}(a^2-x^2)\tan\alpha\mathrm{d}x=\frac{2}{3}a^3\tan\alpha.$$

三、平面曲线的弧长

1. 直角坐标系下平面曲线的弧长

设平面曲线弧$\widehat{AB}$的直角坐标方程为

$$y=f(x)\quad(a\leqslant x\leqslant b),$$

其中 $f(x)$在$[a,b]$上的一阶导数连续，$x=a$ 对应于弧上点 A，$x=b$ 对应于弧上点 B，求曲线弧$\widehat{AB}$的长(图 7-16).

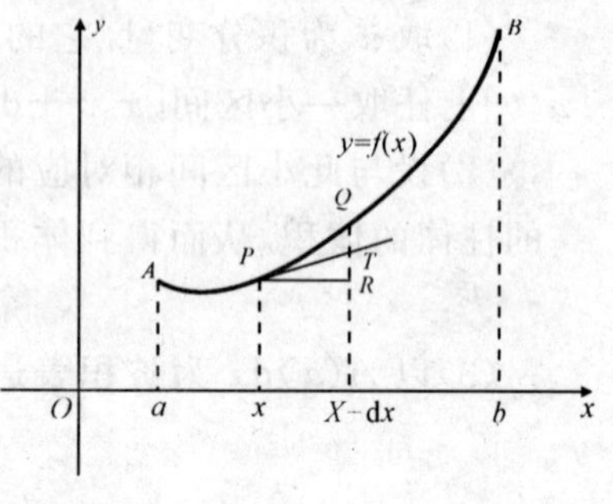

图 7-16

用微元法推出公式.

(1)取 x 为积分变量，它的变化区间为$[a,b]$，在$[a,b]$上任取一小区间$[x,x+\mathrm{d}x]$.

(2)设与此小区间对应的曲线弧$\widehat{PQ}$的弧长为 ΔS，该曲线在点$(x,f(x))$处的切线相应的线段长$|PT|$，用$|PT|$近似代替 ΔS，而

$$|PT|=\sqrt{|PR|^2+|RT|^2}=\sqrt{(\mathrm{d}x)^2+(\mathrm{d}y)^2}=\sqrt{1+(y')^2}\mathrm{d}x,$$

所以，弧长微元为

$$\mathrm{d}S=\sqrt{1+(y')^2}\mathrm{d}x.$$

(3)以$\sqrt{1+(y')^2}\mathrm{d}x$ 为被积表达式，在区间$[a,b]$上作定积分，就是所求的曲线弧$\widehat{AB}$的弧长，即

$$S=\int_{a}^{b}\sqrt{1+(y')^2}\mathrm{d}x\quad(a<b).\qquad(12)$$

例 10 在抛物线 $y=x^2$ 上取弧$\widehat{AB}$，其两端点分别为点 $A(0,0)$，$B(\sqrt{2},2)$，求弧$\widehat{AB}$的长.

解 取 x 为积分变量，它的变化区间为$[0,\sqrt{2}]$，因为 $y'=2x$，利用公式(12)得

$$\begin{aligned}\widehat{AB}&=\int_{0}^{\sqrt{2}}\sqrt{1+(y')^2}\mathrm{d}x=\int_{0}^{\sqrt{2}}\sqrt{1+(2x)^2}\mathrm{d}x\\&=\frac{1}{2}\int_{0}^{\sqrt{2}}\sqrt{1+(2x)^2}\mathrm{d}(2x)\\&=\frac{1}{2}\left\{\frac{1}{2}\cdot 2x\sqrt{1+(2x)^2}+\frac{1}{2}\ln[2x+\sqrt{1+(2x)^2}]\right\}\Bigg|_{0}^{\sqrt{2}}\\&=\frac{1}{4}[6\sqrt{2}+\ln(2\sqrt{2}+3)].\end{aligned}$$

例 11 两根电线杆之间的电线，由于其本身的重量，下垂成曲线形. 这样的曲线叫悬链线. 若悬链线的方程为 $y=\frac{a}{2}(\mathrm{e}^{\frac{x}{a}}+\mathrm{e}^{-\frac{x}{a}})$，计算悬链线上介于 $x=-b$ 与 $x=b$ 之间一段弧(图 7-17)的长度.

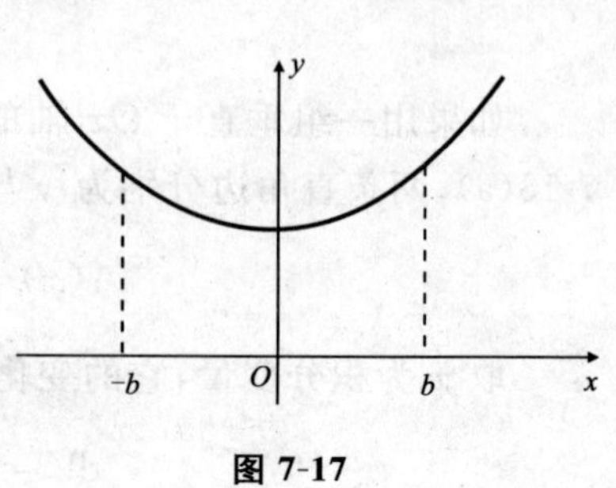

图 7-17

解 因为 $y'=\frac{1}{2}(\mathrm{e}^{\frac{x}{a}}-\mathrm{e}^{-\frac{x}{a}})$，所以利用公式(12)得

$$S=\int_{-b}^{b}\sqrt{1+(y')^2}\,dx$$
$$=\int_{-b}^{b}\sqrt{1+\frac{1}{4}(e^{\frac{x}{a}}-e^{-\frac{x}{a}})^2}\,dx$$
$$=\int_{-b}^{b}\frac{1}{2}(e^{\frac{x}{a}}+e^{-\frac{x}{a}})\,dx$$
$$=\int_{0}^{b}(e^{\frac{x}{a}}+e^{-\frac{x}{a}})\,dx\quad(e^{\frac{x}{a}}+e^{-\frac{x}{a}}\text{ 为偶函数})$$
$$=a(e^{\frac{x}{a}}-e^{-\frac{x}{a}})\Big|_{0}^{b}$$
$$=a(e^{\frac{b}{a}}-e^{-\frac{b}{a}}).$$

2. 参数方程表示的平面曲线的弧长

设平面曲线弧$\widehat{AB}$的参数方程为

$$\begin{cases}x=\varphi(t)\\ y=\psi(t)\end{cases}\quad(\alpha\leqslant t\leqslant\beta),$$

其中 $\varphi(t)$，$\psi(t)$在区间$[\alpha,\beta]$上具有一阶连续导数，且 $\varphi'(t)$与 $\psi'(t)$不同时为零. 当参数 t 由 α 变到 β 时，曲线上的点由 A 变到 B（或由 B 变到 A），求曲线弧$\widehat{AB}$的长.

用微元法推出公式.

(1)取参数 t 为积分变量，它的变化区间为$[\alpha,\beta]$，在$[\alpha,\beta]$上任取一小区间$[t,t+dt]$.

(2)由前述已有 $dS=\sqrt{(dx)^2+(dy)^2}$，再由于 $dx=\varphi'(t)dt$，$dy=\psi'(t)dt$，故有

$$dS=\sqrt{(dx)^2+(dy)^2}$$
$$=\sqrt{[\varphi'(t)]^2(dt)^2+[\psi'(t)]^2(dt)^2}$$
$$=\sqrt{[\varphi'(t)]^2+[\psi'(t)]^2}\,dt,$$

同前一样，由于积分限 $\alpha<\beta$，所以这里有 $dt>0$.

(3)以 $\sqrt{[\varphi'(t)]^2+[\psi'(t)]^2}\,dt$ 为被积表达式，在区间$[\alpha,\beta]$上作定积分，就是所求的曲线弧$\widehat{AB}$的弧长，即

$$S=\int_{\alpha}^{\beta}\sqrt{[\varphi'(t)]^2+[\psi'(t)]^2}\,dt\quad(\alpha<\beta).\tag{13}$$

例 12　求星形线$\begin{cases}x=a\cos^3 t\\ y=a\sin^3 t\end{cases}$ $(a>0)$的全长.

解　星形线如图 7-18，它是一个关于 x 轴、y 轴对称的图形，所以，只需求出第一象限内的一段长再四倍即可.

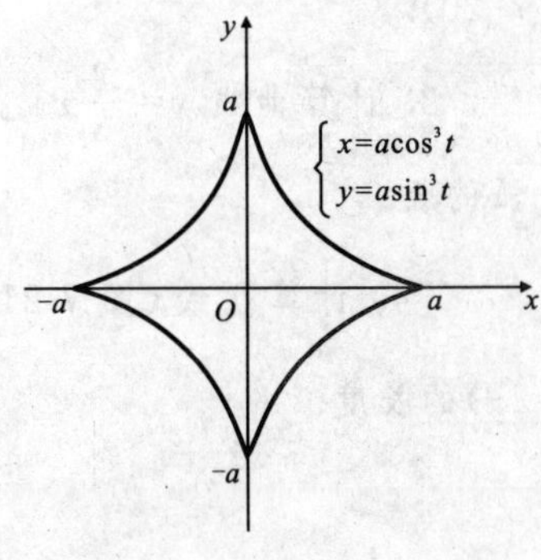

图 7-18

取 t 为积分变量，变化区间为$[0,\frac{\pi}{2}]$. 有

$$\begin{cases}x'(t)=-3a\cos^2 t\cdot\sin t\\ y'(t)=3a\sin^2 t\cdot\cos t\end{cases}$$

所以，根据公式(13)有

$$S=4\int_{0}^{\frac{\pi}{2}}\sqrt{(-3a\cos^2 t\cdot\sin t)^2+(3a\sin^2 t\cdot\cos t)^2}\,dt$$

$$= 12a\int_0^{\frac{\pi}{2}} \sin t \cdot \cos t\mathrm{d}t$$

$$= 12a \cdot \frac{1}{2}\sin^2 t\Big|_0^{\frac{\pi}{2}} = 6a.$$

习题 7-2

A

1. 求由下列各曲线所围图形的面积：

(1) $y=\sqrt{x}, y=x$

(2) $y=\mathrm{e}^x, x=0, y=\mathrm{e}$

(3) $y=3-x^2, y=2x$

(4) $y=\frac{1}{2}x^2, y^2+x^2=8$（两部分都要计算）

(5) $y=\frac{1}{x}, y=x, x=2$

(6) $y=\ln x, x=0, y=\ln a, y=\ln b \quad (0<a<b)$

2. 求下列各题中的曲线所围平面图形绕指定轴旋转的旋转体的体积：

(1) $y=x^3, y=0, x=2$ 绕 x 轴、y 轴

(2) $y=x^2, x=y^2$ 绕 y 轴

(3) $x^2+(y-5)^2=16$ 绕 x 轴

(4) $xy=1, y=4x, x=2, y=0$ 绕 x 轴

B

1. 求以半径为 R 的圆为底，平行且等于底圆直径的线段为顶，高为 H 的正劈锥体（图 7-19）体积.

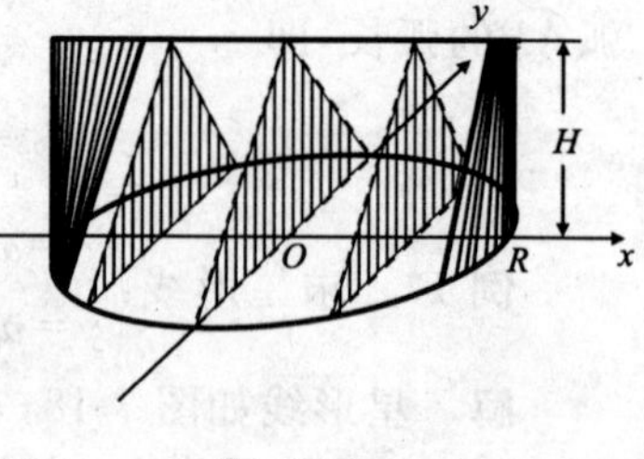

图 7-19

2. 求半径为 R 的球体中高为 $H(H<R)$ 的球缺体积（图 7-20）.

3. 计算曲线 $y=\frac{2}{3}x^{\frac{3}{2}}$ 上相应于 x 从 $a=3$ 到 $b=8$ 的一段弧的长.

*4. 计算摆线（图 7-21）$\begin{cases} x=a(t-\sin t) \\ y=a(1-\cos t) \end{cases}$ 的一拱（$0\leqslant t\leqslant 2\pi$）的长度.

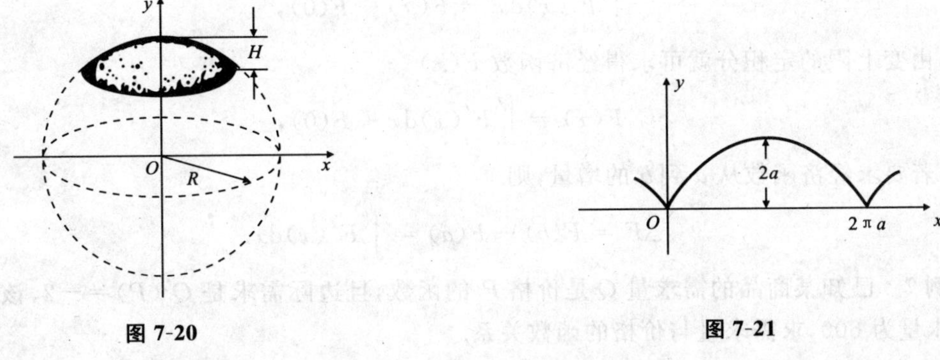

第三节　定积分在经济中的应用

一、已知总产量变化率求总产量

已知某产品的总产量 Q 的变化率是时间 t 的连续函数 $f(t)$，即 $Q'(t)=f(t)$，则该产品的总产量函数为

$$Q(t)=Q(t_0)+\int_{t_0}^{t}f(x)\mathrm{d}x\quad(t\geqslant t_0),$$

其中 $t_0\geqslant 0$ 为某个规定的初始时刻. 通常取 $t_0=0$，这时 $Q(0)=0$，即刚投产时总产量为零.

由定积分的定义知，从 t_0 到 $t_1(0\leqslant t_0\leqslant t_1)$ 这段时间内，总产量的增量为

$$\Delta Q=Q(t_1)-Q(t_0)=\int_{t_0}^{t_1}f(t)\mathrm{d}t.$$

例 1　设某产品的总产量变化率为 $f(t)=100+10t-0.45t^2$ （单位 / 小时），求：

(1) 总产量函数 $Q(t)$；

(2) 从 $t_0=4$ 到 $t_1=8$ 这段时间内的总产量.

解　(1) 总产量函数为

$$Q(t)=\int_0^t f(x)\mathrm{d}x=\int_0^t(100+10x-0.45x^2)\mathrm{d}x$$
$$=100t+5t^2-0.15t^3\text{(单位)}.$$

(2) 从 $t_0=4$ 到 $t_1=8$ 这段时间内的总产量为

$$Q(8)-Q(4)=\int_4^8(100+10t-0.45t^2)\mathrm{d}t=572.8\text{(单位)}.$$

二、已知边际函数求总量函数

由第四章边际分析的讨论可知，对一个已知的经济函数 $F(x)$（如需求函数 $Q(P)$、总成本函数 $C(x)$、总收入函数 $R(x)$ 和利润函数 $L(x)$ 等），它的边际函数就是它的导函数 $F'(x)$，若对已知的边际函数 $F'(x)$ 求不定积分 $\int F'(x)\mathrm{d}x$，就可求得原经济函数，其中积分常数 C 由 $F(x_0)=F_0$ 的具体条件确定，通常取 $x_0=0$.

在第六章学习了牛顿-莱布尼茨公式后有

$$\int_0^x F'(x)\mathrm{d}x = F(x) - F(0),$$

从而，由变上限的定积分就可求得经济函数 $F(x)$

$$F(x) = \int_0^x F'(x)\mathrm{d}x + F(0), \tag{1}$$

另外，若要求经济函数从 a 到 b 的增量，则

$$\Delta F = F(b) - F(a) = \int_a^b F'(x)\mathrm{d}x. \tag{2}$$

例 2 已知某商品的需求量 Q 是价格 P 的函数，且边际需求是 $Q'(P)=-2$，该商品的最大需求量为 600，求需求量与价格的函数关系.

解 在需求函数中，一般地价格 $P=0$ 时，需求量达到最大，故由题意知：$P=0$ 时，$Q(0)=600$.

由公式(1)可得需求函数的表达式

$$\begin{aligned} Q(P) &= \int_0^P Q'(P)\mathrm{d}P + Q(0) = \int_0^P (-2)\mathrm{d}P + 600 \\ &= -2P + 600 \quad (P > 0). \end{aligned}$$

例 3 已知生产某产品 x 单位时的边际收入为 $R'(x)=100-2x$(元/单位)，求生产 40 单位时的总收入及平均收入，若再增加生产 10 个单位，求增加的总收入.

解 在收入函数中，一般地当销量为零时，总收入也为零，即 $R(0)=0$.

由公式(1)，可直接求出当 $x=40$ 的总收入

$$R(40) = \int_0^{40}(100-2x)\mathrm{d}x = (100x - x^2)\Big|_0^{40} = 2400(\text{元}).$$

平均收入：

$$\overline{R}(40) = \frac{R(40)}{40} = \frac{2400}{40} = 60(\text{元}).$$

在生产 40 单位后再生产 10 单位所增加的总收入可由公式(2)得出：

$$\begin{aligned} \Delta R &= R(50) - R(40) = \int_{40}^{50} R'(x)\mathrm{d}x = \int_{40}^{50}(100-2x)\mathrm{d}x \\ &= (100x - x^2)\Big|_{40}^{50} = 100(\text{元}). \end{aligned}$$

例 4 设某产品的边际收入函数为 $R'(x)=9-x$(万元/万台)，边际成本函数为 $C'(x)=4+\frac{x}{4}$(万元/万台)，其中产量 x 以万台为单位.

(1)试求当产量由 4 万台增加到 5 万台时利润的变化量.

(2)当产量为多少时利润最大?

(3)已知固定成本为 1 万元，求总成本函数和总利润函数.

解 (1)首先求出边际利润函数.

$$\begin{aligned} L'(x) &= R'(x) - C'(x) = (9-x) - (4 + \frac{x}{4}) \\ &= 5 - \frac{5}{4}x. \end{aligned}$$

由公式(2)可求得当产量由 4 万台增加到 5 万台时利润改变量为

$$\Delta L = L(5) - L(4) = \int_4^5 L'(x)\mathrm{d}x$$
$$= \int_4^5 (5 - \frac{5}{4}x)\mathrm{d}x = (5x - \frac{5}{8}x^2)\Big|_4^5 = -\frac{5}{8}(\text{万元}).$$

由此可见，在 4 万台的基础上再生产 1 万台，利润不但未增加，反而减少了.

(2)求 $L(x)$ 的最大值，就得令 $L'(x)=0$ 解得唯一的驻点 $x=4$(万台)，即当产量为 4 万台时利润最大. 由此结果也可得知问题(1)中利润减少的原因.

(3)已知固定成本为 1 万元，即 $x=0$ 时，$C(0)=1$(万元)，$L(0)=-1$(万元). 于是由公式(1)得总成本函数为

$$C(x) = \int_0^x C'(t)\mathrm{d}t + C(0)$$
$$= \int_0^x (4 + \frac{t}{4})\mathrm{d}t + 1$$
$$= 4x + \frac{1}{8}x^2 + 1.$$

利润函数为

$$L(x) = \int_0^x L'(t)\mathrm{d}t + L(0)$$
$$= \int_0^x (5 - \frac{5}{4}t)\mathrm{d}t - 1$$
$$= 5x - \frac{5}{8}x^2 - 1.$$

三、贴现问题(收益流的现值和将来值)

1. 现值和将来值的有关概念

若以连续复利率 r 计息，一笔 P 元人民币从现在存入银行，t 年后的价值为

$$B = P\mathrm{e}^{rt},$$

称为**将来值**.

若 t 年后得到 B 元人民币，则现在需要存入银行的金额为

$$P = B\mathrm{e}^{-rt},$$

称为**现值**.

类似地，读者可以计算以年复利计息的单笔资金的将来值和现值.

2. 收益流和收益流量的概念

若某公司的收益是连续地获得的，则其收益可被看作是一种随时间连续变化的**收益流**. 而收益流对时间的变化率称为**收益流量**. 收益流量实际上是一种速率，一般用 $P(t)$ 表示，若时间 t 以年为单位，收益以元为单位，则收益流量的单位为元/年. 若 $P(t)=b$ 为常数，则称该收益流具有常数收益流量(即每个周期的收益不变，称为均匀流).

和单笔款项一样，**收益流的将来值**定义为：将其存入银行并加上利息之后的存款值；而**收益流的现值**是这样一笔款项：若把它存入可获息的银行，将来从收益流中获得的总收益，与包括利息在内的银行存款值，有相同的价值.

在讨论连续收益流时，为简单起见，我们假设以连续复利率 r 计息.

若有一笔收益流的收益流量为 $P(t)$(元/年),且连续复利率为 r,计算从现在开始($t=0$)到 T 年后这一时间段的收益流的现值和将来值.

下面用微元法推导出公式.

(1)取 t 为积分变量,它的变化区间为$[0,T]$,在区间内任取一小区间$[t,t+\mathrm{d}t]$.

(2)在$[t,t+\mathrm{d}t]$内将 $P(t)$近似看作常数,则所应获得的金额近似等于$P(t)\mathrm{d}t$,在$[t,t+\mathrm{d}t]$内

$$\text{收益流的现值}\approx[P(t)\mathrm{d}t]\mathrm{e}^{-rt}=P(t)\mathrm{e}^{-rt}\mathrm{d}t;$$

$$\text{收益流的将来值}\approx P(t)\mathrm{e}^{-rt}\mathrm{d}t\cdot\mathrm{e}^{rT}=P(t)\mathrm{e}^{r(T-t)}\mathrm{d}t.$$

(3)在区间$[0,T]$上作定积分

$$\text{现值}=\int_0^T P(t)\mathrm{e}^{-rt}\mathrm{d}t; \tag{3}$$

$$\text{将来值}=\int_0^T P(t)\mathrm{e}^{r(T-t)}\mathrm{d}t. \tag{4}$$

例 5 假设以年连续复利率 $r=0.1$ 计息.

(1)求收益流量为 100 元/年的收益流在 20 年期间的现值和将来值.

(2)将来值和现值的关系如何? 解释这一关系.

解 (1)

$$\text{现值}=\int_0^{20}100\mathrm{e}^{-0.1t}\mathrm{d}t=1\,000(1-\mathrm{e}^{-2})\approx 864.66(\text{元});$$

$$\text{将来值}=\int_0^{20}100\mathrm{e}^{0.1(20-t)}\mathrm{d}t=\int_0^{20}100\mathrm{e}^2\cdot\mathrm{e}^{-0.1t}\mathrm{d}t$$

$$=1\,000\mathrm{e}^2(1-\mathrm{e}^{-2})\approx 6\,389.06(\text{元}).$$

(2)显然

$$\text{将来值}=\text{现值}\cdot\mathrm{e}^2.$$

若在 $t=0$ 时刻以现值 $1\,000(1-\mathrm{e}^{-2})$作为一笔款项存入银行,以年连续复利率 $r=0.1$ 计息,则 20 年后这笔单独款项的将来值为

$$1\,000(1-\mathrm{e}^{-2})\cdot\mathrm{e}^{0.1\cdot 20}=1\,000(1-\mathrm{e}^{-2})\mathrm{e}^2,$$

而这正好是上述收益流在 20 年期间的将来值.

一般来说,以年连续复利率 r 计算,则在从现在起到 T 年后该收益流的将来值等于将该收益流的现值作为单笔款项存入银行 T 年后的将来值.

例 6 某企业一项为期 10 年的投资需购置成本 80 万元,每年的收益流量为 10 万元,求内部利率 μ(内部利率是使收益价值等于成本的利率).

解 由收益流的现值等于成本,得

$$80=\int_0^{10}10\mathrm{e}^{-\mu t}\mathrm{d}t$$

$$=\left(-\frac{10}{\mu}\mathrm{e}^{-\mu t}\right)\Bigg|_0^{10}=\frac{10}{\mu}(1-\mathrm{e}^{-10\mu}),$$

可用近似计算得 $\mu\approx 0.04$.

习题 7-3

A

1. 设某产品在时刻 t 的总产量的变化率为 $f(t)=100+12t-0.6t^2$(单位/小时)，求从 $t=2$ 到 $t=4$ 这两小时的总产量.

2. 已知某一商品每周生产 x 单位时，总费用的变化率是 $f(x)=0.4x-12$ (元/单位)，求总费用 $F(x)$. 如果这种商品的销售单价是 20 元，求总利润 $L(x)$，并问每周生产多少单位才能获得最大利润?

3. 已知边际成本为 $C'(x)=7+\dfrac{25}{\sqrt{x}}$，固定成本为 1 000，求总成本函数.

4. 已知边际收益 $R'(x)=a-bx$，求收益函数.

5. 已知边际成本为 $C'(x)=100-2x$，求当产量由 $x=20$ 增加到 $x=30$ 时，应追加的成本数.

6. 已知边际成本为 $C'(x)=30+4x$，边际收益为 $R'(x)=60-2x$，求最大利润(设固定成本为 0).

B

某公司按利率 10%(连续复利)贷款 100 万元购买某设备，该设备使用 10 年后报废，公司每年可收入 b 万元.

(1)b 为何值时，公司不会亏本?

(2)当 $b=20$ 万元时，求内部利率(应满足的方程).

(3)当 $b=20$ 万元时，求收益的资本价值(收益的资本价值＝收益流的现值－投入资金的现值).

本章小结

基本方法是：微元法和代公式.

1. 微元法

分三步进行.

第一步：取微分小段$[x,x+\mathrm{d}x]$.

第二步：表示微元 $\mathrm{d}Q=f(x)\mathrm{d}x$(这是关键的一步).

第三步：用定积分表示整体量 $Q=\int_a^b f(x)\mathrm{d}x$.

2. 平面图形的面积

(1)直角坐标系下求面积，注意选择合适的积分变量 x 或 y 可使计算简化.

①一条曲线在某区间上所围成的图形的面积公式：

$$A=\int_a^b |f(x)|\,\mathrm{d}x \quad 或 \quad A=\int_c^d |\varphi(y)|\,\mathrm{d}y.$$

②两条曲线在某区间上所围成的图形的面积公式：

$$A=\int_a^b |f(x)-g(x)|\,\mathrm{d}x \quad 或 \quad A=\int_c^d |\varphi(y)-\psi(y)|\,\mathrm{d}y.$$

(2)曲线由参数方程表示 $x=\varphi(t),y=\psi(t)$公式：

$$A=\int_a^b f(x)\mathrm{d}x=\int_\alpha^\beta \psi(t)\varphi'(t)\mathrm{d}t \quad (在[a,b]上 f(x)\geqslant 0).$$

3. 旋转体体积

(1)曲边梯形绕底边旋转一周所成的旋转体的体积公式：

$$V_x=\int_a^b \pi[f(x)]^2\mathrm{d}x=\int_a^b \pi y^2\mathrm{d}x;$$

$$V_y=\int_c^d \pi[\varphi(y)]^2\mathrm{d}y=\int_c^d \pi x^2\mathrm{d}y.$$

(2)平行截面面积为已知的立体的体积计算公式：

$$V_x=\int_a^b A(x)\mathrm{d}x;$$

$$V_y=\int_c^d A(y)\mathrm{d}y.$$

***4. 平面曲线的弧长**

直角坐标系下平面曲线的弧长公式.

(1) $S=\int_a^b \sqrt{1+(y')^2}\mathrm{d}x \quad (a<b)$,

其中 $y=f(x)$在$[a,b]$上连续.

(2) $S=\int_\alpha^\beta \sqrt{[\varphi'(t)]^2+[\psi'(t)]^2}\mathrm{d}t \quad (\alpha<\beta)$,

弧 S 由参数方程给出，$x=\varphi(t),y=\psi(t)$.

5. 经济中的应用

(1)已知总产量变化率求总产量.

(2)已知边际函数求总量函数.

(3)收益流的现值和将来值：

$$现值=\int_0^T P(t)\mathrm{e}^{-rt}\mathrm{d}t;$$

$$将来值=\int_0^T P(t)\mathrm{e}^{-r(T-t)}\mathrm{d}t.$$

复习题 7

1. 求下列各题中平面图形的面积：

(1)曲线 $y^2=4x$ 及其在点(1,2)处的法线所围成的图形；

(2)曲线 $y=\sqrt{2x}$及曲线上点(2,2)处的切线与 $y=0$ 所围成的图形；

(3)曲线 $y=x^3-3x+2$ 在 x 轴上介于两极值点间的曲边梯形.

2. 求由曲线 $y=\sin x(0\leqslant x\leqslant\pi)$，$y=0$ 围成的图形绕 y 轴旋转一周所产生的旋转体的体积.

3. 设直线 $y=ax$ 与抛物线 $y=x^2$ 所围成图形的面积为 S_1，它们与直线 $x=1$ 所围成的图形面积为 S_2，并且 $a<1$：

(1)试确定 a 的值，使 S_1+S_2 达到最小，并求出最小值；

(2)求该最小值所对应的平面图形绕 x 轴旋转一周所得旋转体的体积.

4. 设抛物线 $y=ax^2+bx+c$ 通过原点(0,0)，且当 $x\in[0,1]$ 时，$y\geqslant 0$. 试确定 a、b、c 的值，使得抛物线 $y=ax^2+bx+c$ 与直线 $x=1$，$y=0$ 所围成图形的面积为 $\frac{4}{9}$，且使图形绕 x 轴旋转而成的旋转体体积最小.

*5. 计算半立方抛物线 $y^2=\frac{2}{3}(x-1)^3$ 被抛物线 $y^2=\frac{x}{3}$ 截得的一段弧的长度.

*6. 将绕在圆(半径为 a)上的细线放开拉直，使细线与圆周始终相切(图 7-22)，细线端点画出的轨迹叫做圆的渐伸线，它的方程为

$$x=a(\cos t+t\sin t),y=a(\sin t-t\cos t),$$

算出这曲线上相应于 t 从 0 变到 π 的一段弧的长度.

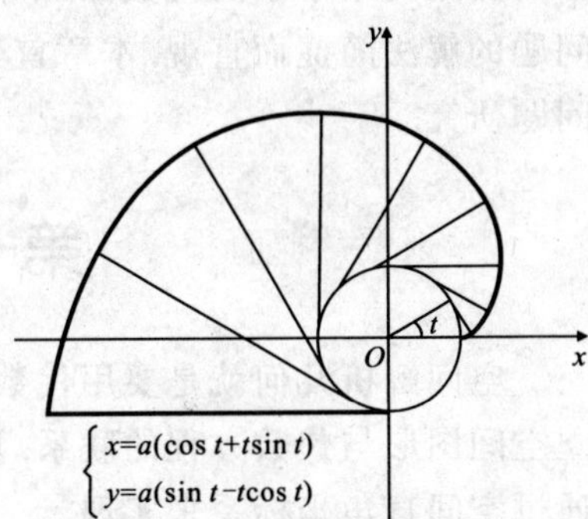

图 7-22

7. 投资 2 000 万元建一煤矿，开工采煤后，在 t 年时的追加成本和追加利益分别为

$$C'(t)=t+2t^{\frac{2}{3}}(\text{百万元/年}),\quad R'(t)=17-t^{\frac{2}{3}}(\text{百万元/年}),$$

试确定该矿应连续开采多长时间停止生产可获得最大利润？并求最大利润.

8. 已知某商场销售电视机的边际利润为

$$L'(x)=250-\frac{x}{10}\quad(x\geqslant 20).$$

试求：

(1)售出 40 台电视机的总利润；

(2)售出 60 台时，前 30 台与后 30 台的平均利润各为多少？

第八章　向量代数与空间解析几何

前面所学的“一元函数微积分”是建立在平面解析几何基础上的，后面将转入“多元函数微积分”的讨论，为此，空间解析几何的知识是必不可少的. 在研究空间解析几何的有关问题时除了需要用到中学学的代数知识外，还需要用到矢量代数这一重要工具，它能使数学领域中许多问题的解法简捷而直观. 本章首先介绍矢量代数的基本内容，进而将其应用于空间解析几何的问题研究.

第一节　空间直角坐标系

空间解析几何就是要用代数的方法研究空间图形的形状、位置、大小等问题，为此必须建立空间图形与代数方程的联系. 从而首先需要建立空间的点与三元有序数组之间的联系，就需通过空间直角坐标系来实现.

一、空间点的直角坐标

在空间任取一定点 O，以 O 为公共原点作两两互相垂直的三条数轴 Ox，Oy，Oz，分别称为 x 轴（横轴）、y 轴（纵轴）、z 轴（竖轴），统称为坐标轴，它们的正方向符合右手法则，即右手握住 z 轴，当右手的四个手指从 x 轴的正向转过 $\pi/2$ 角度后指向 y 轴正向，竖起的大拇指所指的方向就是 z 轴正向（图 8-1），这样的三条坐标轴就构成了空间直角坐标系，记作 $Oxyz$ 直角坐标系，点 O 称为该坐标系的原点.

设 M 为空间一已知点，过 M 作三个平面分别垂直于 x 轴、y 轴、z 轴，交点依次记为 P、Q、R（图 8-2），这三点在 x 轴、y 轴、z 轴上的坐标依次为 x、y、z，于是由空间的一点 M 就唯一地确定了一个有序数组 (x,y,z).

图 8-1　　　　图 8-2

反过来，已知一有序数组 (x,y,z)，可以在 x 轴上取坐标为 x 的点 P，在 y 轴上取坐标为 y 的点 Q，在 z 轴上取坐标为 z 的点 R，然后过点 P、Q、R 分别作 x 轴、y 轴、z 轴的垂面，这三个垂面必相交于唯一点 M.

因此空间的点可以与三元有序数组建立一一对应关系，称有序数组 x、y、z 为点 M 的空间直角坐标，记作 $M(x,y,z)$，其中 x 叫做横坐标，y 叫做纵坐标，z 叫做竖坐标.

显然坐标原点 O 的坐标为 $(0,0,0)$；

x 轴上点的坐标为 $(x,0,0)$；

y 轴上点的坐标为 $(0,y,0)$；

z 轴上点的坐标为 $(0,0,z)$.

任意两条坐标轴可以确定一个平面，x 轴和 y 轴所确定的平面叫 xOy 面，y 轴和 z 轴所确定的平面叫 yOz 面，z 轴和 x 轴所确定的平面叫 zOx 面，这三个平面统称为坐标面.

xOy 面上点的坐标为 $(x,y,0)$；

yOz 面上点的坐标为 $(0,y,z)$；

zOx 面上点的坐标为 $(x,0,z)$.

三个坐标面两两互相垂直，且将空间分成八个部分，每个部分称为一个卦限，位于 xOy 面上的一、二、三、四象限上方（假定 z 轴朝上）的四个卦限依次称为Ⅰ、Ⅱ、Ⅲ、Ⅳ卦限，与之相对的 xOy 面下方的四个卦限依次称为Ⅴ、Ⅵ、Ⅶ、Ⅷ卦限，这八个卦限内点的坐标是取正还是取负依次有如下规律：Ⅰ（+，+，+）；Ⅱ（－，+，+）；Ⅲ（－，－，+）；Ⅳ（+，－，+）；Ⅴ（+，+，－）；Ⅵ（－，+，－）；Ⅶ（－，－，－）；Ⅷ（+，－，－）.

例 1　求点 $A(1,2,3)$ 关于：(1) xOy 面；(2) z 轴；(3) 坐标原点的对称点的坐标.

解　设所求对称点的坐标为 (x,y,z)，则

(1) $x=1, y=2, 3+z=0$，即 $z=-3$，

故所求点的坐标为 $(1,2,-3)$；

(2) $x+1=0, y+2=0, z=3$，

故所求点的坐标为 $(-1,-2,3)$；

(3) $x+1=0, y+2=0, z+3=0$，

故所求点的坐标为 $(-1,-2,-3)$.

二、空间两点间的距离

设 $P_1(x_1,y_1,z_1)$，$P_2(x_2,y_2,z_2)$ 是空间两点，过点 P_1 和 P_2 各作三个平面分别垂直于 x 轴、y 轴、z 轴，这六个平面围成一个长方体（图 8-3），其对角线就是线段 P_1P_2，该长方体各棱的长分别为

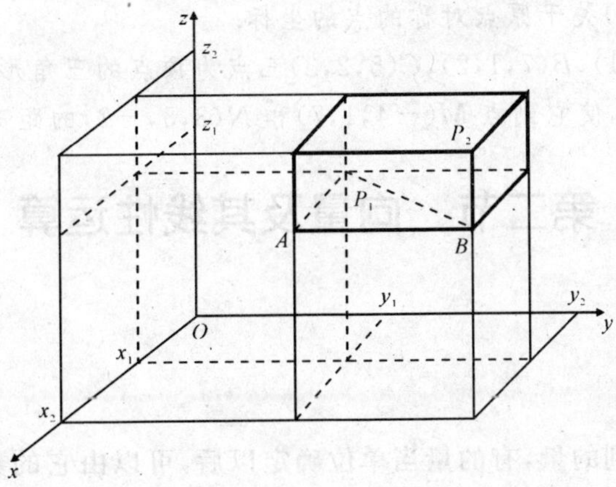

图 8-3

$$|x_2-x_1|,|y_2-y_1|,|z_2-z_1|.$$

由勾股定理得

$$\begin{aligned}|P_1P_2|^2&=|P_1B|^2+|BP_2|^2=|P_1A|^2+|AB|^2+|BP_2|^2\\&=(x_2-x_1)^2+(y_2-y_1)^2+(z_2-z_1)^2,\end{aligned}$$

故得

$$d=|P_1P_2|=\sqrt{(x_2-x_1)^2+(y_2-y_1)^2+(z_2-z_1)^2}. \tag{1}$$

特别地,点 $P(x,y,z)$ 与坐标原点 $O(0,0,0)$ 的距离为

$$d=|OP|=\sqrt{x^2+y^2+z^2}. \tag{2}$$

例 2 试证明以点 $A(4,1,9)$,$B(10,-1,6)$ 与 $C(2,4,3)$ 为顶点的三角形为等腰直角三角形.

证 依公式(1)有

$$\begin{aligned}|AB|^2&=(10-4)^2+(-1-1)^2+(6-9)^2=49,\\|BC|^2&=(2-10)^2+(4+1)^2+(3-6)^2=98,\\|CA|^2&=(4-2)^2+(1-4)^2+(9-3)^2=49,\end{aligned}$$

可见有 $|AB|=|CA|$,且 $|AB|^2+|CA|^2=|BC|^2$,这表明 $\triangle ABC$ 是等腰直角三角形.

例 3 在 xOy 面上求一点 P,使点 P 与点 $A(1,2,1)$,$B(2,2,0)$,$C(1,3,0)$ 的距离相等.

解 因为所求点 P 在 xOy 面上,故可设点 P 的坐标为 $(x,y,0)$,由 $|PA|=|PB|=|PC|$ 可得

$$\begin{cases}(x-1)^2+(y-2)^2+(0-1)^2=(x-2)^2+(y-2)^2+(0-0)^2\\(x-2)^2+(y-2)^2+(0-0)^2=(x-1)^2+(y-3)^2+(0-0)^2\end{cases},$$

由此解出 $x=1$,$y=2$,故所求点为 $P(1,2,0)$.

习题 8-1

1. 求点 $M(3,-4,5)$ 关于各坐标面对称的点的坐标.
2. 求点 $M(3,-4,5)$ 关于各坐标轴对称的点的坐标.
3. 求点 $M(3,-4,5)$ 关于原点对称的点的坐标.
4. 求证:以 $A(4,3,1)$,$B(7,1,2)$,$C(5,2,3)$ 三点为顶点的三角形是一个等腰三角形.
5. 在 z 轴上求一点,使它到点 $M(-4,1,7)$ 和 $N(3,5,-2)$ 的距离相等.

第二节 向量及其线性运算

一、向量概念

1. 什么是向量

在客观实践中所遇到的量,有的量当单位确定以后,可以由它的数值大小所决定,例如长度、面积、重量、价格、产量等,这些量称为数量,也称为标量或纯量;也有的量不仅与它的数值大小有关,还与它的方向有关,例如位移、速度、力等.我们把既有大小,又有方向的量称为向量

或矢量.

2. 向量的几何表示

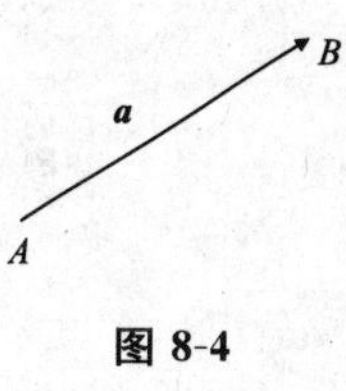

图 8-4

向量常用带箭头的有向线段表示，有向线段的长度表示向量的大小，有向线段的箭头所指的方向表示向量的方向，起点为 A、终点为 B 的有向线段所表示的向量记为 $\boldsymbol{AB}$ 或 $\boldsymbol{a}$(图 8-4)，在印刷中往往用黑体字母 $\boldsymbol{AB}$ 或 $\boldsymbol{a}$ 表示向量.

3. 向量的模

向量的大小(即几何向量的长度)称为向量的模，向量 $\boldsymbol{a}$ 或 $\boldsymbol{AB}$ 的模分别记为 $|\boldsymbol{a}|$ 或 $|\boldsymbol{AB}|$. 模为 1 的向量称为单位向量；模为零的向量称为零向量，记作 $\boldsymbol{0}$，它的起点与终点重合，方向可以取任意方向.

4. 向量的相等

定义 1　如果两个向量 $\boldsymbol{a}$ 与 $\boldsymbol{b}$ 的大小相同，方向一致，就称 $\boldsymbol{a}$ 与 $\boldsymbol{b}$ 相等，记作 $\boldsymbol{a}=\boldsymbol{b}$.

这个定义表明，如果两个有向线段的长度相等，方向相同，则不论它们的起点是否相同我们都认为它们表示同一个向量. 这样理解的向量叫做自由向量. 本教材中所研究的向量均为自由向量. 意味着我们所研究的向量都可以在空间任意地平行移动.

若线段 AB 与 MN 平行，则称向量 $\boldsymbol{AB}$ 与 $\boldsymbol{MN}$ 平行或共线，记为 $\boldsymbol{AB}/\!/\boldsymbol{MN}$.

这样，我们还可以定义两向量 $\boldsymbol{a}$ 和 $\boldsymbol{b}$ 的夹角：将向量 $\boldsymbol{a}$、$\boldsymbol{b}$ 平移至同一点出发，它们所在射线之间的夹角 $\theta(0\leqslant\theta\leqslant\pi)$ 称为 $\boldsymbol{a}$ 与 $\boldsymbol{b}$ 的夹角，记作 $(\boldsymbol{a},\hat{\ }\boldsymbol{b})$.

二、向量的线性运算

1. 向量加法

力或速度的合成是依“平行四边形法则”，由此抽象出向量加法的定义如下，称之为向量加法的**平行四边形法则**.

定义 2　给定向量 $\boldsymbol{a},\boldsymbol{b}$，设 $\boldsymbol{a}=\boldsymbol{OA},\boldsymbol{b}=\boldsymbol{OB}$，若 $\boldsymbol{a}$ 与 $\boldsymbol{b}$ 不共线，则以 OA、OB 为邻边作平行四边形 $OACB$(图 8-5)，称向量 $\boldsymbol{OC}$ 为向量 $\boldsymbol{a}$ 与 $\boldsymbol{b}$ 的和，记作 $\boldsymbol{a}+\boldsymbol{b}$；若 $\boldsymbol{a}$ 与 $\boldsymbol{b}$ 共线且同向，则规定 $\boldsymbol{c}=\boldsymbol{a}+\boldsymbol{b}$ 是一个与 $\boldsymbol{a}$、$\boldsymbol{b}$ 同向的向量，且 $|\boldsymbol{c}|=|\boldsymbol{a}|+|\boldsymbol{b}|$；若 $\boldsymbol{a}$ 与 $\boldsymbol{b}$ 反向且 $|\boldsymbol{a}|\geqslant|\boldsymbol{b}|$，则规定 $\boldsymbol{c}=\boldsymbol{a}+\boldsymbol{b}$ 与 $\boldsymbol{a}$ 同向，且 $|\boldsymbol{c}|=|\boldsymbol{a}|-|\boldsymbol{b}|$.

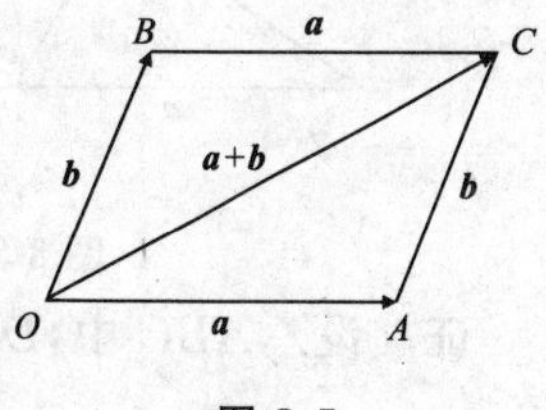

图 8-5

注意到平行四边形的对边平行且相等，由图 8-5 可知：$\boldsymbol{AC}=\boldsymbol{OB}$，于是也可以这样来得到 $\boldsymbol{a}+\boldsymbol{b}$：作 $\boldsymbol{OA}=\boldsymbol{a}$，再以 A 为起点作 $\boldsymbol{AC}=\boldsymbol{b}$，连接 O、C，得向量 $\boldsymbol{OC}=\boldsymbol{a}+\boldsymbol{b}$，这个方法叫做**向量加法的三角形法则**.

容易验证，矢量加法有以下性质.

(1)交换律：$\boldsymbol{a}+\boldsymbol{b}=\boldsymbol{b}+\boldsymbol{a}$(图 8-5).

(2)结合律：$(\boldsymbol{a}+\boldsymbol{b})+\boldsymbol{c}=\boldsymbol{a}+(\boldsymbol{b}+\boldsymbol{c})$(图 8-6).

2. 矢量减法

定义 3　$\boldsymbol{a}-\boldsymbol{b}$ 定义为 $\boldsymbol{a}+(-\boldsymbol{b})$ 称为 $\boldsymbol{a}-\boldsymbol{b}$，为 $\boldsymbol{a}$ 与 $\boldsymbol{b}$ 的差.

显然 $\boldsymbol{c}=\boldsymbol{a}-\boldsymbol{b}\Leftrightarrow\boldsymbol{a}=\boldsymbol{b}+\boldsymbol{c}$，由此得出从同一点出发作 $\boldsymbol{a},\boldsymbol{b}$ 两向量，再从 $\boldsymbol{b}$ 的终点向 $\boldsymbol{a}$ 的终点引一向量即为 $\boldsymbol{a}-\boldsymbol{b}$ 向量(图 8-7).

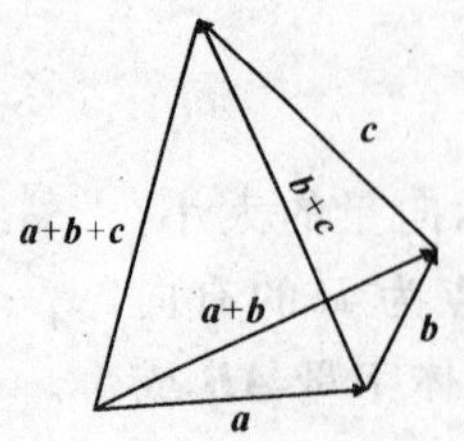

图 8-6

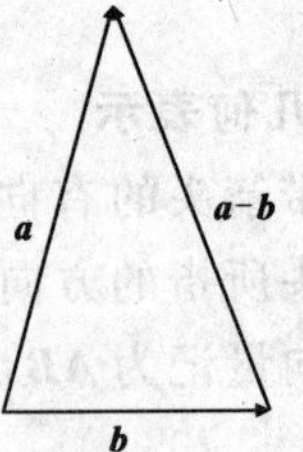

图 8-7

3. 数乘向量

如果有三个大小和方向都相同的力 f 作用于同一质点，那么该质点所受合力 $\boldsymbol{F}=3\boldsymbol{f}$，这里就出现了数量与向量的乘积，抽象成一般，就有如下定义.

定义 4 设 $\boldsymbol{a}$ 是一向量，λ 为任一实数，则定义 $\lambda\boldsymbol{a}$ 是一个满足以下两个条件的向量：

(1) $|\lambda\boldsymbol{a}|=|\lambda||\boldsymbol{a}|$；

(2) 当 $\lambda>0$ 时 $\lambda\boldsymbol{a}$ 与 $\boldsymbol{a}$ 同向，当 $\lambda<0$ 时 $\lambda\boldsymbol{a}$ 与 $\boldsymbol{a}$ 反向，当 $\lambda=0$ 时 $\lambda\boldsymbol{a}=\boldsymbol{0}$.

称如上定义的运算为数量与向量的乘法，简称向量的数乘；向量的加法、减法与数乘合称为向量的线性运算.

容易验证数乘向量有以下性质.

(1) 结合律：$(\lambda\mu)\boldsymbol{a}=\lambda(\mu\boldsymbol{a})=\mu(\lambda\boldsymbol{a})$.

(2) 分配律：$(\lambda+\mu)\boldsymbol{a}=\lambda\boldsymbol{a}+\mu\boldsymbol{a}$；$\lambda(\boldsymbol{a}+\boldsymbol{b})=\lambda\boldsymbol{a}+\lambda\boldsymbol{b}$（图 8-8）.

(3) $1\boldsymbol{a}=\boldsymbol{a}$，$(-1)\boldsymbol{a}=-\boldsymbol{a}$，$0\boldsymbol{a}=\boldsymbol{0}$.

称模为 1 的向量为单位向量，任何非零向量 $\boldsymbol{a}$ 以 $\boldsymbol{a}^0$ 记 $\boldsymbol{a}$ 同方向的单位向量. 显然

$$\boldsymbol{a}=|\boldsymbol{a}|\boldsymbol{a}^0 \quad 或 \quad \boldsymbol{a}^0=\boldsymbol{a}/|\boldsymbol{a}|.$$

这个公式既简单又重要，它把 $\boldsymbol{a}$ 的两个要素，即模和方向分开了，$|\boldsymbol{a}|$ 表示 $\boldsymbol{a}$ 的模，而 $\boldsymbol{a}^0$ 则可以用来表示 $\boldsymbol{a}$ 的方向.

例 1 求证三角形两边中点连线平行于第三边且等于第三边的一半（图 8-9）.

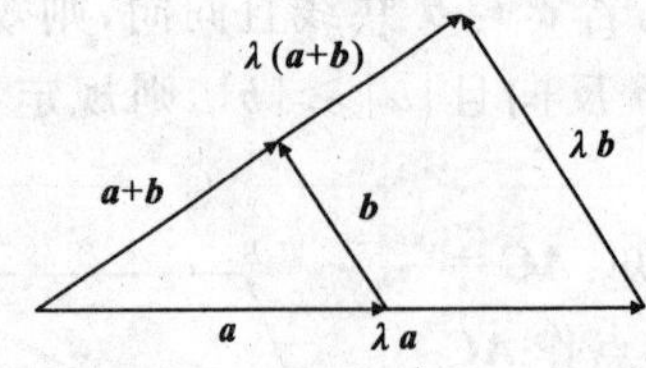

图 8-8

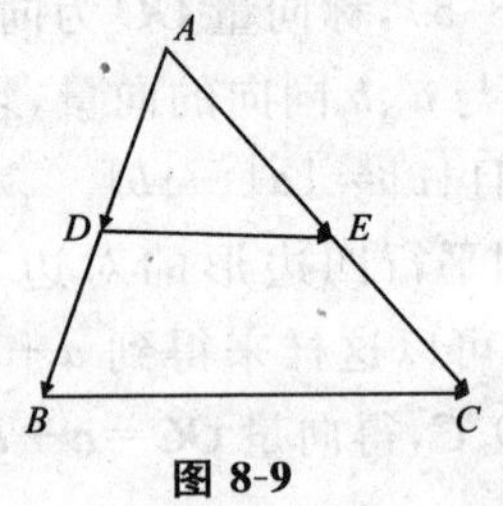

图 8-9

证 设△ABC 中，D、E 分别是 AB、AC 的中点，则有

$$\boldsymbol{AD}=\frac{1}{2}\boldsymbol{AB}, \quad \boldsymbol{AE}=\frac{1}{2}\boldsymbol{AC},$$

从而

$$\boldsymbol{DE}=\boldsymbol{AE}-\boldsymbol{AD}=\frac{1}{2}\boldsymbol{AC}-\frac{1}{2}\boldsymbol{AB}$$

$$=\frac{1}{2}(\boldsymbol{AC}-\boldsymbol{AB})=\frac{1}{2}\boldsymbol{BC},$$

这表明 $DE/\!/BC$，且 DE 为 BC 一半长.

习题 8-2

1. 设 $\boldsymbol{u}=\boldsymbol{a}-\boldsymbol{b}+2\boldsymbol{c}$, $\boldsymbol{v}=-\boldsymbol{a}+3\boldsymbol{b}-\boldsymbol{c}$，试用 $\boldsymbol{a}$、$\boldsymbol{b}$、$\boldsymbol{c}$ 表示 $2\boldsymbol{u}-3\boldsymbol{v}$.

2. 如果平面上一个四边形的对角线互相平分，试用向量证明它是平行四边形.

3. 设 M 是平行四边形 $ABCD$ 对角线的交点，用 $\boldsymbol{a}=\boldsymbol{AB}$ 和 $\boldsymbol{b}=\boldsymbol{AD}$ 表示向量 $\boldsymbol{MA}$、$\boldsymbol{MB}$、$\boldsymbol{MC}$、$\boldsymbol{MD}$.

第三节　向量的坐标

从上面例题可以看出，向量能方便地解决一些几何问题，为了进一步发挥向量这一工具的作用，我们引进向量的坐标表示式，使向量的运算代数化.

一、向量的坐标表示式

在空间建立直角坐标系，沿 x 轴、y 轴、z 轴的正方向各取单位向量依次作 $\boldsymbol{i}$、$\boldsymbol{j}$、$\boldsymbol{k}$，称为空间直角坐标系的三个基本单位向量.

对任何向量 $\boldsymbol{a}$，可作从 O 点出发的唯一向量 $\boldsymbol{OM}=\boldsymbol{a}$，称 $\boldsymbol{OM}$ 为点 M 的向径，设点 M 的坐标为 (x,y,z)，过点 M 作三个平面分别垂直于 x 轴、y 轴、z 轴，依次得交点 $A(x,0,0)$，$B(0,y,0)$，$C(0,0,z)$，由图 8-10 知

$$\boldsymbol{OM}=\boldsymbol{OA}+\boldsymbol{AP}+\boldsymbol{PM}=\boldsymbol{OA}+\boldsymbol{OB}+\boldsymbol{OC}$$
$$=x\boldsymbol{i}+y\boldsymbol{j}+z\boldsymbol{k},$$

即
$$\boldsymbol{a}=x\boldsymbol{i}+y\boldsymbol{j}+z\boldsymbol{k},$$

称为向量 $\boldsymbol{a}$ 的坐标表示式，有时也记 $\boldsymbol{a}=\{x,y,z\}$，其中 x,y,z 也称为向量 $\boldsymbol{a}$ 的坐标.

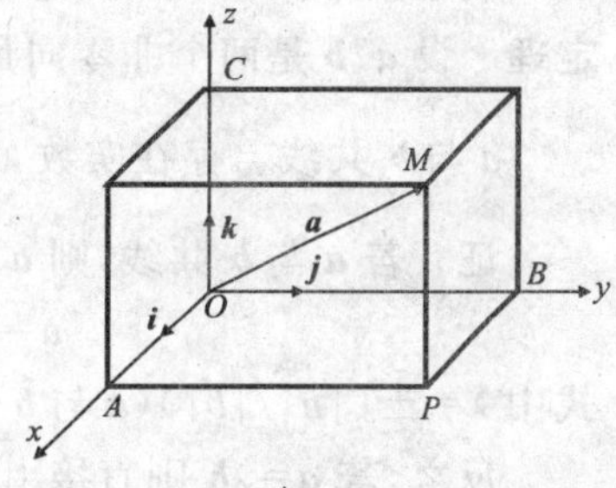

图 8-10

为了方便起见，对任给向量 $\boldsymbol{a}$，以后用 $\{a_x,a_y,a_z\}$ 记其坐标，即将上面的 x,y,z 分别记为 a_x,a_y,a_z，于是 $\boldsymbol{a}$ 有坐标表示式

$$\boldsymbol{a}=\{a_x,a_y,a_z\},$$

即 $\boldsymbol{a}=a_x\boldsymbol{i}+a_y\boldsymbol{j}+a_z\boldsymbol{k}$.

其中 $a_x\boldsymbol{i}$、$a_y\boldsymbol{j}$、$a_z\boldsymbol{k}$ 依次称为 $\boldsymbol{a}$ 在 x 轴、y 轴、z 轴上的分向量.

设 $\boldsymbol{a}=a_x\boldsymbol{i}+a_y\boldsymbol{j}+a_z\boldsymbol{k}$，$\boldsymbol{b}=b_x\boldsymbol{i}+b_y\boldsymbol{j}+b_z\boldsymbol{k}$，$\lambda$ 为任何实数. 有

$$\boldsymbol{a}+\boldsymbol{b}=(a_x\boldsymbol{i}+a_y\boldsymbol{j}+a_z\boldsymbol{k})+(b_x\boldsymbol{i}+b_y\boldsymbol{j}+b_z\boldsymbol{k})$$
$$=(a_x\boldsymbol{i}+b_x\boldsymbol{i})+(a_y\boldsymbol{j}+b_y\boldsymbol{i})+(a_z\boldsymbol{k}+b_z\boldsymbol{k})$$
$$=(a_x+b_x)\boldsymbol{i}+(a_y+b_y)\boldsymbol{j}+(a_z+b_z)\boldsymbol{k},$$

同理可得
$$\boldsymbol{a}-\boldsymbol{b}=(a_x-b_x)\boldsymbol{i}+(a_y-b_y)\boldsymbol{j}+(a_z-b_z)\boldsymbol{k},$$
$$\lambda\boldsymbol{a}=\lambda(a_x\boldsymbol{i}+a_y\boldsymbol{j}+a_z\boldsymbol{k})=\lambda a_x\boldsymbol{i}+\lambda a_y\boldsymbol{j}+\lambda a_z\boldsymbol{k},$$

即得向量线性运算的坐标公式

$$\boldsymbol{a}\pm\boldsymbol{b}=\{a_x\pm b_x,a_y\pm b_y,a_z\pm b_z\},$$
$$\lambda\boldsymbol{a}=\{\lambda a_x,\lambda a_y,\lambda a_z\},$$

它表明向量的线性运算可归结为其坐标的相应运算，这给向量的运算带来极大方便.

例 1　给定两点 $A(x_1,y_1,z_1)$ 和 $B(x_2,y_2,z_2)$，求向量 $\boldsymbol{AB}$ 的坐标.

解　作向量 $\boldsymbol{OA}$、$\boldsymbol{OB}$，则有

$$\begin{aligned}\boldsymbol{AB}&=\boldsymbol{OB}-\boldsymbol{OA}=(x_2\boldsymbol{i}+y_2\boldsymbol{j}+z_2\boldsymbol{k})-(x_1\boldsymbol{i}+y_1\boldsymbol{j}+z_1\boldsymbol{k})\\&=(x_2-x_1)\boldsymbol{i}+(y_2-y_1)\boldsymbol{j}+(z_2-z_1)\boldsymbol{k},\end{aligned}$$

即　　$\boldsymbol{AB}=\{x_2-x_1,y_2-y_1,z_2-z_1\}$（图 8-11）.

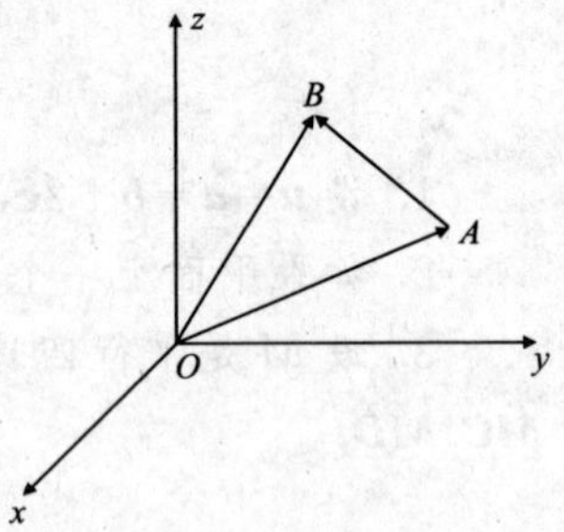

图 8-11

例 2　已知点 $A(x_1,y_1,z_1)$，$B(x_2,y_2,z_2)$，而点 $C(x,y,z)$ 在直线 AB 上，且使 $\boldsymbol{AC}=\lambda\boldsymbol{CB}$（其中 $\lambda\neq-1$，点 C 称为定比分点）. 证明

$$x=\frac{x_1+\lambda x_2}{1+\lambda},y=\frac{y_1+\lambda y_2}{1+\lambda},z=\frac{z_1+\lambda z_2}{1+\lambda}.$$

证　由例 1 知，$\boldsymbol{AC}=\lambda\boldsymbol{CB}$ 可表示为

$$(x-x_1)\boldsymbol{i}+(y-y_1)\boldsymbol{j}+(z-z_1)\boldsymbol{k}=\lambda(x_2-x)\boldsymbol{i}+\lambda(y_2-y)\boldsymbol{j}+\lambda(z_2-z)\boldsymbol{k},$$

得　　$$x-x_1=\lambda(x_2-x),y-y_1=\lambda(y_2-y),z-z_1=\lambda(z_2-z).$$

解得　　$$x=\frac{x_1+\lambda x_2}{1+\lambda},y=\frac{y_1+\lambda y_2}{1+\lambda},z=\frac{z_1+\lambda z_2}{1+\lambda},$$

特别，当 $\lambda=1$ 时，得线段 AB 的中点坐标公式

$$x=\frac{x_1+x_2}{2},y=\frac{y_1+y_2}{2},z=\frac{z_1+z_2}{2}.$$

利用数乘向量以及向量的坐标，可以将“共线”这一几何关系给出代数刻画.

定理　设 $\boldsymbol{a}$、$\boldsymbol{b}$ 是两个非零向量，则

$$\boldsymbol{a}\text{ 与 }\boldsymbol{b}\text{ 共线}\Leftrightarrow\text{存在实数 }\lambda\text{，使 }\boldsymbol{a}=\lambda\boldsymbol{b}\Leftrightarrow\frac{a_x}{b_x}=\frac{a_y}{b_y}=\frac{a_z}{b_z}(\{a_x,a_y,a_z\}=\boldsymbol{a},\{b_x,b_y,b_z\}=\boldsymbol{b}).$$

证　若 $\boldsymbol{a}$ 与 $\boldsymbol{b}$ 共线，则 $\boldsymbol{a}^0=\pm\boldsymbol{b}^0$（同向取正，反向取负），于是有

$$\boldsymbol{a}=|\boldsymbol{a}|\boldsymbol{a}^0=\pm|\boldsymbol{a}|\boldsymbol{b}^0=\pm(|\boldsymbol{a}|/|\boldsymbol{b}|)\boldsymbol{b}=\lambda\boldsymbol{b},$$

式中 $\lambda=\pm(|\boldsymbol{a}|/|\boldsymbol{b}|)$（$\boldsymbol{a}$ 与 $\boldsymbol{b}$ 同向时取正号，$\boldsymbol{a}$ 与 $\boldsymbol{b}$ 反向时取负号）.

反之，若 $\boldsymbol{a}=\lambda\boldsymbol{b}$ 则直接由定义知 $\boldsymbol{a}$ 和 $\boldsymbol{b}$ 共线.

再由 $\boldsymbol{a}=\lambda\boldsymbol{b}\Leftrightarrow\{a_x,a_y,a_z\}=\{\lambda b_x,\lambda b_y,\lambda b_z\}$

$\Leftrightarrow a_x=\lambda b_x,a_y=\lambda b_y,a_z=\lambda b_z$

$\Leftrightarrow\dfrac{a_x}{b_x}=\dfrac{a_y}{b_y}=\dfrac{a_z}{b_z}=\lambda$　定理得证.

上面比例式中规定：如果某个分母为零，表示相应的分子也为零.

二、向量的方向角与方向余弦

我们知道，向量由它的模与方向确定，如果已知 $\boldsymbol{a}=\boldsymbol{OM}=a_x\boldsymbol{i}+a_y\boldsymbol{j}+a_z\boldsymbol{k}$，那么它的模由两点间的距离公式可得

$$|\boldsymbol{a}|=|\boldsymbol{OM}|=\sqrt{a_x^2+a_y^2+a_z^2},$$

显然此公式对于 $\boldsymbol{a}$ 的起点不在原点也是成立的.

为了表示向量的方向，如图 8-12 所示，把 $\boldsymbol{a}$ 与 x 轴、y 轴、z 轴正向的夹角分别记为 α、β、γ，并规定 $0\leqslant\alpha,\beta,\gamma\leqslant\pi$，称它们为向量 $\boldsymbol{a}$ 的方向角，$\cos\alpha$、$\cos\beta$、$\cos\gamma$ 叫做向量 $\boldsymbol{a}$ 的方向余弦.

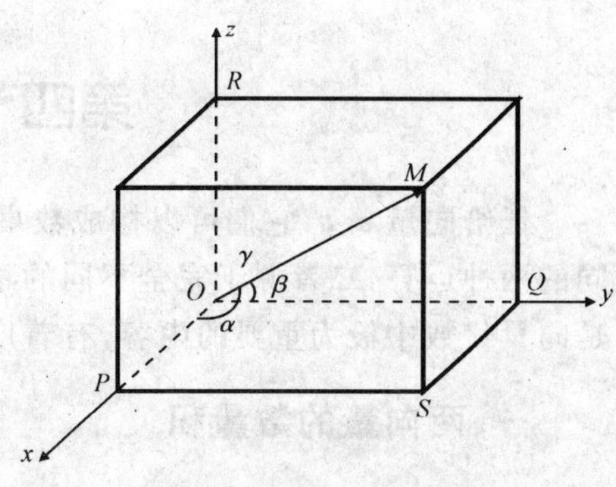

图 8-12

在图 8-12 中，由直角三角形 OPM、OQM、ORM 可知

$$a_x=|\boldsymbol{a}|\cos\alpha, a_y=|\boldsymbol{a}|\cos\beta, a_z=|\boldsymbol{a}|\cos\gamma$$

而 $|\boldsymbol{a}|=\sqrt{a_x^2+a_y^2+a_z^2}$，可得

$$\cos\alpha=\frac{a_x}{\sqrt{a_x^2+a_y^2+a_z^2}},$$

$$\cos\beta=\frac{a_y}{\sqrt{a_x^2+a_y^2+a_z^2}},$$

$$\cos\gamma=\frac{a_z}{\sqrt{a_x^2+a_y^2+a_z^2}},$$

由此可推出

$$\cos^2\alpha+\cos^2\beta+\cos^2\gamma=1,$$

$$\{\cos\alpha,\cos\beta,\cos\gamma\}=\frac{\boldsymbol{a}}{|\boldsymbol{a}|}=\boldsymbol{a}^0,$$

即以 $\boldsymbol{a}$ 的方向余弦为坐标的向量是与 $\boldsymbol{a}$ 同方向的单位向量，当 $\boldsymbol{a}$ 的方向余弦确定时，$\boldsymbol{a}$ 的方向也就确定了.

例 3　给定点 $A(2,0,5)$，$B(5,4,-7)$，求向量 $\boldsymbol{a}=\boldsymbol{AB}$ 的模、方向余弦及 $\boldsymbol{a}^0$.

解　因为 $\boldsymbol{a}=\boldsymbol{AB}=\{5-2,4-0,-7-5\}=\{3,4,-12\}$，所以

$$|\boldsymbol{a}|=\sqrt{3^2+4^2+(-12)^2}=13,$$

$$\cos\alpha=\frac{3}{13},\cos\beta=\frac{4}{13},\cos\gamma=-\frac{12}{13},$$

$$\boldsymbol{a}^0=\left\{\frac{3}{13},\frac{4}{13},-\frac{12}{13}\right\}.$$

习题 8-3

1. 已知两点 $M_1(0,1,2)$ 和 $M_2(1,-1,0)$，试用坐标表示向量 $\boldsymbol{M_1M_2}$ 及 $-2\boldsymbol{M_1M_2}$.

2. 已知两点 $M_1(4,\sqrt{2},1)$ 和 $M_2(3,0,2)$，计算向量 $\boldsymbol{M_1M_2}$ 的模、方向余弦和方向角.

3. 求平行于向量 $\boldsymbol{a}=\{6,7,-6\}$ 的单位向量.

4. 已知 $\boldsymbol{a}=m\boldsymbol{i}+5\boldsymbol{j}-\boldsymbol{k}$ 与 $\boldsymbol{b}=3\boldsymbol{i}+\boldsymbol{j}+n\boldsymbol{k}$ 平行，求系数 m 和 n.

5. 两船在某瞬间位于 $P(18,7,0)$，$Q(8,12,0)$，假设两船均沿直线 PQ 作相向等速直线运动，且速率之比为 3∶2，问在何点两船相遇？

6. 已知 $\boldsymbol{a}$ 的起点为 $(2,0,-1)$，$|\boldsymbol{a}|=3$，$\boldsymbol{a}$ 的方向余弦 $\cos\alpha=\frac{1}{2}$，$\cos\beta=\frac{1}{2}$，试求 $\boldsymbol{a}$ 的坐标表示式及它的终点坐标.

第四节 向量间的乘法

任给向量 $\boldsymbol{a}$、$\boldsymbol{b}$，它们可以构成数量积 $\boldsymbol{a}\cdot\boldsymbol{b}$，还可以构成向量积 $\boldsymbol{a}\times\boldsymbol{b}$，这两种乘积是完全不同的两种运算，二者源于完全不同的物理问题. 本节将对这两种乘积一一加以论述，这一部分是向量代数中极为重要的内容，有着广泛的应用.

一、两向量的数量积

1. 数量积的概念

力学中有如下结论：某物体在常力 $\boldsymbol{F}$ 的作用下由点 A 沿直线移动至点 B 时所作的功 W 为

$$W=|\boldsymbol{F}||\boldsymbol{AB}|\cos(\widehat{\boldsymbol{F},\boldsymbol{AB}}),$$

类似于这样的算式还会出现在许多科学问题中，因此抽象出如下一般概念.

定义 1 任给向量 $\boldsymbol{a}$、$\boldsymbol{b}$，称 $|\boldsymbol{a}||\boldsymbol{b}|\cos(\widehat{\boldsymbol{a},\boldsymbol{b}})$ 为向量 $\boldsymbol{a}$ 与 $\boldsymbol{b}$ 的数量积（亦称内积或点积），记作 $\boldsymbol{a}\cdot\boldsymbol{b}$，即

$$\boldsymbol{a}\cdot\boldsymbol{b}=|\boldsymbol{a}||\boldsymbol{b}|\cos(\widehat{\boldsymbol{a},\boldsymbol{b}}),$$

其中 $(\widehat{\boldsymbol{a},\boldsymbol{b}})$ 表示向量 $\boldsymbol{a}$、$\boldsymbol{b}$ 间的夹角，规定 $0\leqslant(\widehat{\boldsymbol{a},\boldsymbol{b}})\leqslant\pi$.

利用定义 1 可将上面求功的算式写成

$$W=\boldsymbol{F}\cdot\boldsymbol{AB}.$$

这里特别值得注意的是，两向量的数量积是一个数量.

由数量积定义立即可得：

(1) $\boldsymbol{a}\cdot\boldsymbol{a}=|\boldsymbol{a}|^2$，从而有 $|\boldsymbol{a}|=\sqrt{\boldsymbol{a}\cdot\boldsymbol{a}}$；

(2) $\boldsymbol{a}\cdot\boldsymbol{b}=\boldsymbol{0}\Leftrightarrow\boldsymbol{a}\perp\boldsymbol{b}$，即 $\boldsymbol{a}$ 与 $\boldsymbol{b}$ 垂直（约定零向量与任何向量垂直）.

对于基本单位向量 $\boldsymbol{i}$、$\boldsymbol{j}$、$\boldsymbol{k}$ 有

$$\boldsymbol{i}\cdot\boldsymbol{i}=\boldsymbol{j}\cdot\boldsymbol{j}=\boldsymbol{k}\cdot\boldsymbol{k}=1$$

$$\boldsymbol{i}\cdot\boldsymbol{j}=\boldsymbol{j}\cdot\boldsymbol{k}=\boldsymbol{k}\cdot\boldsymbol{j}=\boldsymbol{0}.$$

2. 数量积的运算性质

两向量的数量积具有下列运算性质.

(1) 交换律：$\boldsymbol{a}\cdot\boldsymbol{b}=\boldsymbol{b}\cdot\boldsymbol{a}$.

(2) 数乘结合律：$\lambda(\boldsymbol{a}\cdot\boldsymbol{b})=(\lambda\boldsymbol{a})\cdot\boldsymbol{b}=\boldsymbol{a}\cdot(\lambda\boldsymbol{b})$.

(3) 分配律：$(\boldsymbol{a}+\boldsymbol{b})\cdot\boldsymbol{c}=\boldsymbol{a}\cdot\boldsymbol{c}+\boldsymbol{b}\cdot\boldsymbol{c}$.

上述性质(1)、(2)由定义容易验证，性质(3)我们给出此等式的物理解释：把向量 $\boldsymbol{a}$ 与 $\boldsymbol{b}$ 设想为作用在同一质点的两个力，$\boldsymbol{c}$ 是该质点的位移，那么 $(\boldsymbol{a}+\boldsymbol{b})\cdot\boldsymbol{c}$ 表示合力 $(\boldsymbol{a}+\boldsymbol{b})$ 对该质点所作的功，它显然等于分力 $\boldsymbol{a}$ 与 $\boldsymbol{b}$ 所作的功 $\boldsymbol{a}\cdot\boldsymbol{c}$ 与 $\boldsymbol{b}\cdot\boldsymbol{c}$ 之和.

3. 数量积的坐标表示式

设

$$\boldsymbol{a}=a_x\boldsymbol{i}+a_y\boldsymbol{j}+a_z\boldsymbol{k},\ \boldsymbol{b}=b_x\boldsymbol{i}+b_y\boldsymbol{j}+b_z\boldsymbol{k},$$

按数量积的运算性质可得

$$\begin{aligned}\boldsymbol{a}\cdot\boldsymbol{b}&=(a_x\boldsymbol{i}+a_y\boldsymbol{j}+a_z\boldsymbol{k})\cdot(b_x\boldsymbol{i}+b_y\boldsymbol{j}+b_z\boldsymbol{k})\\&=a_xb_x\boldsymbol{i}\cdot\boldsymbol{i}+a_yb_y\boldsymbol{j}\cdot\boldsymbol{j}+a_zb_z\boldsymbol{k}\cdot\boldsymbol{k}\end{aligned}$$

$$=a_xb_x+a_yb_y+a_zb_z,$$

于是有

$$\boldsymbol{a}\cdot\boldsymbol{b}=a_xb_x+a_yb_y+a_zb_z.$$

由此得出

$$\boldsymbol{a}\perp\boldsymbol{b}\Leftrightarrow a_xb_x+a_yb_y+a_zb_z=0.$$

若 $\boldsymbol{a}$、$\boldsymbol{b}\neq\boldsymbol{0}$，则由 $\boldsymbol{a}\cdot\boldsymbol{b}=|\boldsymbol{a}||\boldsymbol{b}|\cos(\boldsymbol{a},\hat{}\,\boldsymbol{b})$ 得到

$$\cos(\boldsymbol{a},\hat{}\,\boldsymbol{b})=\frac{\boldsymbol{a}\cdot\boldsymbol{b}}{|\boldsymbol{a}||\boldsymbol{b}|},$$

即

$$\cos(\boldsymbol{a},\hat{}\,\boldsymbol{b})=\frac{a_xb_x+a_yb_y+a_zb_z}{\sqrt{a_x^2+a_y^2+a_z^2}\sqrt{b_x^2+b_y^2+b_z^2}},$$

此公式常用来计算向量间的夹角.

例 1　已知 $|\boldsymbol{a}|=1,|\boldsymbol{b}|=2,(\boldsymbol{a},\hat{}\,\boldsymbol{b})=\frac{\pi}{3}$，求 $|\boldsymbol{a}+\boldsymbol{b}|$ 与 $|\boldsymbol{a}-\boldsymbol{b}|$.

解　因为 $\boldsymbol{a}\cdot\boldsymbol{b}=|\boldsymbol{a}||\boldsymbol{b}|\cos(\boldsymbol{a},\hat{}\,\boldsymbol{b})=1\cdot2\cos\frac{\pi}{3}=1$；

又

$$|\boldsymbol{a}+\boldsymbol{b}|^2=(\boldsymbol{a}+\boldsymbol{b})\cdot(\boldsymbol{a}+\boldsymbol{b})=|\boldsymbol{a}|^2+|\boldsymbol{b}|^2+2\boldsymbol{a}\cdot\boldsymbol{b}=7,$$

$$|\boldsymbol{a}-\boldsymbol{b}|^2=(\boldsymbol{a}-\boldsymbol{b})\cdot(\boldsymbol{a}-\boldsymbol{b})=|\boldsymbol{a}|^2+|\boldsymbol{b}|^2-2\boldsymbol{a}\cdot\boldsymbol{b}=3,$$

故

$$|\boldsymbol{a}+\boldsymbol{b}|=\sqrt{7},|\boldsymbol{a}-\boldsymbol{b}|=\sqrt{3}.$$

例 2　已知三点 $A(1,1,1)$，$B(2,2,1)$ 和 $C(2,1,2)$，求向量 $\boldsymbol{AB}$ 与 $\boldsymbol{AC}$ 的夹角 θ.

解

$$\boldsymbol{AB}=\{2-1,2-1,1-1\}=\{1,1,0\}$$

$$\boldsymbol{AC}=\{2-1,1-1,2-1\}=\{1,0,1\}$$

$$\cos\theta=\frac{\boldsymbol{AB}\cdot\boldsymbol{AC}}{|\boldsymbol{AB}|\cdot|\boldsymbol{AC}|}=\frac{1\cdot1+1\cdot0+0\cdot1}{\sqrt{1^2+1^2+0^2}\cdot\sqrt{1^2+0^2+1^2}}=\frac{1}{2},$$

所以 $\theta=\frac{\pi}{3}$.

二、两向量的向量积

1. 定义

定义 2　设向量 $\boldsymbol{a}$、$\boldsymbol{b}$，它们的夹角为 $\theta(0\leqslant\theta\leqslant\pi)$，作一单位向量 $\boldsymbol{c}^0$ 同时垂直于 $\boldsymbol{a}$、$\boldsymbol{b}$，且 $\boldsymbol{a}$、$\boldsymbol{b}$、$\boldsymbol{c}^0$ 构成右手系，定义 $\boldsymbol{a}$ 与 $\boldsymbol{b}$ 的向量积为

$$\boldsymbol{a}\times\boldsymbol{b}=|\boldsymbol{a}||\boldsymbol{b}|\sin\theta\,\boldsymbol{c}^0,$$

它是一个向量(图 8-13).

两向量的向量积亦称外积或叉积.

由定义可知向量积具有如下性质.

(1) $\boldsymbol{a}\times\boldsymbol{b}$ 是一个向量，它的模

$$|\boldsymbol{a}\times\boldsymbol{b}|=|\boldsymbol{a}||\boldsymbol{b}|\sin(\boldsymbol{a},\hat{}\,\boldsymbol{b}),$$

即 $|\boldsymbol{a}\times\boldsymbol{b}|$ 等于以向量 $\boldsymbol{a}$ 和 $\boldsymbol{b}$ 为邻边的平行四边形的面积(图 8-13).

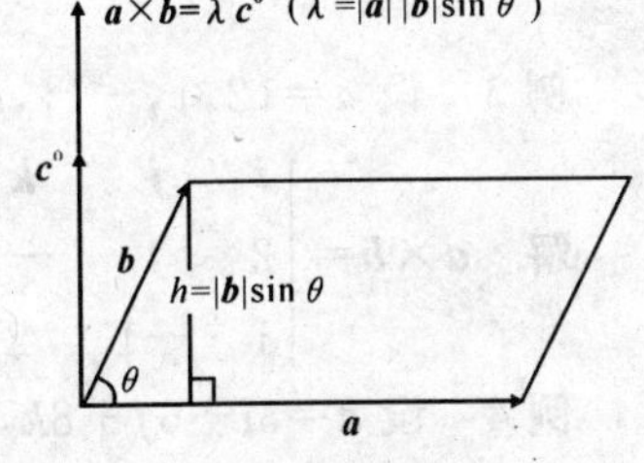

图 8-13

$\boldsymbol{a}\times\boldsymbol{b}$ 的方向：$\boldsymbol{a}\times\boldsymbol{b}\perp\boldsymbol{a}$，$\boldsymbol{a}\times\boldsymbol{b}\perp\boldsymbol{b}$ 且 $\boldsymbol{a},\boldsymbol{b},\boldsymbol{a}\times\boldsymbol{b}$ 构成右手系，当 $\boldsymbol{a}$、$\boldsymbol{b}$ 不平行时 $\boldsymbol{a}\times\boldsymbol{b}$ 就垂直于 $\boldsymbol{a}$、$\boldsymbol{b}$ 所在的平面.

(2)$\boldsymbol{a}\times\boldsymbol{a}=\boldsymbol{0}$. 因为 $\boldsymbol{a}$ 与 $\boldsymbol{a}$ 的夹角 $\theta=0$，所以 $|\boldsymbol{a}\times\boldsymbol{a}|=|\boldsymbol{a}|^2\sin 0=0$，故 $\boldsymbol{a}\times\boldsymbol{a}=\boldsymbol{0}$.

(3)$\boldsymbol{a}/\!/\boldsymbol{b}\Leftrightarrow\boldsymbol{a}\times\boldsymbol{b}=0$. 因为零向量可以看作与任意向量平行，所以当 $\boldsymbol{a}$、$\boldsymbol{b}$ 中至少有一个零向量时，结论显然成立. 当 $\boldsymbol{a}$、$\boldsymbol{b}$ 均为非零向量时

$\boldsymbol{a}\times\boldsymbol{b}=\boldsymbol{0}\Leftrightarrow|\boldsymbol{a}\times\boldsymbol{b}|=0\Leftrightarrow|\boldsymbol{a}||\boldsymbol{b}|\sin\theta=0\Leftrightarrow\sin\theta=0\Leftrightarrow\theta=0$ 或 $\theta=\pi\Leftrightarrow\boldsymbol{a}/\!/\boldsymbol{b}$.

(4)对于基本单位向量 $\boldsymbol{i}$、$\boldsymbol{j}$、$\boldsymbol{k}$ 有如下关系式：

$$\boldsymbol{i}\times\boldsymbol{i}=\boldsymbol{j}\times\boldsymbol{j}=\boldsymbol{k}\times\boldsymbol{k}=\boldsymbol{0},$$
$$\boldsymbol{i}\times\boldsymbol{j}=\boldsymbol{k},\boldsymbol{j}\times\boldsymbol{k}=\boldsymbol{i},\boldsymbol{k}\times\boldsymbol{i}=\boldsymbol{j}.$$

2. 向量积的运算性质

(1)反交换律：$\boldsymbol{a}\times\boldsymbol{b}=-\boldsymbol{b}\times\boldsymbol{a}$.

因为由定义知 $|\boldsymbol{a}\times\boldsymbol{b}|=|\boldsymbol{b}\times\boldsymbol{a}|=|\boldsymbol{a}||\boldsymbol{b}|\sin(\boldsymbol{a},\hat{}\,\boldsymbol{b})$，而按右手法则从 $\boldsymbol{a}$ 转到 $\boldsymbol{b}$ 的方向与从 $\boldsymbol{b}$ 转到 $\boldsymbol{a}$ 的方向相反，故 $\boldsymbol{a}\times\boldsymbol{b}$ 的方向与 $\boldsymbol{b}\times\boldsymbol{a}$ 的方向相反.

(2)数乘结合律：$\lambda(\boldsymbol{a}\times\boldsymbol{b})=(\lambda\boldsymbol{a})\times\boldsymbol{b}=\boldsymbol{a}\times(\lambda\boldsymbol{b})(\lambda\in\mathbf{R})$.

这条性质可分 $\lambda>0$，$\lambda=0$，$\lambda<0$，用定义很容易验证等式两边的向量模相等、方向一致.

(3)分配律：$(\boldsymbol{a}+\boldsymbol{b})\times\boldsymbol{l}=\boldsymbol{a}\times\boldsymbol{l}+\boldsymbol{b}\times\boldsymbol{l}$，$\boldsymbol{l}\times(\boldsymbol{a}+\boldsymbol{b})=\boldsymbol{l}\times\boldsymbol{a}+\boldsymbol{l}\times\boldsymbol{b}$.

这条性质证明较繁，本文从略，可参考其他资料.

3. 向量积的坐标表示式

设 $\boldsymbol{a}=a_x\boldsymbol{i}+a_y\boldsymbol{j}+a_z\boldsymbol{k}$，$\boldsymbol{b}=b_x\boldsymbol{i}+b_y\boldsymbol{j}+b_z\boldsymbol{k}$，则

$$\begin{aligned}\boldsymbol{a}\times\boldsymbol{b}&=(a_x\boldsymbol{i}+a_y\boldsymbol{j}+a_z\boldsymbol{k})\times(b_x\boldsymbol{i}+b_y\boldsymbol{j}+b_z\boldsymbol{k})\\&=a_x\boldsymbol{i}\times(b_x\boldsymbol{i}+b_y\boldsymbol{j}+b_z\boldsymbol{k})+a_y\boldsymbol{j}\times(b_x\boldsymbol{i}+b_y\boldsymbol{j}+b_z\boldsymbol{k})+a_z\boldsymbol{k}\times(b_x\boldsymbol{i}+b_y\boldsymbol{j}+b_z\boldsymbol{k})\\&=\boldsymbol{0}+a_xb_y(\boldsymbol{i}\times\boldsymbol{j})+a_xb_z(\boldsymbol{i}\times\boldsymbol{k})+a_yb_x(\boldsymbol{j}\times\boldsymbol{i})+\boldsymbol{0}+a_yb_z(\boldsymbol{j}\times\boldsymbol{k})+a_zb_x(\boldsymbol{k}\times\boldsymbol{i})\\&\quad+a_zb_y(\boldsymbol{k}\times\boldsymbol{j})+\boldsymbol{0}\\&=(a_yb_z-a_zb_y)(\boldsymbol{j}\times\boldsymbol{k})+(a_zb_x-a_xb_z)(\boldsymbol{k}\times\boldsymbol{i})+(a_xb_y-a_yb_x)(\boldsymbol{i}\times\boldsymbol{j})\\&=(a_yb_z-a_zb_y)\boldsymbol{i}+(a_zb_x-a_xb_z)\boldsymbol{j}+(a_xb_y-a_yb_x)\boldsymbol{k},\end{aligned}$$

即

$$\boldsymbol{a}\times\boldsymbol{b}=\{a_yb_z-a_zb_y,a_zb_x-a_xb_z,a_xb_y-a_yb_x\}.$$

为了便于记忆，将上式改写成行列式形式：

$$\boldsymbol{a}\times\boldsymbol{b}=\left\{\begin{vmatrix}a_y&a_z\\b_y&b_z\end{vmatrix},\begin{vmatrix}a_z&a_x\\b_z&b_x\end{vmatrix},\begin{vmatrix}a_x&a_y\\b_x&b_y\end{vmatrix}\right\},$$

或

$$\boldsymbol{a}\times\boldsymbol{b}=\begin{vmatrix}\boldsymbol{i}&\boldsymbol{j}&\boldsymbol{k}\\a_x&a_y&a_z\\b_x&b_y&b_z\end{vmatrix}.$$

例 3 设 $\boldsymbol{a}=\{2,1,-1\}$，$\boldsymbol{b}=\{1,-1,2\}$，求 $\boldsymbol{a}\times\boldsymbol{b}$.

解 $\boldsymbol{a}\times\boldsymbol{b}=\begin{vmatrix}\boldsymbol{i}&\boldsymbol{j}&\boldsymbol{k}\\2&1&-1\\1&-1&2\end{vmatrix}=\boldsymbol{i}-5\boldsymbol{j}-3\boldsymbol{k}$.

例 4 设 $\boldsymbol{a}=3\boldsymbol{i}+6\boldsymbol{j}+8\boldsymbol{k}$，求同时垂直于横轴与 $\boldsymbol{a}$ 的单位向量.

解 所求向量要垂直于横轴即垂直于 $\boldsymbol{i}$，由向量积的定义知 $\pm(\boldsymbol{a}\times\boldsymbol{i})$ 都同时垂直于 $\boldsymbol{a}$ 和横轴，记 $\boldsymbol{b}=\pm(\boldsymbol{a}\times\boldsymbol{i})$，则

$$\boldsymbol{b}=\pm(3\boldsymbol{i}+6\boldsymbol{j}+8\boldsymbol{k})\times\boldsymbol{i}=\pm\begin{vmatrix}\boldsymbol{i}&\boldsymbol{j}&\boldsymbol{k}\\3&6&8\\1&0&0\end{vmatrix}=\pm(8\boldsymbol{j}-6\boldsymbol{k}),$$

再把 $\boldsymbol{b}$ 单位化，得

$$\boldsymbol{b}^0=\pm\frac{8\boldsymbol{j}-6\boldsymbol{k}}{\sqrt{8^2+(-6)^2}}=\pm\frac{1}{5}(4\boldsymbol{j}-3\boldsymbol{k}),$$

为所求单位向量.

例 5 已知三角形的顶点为 $A(-1,2,3)$，$B(1,1,1)$，$C(0,0,5)$，求 $\triangle ABC$ 的面积 S.

解 由向量积的模的几何意义知，$\triangle ABC$ 的面积 $S=\frac{1}{2}|\boldsymbol{AB}\times\boldsymbol{AC}|$.

从已知 A、B、C 的坐标可得

$$\boldsymbol{AB}=\{1-(-1),1-2,1-3\}=\{2,-1,-2\},$$

$$\boldsymbol{AC}=\{0-(-1),0-2,5-3\}=\{1,-2,2\},$$

$$\boldsymbol{AB}\times\boldsymbol{AC}=\begin{vmatrix}\boldsymbol{i} & \boldsymbol{j} & \boldsymbol{k}\\ 2 & -1 & -2\\ 1 & -2 & 2\end{vmatrix}=-6\boldsymbol{i}-6\boldsymbol{j}-3\boldsymbol{k},$$

$$|\boldsymbol{AB}\times\boldsymbol{AC}|=\sqrt{(-6)^2+(-6)^2+(-3)^2}=9,$$

故

$$S=\frac{9}{2}.$$

习题 8-4

1. 设 $\boldsymbol{a}=3\boldsymbol{i}-\boldsymbol{j}-2\boldsymbol{k}$，$\boldsymbol{b}=\boldsymbol{i}+2\boldsymbol{j}-\boldsymbol{k}$，求：

(1)$\boldsymbol{a}\cdot\boldsymbol{b}$ 及 $\boldsymbol{a}\times\boldsymbol{b}$；(2)$\boldsymbol{a}$ 与 $\boldsymbol{b}$ 夹角的余弦.

2. 设 $\boldsymbol{a}$、$\boldsymbol{b}$、$\boldsymbol{c}$ 为单位向量，且满足 $\boldsymbol{a}+\boldsymbol{b}+\boldsymbol{c}=\boldsymbol{0}$，求 $\boldsymbol{a}\cdot\boldsymbol{b}+\boldsymbol{b}\cdot\boldsymbol{c}+\boldsymbol{c}\cdot\boldsymbol{a}$.

3. 已知 $\boldsymbol{a}=2\boldsymbol{i}+\boldsymbol{j}-\boldsymbol{k}$，$\boldsymbol{b}=3\boldsymbol{i}+7\boldsymbol{j}+13\boldsymbol{k}$，$\boldsymbol{c}=20\boldsymbol{i}-29\boldsymbol{j}+11\boldsymbol{k}$，证明这三个向量两两互相垂直.

4. 已知 $M_1(1,-1,2)$，$M_2(3,3,1)$ 和 $M_3(3,1,3)$，求与 $\boldsymbol{M_1M_2}$、$\boldsymbol{M_1M_3}$ 同时垂直的单位向量.

5. 已知 $\boldsymbol{OA}=\{1,0,3\}$，$\boldsymbol{OB}=\{0,1,3\}$，求 $\triangle OAB$ 的面积.

6. 求平行于 $\boldsymbol{a}=\{2,-1,2\}$ 且满足 $\boldsymbol{a}\cdot\boldsymbol{x}=-18$ 的向量 $\boldsymbol{x}$.

第五节 平面与直线

本章从第五节起讨论空间的几何图形及其方程，这些几何图形包括曲面和空间曲线.

空间的一张曲面 S 可以看成是满足一定几何条件的点构成的集合，当 $Oxyz$ 坐标系取定以后，曲面 S 上的点 $M(x,y,z)$ 的坐标 x,y,z，依此条件用代数方法表示便可得到一个三元方程 $F(x,y,z)=0$. 如果曲面 S 与方程 $F(x,y,z)=0$ 之间有如下关系：

(1)若点 $M(x,y,z)$ 在曲面 S 上，则 M 的坐标 x,y,z 满足方程 $F(x,y,z)=0$；

(2)若一组数 x,y,z 满足方程 $F(x,y,z)=0$，则点 $M(x,y,z)$ 就是曲面 S 上的点.

那么 $F(x,y,z)=0$ 就叫做曲面 S 的方程，同时把曲面 S 叫做方程 $F(x,y,z)=0$ 的图形.

在这一节里，我们将以向量为工具，在空间直角坐标系中讨论最简单的曲面——平面的方

程和最简单的曲线——直线的方程.

一、平面方程

给定平面 π,设 $M(x,y,z)$是平面 π 上任意一点,下面将可看到平面 π 可用关于 x,y,z 的三元一次方程(即线性方程)表示,依给定的条件不同,平面方程可取不同形式,现分述如下:

1. 平面的点法式方程

设 $P_0(x_0,y_0,z_0)$是空间某一定点,经过 P_0 点的平面有无穷多个.若再给定一个非零向量 $\boldsymbol{n}$,那么经过 P_0 且与 $\boldsymbol{n}$ 垂直的平面就唯一确定了,**我们把与某平面垂直的非零向量称为该平面的法向量.**

下面我们建立:经过定点 $P_0(x_0,y_0,z_0)$且以 $\boldsymbol{n}=\{A,B,C\}$ $(A,B,C$ 不全为零)为法向量的平面 π 的方程.

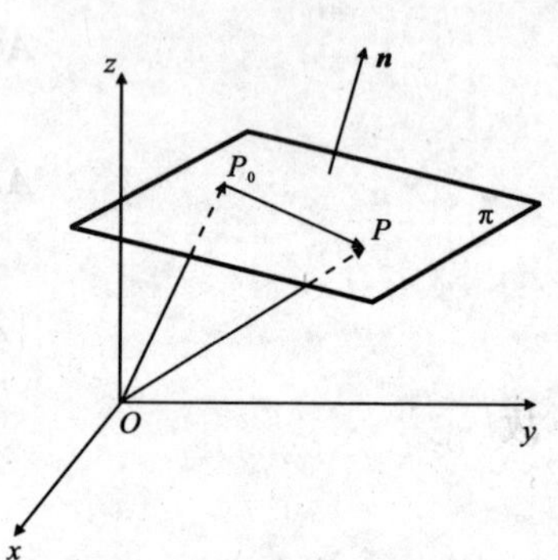

图 8-14

设点 $P(x,y,z)$是空间任意一点,则点 P 在平面 π 上的充要条件是 $\boldsymbol{n}\perp\boldsymbol{P_0P}$,即 $\boldsymbol{n}\cdot\boldsymbol{P_0P}=\boldsymbol{0}$(图 8-14).

由于 $\boldsymbol{P_0P}=\{x-x_0,y-y_0,z-z_0\}$,$\boldsymbol{n}=\{A,B,C\}$,所以有

$$A(x-x_0)+B(y-y_0)+C(z-z_0)=0. \qquad (1)$$

方程(1)称为平面的点法式方程.

例 1 已知点 $A(1,-1,-1)$和 $B(-1,0,5)$,求过点 A 且垂直于直线 AB 的平面方程.

解 依题意可知 $\boldsymbol{AB}$ 就是所求平面的一个法向量,又

$$\boldsymbol{AB}=\{-1-1,0-(-1),5-(-1)\}$$
$$=\{-2,1,6\},$$

由平面的点法式方程可得

$$-2(x-1)+1\cdot(y+1)+6(z+1)=0,$$

即 $2x-y-6z-9=0$ 为所求平面方程.

2. 平面的一般式方程

如果将平面的点法式方程(1)改写为

$$Ax+By+Cz-(Ax_0+By_0+Cz_0)=0,$$

并令 $D=-(Ax_0+By_0+Cz_0)$,则式(1)可化为

$$Ax+By+Cz+D=0,$$

从而得知:平面方程是三元一次方程.

反过来,我们要问任何一个三元一次方程

$$Ax+By+Cz+D=0 \quad (A、B、C\text{不全为零}) \qquad (2)$$

是否都表示一个平面?回答是肯定的.

因为方程(2)有三个未知数,故有无穷多组解(任意给定两个未知数的取值,可解出第三个未知数),从中任取一组解 $x=x_0,y=y_0,z=z_0$,有

$$Ax_0+By_0+Cz_0+D=0,$$

把它与式(2)两端对应相减就得

$$A(x-x_0)+B(y-y_0)+C(z-z_0)=0,$$

从而将方程(2)化为了过点 $P_0(x_0,y_0,z_0)$,并以 $\boldsymbol{n}=\{A,B,C\}$为法向量的平面方程.

综上所述得出结论：

(1)任何平面都可用 x,y,z 的一次方程表示；

(2)任何一次方程 $Ax+By+Cz+D=0$(A、B、C 不全为零)的图形为一平面.

方程 $Ax+By+Cz+D=0$(A、B、C 不全为零)称为平面的一般式方程，$\boldsymbol{n}=\{A,B,C\}$为该平面的一个法向量.

对于一些特殊的三元一次方程，读者要熟悉它们所表示的平面的特点，例如：

(1)当 $D=0$ 时，方程为 $Ax+By+Cz=0$ 表示过原点的平面；

(2)当 $C=0$ 时，方程为 $Ax+By+D=0$ 表示平面的法向量 $\boldsymbol{n}=\{A,B,0\}$垂直于 z 轴，故所表示的平面为平行 z 轴($D\neq0$ 时)或通过 z 轴($D=0$ 时)的平面；

(3)当 $A=B=0$ 时，方程为 $Cz+D=0$，法向量 $\boldsymbol{n}=\{0,0,C\}$平行于 z 轴，故所表示的平面为垂直于 z 轴的平面，即平行于 xOy 面的平面($D\neq0$)或就是 xOy 面($D=0$).

由于平面方程主要有上面两种形式，从而得出求平面方程的两种常用方法：

(1)在用点法式方程时，主要根据条件用向量代数找出平面的一个法向量；

(2)在用平面一般式方程时，先依题意写出所求平面的一般形式，再利用已知条件定出待定常数，这种方法称为待定系数法.

例 2　求过点 $P_0(1,2,1)$及 z 轴的平面方程.

解　方法一：设平面的法向量为 $\boldsymbol{n}$，由于平面过 P_0 和原点 O，故 $\boldsymbol{n}\perp\boldsymbol{OP}$；又平面过 z 轴，故 $\boldsymbol{n}\perp\boldsymbol{k}$，可取法向量

$$\boldsymbol{n}=\boldsymbol{OP}_0\times\boldsymbol{k}=\begin{vmatrix}\boldsymbol{i}&\boldsymbol{j}&\boldsymbol{k}\\1&2&1\\0&0&1\end{vmatrix}=2\boldsymbol{i}-\boldsymbol{j},$$

再由平面点法式方程得所求平面方程为

$$2(x-1)-(y-2)=0,$$

即

$$2x-y=0.$$

方法二：用待定系数法.

因为平面过 z 轴，故可设所求平面方程为

$$Ax+By=0\quad(A,B\text{ 不全为零}),$$

将 $P_0(1,2,1)$的坐标代入上面方程得

$$A+2B=0\quad\text{即}\quad A=-2B,$$

于是所求平面方程为

$$-2Bx+By=0,$$

因 A、B 不全为零，故 $B\neq0$，在上式两端除以 B 再化简得

$$2x-y=0,$$

即为所求平面方程.

3. 平面的截距式方程

例 3　设平面 π 与三条坐标轴分别交于 $P(a,0,0)$，$Q(0,b,0)$，$R(0,0,c)$三点，这里 $abc\neq0$，求平面 π 的方程(图 8-15).

解　设平面 π 的方程为

$$Ax+By+Cz+D=0(A、B、C\text{ 不全为零}).$$

将 P、Q、R 三点的坐标代入上面方程解得

$$A=-\frac{D}{a},B=-\frac{D}{b},C=-\frac{D}{c},$$

于是平面 π 的方程变为

$$-\frac{D}{a}x-\frac{D}{b}y-\frac{D}{c}z+D=0,$$

因为 A、B、C 不全为零，显然 $D\neq 0$，在上式两端除以 D 再移项得

$$\frac{x}{a}+\frac{y}{b}+\frac{z}{c}=1, \tag{3}$$

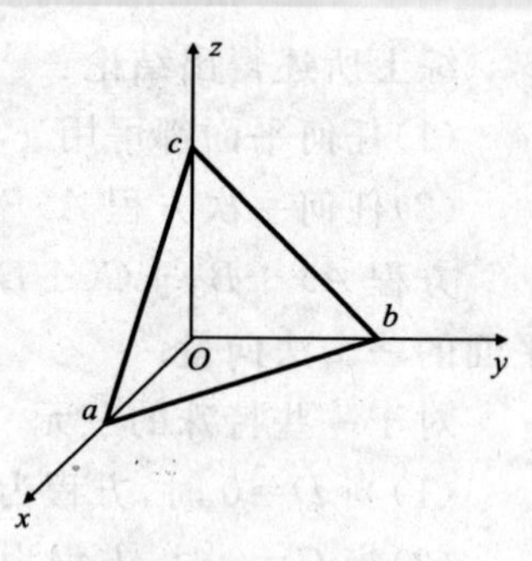

图 8-15

方程(3)称为平面的截距式方程，其中 a,b,c 分别称为该平面在 x 轴、y 轴、z 轴上的截距.

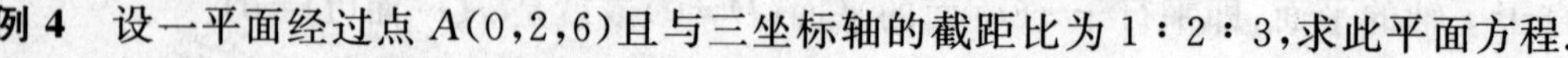

例 4 设一平面经过点 $A(0,2,6)$ 且与三坐标轴的截距比为 $1:2:3$，求此平面方程.

解 设所求平面方程为

$$\frac{x}{a}+\frac{y}{b}+\frac{z}{c}=1,$$

则
$$\frac{a}{1}=\frac{b}{2}=\frac{c}{3}$$

即
$$b=2a,c=3a.$$

故所求平面方程可改为

$$\frac{x}{a}+\frac{y}{2a}+\frac{z}{3a}=1,$$

将点 $A(0,2,6)$ 代入上面方程得

$$\frac{0}{a}+\frac{2}{2a}+\frac{6}{3a}=1,$$

解出 $a=3$，并得 $b=6,c=9$.

故所求平面方程为

$$\frac{x}{3}+\frac{y}{6}+\frac{z}{9}=1.$$

4. 两平面的相互关系

设平面 π_1 及 π_2 的方程分别为

$$A_1x+B_1y+C_1z+D_1=0,$$
$$A_2x+B_2y+C_2z+D_2=0.$$

它们的法向量分别为

$$\boldsymbol{n}_1=\{A_1,B_1,C_1\},\quad \boldsymbol{n}_2=\{A_2,B_2,C_2\},$$

则有：

(1)平面 π_1 // 平面 $\pi_2 \Leftrightarrow \boldsymbol{n}_1 /\!/ \boldsymbol{n}_2 \Leftrightarrow \frac{A_1}{A_2}=\frac{B_1}{B_2}=\frac{C_1}{C_2}$；

(2)平面 π_1 与 π_2 相交时，称两平面法向量夹角 θ 为两平面夹角(通常不取钝角)(因为 θ 就等于两平面所成两面角的平面角大小)(图 8-16)，从而有

$$\cos\theta=|\cos(\boldsymbol{n}_1\hat{,}\boldsymbol{n}_2)|=\frac{|\boldsymbol{n}_1\cdot\boldsymbol{n}_2|}{|\boldsymbol{n}_1||\boldsymbol{n}_2|},$$

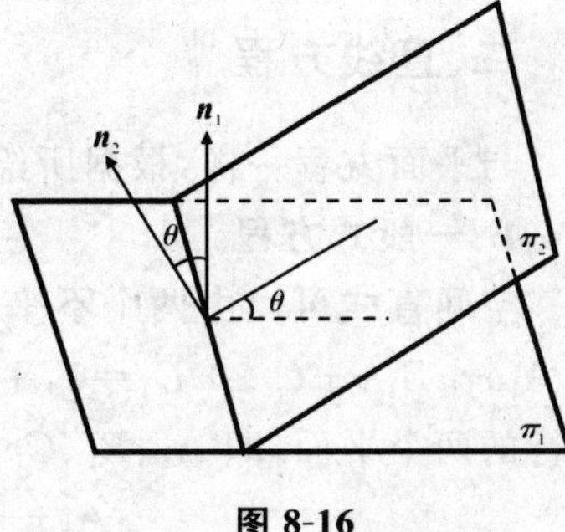

图 8-16

即
$$\cos\theta=\frac{|A_1A_2+B_1B_2+C_1C_2|}{\sqrt{A_1^2+B_1^2+C_1^2}\sqrt{A_2^2+B_2^2+C_2^2}}.$$

特别地，$\pi_1\perp\pi_2\Leftrightarrow\boldsymbol{n}_1\cdot\boldsymbol{n}_2=0$，即 $A_1A_2+B_1B_2+C_1C_2=0$.

例 5　求两平面 $2x-y+z-6=0$ 和 $x+y+2z-5=0$ 的夹角 θ.

解　由求夹角公式有

$$\cos\theta=\frac{|2\times1+(-1)\times1+1\times2|}{\sqrt{2^2+(-1)^2+1^2}\sqrt{1^2+1^2+2^2}}=\frac{3}{6}=\frac{1}{2},$$

故 $\theta=\frac{\pi}{3}$.

5. 点到平面的距离

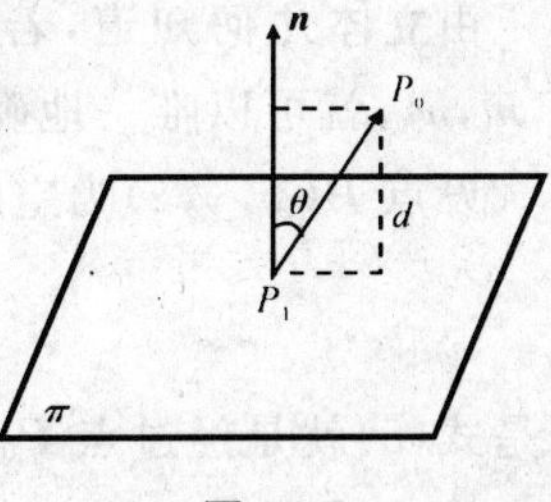

图 8-17

设平面 π 方程为

$$Ax+By+Cz+D=0,$$

$P_0(x_0,y_0,z_0)$ 是平面 π 外的一点，在平面 π 上任取一点 $P_1(x_1,y_1,z_1)$，则有

$$Ax_1+By_1+Cz_1+D=0,$$

即
$$D=-Ax_1-By_1-Cz_1,$$

作向量 $\boldsymbol{P_1P_0}=\{x_0-x_1,y_0-y_1,z_0-z_1\}$.

记平面 π 的法向量为 $\boldsymbol{n}=\{A,B,C\}$，它与 $\boldsymbol{P_1P_0}$ 的夹角为 θ，从图 8-17可知 P_0 到平面的距离 $d=||\boldsymbol{P_1P_0}|\cos\theta|$.

又
$$\boldsymbol{n}\cdot\boldsymbol{P_1P_0}=|\boldsymbol{n}||\boldsymbol{P_1P_0}|\cos\theta,$$

故
$$|\boldsymbol{P_1P_0}|\cos\theta=\frac{\boldsymbol{n}\cdot\boldsymbol{P_1P_0}}{|\boldsymbol{n}|}=\frac{A(x_0-x_1)+B(y_0-y_1)+C(z_0-z_1)}{\sqrt{A^2+B^2+C^2}},$$

即
$$|\boldsymbol{P_1P_0}|\cos\theta=\frac{Ax_0+By_0+Cz_0+D}{\sqrt{A^2+B^2+C^2}}.$$

于是得到点 $P_0(x_0,y_0,z_0)$ 到平面 $Ax+By+Cz+D=0$ 的距离为

$$d=\frac{|Ax_0+By_0+Cz_0+D|}{\sqrt{A^2+B^2+C^2}}.$$

例 6　求两平行平面 $3x+6y-2z+14=0$ 和 $3x+6y-2z-7=0$ 之间的距离.

解　此问题即求其中一个平面上的任意一点到另一平面的距离.

首先要在第一个平面上找一点：令 $x=0,y=0$，代入第一个平面方程解得 $z=7$，于是(0，0，7)便是第一个平面上的一点.

再按公式求点(0，0，7)到第二个平面的距离为

$$d=\frac{|3\cdot0+6\cdot0-2\cdot7-7|}{\sqrt{3^2+6^2+2^2}}=\frac{21}{7}=3,$$

这就是所求两平行平面间的距离.

二、直线方程

与平面方程一样，根据所给条件的不同，直线方程也有不同的形式，现分别叙述如下.

1. 一般式方程

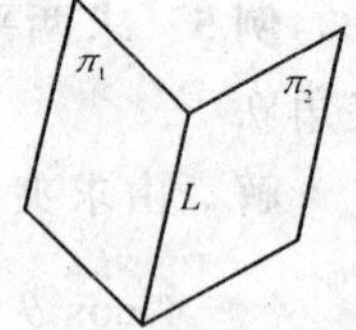

图 8-18

空间直线可以由两个不平行的平面的交线来确定(图 8-18)，设平面 π_1 为 $A_1x+B_1y+C_1z+D_1=0$，平面 π_2 为 $A_2x+B_2y+C_2z+D_2=0$，两者是不平行的两个平面，即 A_1、B_1、C_1 与 A_2、B_2、C_2 不成比例. 将两个方程联立

$$\begin{cases}A_1x+B_1y+C_1z+D_1=0\\A_2x+B_2y+C_2z+D_2=0\end{cases},\tag{4}$$

则两平面的交线 L 上的点一定满足这个方程组，且以方程组的任意一组解为坐标的点 $M(x,y,z)$必在 L 上，因此可用这个方程组表示直线 L. 式(4)称为空间直线的一般式方程.

2. 直线的点向式方程与参数方程

如果一个非零向量 $\boldsymbol{s}=\{l,m,n\}$平行于一条已知直线 L，则称向量 $\boldsymbol{s}$ 是直线 L 的一个方向向量，称 l、m、n 为直线 L 的一组方向数.

由立体几何知道，若已知直线 L 上的一点 $P_0(x_0,y_0,z_0)$以及 L 的一个方向向量 $\boldsymbol{s}=\{l,m,n\}$，就可以唯一地确定这条直线 L. 现在来建立 L 的方程.

设点 $P(x,y,z)$为空间的一点，则 P 在 L 上的充要条件是 $\boldsymbol{P_0P}/\!/L$，即 $\boldsymbol{P_0P}/\!/\boldsymbol{s}$，它等价于

$$\frac{x-x_0}{l}=\frac{y-y_0}{m}=\frac{z-z_0}{n},\tag{5}$$

于是式(5)就是经过点 $P_0(x_0,y_0,z_0)$与 $\boldsymbol{s}=\{l,m,n\}$平行的直线 L 的方程，称为直线 L 的点向式方程或对称式方程，又叫做直线 L 的标准方程.

这里要说明的是，当 l、m、n 中有一个为零时，例如 $l=0$ 时，式(5)应理解为

$$\begin{cases}x-x_0=0\\\dfrac{y-y_0}{m}=\dfrac{z-z_0}{n}\end{cases},$$

由于 $\boldsymbol{s}$ 是非零向量，故 l、m、n 中至多有两个为零，例如 $l=0,m=0$ 时，式(5)应理解为

$$\begin{cases}x-x_0=0\\y-y_0=0\end{cases}.$$

若在直线 L 的标准方程(5)中令此式的比值为 t，即

$$\frac{x-x_0}{l}=\frac{y-y_0}{m}=\frac{z-z_0}{n}=t,$$

则可得

$$\begin{cases}x=x_0+lt\\y=y_0+mt\\z=z_0+nt\end{cases}\quad(-\infty<t<+\infty),\tag{6}$$

式(6)称为直线的参数方程，式中 t 为参数.

例 7 求过点 $M_0(1,0,-2)$且与平面 $\pi(2x+4y-3z-9=0)$垂直的直线 L 的标准方程与参数方程.

解 由于所求直线与平面 $2x+4y-3z-9=0$ 垂直，故可取平面的法向量为直线 L 的方

向向量，即取 $\boldsymbol{s}=\boldsymbol{n}=\{2,4,-3\}$，可得直线 L 的标准方程为

$$\frac{x-1}{2}=\frac{y-0}{4}=\frac{z+2}{-3}.$$

再令

$$\frac{x-1}{2}=\frac{y-0}{4}=\frac{z+2}{-3}=t,$$

可得
$$\begin{cases}x=1+2t\\ y=4t\\ z=-2-3t\end{cases}\quad(-\infty<t<+\infty),$$

便是直线 L 的参数方程.

直线的点向式方程的几何意义十分明显，一般用它来表示直线更方便于应用，下面介绍将直线的一般式方程转化成点向式方程的常用方法.

设直线 L 的一般式方程为

$$\begin{cases}A_1x+B_1y+C_1z+D_1=0\\ A_2x+B_2y+C_2z+D_2=0\end{cases},$$

记 $\boldsymbol{n}_1=\{A_1,B_1,C_1\}$，$\boldsymbol{n}_2=\{A_2,B_2,C_2\}$ 分别为两相交平面的法向量，则 L 应同时垂直于 $\boldsymbol{n}_1$ 和 $\boldsymbol{n}_2$，于是可取直线 L 的方向向量为

$$\boldsymbol{s}=\boldsymbol{n}_1\times\boldsymbol{n}_2,$$

再任取满足方程组(4)的一组解 $x=x_0,y=y_0,z=z_0$，这样，由点 (x_0,y_0,z_0) 和方向向量 $\boldsymbol{s}$，就可写出直线 L 的点向式方程.

例 8　将直线 $\begin{cases}x+y+z+1=0\\ 2x-y+3z+4=0\end{cases}$ 化为标准方程.

解　方程组中两个方程所表示的两个平面的法向量分别为 $\boldsymbol{n}_1=\{1,1,1\}$，$\boldsymbol{n}_2=\{2,-1,3\}$. 取该直线的方向向量为

$$\boldsymbol{s}=\boldsymbol{n}_1\times\boldsymbol{n}_2=\begin{vmatrix}\boldsymbol{i}&\boldsymbol{j}&\boldsymbol{k}\\1&1&1\\2&-1&3\end{vmatrix}=4\boldsymbol{i}-\boldsymbol{j}-3\boldsymbol{k},$$

再在这直线上找一点 (x_0,y_0,z_0)，不妨取 $y_0=0$ 代入方程组得 $\begin{cases}x_0+z_0+1=0\\ 2x_0+3z_0+4=0\end{cases}$，

解得 $x_0=1,z_0=-2$，于是直线过 $(1,0,-2)$ 点，故得直线的点向式方程为

$$\frac{x-1}{4}=\frac{y-0}{-1}=\frac{z+2}{-3}.$$

3. 两直线的夹角

我们称两直线的方向向量的夹角为两直线的夹角(通常不取钝角).

设两直线的方程为

$$L_1:\frac{x-x_1}{l_1}=\frac{y-y_1}{m_1}=\frac{z-z_1}{n_1},$$

$$L_2:\frac{x-x_2}{l_2}=\frac{y-y_2}{m_2}=\frac{z-z_2}{n_2},$$

它们的方向向量分别为 $\boldsymbol{s}_1=\{l_1,m_1,n_1\}$，$\boldsymbol{s}_2=\{l_2,m_2,n_2\}$，记直线 L_1 与 L_2 的夹角为 θ($0\leqslant\theta\leqslant$

$\frac{\pi}{2}$),则

$$\cos\theta=\cos(\widehat{s_1,s_2})=\frac{|s_1\cdot s_2|}{|s_1||s_2|},$$

即

$$\cos\theta=\frac{|l_1l_2+m_1m_2+n_1n_2|}{\sqrt{l_1^2+m_1^2+n_1^2}\sqrt{l_2^2+m_2^2+n_2^2}},$$

特别有

$$L_1\perp L_2\Leftrightarrow s_1\perp s_2\Leftrightarrow l_1l_2+m_1m_2+n_1n_2=0,$$

$$L_1/\!/L_2\Leftrightarrow s_1/\!/s_2\Leftrightarrow\frac{l_1}{l_2}=\frac{m_1}{m_2}=\frac{n_1}{n_2}.$$

习题 8-5

1. 求过点 $M(1,7,3)$ 且与向径 $\boldsymbol{OM}$ 垂直的平面方程.
2. 求过点 $(3,0,-1)$ 且与平面 $3x-7y+5z-12=0$ 平行的平面方程.
3. 求过点 $P(1,-1,-1)$,点 $Q(2,2,4)$ 且与平面 $x+y-z=0$ 垂直的平面方程.
4. 求通过 z 轴和点 $M(-3,1,-2)$ 的平面方程.
5. 设平面过点 $(1,2,-1)$ 且在 x 轴上的截距等于在 z 轴上的截距,且等于在 y 轴上的截距的两倍,求此平面方程.
6. 求平行于 zOx 平面且经过点 $(2,-5,3)$ 的平面方程
7. 求平面 $2x-2y+z+5=0$ 与各坐标面夹角的余弦.
8. 求点 $(1,2,1)$ 到平面 $x+2y+2z-10=0$ 的距离.
9. 求经过两点 $(1,2,1)$ 与 $(4,5,6)$ 的直线方程.
10. 求通过点 $(2,2,-1)$ 且与平面 $3x-y+2z=4$ 垂直的直线方程.
11. 求过点 $(-1,2,1)$ 且与两平面 $x+y-2z=1$ 和 $x+2y-z=-1$ 平行的直线方程.
12. 求直线 $\frac{x-1}{1}=\frac{y}{-2}=\frac{z+4}{7}$ 与直线 $\frac{x+6}{5}=\frac{y-2}{1}=\frac{z-3}{-1}$ 夹角的余弦.
13. 求直线 $\begin{cases}x-5y+2z-1=0\\5y-z+2=0\end{cases}$ 的点向式方程.
14. 求直线 $\frac{x+3}{3}=\frac{y+2}{-2}=z$ 与平面 $x+2y+2z=6$ 的交点和夹角.

第六节　空间曲面与曲线

由上一节我们知道:一个三元一次方程 $Ax+By+Cz+D=0$ 可以表示一个平面 π,一般地三元方程 $F(x,y,z)=0$ 可以表示一个空间曲面.本节只对一些常见的曲面,围绕下面两个基本问题进行讨论:

(1)根据曲面上的点所满足的几何条件,建立该曲面的方程 $F(x,y,z)=0$;

(2)根据给定的方程 $F(x,y,z)=0$ 的特点,确定该方程所表示的曲面的几何形状,且仅限于二次曲面(即 $F(x,y,z)=0$ 为二次方程).

一、三种常见曲面

1. 球面

到定点 $P_0(x_0,y_0,z_0)$有定距离 R 的点的集合构成一曲面 S，它就是以 P_0 为中心、以 R 为半径的球面.

点 $P(x,y,z)$在球 S 上的充要条件是

$$|P_0P|=R,$$

即
$$(x-x_0)^2+(y-y_0)^2+(z-z_0)^2=R^2, \tag{1}$$
它就是以(x_0,y_0,z_0)为球心，以 R 为半径的球面 S 的方程.

例 1　求球面 $x^2+y^2+z^2-2x+2y-7=0$ 的球心和半径.

解　将球面方程配方得

$$(x-1)^2+(y+1)^2+(z-0)^2=3^2,$$

故该球面的中心为$(1,-1,0)$，半径 $R=3$.

2. 母线平行于坐标轴的柱面

设有动直线 L 沿一给定曲线 c 移动，移动时始终与给定的直线 L_0 平行，这样由动直线所形成的曲面称为柱面，定曲线 c 称为柱面的准线，动直线的每一位置称为柱面的母线(图 8-19).

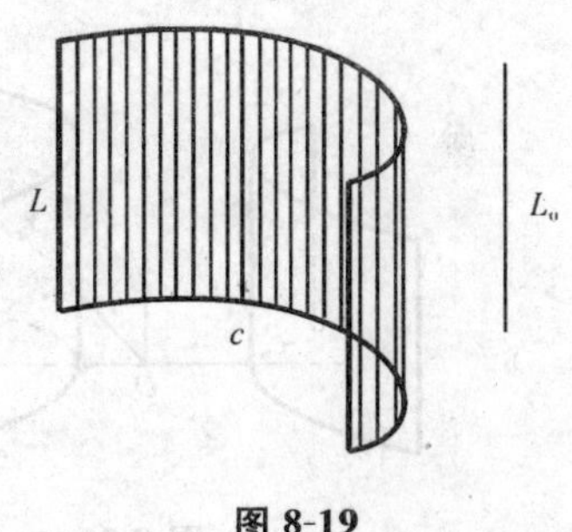

图 8-19

设一个圆柱面的母线平行于 z 轴，准线 c 是 xOy 面上以原点为中心、R 为半径的圆，即准线 c 在 xOy 面上的方程为 $x^2+y^2=R^2$，下面我们可以证明在空间该圆柱面的方程为 $x^2+y^2=R^2$(方程缺 z 项，在空间可理解为 $x^2+y^2+0z=R^2$).

在圆柱面上任取一点 $P(x,y,z)$，过 P 点的母线与 xOy 面的交点 $P_0(x,y,0)$一定在准线 c 上，有 $x^2+y^2=R^2$，所以不论 $P(x,y,z)$中 z 取什么值，P 的坐标都满足 $x^2+y^2+0z=R^2$，即 $x^2+y^2=R^2$.

反之若空间点 $P(x,y,z)$的坐标满足 $x^2+y^2+0z=R^2$，即 $x^2+y^2=R^2$，于是 P 在 xOy 面上的投影 $P_0(x,y,0)$在准线 c 上，又因 $P_0P\parallel z$ 轴，故点 P 在过P_0 且平行于 z 轴的直线上，即 P 在此圆柱面上.

因此在空间中，方程

$$x^2+y^2=R^2$$

的图形就是以 c 为准线，母线平行于 z 轴的圆柱面(图 8-20).

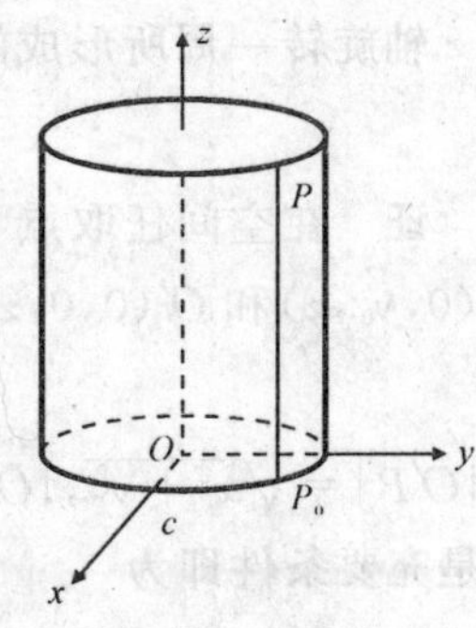

图 8-20

必须注意：方程 $x^2+y^2=R^2$ 在平面解析几何中的图形是 xOy 面上的一个圆，而在空间解析几何中的图形是一个圆柱面(理解为 $x^2+y^2+0z=R^2$，z 可任意取值). 一般地我们有下面的定理.

定理 1　若在一个关于变量 x,y,z 的方程中，某个变量不出现，则此方程表示一个柱面，此柱面的母线平行于变量不出现的那个对应坐标轴.

如方程 $f(x,y)=0$，它表示一个母线平行 z 轴的柱面，准线 c 是 xOy 面上的曲线 $f(x,y)=0$，可记

$$c:\begin{cases}f(x,y)=0\\ z=0\end{cases}.$$

类似有方程 $f(y,z)=0$,表示一个母线平行 x 轴的柱面,准线 c 为 $\begin{cases}f(y,z)=0\\ x=0\end{cases}$;方程 $f(x,z)=0$,表示一个母线平行 y 轴的柱面,准线 c 为 $\begin{cases}f(x,z)=0\\ y=0\end{cases}$.

特别地,在上述母线平行于坐标轴的柱面中,如果准线 c 是坐标面上的二次曲线,则称这种曲面为二次柱面,如上面讲的圆柱面就是一个二次柱面,下面是几个典型的二次柱面方程.

(1)椭圆柱面 $\dfrac{x^2}{a^2}+\dfrac{y^2}{b^2}=1$;

(2)双曲柱面 $\dfrac{x^2}{a^2}-\dfrac{y^2}{b^2}=1$(图 8-21);

(3)抛物柱面 $x^2=2py(p>0)$(图 8-22).

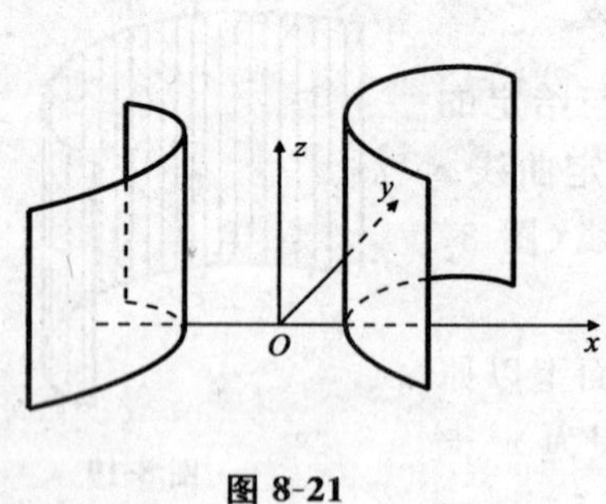

图 8-21

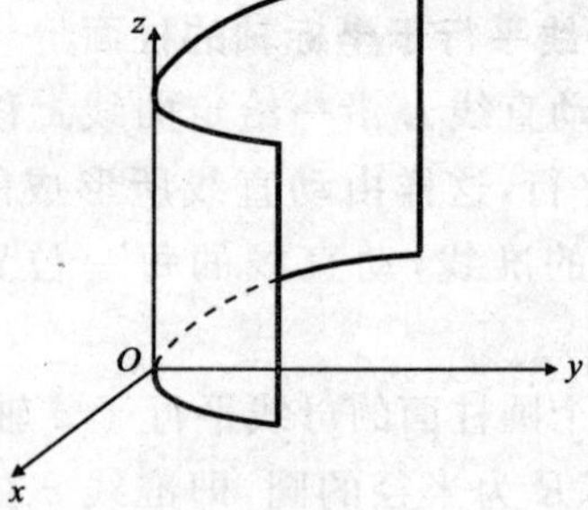

图 8-22

3. 旋转曲面

平面上的曲线 c 绕该平面上的一条定直线 L 旋转一周所形成的曲面称为旋转曲面,曲线 c 移动的每一位置称为此旋转曲面的母线,直线 L 称为旋转曲面的轴.

例如,球面、圆柱面、圆锥面、聚光镜的镜面、车床加工的零件的外表面等,都是旋转曲面.

定理 2 yOz 面上的曲线

$$c:\begin{cases}f(y,z)=0\\ x=0\end{cases},$$

绕 z 轴旋转一周所形成的旋转曲面的方程为

$$f(\pm\sqrt{x^2+y^2},z)=0.$$

证 在空间任取点 $P(x,y,z)$,过 P 作平面 π 垂直于 z 轴,平面 π 交曲线 c 和 z 轴分别为 $P_0(0,y_0,z)$ 和 $O'(0,0,z)$,点 P 位于旋转曲面上的充要条件是

$$|O'P|=|O'P_0|,$$

而 $|O'P|=\sqrt{x^2+y^2}$,$|O'P_0|=|y_0|$.

于是充要条件即为

$$y_0=\pm\sqrt{x^2+y^2},$$

又 $P_0\in C$,故有 $f(y_0,z)=0$.

将上式 y_0 代入便得

$$f(\pm\sqrt{x^2+y^2},z)=0,$$

为所成旋转曲面的方程(图 8-23).

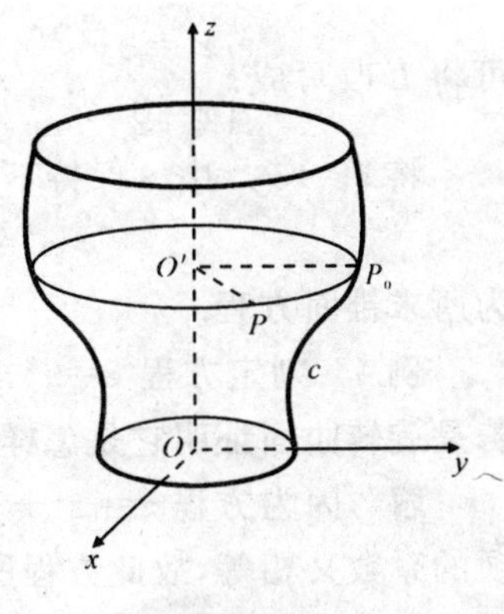

图 8-23

一般地,若求曲线 $c:\begin{cases}f(y,z)=0\\x=0\end{cases}$ 绕 z 轴旋转一周所成旋转曲面的方程,只需将方程 $f(y,z)=0$ 中 z 保持不变,而将 y 改写成 $\pm\sqrt{x^2+y^2}$ 即得

$$f(\pm\sqrt{x^2+y^2},z)=0$$

完全类似,若求曲线 $c:\begin{cases}f(y,z)=0\\x=0\end{cases}$ 绕 y 轴旋转一周所形成的旋转曲面的方程,只需将方程 $f(y,z)=0$ 中 y 保持不变,而将 z 改写为 $\pm\sqrt{x^2+z^2}$ 便得

$$f(y,\pm\sqrt{x^2+z^2})=0$$

为所求旋转曲面方程.

上面方程中出现的"±"号,要根据问题的几何性质决定,有时要取"±"号,有时只能取"+"号或"−"号,但通常将方程变形后再平方就能消去"±"号,可参见例题.

利用上面的法则,还可以由曲面方程判断它的图形是否为旋转曲面,若是旋转曲面也能指出它是怎样生成的.

例 2　求 yOz 面上的椭圆 $c:\begin{cases}\dfrac{y^2}{a^2}+\dfrac{z^2}{b^2}=1\\x=0\end{cases}$ 分别绕 z 轴和 y 轴旋转一周所成的旋转曲面的方程.

解　求曲线 c 绕 z 轴旋转一周所成旋转曲面方程,只需将 $\dfrac{y^2}{a^2}+\dfrac{z^2}{b^2}=1$ 中 z 不变,将 y 改写成 $\pm\sqrt{x^2+y^2}$,即 y^2 改写成 x^2+y^2,于是得

$$\frac{x^2+y^2}{a^2}+\frac{z^2}{b^2}=1$$

便为曲线 c 绕 z 轴旋转一周所成旋转曲面方程.

完全类似可得曲线 c 绕 y 轴旋转一周所成的曲面的方程为

$$\frac{y^2}{a^2}+\frac{x^2+z^2}{b^2}=1$$

以上两旋转曲面都称为旋转椭球面.

例 3　直线 L 绕另一条与 L 相交的直线旋转一周,所得旋转曲面叫圆锥面,两直线的交点叫做圆锥面的顶点,两直线的夹角 $\alpha\left(0<\alpha<\dfrac{\pi}{2}\right)$ 叫做圆锥面的半顶角(图 8-24).求顶点在原点 O,旋转轴为 z 轴,半顶角为 $\dfrac{\pi}{6}$ 的圆锥面的方程.

解　在 yOz 面上直线 L 的方程为

$$L:\begin{cases}z=y\cot\dfrac{\pi}{6}\\x=0\end{cases}\quad 即\quad\begin{cases}z=\sqrt{3}y,\\x=0\end{cases}$$

可将 L 改写成 $\begin{cases} z^2=3y^2 \\ x=0 \end{cases}$.

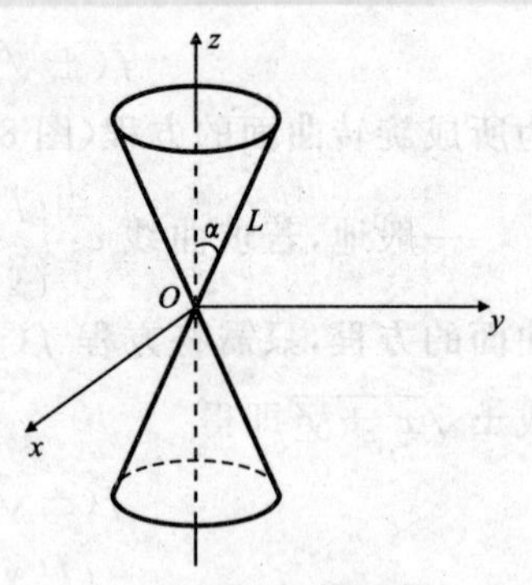

图 8-24

将 $z^2=3y^2$ 中 z 保持不变，y^2 改写成 x^2+y^2 便得

$$z^2=3(x^2+y^2)$$

为所求锥面方程.

例 4 判定方程 $z=x^2+y^2$ 所表示的曲面是否为旋转曲面. 若是旋转曲面证明它是怎样形成的.

解 因为方程 $z=x^2+y^2$ 中含 x、y 的项仅 x^2+y^2，这两次项的系数又相等，故此方程所表示的曲面一定是一个旋转曲面.

它可以看成是 yOz 面上的曲线

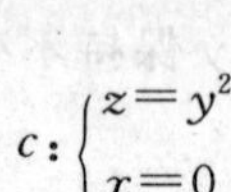

$$c:\begin{cases} z=y^2 \\ x=0 \end{cases}$$

绕 z 轴旋转一周所成的旋转曲面.

这旋转曲面还可看成 xOz 面上的曲线

$$c':\begin{cases} z=x^2 \\ y=0 \end{cases}$$

绕 z 轴旋转一周所形成的旋转曲面.

二、空间曲线及其在坐标面的投影

1. 空间曲线的方程

1)空间曲线的一般式方程

空间曲线 L 可以看成两个曲面 S_1 与 S_2 的交线. 设 S_1 与 S_2 的方程分别为

$$F_1(x,y,z)=0 \text{ 与 } F_2(x,y,z)=0,$$

则曲线 L 上的点的坐标应同时满足这两个方程，即满足方程组

$$\begin{cases} F_1(x,y,z)=0 \\ F_2(x,y,z)=0 \end{cases}. \tag{2}$$

反之，若 $M(x,y,z)$的坐标满足方程组(2)，则说明 M 点既在曲面 S_1 上又在曲面 S_2 上，即 M 点在交线 L 上，因此曲线 L 可用方程组(2)来表示，称方程组(2)为曲线 L 的一般式方程.

因为通过一空间曲线的曲面有无穷多个，故可以用不同方法选择其中任意两个曲面，使其交线为给定曲线.

例如空间曲线 L 是 xOy 面上的单位圆，它可以看成圆柱面 $x^2+y^2=1$ 与 xOy 面交线，记为

$$L:\begin{cases} x^2+y^2=0 \\ z=0 \end{cases}.$$

L 还可以看成是单位球面与 xOy 面的交线，记为

$$L:\begin{cases} x^2+y^2+z^2=1 \\ z=0 \end{cases}.$$

L 还可以看成是圆柱面 $x^2+y^2=1$ 与单位球面的交线，记为

$$L:\begin{cases}x^2+y^2+z^2=1\\x^2+y^2=1\end{cases}.$$

显然上面三个方程组是可以互相转化的同解方程组.

2)空间曲线的参数方程

将空间曲线 L 上动点的坐标 x,y,z 都表示为一参变量 t 的函数:

$$\begin{cases}x=x(t)\\y=y(t)\qquad(\alpha\leqslant t\leqslant\beta).\\z=z(t)\end{cases}\tag{3}$$

当给定 $t=t_0$ 时,由式(3)就得 L 上的一个点 $(x(t_0),y(t_0),z(t_0))$,当 t 连续取遍 $[\alpha,\beta]$ 上的全部值,就得到曲线 L 上的全部点,方程组(3)叫做曲线 L 的参数方程,其中 t 叫参数.

例 5　设一质点 M 从点 $A(a,0,0)$ 出发 $(a>0)$,在圆柱面 $x^2+y^2=a^2$ 上运动,一方面以常角速度 ω 绕 z 轴旋转,同时以匀速 v 沿 z 轴正向移动,那么点 M 的轨迹曲线叫做螺旋线,试建立其参数方程(图 8-25).

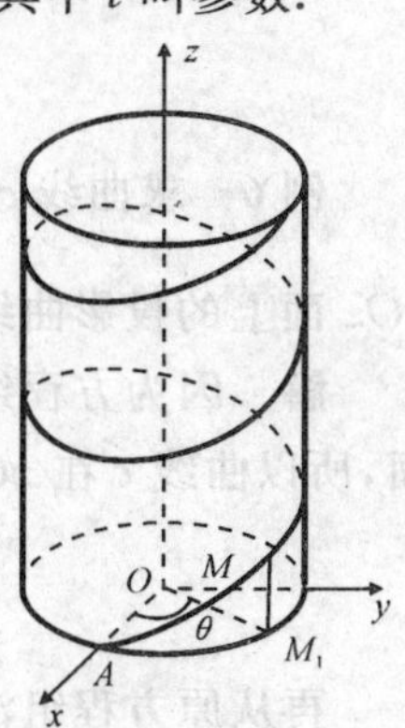

图 8-25

解　取时间 t 为参数,设当 $t=0$ 时,动点位于 $A(a,0,0)$ 处,经过时间 t,动点运动到 $M(x,y,z)$(图 8-25),记 M 在 xOy 面上的投影为 M_1,则 M_1 的坐标为 $(x,y,0)$. 记 M_1 点的极角为 θ,由于动点在圆柱面上以角速度 ω 绕 z 轴旋转,故 $\theta=\omega t$,从而

$$\begin{cases}x=a\cos\theta=a\cos\omega t\\y=a\sin\theta=a\sin\omega t\end{cases},$$

又因为动点同时以速度 v 沿 z 轴正向移动,故

$$z=M_1M=vt,$$

因此螺旋线的参数方程为

$$\begin{cases}x=a\cos\omega t\\y=a\sin\omega t.\\z=vt\end{cases}$$

如果令 $\omega t=\theta$,并记 $b=\dfrac{v}{\omega}$,则螺旋线的参数方程可写成

$$\begin{cases}x=a\cos\theta\\y=a\sin\theta.\\z=b\theta\end{cases}$$

2. 空间曲线在坐标面上的投影

以空间曲线 L 为准线,母线平行于 z 轴的柱面,叫做曲线 L 对 xOy 面的投影柱面,该投影柱面与 xOy 面的交线 L' 叫做曲线 L 在 xOy 面上的投影曲线(图 8-26).

设曲线 L 的方程为

$$\begin{cases}F_1(x,y,z)=0\\F_2(x,y,z)=0\end{cases},\tag{4}$$

从这个方程组中消去 z 后,得方程

$$F(x,y)=0,$$

当点 $M(x,y,z)\in L$ 时,其坐标 x,y,z 满足方程组(4),当然也满足 $F(x,y)=0$,故 $F(x,y)=0$

就是一个母线平行于 z 轴且以 L 为准线的柱面，这个柱面就是 L 以 xOy 面的投影柱面，从而曲线 L 在 xOy 面上的投影曲线方程为

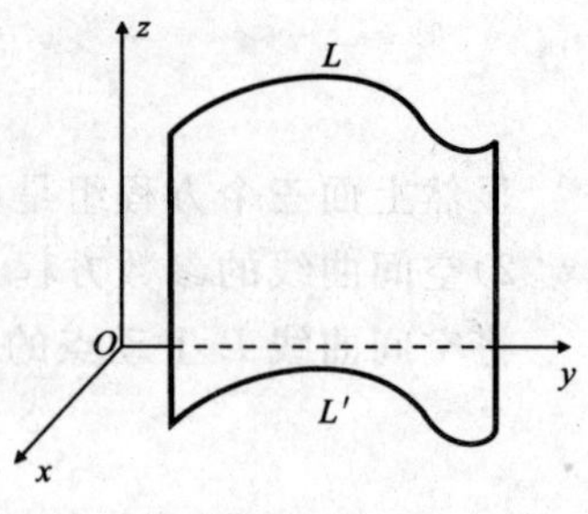

图 8-26

$$\begin{cases}F(x,y)=0\\z=0\end{cases}.$$

同理，从方程组(4)中消去 x 或 y 得方程

$$G(y,z)=0 \text{ 或 } H(x,z)=0,$$

分别是曲线 L 对 yOz 面或 xOz 面的投影柱面，再分别与 $x=0$ 或 $y=0$ 联立，立即可得曲线 L 投影到 yOz 面或 xOz 面的投影曲线的方程：

$$\begin{cases}G(y,z)=0\\x=0\end{cases} \text{ 或 } \begin{cases}H(x,z)=0\\y=0\end{cases}.$$

例 6　求曲线 c：$\begin{cases}x^2+y^2+z^2=4\\(x-1)^2+y^2=1\end{cases}$ 对 xOy 面、xOz 面的投影柱面，并求曲线 c 在 xOy 面、xOz 面上的投影曲线的方程.

解　因为方程组中第二式不含 z，所以 $(x-1)^2+y^2=1$ 就是曲线 c 对 xOy 面的投影柱面，所以曲线 c 在 xOy 面上的投影曲线为

$$\begin{cases}(x-1)^2+y^2=1\\z=0\end{cases}.$$

再从原方程组消去 y，得 $z^2+2x=4(0\leqslant x\leqslant 2)$，它是曲线 c 对 xOz 面的投影柱面，故曲线 c 在 xOz 面上的投影曲线为

$$\begin{cases}z^2+2x=4\\y=0\end{cases}.$$

注意：$0\leqslant x\leqslant 2$ 这个条件不能少！因为由原方程组知：当 $(x,y,z)\in c$ 时，$0\leqslant x\leqslant 2$.

三、二次曲面

为了今后应用的需要，我们介绍几个常用的二次曲面和它们的标准方程.

这里所用的方法称为平面截痕法，这个方法是对给出的三元二次方程，用与坐标面平行的平面去截割该方程所表示的曲线，通过平面的平行移动，考查其交线(即截痕)的形状及其变化情况来勾画曲面的形状、位置.

以下假设 $a>0,b>0,c>0,p>0,q>0$.

1. 椭球面

由方程

$$\frac{x^2}{a^2}+\frac{y^2}{b^2}+\frac{z^2}{c^2}=1 \tag{5}$$

所表示的曲面称为椭球面，称 a、b、c 为椭球面的半轴.

由方程(5)易知椭球面具有以下特性.

(1)对称性：关于三个坐标面、三个坐标轴及坐标原点都对称.

(2)有界性：由方程可知

$$|x|\leqslant a,|y|\leqslant b,|z|\leqslant c,$$

这说明椭球面上所有的点都在平面 $x=\pm a$、$y=\pm b$、$z=\pm c$ 所围长方体内.

(3)截痕：椭球面与平面 $z=h(|h|\leqslant c)$ 的截痕为

$$\begin{cases}\dfrac{x^2}{a^2}+\dfrac{y^2}{b^2}+\dfrac{z^2}{c^2}=1,\\ z=h\end{cases}$$

可知当 $|h|<c$ 时，截痕为一椭圆

$$\begin{cases}\dfrac{x^2}{\dfrac{a^2}{c^2}(c^2-h^2)}+\dfrac{y^2}{\dfrac{b^2}{c^2}(c^2-h^2)}=1,\\ z=h\end{cases}$$

两半轴长分别为 $\dfrac{a}{c}\sqrt{c^2-h^2}$，$\dfrac{b}{c}\sqrt{c^2-h^2}$. 可见当 $h=0$ 时，所截椭圆最大；当 $|h|$ 由 0 逐渐变大时，椭圆由大变小.

当 $|h|=c$ 时，截痕为

$$\begin{cases}\dfrac{x^2}{a^2}+\dfrac{y^2}{b^2}=0,\\ z=h\quad(h=\pm c)\end{cases}$$

此时截痕就变成了点 $(0,0,c)$ 或 $(0,0,-c)$.

以平面 $y=h(|h|\leqslant b)$ 或 $x=h(|h|\leqslant a)$ 去截椭球面，分别可得与上述类似结果.

综上所述可知椭球圆(5)的形状如图 8-27 所示.

图 8-27

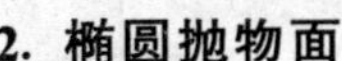

2. 椭圆抛物面

由方程

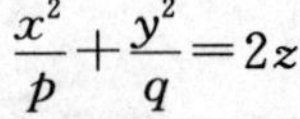

$$\frac{x^2}{p}+\frac{y^2}{q}=2z$$

所表示的曲面称为椭圆抛物面，由方程知它位于 xOy 面的上方且关于 xOz 面及 yOz 面对称(图 8-28).

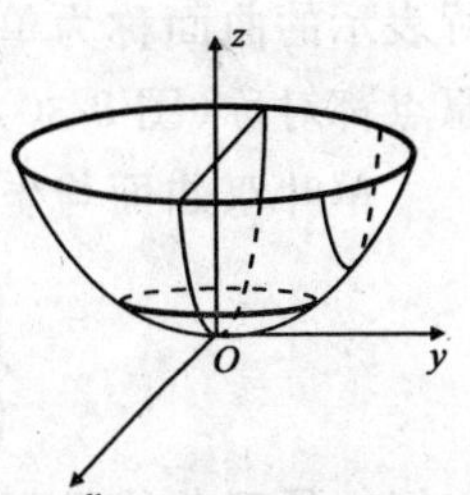

图 8-28

椭圆抛物面与 xOz 面和 yOz 面的截痕都是抛物线，其方程分别为

$$\begin{cases}x^2=2pz\\ y=0\end{cases}\quad 及\quad \begin{cases}y^2=2qz\\ x=0\end{cases},$$

它与平面 $z=h(h>0)$ 的截痕为椭圆

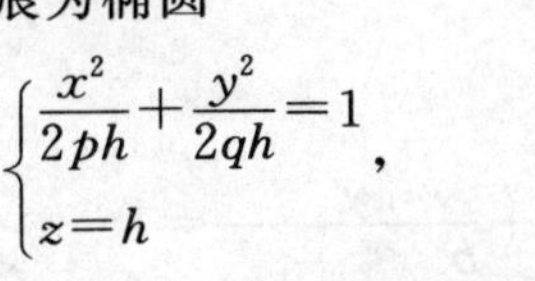

$$\begin{cases}\dfrac{x^2}{2ph}+\dfrac{y^2}{2qh}=1,\\ z=h\end{cases}$$

且随着 h 增大而无限增大.

当用平面 $z=0$ 截之，截痕为 $\begin{cases}\dfrac{x^2}{p}+\dfrac{y^2}{q}=0\\ z=0\end{cases}$，即为坐标原点 $O(0,0,0)$.

3. 双曲抛物面

由方程

$$\frac{x^2}{p}-\frac{y^2}{q}=2z$$

所表示的曲面称为双曲抛物面(图 8-29).

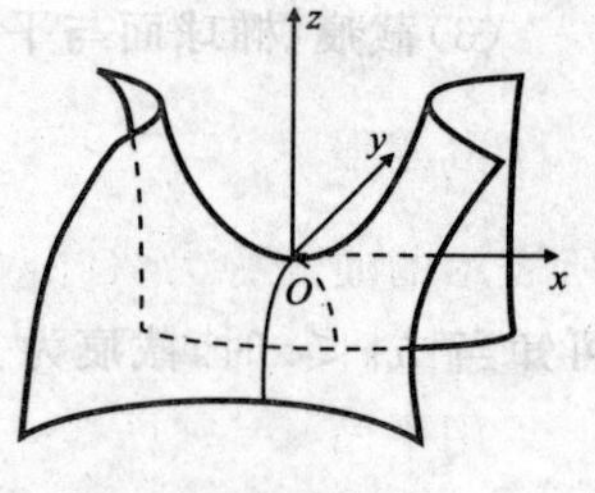

图 8-29

双曲抛物面与 xOz 面、yOz 面的截痕分别是抛物线，其方程分别为

$$\begin{cases} x^2=2pz \\ y=0 \end{cases} \quad 及 \quad \begin{cases} y^2=-2qz \\ x=0 \end{cases},$$

前者在 xOz 面内，以 z 轴为对称轴，开口向上；后者在 yOz 面内，以 z 轴为对称轴，开口向下.

双曲抛物面与平面 $z=h$ 的截痕为

$$\begin{cases} \dfrac{x^2}{p}-\dfrac{y^2}{q}=2h \\ z=h \end{cases}.$$

当 $h\neq 0$，截痕为双曲线，

$$\begin{cases} \dfrac{x^2}{2ph}-\dfrac{y^2}{2qh}=1 \\ z=h \end{cases}.$$

当 $h>0$ 时，此双曲线的实轴与 x 轴平行；当 $h<0$ 时，此双曲线的实轴都与 y 轴平行.

当 $h=0$ 时即用平面 $z=0$ 截双曲抛物面，其截痕为两条相交直线

$$\begin{cases} \dfrac{x}{\sqrt{p}}+\dfrac{y}{\sqrt{q}}=0 \\ z=0 \end{cases} \quad 与 \quad \begin{cases} \dfrac{x}{\sqrt{p}}-\dfrac{y}{\sqrt{q}}=0 \\ z=0 \end{cases}.$$

双曲抛物面的图形酷似一个马鞍，因此双曲抛物面又称为马鞍面.

4. 单叶双曲面

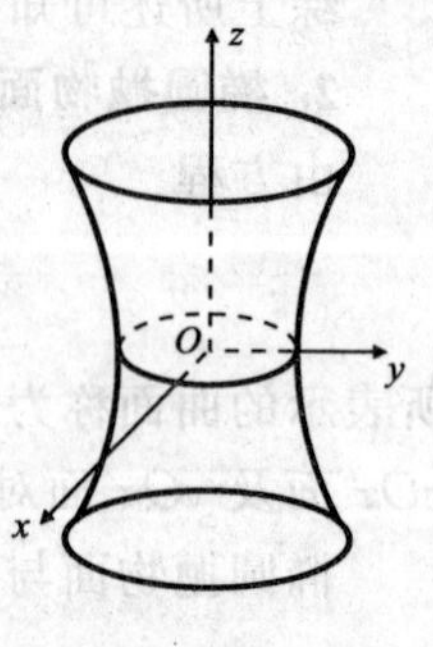

图 8-30

由方程

$$\frac{x^2}{a^2}+\frac{y^2}{b^2}-\frac{z^2}{c^2}=1$$

所表示的曲面称为单叶双曲面，它关于三个坐标面、三个坐标轴和坐标原点都对称(图 8-30).

单叶双曲面与坐标面 xOz、yOz 的截痕分别为

$$\begin{cases} \dfrac{x^2}{a^2}-\dfrac{z^2}{c^2}=1 \\ y=0 \end{cases} \quad 与 \quad \begin{cases} \dfrac{y^2}{b^2}-\dfrac{z^2}{c^2}=1 \\ x=0 \end{cases}.$$

它们都是双曲线且都以 z 轴为虚轴.

单叶双曲面与平面 $z=h$ 的截痕为椭圆

$$\begin{cases} \dfrac{x^2}{\frac{a^2}{c^2}(c^2+h^2)}+\dfrac{y^2}{\frac{b^2}{c^2}(c^2+h^2)}=1 \\ z=h \end{cases},$$

当 $|h|$ 增大时，椭圆也随着增大，所以单叶双曲面沿 z 轴的正、负方向是可以无限伸展的；当 $h=0$ 即用 $z=0$ 平面截之得到最小椭圆为

$$\begin{cases} \dfrac{x^2}{a^2}+\dfrac{y^2}{b^2}=1 \\ z=0 \end{cases},$$

称为“腰椭圆”.

5. 双叶双曲面

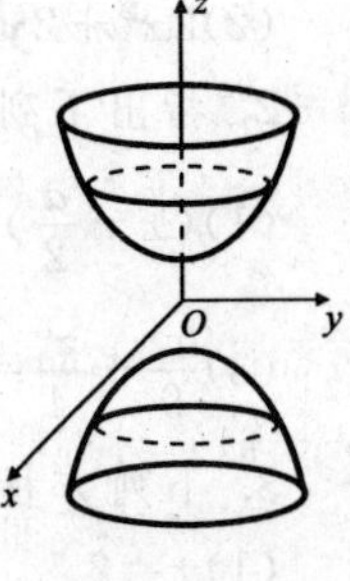

图 8-31

由方程
$$-\frac{x^2}{a^2}-\frac{y^2}{b^2}+\frac{z^2}{c^2}=1$$
所表示的曲面称为双叶双曲面,它由分别位于 xOy 面的上、下两侧的两叶曲面组成(图 8-31).

用平面 $z=h(|h|\geqslant c)$截此曲面,当$|h|>c$时截痕为一椭圆
$$\begin{cases}\dfrac{x^2}{\frac{a^2}{c^2}(h^2-c^2)}+\dfrac{y^2}{\frac{b^2}{c^2}(h^2-c^2)}=1\\ z=h\end{cases},$$
当$|h|$愈大时,椭圆愈大;当$|h|=c$,即用平面 $z=c$ 或 $z=-c$ 截此曲面时,截痕为孤立点$(0,0,c)$或$(0,0,-c)$.

用平面 $x=h$ 或 $y=h(|h|<+\infty)$截此曲面所得截痕皆为双曲线且其实轴皆平行于 z 轴.

6. 椭圆锥面

由方程
$$\frac{x^2}{a^2}+\frac{y^2}{b^2}=\frac{z^2}{c^2}$$
所表示的曲面称为椭圆锥面,当 $a=b$ 时称为圆锥面(图 8-32).

在此曲面上任取一点 $M_0(x_0,y_0,z_0)$,设它不是原点 O,在直线 OM_0 上任取一点 $M(x_1,y_1,z_1)$有 $\boldsymbol{OM}/\!/\boldsymbol{OM}_0$,即存在 t 使 $\boldsymbol{OM}=t\,\boldsymbol{OM}_0$,即 $x_1=tx_0,y_1=ty_0,z_1=tz_0$.

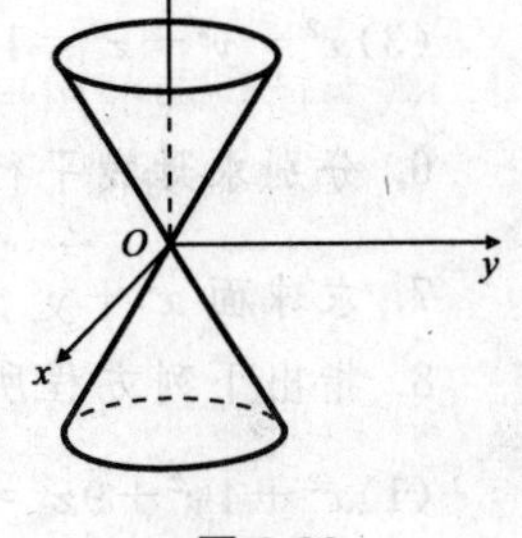

图 8-32

说明 M 点的坐标也满足曲面方程.表明曲面包含过原点与 M_0 的直线(图 8-32).

用平面 $z=c$ 截此曲面得椭圆
$$\begin{cases}\dfrac{x^2}{a^2}+\dfrac{y^2}{b^2}=1\\ z=c\end{cases},$$
令 M_0 沿此椭圆运行一周,则连接原点与点 M_0 的动直线恰好扫过整个曲面.

给定一条空间曲线 L 和 L 外一点 O,经过 O 且与 L 相交的所有直线构成的曲面称为锥面,O 称为锥面的顶点,L 称为锥面的准线,锥面上过顶点的任一直线称为锥面的母线.

所以曲面
$$\frac{x^2}{a^2}+\frac{y^2}{b^2}=\frac{z^2}{c^2}$$
就是以 O 为顶点,以 L:$\begin{cases}\dfrac{x^2}{a^2}+\dfrac{y^2}{b^2}=1\\ z=c\end{cases}$为准线的锥面.

习题 8-6

1. 求出下列方程所表示的球面的球心和半径:

(1)$x^2+y^2+z^2+4x-2y+z+\dfrac{5}{4}=0$

(2)$2x^2+2y^2+2z^2-z=0$

2. 指出下列各方程表示什么曲面，并画出其图形：

(1)$(x-\frac{a}{2})^2+y^2=\frac{a^2}{4}$　　(2)$\frac{y^2}{9}-\frac{x^2}{4}=1$

(3)$\frac{x^2}{9}+\frac{z^2}{4}=1$　　(4)$z=2-y^2$

3. 下列方程在空间解析几何中分别表示怎样的图形：

(1)$x=2$　(2)$y=x+1$　(3)$x^2+y^2=4$　(4)$x^2-y^2=1$

(5)$\begin{cases}\frac{x^2}{4}+\frac{y^2}{9}=1\\ z=2\end{cases}$

4. 求下列旋转曲面的方程，并画出图形：

(1)zOx 平面上的抛物线 $z^2=5x$ 绕 x 轴旋转

(2)yOz 平面上的椭圆$\frac{y^2}{4}+\frac{z^2}{9}=1$绕 z 轴旋转

(3)xOy 平面上的双曲线 $4x^2-9y^2=36$ 分别绕 y 轴、x 轴旋转

5. 说明下列旋转曲面是由什么曲线，绕哪个坐标轴旋转而成的：

(1)$\frac{x^2}{4}+\frac{y^2}{9}+\frac{z^2}{9}=1$　　(2)$x^2-\frac{y^2}{4}+z^2=1$

(3)$x^2-y^2-z^2=1$　　(4)$(z-a)^2=x^2+y^2$

6. 分别求母线平行于 x 轴及 y 轴且通过曲线$\begin{cases}2x^2+y^2+z^2=16\\ x^2+z^2-y^2=0\end{cases}$的柱面方程.

7. 求球面 $x^2+y^2+z^2=9$ 与平面 $x+z=1$ 的交线在 xOy 面上的投影曲线的方程.

8. 指出下列方程所表示的是什么曲面，并绘出草图：

(1)$x^2+4y^2+9z^2=36$　　(2)$\frac{x^2}{4}+\frac{y^2}{9}=3z$

(3)$x^2+y^2-z^2=1$　　(4)$x^2-y^2-z^2=1$

(5)$x^2+y^2=z^2$　　(6)$x^2-y^2=4z$

9. 求平面 $y=h$ 与单叶双曲面$\frac{x^2}{a^2}+\frac{y^2}{b^2}-\frac{z^2}{c^2}=1$的截线方程，并分别按$|h|>b$、$|h|=b$、$|h|<b$讨论截线是什么曲线.

10. 绘出下列各组曲面所围立体的图形：

(1)$z=x^2+y^2, z=0, x^2+y^2=1$

(2)$x^2+y^2+z^2=1, z=x^2+y^2$

(3)$z=\sqrt{x^2+y^2}, z=\sqrt{a^2-x^2-y^2}$

(4)$x^2+y^2+z^2=1, x^2+y^2=x$

本章小结

1. 矢量代数

1)概念及其运算

矢量是既有大小又有方向的量.

矢量的模即矢量的大小.矢量 $\boldsymbol{a}$ 的模记为 $|\boldsymbol{a}|$.

若矢量 $\boldsymbol{a}$ 用坐标表示 $\boldsymbol{a}=x\boldsymbol{i}+y\boldsymbol{j}+z\boldsymbol{k}=\{x,y,z\}$,则 $|\boldsymbol{a}|=\sqrt{x^2+y^2+z^2}$.

单位矢量是模为 1 的矢量.矢量 $\boldsymbol{a}$ 的单位矢量记作 $\boldsymbol{a}^0$,且

$$\boldsymbol{a}^0=\frac{\boldsymbol{a}}{|\boldsymbol{a}|}=\left\{\frac{x}{\sqrt{x^2+y^2+z^2}},\frac{y}{\sqrt{x^2+y^2+z^2}},\frac{z}{\sqrt{x^2+y^2+z^2}}\right\}.$$

矢量 $\boldsymbol{a}$ 的方向余弦:$\cos\alpha=\frac{x}{\sqrt{x^2+y^2+z^2}}$,$\cos\beta=\frac{y}{\sqrt{x^2+y^2+z^2}}$,$\cos\gamma=\frac{z}{\sqrt{x^2+y^2+z^2}}$,显然 $\boldsymbol{a}^0=\{\cos\alpha,\cos\beta,\cos\gamma\}$,且有 $\cos^2\alpha+\cos^2\beta+\cos^2\gamma=1$.

设 $M_1(x_1,y_1,z_1)$,$M_2(x_2,y_2,z_2)$,则

$$\overrightarrow{M_1M_2}=\{x_2-x_1,y_2-y_1,z_2-z_1\},$$

$\boldsymbol{a}$ 在 $\boldsymbol{b}$ 上的投影 $=|\boldsymbol{a}|\cos(\boldsymbol{a},\hat{\ }\boldsymbol{b})$,其中 $0\leqslant(\boldsymbol{a},\hat{\ }\boldsymbol{b})\leqslant\pi$.

矢量的运算及其性质有:

(1)加减运算:

设矢量 $\boldsymbol{a}=\{x_1,y_1,z_1\}$,$\boldsymbol{b}=\{x_2,y_2,z_2\}$,则 $\boldsymbol{a}\pm\boldsymbol{b}=\{x_1\pm x_2,y_1\pm y_2,z_1\pm z_2\}$.

(2)数乘运算:

设 $\boldsymbol{a}=\{x_1,y_1,z_1\}$,$\lambda\in R$,则 $\lambda\boldsymbol{a}=\{\lambda x_1,\lambda y_1,\lambda z_1\}$.

(3)矢量的数量积(点积,内积):

$$\boldsymbol{a}\cdot\boldsymbol{b}=|\boldsymbol{a}||\boldsymbol{b}|\cos(\boldsymbol{a},\hat{\ }\boldsymbol{b}).$$

设 $\boldsymbol{a}=\{x_1,y_1,z_1\}$,$\boldsymbol{b}=\{x_2,y_2,z_2\}$,则 $\boldsymbol{a}\cdot\boldsymbol{b}=x_1x_2+y_1y_2+z_1z_2$.

矢量的数量积的运算律有:

①交换律　$\boldsymbol{a}\cdot\boldsymbol{b}=\boldsymbol{b}\cdot\boldsymbol{a}$;

②分配律　$\boldsymbol{a}\cdot(\boldsymbol{b}+\boldsymbol{c})=\boldsymbol{a}\cdot\boldsymbol{b}+\boldsymbol{a}\cdot\boldsymbol{c}$;

③与数乘矢量有结合律　$\lambda(\boldsymbol{a}\cdot\boldsymbol{b})=(\lambda\boldsymbol{a})\cdot\boldsymbol{b}=\boldsymbol{a}\cdot(\lambda\boldsymbol{b})$.

(4)矢量的矢量积(叉积,外积):

$\boldsymbol{a}\times\boldsymbol{b}$ 是一个矢量.它的模 $|\boldsymbol{a}\times\boldsymbol{b}|=|\boldsymbol{a}||\boldsymbol{b}|\sin(\boldsymbol{a},\hat{\ }\boldsymbol{b})$,它的方向依右手法则来确定,且 $\boldsymbol{a}\times\boldsymbol{b}\perp\boldsymbol{a}$ 及 $\boldsymbol{a}\times\boldsymbol{b}\perp\boldsymbol{b}$.其坐标表达式为

$$\boldsymbol{a}\times\boldsymbol{b}=\begin{vmatrix}\boldsymbol{i}&\boldsymbol{j}&\boldsymbol{k}\\x_1&y_1&z_1\\x_2&y_2&z_2\end{vmatrix}.$$

矢量的矢量积的运算律有:

①反交换律　$\boldsymbol{a}\times\boldsymbol{b}=-\boldsymbol{b}\times\boldsymbol{a}$;

②与数乘矢量有结合律　$\lambda(\boldsymbol{a}\times\boldsymbol{b})=(\lambda\boldsymbol{a})\times\boldsymbol{b}=\boldsymbol{a}\times(\lambda\boldsymbol{b})$;

③分配律　$\boldsymbol{a}\times(\boldsymbol{b}+\boldsymbol{c})=\boldsymbol{a}\times\boldsymbol{b}+\boldsymbol{a}\times\boldsymbol{c}$.

2)矢量之间的关系

设 $\boldsymbol{a}=\{x_1,y_1,z_1\}$,$\boldsymbol{b}=\{x_2,y_2,z_2\}$,有

(1)$\boldsymbol{a}\perp\boldsymbol{b}\Leftrightarrow\boldsymbol{a}\cdot\boldsymbol{b}=0\Leftrightarrow x_1x_2+y_1y_2+z_1z_2=0$;

(2)$\boldsymbol{a}/\!/\boldsymbol{b}\Leftrightarrow\boldsymbol{a}\times\boldsymbol{b}=\boldsymbol{0}\Leftrightarrow\frac{x_1}{x_2}=\frac{y_1}{y_2}=\frac{z_1}{z_2}$,其中若 x_2,y_2,z_2 之中有一个为 0 时,如 $x_2=0$,应理解 $x_1=0$;

(3)矢量 $\boldsymbol{a}$ 与 $\boldsymbol{b}$ 之间的夹角,可由下式求出

$$\cos(\boldsymbol{a}\hat{,}\boldsymbol{b})=\frac{x_1x_2+y_1y_2+z_1z_2}{\sqrt{x_1^2+y_1^2+z_1^2}\sqrt{x_2^2+y_2^2+z_2^2}}.$$

2. 平面与直线

1)平面方程

(1)点法式方程:

$$A(x-x_0)+B(y-y_0)+C(z-z_0)=0,$$

其中 $M_0(x_0,y_0,z_0)$是平面上一定点,非零矢量 $\boldsymbol{n}=\{A,B,C\}$为平面的法矢.

(2)一般式方程:

$$Ax+By+Cz+D=0\quad(A^2+B^2+C^2\neq0),$$

其中系数 A、B、C 为平面法矢 $\boldsymbol{n}$ 的坐标,即 $\boldsymbol{n}=\{A,B,C\}$.

应特别注意特殊平面位置所对应的特殊的三元一次方程,如:

平面过原点$\Leftrightarrow D=0$;

平面平行 Ox 轴$\Leftrightarrow A=0$;

平面过 Ox 轴$\Leftrightarrow A=D=0$;

平面平行于 xOy 坐标面$\Leftrightarrow A=B=0$ 等.

(3)截距式方程:

$$\frac{x}{a}+\frac{y}{b}+\frac{z}{c}=1,$$

其中 a,b,c 分别叫做该平面在 x、y、z 轴上的截距.

2)空间直线方程

(1)标准式(对称式、点向式)方程:

$$\frac{x-x_0}{m}=\frac{y-y_0}{n}=\frac{z-z_0}{p},$$

其中 $M_0(x_0,y_0,z_0)$是直线上一定点,非零矢量 $\boldsymbol{s}=\{m,n,p\}$为直线的方向矢.

(2)参量式方程:

$$\begin{cases}x=x_0+mt\\ y=y_0+nt\quad(t\text{ 为参数}),\\ z=z_0+pt\end{cases}$$

(3)一般式(交面式)方程:

$$\begin{cases}A_1x+B_1y+C_1z+D_1=0\\ A_2x+B_2y+C_2z+D_2=0\end{cases},$$

其中 $A_1:B_1:C_1\neq A_2:B_2:C_2$，其方向矢可取为

$$s=\begin{vmatrix} i & j & k \\ A_1 & B_1 & C_1 \\ A_2 & B_2 & C_2 \end{vmatrix}.$$

3)直线、平面间的位置关系

设平面 π_1、π_2 的法矢分别为 $n_1=\{A_1,B_1,C_1\}$、$n_2=\{A_2,B_2,C_2\}$，两直线 L_1、L_2 的方向矢分别为 $s_1=\{m_1,n_1,p_1\}$、$s_2=\{m_2,n_2,p_2\}$.

(1)两平面 π_1 与 π_2 的夹角 θ(常指锐角)由公式

$$\cos\theta=\frac{|n_1\cdot n_2|}{|n_1||n_2|}=\frac{|A_1A_2+B_1B_2+C_1C_2|}{\sqrt{A_1^2+B_1^2+C_1^2}\sqrt{A_2^2+B_2^2+C_2^2}}$$

确定.

(2)两直线 L_1 与 L_2 的夹角 θ(常指锐角)由公式

$$\cos\theta=\frac{|s_1\cdot s_2|}{|s_1||s_2|}=\frac{|m_1m_2+n_1n_2+p_1p_2|}{\sqrt{m_1^2+n_1^2+p_1^2}\sqrt{m_2^2+n_2^2+p_2^2}}$$

确定.

(3)平面 π_1 与直线 L_1 的夹角 θ(常指锐角)由公式

$$\sin\theta=\frac{|n_1\cdot s_1|}{|n_1||s_1|}=\frac{|A_1m_1+B_1n_1+C_1p_1|}{\sqrt{A_1^2+B_1^2+C_1^2}\sqrt{m_1^2+n_1^2+p_1^2}}$$

确定.

(4)两平面平行、垂直的充要条件：

$$\pi_1/\!/\pi_2\Leftrightarrow n_1/\!/n_2\Leftrightarrow\frac{A_1}{A_2}=\frac{B_1}{B_2}=\frac{C_1}{C_2};$$

$$\pi_1\perp\pi_2\Leftrightarrow n_1\perp n_2\Leftrightarrow A_1A_2+B_1B_2+C_1C_2=0.$$

(5)两直线平行、垂直、共面的充要条件：

$$L_1/\!/L_2\Leftrightarrow s_1/\!/s_2\Leftrightarrow\frac{m_1}{m_2}=\frac{n_1}{n_2}=\frac{p_1}{p_2};$$

$$L_1\perp L_2\Leftrightarrow s_1\perp s_2\Leftrightarrow m_1m_2+n_1n_2+p_1p_2=0.$$

L_1 与 L_2 共面$\Leftrightarrow(s_1\times s_2)\cdot\overrightarrow{M_1M_2}=0$，其中 M_1、M_2 分别为 L_1、L_2 上的已知点.

(6)直线与平面平行、垂直的充要条件：

$$L_1/\!/\pi_1\Leftrightarrow s_1\perp n_1\Leftrightarrow A_1m_1+B_1n_1+C_1p_1=0;$$

$$L_1\perp\pi_1\Leftrightarrow s_1/\!/n_1\Leftrightarrow\frac{A_1}{m_1}=\frac{B_1}{n_1}=\frac{C_1}{p_1}.$$

4)点到平面的距离

点 $M_0(x_0,y_0,z_0)$到平面 $\pi:Ax+By+Cz+D=0$ 的距离

$$d=\frac{|Ax_0+By_0+Cz_0+D|}{\sqrt{A^2+B^2+C^2}}.$$

3. 曲面与空间曲线

1)柱面

一般地，若曲面方程具有

$$F(x,y)=0 \quad (\text{缺变量 } z)$$

形式,则它表示空间中母线平行于 Oz 轴的柱面,其准线可取为 xOy 坐标面上的曲线

$$\begin{cases} F(x,y)=0 \\ z=0 \end{cases}.$$

类似地,可知道母线平行于 Ox 轴及 Oy 轴的柱面形式及准线方程.

2)旋转面

已知 yOz 坐标面上的曲线

$$\begin{cases} F(y,z)=0 \\ x=0 \end{cases},$$

将其绕 Oz 轴旋转一周,即得一旋转面,该旋转面的方程为

$$F(\pm\sqrt{x^2+y^2},z)=0.$$

类似地,可讨论其他情况.

3)常见的二次曲面

椭球面 $\frac{x^2}{a^2}+\frac{y^2}{b^2}+\frac{z^2}{c^2}=1$; 椭圆抛物面 $\frac{x^2}{a^2}+\frac{y^2}{b^2}=2cz$;

双曲抛物面 $\frac{x^2}{a^2}-\frac{y^2}{b^2}=2cz$; 单叶双曲面 $\frac{x^2}{a^2}+\frac{y^2}{b^2}-\frac{z^2}{c^2}=1$;

双叶双曲面 $\frac{x^2}{a^2}+\frac{y^2}{b^2}-\frac{z^2}{c^2}=-1$; 椭圆锥面 $\frac{x^2}{a^2}+\frac{y^2}{b^2}-\frac{z^2}{c^2}=0$.

4)空间曲线的投影曲线

已知空间曲线 L 的一般式方程

$$\begin{cases} F(x,y,z)=0 \\ G(x,y,z)=0 \end{cases},$$

由该方程组消去变量 z,得方程

$$H(x,y)=0,$$

它表示以 L 为准线,母线平行于 Oz 轴的投影柱面.此柱面与 xOy 坐标面的交线即为空间曲线 L 在 xOy 面上的投影曲线,其方程为

$$\begin{cases} H(x,y)=0 \\ z=0 \end{cases}.$$

类似地,可推出 L 在 zOx 坐标面及 yOz 坐标面上的投影曲线.

复习题 8

1. 填空题

(1)z 轴上与点 $A(-4,1,7)$ 和 $B(3,5,-2)$ 等距离的点 M 的坐标是________.

(2)已知两点 $A(3,2,5)$ 和 $B(4,7,2)$，则 $\overrightarrow{AB}=$________.

(3)平面方程 $\frac{x}{a}+\frac{y}{b}+\frac{z}{c}=1$ 的法矢量 $\boldsymbol{n}=$________. a、b、c 的几何意义是________.

(4)球面方程为 $x^2+y^2+z^2-2x+4z=0$，则该球面的球心是________，半径是________.

(5)xOy 面上的双曲线 $4x^2-3y^2=12$ 绕 x 轴旋转一周所成旋转曲面的方程是________，此曲面名称为________.

2. 单项选择

(1)点 $(2,0,3)$ 在空间直角坐标系中的位置在(　).

A. Oy 轴上　　B. xOy 面上

C. xOz 面上　　D. yOz 面上

(2)设空间三角坐标为 $A(1,-3,4)$、$B(-2,1,-1)$、$C(-3,-1,1)$，则 $\angle ABC=$________.

A. $\frac{3\pi}{4}$　　B. $\frac{\pi}{2}$　　C. $\frac{\pi}{4}$　　D. 0

(3)下列方程中表示母线平行于 y 轴的抛物柱面的方程是(　).

A. $z=x^2+1$　　B. $xz=1$

C. $y=x^2$　　D. $y=x^2+z^2$

(4)球面 $x^2+y^2+z^2=4$ 与平面 $x+z=1$ 的交线在 xOy 面上的投影曲线方程是(　).

A. $x^2+y^2+(1-x)^2=4$　　B. $(1-z)^2+y^2+z^2=4$

C. $\begin{cases}x^2+y^2+(1-x)^2=4\\ z=0\end{cases}$　　D. $\begin{cases}(1-z)^2+y^2+z^2=4\\ z=0\end{cases}$

(5)两平行平面 $3x+12y-4z+5=0$ 和 $3x+12y-4z-8=0$ 之间的距离是(　).

A. 3　　B. 13　　C. 1　　D. 6

3. 计算下列各题

(1)已知 P 点的坐标为 $(1,2,1)$，求过 $O(0,0,0)$ 且垂直于线段 OP 的平面方程.

(2)求通过点 $(-1,2,6)$ 且平行于直线 $\begin{cases}x=2z-3\\ y=3z-5\end{cases}$ 的直线方程.

(3)求以 $A(3,4,-1)$、$B(2,0,3)$、$C(2,0,3)$ 为顶点的三角形的面积.

(4)求点 $(3,2,1)$ 到平面 $x-2y+2z-21=0$ 的距离.

(5)方程 $\frac{x^2}{9}-\frac{y^2}{25}+\frac{z^2}{4}=1$ 表示什么曲面？并求出它与下列面的交线方程.

(a)$x=2$　　(b)$y=0$　　(c)$z=2$　　(d)$z=1$

(6)求曲线 $\begin{cases}z^2=x^2+y^2\\ z^2=2y\end{cases}$ 在 xOy 平面上投影曲线的方程.

(7)指出下列方程所表示的曲面的名称：

(a)$x^2+\frac{y^2}{4}+\frac{z^2}{9}=1$　　(b)$36x^2-9y^2-4z=36$

(c)$\frac{x^2}{4}+\frac{y^2}{4}=z$　　(d)$x^2+\frac{y^2}{4}-\frac{z^2}{9}=0$

(e)$x^2-y^2+2z=0$

第九章　多元函数微分学

在前面的章节中，已经讨论了含有一个自变量的函数（即一元函数）的极限、导数和积分等.但在实际经济及工程技术问题的研究中，往往会遇到依赖于多个自变量的函数，本章将主要研究二元函数.

第一节　多元函数的概念，二元函数的极限和连续性

一、多元函数的概念

1. 引例

例 1　圆柱体的体积 V，底半径 R 及高 H 之间有如下关系：

$$V=\pi R^2 H.$$

对于 R、H，在它们的变化范围内取定一对值 (R,H)，就有唯一一个体积 V 与之对应.

例 2　设 z 表示居民人均消费收入，x 表示国民收入总额，y 表示总人口数，则有 $z=r_1r_2\dfrac{x}{y}$.其中 r_1 为消费率（国民收入总额中用于消费所占的比例），r_2 是居民消费率（消费总额中用于居民消费所占的比例）.

以上两例的具体意义虽有不同，但从数学角度抽象出其共性便可得到多元函数的定义，从而可定义二元函数如下.

2. 二元函数的定义

定义 1　设有三个变量 x,y,z，如果对于变量 x,y 在它们的变化范围内所取的每一对值，变量 z 都按照一定的规则，有一个确定的值与之对应，则称 z 为 x,y 的二元函数，记作

$$z=f(x,y)\quad 或\quad z=z(x,y),$$

其中，x,y 称为自变量，z 称为函数或因变量，自变量 x,y 的变化范围称为函数的定义域.

类似地，可以定义三元函数 $u=f(x,y,z)$ 以及三元以上的函数.

二元及二元以上的函数统称为多元函数.

例 3　求二元函数 $z=\sqrt{1-x^2-y^2}$ 的定义域.

解　自变量所取值必须适合以下要求

$$1-x^2-y^2\geqslant 0,$$

即

$$x^2+y^2\leqslant 1,$$

即函数定义域的图形是以原点为圆心，半径为 1 的圆内及圆周上点的全体，如图 9-1 所示.

例 4　求函数 $z=\ln(x+y)$ 的定义域.

解　显然有 $x+y>0$，即所求的定义域是直线 $x+y=0$ 上方的无界开区域（不包括直线 $x+y=0$），如图 9-2.

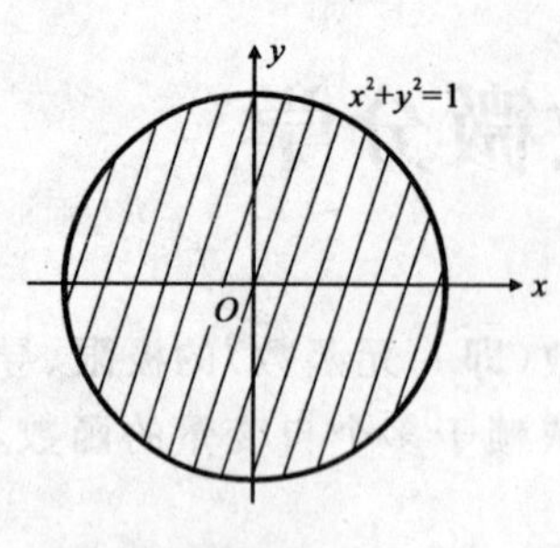

图 9-1

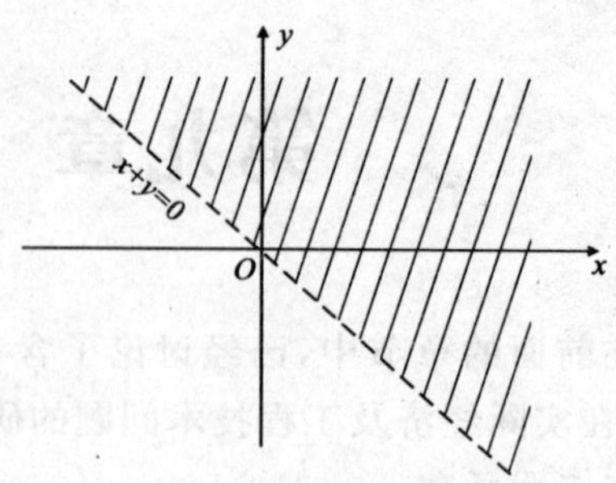

图 9-2

3. 二元函数的图像

对于二元函数 $z=f(x,y)$，设其定义域为 D，$P_0(x_0,y_0)$ 为函数定义域中的任一点，与 P_0 点对应的函数值记为 $z_0=f(x_0,y_0)$，于是，可在空间直角坐标系 $Oxyz$ 中作出点 $M_0(x_0,y_0,z_0)$. 当点 $P(x,y)$ 在定义域 D 内变动时，对应点 $M(x,y,z)$ 的轨迹就是由方程 $z=f(x,y)$ 表示的几何图形，称为函数 $z=f(x,y)$ 的图像. 其图形通常是一张曲面，如图 9-3 所示，定义域 D 是曲面在 xOy 平面上的投影.

例 5　作函数 $z=\sqrt{a^2-x^2-y^2}$ 的图像($a>0$).

解　由 $z=\sqrt{a^2-x^2-y^2}$ 知此为由 $x^2+y^2+z^2=a^2$ 所确定的上半球面，该球面在 xOy 坐标面上的投影区域就是函数 $z=\sqrt{a^2-x^2-y^2}$ 的定义域，即 $\{(x,y)|x^2+y^2\leqslant a^2\}$，如图 9-4.

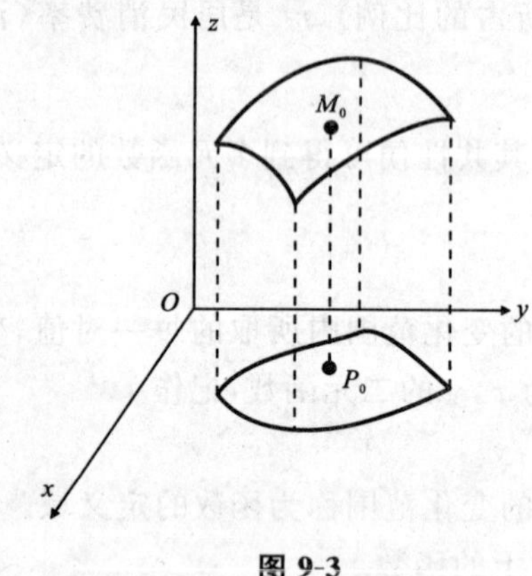

图 9-3

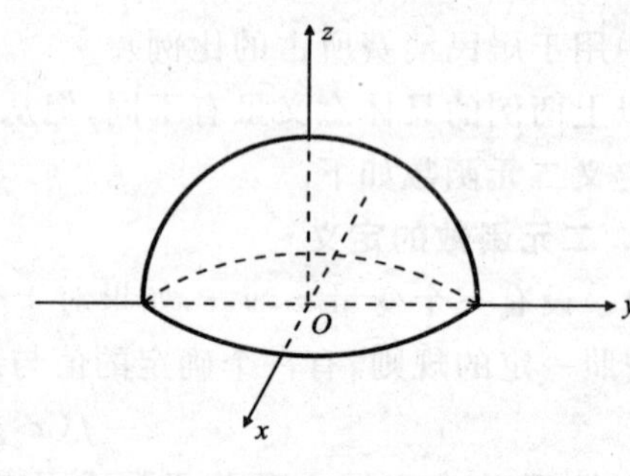

图 9-4

二、二元函数的极限与连续

1. 二元函数的极限

先介绍平面上点 P_0 的邻域概念.

设 $P_0(x_0,y_0)$ 是平面上一定点，δ 是一正数，我们把平面上满足条件

$$|PP_0|=\rho=\sqrt{(x-x_0)^2+(y-y_0)^2}<\delta$$

的点 $P(x,y)$ 的集合叫做点 P_0 的 δ 邻域.

与一元函数极限类似，我们可给出二元函数极限的概念.

定义 2　设函数 $z=f(x,y)$ 在点 $P_0(x_0,y_0)$ 的某邻域内有定义(点 $P_0(x_0,y_0)$ 可以除外). 如果当 $P(x,y)$ 无限趋近于 $P_0(x_0,y_0)$ 时，函数 $f(x,y)$ 无限趋近于一个常数 A，则称当 $P(x,y)$ 趋

近于 $P_0(x_0,y_0)$ 时，$f(x,y)$ 以 A 为极限，记作

$$\lim_{\substack{x\to x_0\\y\to y_0}} f(x,y)=A,$$

或

$$f(x,y)\to A\quad (x,y)\to(x_0,y_0).$$

对于一元函数，当 $x\to x_0$ 时，x 沿 x 轴从左、右两侧趋于 x_0，而二元函数自变量的变化范围是平面区域，$(x,y)\to(x_0,y_0)$ 是指 (x,y) 以任何方式或沿任何路径趋于 (x_0,y_0)，这也就告诉我们，只有当点 (x,y) 从任何路径趋于 (x_0,y_0) 时，函数 $f(x,y)$ 都趋于 A，才称其极限为 A. 如果有一条路径极限不存在，或者至少有两条路径极限存在但极限不相等，就称函数的极限不存在.

例 6　讨论二元函数

$$f(x,y)=\frac{xy}{x^2+y^2}$$

当 $(x,y)\to(0,0)$ 时是否存在极限.

解　令 $y=kx(k\neq 0)$，即当点 (x,y) 沿直线 $y=kx$ 趋于点 $(0,0)$ 时，有

$$\lim_{\substack{x\to 0\\y=kx\to 0}}\frac{xy}{x^2+y^2}=\lim_{x\to 0}\frac{kx^2}{x^2+k^2x^2}=\frac{k^2}{1+k^2}.$$

显然，k 取不同的值时，$\frac{k^2}{1+k^2}$ 也不相同，所以函数的极限不存在.

2. 二元函数的连续性

类似于一元函数连续的定义，可利用二元函数的极限，给出二元函数连续的定义.

定义 3　设二元函数 $z=f(x,y)$ 在点 (x_0,y_0) 的邻域内有定义，若

$$\lim_{\substack{x\to x_0\\y\to y_0}} f(x,y)=f(x_0,y_0),$$

则称函数 $f(x,y)$ 在点 (x_0,y_0) 处连续.

例 7　讨论函数

$$f(x,y)=\begin{cases}\dfrac{x^2y}{x^2+y^2} & (x,y\text{ 不同时为 }0)\\[2mm] 0 & (x=y=0)\end{cases}$$

在原点的连续性.

解　因为

$$|f(x,y)-0|=\left|\frac{x^2y}{x^2+y^2}-0\right|=\frac{x^2}{x^2+y^2}|y|\leqslant|y|,$$

而 $\lim\limits_{\substack{x\to 0\\y\to 0}}|y|=0$，故

$$\lim_{\substack{x\to 0\\y\to 0}} f(x,y)=0,$$

又

$$f(0,0)=0,$$

所以 $f(x,y)$ 在原点是连续的.

例 8　讨论函数

$$f(x,y)=\begin{cases}\dfrac{xy}{x^2+y^2} & (x^2+y^2\neq 0)\\[2mm] 0 & (x^2+y^2=0)\end{cases}$$

在原点的连续性.

解 在例 6 中已知 $\lim\limits_{\substack{x\to 0\\ y\to 0}} f(x,y)$不存在,故 $f(x,y)$在原点间断.

与一元函数类似,二元函数的和、差、积、商(分母不为 0)及复合函数仍是连续的;多元初等函数在其定义域上是连续的.

例如: $\lim\limits_{(x,y)\to(1,2)}(x^2+y^2-2x+xy)=1^2+2^2-2\times1+1\times2=5.$

如果函数 $f(x,y)$在区域 D 上每一点都连续,则称它在区域 D 上连续.

多元连续函数与一元连续函数有类似的性质:

(1)在有界闭区域上连续的函数,必定有最大值和最小值;

(2)在有界闭区域上连续的函数,必能取得介于最大值与最小值之间的任何值.

习题 9-1

1. 设 $f(x,y)=\dfrac{x-2y}{2x-y}$,求 $f(1,3)$,$f(s,1)$.

2. 设 $\phi(x,y)=(x+y)^{x-y}$,求 $\phi(0,1)$,$\phi(-1,-1)$.

3. 求下列函数的定义域:

(1)$z=x+\sqrt{y}$　　(2)$z=\dfrac{\sqrt{x}}{x^2+y^2}$

(3)$\ln(xy)$　　(4)$u=\dfrac{1}{\sqrt{x}}+\dfrac{1}{\sqrt{y}}-\dfrac{1}{\sqrt{z}}$

(5)$z=\sqrt{1-\dfrac{x^2}{a^2}-\dfrac{y^2}{b^2}}$

4. 用不等式组表示下列曲线围成的区域 D:

(1)D 由 $y=x^2$,$y=1-x^2$ 围成

(2)D 由 $y=2x$,$y=2$,$y=\dfrac{8}{x}$ 围成

(3)D 由 $y=1-x$,$y=x-1$,y 轴围成

5. 若 $f(x,y)=\sqrt{x^4+y^4}-2xy$,求证 $f(tx,ty)=t^2f(x,y)$.

6. 设 $f(x+y,x-y)=xy+y^2$,求 $f(x,y)$.

7. 描绘下列函数的图形:

(1)$z=1-x^2-y^2$　　(2)$z=\dfrac{x^2}{a^2}+\dfrac{y^2}{b^2}$

8. 求下列函数在何处间断:

(1)$u=\ln(x^2+y^2)$　　(2)$z=\dfrac{1}{y^2-2x}$

9. 指出下列函数的连续范围:

(1)$f(x,y)=\sin(x^2+y^2)$　　(2)$f(x,y)=\sqrt{xy}$

10. 求下列函数的极限：

(1) $\lim\limits_{\substack{x\to 0\\ y\to 0}}\dfrac{\sin(xy)}{x}$　　(2) $\lim\limits_{\substack{x\to 0\\ y\to 0}}\dfrac{\sin(x^2+y^2)}{x^2+y^2}$

(3) $\lim\limits_{(x,y)\to(0,0)}\dfrac{2-\sqrt{xy+4}}{xy}$

B

1. 已知函数 $f(u,v,w)=u^w+w^{u+v}$，试求 $f(x+y,x-y,xy)$.

2. 设 $f(x,y)=(x+y)\sin\dfrac{1}{x}\sin\dfrac{1}{y}$，求证 $\lim\limits_{\substack{x\to 0\\ y\to 0}}f(x,y)=0$.

3. 求下列函数的极限：

(1) $\lim\limits_{\substack{x\to \infty\\ y\to a}}(1+\dfrac{1}{x})^{\frac{x^2}{x+y}}$　　(2) $\lim\limits_{\substack{x\to 1\\ y\to 0}}\dfrac{\ln(x+e^y)}{\sqrt{x^2+y^2}}$

第二节 偏导数

一、偏导数的概念

定义 设函数 $z=f(x,y)$ 在点 (x_0,y_0) 的某一邻域内有定义，当 y 固定在 y_0，而 x_0 有增量 Δx 时，相应的函数有增量

$$f(x_0+\Delta x,y_0)-f(x_0,y_0),$$

如果极限

$$\lim_{\Delta x\to 0}\frac{f(x_0+\Delta x,y_0)-f(x_0,y_0)}{\Delta x}$$

存在，则称此极限值为函数 $z=f(x,y)$ 在点 (x_0,y_0) 处关于 x 的偏导数，记作

$$\left.\frac{\partial z}{\partial x}\right|_{\substack{x=x_0\\ y=y_0}} \text{ 或 } \left.\frac{\partial f}{\partial x}\right|_{\substack{x=x_0\\ y=y_0}}、\left.z_x\right|_{\substack{x=x_0\\ y=y_0}}、f_x(x_0,y_0).$$

同理，可定义

$$\left.\frac{\partial z}{\partial y}\right|_{\substack{x=x_0\\ y=y_0}} \text{ 或 } \left.\frac{\partial f}{\partial y}\right|_{\substack{x=x_0\\ y=y_0}}、\left.z_y\right|_{\substack{x=x_0\\ y=y_0}}、f_y(x_0,y_0).$$

如果函数 $z=f(x,y)$ 在平面区域 D 内每一点 (x,y) 处都存在偏导数 $f_x(x,y)$、$f_y(x,y)$，则这两个偏导数本身也是 D 上的函数，则称其为 $z=f(x,y)$ 的偏导函数，简称为偏导数，记为

$$\frac{\partial z}{\partial x} \text{ 或 } \frac{\partial f}{\partial x}、z_x、f_x(x,y)$$

及

$$\frac{\partial z}{\partial y} \text{ 或 } \frac{\partial f}{\partial y}、z_y、f_y(x,y).$$

一般地，多元函数的偏导数也可类似定义.

由偏导数的定义可知，求多元函数对某一自变量的偏导数时，只要将其他自变量暂时看作常量，就转化成了一元函数的求导问题. 因此，一元函数的求导法则和公式都适用于多元函数求偏导数.

二、二元函数偏导数的几何意义

二元函数 $z=f(x,y)$ 的图形表示空间一张曲面. 当 $y=y_0$ 时,曲面 $z=f(x,y)$ 与平面 $y=y_0$ 的交线方程为

$$\begin{cases} z=f(x,y) \\ y=y_0 \end{cases},$$

上式表示 $y=y_0$ 平面上的一条曲线 $z=f(x,y_0)$. 根据导数的几何意义可知: $f_x(x_0,y_0)$ 就是这条曲线在点 $M_0(x_0,y_0,z_0)$ 处的切线关于 x 轴的斜率,如图 9-5; $f_y(x_0,y_0)$ 就是这条曲线在点 M_0 处的切线关于 y 轴的斜率.

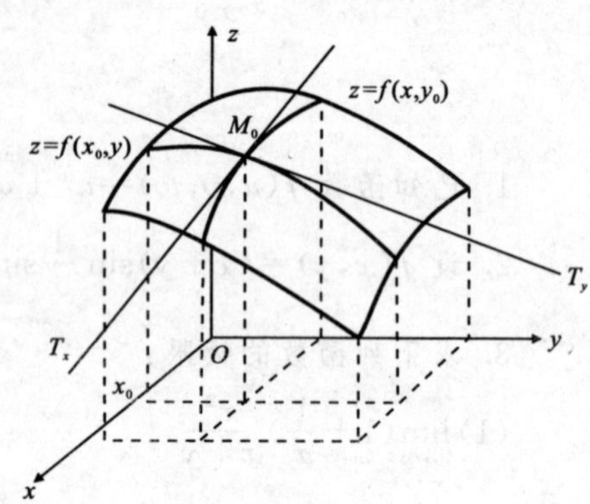

图 9-5

三、偏导数的求法

由偏导数的定义可知,求多元函数对某一自变量的偏导数时,只要将其他自变量暂时看作常量,就转化成了一元函数的求导问题,因此一元函数的求导法则和公式都可运用于多元函数求偏导数.

例 1 求函数 $f(x,y)=x^2+2xy-y^2$ 在点(1,2)处对 x 和 y 的偏导数.

解 $f_x(x,y)=2x+2y$,

$f_y(x,y)=2x-2y$,

故 $f_x(1,2)=2\times1+2\times2=5$,

$f_y(1,2)=2\times1-2\times2=-2$.

例 2 求函数 $z=x^2\sin 2y$ 的偏导数.

解 $\frac{\partial z}{\partial x}=2x\sin 2y \quad \frac{\partial z}{\partial y}=2x^2\cos 2y$.

例 3 设 $f(x,y)=\begin{cases} \frac{xy}{x^2+y^2} & ((x,y)\neq(0,0)) \\ 0 & ((x,y)=(0,0)) \end{cases}$,求 $f(x,y)$ 在点(0,0)处的偏导数.

解

$$\begin{aligned} f_x(0,0) &= \lim_{\Delta x\to 0}\frac{f(0+\Delta x,0)-f(0,0)}{\Delta x} \\ &= \lim_{\Delta x\to 0}\frac{(\Delta x)\cdot 0-0}{\Delta x} \\ &= \lim_{\Delta x\to 0} 0 \\ &= 0. \end{aligned}$$

同理可得: $f_y(0,0)=0$.

从第一节中的例 8 知,上例中二元函数在点(0,0)处不连续,因此,对于二元函数,即使在某点处的各偏导数都存在,函数在该点处也不一定连续,这是因为偏导数存在,只能保证当点 (x,y) 沿平行坐标轴的方向趋于 (x_0,y_0) 点时 $f(x,y)\to f(x_0,y_0)$,但不能保证当点 (x,y) 以任意方式趋于 (x_0,y_0) 时, $f(x,y)\to f(x_0,y_0)$.

例 4 设某商品的需求量 Q 是其价格 P 及消费者收入 Y 的函数,即 $Q=Q(P,Y)$.

当消费者收入 Y 保持不变,价格 P 改变 ΔP,需求量 Q 对于价格 P 的改变量为

$$\Delta Q_P = Q(P+\Delta P, Y) - Q(P, Y),$$

而比值

$$\frac{\Delta Q_P}{\Delta P} = \frac{Q(P+\Delta P, Y) - Q(P, Y)}{\Delta P}$$

是需求量 Q 对于价格 P 由 P 变到 $P+\Delta P$ 时的平均变化率.

$$\frac{\partial Q}{\partial P} = \lim_{\Delta P \to 0} \frac{\Delta Q_P}{\Delta P}$$

是需求量 Q,当价格为 P,消费者收入为 Y 时,对于价格 P 的变化率.

$$e_P = -\lim_{\Delta P \to 0} \frac{\frac{\Delta Q_P}{Q}}{\frac{\Delta P}{P}} = -\frac{\partial Q}{\partial P} \cdot \frac{P}{Q}$$

称为需求对价格的偏弹性.

类似地,可定义

$$e_Y = \lim_{\Delta Y \to 0} \frac{\frac{\Delta Q_Y}{Q}}{\frac{\Delta Y}{Y}} = \frac{\partial Q}{\partial Y} \cdot \frac{Y}{Q}$$

称为需求对收入的偏弹性.

四、高阶偏导数

设函数 $z=f(x,y)$ 在区域 D 内的偏导数为 $\frac{\partial z}{\partial x} = f_x(x,y)$,$\frac{\partial z}{\partial y} = f_y(x,y)$,仍是 x,y 的二元函数,如果它们的偏导数存在,则称之为 $z=f(x,y)$ 的**二阶偏导数**. 此函数可得如下四个二阶偏导数

$$\left(\frac{\partial z}{\partial x}\right)'_x = \frac{\partial}{\partial x}\left(\frac{\partial z}{\partial x}\right) = \frac{\partial^2 z}{\partial x^2} = f_{xx}(x,y) = z_{xx};$$

$$\left(\frac{\partial z}{\partial x}\right)'_y = \frac{\partial}{\partial y}\left(\frac{\partial z}{\partial x}\right) = \frac{\partial^2 z}{\partial x \partial y} = f_{xy}(x,y) = z_{xy};$$

$$\left(\frac{\partial z}{\partial y}\right)'_x = \frac{\partial}{\partial x}\left(\frac{\partial z}{\partial y}\right) = \frac{\partial^2 z}{\partial y \partial x} = f_{yx}(x,y) = z_{yx};$$

$$\left(\frac{\partial z}{\partial y}\right)'_y = \frac{\partial}{\partial y}\left(\frac{\partial z}{\partial y}\right) = \frac{\partial^2 z}{\partial y^2} = f_{yy}(x,y) = z_{yy}.$$

依照上面方法可得三阶以上的各阶偏导数. 二阶及二阶以上的偏导数称为**高阶偏导数**.

例 5　求函数 $z=x\ln(x+y)$ 的二阶偏导数.

解　$\frac{\partial z}{\partial x} = \ln(x+y) + \frac{x}{x+y}$;

$\frac{\partial z}{\partial y} = \frac{x}{x+y}$;

$\frac{\partial^2 z}{\partial x^2} = \frac{1}{x+y} + \frac{x+y-x}{(x+y)^2} = \frac{x+2y}{(x+y)^2}$;

$\frac{\partial^2 z}{\partial y^2} = -\frac{x}{(x+y)^2}$;

$$\frac{\partial^2 z}{\partial x \partial y}=\frac{1}{x+y}-\frac{x}{(x+y)^2}=\frac{y}{(x+y)^2};$$

$$\frac{\partial^2 z}{\partial y \partial x}=\frac{x+y-x}{(x+y)^2}=\frac{y}{(x+y)^2}.$$

从上例中可以看出后两个二阶偏导数相等，即

$$\frac{\partial^2 z}{\partial x \partial y}=\frac{\partial^2 z}{\partial y \partial x}.$$

一般地，有下列定理.

定理 如果函数 $z=f(x,y)$ 的两个二阶混合偏导数在区域 D 内连续，那么在该区域内这两个二阶混合偏导数必相等.

习题 9-2

1. 求下列函数的一阶偏导数：

(1) $z=\frac{3}{y^2}-\frac{1}{\sqrt[3]{x}}+\ln 5$　　(2) $z=\sqrt{\ln(xy)}$

(3) $z=\frac{x+y}{x-y}$　　(4) $z=xy+\frac{x}{y}$

(5) $z=e^{xy}$　　(6) $z=\frac{xy}{x^2+y^2}$

(7) $z=(1+xy)^y$

2. 设 $f(x,y)=\ln(x+\frac{y}{2x})$，求 $f_x(1,0)$，$f_y(1,0)$.

3. 求下列函数的二阶偏导数 $\frac{\partial^2 z}{\partial x^2}$，$\frac{\partial^2 z}{\partial x \partial y}$，$\frac{\partial^2 z}{\partial y^2}$.

(1) $z=x^{2y}$　　(2) $z=\arctan\frac{y}{x}$

(3) $z=\frac{1}{2}\ln(x^2+y^2)$　　(4) $z=x^4-2x^2y^2+y^4$

4. 设 $u=\frac{1}{\sqrt{x^2+y^2+z^2}}$，证明：$\frac{\partial^2 u}{\partial x^2}+\frac{\partial^2 u}{\partial y^2}+\frac{\partial^2 u}{\partial z^2}=0$.

5. 设 $z=2\cos^2(x-\frac{t}{2})$，证明：$2\frac{\partial^2 z}{\partial t^2}+\frac{\partial^2 z}{\partial x \partial t}=0$.

6. A、B 两家公司的主要产品供给函数分别为

$$P_A=1\,000-5Q_A,\quad P_B=1\,600-4Q_B,$$

A、B 公司现在的销售量分别是 100 个单位和 250 个单位.

(1) A 公司和 B 公司当前的价格弹性是多少？

(2) 如 B 降价后，使 Q_B 增加到 300 个单位，同时导致 A 的销售量 Q_A 下降到 75 个单位，试问 A 公司产品的交叉价格弹性是多少？

B

1. 求 $z=x\ln(x+y)$ 的二阶偏导数 $\dfrac{\partial^2 z}{\partial x^2},\dfrac{\partial^2 z}{\partial y^2}$.

2. 设 $z=e^{x/y^2}$，求证：$2x\dfrac{\partial z}{\partial x}+y\dfrac{\partial z}{\partial y}=0$.

3. 设 $r=\sqrt{x^2+y^2+z^2}$，证明：函数 $u=\dfrac{1}{r}$ 满足方程 $\dfrac{\partial^2 u}{\partial x^2}+\dfrac{\partial^2 u}{\partial y^2}+\dfrac{\partial^2 u}{\partial z^2}=0$.

第三节　全微分

在理论研究及实际应用中，常需知道，当自变量 x,y 都有微小变化时，函数值变化的情况，类似对一元函数的微分的定义，可以给出二元函数 $z=f(x,y)$ 的全微分概念.

定义　若函数 $z=f(x,y)$ 在点 (x_0,y_0) 的某邻域内有定义，如果 $z=f(x,y)$ 在点 (x_0,y_0) 的全增量

$$\Delta z=f(x_0+\Delta x,y_0+\Delta y)-f(x_0,y_0),$$

可表示为

$$\Delta z=A\Delta x+B\Delta y+o(\rho),$$

其中，A、B 与 Δx、Δy 无关，$\rho=\sqrt{(\Delta x)^2+(\Delta y)^2}$，$o(\rho)$ 是比 ρ 高阶的无穷小. 则称 $A\Delta x+B\Delta y$ 为函数 $z=f(x,y)$ 在点 (x_0,y_0) 处的全微分，记作 dz，即

$$dz=A\Delta x+B\Delta y,$$

也称函数 $z=f(x,y)$ 在点 (x_0,y_0) 处可微. 且

$$\Delta z=dz+o(\rho).$$

对于一元函数，可微与可导是等价的，且 $dy=f'(x)dx$，那么二元函数的可微与偏导数的关系如何呢？

定理 1(可微的必要条件)　如果函数 $z=f(x,y)$ 在点 (x_0,y_0) 可微，则该函数在点 (x_0,y_0) 的偏导数 $f_x(x_0,y_0)$，$f_y(x_0,y_0)$ 必存在，且函数 $z=f(x,y)$ 在点 (x_0,y_0) 的全微分为

$$dz=A\Delta x+B\Delta y,$$

其中 $A=f_x(x_0,y_0)$，$B=f_y(x_0,y_0)$.

即
$$dz=f_x(x_0,y_0)dx+f_y(x_0,y_0)dy.$$

证　因 $f(x,y)$ 在点 (x_0,y_0) 可微，则其全增量为

$$\Delta z=A\Delta x+B\Delta y+o(\rho),$$

其中 A、B 与 Δx、Δy 无关，$\lim\limits_{\rho\to 0}\dfrac{o(\rho)}{\rho}=0$.

上式对任意的 Δx、Δy 都成立，则当 $\Delta y=0$ 时也成立，这时全增量转化为偏增量

$$\Delta_x z=f(x_0+\Delta x,y_0)-f(x_0,y_0)=A\Delta x+o(|\Delta x|),$$

而 $\rho=|\Delta x|$，两端同除以 Δx 得

$$\frac{\Delta_x z}{\Delta x}=A+\frac{o(|\Delta x|)}{\Delta x},$$

故

$$\lim_{\Delta x\to 0}\frac{\Delta_x z}{\Delta x}=\lim_{\Delta x\to 0}\left(A+\frac{o(|\Delta x|)}{\Delta x}\right)=\lim_{\Delta x\to 0}\left(A+\frac{o(|\Delta x|)}{|\Delta x|}\cdot\frac{|\Delta x|}{\Delta x}\right)=A,$$

即
$$f_x(x_0,y_0)=A,$$
同理可证
$$f_y(x_0,y_0)=B,$$
故
$$dz=f_x(x_0,y_0)\Delta x+f_y(x_0,y_0)\Delta y.$$

类似一元函数，可知 $dx=\Delta x, dy=\Delta y$，则在点(x,y)的全微分可写成

$$dz=\frac{\partial z}{\partial x}dx+\frac{\partial z}{\partial y}dy,$$

或
$$dz=f_x(x,y)dx+f_y(x,y)dy.$$

对于一元函数可导与可微是等价的，但对于多元函数，可微则偏导数存在，而偏导数存在却不一定可微.

如
$$f(x,y)=\begin{cases}\dfrac{xy}{x^2+y^2} & (x,y\text{ 不同时为 }0),\\ 0, & (x,y\text{ 同时为 }0)\end{cases}$$
有
$$f_x(0,0)=0, f_y(0,0)=0,$$
得
$$\Delta z-|f_x(0,0)\Delta x+f_y(0,0)\Delta y|=\frac{\Delta x\Delta y}{\Delta x^2+\Delta y^2},$$

而 $\lim\limits_{\substack{\Delta x\to 0\\ \Delta y\to 0}}\dfrac{\Delta x\Delta y}{\Delta x^2+\Delta y^2}$不存在，故 $f(x,y)$在$(0,0)$处不可微.

但如果函数的各个偏导数连续，则可保证全微分存在，即可得如下定理.

定理 2(可微的充分条件)　若函数 $z=f(x,y)$在点(x,y)的某一邻域内有连续的偏导数 $f_x(x,y)$、$f_y(x,y)$，则函数 $f(x,y)$在(x,y)处可微，且

$$dz=f_x(x,y)dx+f_y(x,y)dy.$$

定理 2 说明，如果一个函数的偏导数连续，则此函数可微，并可得其全微分.

例 1　求 $f(x,y)=x^2y+xy^2$ 的全微分.

解　因$\dfrac{\partial f}{\partial x}=2xy+y^2$，$\dfrac{\partial f}{\partial y}=x^2+2xy$，且它们都是连续的. 故

$$df=(2xy+y^2)dx+(x^2+2xy)dy.$$

例 2　求 $z=e^{xy}$在点$(2,1)$处的全微分.

解　由于$\dfrac{\partial z}{\partial x}=ye^{xy}$与$\dfrac{\partial z}{\partial y}=xe^{xy}$是连续函数，且

$$\left.\frac{\partial z}{\partial x}\right|_{\substack{x=2\\y=1}}=e^2,\quad \left.\frac{\partial z}{\partial y}\right|_{\substack{x=2\\y=1}}=2e^2,$$

所以在点$(2,1)$处的全微分为

$$dz\Big|_{\substack{x=2\\y=1}}=e^2dx+2e^2dy.$$

例 3　求 $z=xy$ 在点$(2,3)$处，关于 $\Delta x=0.1,\Delta y=0.2$ 的全增量与全微分.

解
$$\begin{aligned}\Delta z&=(x+\Delta x)(y+\Delta y)-xy\\&=y\Delta x+x\Delta y+\Delta x\Delta y,\end{aligned}$$

$$\begin{aligned}dz&=\frac{\partial z}{\partial x}dx+\frac{\partial z}{\partial y}dy\\&=ydx+xdy=y\Delta x+x\Delta y,\end{aligned}$$

将 $x=2,y=3,\Delta x=0.1,\Delta y=0.2$ 代入上两式,得到

$$\Delta z=0.72,\quad dz=0.7.$$

例 4　计算$(1.04)^{2.02}$的近似值.

解　令 $z=f(x,y)=x^y$,取 $x_0=1,y_0=2$,则

$$\Delta x=0.04\quad \Delta y=0.02,$$

有 $f(1.04,2.02)-f(1,2)\approx f_x(1,2)\Delta x+f_y(1,2)\Delta y$,且

$$\frac{\partial z}{\partial x}=yx^{y-1},\frac{\partial z}{\partial y}=x^y\ln x,$$

$$f(1,2)=1,f_x(1,2)=2,f_y(1,2)=0,$$

所以,$(1.04)^{2.02}\approx 1+2\times 0.04+0\times 0.02=1.08$.

例 5　欲造一个无盖圆柱形木桶,其内直径及高分别为 3 m、4 m,厚为$\frac{1}{20}$ m,问需用多少木材?

解　设圆柱直径、高分别用 x、y 表示,则其体积为

$$V=f(x,y)=\pi(\frac{1}{2}x)^2y=\frac{1}{4}\pi x^2y,$$

于是做木桶所需的木材可以看作当 $x=3.1$ m,$y=4.05$ m 与 $x=3$ m,$y=4$ m 时,两个圆柱体积之差 ΔV,因此可利用

$$\Delta V\approx dV=f_x(x_0,y_0)\Delta x+f_y(x_0,y_0)\Delta y$$
$$=\frac{1}{2}\pi xy\Delta x+\frac{1}{4}\pi x^2\Delta y,$$

计算,且 $x_0=3,\Delta x=0.1;y_0=4,\Delta y=0.05$,

所以,$dV=\frac{1}{2}\pi\times 3\times 4\times 0.1+\frac{1}{4}\pi\times 3^2\times 0.05=0.712\,5\pi\approx 2.238(m^3)$.

习题 9-3

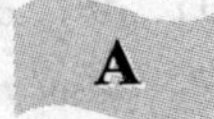

A

1. 求下列函数的全微分:

(1)$z=xy+\frac{x}{y}$　　(2)$z=\sqrt{x^2+y^2}$

(3)$z=x^y$　　(4)$z=e^{xy}$

2. 在高为 20 cm,半径为 4 cm 的圆柱体表面均匀地镀上一层厚度为 0.1 cm 的铜(设铜的密度为 γ g/cm³),问需准备多少铜?

3. 求函数 $z=2x+3y^2$,当 $x=10,y=8,\Delta x=0.2,\Delta y=0.3$ 的全增量 Δz 和全微分 dz.

4. 设矩形的边长 $x=6$ m,$y=8$ m,若 x 增加 2 mm,而 y 减少 5 mm,求矩形对角线和面积变化的近似值.

B

1. 计算$(1.97)^{1.05}$的近似值($\ln 2\approx 0.693$).

2. 某工厂欲用水泥做一个开顶长方形水池，它的外形尺寸为长 5 m，宽 4 m，高 3 m，又它的四壁及底的厚度为 20 cm，求需用多少水泥(近似值)?

第四节　复合函数与隐函数的微分法

一、复合函数的链式法则

在一元函数中，复合函数的求导公式，在求导法中起着重要作用，对二元函数有下列链式求导法则.

定理　设函数$u=\varphi(x,y)$，$v=\psi(x,y)$在点(x,y)处有偏导数，而函数$z=f(u,v)$在对应点(u,v)有连续偏导数，则复合函数$z=f[\varphi(x,y),\psi(x,y)]$在点$(x,y)$处的偏导数$\frac{\partial z}{\partial x}$，$\frac{\partial z}{\partial y}$存在，且有下面的链式法则：

$$\begin{aligned}\frac{\partial z}{\partial x}&=\frac{\partial z}{\partial u}\cdot\frac{\partial u}{\partial x}+\frac{\partial z}{\partial v}\cdot\frac{\partial v}{\partial x},\\ \frac{\partial z}{\partial y}&=\frac{\partial z}{\partial u}\cdot\frac{\partial u}{\partial y}+\frac{\partial z}{\partial v}\cdot\frac{\partial v}{\partial y}.\end{aligned}\tag{1}$$

证明从略.

例 1　设$z=e^{x-2y}$且$x=\sin t$，$y=t^3$，求$\frac{dz}{dt}$.

解

$$\frac{\partial z}{\partial x}=e^{x-2y},\frac{\partial z}{\partial y}=-2e^{x-2y},$$

$$\frac{dx}{dt}=\cos t,\frac{dy}{dt}=3t^2,$$

故

$$\begin{aligned}\frac{dz}{dt}&=\frac{\partial z}{\partial x}\frac{dx}{dt}+\frac{\partial z}{\partial y}\frac{dy}{dt}\\&=e^{x-2y}\cos t-2e^{x-2y}\cdot 3t^2\\&=e^{x-2y}(\cos t-6t^2)\\&=e^{\sin t-2t^3}(\cos t-6t^2).\end{aligned}$$

对公式(1)可形象地给出复合函数的结构图如下，便于对公式的记忆.

$$z\begin{cases}u\begin{cases}x\\y\end{cases}\\ v\begin{cases}x\\y\end{cases}\end{cases}\tag{*}$$

对函数$z=f(u,v,w)$有类似于上式(*)的函数结构图及公式：

$$\begin{aligned}\frac{\partial z}{\partial x}&=\frac{\partial z}{\partial u}\cdot\frac{\partial u}{\partial x}+\frac{\partial z}{\partial v}\cdot\frac{\partial v}{\partial x}+\frac{\partial z}{\partial w}\cdot\frac{\partial w}{\partial x};\\ \frac{\partial z}{\partial y}&=\frac{\partial z}{\partial u}\cdot\frac{\partial u}{\partial y}+\frac{\partial z}{\partial v}\cdot\frac{\partial v}{\partial y}+\frac{\partial z}{\partial w}\cdot\frac{\partial w}{\partial y}.\end{aligned}\tag{2}$$

二、隐函数的微分法

与一元函数的隐函数类似，多元函数的隐函数也可由方程 $F(x,y,z)=0$ 确定隐函数的偏导数公式.

将方程确定的函数 $z=z(x,y)$，代入方程 $F(x,y,z)=0$，得恒等式

$$F[x,y,z(x,y)]\equiv 0,$$

将上式左端看成 x,y 的复合函数，两端分别对 x 和 y 求偏导，得

$$F_x\cdot 1+F_y\cdot 0+F_z\cdot\frac{\partial z}{\partial x}=0,$$

及

$$F_x\cdot 0+F_y\cdot 1+F_z\cdot\frac{\partial z}{\partial y}=0,$$

当 $F_z\neq 0$ 时，由上式解得

$$\frac{\partial z}{\partial x}=-\frac{F_x}{F_z},\quad \frac{\partial z}{\partial y}=-\frac{F_y}{F_z}. \tag{3}$$

例 2　设 $x^2+y^2+z^2=2Rx$，求 $\frac{\partial z}{\partial x},\frac{\partial z}{\partial y}$（$R$ 为常数）.

解　将方程写成 $x^2+y^2+z^2-2Rx=0$，令

$$F(x,y,z)=x^2+y^2+z^2-2Rx,$$

得

$$F_x=2x-2R,\quad F_y=2y,\quad F_z=2z,$$

若 $F_z=2z\neq 0$，方程 $F(x,y,z)=0$ 确定了函数 $z=z(x,y)$，由公式(3)得

$$\frac{\partial z}{\partial x}=-\frac{F_x}{F_z}=\frac{R-x}{z},\quad \frac{\partial z}{\partial y}=-\frac{F_y}{F_z}=-\frac{y}{z}.$$

例 3　求由方程 $z^3-2xz+y=0$ 所确定的隐函数 $z=z(x,y)$ 的一阶和二阶偏导数.

解　将方程两边对 x 求偏导数得

$$3z^2\frac{\partial z}{\partial x}-2z-2x\frac{\partial z}{\partial x}=0,$$

由上式解出

$$\frac{\partial z}{\partial x}=\frac{2z}{3z^2-2x},$$

同理

$$\frac{\partial z}{\partial y}=\frac{-1}{3z^2-2x},$$

故可得

$$\frac{\partial^2 z}{\partial x^2}=\frac{2\frac{\partial z}{\partial x}(3z^2-2x)-2z\left(6z\frac{\partial z}{\partial x}-2\right)}{(3z^2-2x)^2}$$

$$=\frac{(-6z^2-4x)\frac{\partial z}{\partial x}+4z}{(3z^2-2x)^2}$$

$$=-\frac{16xz}{(3z^2-2x)^3},$$

同样可得

$$\frac{\partial^2 z}{\partial y^2}=-\frac{6z}{(3z^2-2x)^3},$$

且可推得

$$\frac{\partial^2 z}{\partial y\partial x}=\frac{\partial^2 z}{\partial x\partial y}=\frac{6z^2+4x}{(3z^2-2x)^3}.$$

习题 9-4

A

1. 设 $u=e^{x-y}$，$x=\cos t$，$y=t^2$，求$\dfrac{du}{dt}$.

2. 设 $z=\dfrac{v}{u}$，而 $u=\ln x$，$v=e^x$，求$\dfrac{dz}{dx}$.

3. 求下列函数的一阶偏导数：

(1)$z=x^2\ln y$，$x=\dfrac{u}{v}$，$y=3u-2v$

(2)$z=x^2y-xy^2$，$x=u\cos v$，$y=u\sin v$

(3)$z=f(x^2+y^2,e^{xy})$

(4)$u=f(x,xy)$

4. 设 $z=y+f(u)$，$u=x^2-y^2$，其中 f 可微，证明：$y\dfrac{\partial z}{\partial x}+x\dfrac{\partial z}{\partial y}=x$.

5. 设方程 $\sin y+e^x-xy^2=0$ 确定函数 $y=f(x)$，求$\dfrac{dy}{dx}$.

6. 设 $e^z=xyz$，确定函数 $z=f(x,y)$，求$\dfrac{\partial z}{\partial x}$，$\dfrac{\partial z}{\partial y}$.

7. 设 $x=x(y,z)$，$y=y(x,z)$，$z=z(x,y)$都是方程 $F(x,y,z)=0$ 所确定的，其中 F 有连续的偏导数，且非零. 证明：$\dfrac{\partial x}{\partial y}\cdot\dfrac{\partial y}{\partial z}\cdot\dfrac{\partial z}{\partial x}=-1$.

8. 设 $x^3+y^3+z^3+xyz=6$ 确定函数 $z=z(x,y)$，求$\left.\dfrac{\partial z}{\partial x}\right|_{(1,2,-1)}$及$\left.\dfrac{\partial z}{\partial y}\right|_{(1,2,-1)}$.

9. 设$\dfrac{x}{z}=\ln\dfrac{z}{y}$，求$\dfrac{\partial^2 z}{\partial x^2}$，$\dfrac{\partial^2 z}{\partial y^2}$.

B

1. 设 $u=f(x,y)$，而 $x=e^s\cos t$，$y=e^s\sin t$，求证：$\dfrac{\partial^2 u}{\partial x^2}+\dfrac{\partial^2 u}{\partial y^2}=e^{-2s}\left(\dfrac{\partial^2 u}{\partial s^2}+\dfrac{\partial^2 u}{\partial t^2}\right)$.

2. 设 $2\sin(x+2y-3z)=x+2y-3z$，证明：$\dfrac{\partial z}{\partial x}+\dfrac{\partial z}{\partial y}=1$.

第五节　二元函数的极值

在经济活动分析及管理、工程技术和科学研究等各领域都存在着大量的最优化问题，这些问题很多可以归结为多元函数极值问题.

一、二元函数极值的概念

定义　设函数 $z=f(x,y)$在点(x_0,y_0)的某一邻域内有定义，如果在该邻域内任何点(x,y)的

函数值恒有

$$f(x,y)\leqslant f(x_0,y_0)\quad(\text{或} f(x,y)\geqslant f(x_0,y_0)),$$

则称点(x_0,y_0)为函数的极大值点(或极小值点),$f(x_0,y_0)$为极大值(或极小值).极大值和极小值统称为极值,极大值点和极小值点统称为极值点.

例 1　函数$z=f(x,y)=x^2+y^2$在点(0,0)处有极小值0.因为对于(0,0)点周围的任何点$(x,y)\neq(0,0)$恒有$z=f(x,y)>f(0,0)=0$,从函数图形上看,(0,0)点所对应的原点(0,0,0)是开口朝上的旋转抛物面的顶点(图9-6).

例 2　函数$z=f(x,y)=\sqrt{4-x^2-y^2}$在点(0,0)处有极大值2.因为对于点(0,0)周围任何点$(x,y)\neq(0,0)$恒有$z=f(x,y)<f(0,0)=2$,如图9-7.

图 9-6　**图 9-7**

如何求二元函数的极值呢?类似于可微的一元函数可以利用偏导数给出极值的必要条件和充分条件.

定理 1(极值存在的必要条件)　设函数$z=f(x,y)$在点(x_0,y_0)取得极值,且在该点的偏导数存在,则必有

$$f_x(x_0,y_0)=0,\quad f_y(x_0,y_0)=0.$$

证　由于$z=f(x,y)$在点(x_0,y_0)处有极值,所以当y保持常量y_0时,对一元函数$z=f(x,y_0)$在x_0点也必有极值,据一元函数极值存在的必要条件,得

$$f_x(x_0,y_0)=0.$$

同理可证

$$f_y(x_0,y_0)=0.$$

使$f_x(x,y)=0,f_y(x,y)=0$同时成立的点(x_0,y_0),称为函数$f(x,y)$的驻点.

驻点不一定是极值点,如$z=xy$,在点(0,0)处的两个偏导数为$z_x(0,0)=0,z_y(0,0)=0$,但在(0,0)的邻域内,总存在使$z=xy$为正或为负的点,而$f(0,0)=0$,故$f(0,0)$不为极值点.

极值点也可能不是驻点,因为偏导数不存在的点也可能是极值点,如锥面$z=1-\sqrt{x^2+y^2}$的顶点(0,0,1),偏导数$z_x(0,0),z_y(0,0)$不存在,但顶点是极值点.

定理 2(极值存在的充分条件)　设函数$z=f(x,y)$在点(x_0,y_0)的某个邻域内连续具有一阶及二阶连续偏导数,又

$$f_x(x_0,y_0)=0,\quad f_y(x_0,y_0)=0,$$

记$f_{xx}(x_0,y_0)=A,f_{xy}(x_0,y_0)=B,f_{yy}(x_0,y_0)=C$.则:

(1)当$B^2-AC<0$时,在点(x_0,y_0)处取极值,且当$A<0$时取到极大值,$A>0$时取到极小值;

(2)当$B^2-AC>0$,(x_0,y_0)不是极值点;

(3)当$B^2-AC=0$,$f(x_0,y_0)$可能是极值,也可能不是极值,此法失效.

证明从略.

由上述定理知,求函数 $z=f(x,y)$ 极值的步骤如下.

(1)据函数极值存在的必要条件,求出可能的极值点(驻点),即求解方程组

$$\begin{cases} f_x(x,y)=0 \\ f_y(x,y)=0 \end{cases},$$

其解 (x_0,y_0) 即为驻点.

(2)对应于每一个驻点 (x_0,y_0),求 $f(x,y)$ 的二阶系数 A、B、C.

(3)由极值存在的充分条件,依 B^2-AC 的符号,判定 $f(x_0,y_0)$ 是否为极限,是极大值还是极小值.

例 3 求函数 $z=x^2-xy+y^2-2x+y$ 的极值.

解 求方程组

$$\begin{cases} z_x=2x-y-2=0 \\ z_y=-x+2y+1=0 \end{cases}$$

得驻点(1,0).

又 $z_{xx}=2, z_{xy}=-1, z_{yy}=2$.

故在(1,0)点,有 $A=2, B=-1, C=2$. 则

$$B^2-AC=1-4=-3<0,$$

且 $A>0$,由极值的充分条件,得 $f(1,0)=-1$ 为极小值.

二、条件极限

以上讨论极值的问题中,是在 $z=f(x,y)$ 的定义域内进行的,除此以外并无其他条件限制,这类极值问题称为无条件极值.而把对自变量还需附加条件的极值问题称为条件极值.

例 4 某厂生产两种产品,其产量分别为 x 件和 y 件,总成本函数为 $C(x,y)=x^2+2y^2-xy$(单位:万元),若据市场调查预测,共需这两种产品 8 件,问应如何安排生产,才能使总成本最小?

解 此问题可归纳为:在约束条件 $x+y=8$ 下求函数 $C(x,y)=x^2+2y^2-xy$ 的极小值,或写为

$$\begin{cases} \min C(x,y)=x^2+2y^2-xy \\ x+y=8 \end{cases}.$$

此问题可从 $x+y=8$ 中解得 $y=8-x$,代入成本函数 $C(x,y)$ 得

$$\begin{aligned} C(x,y) &= x^2+2(8-x)^2-x(8-x) \\ &= 4x^2-40x+128, \end{aligned}$$

因此原问题就转化为一元函数的无条件极值问题,故由一元函数存在的必要条件得

$$C_x=8x-40=0,$$

所以 $$x=5, y=3,$$

又求得 $$C_{xx}=8>0,$$

故为极小值点,由于驻点唯一,但实际问题确存在最小值,所以两产品各生产 5 件和 3 件时,其总成本最小,这时的总成本是

$$C(5,3)=5^2+2\times3^2-5\times3=28(\text{万元}).$$

以上将条件极值转化为无条件极值问题是在约束条件方程中易解得 y 时进行的，但如难以解出 y，则需选择另一常用方法，即拉格朗日乘数法，其本质也是将条件极值问题转化为无条件极值问题.

三、拉格朗日乘数法简介

求函数 $z=f(x,y)$ 在条件 $\varphi(x,y)=0$ 下的极值，按以下方法进行.

(1)构造拉格朗日函数：

$$F(x,y,\lambda)=f(x,y)+\lambda\varphi(x,y),$$

其中变量 λ 称为拉格朗日乘数.

(2)求出 F 的所有一阶偏导数，得方程组

$$\begin{cases}F_x=f_x(x,y)+\lambda\varphi_x(x,y)=0\\F_y=f_y(x,y)+\lambda\varphi_y(x,y)=0.\\F_\lambda=\varphi(x,y)=0\end{cases}$$

(3)解上面方程组，得驻点 (x_0,y_0,λ_0)，则 (x_0,y_0) 为 $z=f(x,y)$ 在条件 $\varphi(x,y)=0$ 下可能的极值点.

例 5　已知生产 $S(\mathrm{t})$ 某产品与所需 A、B 两种原料数量 x、$y(\mathrm{t})$ 间满足函数 $S(x,y)=0.005x^2y$，现准备向银行贷款 150 万元购买原料，已知 A、B 原料每吨单价分别为 1 万元和 2 万元，问怎样购进两种原料，才能使生产该产品的数量最多？

解　据题意，即求 $S(x,y)=0.005x^2y$ 在约束条件 $x+2y=150$ 下的最大值，故可构造拉格朗日函数如下

$$F(x,y,\lambda)=0.005x^2y+\lambda(x+2y-150).$$

求 F 的各一阶偏导数，使

$$\begin{cases}F_x=0.01xy+\lambda=0\\F_y=0.005x^2+2\lambda=0\\F_\lambda=x+2y-150=0\end{cases}$$

成立，并解得 $\lambda=-25,x_0=100,y_0=25$.

因仅存在唯一驻点，且实际问题确有最大值存在，故驻点 $(100,25)$ 也是函数 $S(x,y)$ 的最大值点，最大值为

$$S(100,25)=0.005\times100^2\times25=1\,250(\mathrm{t}),$$

即购进 A 原料 100 t，B 原料 25 t 时，可使生产量达最大值 1 250 t.

例 6　设某公司生产甲、乙两种产品，月产量分别为 x、y(千件)，甲厂的月生产成本是 $C_1=x^2-x+5$(千元)，乙厂的月生产成本是 $C_2=y^2+2y+3$(千元)，若要求该产品每月总产量为 8 千件，并使总成本最小，求每个厂的最优产量和相应的最小成本.

解　总成本函数为 $C(x,y)=C_1+C_2=x^2+y^2-x+2y+8$，约束条件为 $x+y=8$.

设　$$F(x,y,\lambda)=x^2+y^2-x+2y+8+\lambda(x+y-8),$$

则由　$$\begin{cases}F_x=2x-1+\lambda=0\\F_y=2y+2+\lambda=0\\F_\lambda=x+y-8=0\end{cases}$$

得 $x_0=\frac{19}{4}, y_0=\frac{13}{4}$，唯一驻点由实际问题知有最小值.

故甲、乙两厂最优产品产量分别为$\frac{19}{4}$千件、$\frac{13}{4}$千件，最小成本为 $C=C_1+C_2=42\frac{7}{8}$千元.

四、最大值与最小值

在经济问题分析中，常需要求出一个多元函数在某一区域上的最大值或最小值.

与一元函数一样，若点(x_0,y_0)是函数 $z=f(x,y)$在区域 D 上的最大(小)值点，是指对于区域 D 上的一切点(x,y)都满足

$$f(x,y)\leqslant f(x_0,y_0) \quad (f(x,y)\geqslant f(x_0,y_0)).$$

如果函数 $z=f(x,y)$在有界闭域 D 上连续，则在闭域 D 上函数一定能取得最大值和最小值. 若使函数取得最大值或最小值的点在区域 D 的内部，则对可微函数来讲，这个点必然是函数的驻点，或是一阶偏导数中至少有一个不存在的点. 但函数的最大值和最小值也可能在该区域的边界上取得. 因此，求有界闭区域 D 上二元函数的最大值和最小值时，首先要求出函数在 D 内的驻点. 一阶偏导数不存在的点处的函数值及该函数在 D 的边界上的最大值、最小值，比较这些值，其中最大(小)者，就是该函数在闭域 D 上的最大(小)值. 与一元函数类似，如果根据问题的实际意义，知道函数在区域 D 内存在最大(小)值，又知函数在 D 内可微，且只有唯一驻点，则该点处的函数值就是所求的最大(小)值.

例 7　设 D 是由直线 $x+y=6$ 与坐标轴所围成闭三角形域，求 $z=x^2y(4-x-y)$在 D 上的最大值 M 与最小值 m.

解　(1)在 D 的内部$(x>0,y>0,x+y<6)$求驻点.

由
$$\begin{cases} z_x=xy(8-3x-2y)=0 \\ z_y=x^2(4-x-2y)=0 \end{cases}.$$

因在 D 的内部有 $x>0,y>0$，故上面方程可简化为

$$\begin{cases} 3x+2y=8 \\ x+2y=4 \end{cases},$$

解得
$$\begin{cases} x=2 \\ y=1 \end{cases}.$$

即$(2,1)$为 z 在 D 内部的唯一驻点.

(2)求 z 在 D 边界上的最大值与最小值.

在 D 的斜边 $x+y=6(0\leqslant x\leqslant 6)$上，将 $y=6-x(0\leqslant x\leqslant 6)$代入 z 的表达式中得

$$z=x^2(6-x)(4-6)=2(x^3-6x^2) \quad (0\leqslant x\leqslant 6),$$

而 $z_x=6x(x-4)$，在区间$(0,6)$内有唯一驻点 $x=4$.

比较 $z(0)=z(6)=0$ 与 $z(4)=-64$ 得 z 在斜边上最大值为 0，最小值为-64.

在 D 的两直角边 $x=0(0\leqslant y\leqslant 6)$及 $y=0(0\leqslant x\leqslant 6)$上显然 $z=0$.

故 z 在 D 的边界上的最大值为 $M_1=0$，最小值为 $m_1=-64$，算出 $z(2,1)=4$. 比较 4 与 M_1,m_1 得

$$M=\max\{0,4\}=4 \quad m=\min\{-64,4\}=-64.$$

例 8　某工厂想用钢板建造一个容积为 500 m^3 的无盖长方体形容器，怎样设计尺寸用料

最省？

解　设该容器的底边长、宽分别为 x、y(m)，那么高为$\frac{500}{xy}$，因此所用钢板的面积为

$$f(x,y)=xy+2\left(x\frac{500}{xy}+y\frac{500}{xy}\right)$$
$$=xy+\frac{1\,000}{y}+\frac{1\,000}{x}\quad(x>0,y>0),$$

由

$$\begin{cases}f_x=0\\f_y=0\end{cases}\Rightarrow\begin{cases}y-\dfrac{1\,000}{x^2}=0\\x-\dfrac{1\,000}{y^2}=0\end{cases},$$

得驻点

$$\begin{cases}x=10\\y=10\end{cases}.$$

由实际意义知 $f(x,y)$ 在 $x>0,y>0$ 内的最小值是存在的，又驻点唯一，故 $f(10,10)$ 就是 $f(x,y)$ 的最小值，此时该容器的长、宽、高分别为 10 m、10 m、5 m.

习题 9-5

A

1. 求下列函数的极值：
(1) $z=x^3+y^3-3(x^2+y^2)$
(2) $z=e^{2x}(x+2y+y^2)$

2. 求函数 $z=x^2+y^2$ 在条件$\frac{x}{a}+\frac{y}{b}=1$ 下的极值.

3. 某单位欲建一个面积为 60 m^2 的场地，正面所用材料每米造价 10 元，其余三面每米造价 5 元，求场地长、宽各为多少时，使用材料费最少？

4. 经济学中有 Cobb-Douglass 生产函数模型 $f(x,y)=Cx^a y^{1-a}$，其中 x 表示劳动力的数量，y 表示资本数量，C 与 $a(0<a<1)$ 是常数，由不同企业的具体情形决定，函数值表示生产量. 现已知某生产商的 Cobb-Douglass 生产函数为

$$f(x,y)=100x^{\frac{3}{4}}y^{\frac{1}{4}},$$

其中每个劳动力与每单位资本的成本分别为 150 元及 250 元，该生产商的总预算是 50 000 元，问应如何分配这笔钱用于雇佣劳动力及投入资本，以使生产量最高？

5. 某厂生产一种产品同时在两个市场销售，售价分别为 P_1 和 P_2，销售量分别为 Q_1 和 Q_2，需求函数分别为 $Q_1=24-0.2P_1$，$Q_2=10-0.5P_2$；总成本函数为 $C=34+40(Q_1+Q_2)$：问厂家如何确定两个市场的售价，能使其获得的总利润最大？最大利润为多少？

6. 求函数 $z=(x^2+y^2-2x)^2$ 在圆域 $x^2+y^2\leqslant 2x$ 上的最大值和最小值.

7. 设长方体内接于半径为 a 的球，问何时长方体的体积最大？并求其体积.

8. 验证：矩形水池容积一定时，以底为正方形，深为底边之半最经济.

9. 设生产某产品要投入两种要素，x_1 和 x_2 分别为其投入量，Q 为产出量；若生产函数为

$Q=2x_1^{\alpha}x_2^{\beta}$，其中 α,β 为正常数，且 $\alpha+\beta=1$，假设两种要素的价格分别为 P_1 和 P_2. 试问：当产出量为 12 时，两要素各投入多少可以使得投入总费用最小？

10. 某厂生产甲、乙两种产品，出售的单价分别为 10 元和 9 元，已知生产 x 件甲产品和 y 件乙产品的总费用是 $400+2x+3y+0.01(3x^2+xy+3y^2)$ 元，求取得最大利润时，两种产品的产量各为多少？

B

1. 讨论函数 $f(x,y)=(y-x^2)(y-2x^2)$ 在点 $(0,0)$ 是否取得极值.
2. 在半径为 a 的半球内求一个体积为最大的内接长方体.

本章小结

1. 多元函数的概念

1）二元函数定义及定义域

（1）学习二元函数定义时，应注意二元函数的定义域是 xOy 平面上的区域 D（平面上的点集）. 一般地，区域 D 可表示为二元不等式 $\varphi(x,y)\geqslant 0$（或 $\leqslant 0$）.

（2）二元函数 $z=f(x,y)$（$(x,y)\in D$）的几何意义，即二元函数的图形是表示空间一曲面，这个曲面在 xOy 坐标平面上的投影区域即为函数 $z=f(x,y)$ 的定义域 D.

2）二元函数的连续性

若 $\lim\limits_{\substack{x\to x_0\\ y\to y_0}} f(x,y)=f(x_0,y_0)$，则称函数 $f(x,y)$ 在点 $P_0(x_0,y_0)$ 处连续. 一切多元函数在其定义域内是连续的，在有界闭区域上的多元连续函数，在该区域上必有最大值和最小值.

2. 偏函数

1）定义

$$\frac{\partial z}{\partial x}=\lim_{\Delta x\to 0}\frac{f(x+\Delta x,y)-f(x,y)}{\Delta x}$$

$$\frac{\partial z}{\partial y}=\lim_{\Delta y\to 0}\frac{f(x,y+\Delta y)-f(x,y)}{\Delta y}$$

注：①记号 $\frac{\partial z}{\partial x}=\frac{\partial f}{\partial x}=z_x=f_x(x,y)$，$\frac{\partial z}{\partial x}$ 为整体记号，不能分开，注意区分 $\frac{\mathrm{d}y}{\mathrm{d}x}$.

②求多元函数的偏导数，只需对所讨论的自变量求导，而把其他变量看作常量，按一元函数的求导方法进行求导即可.

2）高阶偏导数

（1）二阶偏导数的概念：若函数 $z=f(x,y)$ 在区域 D 内偏导数存在，则 $f_x(x,y)$，$f_y(x,y)$ 一般仍为 x,y 的函数，若它们在 D 内偏导数存在，则可求二阶偏导数 z_{xx}，z_{yy}，z_{xy}，z_{yx}.

（2）二阶混合偏导数与次序无关的条件：若 $f_{xy}(x,y)$ 及 $f_{yx}(x,y)$ 在区域 D 内连续，则 $f_{xy}(x,y)=f_{yx}(x,y)$.

3. 全微分

1）二元函数全微分的概念

若二元函数 $z=f(x,y)$ 在点 $P(x,y)$ 处的全增量 Δz 有

$$\Delta z=f(x+\Delta x,y+\Delta y)-f(x,y)$$
$$=A\Delta x+B\Delta y+o(\rho),$$

其中 A,B 与 $\Delta x,\Delta y$ 无关，仅与 x,y 有关，$o(\rho)$是当 $\rho=\sqrt{(\Delta x)^2+(\Delta y)^2}\to 0$ 时比 ρ 高阶的无穷小，则称 $z=f(x,y)$在点 $P(x,y)$处可微，并称 $A\Delta x+B\Delta y$ 是 $z=f(x,y)$在点 $P(x,y)$处的全微分，记作 $dz=A\Delta x+B\Delta y$.

2)二元函数全微分的计算公式

$$dz=\frac{\partial z}{\partial x}dx+\frac{\partial z}{\partial y}dy,$$

该公式可以类似地推广到多元函数的全微分.

3)全微分在近似计算中的应用

计算 $z=f(x,y)$在点 $P(x+\Delta x,y+\Delta y)$的函数值. 当$|\Delta x|$、$|\Delta y|$很小时，可使用下列近似公式

$$f(x+\Delta x,y+\Delta y)\approx f(x,y)+f_x(x,y)\Delta x+f_y(x,y)\Delta y.$$

4. 多元函数求导法则

1)复合函数的求导法则(链式法则)

设函数 $u=\varphi(x,y),v=\psi(x,y)$在点$(x,y)$处有偏导数，函数 $z=f(u,v)$在对应点(u,v)处有连续偏导数，则复合函数 $z=f[\varphi(x,y),\psi(x,y)]$在点$(x,y)$处的偏导数$\frac{\partial z}{\partial x},\frac{\partial z}{\partial y}$存在，并且

$$\frac{\partial z}{\partial x}=\frac{\partial z}{\partial u}\frac{\partial u}{\partial x}+\frac{\partial z}{\partial v}\frac{\partial v}{\partial x};$$
$$\frac{\partial z}{\partial y}=\frac{\partial z}{\partial u}\frac{\partial u}{\partial y}+\frac{\partial z}{\partial v}\frac{\partial v}{\partial y}.$$

为便于记忆，对上面的复合函数可形象地画出复合关系图：

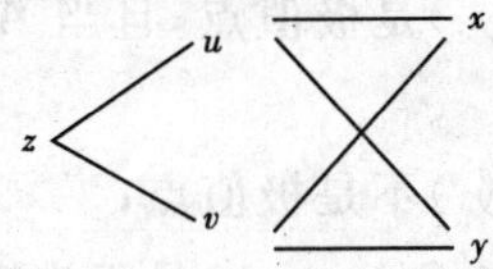

将因变量、中间变量、自变量分示于三列，对直接相关的变量用线段连接. 求偏导数时，运用“连线相乘、分数相加”的方法.

例如，设 $z=f(u,x),u=\varphi(x,y)$，求$\frac{\partial z}{\partial x}$、$\frac{\partial z}{\partial y}$.

先画出复合关系图：

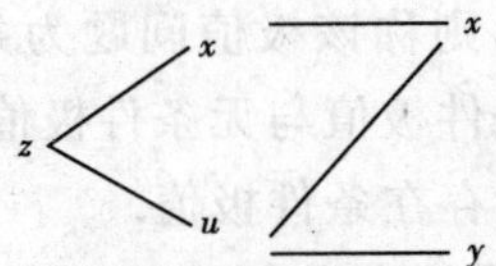

这里 x,y 是自变量，u,x 是中间变量，需注意的是 x 既是自变量，又可看成中间变量.

从 z 到自变量 x 有两条分线：$z—x—x$ 及 $z—u—x$，每条分线分别由两条连线相连，按“连线相乘”就有$\frac{\partial f}{\partial x}\frac{\partial x}{\partial x},\frac{\partial f}{\partial u}\frac{\partial u}{\partial x}$，“分数相加”就是把以上两项相加，即

$$\frac{\partial z}{\partial x}=\frac{\partial f}{\partial x}\frac{\partial x}{\partial x}+\frac{\partial f}{\partial u}\frac{\partial u}{\partial x}=\frac{\partial f}{\partial x}+\frac{\partial f}{\partial u}\frac{\partial u}{\partial x},$$

而从 z 到自变量 y 只有一条分线 $z—u—y$，也是由两条连线相连，故

$$\frac{\partial z}{\partial y}=\frac{\partial f}{\partial u}\frac{\partial u}{\partial y}.$$

注意：这里 $\partial z/\partial x$ 与 $\partial f/\partial x$ 的意义不同. $\partial z/\partial x$ 表示在 $z=f[\varphi(x,y),x]$ 中把 y 当成常量，对自变量 x 求偏导数，而对 $\partial f/\partial x$ 表示在 $z=f(u,x)$ 中把 u 看成常量，对 x（中间变量）求偏导数.

2)隐函数求导法则

要求会使用下面两个求导公式.

(1)设 $y=f(x)$ 是由方程 $F(x,y)=0$ 所确定的隐函数，则

$$\frac{\mathrm{d}y}{\mathrm{d}x}=-\frac{F_x}{F_y}.$$

(2)设 $y=f(x,y)$ 是由方程 $F(x,y,z)=0$ 所确定的隐函数，则

$$\frac{\partial z}{\partial x}=-\frac{F_x}{F_z},\quad \frac{\partial z}{\partial y}=-\frac{F_y}{F_z}.$$

5. 多元函数的极值

1)二元函数的极值

求二元函数 $z=f(x,y)$ 的极值的一般步骤如下.

(1)求出 $f_x,f_y,f_{xx},f_{xy},f_{yy}$.

(2)解方程组 $\begin{cases}f_x=0\\ f_y=0\end{cases}$，即求出所有的驻点（如有驻点 $P_0(x_0,y_0)$ 等).

(3)求出每一个驻点的二阶偏导数值.

设 $A=f_{xx}(x_0,y_0)$，$B=f_{xy}(x_0,y_0)$，$C=f_{yy}(x_0,y_0)$，则可以作以下判断：

①当 $B^2-AC<0$ 时，点 $P_0(x_0,y_0)$ 是极值点，且当 $A<0$ 时点 $P_0(x_0,y_0)$ 是极大值点，当 $A>0$ 时，$P_0(x_0,y_0)$ 是极小值点；

②当 $B^2-AC>0$ 时，点 $P_0(x_0,y_0)$ 不是极值点；

③当 $B^2-AC=0$ 时，不能判定点 $P_0(x_0,y_0)$ 是否为极值点.

注意：三元以上的多元函数不能用该方法.

2)条件极值

(1)对于一个函数 $f(P)$（P 表示平面或空间的点），其自变量除了限制在定义域内之外，并无其他条件，这时的极值问题称为无条件极值（普通极值），如果在所论及的极值问题中，其自变量还必须满足附加条件 $\varphi(P)=0$，则称该极值问题为条件极值. 通常 $f(P)$ 称为目标函数，$\varphi(P)=0$ 称为约束条件. 应该知道条件极值与无条件极值是两个不同的概念，同样一个函数可以不存在极值，但在一定条件下可以存在条件极值.

(2)求函数的条件极值，一般可采用两种方法.

问题　求函数 $z=f(x,y)$ 在条件 $\varphi(x,y)=0$ 下的极值.

方法 1　（转化为无条件极值问题）

假定约束条件 $\varphi(x,y)=0$ 确定 y 为变量 x 的函数，并能求出这个函数的显式表达式 $y=y(x)$，将它代入目标函数中，则目标函数可化为无条件极值. 其前提是要把方程 $\varphi(x,y)=0$ 确定的隐函数显化为 $y=y(x)$，但这种“显化”往往比较困难，甚至是不可能的. 因此该法不具有

普遍性.

方法 2　(拉格朗日乘数法)

①作辅助函数 $L(x,y,z)=f(x,y)+\lambda\varphi(x,y)$(其中 λ 称为拉格朗日的乘数(或乘子)).

②解方程组

$$\begin{cases}L_x=f_x(x,y)+\lambda\varphi_x(x,y)=0\\ L_y=f_y(x,y)+\lambda\varphi_y(x,y)=0,\\ \varphi(x,y)=0\end{cases}$$

此方程的解(x_0,y_0)就是可能的极值点.

③根据实际问题,可以判定点(x_0,y_0)是否为极值点.

这种方法可以推广到自变量多于两个而约束条件多于一个的情形.

3)求函数的最大值和最小值的方法

将函数在区域 D 内的所有驻点及偏导数不存在的点的函数值与 D 的边界上的最大值、最小值比较,其中最大的就是最大值,最小的就是最小值.

在解实际问题时,若实际性质已显示在区域内函数必有最大值(或最小值),又因此函数在该区域内只有唯一驻点,则这点的函数值就是最大值(或最小值),再不用理论判断.

复习题 9

A

1. 求 $z=\ln\sqrt{x^2-y^2}$ 的定义域.

2. 求 $z=\ln(x^2+y^2-2)+\sqrt{4-x^2-y^2}$ 的定义域.

3. 证明:极限 $\lim\limits_{(x,y)\to(0,0)}\dfrac{xy^3}{x^2+y^6}$ 不存在.

4. 若 $f\left(\dfrac{y}{x}\right)=\dfrac{\sqrt{x^2+y^2}}{x}(x>0)$,求 $f(x)$.

5. 设 $f(x,y)=\sqrt[3]{x^2+y^2}$,求 $f_x(1,1),f_y(1,2)$.

6. 设 $z=e^{x^2y}$,求$\dfrac{\partial z}{\partial x}$.

7. 设 $z=x^2+\sin y,x=\cos t,y=t^3$,求$\dfrac{dz}{dt}$.

8. 求下列函数对各自变量的偏导数:

(1)$z=\ln\sqrt{x^2+y^2}$　　(2)$u=\left(\dfrac{x}{y}\right)^z$

9. 求 $u=e^{ax+by}$ 的全微分.

10. 求方程$\dfrac{x^2}{a^2}+\dfrac{y^2}{b^2}+\dfrac{z^2}{c^2}=1$ 所确定的函数 $z=z(x,y)$的偏导数.

11. 求函数 $z=x^2+xy+y^2-3ax-3by$ 的极值;

12. 求函数 $z=xy$ 在约束条件 $x+y=1$ 下的极大值.

13. 设某种产品的产量是劳动力 x 和原料 y 的函数 $f(x,y)=60x^{\frac{3}{4}}y^{\frac{1}{4}}$，假定每单位劳动力费用 100 元，每单元原料费用 200 元，现有 3 万元资金用于生产，为得到最多的产品，应如何安排劳动力和原料？

B

1. 设 $f(x,y)$ 有一阶连续偏导数，且 $f(x,x^2)=1$，$f_x(x,x^2)=x$，求 $f_y(x,x^2)$.

2. 求下列各函数的二阶偏导数：

(1) $z=x\sin(x+y)$　　(2) $z=x^y$

3. 试确定 a 的范围，使 $\lim\limits_{(x,y)\to(0,0)}\dfrac{(|x|+|y|)^a}{x^2+y^2}=0$.

4. 设 $f(x,y)=\begin{cases}\dfrac{x^2y^2}{(x^2+y^2)^{\frac{3}{2}}} & (x^2+y^2\neq 0)\\ 0 & (x^2+y^2=0)\end{cases}$，证明：$f(x,y)$ 在点 $(0,0)$ 处连续.

5. 某企业在雇用 x 名技术工人，y 名非技术工人时，产品的产量 $Q=-8x^2+12xy-3y^2$，若企业只能雇用 230 人，那么该雇用多少技术工人、多少非技术工人才能使产量 Q 最大？

第十章　二重积分

在一元函数的积分学中，对求曲边梯形面积这类问题，通过分割、近似、求和、求极限建立了定积分$\int_a^b f(x)\mathrm{d}x$的概念，将这种和的极限的概念推广到定义在某个区域上的多元函数的范畴，便可得到重积分的概念.

第一节　二重积分的概念和性质

一、二重积分的概念

例　曲顶柱体的体积

设有一立体，它的底是xOy平面上的有界闭区域D，它的侧面是以D的边界曲线为准线而且母线平行于z轴的柱面，它的顶是曲面$z=f(x,y)$. 这里$f(x,y)\geqslant 0$且在D上连续(图 10-1). 这种立体称为**曲顶柱体**.

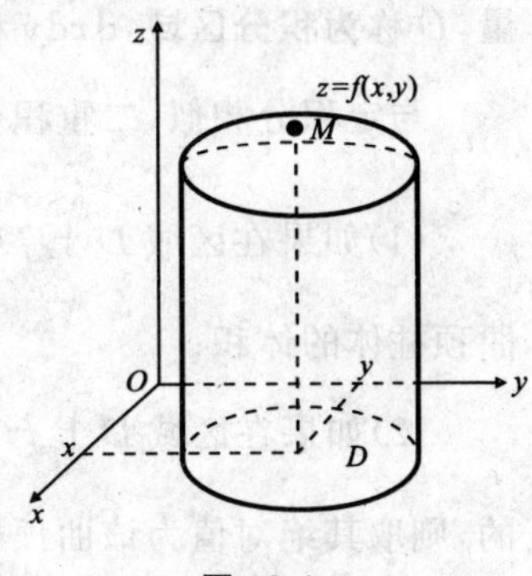

图 10-1

我们已知，平顶柱体的高是固定不变的，其体积可以用公式(体积＝底面积×高)计算. 而曲顶柱体的高是变化的，当点(x,y)在闭区域D上变动时，高$f(x,y)$是变量. 以下仍采用分割、近似、求和、求极限的方法求解曲顶柱体的体积.

用一曲线网把闭区域D分成n个小闭区域$\Delta\sigma_1,\Delta\sigma_2,\cdots,\Delta\sigma_n$，小闭区域$\Delta\sigma_i$的面积记作$\Delta\sigma_i$，以这些小闭区域的边界曲线为准线，作母线平行于$z$轴的柱面，这些柱面把原来的曲顶柱体分为$n$个细条曲顶柱体(图 10-2)，设以小闭区域$\Delta\sigma_i$为底的细条曲顶柱体的体积为$\Delta V_i$，则原曲顶柱体的体积为

$$V=\sum_{i=1}^{n}\Delta V_i,$$

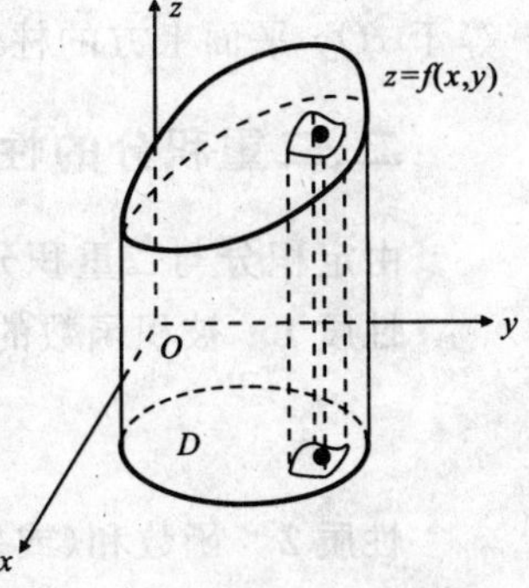

图 10-2

当小闭区域$\Delta\sigma_i$的直径很小时，若$f(x,y)$连续，则$f(x,y)$在$\Delta\sigma_i$中的变化很小，可以近似地看作常数. 即若任取点$(\xi_i,\eta_i)\in\Delta\sigma_i$，则当$(x,y)\in\sigma_i$时，有$f(x,y)\approx f(\xi_i,\eta_i)$. 从而以$\Delta\sigma_i$为底的细条曲顶柱体可近似地看作以$f(\xi_i,\eta_i)$为高的平顶柱体，于是有

$$\Delta V_i\approx f(\xi_i,\eta_i)\Delta\sigma_i\quad(i=1,2,\cdots,n),$$

所以
$$V=\sum_{i=1}^{n}\Delta V_i\approx\sum_{i=1}^{n}f(\xi_i,\eta_i)\Delta\sigma_i.$$

令n个小闭区域的直径中的最大值λ趋于零，则和式的极限就是所求的曲顶柱体的体积V，即

$$V=\lim_{\lambda\to 0}\sum_{i=1}^{n}f(\xi_i,\eta_i)\Delta\sigma_i. \tag{1}$$

由上例,可得一般的定义如下.

定义 设 $f(x,y)$ 是定义在有界闭区域 D 上的二元函数,将 D 任意分成 n 个除边界外没有公共点的小块 $\Delta\sigma_1,\Delta\sigma_2,\cdots,\Delta\sigma_n$(其面积仍记为 $\Delta\sigma_i$),在每个小块 $\Delta\sigma_i$ 中任取一点 (x_i,y_i),并作下列和式

$$\sum_{i=1}^{n}f(x_i,y_i)\Delta\sigma_i,$$

如果不论 D 怎样划分及点 (x_i,y_i) 在 $\Delta\sigma_i$ 上如何选取,只要各小区域的直径中的最大值 $\lambda\to 0$,该和式的极限存在,则称此极限值为函数 $f(x,y)$ 在区域 D 上的**二重积分**,记作

$$\iint_D f(x,y)\mathrm{d}\sigma \quad 或 \quad \iint_D f(x,y)\mathrm{d}x\mathrm{d}y,$$

即
$$\iint_D f(x,y)\mathrm{d}\sigma=\iint_D f(x,y)\mathrm{d}x\mathrm{d}y=\lim_{\lambda\to 0}\sum_{i=1}^{n}f(x_i,y_i)\Delta\sigma_i, \tag{2}$$

其中 $f(x,y)$ 称为**被积函数**,$f(x,y)\mathrm{d}\sigma$ 称为**被积表达式**,$\mathrm{d}\sigma$ 称为**面积元素**,x 与 y 称为**积分变量**,D 称为**积分区域**,$\mathrm{d}x\mathrm{d}y$ 称为直角坐标系中的面积元素.

与定积分相似,二重积分 $\iint_D f(x,y)\mathrm{d}\sigma$ 的几何意义也可以解释为:

(1)如果在区域 D 上 $f(x,y)\geqslant 0$,则 $\iint_D f(x,y)\mathrm{d}\sigma$ 表示以区域 D 为底,以 $f(x,y)$ 为曲顶的曲顶柱体的体积;

(2)如果在区域 D 上 $f(x,y)\leqslant 0$,则上述曲顶柱体在 xOy 面的下方,$\iint_D f(x,y)\mathrm{d}\sigma$ 的值为负的,则取其绝对值为该曲顶柱体的体积;

(3)如果 $f(x,y)$ 在 D 的某些区域上为正的,在 D 的另一些区域上为负的,则 $\iint_D f(x,y)\mathrm{d}\sigma$ 等于 xOy 平面上方的柱体体积减去 xOy 面下方的柱体体积所得之差.

二、二重积分的性质

由定积分与二重积分定义可知,二重积分与定积分有类似性质:

性质 1 被积函数的常数因子可以提到二重积分号的外面,即

$$\iint_D kf(x,y)\mathrm{d}\sigma=k\iint_D f(x,y)\mathrm{d}\sigma \quad (k\ 为常数). \tag{3}$$

性质 2 函数和(或差)的二重积分等于各个函数的二重积分的和(或差).即

$$\iint_D[f(x,y)\pm g(x,y)]\mathrm{d}\sigma=\iint_D f(x,y)\mathrm{d}\sigma\pm\iint_D g(x,y)\mathrm{d}\sigma. \tag{4}$$

性质 3 如果闭区域 D 被有限条曲线分为有限个部分区域,那么在 D 上的二重积分等于在各部分区域上的二重积分之和,当 D 分为两个闭区域 D_1 与 D_2 时,有

$$\iint_D f(x,y)\mathrm{d}\sigma=\iint_{D_1}f(x,y)\mathrm{d}\sigma+\iint_{D_2}f(x,y)\mathrm{d}\sigma. \tag{5}$$

性质 4 如果在闭区域 D 上 $f(x,y)=1$，σ 为 D 的面积，那么

$$\sigma=\iint_D 1\cdot \mathrm{d}\sigma=\iint_D \mathrm{d}\sigma. \tag{6}$$

性质 5 如果在闭区域 D 上 $f(x,y)\leqslant g(x,y)$，那么

$$\iint_D f(x,y)\mathrm{d}\sigma\leqslant\iint_D g(x,y)\mathrm{d}\sigma. \tag{7}$$

特殊地，由于

$$-|f(x,y)|\leqslant f(x,y)\leqslant|f(x,y)|,$$

故可得不等式

$$\left|\iint_D f(x,y)\mathrm{d}\sigma\right|\leqslant\iint_D |f(x,y)|\mathrm{d}\sigma. \tag{8}$$

性质 6 设 M、m 分别是 $f(x,y)$ 在闭区域 D 上的最大值和最小值，σ 是 D 的面积，则对二重积分有估值不等式：

$$m\sigma\leqslant\iint_D f(x,y)\mathrm{d}\sigma\leqslant M\sigma, \tag{9}$$

这是因为 $m\leqslant f(x,y)\leqslant M$，所以，由性质 5 有

$$\iint_D m\mathrm{d}\sigma\leqslant\iint_D f(x,y)\mathrm{d}\sigma\leqslant\iint_D M\mathrm{d}\sigma.$$

再用性质 1 和性质 4，便得不等式(9).

性质 7(二重积分的中值定理) 设 $f(x,y)$ 在闭区域 D 上连续，σ 是 D 的面积，则在 D 上至少存在一点(ξ,η)，使下式成立：

$$\iint_D f(x,y)\mathrm{d}\sigma=f(\xi,\eta)\sigma. \tag{10}$$

证明从略.

三、二重积分存在定理

与定积分的存在定理相类似，有二重积分存在定理.

定理 如果被积函数 $f(x,y)$ 在积分区域 D 上连续，则二重积分 $\iint_D f(x,y)\mathrm{d}\sigma$ 必存在.

今后，我们总是假定被积函数 $f(x,y)$ 在积分区域 D 上是连续的.

习题 10-1

A

1. 设有平面薄片，占有 xOy 平面上的闭区域 D，它在点(x,y)处的面密度为 $\rho(x,y)>0$，且在 D 上连续，试用二重积分表示该薄片的质量.

2. 比较 $\iint_D (x+y)^2\mathrm{d}\sigma$ 与 $\iint_D (x+y)^3\mathrm{d}\sigma$ 的大小，其中 D 由 x 轴、y 轴及直线 $x+y=1$ 围成.

3. 比较$\iint\limits_D \ln(x+y)\mathrm{d}\sigma$与$\iint\limits_D [\ln(x+y)]^2\mathrm{d}\sigma$大小，其中$D$是以$A(1,0)$，$B(1,1)$，$C(2,0)$为顶点的三角形闭区域.

4. 利用二重积分的几何意义，不经计算确定下列二重积分的值：

(1) $\iint\limits_D \mathrm{d}\sigma$，$D: x^2+y^2\leqslant 1$

(2) $\iint\limits_D \sqrt{R^2-x^2-y^2}\,\mathrm{d}\sigma$，$D: x^2+y^2\leqslant R^2$

5. 估计下列积分的值：

(1) $I=\iint\limits_D (x+y+1)\mathrm{d}\sigma$，$D: 0\leqslant x\leqslant 1, 0\leqslant y\leqslant 2$

(2) $I=\iint\limits_D (x^2+4y^2+9)\mathrm{d}\sigma$，$D: x^2+y^2\leqslant 4$

B

试利用积分区域的对称性和被积函数的奇偶性确定下列积分的值：

1. 求$\iint\limits_D (x+x^3y^3)\mathrm{d}\sigma$的值，其中$D$是半圆$x^2+y^2\leqslant 4, y\geqslant 0$；

2. 求$\iint\limits_D x^2y\,\mathrm{d}\sigma$的值，其中$D$是矩形$0\leqslant x\leqslant 1, -1\leqslant y<1$.

第二节 二重积分的计算法

相对于重积分来说，定积分也可称为单积分. 下面介绍二重积分的计算法，这种方法是把二重积分化为两次单积分计算.

一、二重积分在直角坐标下的计算

设$f(x,y)\geqslant 0$，则$\iint\limits_D f(x,y)\mathrm{d}\sigma$的值等于一个以$D$为底、以曲面$z=f(x,y)$为顶的曲顶柱体的体积.

(1)设积分区域D可用不等式组表示为

$$\begin{cases}\varphi_1(x)\leqslant y\leqslant\varphi_2(x)\\ a\leqslant x\leqslant b\end{cases},$$

如图 10-3，利用微元法计算$\iint\limits_D f(x,y)\mathrm{d}\sigma$.

取x为积分变量，$x\in[a,b]$，任取子区间$[x,x+\mathrm{d}x]\subseteq[a,b]$，设$A(x)$表示过点$x$且垂直$x$轴的平面与曲顶柱体相交的截面的面积(图 10-4)，则曲顶柱体体积V的微元$\mathrm{d}V$为

$$\mathrm{d}V=A(x)\mathrm{d}x,$$

$$V=\int_a^b A(x)\mathrm{d}x.$$

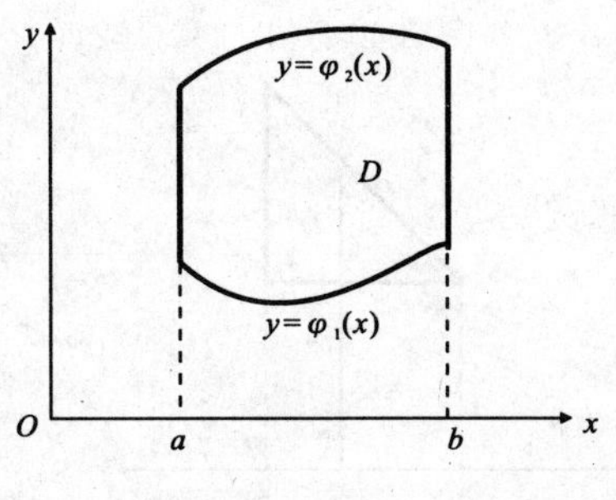

图 10-3

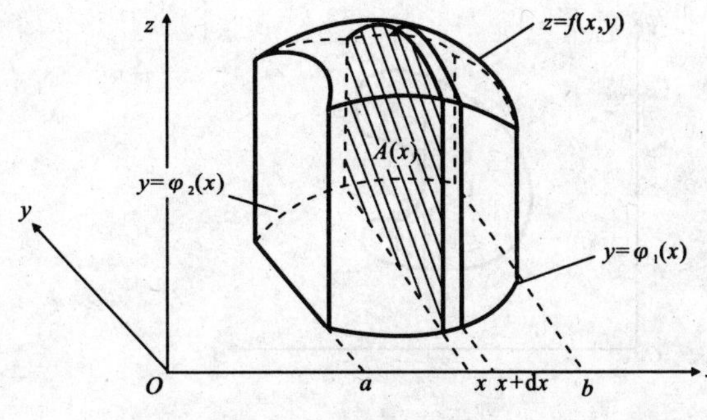

图 10-4

由图 10-4 知，截面是一个以区间$[\varphi_1(x),\varphi_2(x)]$为底边、以曲线 $z=f(x,y)$（x 是固定的）为曲边的曲边梯形，其面积可表示为

$$A(x)=\int_{\varphi_1(x)}^{\varphi_2(x)}f(x,y)\mathrm{d}y,$$

故将 $A(x)$代入上式可得

$$V=\int_a^b\left[\int_{\varphi_1(x)}^{\varphi_2(x)}f(x,y)\mathrm{d}y\right]\mathrm{d}x,$$

于是，二重积分

$$\iint\limits_D f(x,y)\mathrm{d}\sigma=\int_a^b\left[\int_{\varphi_1(x)}^{\varphi_2(x)}f(x,y)\mathrm{d}y\right]\mathrm{d}x.$$

上式右端是一个先对 y，再对 x 的二次积分，即先把 x 看作常数，把 $f(x,y)$只看作 y 的函数，并对 y 计算从 $\varphi_1(x)$到 $\varphi_2(x)$的定积分；然后把算得的结果（是 x 的函数）再对 x 计算从 a 到 b 的定积分，这个先对 y，再对 x 的二次积分也常记作

$$\int_a^b\mathrm{d}x\int_{\varphi_1(x)}^{\varphi_2(x)}f(x,y)\mathrm{d}y,$$

从而把二重积分化为先对 y，再对 x 的二次积分的公式写作

$$\iint\limits_D f(x,y)\mathrm{d}x\mathrm{d}y=\int_a^b\mathrm{d}x\int_{\varphi_1(x)}^{\varphi_2(x)}f(x,y)\mathrm{d}y. \tag{1}$$

上述公式(1)并不受 $f(x,y)\geqslant 0$ 的限制.

(2)类似地，如果积分区域 D 可以表示成

$$\begin{cases}\varphi_1(y)\leqslant x\leqslant\varphi_2(y),\\ c\leqslant y\leqslant d\end{cases}$$

则可推出

$$\iint\limits_D f(x,y)\mathrm{d}x\mathrm{d}y=\int_c^d\mathrm{d}y\int_{\varphi_1(y)}^{\varphi_2(y)}f(x,y)\mathrm{d}x. \tag{2}$$

应用公式(1)或(2)时，积分区域 D 须满足这样的条件：穿过闭区域 D 内部且平行于 y 轴（或 x 轴）的直线与 D 的边界相交不多于两点. 如果积分区域 D 如图 10-5，则可将 D 分成几个部分区域，使每个部分区域满足上述条件，在各区域分别计算二重积分，再求其和，即为闭区域 D 上的二重积分.

例 1 计算 $\iint\limits_D xy\mathrm{d}x\mathrm{d}y$，其中 D 是由直线 $y=1,x=2$ 及 $y=x$ 所围成的区域.

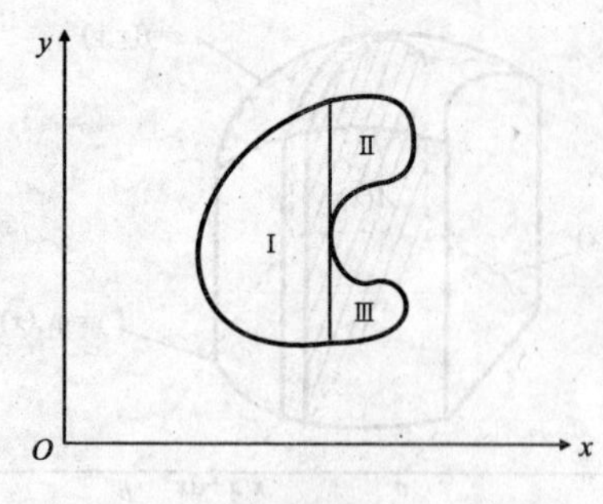

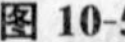

图 10-5

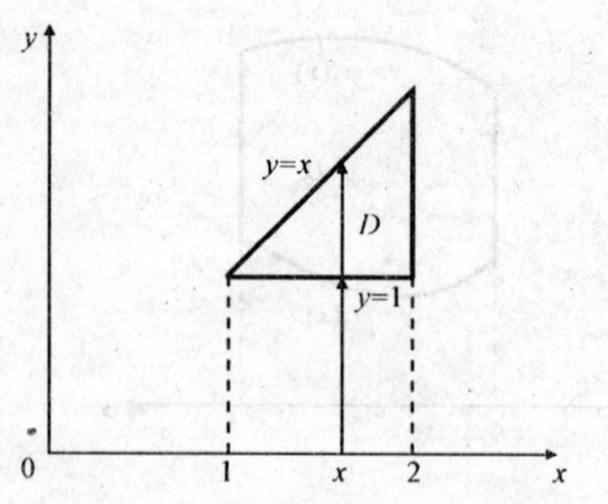

图 10-6

解　方法一：首先画出闭区域 D 如图 10-6. D 上的点的横坐标的变化范围是区间$[1,2]$. 在区间$[1,2]$上任意取定一个 x 值，则 D 上以这个 x 值为横坐标的点在一直线段上，这直线段平行于 y 轴，该线段上点的纵坐标从 $y=1$ 变到 $y=x$，故

$$\begin{aligned}\iint_D xy\,dx\,dy &= \int_1^2 dx\int_1^x xy\,dy \\ &= \int_1^2 x\left(\frac{1}{2}y^2\right)\Big|_1^x dx \\ &= \frac{1}{2}\int_1^2 (x^3-x)\,dx \\ &= \left(\frac{x^4}{8}-\frac{x^2}{4}\right)\Big|_1^2 = \frac{9}{8}.\end{aligned}$$

方法二：先对 x 积分，后对 y 积分，如图 10-7.

可知 $D=\{(x,y)\mid 1\leqslant y\leqslant 2, y\leqslant x\leqslant 2\}$，

则

$$\begin{aligned}\iint_D xy\,dx\,dy &= \int_1^2 dy\int_y^2 xy\,dx \\ &= \int_1^2 y\left(\frac{x^2}{2}\right)\Big|_y^2 dy \\ &= \int_1^2 \left(2y-\frac{y^3}{2}\right)dy \\ &= \left(y^2-\frac{y^4}{8}\right)\Big|_1^2 = \frac{9}{8}.\end{aligned}$$

例 2　改变累次积分的顺序

$$\int_0^2 dx\int_x^{2x} f(x,y)\,dy.$$

解　由积分次序可得出本题积分区域 D(图 10-8)

$$D:\begin{cases}0\leqslant x\leqslant 2\\ x\leqslant y\leqslant 2x\end{cases},$$

且

$$D=D_1+D_2,$$

其中

$$D_1:\begin{cases}0\leqslant y\leqslant 2\\ \dfrac{y}{2}\leqslant x\leqslant y\end{cases},\qquad D_2:\begin{cases}2\leqslant y\leqslant 4\\ \dfrac{y}{2}\leqslant x\leqslant 2\end{cases},$$

故

$$\int_0^2 dx\int_x^{2x} f(x,y)\,dy = \int_0^2 dy\int_{\frac{y}{2}}^{y} f(x,y)\,dx + \int_2^4 dy\int_{\frac{y}{2}}^{2} f(x,y)\,dx.$$

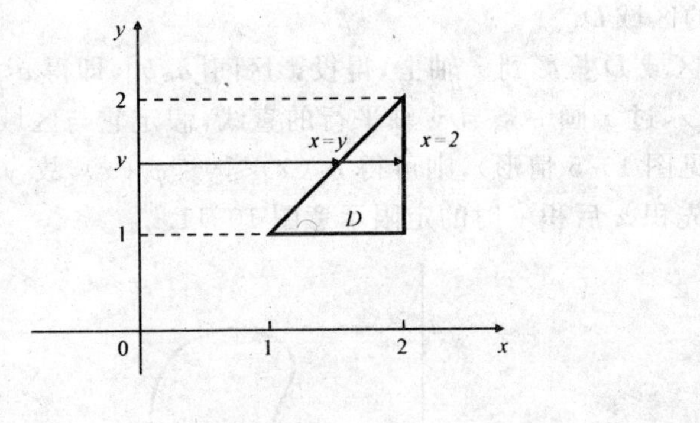

图 10-7

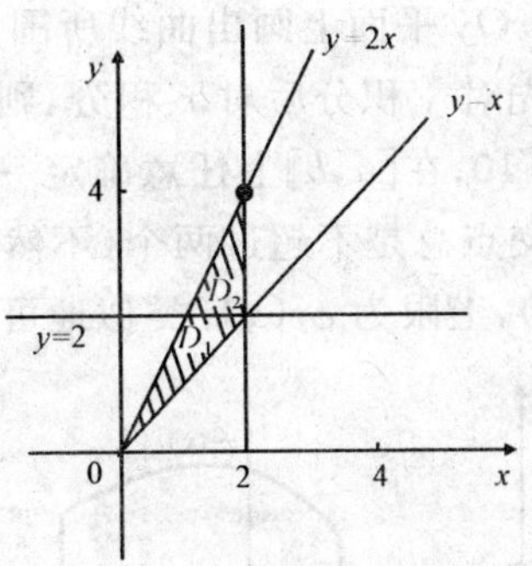

图 10-8

例 3 用二重积分计算由平面 $2x+3y+z=6$ 和三个坐标平面所围成的四面体的体积.

解 如图 10-9(a),即求以 $z=6-2x-3y$ 为顶,以$\triangle ABO$ 围成区域 D 为底的柱体体积,即

$$\iint_D (6-2x-3y)\mathrm{d}\sigma,$$

其中积分域 D 的图形如图 10-9(b)所示,先对 y 积分,因直线 AB 的方程为$\frac{x}{3}+\frac{y}{2}=1$,故

$$y=2(1-\frac{x}{3}),$$

即
$$D:\begin{cases}0\leqslant x\leqslant 3\\ 0\leqslant y\leqslant 2(1-\frac{x}{3})\end{cases}.$$

所以
$$\iint_D (6-2x-3y)\mathrm{d}\sigma=\int_0^3\mathrm{d}x\int_0^{2(1-\frac{x}{3})}(6-2x-3y)\mathrm{d}y$$
$$=\int_0^3\left[12(1-\frac{x}{3})^2-6(1-\frac{x}{3})^2\right]\mathrm{d}x$$
$$=6\int_0^3(1-\frac{x}{3})^2\mathrm{d}x=6.$$

由以上各例可看出,二重积分的计算问题中,如何确定积分上下限是关键,可用以下直观方法确定.

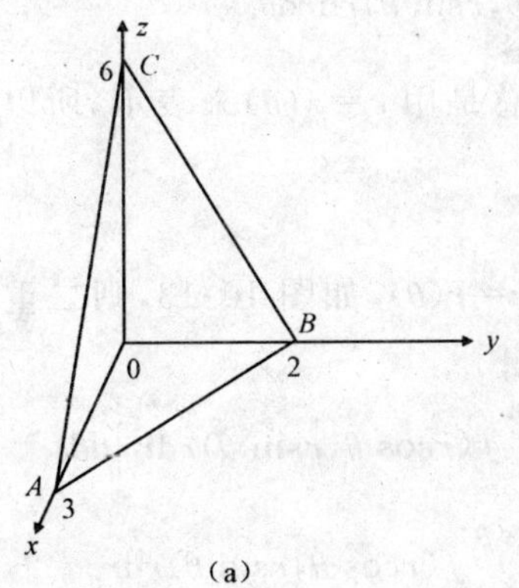

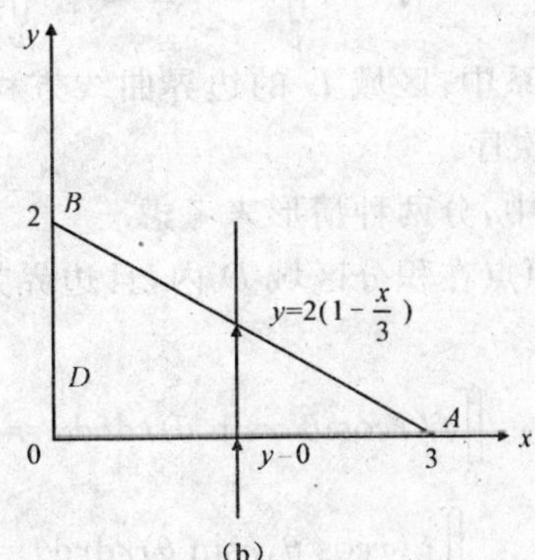

图 10-9

①在 xOy 平面上画出曲线所围成的区域 D.

②若先对 y 积分后对 x 积分，则将区域 D 投影到 x 轴上，得投影区间$[a,b]$，即得 $a\leqslant x\leqslant b$，如图 10-10；在$[a,b]$上任意确定一个 x，过 x 画一条与 y 轴平行的直线，假定它与区域的边界曲线的交点总是不超过两个(不然则见图 10-5 情形)，则可得 $\varphi_1(x)\leqslant y\leqslant\varphi_2(x)$，故 y 的下限为 $\varphi_1(x)$，上限为 $\varphi_2(x)$. 类似地可得先积 x 后积 y 时的定限示意图 10-11.

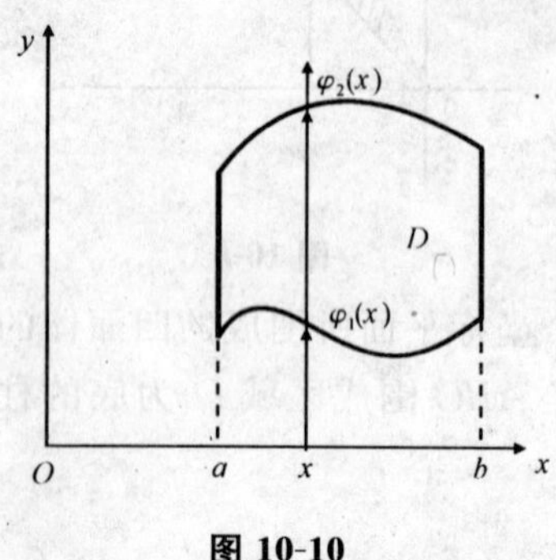

图 10-10

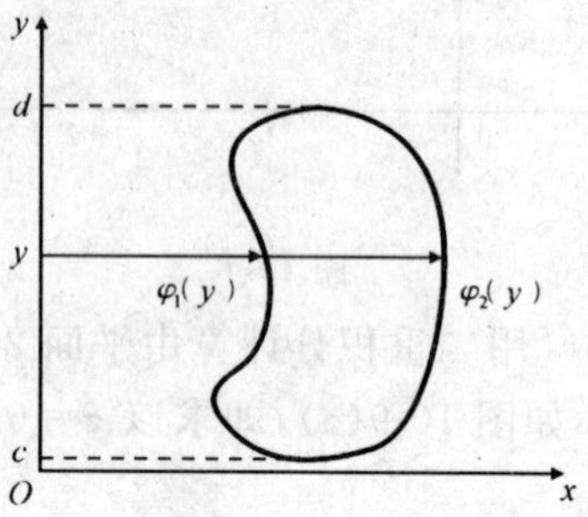

图 10-11

利用此方法，我们可很直观地确定图 10-9(b)中的积分上下限.

二、利用极坐标计算二重积分

二重积分的计算，对某些被积函数和积分区域，采用极坐标计算往往简单得多，因此可以考虑利用极坐标计算二重积分 $\iint\limits_D f(x,y)\mathrm{d}x\mathrm{d}y$.

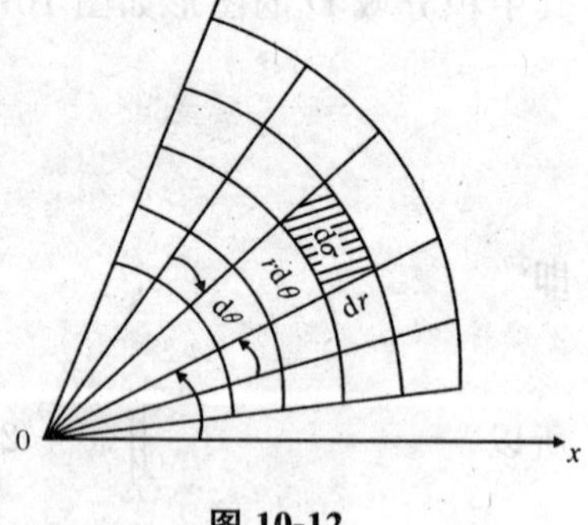

图 10-12

与直角坐标系中面积元素 $\mathrm{d}\sigma$ 的表示方式类似，在极坐标系中，可以用 $\theta=$常数和 $r=$常数的两族曲线，即一族从极点发出的射线和另一族圆心在极点的同心圆，把 D 分割成许多闭区域，这些区域除了靠边界曲线的一些区域外，绝大多数都是扇形域(图 10-12)，小区域的面积 $\Delta\sigma_i$ 可计算如下

$$\Delta\sigma_i\approx\mathrm{d}\sigma=r\mathrm{d}r\mathrm{d}\theta,$$

于是二重积分的极坐标形式为

$$\iint\limits_D f(x,y)\mathrm{d}\sigma=\iint\limits_D f(r\cos\theta,r\sin\theta)r\mathrm{d}r\mathrm{d}\theta. \tag{3}$$

在极坐标系中，区域 D 的边界曲线方程，通常总是用 $r=r(\theta)$来表示，所以一般是选择先积 r 后积 θ 的次序.

实际计算中，分两种情形来考虑.

(1)如果原点在积分区域 D 内，且边界方程为 $r=r(\theta)$，如图 10-13，则二重积分的累次积分为

$$\iint\limits_D f(r\cos\theta,r\sin\theta)r\mathrm{d}r\mathrm{d}\theta=\int_0^{2\pi}\left[\int_0^{r(\theta)}f(r\cos\theta,r\sin\theta)r\mathrm{d}r\right]\mathrm{d}\theta, \tag{4}$$

或写为
$$\iint\limits_D f(r\cos\theta,r\sin\theta)r\mathrm{d}r\mathrm{d}\theta=\int_0^{2\pi}\mathrm{d}\theta\int_0^{r(\theta)}f(r\cos\theta,r\sin\theta)r\mathrm{d}r.$$

(2)如果坐标原点不在积分域 D 内部，则从原点作两条射线 $\theta=\alpha$ 和 $\theta=\beta(\alpha\leqslant\beta)$(图10-14)

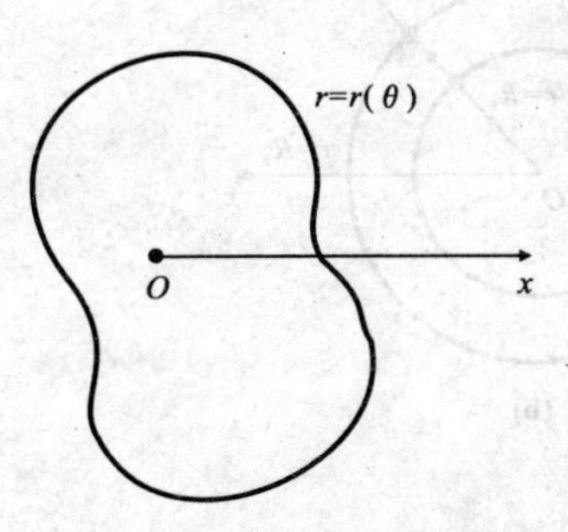

图 10-13

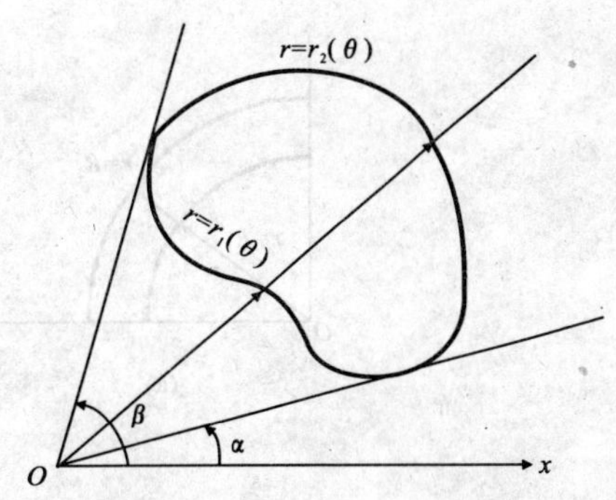

图 10-14

夹紧域 D. α,β 分别是对 θ 积分的下限和上限. 在 α 与 β 间作任一条射线与积分区域 D 的边界交两点,它们的极径分别为 $r=r_1(\theta)$, $r=r_2(\theta)$. 假定 $r_1(\theta)\leqslant r_2(\theta)$,那么 $r_1(\theta)$ 与 $r_2(\theta)$ 分别是对 r 积分下限与上限,即

$$\begin{aligned}&\iint_D f(r\cos\theta,r\sin\theta)r\mathrm{d}r\mathrm{d}\theta\\&=\int_\alpha^\beta\mathrm{d}\theta\int_{r_1(\theta)}^{r_2(\theta)}f(r\cos\theta,r\sin\theta)r\mathrm{d}r.\end{aligned}\tag{5}$$

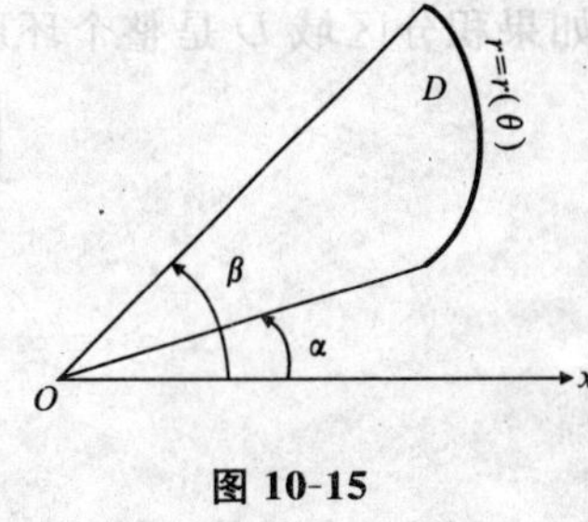

图 10-15

(3)如果坐标原点在区域 D 的边界,如图 10-15,则可以将它看成是图 10-14 所示特例,其中 $r_1(\theta)\equiv 0$, $r_2(\theta)=r(\theta)$,故式(5)可写成

$$\iint_D f(r\cos\theta,r\sin\theta)r\mathrm{d}r\mathrm{d}\theta=\int_\alpha^\beta\mathrm{d}\theta\int_0^{r(\theta)}f(r\cos\theta,r\sin\theta)r\mathrm{d}r.\tag{6}$$

例 4 计算 $\iint\limits_D \mathrm{e}^{-x^2-y^2}\mathrm{d}\sigma$, D 是圆域 $x^2+y^2\leqslant a^2\ (a>0)$.

解 因原点在域 D 内,且边界曲线的方程为 $r=a$,故

$$\begin{aligned}\iint_D \mathrm{e}^{-x^2-y^2}\mathrm{d}\sigma&=\iint_D \mathrm{e}^{-r^2}r\mathrm{d}r\mathrm{d}\theta=\int_0^{2\pi}\mathrm{d}\theta\int_0^a r\mathrm{e}^{-r^2}\mathrm{d}r\\&=2\pi\int_0^a r\mathrm{e}^{-r^2}\mathrm{d}r=-\pi\mathrm{e}^{-r^2}\Big|_0^a=\pi(1-\mathrm{e}^{-a^2}).\end{aligned}$$

例 5 在极坐标系中,计算二重积分 $\iint\limits_D(x^2+y^2)\mathrm{d}\sigma$. D 是由 $x^2+y^2=R_1^2$ 和 $x^2+y^2=R_2^2$ $(R_1<R_2)$ 所围成的环形区域在第一象限的部分.

解 在极坐标系中画出区域 D,如图 10-16,并把 D 的边界曲线化为极坐标方程,即为 $r=R_1$ 和 $r=R_2$,作两条射线 $\theta=0$ 与 $\theta=\frac{\pi}{2}$ 夹紧积分域 D. 在 0 与 $\frac{\pi}{2}$ 之间任作一射线与域 D 的边界交两点 $r=R_1$ 和 $r=R_2$,所以有 D: $0\leqslant\theta\leqslant\frac{\pi}{2}$, $R_1\leqslant r\leqslant R_2$,应用公式

$$\begin{aligned}\iint_D(x^2+y^2)\mathrm{d}\sigma&=\iint_D r^2 r\mathrm{d}r\mathrm{d}\theta\\&=\int_0^{\frac{\pi}{2}}\mathrm{d}\theta\int_{R_1}^{R_2}r^3\mathrm{d}r\end{aligned}$$

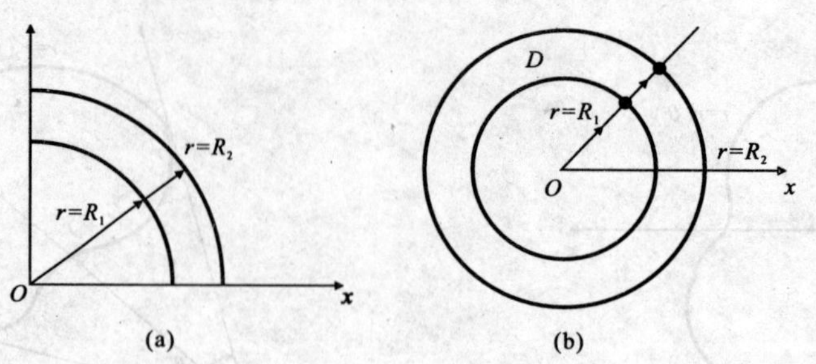

图 10-16

$$= \frac{\pi}{8}(R_2^4 - R_1^4).$$

如果积分区域 D 是整个环形，显然有

$$\iint_D (x^2+y^2)\mathrm{d}\sigma = \iint_D r^2 \cdot r\mathrm{d}r\mathrm{d}\theta$$

$$= \int_0^{2\pi}\mathrm{d}\theta\int_{R_1}^{R_2} r^3\mathrm{d}r = 2\pi\int_{R_1}^{R_2} r^3\mathrm{d}r = \frac{\pi}{2}r^4\Big|_{R_1}^{R_2}$$

$$= \frac{\pi}{2}(R_2^4 - R_1^4).$$

例 6 求球体 $x^2+y^2+z^2\leqslant 4a^2$ 与圆柱体 $x^2+y^2\leqslant 2ax$ 的公共部分的体积(图 10-17).

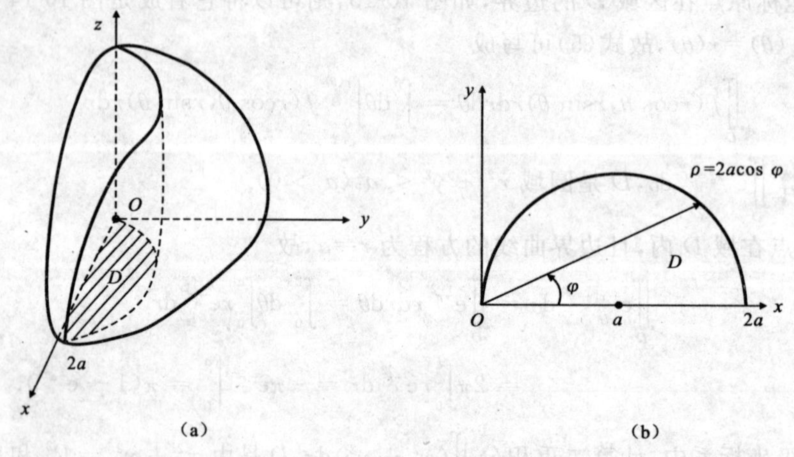

图 10-17

解 由对称性

$$V = 4\iint_D \sqrt{4a^2-x^2-y^2}\,\mathrm{d}x\mathrm{d}y,$$

其中 D 为半圆周 $y=\sqrt{2ax-x^2}$ 及 x 轴所围成的闭区域. 在极坐标系中，D 可表示为

$$0\leqslant\rho\leqslant 2a\cos\varphi, 0\leqslant\varphi\leqslant\frac{\pi}{2},$$

于是

$$V = 4\iint_D \sqrt{4a^2-\rho^2}\,\rho\mathrm{d}\rho\mathrm{d}\varphi = 4\int_0^{\frac{\pi}{2}}\mathrm{d}\varphi\int_0^{2a\cos\varphi}\sqrt{4a^2-\rho^2}\,\rho\mathrm{d}\rho$$

$$= \frac{32}{3}a^3\int_0^{\frac{\pi}{2}}(1-\sin^3\varphi)\mathrm{d}\varphi = \frac{32}{3}a^3(\frac{\pi}{2}-\frac{2}{3}).$$

例 7　计算积分 $I=\int_0^{+\infty}e^{-x^2}dx$.

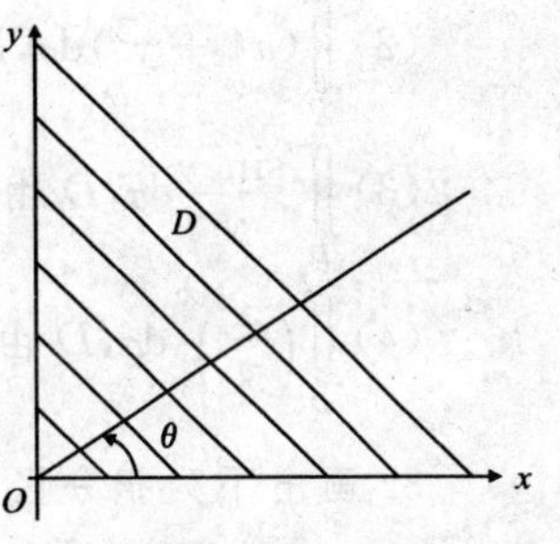

图 10-18

解　由于积分 $\int e^{-x^2}dx$ 不能用初等函数表示，所以不能直接用定积分公式算出来，故设

$$H=\iint_D e^{-x^2-y^2}dxdy,$$

其中区域 D 如图 10-18.

则有

$$H=\iint_D e^{-x^2-y^2}dxdy=\int_0^{+\infty}dx\int_0^{+\infty}e^{-x^2-y^2}dy$$
$$=\int_0^{+\infty}e^{-x^2}dx\int_0^{+\infty}e^{-y^2}dy.$$

由于定积分的值与积分变量无关，则由上式可知

$$H=\int_0^{+\infty}e^{-x^2}dx\int_0^{+\infty}e^{-y^2}dy=I^2.$$

现用极坐标计算 H，由图 10-18 知 D：$0\leqslant r\leqslant+\infty$，$0\leqslant\theta\leqslant\frac{\pi}{2}$，故

$$H=\int_0^{\frac{\pi}{2}}d\theta\int_0^{+\infty}e^{-r^2}\cdot rdr,$$

因
$$\int_0^{+\infty}e^{-r^2}\cdot rdr=\left(-\frac{1}{2}e^{-r^2}\right)\Big|_0^{+\infty}=\frac{1}{2},$$

所以
$$H=\int_0^{\frac{\pi}{2}}\frac{1}{2}d\theta=\frac{\pi}{4},$$

于是，得到
$$I^2=\frac{\pi}{4},\ I=\int_0^{+\infty}e^{-x^2}dx=\frac{\sqrt{\pi}}{2},$$

但还可得到
$$\int_{-\infty}^{+\infty}e^{-x^2}dx=\sqrt{\pi}.$$

习题 10-2

A

1. 化二重积分 $I=\iint_D f(x,y)d\sigma$ 为累次积分，其中 D 是

(1)$1\leqslant x\leqslant2$，$0\leqslant y\leqslant\frac{\pi}{2}$；

(2)由直线 $y=x$ 及抛物线 $y^2=4x$ 所围成的区域；

(3)$x^2+y^2\leqslant2y$；

(4)由直线 $y=x$，$y=2x$ 及双曲线 $xy=2$ 所围成的第一象限部分区域.

2. 画出下列二重积分的积分域并计算：

(1)$\iint_D e^{x+y}d\sigma$，D：$|x|\leqslant1$，$|y|\leqslant1$

(2) $\iint\limits_D (x^2+y^2)\mathrm{d}\sigma, D: |x|+|y|\leqslant 1$

(3) $\iint\limits_D \frac{\sin y}{y}\mathrm{d}\sigma$, D 由 $y=x, x=0, y=\frac{\pi}{2}, y=\pi$ 围成

(4) $\iint\limits_D \left(\frac{x}{y}\right)^2\mathrm{d}\sigma$, D 由 $y=x, xy=1, x=2$ 围成

3. 画出下列积分区域 D，将 $I=\iint\limits_D f(x,y)\mathrm{d}\sigma$ 化为极坐标系中的累次积分(先积 r，后积 θ)：

(1) $D: x^2+y^2\leqslant 2x$

(2) D 由 $y=\sqrt{R^2-x^2}, y=\pm x$ 围成

(3) $D: 2x\leqslant x^2+y^2\leqslant 4$

4. 计算由四个平面 $x=0, y=0, x=1$ 及 $y=1$ 所围成的柱体被平面 $z=0$ 及 $2x+3y+z=6$ 截得的立体的体积.

5. 设 $a<b$，证明：

$$\int_a^b \mathrm{d}x\int_a^x f(x,y)\mathrm{d}y=\int_a^b \mathrm{d}y\int_y^b f(x,y)\mathrm{d}x.$$

6. 改换下列二重积分的积分次序：

(1) $\int_0^1 \mathrm{d}y\int_0^y f(x,y)\mathrm{d}x$

(2) $\int_0^2 \mathrm{d}y\int_{y^2}^{2y} f(x,y)\mathrm{d}x$

(3) $\int_1^e \mathrm{d}x\int_0^{\ln x} f(x,y)\mathrm{d}y$

(4) $\int_0^1 \mathrm{d}y\int_0^{2y} f(x,y)\mathrm{d}x+\int_1^3 \mathrm{d}y\int_0^{3-y} f(x,y)\mathrm{d}x$

7. 设平面薄片所占区域 D 由直线 $x+y=2, y=x$ 及 x 轴所围成，它的面密度 $\mu(x,y)=x^2+y^2$，求该薄片的质量.

8. 利用极坐标计算下列各题：

(1) $\iint\limits_D \mathrm{e}^{x^2+y^2}\mathrm{d}\sigma, D: x^2+y^2\leqslant 4$；

(2) $\iint\limits_D \ln(1+x^2+y^2)\mathrm{d}\sigma$, D 由 $x^2+y^2=1$ 及坐标轴所围成的第一象限内的区域.

9. 计算以 xOy 面上的闭区域 $x^2+y^2\leqslant ax$ 为底，而以曲面 $z=x^2+y^2$ 为顶的曲顶柱体的体积.

B

1. 选用适当的坐标计算下列各题：

(1) $\iint\limits_D \frac{x^2}{y^2}\mathrm{d}\sigma$，其中 D 由直线 $x=2, y=x$ 及曲线 $xy=1$ 所围成；

(2)$\iint\limits_D (x^2+y^2)\mathrm{d}\sigma$，其中 D 由直线 $y=x, y=x+a, y=a$ 及 $y=3a(a>0)$ 所围成；

(3)$\iint\limits_D \sqrt{x^2+y^2}\mathrm{d}\sigma$，其中 D 是环形闭区域：$a^2\leqslant x^2+y^2\leqslant b^2$.

2. 证明：$I=\int_{-\infty}^{+\infty}\mathrm{e}^{-\frac{x^2}{2}}\mathrm{d}x=\sqrt{2\pi}$.

第三节　二重积分的应用

利用重积分，我们可以计算出以闭区域 D 为底、曲面 $z=f(x,y)$ 为顶的柱体体积，且当 $f(x,y)=1$ 时，$\iint\limits_D \mathrm{d}\sigma$ 表示闭区域 D 的面积，除此以外二重积分还有以下物理方面的应用.

一、平面薄片的重心

若已知薄板 D 的面密度 $\rho=\rho(x,y)$，求它的质心坐标 $(\bar{x},\bar{y})$，即薄板的重心.

设有 n 个质点 $m_1,m_2,\cdots,m_n$ 组成(其中 $m_i(i=1,2,\cdots,n)$ 同时表示各点的质量)，又设 m_i 的坐标为 $(x_i,y_i)(i=1,2,\cdots,n)$，质点系的质心为 $(\bar{x},\bar{y})$，那么，由力学中静力学知识，有

$$\left(\sum_{i=1}^{n}m_i\right)\bar{x}=\sum_{i=1}^{n}m_ix_i,$$

及

$$\left(\sum_{i=1}^{n}m_i\right)\bar{y}=\sum_{i=1}^{n}m_iy_i,$$

故

$$\bar{x}=\frac{\sum\limits_{i=1}^{n}(m_ix_i)}{\sum\limits_{i=1}^{n}m_i};\qquad \bar{y}=\frac{\sum\limits_{i=1}^{n}(m_iy_i)}{\sum\limits_{i=1}^{n}m_i}.$$

其中 $\sum\limits_{i=1}^{n}m_i=M$ 为该质点系的总质量. $M_y=\sum\limits_{i=1}^{n}m_ix_i$，　$M_x=\sum\limits_{i=1}^{n}m_iy_i$ 分别为该质点系对 y 轴和 x 轴的静力矩.

现在闭区域 D 上任取一直径很小的闭区域 $\mathrm{d}\sigma$(这小区域的面积也记作 $\mathrm{d}\sigma$)，(x,y) 是这小闭区域上的一个点. 由于 $\mathrm{d}\sigma$ 的直径很小，且 $\rho(x,y)$ 在 D 上连续，所以薄片中相应于 $\mathrm{d}\sigma$ 的部分的质量近似等于 $\rho(x,y)\mathrm{d}\sigma$，这部分质量可近似看作集中在点 (x,y) 上，于是可以写出静矩元素 $\mathrm{d}M_y$ 及 $\mathrm{d}M_x$. 即

$$\mathrm{d}M_y=x\rho(x,y)\mathrm{d}\sigma,\quad \mathrm{d}M_x=y\rho(x,y)\mathrm{d}\sigma,$$

故

$$M_y=\iint\limits_D x\rho(x,y)\mathrm{d}\sigma,\quad M_x=\iint\limits_D y\rho(x,y)\mathrm{d}\sigma.$$

而薄片的质量为

$$M=\iint\limits_D \rho(x,y)\mathrm{d}\sigma,$$

故得重心坐标 $(\bar{x},\bar{y})$ 为

$$\bar{x}=\frac{M_y}{M}=\frac{\iint\limits_D x\rho(x,y)\mathrm{d}\sigma}{\iint\limits_D \rho(x,y)\mathrm{d}\sigma},\quad \bar{y}=\frac{M_x}{M}=\frac{\iint\limits_D y\rho(x,y)\mathrm{d}\sigma}{\iint\limits_D \rho(x,y)\mathrm{d}\sigma}. \tag{1}$$

如果薄片是均匀的(即 $\rho(x,y)=$常数),则公式(1)为

$$\bar{x}=\frac{1}{\sigma}\iint\limits_D x\,\mathrm{d}\sigma,\quad \bar{y}=\frac{1}{\sigma}\iint\limits_D y\,\mathrm{d}\sigma. \tag{2}$$

其中 σ 表示区域 D 的面积,这时也称点$(\bar{x},\bar{y})$是平面图形的形心.

例 1 求半径为 R 的半圆形均匀薄片的重心(图 10-19).

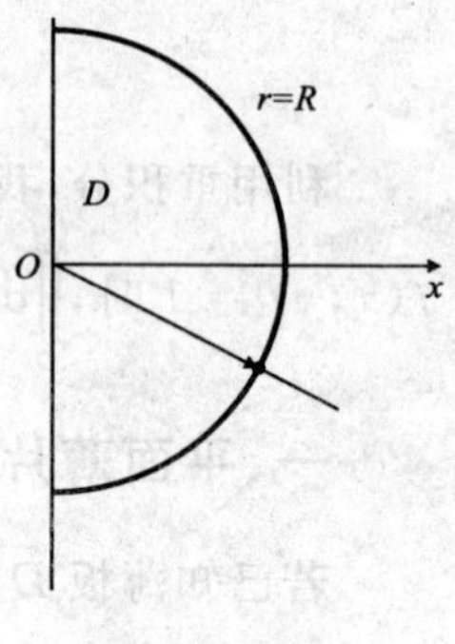

图 10-19

解 利用对称性,重心的纵坐标为 0,又因为 D:$-\frac{\pi}{2}\leqslant\theta\leqslant\frac{\pi}{2}$,$0\leqslant r\leqslant R$. 故

$$\bar{x}=\frac{1}{\sigma}\iint\limits_D x\,\mathrm{d}\sigma=\frac{2}{\pi R^2}\iint x\,\mathrm{d}\sigma$$

$$=\frac{2}{\pi R^2}\int_{-\frac{\pi}{2}}^{\frac{\pi}{2}}\mathrm{d}\theta\int_0^R r^2\cos\theta\,\mathrm{d}r=\frac{4R}{3\pi}.$$

二、平面薄片的转动惯量

我们已经知道,某些特殊形状的均匀的平面薄片的转动惯量可用定积分来计算. 但对于一般形状的非均匀的平面薄片,它的转动惯量就要用二重积分来计算.

设质量为 m 的质点 P 位于 xOy 平面上的(x,y)处,则该质点关于 x 轴、y 轴的转动惯量依次为

$$I_x=my^2,\quad I_y=mx^2.$$

现有一平面薄片,它占有 xOy 平面上的区域 D,薄片在点(x,y)处的面密度为 $\rho(x,y)$,且函数 $\rho(x,y)$在 D 上连续.

现在 D 上任取一个子域 $\mathrm{d}\sigma$($\mathrm{d}\sigma$ 也表示该子域的面积),点(x,y)是 $\mathrm{d}\sigma$ 中的一点. 薄片子域关于 x 轴、y 轴的转动惯量 $\mathrm{d}I_x$、$\mathrm{d}I_y$ 就是 $\mathrm{d}\sigma$ 的质量全部集中在点(x,y)上,关于 x 轴、y 轴的转动惯量,即为

$$\mathrm{d}I_x=y^2\mathrm{d}m=y^2\rho(x,y)\mathrm{d}\sigma,\quad \mathrm{d}I_y=x^2\mathrm{d}m=x^2\rho(x,y)\mathrm{d}\sigma,$$

这样便得薄片的转动惯量

$$I_x=\iint\limits_D y^2\rho(x,y)\mathrm{d}\sigma,\quad I_y=\iint\limits_D x^2\rho(x,y)\mathrm{d}\sigma. \tag{3}$$

例 2 求质量为 M,长为 a,宽为 b 的长方形均匀薄板对长边的转动惯量(图 10-20).

解 面密度为$\frac{M}{ab}$,任取一个子域 $\mathrm{d}\sigma$,则该子域对 x 轴的转动惯量为

$$\mathrm{d}I_x=y^2\frac{M}{ab}\mathrm{d}\sigma,$$

故

$$I_x=\iint\limits_D\frac{M}{ab}y^2\mathrm{d}\sigma=\frac{M}{ab}\int_0^a\mathrm{d}x\int_0^b y^2\mathrm{d}y=\frac{b^2}{3}M.$$

例 3 求半径为 a 的均匀半圆薄片(面密度为 ρ)对于其直径边的转动惯量.

解 如图 10-21 建立坐标系. 则薄片所占闭区域 D 可表示为

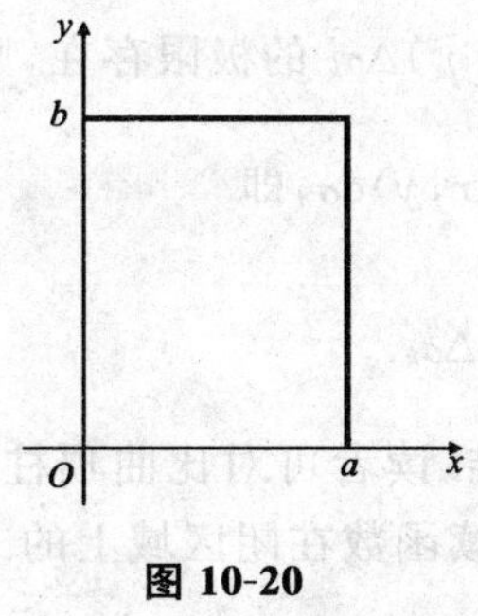

图 10-20

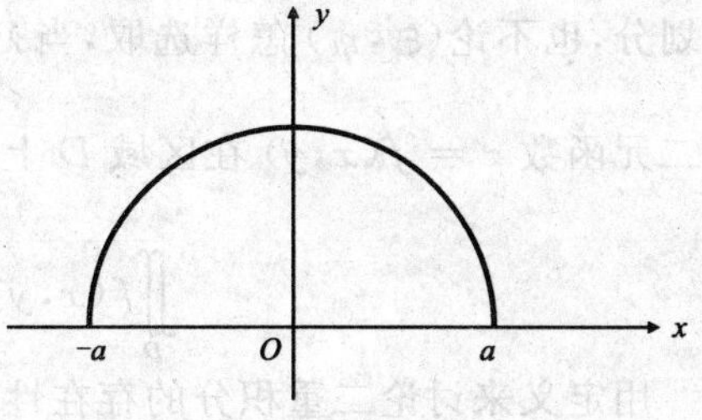

图 10-21

$$x^2+y^2\leqslant a^2\quad (y\geqslant 0),$$

而所求的转动惯量即是对于 x 轴的转动惯量 I_x，因此

$$I_x=\iint\limits_D \rho y^2\,\mathrm{d}\sigma=\rho\iint\limits_D r^3\sin^2\theta\,\mathrm{d}r\,\mathrm{d}\theta.$$

$$=\rho\int_0^{\pi}\mathrm{d}\theta\int_0^a r^3\sin^2\theta\,\mathrm{d}r=\rho\frac{a^2}{4}\int_0^{\pi}\sin^2\theta\,\mathrm{d}\theta=\frac{\pi}{8}\rho a^4.$$

习题 10-3

A

1. 均匀的平面薄片，所占区域 D 由 $y=x$、$y=x^2$ 围成，求该薄片的重心.

2. 设有一等腰直角三角形薄片，腰长为 a，各点处的面密度等于该点到直角顶点的距离的平方，求该薄片的重心.

3. 求质量为 M，内外半径依次为 r 及 R 的均匀圆环状平面薄片关于垂直环面并过其中心的轴的转动惯量.

4. 一直角三角形，两直角边长分别为 a 和 b，计算这三角形对其中一直角边的转动惯量（密度 $\mu=1$）.

B

1. 计算 $\iint\limits_D\sqrt{R^2-x^2-y^2}\,\mathrm{d}x\mathrm{d}y$，$D$ 为圆 $x^2+y^2=Rx$ 所包围的第一象限中的区域.

2. 用二重积分求由抛物柱面 $2y^2=x$ 与平面 $\frac{x}{4}+\frac{y}{2}+\frac{z}{2}=1$、$z=0$ 所围成的立体的体积.

本章小结

1. 二重积分的概念

设 $z=f(x,y)$ 是有界闭区域 D 上的有界函数，将 D 任意分成 n 个子区域 $\Delta\sigma_k(k=1,2,\cdots,n)$，其面积记作 $\Delta\sigma_k$，在每个子区域 $\Delta\sigma_k$ 上任取一点 (ξ_k,η_k)，作和式 $\sum\limits_{k=1}^{n}f(\xi_k,\eta_k)\Delta\sigma_k$，记子区域的最大直径为 λ（最大直径即为区域 $\Delta\sigma_k$ 中任意两点间的距离的最大者），如果不论子区域怎

样划分,也不论(ξ_k,η_k)怎样选取,当$\lambda\to 0$时,和式$\sum\limits_{k=1}^{n}f(\xi_k,\eta_k)\Delta\sigma_k$的极限存在,则称该极限值为二元函数$z=f(x,y)$在区域$D$上的二重积分,记作$\iint\limits_D f(x,y)\mathrm{d}\sigma$,即

$$\iint\limits_D f(x,y)\mathrm{d}\sigma=\lim_{\lambda\to 0}\sum_{k=1}^{n}f(\xi_k,\eta_k)\Delta\sigma_k.$$

用定义来讨论二重积分的存在性,一般来说都比较困难.读者可对比曲顶柱体的体积、平面薄板的质量的求法来理解二重积分.学习时还要注意,连续函数在闭区域上的二重积分一定存在,也就是说无论区域怎样划分,(ξ_k,η_k)怎样选取,和式$\sum\limits_{k=1}^{n}f(\xi_k,\eta_k)\Delta\sigma_k$的极限$\lim\limits_{\lambda\to 0}f(\xi_k,\eta_k)\Delta\sigma_k$总唯一存在.另一方面,二重积分是一具体数值,它只与被积函数$z=f(x,y)$的积分区域D有关.

2. 二重积分的性质

以下各性质我们假定二重积分是存在的.

(1) $\iint\limits_D kf(x,y)\mathrm{d}\sigma=k\iint\limits_D f(x,y)\mathrm{d}\sigma$　(k为常数).

(2) $\iint\limits_D[f(x,y)\pm g(x,y)]\mathrm{d}\sigma=\iint\limits_D f(x,y)\mathrm{d}\sigma\pm\iint\limits_D g(x,y)\mathrm{d}\sigma$.

(3)(可加性)　若$D=D_1+D_2$,则

$$\iint\limits_D f(x,y)\mathrm{d}\sigma=\iint\limits_{D_1}(x,y)\mathrm{d}\sigma+\iint\limits_{D_2}f(x,y)\mathrm{d}\sigma.$$

(4) $\iint\limits_D 1\mathrm{d}\sigma=\iint\limits_D\mathrm{d}\sigma=\sigma$($\sigma$为积分区域$D$的面积).

(5)如果在区域D上,$f(x,y)\leqslant g(x,y)$,则

$$\iint\limits_D f(x,y)\mathrm{d}\sigma\leqslant\iint\limits_D g(x,y)\mathrm{d}\sigma.$$

(利用此性质可在同一积分域上比较两个积分值的大小.)

(6) $m\sigma\leqslant\iint\limits_D f(x,y)\mathrm{d}\sigma\leqslant M\sigma$.

其中,M与m分别是$f(x,y)$在区域D上的最大值与最小值,σ为积分区域的面积.

性质6又叫积分估值定理.利用此性质可以估出积分值的范围.因此,重积分的估值问题实际上转化为求被积函数$z=f(x,y)$在区域D上的最大值、最小值及积分区域D的面积问题.

(7)若函数$f(x,y)$在闭区域D上连续,则

$$\iint\limits_D f(x,y)\mathrm{d}\sigma=f(\xi,\eta)\sigma.$$

式中,$(\xi,\eta)\in D$,σ为积分区域D的面积.

性质7又叫积分中值定理.

3. 二重积分的几何意义

当$f(x,y)\geqslant 0$时,$\iint\limits_D f(x,y)\mathrm{d}\sigma$在几何上表示:以区域$D$为底,以曲面$z=f(x,y)$为顶,以

D 的边界曲线为准线，母线平行于 z 轴的柱面所围成曲顶柱体的体积.

利用这个几何意义，就可用二重积分求曲顶柱体的体积或空间立体的体积.

4. 二重积分的计算方法

在二重积分定义中，由于对积分区域的划分是任意的，采用不同的划分方法，可得不同的计算方法. 用一些平行于坐标轴的直线来划分区域 D，有 $\mathrm{d}\sigma=\mathrm{d}x\mathrm{d}y$，可得直角坐标系下二重积分的计算方法. 用一些从原点出发的射线和一些以原点为圆心的圆弧来划分区域 D，有 $\mathrm{d}\sigma=r\mathrm{d}\theta\mathrm{d}r$，可得极坐标系下二重积分的计算方法. 分别叙述如下.

(1)二重积分在直角坐标系下的计算. 在计算二重积分 $\iint\limits_D f(x,y)\mathrm{d}\sigma$ 时，首先在直角坐标系上画出积分区域 D 的图形，根据积分区域的形状确定积分次序和积分限.

若积分区域 D 由 $\varphi_1(x)\leqslant y\leqslant\varphi_2(x)$，$a\leqslant x\leqslant b$ 表示，则

$$\iint\limits_D f(x,y)\mathrm{d}\sigma=\int_a^b\mathrm{d}x\int_{\varphi_1(x)}^{\varphi_2(x)}f(x,y)\mathrm{d}y.$$

若积分区域 D 由 $\psi_1(y)\leqslant x\leqslant\psi_2(y)$，$c\leqslant y\leqslant d$ 表示，则

$$\iint\limits_D f(x,y)\mathrm{d}\sigma=\int_c^d\mathrm{d}y\int_{\psi_1(y)}^{\psi_2(y)}f(x,y)\mathrm{d}x.$$

若积分区域 D 由 $\begin{cases}\varphi_1(x)\leqslant y\leqslant\varphi_2(x)\\ a\leqslant x\leqslant b\end{cases}$ 和 $\begin{cases}\psi_1(x)\leqslant y\leqslant\psi_2(x)\\ b\leqslant x\leqslant c\end{cases}$ 表示，则

$$\iint\limits_D f(x,y)\mathrm{d}\sigma=\int_a^b\mathrm{d}x\int_{\varphi_1(x)}^{\varphi_2(x)}f(x,y)\mathrm{d}y+\int_b^c\mathrm{d}x\int_{\psi_1(x)}^{\psi_2(x)}f(x,y)\mathrm{d}y.$$

(2)二重积分在极坐标系下的计算. 在计算二重积分时，若被积分函数 $f(x,y)$ 可表示成 x^2+y^2 或 y/x 的函数，积分区域 D 是圆域、扇形域或是圆域、扇形域的一部分时，可以考虑用极坐标计算. 计算时应注意：将积分函数 $f(x,y)$ 中的 x,y 用极坐标 $x=r\cos\theta$，$y=r\sin\theta$ 来代替，$\mathrm{d}\sigma$ 用 $r\mathrm{d}\theta\mathrm{d}r$ 来代替；将积分区域的边界曲线用极坐标表示，然后根据极点在积分区域中的位置来确定积分限. 分极点在区域的内部、边界上、外部三种情况来考虑，并且一般是先对 r 积分，后对 θ 积分.

若极点在区域 D 的内部，D 由 $0\leqslant r\leqslant r(\theta)$，$0\leqslant\theta\leqslant 2\pi$ 来表示，则

$$\begin{aligned}\iint\limits_D f(x,y)\mathrm{d}\sigma&=\iint\limits_D f(r\cos\theta,r\sin\theta)r\mathrm{d}\theta\mathrm{d}r\\&=\int_0^{2\pi}\mathrm{d}\theta\int_0^{r(\theta)}f(r\cos\theta,r\sin\theta)r\mathrm{d}r.\end{aligned}$$

若极点在区域 D 的边界上，D 由 $0\leqslant r\leqslant r(\theta)$，$\alpha\leqslant\theta\leqslant\beta$ 来表示，则

$$\iint\limits_D f(x,y)\mathrm{d}\sigma=\int_\alpha^\beta\mathrm{d}\theta\int_0^{r(\theta)}f(r\cos\theta,r\sin\theta)r\mathrm{d}r.$$

若极点在区域 D 的外部，D 由 $r_1(\theta)\leqslant r\leqslant r_2(\theta)$，$\alpha\leqslant\theta\leqslant\beta$ 来表示，则

$$\iint\limits_D f(x,y)\mathrm{d}\sigma=\int_\alpha^\beta\mathrm{d}\theta\int_{r_1(\theta)}^{r_2(\theta)}f(r\cos\theta,r\sin\theta)r\mathrm{d}r.$$

5. 二重积分的应用

在几何上可用二重积分求曲顶柱体的体积、曲面的面积等. 在物理上可用二重积分求平面薄片的重心、质量、转动惯量等.

(1)曲顶柱体的体积. 设曲顶为 $z=f(x,y)\geqslant 0$,该曲面在 xOy 平面的投影为 D,以 D 的边界曲线为准线作母线平行于正轴的柱面,由曲顶、柱面及积分区域围成一空间立体,则其体积为

$$V=\iint_D f(x,y)\mathrm{d}\sigma.$$

(2)曲面的面积. 设曲面由方程 $z=f(x,y)$ 给出,该曲面在 xOy 平面的投影域为 D,则该曲面的面积为

$$S=\iint_D \sqrt{1+z_x^2+z_y^2}\mathrm{d}\sigma=\iint_D \sqrt{1+f_x^2+f_y^2}\mathrm{d}\sigma.$$

若曲面由方程 $y=g(x,z)$ 或 $x=h(y,z)$ 给出也可得到类似公式,但要注意积分区域和积分变量都发生了变化.

(3)平面薄板的质量. 设平面薄板在 xOy 平面上占有区域为 D,其质量分布不均匀,密度函数为 $\rho(x,y)$,则其重心 $(\bar{x},\bar{y})$ 的计算公式为

$$\bar{x}=\frac{\iint_D x\rho(x,y)\mathrm{d}\sigma}{\iint_D \rho(x,y)\mathrm{d}\sigma},\quad \bar{y}=\frac{\iint_D y\rho(x,y)\mathrm{d}\sigma}{\iint_D \rho(x,y)\mathrm{d}\sigma}.$$

(4)平面薄板的转动惯量. 设平面薄板在 xOy 平面上占有的区域为 D,其密度函数为 $\rho(x,y)$,则它关于 x 轴、y 轴的转动惯量的计算公式为

$$I_x=\iint_D y^2\rho(x,y)\mathrm{d}\sigma,I_y=\iint_D x^2\rho(x,y)\mathrm{d}\sigma.$$

复习题 10

1. 计算下列二重积分:

(1) $\iint_D xy\mathrm{d}x\mathrm{d}y, D:0\leqslant x\leqslant 1, 0\leqslant y\leqslant 1$

(2) $\iint_D(\sin x+\cos y)\mathrm{d}x\mathrm{d}y, D:0\leqslant x\leqslant \pi, 0\leqslant y\leqslant \frac{\pi}{2}$

(3) $\iint_D \frac{x}{y^3}\mathrm{d}x\mathrm{d}y, D:0\leqslant x\leqslant 2, 1\leqslant y\leqslant 2$

(4) $\iint_D \cos(x+y)\mathrm{d}x\mathrm{d}y$, D 由 $y=x, y=0, x=\pi$ 围成

(5) $\iint_D \mathrm{e}^x\mathrm{d}x\mathrm{d}y$, D 由 $x=0, y=\mathrm{e}^x$ 和 $y=2$ 围成

2. 计算 $\iint_D(ax+by+c)\mathrm{d}x\mathrm{d}y$ (a,b,c 为常数).

3. 用二重积分计算下列曲面所围立体体积:

(1) $z=1-x^2-y^2$ 及 $z=0$

(2)$z=x^2+y^2$,三坐标平面和平面 $x+y=1$

(3)$z^2\geqslant x^2+y^2$ 及 $x^2+y^2+z^2\leqslant 2z$

4. 求由旋转抛物面 $z=6-x^2-y^2$ 与 xOy 坐标平面所围立体体积.

5. 某水池呈圆形,半径为 5 m,以中心为坐标原点,距中心距离为 r 处的水深为 $\frac{5}{1+r^2}$(m),试求该水池的蓄水量.

6. 将下列积分化为极坐标形式,并计算积分值:

(1)$\int_0^1 dx\int_x^{\sqrt{3}x}\frac{1}{\sqrt{x^2+y^2}}dy$

(2)$\int_0^{2a} dx\int_0^{\sqrt{2ax-x^2}}(x^2+y^2)dy$

B

1. 利用极坐标系计算 $\iint\limits_D x\,dx\,dy$,D:$x^2+(y-1)^2\geqslant 1$,$x^2+(y-2)^2\leqslant 4$.

2. 求由锥面 $z=\sqrt{x^2+y^2}$ 及旋转抛物面 $z=6-x^2-y^2$ 所围成立体体积.

第十一章　常微分方程与差分方程

微分方程是与微积分一起形成发展起来的重要的数学分支，早在17～18世纪，牛顿、莱布尼茨、贝努里和拉格朗日等人在研究力学和几何学中就提出了微分方程.后来，随着科学的发展，微分方程在力学、电学、天文学和其他数学物理领域内的应用不断获得成功，有力地推动了这些学科的发展.当今微分方程的理论和应用都有了巨大的发展，它已成为研究自然科学和社会科学的一个强有力的工具.

本章将介绍常微分方程与差分方程的基本概念，几种常用的微分方程、一阶差分方程的解法及它在经济管理中的应用.

第一节　常微分方程的基本概念

在解决实际问题中，经常需要建立与问题有关的各变量之间的函数关系.这种关系有时可以直接建立，有时却只能根据一些基本科学原理来建立所求函数与其变化率之间的关系式，而后再从中解出所求的未知函数.

一、引例

下面通过几何、力学中的几个问题来说明微分方程的基本概念.

例1　一曲线通过点(1,2)，且在该曲线上任一点$M(x,y)$处的切线斜率为$2x$，求这曲线方程.

解　设所求的曲线方程为$y=y(x)$，根据导数的几何意义得到

$$\frac{\mathrm{d}y}{\mathrm{d}x}=2x,$$

两边取积分，得

$$y=\int 2x\mathrm{d}x=x^2+C\quad (C\text{为任意常数}).$$

再根据曲线过点(1,2)的条件知$y(1)=2$，即

$$2=1^2+C,$$

从而$C=1$.于是所求的曲线方程为$y=x^2+1$.

例2　列车在平直线路上以20 m/s的速度行驶；当制动时列车获得加速度$-0.4\ \mathrm{m/s^2}$.问开始制动后多少时间列车才能停住？在这段时间内列车行驶了多少路程？

解　把列车刹车时的时刻记为$t=0$，设制动后经过t (s)时列车行驶了s.显然直接求$s=s(t)$是困难的，但由加速度的物理意义可知

$$\frac{\mathrm{d}^2s}{\mathrm{d}t^2}=-0.4,$$

两边取积分，得

$$\frac{ds}{dt}=\int(-0.4)dt=-0.4t+C_1,$$

两边再取积分，得

$$s=-0.2t^2+C_1t+C_2,$$

这里 C_1、C_2 都是任意常数. 现需要确定 C_1、C_2 的值，依题意，未知函数 $s=s(t)$ 还满足下列条件：

$$s(0)=0,\quad s'(0)=20.$$

将它们代入 $\frac{ds}{dt}$ 与 s 的表达式中，即得 $C_1=20$，$C_2=0$，因此

$$s(t)=-0.2t^2+20t.$$

由于列车刹住时速度为零，即

$$s'(t)=-0.4t+20=0,$$

求得 $t=50$ s，于是列车所走的路程为

$$s(50)=-0.2\times(50)^2+20\times50=500 \text{ m}.$$

从以上两个例子可以看到，在许多问题中，只能从含有未知函数导数的等式中来求解未知函数，于是我们引进微分方程的概念.

二、微分方程及其类型

含有未知函数导数或微分的方程，称为**微分方程**. 未知函数是一元函数的微分方程称为**常微分方程**；未知函数是多元函数的微分方程称为**偏微分方程**. 微分方程有时也简称为方程. 本章只讨论常微分方程. 在例 1、例 2 中所建立的方程都是常微分方程.

不同类型的微分方程，在解法上有很大差异. 因此，在解微分方程之前必须正确识别方程的类型. 所谓方程的类型主要指方程的阶，线性与非线性，变系数与常系数，齐次与非齐次等.

微分方程中所出现的未知函数的最高阶导数或微分的阶数称为**微分方程的阶**. 如例 1 中的方程是一阶方程，例 2 中的方程是二阶方程. n 阶微分方程的一般形式为

$$F(x,y,y',\cdots,y^{(n)})=0,\tag{1}$$

其中 F 是 $n+2$ 个变量的函数. 这里必须指出在该方程中 $y^{(n)}$ 必须出现，而 x、y、y'，$\cdots$，$y^{(n-1)}$ 等变量则可以不出现. 如例 2 中的方程，除 $\frac{d^2s}{dt^2}$ 外，其余变量都没有出现.

以后讨论的微分方程都是能从上面隐函数方程中解出最高阶导数的方程：

$$y^{(n)}=f(x,y,y',\cdots,y^{(n-1)}),$$

且 f 在所讨论的范围内是连续的.

在微分方程中，如果未知函数及其导数都是一次的，且不含有这些变量的乘积项，则称这样的微分方程为**线性微分方程**. n 阶线性微分方程的一般形式为

$$a_0(x)y^{(n)}+a_1(x)y^{(n-1)}+\cdots+a_{n-1}(x)y'+a_n(x)y=f(x),$$

其中 $a_k(x)(k=1,2,\cdots,n)$ 及 $f(x)$ 为已知函数. 当 $f(x)\equiv0$ 时的线性微分方程称为**线性齐次微分方程**，否则称为**线性非齐次微分方程**. 又若 $a_k(x)(k=1,2,\cdots,n)$ 全为常数，则称为**常系数线性微分方程**，否则称为**变系数线性微分方程**. 例如：

$\frac{dM}{dt}=-kM$ 是一阶常系数线性齐次微分方程；

$\frac{d^2x}{dt^2}+a^2x=A\sin\omega t$ 是二阶常系数线性非齐次微分方程；

$x^2\frac{d^2y}{dx^2}+x\frac{dy}{dx}+(x^2-n^2)y=0$ 为二阶变系数线性齐次微分方程；

$\frac{d^2\varphi}{dt^2}+\frac{g}{l}\sin\varphi=0$ 为二阶非线性微分方程；

$\left(\frac{dy}{dx}\right)^2+2\frac{y}{x}\cdot\frac{dy}{dx}=1$ 为一阶非线性微分方程.

三、微分方程的解

满足微分方程的函数，即将它代入微分方程后，使该方程成为恒等式的函数，称为微分方程的解. 确切地说，设函数 $y=\varphi(x)$ 在区间 I 上有 n 阶连续导数，如果在区间 I 上，有

$$F[x,\varphi(x),\varphi'(x),\cdots,\varphi^{(n)}(x)]\equiv 0,$$

则称函数 $y=\varphi(x)$ 为微分方程(1)在区间 I 上的**解**.

例如 $y=e^x$ 是微分方程 $y'=y$ 的解；$y=\cos mx$，$y=\sin mx$，$y=C_1\cos mx+C_2\sin mx$（C_1，C_2 为任意常数）都是微分方程 $y''+m^2y=0$ 的解.

如果微分方程中的解中含有任意常数，且任意常数的个数与微分方程的阶数相同，这样的解叫做微分方程的**通解**.

例如可以验证 $y=x^2+C$ 是微分方程 $\frac{dy}{dx}=2x$ 的通解；$s=\frac{1}{2}gt^2+C_1t+C_2$ 是微分方程 $\frac{d^2s}{dt^2}=g$ 的通解.

通解中含有任意常数，它的任意性反映了微分方程所描述的这一类运动过程的一般规律. 有时我们需要确定某一具体变化过程的规律，这就还要给出确定这一具体变化过程的附加条件，利用这些条件可以确定通解中的任意常数. 对于常微分方程来说，这种附加条件通常是以运动开始时的状态或曲线在一点的状态给出的. 这种由运动的初始状态（或函数在一特定点的状态）所给出的，用以确定通解中任意常数的附加条件，称为**初始条件**.

如例 1 的初始条件可以写作：

$$y|_{x=1}=2 \text{ 或 } y(1)=2.$$

例 2 的初始条件可以写作：

$$s|_{t=0}=0,s'|_{t=0}=20 \text{ 或 } s(0)=0,s'(0)=20.$$

利用初始条件确定通解中任意常数后所得出的解，称为微分方程的**特解**.

例如 $y=x^2+1$ 是例 1 的满足初始条件的特解；$s=-0.2t^2+20t$ 是例 2 的满足初始条件的特解.

求微分方程 $y'=f(x,y)$ 满足初始条件 $y|_{x=x_0}=y_0$ 的特解这样的问题，叫做一阶微分方程的**初值问题**，记作

$$\begin{cases}y'=f(x,y)\\ y|_{x=x_0}=y_0\end{cases}.$$

微分方程的解的图形是一条曲线，叫做微分方程的**积分曲线**. 一阶微分方程的通解中含有一个任意常数，其解的图形构成一族积分曲线. 解一阶微分方程有时也叫积分该微分方程.

例 3 验证函数 $y=Ce^{\cos x}-\cos x-1$（C 为任意常数）是微分方程

$$y'+y\sin x=-\sin x\cos x$$

的通解，并求该方程满足初始条件 $y(0)=0$ 的特解.

解 直接计算得

$$y'=-C\sin xe^{\cos x}+\sin x,$$

于是

$$\begin{aligned}y'+y\sin x&=-C\sin xe^{\cos x}+\sin x+C\sin xe^{\cos x}-\sin x\cos x-\sin x\\&=-\sin x\cos x.\end{aligned}$$

因此，含有一个任意常数的解 $y=Ce^{\cos x}-\cos x-1$ 是原方程的通解. 将 $y(0)=0$ 代入通解，得

$$0=Ce^{\cos 0}-\cos 0-1,$$

求得 $C=\dfrac{2}{e}$，于是所求的特解为 $y=2e^{\cos x-1}-\cos x-1$.

例 4 设 C 是任意常数，求以 $y=1/(Cx^2+1)$ 为通解的一阶微分方程.

解 由于

$$y(Cx^2+1)=1,$$

故对方程两边求导，得

$$2Cxy+(Cx^2+1)y'=0.$$

由 $y=1/(Cx^2+1)$ 解得 $C=\left(\dfrac{1}{y}-1\right)/x^2$，代入上式得

$$\frac{x}{y}y'+2(1-y)=0.$$

该微分方程即为所求的一阶微分方程.

习题 11-1

A

1. 指出下列方程的类型：

(1) $y'^2+2xy=x^2$　　(2) $y''+2xy=x^2$

(3) $y''+2xyy'=x^2+1$　　(4) $y''+2xy'+y^2=1$

(5) $y''+2xy'+xy=0$　　(6) $xy''+2xy'+y=e^x$

2. 证明下面函数是所给方程的解，并指出是通解还是特解：

(1) $y'-x+y=0,y=Ce^{-x}+x-1$　（C 为任意常数）

(2) $\dfrac{d^2y}{dt^2}+2\dfrac{dy}{dt}-3y=2\cos t-4\sin t,y=C_2e^t+C_2e^{-3t}+\sin t$　（C_1,C_2 为任意常数）

(3) $(x-2y)y'=2x-y,x^2-xy+y^2=C$　（C 为任意常数）

(4) $x^2\left(\dfrac{d^2y}{dx^2}\right)^2-2y\dfrac{dy}{dx}=0,y-3x^2=0$

3. 确定下列函数关系中的任意常数，使函数满足所给的初始条件：

(1)$x^2-y^2=C, y|_{x=0}=5$

(2)$y=(C_1+C_2x)\mathrm{e}^{2x}, y|_{x=0}=0, y'|_{x=0}=1$

(3)$y=C_1\mathrm{e}^t+C_2\mathrm{e}^{-3t}+\sin t, y|_{t=0}=2, y'|_{t=0}=-5$

(4)$y=C_1\sin x-C_2, y|_{x=\pi}=0, y'|_{x=\pi}=1$

B

1. 已知曲线上点 $P(x,y)$ 处的法线与 x 轴的交点为 Q，且线段 PQ 被 y 轴平分，求该曲线所满足的微分方程.

2. 求曲线族 $C_1x^2+C_2y^2=1$ （C_1,C_2 为任意常数）所满足的微分方程.

3. 某商品的销售量 x 是价格 P 的函数，如果要使该商品的销售收入在价格变化下保持不变，则销售量 x 对于价格 P 的函数关系满足什么样的微分方程？在这种情况下，该商品的需求量相对价格 P 的弹性是多少？

第二节　一阶微分方程

本节讨论形如

$$P(x,y)\mathrm{d}x+Q(x,y)\mathrm{d}y=0$$

的一阶微分方程. 方程中变量 x 与 y 是对称的，它既可以看作 y 是 x 的函数，也可以看作 x 是 y 的函数. 当未知函数为 $y=y(x)$ 时，方程表示为

$$\frac{\mathrm{d}y}{\mathrm{d}x}=-\frac{P(x,y)}{Q(x,y)}\quad (Q(x,y)\neq 0).$$

当未知函数为 $x=x(y)$ 时，方程可表示为

$$\frac{\mathrm{d}x}{\mathrm{d}y}=-\frac{Q(x,y)}{P(x,y)}\quad (P(x,y)\neq 0).$$

对于一些特殊形式的一阶方程，可以用积分的办法求出其通解.

一、变量可分离的方程

如果一个一阶微分方程可写为已分离变量的方程

$$f(x)\mathrm{d}x=g(y)\mathrm{d}y, \tag{1}$$

则称方程为**变量可分离的方程**，其中 $f(x)$、$g(y)$ 为连续函数.

变量可分离方程的解法：首先将方程化为式(1) 的形式（称为分离变量），然后对这已分离变量的方程两边取积分解可得到通解.

例 1　求微分方程 $\frac{\mathrm{d}y}{\mathrm{d}x}=-\frac{x}{y}$ 的通解.

解　先分离变量得

$$y\mathrm{d}y=-x\mathrm{d}x,$$

两边取积分得

$$\int y\mathrm{d}y=-\int x\mathrm{d}x,$$

即

$$\frac{1}{2}y^2=-\frac{1}{2}x^2+C_1,$$

于是
$$x^2+y^2=C$$
即为所求的通解，其中 $C=2C_1$ 为任意常数.

例 2　求微分方程 $\frac{dy}{dx}=2xy$ 的通解.

解　先分离变量得
$$\frac{dy}{y}=2xdx,$$
两边取积分得
$$\int\frac{dy}{y}=2xdx,$$
即
$$\ln|y|=x^2+C_1,$$
从而
$$y=Ce^{x^2},$$
其中 $C=\pm e^{C_1}$. 由于 $y=0$ 显然是方程的解(这是在分离变量时两边同除以 y 所失的解)，故 C 也可以取作零，因此 C 为任意常数.

注：本题在积分 $\int\frac{dy}{y}$ 时也可简写为
$$\int\frac{dy}{y}=\ln y,$$
于是
$$\ln y=x^2+C_1,$$
去对数，得
$$y=Ce^{x^2}\quad(C\text{ 为任意常数}).$$
这种简洁的写法与严格的写法在结果上是一致的，故得到认可. 采用这种写法最后要去掉对数符号，建议读者用后面这种写法.

例 3　求方程 $\sqrt{1-y^2}=3x^2yy'$ 的通解.

解　分离变量，得
$$\frac{ydy}{\sqrt{1-y^2}}=\frac{dx}{3x^2},$$
两边取积分得
$$-\sqrt{1-y^2}=\frac{-1}{3x}+C,$$
故通解为
$$\sqrt{1-y^2}-\frac{1}{3x}+C=0.$$

该方程的通解以隐函数形式给出，可以不必将它化为显函数. 另外 $y=\pm1$，显然是方程的解，但它不能并入通解中(即不能通过 C 的取值来将它表示出来)，这种解称为**奇解**. 在高等数学课程里我们不讨论奇解. 综合例 2、例 3 可以看到，今后分离变量时，可以不讨论分母是否为零的情形.

二、齐次方程

在一阶方程中，可以直接分离变量的方程只占少数. 但有些方程，通过恰当的变量代换后就可以直接分离变量. 齐次方程便是其中的一种.

若一阶微分方程
$$\frac{dy}{dx}=f(x,y)$$
的右端函数是 x、y 的零次齐次函数，即

$$f(tx,ty)=f(x,y),$$

则称此方程为**齐次方程**.

在零次齐次函数的恒等式中,若令 $t=\frac{1}{x}$,则

$$f(x,y)=f(1,\frac{y}{x})\xlongequal{\triangle}g(\frac{y}{x}),$$

于是齐次方程可表示为 $\frac{\mathrm{d}y}{\mathrm{d}x}=g(\frac{y}{x})$.

现令 $u=\frac{y}{x}$,即 $y=ux$,则将 $\frac{\mathrm{d}y}{\mathrm{d}x}=x\frac{\mathrm{d}u}{\mathrm{d}x}+u$ 代入上式得

$$x\frac{\mathrm{d}u}{\mathrm{d}x}+u=g(u),$$

这是一个可分离变量的方程.分离变量得

$$\frac{\mathrm{d}u}{g(u)-u}=\frac{\mathrm{d}x}{x},$$

两边积分得 $\int\frac{\mathrm{d}u}{g(u)-u}=\ln x+C_1,$

于是 $x=C\mathrm{e}^{\int\frac{\mathrm{d}u}{g(u)-u}}.$

再用 $\frac{y}{x}$ 代替 u,便得到原一阶齐次方程的**通解**.

例 4 求微分方程 $\frac{\mathrm{d}y}{\mathrm{d}x}=\frac{y^2}{xy-x^2}$ 的通解.

解 这是一个齐次方程.令 $y=ux$,代入原方程,得

$$u+x\frac{\mathrm{d}u}{\mathrm{d}x}=\frac{u^2}{u-1},$$

即 $\frac{u-1}{u}\mathrm{d}u=\frac{\mathrm{d}x}{x},$

两边取积分得 $u-\ln u=\ln x+C$

于是 $xu=C\mathrm{e}^u,$

故 $y=C\mathrm{e}^{\frac{y}{x}}$

便是所求的通解.

例 5 解方程 $(y+x)\mathrm{d}y+(x-y)\mathrm{d}x=0$.

解 令 $y=ux$,代入原方程,得

$$u^2+1+x(u+1)\frac{\mathrm{d}u}{\mathrm{d}x}=0,$$

分离变量得 $\frac{u+1}{u^2+1}\mathrm{d}u=-\frac{\mathrm{d}x}{x},$

两边取积分,得 $\frac{1}{2}\ln(1+u^2)+\arctan u=-\ln x+C_1,$

即 $u\sqrt{1+u^2}=C\mathrm{e}^{-\arctan u},$

于是 $x\sqrt{1+\left(\frac{y}{x}\right)^2}=C\mathrm{e}^{-\arctan\frac{y}{x}}$

便是所求的通解.

三、一阶线性微分方程

一阶线性微分方程的标准形式为

$$\frac{\mathrm{d}y}{\mathrm{d}x}+P(x)y=Q(x), \tag{2}$$

当 $Q(x)\equiv 0$ 时,称为**齐次线性方程**,否则称为**非齐次线性方程**.

先讨论方程(2) 对应的齐次方程

$$\frac{\mathrm{d}y}{\mathrm{d}x}+P(x)y=0 \tag{3}$$

的解法.

由于该方程是可分离变量的方程. 分离变量,得

$$\frac{\mathrm{d}y}{y}=-P(x)\mathrm{d}x,$$

两边积分得

$$\ln y=-\int P(x)\mathrm{d}x+C_1,$$

式中 $\int P(x)\mathrm{d}x$ 表示 $P(x)$ 的一个原函数. 于是一阶齐次线性方程(3) 的通解为

$$y=C\mathrm{e}^{-\int P(x)\mathrm{d}x}. \tag{4}$$

下面在线性齐次方程解(4) 的基础上讨论非齐次方程(2) 的解法. 显然式(4) 中作为常数的 C 仅能满足齐次方程,当然就不会满足非齐次方程. 但是能否用一个变量 —— 函数 $C(x)$ 来代替常数 C,使得

$$y=C(x)\mathrm{e}^{-\int P(x)\mathrm{d}x} \tag{5}$$

能成为方程(2) 的解?要回答这个问题,只需将式(5) 代入方程(2),看能否确定出 $C(x)$ 来,现对式(5) 求导得

$$\begin{aligned} y' &= C'(x)\mathrm{e}^{-\int P(x)\mathrm{d}x}-P(x)C(x)\mathrm{e}^{-\int P(x)\mathrm{d}x} \\ &= C'(x)\mathrm{e}^{-\int P(x)\mathrm{d}x}-P(x)y, \end{aligned}$$

将它代入方程(2) 得

$$C'(x)=Q(x)\mathrm{e}^{\int P(x)\mathrm{d}x},$$

于是

$$C(x)=\int Q(x)\mathrm{e}^{\int P(x)\mathrm{d}x}\mathrm{d}x+C,$$

其中 $\int Q(x)\mathrm{e}^{\int P(x)\mathrm{d}x}\mathrm{d}x$ 表示一个原函数. 这样便得到了方程(2) 的解

$$y=\mathrm{e}^{-\int P(x)\mathrm{d}x}\left[\int Q(x)\mathrm{e}^{\int P(x)\mathrm{d}x}\mathrm{d}x+C\right], \tag{6}$$

由于该解中含有一常数 C,所以是方程(2) 的通解. 这种通过齐次方程的通解求得非齐次方程解的方法称为常数变易法. 如果把通解(6) 写成

$$y=C\mathrm{e}^{-\int P(x)\mathrm{d}x}+\mathrm{e}^{-\int P(x)\mathrm{d}x}\int Q(x)\mathrm{e}^{\int P(x)\mathrm{d}x}\mathrm{d}x,$$

则可以看到,通解 y 是由两项构成的,其中第一项是齐次方程的通解,第二项是非齐次方程的一个特解(相当于式(6) 中取 $C=0$). 这是线性非齐次方程解的结构中一个重要的结论.

例 6 解方程$\frac{\mathrm{d}y}{\mathrm{d}x}-\frac{2y}{x+1}=(x+1)^{\frac{5}{2}}$.

解 这是一个一阶非齐次线性方程,其中

$$P(x)=\frac{-2}{x+1},\quad Q(x)=(x+1)^{\frac{5}{2}}.$$

由公式(6)得

$$\begin{aligned}y&=\mathrm{e}^{-\int\frac{-2\mathrm{d}x}{x+1}}\left[\int(x+1)^{\frac{5}{2}}\mathrm{e}^{\int\frac{-2\mathrm{d}x}{x+1}}\mathrm{d}x+C\right]\\&=\mathrm{e}^{2\ln(x+1)}\left[\int(x+1)^{\frac{5}{2}}\mathrm{e}^{-2\ln(x+1)}\mathrm{d}x+C\right]\\&=(x+1)^2\left[\int(x+1)^{\frac{1}{2}}\mathrm{d}x+C\right]\\&=(x+1)^2\left[\frac{2}{3}(x+1)^{\frac{3}{2}}+C\right].\end{aligned}$$

故所求的通解为

$$y=(x+1)^2\left[\frac{2}{3}(x+1)^{\frac{3}{2}}+C\right].$$

例 7 求方程$\frac{\mathrm{d}y}{\mathrm{d}x}=\frac{y}{y^3+x}$的通解.

解 乍一看来,此方程既不能直接分离变量,也不是线性方程,难以着手.但是,如果把 y 看作自变量,x 看作因变量,而把方程改写成

$$\frac{\mathrm{d}x}{\mathrm{d}y}=\frac{y^3+x}{y}=\frac{1}{y}x+y^2,$$

就可以看出这是一个关于未知函数 x 的一阶非齐次线性方程,其中 $P(y)=-\frac{1}{y}$,$Q(y)=y^2$.于是可得

$$x=\mathrm{e}^{-\int-\frac{1}{y}\mathrm{d}y}\left[\int y^2\mathrm{e}^{-\int\frac{\mathrm{d}y}{y}}\mathrm{d}y+C\right]=\mathrm{e}^{\ln y}\left(\int y^2\mathrm{e}^{-\ln y}\mathrm{d}y+C\right)=y\left(\frac{y^2}{2}+C\right),$$

故原方程通解为

$$x=y\left(\frac{y^2}{2}+C\right).$$

***例 8** 试将**贝努里方程** $y'+P(x)y=Q(x)y^n\quad(n\neq0,1)$化为一阶线性方程,并求方程 $y'-6\frac{y}{x}=-xy^2$ 的通解.

解 在贝努里方程两端除以 y^n,得

$$\frac{y'}{y^n}+P(x)y^{1-n}=Q(x),$$

即

$$\frac{1}{1-n}\frac{\mathrm{d}y^{1-n}}{\mathrm{d}x}+P(x)y^{1-n}=Q(x).$$

令 $z=y^{1-n}$,则贝努里方程化为

$$\frac{\mathrm{d}z}{\mathrm{d}x}+(1-n)P(x)z=(1-n)Q(x),$$

这便是关于 z 的一阶线性方程.

现求解方程 $y'-6\frac{y}{x}=-xy^2$.

令 $z=y^{1-2}=y^{-1}$，代入方程，得

$$\frac{dz}{dx}+\frac{6}{x}z=x,$$

故

$$z=e^{-\int\frac{6}{x}dx}\left(\int xe^{\int\frac{6}{x}dx}dx+C\right)=e^{-6\ln x}\left(\int xe^{6\ln x}dx+C\right)$$

$$=x^{-6}\left(\frac{1}{8}x^8+C\right)=\frac{1}{8}x^2+\frac{C}{x^6}.$$

于是所求的通解为

$$\frac{1}{y}=\frac{1}{8}x^2+\frac{C}{x^6}.$$

习题 11-2

A

1. 解下列微分方程：

(1) $xy'-y\ln y=0$　　(2) $e^{-y}(1+\frac{dy}{dx})=1$

(3) $y'=e^{2x-y},y|_{x=0}=0$　　(4) $\frac{du}{dt}=u+ut^2,u(0)=5$

(5) $\cos y dx+(1+e^{-x})\sin y dy=0,y|_{x=0}=\frac{\pi}{4}$

2. 解下列微分方程：

(1) $x\frac{dy}{dx}=y\ln\frac{y}{x}$　　(2) $y^2+x^2\frac{dy}{dx}=xy\frac{dy}{dx}$

(3) $(y^2-2xy)dx+x^2dy=0$　　(4) $\frac{dy}{dx}=\frac{x}{y}+\frac{y}{x},y|_{x=1}=2$

3. 解下列微分方程：

(1) $\frac{dy}{dx}+y=e^{-x}$　　(2) $y'+y\cos x=e^{-\sin x}$

(3) $(y^2-6x)\frac{dy}{dx}+2y=0$　　(4) $\frac{dy}{dx}+\frac{y}{x}=\frac{\sin x}{x},y|_{x=\pi}=1$

(5) $\frac{dy}{dx}+\frac{2-3x^2}{x^3}y=1,y|_{x=1}=0$

B

1. 镭的衰变有如下规律：镭的衰变速度与它的现存量 R 成正比，由经验得知，镭经过1 600年后，只剩下原始量 R_0 的一半，试求镭的量 R 与时间 t 的函数关系.

2. 设 $f(x)$ 可微且满足关系式 $\int_0^x[2f(t)-1]dt=f(x)-1$，求 $f(x)$.

3. 求下列方程的通解：

(1) $xy'+y=2y^2\ln x$　　(2) $y'+xy=x^3y^3$

第三节　可降阶的高阶微分方程

二阶及二阶以上的微分方程称为高阶微分方程.对于有些高阶微分方程,可以通过变量代换将它化为较低阶方程来解.下面介绍三种容易降阶的高阶微分方程的求解方法.

一、$y^{(n)}=f(x)$型的微分方程

对微分方程

$$y^{(n)}=f(x) \tag{1}$$

两边积分,得

$$y^{(n-1)}=\int f(x)\mathrm{d}x+C_1,$$

其中$\int f(x)\mathrm{d}x$ 表示 $f(x)$ 的一个原函数.

同理可得

$$y^{(n-2)}=\int\left[\int f(x)\mathrm{d}x+C_1\right]\mathrm{d}x+C_2.$$

如此接连积分 n 次,便得到方程(1) 的含有 n 个任意常数的通解.

例 1　求微分方程 $y'''=xe^x$ 的通解.

解　对所求的方程接连积分三次,得

$$y''=\int xe^x\mathrm{d}x+C_1=xe^x-e^x+C_1,$$

$$y'=\int(xe^x-e^x+C_1)\mathrm{d}x+C_2=xe^x-2e^x+C_1x+C_2,$$

$$y=\int(xe^x-2e^x+C_1x+C_2)\mathrm{d}x+C_3=xe^x-3e^x+\frac{C_1}{2}x^2+C_2x+C_3,$$

故原方程的通解为

$$y=xe^x-3e^x+\frac{C_1}{2}x^2+C_2x+C_3.$$

二、$y''=f(x,y')$型的微分方程

方程

$$y''=f(x,y') \tag{2}$$

的右端不显含未知函数 y,可以通过变量代换得其降阶.令 $P(x)=y'$,则 $P'(x)=y''$,于是方程(2) 变为

$$P'=f(x,P),$$

若从这一阶方程中求出其通解

$$P=\varphi(x,C_1),$$

即有

$$y'=\varphi(x,C_1).$$

两边积分,便得到方程(2) 的通解

$$y=\int\varphi(x,C_1)\mathrm{d}x+C_2.$$

例 2　求微分方程 $y''+2xy'^2=0$ 满足初始条件 $y(0)=1,y'(0)=-\frac{1}{2}$ 的解.

解　该方程不显含未知函数 y，故令 $y' = P(x)$，则原方程化为

$$P' + 2xP^2 = 0,$$

分离变量，得

$$-\frac{\mathrm{d}P}{P^2} = 2x\mathrm{d}x,$$

积分得

$$\frac{1}{P} = x^2 + C_1.$$

将初始条件 $y'(0) = -\dfrac{1}{2}$ 代入，得 $C_1 = -2$，故有

$$y' = \frac{1}{x^2 - 2},$$

再积分之，得

$$y = \int \frac{\mathrm{d}x}{x^2 - 2} + C_2 = \frac{1}{2\sqrt{2}}\ln\left|\frac{x-\sqrt{2}}{x+\sqrt{2}}\right| + C_2.$$

将初始条件 $y(0) = 1$ 代入，得 $C_2 = 1$. 于是原方程的特解为

$$y = 1 + \frac{1}{2\sqrt{2}}\ln\left|\frac{x-\sqrt{2}}{x+\sqrt{2}}\right| \quad (|x| \neq \sqrt{2}).$$

三、$y'' = f(y, y')$ 型的微分方程

方程

$$y'' = f(y, y') \tag{3}$$

的右端不显含自变量 x，也可以通过变量代换将其降阶. 令 $P(y) = y'$，则

$$y'' = \frac{\mathrm{d}P}{\mathrm{d}x} = \frac{\mathrm{d}P}{\mathrm{d}y} \cdot \frac{\mathrm{d}y}{\mathrm{d}x} = P\frac{\mathrm{d}P}{\mathrm{d}y},$$

于是方程(3) 化为

$$P\frac{\mathrm{d}P}{\mathrm{d}y} = f(y, P),$$

这是一个关于以 y 为新自变量，P 为新未知函数的一阶微分方程. 设其通解为

$$P = \varphi(y, C_1),$$

则

$$y' = \varphi(y, C_1),$$

分离变量并积分之，便得到方程(3) 的通解

$$\int \frac{\mathrm{d}y}{\varphi(y, C_1)} = x + C_2.$$

例 3　求微分方程 $yy'' - y'^2 = 0$ 的通解.

解　该方程不显含有自变量 x，故令 $P(y) = y'$，则

$$y'' = P\frac{\mathrm{d}P}{\mathrm{d}y},$$

于是原方程化为

$$yP\frac{\mathrm{d}P}{\mathrm{d}y} - P^2 = 0,$$

即

$$P\left(y\frac{\mathrm{d}P}{\mathrm{d}y} - P\right) = 0,$$

若 $P \neq 0$，则

$$y\frac{\mathrm{d}P}{\mathrm{d}y} - P = 0,$$

分离变量得 $$\frac{dP}{P}=\frac{dy}{y},$$

积分得 $$\ln P=\ln y+C'_1,$$

即 $$P=C_1y.$$

将 $P=y'$ 代入上式,得 $$y'=C_1y,$$

分离变量得 $$\frac{dy}{y}=C_1dx,$$

再积分得 $$\ln y=C_1x+C'_2,$$

于是 $$y=C_2e^{C_1x}. \tag{4}$$

当 $P=0$ 时,即 $y'=0$,积分得 $y=C$. 这个解含在式(4)中(只需取 $C_1=0$ 即可),故原方程的通解为

$$y=C_2e^{C_1x}.$$

习题 11-3

1. 求下列各微分方程的通解:

(1) $y''=x+\cos x$　　(2) $y''=\dfrac{1}{1+x^2}$

(3) $y''-y'=x$　　(4) $y''+y'^2=0$

(5) $yy''+y'^2=0$　　(6) $y''=y'^3+y'$

2. 求解下列初始问题:

(1) $y^3y''+1=0, y(1)=1, y'(1)=0$

(2) $y'''=e^{2x}, y(1)=y'(1)=y''(1)=0$

(3) $y''+(y')^2=1, y|_{x=0}=0, y'|_{x=0}=0$

(4) $y''=\dfrac{3x^2}{1+x^3}y', y(0)=1, y'(0)=4$

B

1. 试求 $xy''=y'+x^2$ 经过点 $(1,0)$,且在此点的切线与直线 $y=3x-3$ 垂直的积分曲线.

2. 位于坐标原点的我舰向位于 x 轴上 $A(1,0)$ 点处的敌舰发射制导鱼雷,使鱼雷永远对准敌舰,设敌舰以最大速度 v_0 沿平行于 y 轴的直线行驶,又设鱼雷速度的大小为 $5v_0$,试求鱼雷的轨迹曲线方程.

第四节　二阶线性微分方程解的结构

在工程技术中经常遇到诸如机械振动、电磁振荡等问题,它们都可以归结为二阶线性微分方程问题,即

$$\frac{\mathrm{d}^2 y}{\mathrm{d}x^2}+P(x)\frac{\mathrm{d}y}{\mathrm{d}x}+Q(x)y=f(x), \tag{1}$$

$$y(x_0)=y_0,\quad y'(x_0)=y'_0. \tag{2}$$

为了求解该方程，我们需要先了解它的解的结构理论.

为了书写方便，下面引进微分算子 $\mathrm{D}=\frac{\mathrm{d}}{\mathrm{d}x}$，于是

$$\frac{\mathrm{d}y}{\mathrm{d}x}=\mathrm{D}y,$$

$$\frac{\mathrm{d}^2 y}{\mathrm{d}x^2}=\frac{\mathrm{d}}{\mathrm{d}x}\left(\frac{\mathrm{d}y}{\mathrm{d}x}\right)=\mathrm{D}(\mathrm{D}y)\overset{\triangle}{=}\mathrm{D}^2 y,$$

方程(1) 可写成

$$[\mathrm{D}^2+P(x)\mathrm{D}+Q(x)]y=f(x).$$

将算子多项式 $\mathrm{D}^2+P(x)\mathrm{D}+Q(x)$ 记为 L，即

$$\mathrm{L}=\mathrm{D}^2+P(x)\mathrm{D}+Q(x),$$

它仍为一算子. 于是方程(1) 可以更简洁地表示为

$$\mathrm{L}y=f(x).$$

容易验证算子 L 满足以下性质.

性质 1　$\mathrm{L}(Cy)=C\mathrm{L}y$，其中 C 为任意常数.

性质 2　$\mathrm{L}(y_1+y_2)=\mathrm{L}y_1+\mathrm{L}y_2$.

因此算子 L 便是线性算子，或者准确地说是二阶线性微分算子. 利用算子 L 的线性性质，可以得到以下定理.

定理 1(线性齐次方程叠加原理)　设 $y_1(x)$ 和 $y_2(x)$ 是方程(1) 对应的齐次方程

$$\frac{\mathrm{d}^2 y}{\mathrm{d}x^2}+P(x)\frac{\mathrm{d}y}{\mathrm{d}x}+Q(x)y=0 \tag{3}$$

的解，则它们的线性组合

$$y=C_1 y_1(x)+C_2 y_2(x) \tag{4}$$

也是方程(3) 的解，其中 C_1、C_2 为任意常数.

证　将方程(3) 写为

$$\mathrm{L}y=0.$$

因 $\mathrm{L}y_1=0$，$\mathrm{L}y_2=0$，由算子 L 的线性性质知

$$\mathrm{L}(C_1 y_1+C_2 y_2)=\mathrm{L}(C_1 y_1)+\mathrm{L}(C_2 y_2)=C_1\mathrm{L}y_1+C_2\mathrm{L}y_2=0.$$

注意到式(4) 中含有两个常数，那它是否是方程(3) 的通解呢？一般说来它不一定是通解. 例如 $y_1=\mathrm{e}^x$ 与 $y_2=2\mathrm{e}^x$ 均为方程

$$y''-y=0$$

的解，其线性组合为

$$y=C_1 y_1+C_2 y_2=C_1\mathrm{e}^x+C_2\cdot 2\mathrm{e}^x=(C_1+2C_2)\mathrm{e}^x.$$

上式表面上看去有两个任意常数 C_1、C_2，实际上 $C=C_1+2C_2$ 只是一个任意常数. 因此上述解实际为

$$y=C\mathrm{e}^x,$$

它不能成为方程的通解. 那么怎么样的两个函数 y_1、y_2 的线性组合才是方程的通解呢？为此

引进下面概念.

定义 如果存在常数 k,使得 $y_1(x)=ky_2(x)$,则称函数 $y_1(x)$ 与 $y_2(x)$ **线性相关**,否则称 $y_1(x)$ 与 $y_2(x)$ **线性无关**.

根据该定义,只需判定 $y_1(x)/y_2(x)\not\equiv C$($C$ 为常数)即可判定两函数线性无关.

例如上例中 $y_1/y_2=\dfrac{1}{2}$,故 y_1、y_2 是线性相关的. 而函数 e^x 与 e^{2x} 则是线性无关的.

定理 2(齐次线性方程的通解结构) 如果函数 $y_1(x)$、$y_2(x)$ 是二阶齐次方程(3)的两个线性无关解,则函数

$$y=C_1y_1(x)+C_2y_2(x)\quad(C_1、C_2\text{ 为两独立的任意常数})$$

是齐次方程(3)的通解.

证明从略.

例 1 验证 $y_1(x)=\sin x$, $y_2(x)=\cos x$ 是微分方程

$$y''+y=0$$

的解,并写出该方程的通解.

解 原方程是二阶齐次线性方程,直接计算可知 $y_1(x)$、$y_2(x)$ 是该方程的解. 由于

$$\frac{y_1(x)}{y_2(x)}=\tan x\not\equiv C\quad(C\text{ 为常数}),$$

所以原方程通解为 $y=C_1\sin x+C_2\cos x$.

下面来研究二阶非齐次方程 $\mathrm{L}y=f(x)$ 解的结构理论.

定理 3(非齐次线性方程的通解结构) 若 $y_1(x)$ 和 $y_2(x)$ 是齐次方程 $\mathrm{L}y=0$ 的两个线性无关解,$y^*(x)$ 是非齐次方程 $\mathrm{L}y=f(x)$ 的一个特解,则

$$y=C_1y_1(x)+C_2y_2(x)+y^*(x)$$

是非齐次方程 $\mathrm{L}y=f(x)$ 的通解.

证 因 $$\mathrm{L}(C_1y_1+C_2y_2)\equiv 0,\ \mathrm{L}y^*=f(x),$$

故
$$\begin{aligned}\mathrm{L}(C_1y_1+C_2y_2+y^*)&=\mathrm{L}(C_1y_1+C_2y_2)+\mathrm{L}y^*\\&=0+f(x)=f(x).\end{aligned}$$

因此 $y=C_1y_1(x)+C_2y_2(x)+y^*(x)$ 是非齐次方程 $\mathrm{L}y=f(x)$ 的解. 又由于 C_1、C_2 是两个独立的任意常数,故它便是该非齐次方程的通解.

称 $\mathrm{L}y=0$ 为非齐次方程 $\mathrm{L}y=f(x)$ 对应的齐次方程.

定理 4(非齐次线性方程叠加原理) 设 $y_1^*(x)$ 和 $y_2^*(x)$ 分别是方程

$$\mathrm{L}y=f_1(x)\quad\text{和}\quad\mathrm{L}y=f_2(x)$$

的解,则 $y_1^*(x)+y_2^*(x)$ 是方程

$$\mathrm{L}y=f_1(x)+f_2(x)$$

的解.

证 因 $$\mathrm{L}y_1^*=f_1(x),\quad \mathrm{L}y_2^*=f_2(x),$$

故

$$\mathrm{L}(y_1^*+y_2^*)=\mathrm{L}y_1^*+\mathrm{L}y_2^*=f_1(x)+f_2(x),$$

证毕.

例 2 已知函数 y_1、y_2、y_3 都是二阶非齐次线性方程 $\mathrm{L}y=y''+P(x)y'+Q(x)=f(x)$ 的

解，且$(y_3-y_1)/(y_2-y_1)\neq C$　（C为常数），求该非齐次方程的解.

解　欲求非齐次方程的通解，首先得求出其对应的齐次方程的通解.

由于$Ly_1=f(x)$，$Ly_2=f(x)$，$Ly_3=f(x)$，故

$$L(y_2-y_1)=0,\quad L(y_3-y_1)=0.$$

于是(y_2-y_1)与(y_3-y_1)是齐次方程$Ly=0$的解. 由已知条件$(y_3-y_1)/(y_2-y_1)\neq C$，知$(y_2-y_1)$与$(y_3-y_1)$线性无关. 因此

$$C_1(y_3-y_1)+C_2(y_2-y_1)$$

是齐次方程$Ly=0$的解. 于是根据定理3得知非齐次方程的通解为

$$y=C_1(y_3-y_1)+C_2(y_2-y_1)+y_3,$$

或

$$y=C_1(y_3-y_1)+C_2(y_2-y_1)+y_2,$$

或

$$y=C_1(y_3-y_1)+C_2(y_2-y_1)+y_1.$$

本节仅讨论了二阶线性微分方程解的结构理论. 在实际应用中还有更高阶的线性微分方程. 对于n阶线性微分方程$(n\geqslant 3)$解的结构理论，请参阅其他书籍.

习题 11-4

A

1. 下列各组函数在其定义区间内，哪些是线性相关的？哪些是线性无关的？

(1)x,x^2　(2)$\cos 2x,\sin 2x$　(3)$x,2x$；

(4)$e^{\alpha x},e^{\beta x}(\alpha\neq\beta)$　(5)$\sin 2x,\sin x\cos x$　(6)e^x,xe^x

2. 验证$y_1=e^{x^2}$和$y_2=xe^{x^2}$都是方程

$$y''-4xy'+(4x^2-2)y=0$$

的解，并写出该方程的通解.

B

1. 已知二阶线性齐次方程的两个特解为$y_1=\sin x$，$y_2=\cos x$，求该微分方程.

2. 设$y_1=3$，$y_2=3+x^2$，$y_3=3+x^2+e^x$是

$$(x^2-2x)y''-(x^2-2)y'+(2x-2)y=6x-6$$

的解. 求该方程的通解.

第五节　二阶常系数线性微分方程

第四节虽给出了二阶线性微分方程解的结构理论，但在寻求方程的通解时却缺乏有效的一般方法. 例外的情形是对于二阶常系数线性微分方程

$$y''+py'+qy=f(x),\tag{1}$$

其中p、q为常数，则有一套较完善的解法.

一、二阶常系数齐次线性微分方程

首先考虑二阶常系数线性微分方程(1)所对应的齐次方程

$$y'' + py' + qy = 0 \tag{2}$$

的通解.

根据解的结构定理,必须找出它的两个线性无关的特解.遗憾的是定理并未指出如何求出特解来.因此我们只能先猜测方程解的情形.注意到指数函数 e^{rx} 求导后仍为指数函数(同类项).利用这个性质,可考虑方程(2)形如 e^{rx} 的解.令 $y = e^{rx}$,则

$$y' = re^{rx}, \quad y'' = r^2 e^{rx},$$

将它们代入方程(2),便得到

$$(r^2 + pr + q)e^{rx} = 0.$$

由于 $e^{rx} \neq 0$,故

$$r^2 + pr + q = 0, \tag{3}$$

由此可见只要 r 是方程(3)的任一根,e^{rx} 就是方程(2)一特解.于是,把代数方程(3)叫做微分方程(2)的**特征方程**.特征方程的根由

$$r_{1,2} = \frac{-p \pm \sqrt{p^2 - 4q}}{2}$$

给出,并称 r_1、r_2 为方程(2)的**特征根**.现在可以根据特征根不同情况,来求方程(2)的通解.

1. 当特征方程有两个不同的实特征根时

设 r_1、r_2 是两互异实根,则 $e^{r_1 x}$ 与 $e^{r_2 x}$ 是方程(2)的两个特解.由于它们之比不为常数,所以它们线性无关.因此方程(2)的通解为

$$y = C_1 e^{r_1 x} + C_2 e^{r_2 x}.$$

2. 当特征方程有二重实特征根时

设 $r_1 = r_2 = r$ 为二重实根,则 e^{rx} 是方程(2)的一个特解.为了求另一个与其线性无关的特解 y_2,可以令 $y_2 = C(x)e^{rx}$,于是

$$y'_2 = C'(x)e^{rx} + rC(x)e^{rx},$$
$$y''_2 = C''(x)e^{rx} + 2rC'(x)e^{rx} + r^2 C(x)e^{rx},$$

将 y_2、y'_2、y''_2 代入方程(2)得

$$C''(x)e^{rx} + (p + 2r)C'(x)e^{rx} + (r^2 + pr + q)C(x)e^{rx} = 0.$$

由式(3)及 $r = -\frac{p}{2}$(韦达定理),上式可化为

$$C''(x) = 0,$$

积分得

$$C(x) = C_1 x + C_2.$$

因为只需要一个特解,故令 $C_1 = 1, C_2 = 0$,便得到方程(2)的一个特解 $y_2 = xe^{rx}$.因此方程(2)的通解为

$$y = (C_1 x + C_2)e^{rx}.$$

3. 当特征根为共轭复根时

设共轭复根为 $r_1 = \alpha + i\beta, r_2^* = \alpha - i\beta, \beta \neq 0$,则

$$y_1 = e^{(\alpha + i\beta)x}$$
$$y_2 = e^{(\alpha - i\beta)x}$$

是方程(2)的两个线性无关解.由于这种复数形式的解在使用上不方便,因此为了得到实数形

式的解，利用欧拉公式

$$e^{i\theta} = \cos\theta + i\sin\theta,$$

将 y_1 与 y_2 改写为

$$y_1 = e^{\alpha x}(\cos\beta x + i\sin\beta x),$$
$$y_2 = e^{\alpha x}(\cos\beta x - i\sin\beta x).$$

根据线性齐次方程解的叠加原理知

$$\bar{y}_1 = \frac{1}{2}(y_1 + y_2) = e^{\alpha x}\cos\beta x,$$
$$\bar{y}_2 = \frac{1}{2i}(y_1 - y_2) = e^{\alpha x}\sin\beta x$$

是方程的两个特解.由于它们线性无关，故方程(2)的通解为

$$y = e^{\alpha x}(C_1\cos\beta x + C_2\sin\beta x).$$

根据以上讨论可以看出：求二阶常系数齐次线性方程的通解只需根据特征根的形式便可直接写出.

例 1　求方程 $y'' + 3y' + 2y = 0$ 的通解.

解　此方程的特征方程为

$$r^2 + 3r + 2 = 0,$$

其特征根为 $r_1 = -1, r_2 = -2$.于是原方程通解为

$$y = C_1e^{-x} + C_2e^{-2x}.$$

例 2　求方程$\frac{d^2s}{dt^2} + 2\frac{ds}{dt} + s = 0$ 满足初始条件 $s|_{t=0} = 4, s'|_{t=0} = -2$ 的特解.

解　特征方程为

$$r^2 + 2r + 1 = 0,$$

解得特征根为 $r_1 = r_2 = -1$.于是方程通解为

$$s = (C_1t + C_2)e^{-t},$$

因

$$s' = (C_1 - C_1t - C_2)e^{-t},$$

故将初始条件代入以上两式，得

$$4 = C_2,$$
$$-2 = C_1 - C_2,$$

从而得 $C_1 = 2, C_2 = 4$.于是原方程特解为

$$s = (2t + 4)e^{-t}.$$

例 3　求方程 $y'' + 2y' + 5y = 0$ 的通解.

解　特征方程为

$$r^2 + 2r + 5 = 0,$$

故

$$r_1 = -1 + 2i, r_2 = -1 - 2i.$$

于是原方程的通解为

$$y = e^{-x}(C_1\cos 2x + C_2\sin 2x).$$

二、二阶常系数非齐次线性微分方程

现在讨论方程(1)

$$y''+py'+qy=f(x)$$

的通解. 根据二阶线性方程解的结构理论,其关键在于找到该方程的一个特解 y^*. 一般说来,求 y^* 是很困难的(通常用常数变易法),但是若方程右端函数 $f(x)$ 是以下两种特殊类型的函数时,可采用特定系数法来求. 对此,我们不加证明地给出.

定理 1 若方程(1) 中 $f(x)=P_m(x)e^{\alpha x}$,其中 $P_m(x)$ 是 x 的 m 次多项式,则方程(1) 的一特解 y^* 具有如下形式

$$y^*=x^kQ_m(x)e^{\alpha x},$$

其中 $Q_m(x)$ 是系数待定的 x 的 m 次多项式,k 由下列情形决定:

(1) 当 α 是方程(1) 对应的齐次方程的特征方程的单根时,取 $k=1$;

(2) 当 α 是方程(1) 对应的齐次方程的特征方程的重根时,取 $k=2$;

(3) 当 α 不是方程(1) 对应的齐次方程的特征根时,取 $k=0$.

例 4 求方程 $y''+4y'+3y=x-2$ 的一个特解并求其通解.

解 对应的齐次方程的特征方程为

$$r^2+4r+3=0,$$

其根为 $r_1=-3, r_2=-1$. 方程右端可看成 $(x-2)e^{0x}$,即 $\alpha=0$. 由于 0 不是特征根,故设特解

$$y^*=ax+b.$$

将 y^* 代入方程,得 $\quad 4a+3(ax+b)=x-2,$

比较两端系数得 $\quad 3a=1,\quad 4a+3b=-2,$

即 $a=\dfrac{1}{3}, b=-\dfrac{10}{9}$,故 $y^*=\dfrac{1}{3}x-\dfrac{10}{9}$. 于是方程通解为

$$y=C_1e^{-3x}+C_2e^{-x}+\frac{1}{3}x-\frac{10}{9}.$$

例 5 求方程 $y''-5y'+6y=xe^{2x}$ 的通解.

解 对应的特征方程为

$$r^2-5r+6=0,$$

特征根为 $r_1=2, r_2=3$. 从而对应的齐次方程的通解为

$$y=C_1e^{2x}+C_2e^{3x}.$$

因为 $\alpha=2$ 是特征方程的单根,故设特解

$$y^*=x(ax+b)e^{2x}.$$

于是
$$y^{*\prime}=[2ax^2+2(a+b)x+b]e^{2x},$$
$$y^{*\prime\prime}=[4ax^2+4(2a+b)x+2(a+2b)]e^{2x},$$

代入方程,得 $\quad -2ax+2a-b=x.$

比较系数,得 $\quad -2a=1, 2a-b=0,$

故 $\quad a=-\dfrac{1}{2}, b=-1.$

因此 $\quad y^*=x(-\dfrac{1}{2}x-1)e^{2x}.$

于是方程的通解为

$$y=C_1e^{2x}+C_2e^{3x}+x(-\frac{x}{2}-1)e^{2x}.$$

例 6　求方程 $y''-2y'+y=(x+1)e^x$ 的通解.

解　对应的特征方程为

$$r^2-2r+1=0,$$

特征根为 $r_{1,2}=1$. 于是对应的齐次方程通解为

$$y=(C_1x+C_2)e^x.$$

因为 $\alpha=1$ 是二重特征根，故令原方程特解为

$$y^*=x^2(ax+b)e^x.$$

代入方程化简后得　　$6ax+2b=x+1.$

比较系数得，$a=\frac{1}{6}$，$b=\frac{1}{2}$，所以

$$y^*=\frac{1}{6}x^2(x+3)e^x.$$

于是方程通解为

$$y=(C_1x+C_2)e^x+\frac{1}{6}x^2(x+3)e^x.$$

定理 2　若方程(1)中的 $f(x)=e^{\alpha x}P_m(x)\cos\beta x$ 或 $f(x)=e^{\alpha x}P_m(x)\sin\beta x$（$P_m(x)$ 是 x 的 m 次多项式），则方程(1)的一特解 y^* 具有如下形式

$$y^*=x^k[A_m(x)\cos\beta x+B_m(x)\sin\beta x]e^{\alpha x},$$

其中 $A_m(x)$、$B_m(x)$ 为系数待定的 x 的 m 次多项式，k 由下列情形决定：

(1) 当 $\alpha+i\beta$ 是对应齐次方程特征根时，取 $k=1$；

(2) 当 $\alpha+i\beta$ 不是对应齐次方程特征根时，取 $k=0$.

例 7　求方程 $y''-2y'+2y=e^x\sin x$ 的一个特解.

解　对应的特征方程为

$$r^2-2r+2=0,$$

特征根为 $r=1\pm i$，故 $\alpha+i\beta=1+i$ 是特征根. 于是可设方程的特解为

$$y^*=xe^x(A\sin x+B\cos x).$$

由于

$$y^{*\prime}=e^x[(Ax+Bx+B)\cos x+(Ax-Bx+A)\sin x],$$

$$y^{*\prime\prime}=e^x[2(Ax+A+B)\cos x+2(A-B-Bx)\sin x],$$

代入原方程得　　$e^x(2A\cos x-2B\sin x)=e^x\sin x,$

约去 e^x，并比较两端系数，得 $A=0$，$B=-\frac{1}{2}$. 因此方程一特解为

$$y^*=-\frac{x}{2}e^x\cos x.$$

例 8　写出方程 $y''-y=xe^x+\sin 2x$ 的一个特解的待定式.

解　根据线性方程解的结构理论可知，该方程的一个特解可由下面两方程

$$y''-y=xe^x, \tag{4}$$

$$y''-y=\sin 2x \tag{5}$$

的两特解相加得到.

对于方程(4)、(5)其特征方程均为

$$r^2-1=0,$$

特征根为 $r=\pm 1$. 因此方程(3)、(4)特解形式分别为

$$y_1^* = x(ax+b)e^x,$$

$$y_2^* = A\sin 2x + B\cos 2x,$$

于是原方程一特解可设为

$$y^* = x(ax+b)e^x + A\sin 2x + B\cos 2x.$$

例 9 求方程 $y''-y=4\cos x$ 的通解.

解 本题可用例 7 的方法求解. 注意到方程中不含有 y' 项,利用余弦函数的二阶导数仍是余弦函数的性质,可设特解

$$y^* = A\cos x$$

代入原方程,得

$$(-A-A)\cos x = 4\cos x,$$

因此

$$A=-2,$$

于是

$$y^* = -2\cos x,$$

由于原方程对应的特征方程为

$$r^2-1=0,$$

特征根为 $r=\pm 1$,于是原方程的通解为

$$y = C_1e^x + C_2e^{-x} - 2\cos x.$$

习题 11-5

A

1. 求下列微分方程的通解:

(1) $y''+y'-2y=0$　　(2) $y''-4y'=0$

(3) $y''+y=0$　　(4) $y''+6y'+13y=0$

(5) $y''-4y'+4y=0$　　(6) $y^{(4)}-y=0$

2. 求下列初值问题:

(1) $y''+4y'+29y=0, y(0)=0, y'(0)=15$

(2) $4y''+4y'+y=0, y(0)=2, y'(0)=0$

(3) $y''-4y'+3y=0, y(0)=6, y'(0)=10$

(4) $y''+25y=0, y(0)=2, y'(0)=5$

3. 求下列微分方程的通解:

(1) $2y''+y'-y=3e^x$　　(2) $2y''+5y'=5x^2-2x-1$

(3) $y''+3y'+2y=3xe^{-x}$　　(4) $y''-2y'+5y=e^x\sin 2x$

(5) $y''+y=e^x+\cos x$　　(6) $y''-y=\sin^2 x$

4. 求下列初始问题的解:

(1) $y''+y+\sin 2x=0, y(\pi)=1, y'(\pi)=1$

(2) $y''-3y'+2y=5, y(0)=1, y'(0)=2$

(3) $y''-y=4xe^x, y(0)=0, y'(0)=1$

(4) $y''-4y'=5, y(0)=1, y'(0)=0$

B

1. 设函数 $\varphi(x)$ 连续，且满足 $\varphi(x)=\mathrm{e}^x+\int_0^x(t-x)\varphi(t)\mathrm{d}t$，求 $\varphi(x)$.

2. 已知二阶常微分方程 $y''+ay'+by=c\mathrm{e}^x$ 有特解 $y^*=\mathrm{e}^{-x}(1+x\mathrm{e}^{2x})$，求微分方程的通解.

第六节　差分与差分方程的概念、常系数线性差分方程解的结构

在科学技术和经济管理的许多实际问题中，经济变量的数据大多按等间隔时间周期统计. 因此，各有关变量的取值是离散变化的，如何寻求它们之间的关系和变化规律呢？差分方程是研究这类离散数学模型的有力工具.

一、差分的概念

设变量 y 是时间 t 的函数，如果函数 $y=y(t)$ 不仅连续而且可导，则变量 y 对时间 t 的变化速率用 $\frac{\mathrm{d}y}{\mathrm{d}t}$ 来刻画；但在某些场合，时间 t 只能离散地取值，从而变量 y 也只能按规定的离散时间而相应地离散地变化，这时常用规定的时间区间上的差商 $\frac{\Delta y}{\Delta t}$ 来刻画 y 的变化速率. 若取 $\Delta t=1$，那么 $\Delta y=y(t+1)-y(t)$ 就可近似地代表变量 y 的变化速率.

定义 1　设函数 $y=f(x)$，当自变量 x 依次取遍非负整数时，相应的函数值可以排成一个数列

$$f(0),f(1),\cdots,f(x),f(x+1),\cdots$$

将之简记为

$$y_0,y_1,\cdots,y_x,y_{x+1},\cdots$$

当自变量从 x 变到 $x+1$ 时，函数的改变量 $y_{x+1}-y_x$ 称为函数 y 在点 x 的差分，记为 Δy_x，即

$$\Delta y_x=y_{x+1}-y_x\quad(x=0,1,2,\cdots).$$

例 1　已知 $y_x=C$（C 为常数），求 Δy_x.

解

$$\Delta y_x=y_{x+1}-y_x=C-C=0,$$

所以常数的差分为零.

例 2　设 $y_x=a^x$（其中 $a>0$ 且 $a\neq1$），求 Δy_x.

解

$$\Delta y_x=y_{x+1}-y_x=a^{x+1}-a^x=a^x(a-1),$$

可见，指数函数的差分等于指数函数乘上一个常数.

例 3　设 $y_x=\sin ax$，求 Δy_x.

解

$$\begin{aligned}\Delta y_x&=\sin a(x+1)-\sin ax\\&=2\cos a\left(x+\frac{1}{2}\right)\sin\frac{1}{2}a.\end{aligned}$$

例 4　设 $y_x=x^2$，求 Δy_x.

解

$$\Delta y_x = y_{x+1} - y_x = (x+1)^2 - x^2 = 2x+1.$$

例 5 设阶乘函数 $y_x = x^{(n)} = x(x-1)\cdots(x-n+1)$，$x^{(0)}=1$，求 Δy_x.

解

$$\begin{aligned}\Delta y_x &= y_{x+1} - y_x = (x+1)^{(n)} - x^{(n)} \\ &= (x+1)x(x-1)\cdots(x+1-n+1) - x(x-1)\cdots(x-n+1) \\ &= [(x+1)-(x-n+1)]x(x-1)\cdots(x-n+2) \\ &= nx^{(n-1)}.\end{aligned}$$

这个结果与 $y=x^n$ 的一阶导数等于 nx^{n-1} 的形式相类似.

由一阶差分的定义，容易得到差分的四则运算法则：

(1) $\Delta(Cy_x) = C\Delta y_x$；

(2) $\Delta(y_x \pm z_x) = \Delta y_x \pm \Delta z_x$；

(3) $\Delta(y_x \cdot z_x) = y_{x+1}\cdot\Delta z_x + z_x\cdot\Delta y_x = y_x\Delta z_x + z_{x+1}\cdot\Delta y_x$；

(4) $\Delta\left(\dfrac{y_x}{z_x}\right) = \dfrac{z_x\cdot\Delta y_x - y_x\cdot\Delta z_x}{z_x\cdot z_{x+1}} = \dfrac{z_{x+1}\Delta y_x - y_{x+1}\Delta z_x}{z_x\cdot z_{x+1}}$.

这里仅给出(3)的证明：

$$\begin{aligned}\Delta(y_x\cdot z_x) &= y_{x+1}z_{x+1} - y_x\cdot z_x \\ &= y_{x+1}\cdot z_{x+1} - y_{x+1}z_x + y_{x+1}z_x - y_x z_x \\ &= y_{x+1}(z_{x+1}-z_x) + z_x(y_{x+1}-y_x) \\ &= y_{x+1}\cdot\Delta z_x + z_x\cdot\Delta y_x,\end{aligned}$$

类似可证 $\Delta(y_x\cdot z_x) = y_x\cdot\Delta z_x + z_{x+1}\cdot\Delta y_x$.

下面给出高阶差分的定义.

定义 2 当自变量从 x 变到 $x+1$ 时，一阶差分的差分

$$\begin{aligned}\Delta(\Delta y_x) &= \Delta(y_{x+1}-y_x) = \Delta y_{x+1} - \Delta y_x \\ &= (y_{x+2}-y_{x+1}) - (y_{x+1}-y_x) \\ &= y_{x+2} - 2y_{x+1} + y_x\end{aligned}$$

称为函数 $y=f(x)$ 的二阶差分，记为 $\Delta^2 y_x$，即

$$\Delta^2 y_x = y_{x+2} - 2y_{x+1} + y_x.$$

同样，二阶差分的差分称为三阶差分，记为 $\Delta^3 y_x$，则

$$\Delta^3 y_x = y_{x+3} - 3y_{x+2} + 3y_{x+1} - y_x.$$

依次类推，$y=f(x)$ 的 n 阶差分为

$$\Delta^n y_x = \Delta(\Delta^{n-1} y_x).$$

例 6 设 $y_x = e^{2x}$，求 $\Delta^2 y_x$.

解

$$\begin{aligned}\Delta y_x &= y_{x+1} - y_x \\ &= e^{2(x+1)} - e^{2x} = e^{2x}(e^2-1), \\ \Delta^2 y_x &= \Delta(\Delta y_x) = \Delta[e^{2x}(e^2-1)] \\ &= (e^2-1)\Delta e^{2x} = (e^2-1)^2 e^{2x}.\end{aligned}$$

例 7 已知 $y_x = 3x^2 - 4x + 2$，求 $\Delta^2 y_x$，$\Delta^3 y_x$.

解

$$\begin{aligned}\Delta y_x &= 3\Delta(x^2) - 4\Delta(x) + \Delta(2)\\ &= 3(2x+1) - 4 + 0\\ &= 6x - 1,\\ \Delta^2 y_x &= \Delta(\Delta y_x) = \Delta(6x-1)\\ &= \Delta(6x) - \Delta(1)\\ &= 6\Delta(x) - 0\\ &= 6,\\ \Delta^3 y_x &= \Delta(6) = 0.\end{aligned}$$

一般地，对于 k 次多项式，它的 k 阶差分为常数，而 k 阶以上的差分均为零.

最后，我们简要说明 $y=f(x)$ 在不同时期的值和它的各阶差分之间的关系.

若用 E 表示位移算子，即 $\mathrm{E}y_x = y_{x+1}, \mathrm{E}^2 y_x = y_{x+2}, \cdots, \mathrm{E}^n y_x = y_{x+n}$；用 I 表示恒算算子，即 $\mathrm{I}y_x = y_x$，则差分算子 $\Delta = \mathrm{E} - \mathrm{I}, \Delta^n = (\mathrm{E}-\mathrm{I})^n$. 于是

$$\begin{aligned}\Delta^n y_x = (\mathrm{E}-\mathrm{I})^n y_x &= \sum_{k=0}^{n}(-1)^k C_n^k \mathrm{E}^{n-k}\mathrm{I}^k y_x\\ &= \sum_{k=0}^{n}(-1)^k C_n^k \mathrm{E}^{n-k} y_x\\ &= \sum_{k=0}^{n}(-1)^k C_n^k y_{x+n-k},\end{aligned}$$

上式说明函数的 n 阶差分可以表示成已知函数在不同时期值 $y_{x+n}, y_{x+n-1}, \cdots, y_{x+1}, y_x$ 的线性组合.

由于 $y=f(x)$ 的差分仍是 x 的函数，我们一样可以证明函数在不同时期的值 y_{x+n} 可以表示为 y_x 及其各阶差分的线性组合. 即

$$\begin{aligned}y_{x+1} &= y_x + \Delta y_x,\\ y_{x+2} &= y_{x+1} + \Delta y_{x+1} = y_x + \Delta y_x + \Delta(y_x + \Delta y_x)\\ &= y_x + \Delta y_x + \Delta y_x + \Delta^2 y_x\\ &= y_x + 2\Delta y_x + \Delta^2 y_x,\\ y_{x+3} &= y_{x+2} + \Delta y_{x+2} = y_x + 2\Delta y_x + \Delta^2 y_x + \Delta(y_x + 2\Delta y_x + \Delta^2 y_x)\\ &= y_x + 3\Delta y_x + 3\Delta^2 y_x + \Delta^3 y_x,\\ &\cdots\cdots\\ y_{x+n} &= E^n y_x = (\Delta + I)^n y_n = \sum_{k=0}^{n} C_n^k \Delta^k y_x.\end{aligned}$$

二、差分方程的概念

定义 3　含有未知函数的差分或含有未知函数几个不同时期值的符号的方程称为差分方程，其一般形式为

$$F(x, y_x, \Delta y_x, \Delta^2 y_x, \cdots, \Delta^n y_x) = 0,$$

或
$$G(x, y_x, y_{x+1}, y_{x+2}, \cdots, y_{x+n}) = 0,$$

或
$$H(x, y_x, y_{x-1}, y_{x-2}, \cdots, y_{x-n}) = 0.$$

由差分的定义及性质可知,差分方程的不同表达形式之间可以互相转化.

例如,差分方程 $y_{x+2}-2y_{x+1}-y_x=3^x$ 可转化成 $y_x-2y_{x-1}-y_{x-2}=3^{x-2}$,若将原方程的左边写成

$$\begin{aligned}&(y_{x+2}-y_{x+1})-(y_{x+1}-y_x)-2y_x\\&=\Delta y_{x+1}-\Delta y_x-2y_x\\&=\Delta^2 y_x-2y_x,\end{aligned}$$

则原方程又可化为

$$\Delta^2 y_x-2y_x=3^x.$$

在定义 3 中,未知函数的最大下标与最小下标的差称为差分方程的阶.

如 $y_{x+5}-4y_{x+3}+3y_{x+2}-2=0$ 是三阶差分方程;又如差分方程 $\Delta^3 y_x+y_x+1=0$,虽然它含有三阶差分 $\Delta^3 y_x$,但它实际上是二阶差分方程.由于该方程可化为

$$y_{x+3}-3y_{x+2}+3y_{x+1}+1=0,$$

因此,它是二阶差分方程.事实上,作代换 $t=x+1$,即可写成

$$y_{t+2}-3y_{t+1}+3y_t+1=0.$$

定义 4　如果一个函数代入差分方程,使方程两边恒等,则称此函数为差分方程的解.若在差分方程的解中,含有相互独立的任意常数的个数与该方程的阶数相同,则称这个解为差分方程的通解.

例 8　设有差分方程 $y_{x+1}-y_x=2$,把函数 $y_x=15+2x$ 代入此方程,则左边$=[15+2(x+1)]-(15+2x)=2=$右边,所以 $y_x=15+2x$ 是该差分方程的解.同样,可以验证 $y_x=C+2x$(C 为任意常数)也是该差分方程的解,它含有一个任意常数,而所给差分方程又是一阶的,故 $y_x=C+2x$ 是该差分方程的通解.

为了反映某一事物在变化过程中的客观规律性,往往根据事物在初始时刻所处状态,对差分方程附加一定条件,称之为初始条件.当通解中任意常数被初始条件确定后,这个解称为差分方程的特解.

三、常系数线性差分方程解的结构

为以后几节讨论的需要,这里将给出常数线性差分方程的解的结构定理.下面出现的差分方程均以含有未知函数不同时期值的形式表示.

n 阶常系数线性差分方程的一般形式为

$$y_{x+n}+a_1y_{x+n-1}+\cdots+a_{n-1}y_{x+1}+a_ny_x=f(x),\tag{1}$$

其中 $a_i(i=1,2,\cdots,n)$为常数,且 $a_n\neq0$,$f(x)$为已知函数.当 $f(x)\equiv0$ 时,差分方程(1)称为齐次的;当 $f(x)\not\equiv0$ 时,差分方程(1)称为非齐次的.

若(1)是 n 阶常系数非齐次线性差分方程,则其所对应的 n 阶常系数齐次线性差分方程为

$$y_{x+n}+a_1y_{x+n-1}+\cdots+a_{n-1}y_{x+1}+a_ny_x=0\qquad(a_n\neq0).\tag{2}$$

关于 n 阶常系数线性差分方程(2)的解有如下一些结论.

定理 1　若函数 $y_1(x),y_2(x),\cdots,y_k(x)$都是常系数齐次线性差分方程(2)的解,则它们的线性组合

$$y(x)=C_1y_1(x)+C_2y_2(x)+\cdots+C_ky_k(x)$$

也是方程(2)的解,其中 $C_1,C_2,\cdots,C_k$ 为常数.

下面将两个函数的线性相关.线性无关的概念推广到 n 个函数的情形.

定义 5　设有 n 个函数 $y_1(x),\cdots,y_n(x)$ 都在某一区间 I 上有定义，若存在一组不全为零的数 $k_1,\cdots,k_n$ 使对一切 $x\in I$，有

$$k_1y_1+\cdots+k_ny_n=0,$$

则称函数 $y_1,\cdots,y_n$ 在区间 I 上线性相关，否则，称之为线性无关.

定理 2　若函数 $y_1(x),\cdots,y_n(x)$ 是 n 阶常系数齐次线性差分方程(2)的 n 个线性无关的解，则

$$Y_x=C_1y_1(x)+\cdots+C_ny_n(x)$$

就是方程(2)的通解，其中 $C_1,C_2,\cdots,C_n$ 为常数.

由此定理可知，要求出 n 阶常系数齐次线性差分方程(2)的通解，只需求出其 n 个线性无关的特解.该定理称为常系数齐次线性差分方程的通解的结构定理.

定理 3　若 y_x^* 是非齐次方程(1)的一个特解，Y_x 是它对应的齐次方程(2)的通解，则非齐次方程(1)的通解为

$$y_x=Y_x+y_x^*.$$

该定理告诉我们，要求非齐次方程(1)的通解，可先求对应的齐次方程(2)的通解，再找非齐次方程(1)的一个特解，然后相加.该定理称为 n 阶常系数非齐次线性差分方程的通解的结构定理.

定理 4　若 y_1^*、y_2^* 分别是非齐次方程

$$y_{x+n}+a_1y_{x+n-1}+\cdots+a_{n-1}y_{x+1}+a_ny_x=f_1(x),$$

$$y_{x+n}+a_1y_{x+n-1}+\cdots+a_{n-1}y_{x+1}+a_ny_x=f_2(x)$$

的特解，则 $y^*=y_1^*+y_2^*$ 是方程

$$y_{x+n}+a_1y_{x+n-1}+\cdots+a_{n-1}y_{x+1}+a_ny_x=f_1(x)+f_2(x)$$

的特解.

习题 11-6

1. 求下列函数的一阶与二阶差分：

(1) $y=2x^3-x^2$　　(2) $y=\mathrm{e}^{3x}$

(3) $y=\log_a x\,(a>0,a\neq1)$　　(4) $y_x=x^{(4)}$

2. 证明 $\Delta\left(\dfrac{y_x}{z_x}\right)=\dfrac{z_x\cdot\Delta y_x-y_x\cdot\Delta z_x}{z_x\cdot z_{x+1}}$.

3. 下列式子中是差分方程的有(　　).

A. $2\Delta y_t=y_t+t$　　B. $\Delta^2y_t=y_{t+2}-2y_{t+1}+y_t$

C. $-2\Delta y_t=2y_t+3t$.

4. 已知 $y_x=\mathrm{e}^x$ 是方程 $y_{x+1}+ay_{x-1}=2\mathrm{e}^x$ 的一个解，求 a.

5. 确定下列差分方程的阶：

(1) $y_{x+3}-x^2y_{x+1}+3y_x=2$

(2) $y_{x-2}-y_{x-4}=y_{x+2}$

6. 给定一阶差分方程 $y_{x+1}+Py_x=Aa^x$，验证

(1) 当 $P+a\neq0$ 时，$y_x=\dfrac{A}{P+a}a^x$ 是方程的解；

(2) 当 $P+a=0$ 时，$y_x=Axa^{x-1}$ 是方程的解.

第七节 一阶常系数线性差分方程

一阶常系数线性差分方程的一般形式为

$$y_{x+1}-ay_x=f(x), \tag{1}$$

其中 $a\neq0$ 为常数，$f(x)$ 为已知函数.

当 $f(x)\equiv0$，称方程

$$y_{x+1}-ay_x=0 \quad (a\neq0) \tag{2}$$

为一阶常系数齐次线性差分方程.

若 $f(x)\neq0$ 则(1)称为一阶常系数非齐次线性差分方程.

下面介绍它们的求解方程.

一、一阶常系数齐次线性差分方程的求解

对于一阶常系数齐次线性差分方程(2)，通常有如下两种解法.

1.迭代法

若 y_0 已知，由方程(2)依次可得出

$$y_1=ay_0,$$
$$y_2=ay_1=a^2y_0,$$
$$y_3=ay_2=a^3y_0,$$
$$\cdots\cdots$$

于是 $y_x=a^xy_0$，令 $y_0=C$ 为任意常数，则齐次方程的通解为 $Y_x=Ca^x$.

2.特征根法

由于方程 $y_{x+1}-ay_x=0$ 等同于 $\Delta y_x+(1-a)y_x=0$，可以看出 y_x 的形式一定为某个指数函数. 于是，设 $y_x=\lambda^x(\lambda\neq0)$，代入方程得

$$\lambda^{x+1}-a\lambda^x=0,$$

即

$$\lambda-a=0, \tag{3}$$

得 $\lambda=a$. 称方程(3)为齐次方程(2)的特征方程，而 $\lambda=a$ 为特征方程的根(简称特征根). 于是 $y_x=a^x$ 是齐次方程的一个解，从而

$$y_x=Ca^x \quad (C\text{ 为任意常数}) \tag{4}$$

是齐次方程的通解.

例 1 求 $2y_{x+1}+y_x=0$ 的通解.

解 特征方程为

$$2\lambda+1=0,$$

特征方程的根为 $\lambda=-\frac{1}{2}$. 于是原方程的通解为

$$y_x=C\left(-\frac{1}{2}\right)^x \quad (C\text{ 为任意常数}).$$

例 2　求方程 $3y_x-y_{x-1}=0$ 满足初始条件 $y_0=2$ 的解.

解　原方程 $3y_x-y_{x-1}=0$ 可以改写为

$$3y_{x+1}-y_x=0,$$

特征方程为

$$3\lambda-1=0,$$

其根为 $\lambda=\frac{1}{3}$. 于是原方程的通解为

$$y_x=C\left(\frac{1}{3}\right)^x,$$

把初始条件 $y_0=2$ 代入，定出 $C=2$，因此所求特解为

$$y_x=2\left(\frac{1}{3}\right)^x.$$

二、一阶常系数非齐次线性差分方程的求解

由上节定理 3 可知，一阶常系数非齐次线性差分方程(1)的通解由该方程的一个特解 y_x^* 与相应的齐次方程的通解之和构成. 由于相应的齐次方程的通解的求法已经解决，因此，我们只需要讨论非齐次方程特解 y_x^* 的求法.

当右端 $f(x)$ 是某些特殊形式的函数时，采用待定系数法求其特解 y_x^* 较为方便.

1. $f(x)=P_n(x)$ 型

$P_n(x)$ 表示 x 的 n 次多项式，此时方程(1)为

$$y_{x+1}-ay_x=P_n(x)\qquad(a\neq 0),$$

由 $\Delta y_x=y_{x+1}-y_x$，上式可改写成为

$$\Delta y_x+(1-a)y_x=P_n(x)\qquad(a\neq 0).$$

设 y_x^* 是它的解，代入上式得

$$\Delta y_x^*+(1-a)y_x^*=P_n(x).$$

由于 $P_n(x)$ 是多项式，因此 y_x^* 也应该是多项式(因为当 y_x^* 是 x 次多项式时，Δy_x^* 是 $(x-1)$ 次多项式).

如果 1 不是齐次方程的特征方程的根，即 $1-a\neq 0$，那么 y_x^* 也是一个 n 次多项式，于是令

$$y_x^*=Q_n(x)=b_0x^n+b_1x^{n-1}+\cdots+b_{n-1}x+b_n,$$

把它代入方程，比较两端同次幂的系数，便可得 $Q_n(x)$.

如果 1 是齐次方程的特征方程的根，即 $1-a=0$，这时 y_x^* 满足 $\Delta y_x^*=P_n(x)$，因此应取 y_x^* 为一个 $n+1$ 次多项式，于是令

$$y_x^*=xQ_n(x)=x(b_0x^n+b_1x^{n-1}+\cdots+b_{n-1}x+b_n),$$

将它代入方程，比较同次幂的系数，即可确定各系数 $b_i(i=0,1,2,\cdots,n)$.

综上所述，我们有如下结论.

结论　若 $f(x)=P_n(x)$，则一阶常系数非齐次线性差分方程(1)具有形如

$$y_x^*=x^kQ_n(x)$$

的特解，其中 $Q_n(x)$ 是与 $P_n(x)$ 同次的待定多项式，而 k 的取值如下确定：

(1)若 1 不是特征方程的根，$k=0$；

(2)若 1 是特征方程的根,$k=1$.

例 3 求差分方程 $y_{x+1}-3y_x=-2$ 的通解.

解 (1)先求对应的齐次方程

$$y_{x+1}-3y_x=0$$

的通解 Y_x.

由于齐次方程的特征方程为 $\lambda-3=0$,$\lambda=3$ 是特征方程的根.故 $Y_x=C3^x$ 是齐次方程的通解.

(2)再求非齐次方程的一个特解 y_x^*.

由于 1 不是特征方程的根,于是令 $y_x^*=a$ 代入原方程为

$$a-3a=-2,$$

即 $a=1$.从而 $y_x^*=1$.

(3)原方程的通解为

$$y_x=Y_x+y_x^*=C(3^x)+1 \quad (C\text{为任意常数}).$$

例 4 求差分方程 $y_{x+1}-2y_x=3x^2$ 的通解.

解 (1)先求对应的齐次方程

$$y_{x+1}-2y_x=0$$

的通解 Y_x.

由于特征方程为 $\lambda-2=0$,得其根为 $\lambda=2$,于是

$$Y_x=C2^x.$$

(2)再求非齐次方程的一个特解 y_x^*.

由于 1 不是特征根,于是令

$$y_x^*=b_0x^2+b_1x+b_2,$$

代入原方程,得

$$b_0(x+1)^2+b_1(x+1)+b_2-2(b_0x^2+b_1x+b_2)=3x^2$$

比较两边同次幂的系数,得

$$b_0=-3,b_1=-6,b_2=-9,$$

于是

$$y_x^*=-3x^2-6x-9.$$

(3)原方程的通解为

$$y_x=C2^x-3x^2-6x-9.$$

例 5 求差分方程 $y_{t+1}-y_t=t+1$ 满足 $y_0=1$ 的特解.

解 (1)对应的齐次方程 $y_{t+1}-y_t=0$ 的通解为

$$Y_t=C.$$

(2)再求原方程的一个特解为 y_t^*.

由于 1 是特征方程的根,于是令

$$y_t^*=t(b_0t+b_1)=b_0t^2+b_1t,$$

代入原方程,得

$$b_0(t+1)^2+b_1(t+1)-b_0t^2-b_1t=t+1$$

比较两端同次幂的系数,得

$$b_0=\frac{1}{2},b_1=\frac{1}{2},$$

于是

$$y_t^*=\frac{1}{2}t^2+\frac{1}{2}t.$$

(3)原方程的通解为

$$y_t=C+\frac{1}{2}t^2+\frac{1}{2}t.$$

(4)由 $y_0=1$，得 $1=C$，故原方程满足初始条件的特解为

$$y_t=1+\frac{1}{2}t^2+\frac{1}{2}t.$$

例 6　求差分方程 $y_{x+1}-y_x=x^3-3x^2+2x$ 的通解.

解　由于 1 是原方程所对应的齐次方程的特征方程的根，这类方程可用另一种较简单的方法求解.

方程的左端为 Δy_x，而右端可化为

$$\begin{aligned}x^3-3x^2+2x&=x(x^2-3x+2)\\&=x(x-1)(x-2)=x^{(3)},\end{aligned}$$

故 $\Delta y_x=x^{(3)}$. 于是原方程的通解为

$$y_x=\frac{x^{(4)}}{4}+C\qquad(C\text{ 为任意常数}).$$

2. $f(x)=\mu^xP_n(x)$ 型

这里 μ 为常数，$\mu\neq0$ 且 $\mu\neq1$，$P_n(x)$ 表示 x 的 n 次多项式，此时，只须作变换

$$y_x=\mu^xz_x,$$

将它代入原方程 $y_{x+1}-ay_x=\mu^xP_n(x)$ 得

$$\mu^{x+1}z_{x+1}-a\mu^xz_x=\mu^xP_n(x),$$

消去 μ^x，即得

$$\mu z_{x+1}-az_x=P_n(x),$$

对此方程，我们已经会求出它的一个解 z_x^*，于是

$$y_x^*=\mu^x\cdot z_x^*.$$

例 7　求 $y_{x+1}+y_x=x2^x$ 的通解.

解　(1)先求对应的齐次方程 $y_{x+1}+y_x=0$ 的通解 Y_x.

由于特征方程为 $\lambda+1=0$，其根为 $\lambda=-1$，于是有

$$Y_x=C(-1)^x\qquad(C\text{ 为任意常数}).$$

(2)再求原方程的一个特解 y_x^*.

令 $y_x=2^xz_x$，原方程化为

$$2z_{x+1}+z_x=x,$$

不难求得它的一个特解为

$$z_x^*=\frac{1}{3}x-\frac{2}{9},$$

于是

$$y_x^* = 2^x\left(\frac{1}{3}x - \frac{2}{9}\right).$$

(3)原方程的通解为

$$\begin{aligned} y_x &= Y_x + y_x^* \\ &= C(-1)^x + 2^x\left(\frac{1}{3}x - \frac{2}{9}\right). \end{aligned}$$

例 8　求 $y_{t+1} - ay_t = 2^t$ 的通解.

解　(1)对应的齐次方程 $y_{t+1} - ay_t = 0$ 的通解为

$$Y_t = Ca^t \qquad (C\text{ 为任意常数}).$$

(2)求原方程的一个特解 y_x^*. 为此令 $y_t = 2^t \cdot z_t$,将原方程化为

$$2z_{t+1} - az_t = 1$$

当 $a \neq 2$ 时,上述方程的一个特解为 $z_t^* = \frac{1}{2-a}$.

当 $a = 2$ 时,上述方程的一个特解为 $z_t^* = \frac{1}{2}t$. 于是

$$y_t^* = \begin{cases} \dfrac{1}{2-a}\cdot 2^t & (\text{当 } a \neq 2 \text{ 时}) \\ \dfrac{1}{2}t \cdot 2^t & (\text{当 } a = 2 \text{ 时}) \end{cases}.$$

(3)原方程的通解为

$$y_t = Y_t + y_t^*,$$

即

$$y_t = \begin{cases} Ca^t + \dfrac{1}{2-a}\cdot 2^t & (\text{当 } a \neq 2 \text{ 时}) \\ Ca^t + \dfrac{1}{2}t \cdot 2^t & (\text{当 } a = 2 \text{ 时}) \end{cases}.$$

3. $f(x) = b_1\cos\omega x + b_2\sin\omega x$ 型

当 $f(x) = b_1\cos\omega x + b_2\sin\omega x$,其中 b_1, b_2, ω 均为常数,这时差分方程(1)成为

$$y_{x+1} - ay_x = b_1\cos\omega x + b_2\sin\omega x, \tag{5}$$

它的特解可按下列方法而求得. 令

$$y_x^* = B_1\cos\omega x + B_2\sin\omega x \qquad (B_1, B_2\text{ 为待定常数}), \tag{6}$$

将(6)代入(5)式,得

$$\begin{cases} B_1(\cos\omega - a) + B_2\sin\omega = b_1 \\ -B_1\sin\omega + B_2(\cos\omega - a) = b_2 \end{cases}. \tag{7}$$

(1)当 $D = (\cos\omega - a)^2 + \sin^2\omega \neq 0$ 时,易求得 B_1, B_2 的唯一解为

$$\begin{cases} B_1 = \overline{B_1} = \dfrac{1}{D}[b_1(\cos\omega - a) - b_2\sin\omega] \\ B_2 = \overline{B_2} = \dfrac{1}{D}[b_2(\cos\omega - a) + b_1\sin\omega] \end{cases}, \tag{8}$$

于是

$$y_x^* = (\overline{B_1}\cos\omega x + \overline{B_2}\sin\omega x). \tag{9}$$

这时,原方程的通解为

$$y_x = Ca^x + \overline{B_1}\cos\omega x + \overline{B_2}\sin\omega x. \tag{10}$$

(2)当 $D=(\cos\omega-a)^2+\sin^2\omega=0$ 时，令

$$y_x^* = x(B_1\cos\omega x + B_2\sin\omega x) \tag{11}$$

将其代入差分方程(5)得

$$\begin{aligned}&\{[(\cos\omega-a)B_1+B_2\sin\omega]x+(B_1\cos\omega+B_2\sin\omega)\}\cos\omega x\\&+\{[(\cos\omega-a)B_2+B_1\sin\omega]x+(B_2\cos\omega+B_1\sin\omega)\}\sin\omega x\\&=b_1\cos\omega x+b_2\sin\omega x\end{aligned} \tag{12}$$

注意到 $D=0$ 的充要条件为

$$\begin{cases}\cos\omega-a=0\\ \sin\omega=0\end{cases},\text{即}\begin{cases}\omega=2k\pi\\ a=1\end{cases}\text{或}\begin{cases}\omega=(2k+1)\pi\\ a=-1\end{cases},$$

其中 k 为整数，将上式代入式(12)分别得到

$$B_1=b_1, B_2=b_2 \quad \text{或} \quad B_1=-b_1, B_2=-b_2.$$

于是当 $a=1$ 时

$$y_x^* = x(b_1\cos 2k\pi x + b_2\sin 2k\pi x), \tag{13}$$

当 $a=-1$ 时，

$$y_x^* = -x[b_1\cos(2k+1)\pi x + b_2\sin(2k+1)\pi x]. \tag{14}$$

从而方程(5)的通解为：

当 $a=1$ 时，

$$y_x = C + x(b_1\cos 2k\pi x + b_2\sin 2k\pi x); \tag{15}$$

当 $a=-1$ 时，

$$y_x = C(-1)^x - x[b_1\cos(2k+1)\pi x + b_2\sin(2k+1)\pi x]. \tag{16}$$

注意若 $f(x)=b_1\cos\omega x$ 或 $f(x)=b_2\sin\omega x$，视 $D\neq 0$ 或 $D=0$，仍然分别设(6)或(11)为方程的特解形式.

例 9　求差分方程 $y_{x+1}-5y_x=\cos\frac{\pi}{2}x$ 的通解.

解　显然，对应的一阶齐次线性差分方程的通解为

$$Y_x = C5^x \qquad (C\text{为任意常数}).$$

因为 $\omega=\frac{\pi}{2}, a=5, D=(a-\cos\omega)^2+\sin^2\omega=5^2+1=26\neq 0$. 故设

$$y_x^* = B_1\cos\frac{\pi}{2}x + B_2\sin\frac{\pi}{2}x,$$

将之代入原方程，即可得式(7)，将 $\omega=\frac{\pi}{2}, a=5, b_1=1, b_2=0$ 代入(7)式得

$$\begin{cases}-5B_1+B_2=1\\ -B_1-5B_2=0\end{cases},$$

解得

$$\begin{cases}B_1=\overline{B_1}=-\dfrac{5}{26}\\[2mm] B_2=\overline{B_2}=\dfrac{1}{26}\end{cases}.$$

所以通解为

$$y_x = C5^x - \frac{5}{26}\cos\frac{\pi}{2}x + \frac{1}{26}\sin\frac{\pi}{2}x \quad (C\text{ 为任意常数}).$$

习题 11-7

1. 求下列一阶常系数齐次线性差分方程的通解：

(1) $2y_{x+1} - 3y_x = 0$　(2) $y_x + y_{x-1} = 0$

(3) $y_{x+1} - y_x = 0$

2. 求下列一阶差分方程在给定初始条件下的特解：

(1) $2y_{x+1} + 5y_x = 0$，且 $y_0 = 3$

(2) $\Delta y_x = 0$ 且 $y_0 = 2$

3. 求下列一阶差分方程的通解：

(1) $\Delta y_x - 4y_x = 3$　(2) $y_{x+1} + 4y_x = 2x^2 + x + 1$

(3) $y_{t+1} - \frac{1}{2}y_t = 2^t$　(4) $\Delta y_x = x^{(9)}$

(5) $y_{t+1} - y_t = t2^t$　(6) $3y_t - 3y_{t-1} = t3^t + 1$

(7) $y_{t+1} - 3y_t = \sin\frac{\pi}{2}t$　(8) $\Delta^2 y_x - \Delta y_x - 2y_x = x$

4. 求下列一阶差分方程在给定的初始条件下的特解：

(1) $\Delta y_x = 3$ 且 $y_0 = 2$　(2) $y_{x+1} + y_x = 2^x$ 且 $y_0 = 2$

(3) $y_x + y_{x-1} = (x-1)2^{x-1}$ 且 $y_0 = 0$　(4) $y_{x+1} + 4y_x = 2x^2 + x - 1$ 且 $y_0 = 1$

第八节　二阶常系数线性差分方程

二阶常系数线性差分方程的一般形式为

$$y_{x+2} + ay_{x+1} + by_x = f(x) \tag{1}$$

其中 a,b 为常数，且 $b\neq 0$，$f(x)$ 为 x 的已知函数.

当 $f(x)\equiv 0$ 时，称方程

$$y_{x+2} + ay_{x+1} + by_x = 0$$

为二阶常系数齐次线性差分方程.

若 $f(x)\neq 0$，则称方程(1)为二阶常系数非齐次线性差分方程.

下面介绍它们的求解方法.

一、二阶常系数齐次线性差分方程的求解

对于二阶常系数齐次线性差分方程

$$y_{x+2} + ay_{x+1} + by_x = 0 \quad (b\neq 0), \tag{2}$$

根据通解的结构定理，为了求出其通解，只需求出它的两个线性无关的特解，然后作它们的线性组合，即得通解.

显然，方程(2)可以改写成

$$\Delta^2 y_x + (2+a)\Delta y_x + (1+a+b)y_x = 0 \quad (b \neq 0), \tag{3}$$

由此我们可以看出,可用指数函数 $y=\lambda^x$ 来尝试求解,看是否可以找到适当的常数 λ,使 $y=\lambda^x$ 满足方程(2).

令 $y_x=\lambda^x$,代入方程(2),得

$$\lambda^x(\lambda^2 + a\lambda + b) = 0,$$

又因 $\lambda^x \neq 0$,即得

$$\lambda^2 + a\lambda + b = 0, \tag{4}$$

称它为齐次方程的特征方程.特征方程的根简称为特征根.由此可见,$y_x=\lambda^x$ 为齐次方程(2)的特解的充要条件为 λ 是特征方程(4)的根.

与二阶常系数齐次线性微分方程一样,根据特征根的三种不同情况,可分别确定出齐次方程(2)的通解.

(1)若特征方程(4)有两个不相等的实根 λ_1 与 λ_2,此时 λ_1^x 与 λ_2^x 是齐次方程(2)的两个特解,且线性无关.于是齐次差分方程(2)的通解为

$$y_x = C_1\lambda_1^x + C_2\lambda_2^x \quad (C_1, C_2 \text{ 为任意常数}).$$

(2)若特征方程(4)有两个相等的实根 $\lambda=\lambda_1=\lambda_2$,此时得齐次差分方程(2)的一个特解

$$y_x^{(1)} = \lambda^x.$$

为求出另一个与 $y_x^{(1)}$ 线性无关的特解,不妨令 $y_x^{(2)}=u_x\cdot\lambda^x$($u_x$ 不为常数),将它代入齐次差分方程(2)得

$$u_{x+2}\lambda^{x+2} + au_{x+1}\lambda^{x+1} + bu_x\lambda^x = 0,$$

由于 $\lambda^x \neq 0$,故

$$u_{x+2}\lambda^2 + au_{x+1}\lambda + bu_x = 0.$$

将之改写为

$$(u_x + 2\Delta u_x + \Delta^2 u_x)\cdot\lambda^2 + a\lambda(u_x + \Delta u_x) + bu_x = 0,$$

即

$$\lambda^2\Delta^2 u_x + \lambda(2\lambda + a)\Delta u_x + (\lambda^2 + a\lambda + b)u_x = 0.$$

由于 λ 是特征方程(4)的二重根,因此 $\lambda^2+a\lambda+b=0$ 且 $2\lambda+a=0$,于是得出

$$\Delta^2 u_x = 0,$$

显然 $u_x=x$ 是可选取的函数中的最简单的一个,于是可得差分方程(2)的另一个解为

$$y_x^{(2)} = x\cdot\lambda^x.$$

从而差分方程(2)的通解为

$$y_x = C_1 y_x^{(1)} + C_2 y_x^{(2)} = (C_1 + C_2 x)\lambda^2 \quad (C_1, C_2 \text{ 为任意常数}).$$

(3)若特征方程(4)有一对共轭复根 $\lambda_1=\alpha+\beta\mathrm{i}$ 与 $\lambda_2=\alpha-\beta\mathrm{i}$,这时可以验证差分方程(2)有两个线性无关的解

$$y_x^{(1)} = r^x\cos\theta x, \quad y_x^{(2)} = r^x\sin\theta x,$$

其中 $r=\sqrt{\alpha^2+\beta^2}$,$\tan\theta=\dfrac{\beta}{\alpha}$($0<\theta<\pi,\beta>0$),从而差分方程(2)的通解为

$$\begin{aligned} y_x &= C_1 y_x^{(1)} + C_2 y_x^{(2)} \\ &= r^x(C_1\cos\theta x + C_2\sin\theta x) \quad (C_1, C_2 \text{ 为任意常数}). \end{aligned}$$

从上面的讨论看出来,求解二阶常系数齐次线性差分方程的步骤和求解二阶常系数齐次线性微分方程的步骤完全类似,我们将它总结如下.

第一步　写出差分方程(2)的特征方程

$$\lambda^2+a\lambda+b=0 \quad (b\neq 0). \tag{4}$$

第二步　求特征方程(4)的两个根 λ_1、λ_2.

第三步　根据特征方程(4)的两个根的不同情形，按照下列表格写出差分方程(2)的通解.

特征方程 $\lambda^2+a\lambda+b=0$ 的两个根 λ_1、λ_2	差分方程 $y_{x+2}+ay_{x+1}+by_x=0(b\neq 0)$ 的通解
两个不相等的实根 λ_1、λ_2	$y_x=C_1\lambda_1^x+C_2\lambda_2^x$
两个相等的实根 λ_1、λ_2	$y_x=(C_1+C_2x)\lambda_1^x$
一对共轭复根 $\lambda_{1,2}=\alpha\pm \mathrm{i}\beta$	$y_x=r^x(C_1\cos\theta x+C_2\sin\theta x)$，其中 $r=\sqrt{\alpha^2+\beta^2}$，$\tan\theta=\dfrac{\beta}{\alpha}$，$(\beta>0,0<\theta<\pi)$.

例 1　求差分方程 $y_{x+2}-y_{x+1}-6y_x=0$ 的通解.

解　特征方程

$$\lambda^2-\lambda-6=0,$$

有两个不相等的实根 $\lambda_1=3,\lambda_2=-2$，从而原方程的通解为

$$y_x=C_1 3^x+C_2(-2)^x \quad (C_1,C_2\text{ 为任意常数}).$$

例 2　求差分方程 $\Delta^2 y_x+\Delta y_x-3y_{x+1}+4y_x=0$ 的通解.

解　原方程可改写成如下形式

$$y_{x+2}-4y_{x+1}+4y_x=0.$$

它是一个二阶常系数齐次线性差分方程，其特征方程为

$$\lambda^2-4\lambda+4=0,$$

它有两个相等的实根 $\lambda_1=\lambda_2=2$，所以原方程的通解为

$$y_x=(C_1+C_2x)2^x \quad (C_1,C_2\text{ 为任意常数}).$$

例 3　求差分方程 $y_{x+2}+\frac{1}{4}y_x=0$ 的通解.

解　所给方程为二阶常系数齐次线性差分方程，其特征方程为

$$\lambda^2+\frac{1}{4}=0,$$

特征方程的根为 $\lambda_{1,2}=\pm\frac{1}{2}\mathrm{i}$，即 $\alpha=0,\beta=\frac{1}{2}$，从而 $r=\sqrt{\alpha^2+\beta^2}=\frac{1}{2},\theta=\frac{\pi}{2}$，所以原方程的通解为

$$y_x=\left(\frac{1}{2}\right)^x\left(C_1\cos\frac{\pi}{2}x+C_2\sin\frac{\pi}{2}x\right).$$

例 4　求差分方程 $y_{x+2}-4y_{x+1}+16y_x=0$ 的满足初始条件 $y_0=1,y_1=2+2\sqrt{3}$的特解.

解　先求所给二阶常系数齐次线性差分方程的通解，特征方程为

$$\lambda^2-4\lambda+16=0,$$

特征方程的根为 $\lambda_{1,2}=2\pm 2\sqrt{3}\mathrm{i},\alpha=2,\beta=2\sqrt{3}$，于是

$$r=\sqrt{\alpha^2+\beta^2}=4;\tan\theta=\frac{\beta}{\alpha}=\sqrt{3},\theta=\frac{\pi}{3}.$$

故原方程的通解为

$$y_x = 4^x\left(C_1\cos\frac{\pi}{3}x + C_2\sin\frac{\pi}{3}x\right).$$

由初始条件 $y_0=1$ 与 $y_1=2+2\sqrt{3}$ 得：$\begin{cases}C_1=1\\ C_1+\sqrt{3}C_2=\sqrt{3}+1\end{cases}$.

解之得 $C_1=1, C_2=1$，故所求特解为

$$y_x = 4^x\left(\cos\frac{\pi}{3}x + \sin\frac{\pi}{3}x\right).$$

二、二阶常系数非齐次线性差分方程的求解

对于二阶常系数非齐次线性差分方程

$$y_{x+2} + ay_{x+1} + by_x = f(x) \qquad (a,b\text{ 为常数，且 } b\neq 0), \tag{1}$$

根据通解的结构定理，求差分方程(1)的通解，归结为求对应的齐次方程

$$y_{x+2} + ay_{x+1} + by_x = 0 \tag{2}$$

的通解和非齐次方程(1)本身的一个特解．由于二阶常系数齐次线性差分方程通解的求法前面已得到解决，所以这里只需讨论求二阶常系数非齐次线性差分方程的一个特解 y_x^* 的方法．

在实际经济应用中，方程(1)的右端 $f(x)$ 的常见类型是 $f(x)=P_n(x)$（$P_n(x)$ 表示 x 的 n 次多项式）及 $f(x)=\mu^x P_n(x)$（μ 为常数，$\mu\neq 0$ 且 $\mu\neq 1$）两种类型．下面我们介绍用待定系数法求 $f(x)$ 为上述两种情形时 y_x^* 的方法．

1. $f(x)=P_n(x)$（$P_n(x)$ 为 x 的 n 次多项式）

此时，方程(1)为

$$y_{x+2} + ay_{x+1} + by_x = P_n(x) \qquad (b\neq 0),$$

可改写为

$$\Delta^2 y_x + (2+a)\Delta y_x + (1+a+b)y_x = P_n(x).$$

设 y_x^* 是它的解，代入上式，即得

$$\Delta^2 y_x^* + (2+a)\Delta y_x^* + (1+a+b)y_x^* = P_n(x).$$

由于 $P_n(x)$ 是一个已知的多项式，因此 y_x^* 应该也是一个多项式．由于齐次方程(2)的特征方程为

$$\lambda^2 + a\lambda + b = 0,$$

因此：

(1)若 1 不是特征方程的根，即 $1+a+b\neq 0$，那么说明 y_x^* 应是一个 n 次多项式，于是令

$$y_x^* = Q_n(x) = b_0x^n + b_1x^{n-1} + \cdots + b_{n-1}x + b_n \qquad (b_0\neq 0),$$

把它代入方程，比较两边同次幂的系数，便可求出 $b_i(i=0,1,2,\cdots,n)$，从而求得 y_x^*；

(2)若 1 是特征方程的单根，即 $1+a+b=0$ 且 $2+a\neq 0$，那么 Δy_x^* 是一个 n 次多项式，即说明 y_x^* 应是一个 $n+1$ 次多项式，于是令

$$y_x^* = xQ_n(x) = x(b_0x^n + b_1x^{n-1} + \cdots + b_{n-1}x + b_n),$$

将之代入方程，比较两边同次幂的系数，便可确定出 $b_i(i=0,1,2,\cdots,n)$，从而求得 y_x^*；

(3)如果 1 是特征方程的二重根，即有 $1+a+b=0$ 且 $2+a=0$，那么 $\Delta^2 y_x^*$ 应是一个 n 次多项式，即说明 y_x^* 应是一个 $n+2$ 次多项式，于是令

$$y_x^* = x^2Q_n(x) = x^2(b_0x^n + b_1x^{n-1} + \cdots + b_{n-1}x + b_n),$$

把它代入方程，比较两边同次幂的系数，便可确定 $b_i(i=0,1,2,\cdots,n)$，从而可求得 y_x^*.

综上所述，可得如下结论.

如果 $f(x)=P_n(x)$，则二阶常系数非齐次线性差分方程(1)具有形如

$$y_x^* = x^k Q_n(x)$$

的特解，其中 $Q_n(x)$ 是与 $P_n(x)$ 同次(n 次)的待定多项式，而 k 的取值如下确定：

(1)若 1 不是特征方程的根，$k=0$；

(2)若 1 是特征方程的单根，$k=1$；

(3)若 1 是特征方程的二重根，$k=2$.

例 5 求差分方程 $y_{x+2}+5y_{x+1}+4y_x=x$ 的通解.

解 (1)先求对应的齐次方程 $y_{x+2}+5y_{x+1}+4y_x=0$ 的通解 Y_x.

特征方程为

$$\lambda^2+5\lambda+4=0,$$

特征方程的根为 $\lambda_1=-1,\lambda_2=-4$，于是

$$Y_x = C_1(-1)^x + C_2(-4)^x.$$

(2)再求原方程的一个特解 y_x^*.

由于 1 不是特征方程的根，于是令

$$y_x^* = b_0 x + b_1,$$

代入原方程得

$$b_0(x+2)+b_1+5[b_0(x+1)+b_1]+4(b_0x+b_1)=x$$

解得 $b_0=\frac{1}{10},b_1=-\frac{7}{100}$. 于是

$$y_x^* = \frac{1}{10}x - \frac{7}{100}.$$

(3)原方程的通解为

$$y_x = Y_x + y_x^* = C_1(-1)^x + C_2(-4)^x + \frac{1}{10}x - \frac{7}{100} \quad (C_1,C_2 \text{ 为任意常数}).$$

例 6 求差分方程 $y_{x+2}+3y_{x+1}-4y_x=3x$ 的通解.

解 (1)先求对应的齐次方程 $y_{x+2}+3y_{x+1}-4y_x=0$ 的通解 Y_x. 其特征方程为

$$\lambda^2+3\lambda-4=0,$$

特征根为 $\lambda_1=1,\lambda_2=-4$. 于是

$$Y_x = C_1 + C_2(-4)^x.$$

(2)再求原方程的一个特解 y_x^*.

由于 1 是特征方程的单根，因此令

$$y_x^* = x(b_0x+b_1) = b_0x^2 + b_1x,$$

代入原方程，并比较同次幂的系数，得

$$\begin{cases} 10b_0 = 3 \\ 7b_0 + 5b_1 = 0 \end{cases},$$

解之得 $b_0=\frac{3}{10},b_1=-\frac{21}{50}$. 于是

$$y_x^* = \frac{3}{10}x^2 - \frac{21}{50}x.$$

(3)原方程的通解为

$$y_x = Y_x + y_x^* = C_1 + C_2(-4)^x + \frac{3}{10}x^2 - \frac{21}{50}x.$$

例 7　求差分方程 $y_{x+2}-2y_{x+1}+y_x=8$ 的一个特解.

解　所给差分方程对应的齐次方程的特征方程为

$$\lambda^2 - 2\lambda + 1 = 0,$$

由于 1 是特征方程的二重根,于是令特解为

$$y_x^* = ax^2,$$

代入原方程得

$$a(x+2)^2 - 2a(x+1)^2 + ax^2 = 8,$$

解出 $a=4$. 于是

$$y_x^* = 4x^2.$$

2. $f(x)=\mu^x P_n(x)$　(μ 为常数且 $\mu\neq 0$, $\mu\neq 1$)

此时,方程(1)成为

$$y_{x+2} + ay_{x+1} + by_x = \mu^x P_n(x) \qquad (b\neq 0),$$

引入变换,令 $y_x=\mu^x z_x$,则原方程化为

$$\mu^{x+2}z_{x+2} + a\mu^{x+1}z_{x+1} + b\mu^x z_x = \mu^x P_n(x),$$

即

$$\mu^2 z_{x+2} + a\mu z_{x+1} + bz_x = P_n(x),$$

这是右端为一个 n 次多项式的情况.

按前面所讨论的方法,即可求出 z_x^*,从而

$$y_x^* = \mu^x z_x^*.$$

例 8　求差分方程 $y_{x+2}-y_{x+1}-6y_x=3^x(2x+1)$的通解.

解　(1)先求对应的齐次方程 $y_{x+2}-y_{x+1}-6y_x=0$ 的通解 Y_x.

其特征方程为 $\lambda^2-\lambda-6=0$,特征方程的根为 $\lambda_1=-2,\lambda_2=3$. 故

$$Y_x = C_1 3^x + C_2(-2)^x.$$

(2)再求原方程的一个特解 y_x^*.

由于 $f(x)=3^x(2x+1)$,故令 $y_x=3^x z_x$,代入原方程得

$$9z_{x+2} - 3z_{x+1} - 6z_x = 2x+1.$$

下面先求这个方程的一个特解 z_x^*.

由于该方程所对应的齐次方程的特征方程为

$$9\lambda^2 - 3\lambda - 6 = 0,$$

其根为 $\lambda_1=1,\lambda_2=-\frac{2}{3}$. 因为 1 是特征方程的单根,于是令

$$z_x^* = x(b_0x+b_1) = b_0x^2 + b_1x,$$

将它代入方程 $9z_{x+2}-3z_{x+1}-6z_x=2x+1$ 并比较同次幂的系数,得 $b_0=\frac{1}{15}, b_1=-\frac{2}{25}$. 于是

$$z_x^* = \frac{1}{15}x^2 - \frac{2}{25}x,$$

因此

$$y_x^* = 3^x\left(\frac{1}{15}x^2 - \frac{2}{25}x\right).$$

(3)原方程的通解为

$$y_x = C_1 3^x + C_2(-2)^x + 3^x\left(\frac{1}{15}x^2 - \frac{2}{25}x\right) \qquad (C_1, C_2 \text{ 为任意常数}).$$

习题 11-8

1. 求下列二阶常系数齐次线性差分方程的通解或在给定的初始条件下的特解：

(1) $y_{x+2} - 5y_{x+1} + 6y_x = 0$

(2) $y_{x+2} + 10y_{x+1} + 25y_x = 0$

(3) $y_{x+2} + \frac{1}{9}y_x = 0$

(4) $y_x - 3y_{x-1} - 4y_{x-2} = 0$

(5) $y_{x+2} + y_{x+1} - 12y_x = 0, y_0 = 1, y_1 = 10$

2. 求下列二阶常系数非齐次线性差分方程的通解或在给定的初始条件下的特解：

(1) $y_{x+2} + 3y_{x+1} - 4y_x = 5$

(2) $4y_{x+2} - 4y_{x+1} + y_x = 8$

(3) $y_{x+2} + 3y_{x+1} + 2y_x = 6x^2 + 4x + 20$

(4) $y_{x+2} - 3y_{x+1} + 2y_x = 3 \cdot 5^x$

(5) $y_{x+2} + 3y_{x+1} - 4y_x = x$

(6) $\Delta^2 y_x = 4, y_0 = 3, y_1 = 8$

(7) $y_{x+2} + y_{x+1} - 2y_x = 12, y_0 = 0, y_1 = 0$

第九节　差分方程的简单经济应用

差分方程在经济领域的应用十分广泛，下面仅此举一些简单的例子.

例 1　(存款模型)设 S_t 为 t 年末存款总额，r 为年利率，设 $S_{t+1} = S_t + rS_t$，且初始存款为 S_0，求 t 年末的本利和.

解
$$S_{t+1} = S_t + rS_t,$$
即
$$S_{t+1} - (1+r)S_t = 0,$$
这是一个一阶常系数线性齐次差分方程. 其特征方程为
$$\lambda - (1+r) = 0,$$
特征方程的根为 $\lambda = (1+r)$.

于是齐次方程的通解为
$$S_t = C(1+r)^t,$$
将初始条件代入，得 $C = S_0$. 因此，t 年末的本利和为
$$S_t = S_0(1+r)^t.$$

这就是一笔本金 S_0 存入银行后，年利率为 r，按年复利计息，t 年末的本利和.

例 2　设 P_t, S_t, D_t 分别表示某种商品在 t 时刻的价格、供给量和需求量，这里 t 取离散值，例如，$t = 0, 1, 2, \cdots$. 由于 t 时刻的供给量 S_t 决定于 t 时刻的价格，且价格越高，供给量越大，因此常用的线性模型是
$$S_t = -c + dP_t;$$
同样的分析可得

$$D_t = a - bP_t.$$

这里 a,b,c,d 均为正常数.实际情况告诉我们,t 时期的价格 P_t 由 $t-1$ 时期的价格 P_{t-1} 与供给量及需求量之差 $S_{t-1}-D_{t-1}$ 按下述关系

$$P_t = P_{t-1} - \lambda(S_{t-1} - D_{t-1})$$

所确定(其中 λ 为常数).

(1)求供需相等时的价格 P_e(称为均衡价格);

(2)求商品的价格随时间的变化规律.

解 (1)由 $D_t=S_t$ 可得,$P_e=\dfrac{a+c}{b+d}$.

(2)由题设可得

$$\begin{aligned} P_t &= P_{t-1} - \lambda(S_{t-1} - D_{t-1}) \\ &= P_{t-1} - \lambda[-c + dP_{t-1} - (a - bP_{t-1})], \end{aligned}$$

即
$$P_t - (1 - b\lambda - d\lambda)P_{t-1} = \lambda(a + c).$$

这是一个一阶常系数非齐次线性差分方程,其对应的齐次方程的通解为

$$P_t = A(1 - b\lambda - d\lambda)^t \quad (\text{其中 } A \text{ 为常数}).$$

原方程的一个特解为

$$P_t^* = \frac{a+c}{b+d} = P_e^*,$$

从而原方程的通解为

$$\begin{aligned} P_t &= A(1 - b\lambda - d\lambda)^t + \frac{a+c}{b+d} \\ &= A(1 - b\lambda - d\lambda)^t + P_e^*. \end{aligned}$$

由于初始价格 P_0 一般为已知,故由

$$P_0 = A + P_e^*,$$

可得
$$A = P_0 - P_e^*,$$

从而
$$P_t = (P_0 - P_e^*)(1 - b\lambda - d\lambda)^t + P_e^*.$$

与例 2 不一样的是,在实际的经济问题中,往往是 t 时期的价格 P_t 决定下一时期的供给量 S_{t+1},同时 P_t 还决定本期该产品的需求量.因此,我们有必要讨论下面一个例子.

例 3 在农业生产中,种植先于产出及产品出售一个适当的时期,t 时期该产品的价格 P_t 决定着生产者在下一时期愿意提供给市场的产量 S_{t+1},还决定着本期该产品的需求量 D_t,因此有

$$D_t = a - bP_t,\ S_t = -c + dP_{t-1} \quad (\text{其中 } a,b,c,d \text{ 均为正常数}).$$

假设每一时期的价格总是确定在市场售清的水平上,即 $S_t=D_t$.

(1)求价格随时间变动的规律;

(2)讨论市场价格的种种变化趋势.

解 (1)由于 $S_t=D_t$,因此可得

$$-c + dP_{t-1} = a - bP_t,$$

即
$$bP_t + dP_{t-1} = a + c,$$

于是得 $P_t+\dfrac{d}{b}P_{t-1}=\dfrac{a+c}{b}$(其中 a,b,c,d 均为正常数).它是一阶常系数线性差分方程,对应的

齐次方程的特征方程为

$$\lambda+\frac{d}{b}=0,$$

特征方程的根为$\lambda=-\frac{d}{b}$.

因为$b>0,d>0$,所以$\lambda=-\frac{d}{b}\neq 1$,故相应的齐次方程的通解为

$$A\left(-\frac{d}{b}\right)^t \quad (A\text{ 为任意常数}),$$

且原方程的一个特解为

$$P_t^*=\frac{a+c}{b+d}.$$

因此,问题的通解为

$$P_t=\frac{a+c}{b+d}+A\left(-\frac{d}{b}\right)^t \quad (A\text{ 为任意常数}).$$

当$t=0$时,$P_t=P_0$,将此初始条件代入通解,得

$$A=P_0-\frac{a+c}{b+d}.$$

即满足初始条件$t=0$时$P_t=P_0$的特解为

$$P_t=\frac{a+c}{b+d}+\left(P_0-\frac{a+c}{b+d}\right)\left(-\frac{d}{b}\right)^t.$$

这一结论说明了市场趋向的种种形态.下面具体分析.

(2)若$\left|-\frac{d}{b}\right|<1$,则

$$\lim_{t\to+\infty}P_t=\frac{a+c}{b+d}=P_t^*,$$

这说明市场价格趋于平衡,且特解$P_t^*=\frac{a+c}{b+d}$是一个平衡价格.

若$\left|-\frac{d}{b}\right|>1$,则

$$\lim_{t\to+\infty}P_t=\infty,$$

这说明这种情形下,市场价格的波动越来越大,且呈发散状态.

若$\left|-\frac{d}{b}\right|=1$,则

$$P_{2t}=P_0,P_{2t+1}=2P_t^*-P_0,$$

即市场价格呈周期变化状态.

例 4 (消费模型)设y_t为t期国民收入,C_t为t期消费,I_t为t期投资,它们之间有如下关系式

$$C_t=\alpha y_t+a, \tag{1}$$

$$I_t=\beta y_t+b, \tag{2}$$

$$y_t-y_{t-1}=\theta(y_{t-1}-C_{t-1}-I_{t-1}), \tag{3}$$

其中α,β,a,b和θ均为常数,且$0<\alpha<1,0<\beta<1,0<\theta<1,0<\alpha+\beta<1,a\geqslant 0,b\geqslant 0$.

若基期的国民收入 y_0 为已知，试求 y_t 与 t 的函数关系.

解　由式(1)知 $C_{t-1}=\alpha y_{t-1}+a$，由式(2)知 $I_{t-1}=\beta y_{t-1}+b$，将以上两式代入式(3)，整理后得

$$y_t-[1+\theta(1-\alpha-\beta)]y_{t-1}=-\theta(a+b),$$

这是一阶常系数非齐次线性差分方程，右端是零次多项式.易求它的通解为

$$y_t=C[1+\theta(1-\alpha-\beta)]^t+\frac{a+b}{1-\alpha-\beta},$$

又由于 $t=0$ 时，$y_t=y_0$ 已知，将此初始条件代入可确定 C，即 $C=y_0-\dfrac{a+b}{1-\alpha-\beta}$. 于是，得到

$$y_t=\left(y_0-\frac{a+b}{1-\alpha-\beta}\right)[1+\theta(1-\alpha-\beta)]^t+\frac{a+b}{1-\alpha-\beta}.$$

这就是 t 期国民收入随时间 t 变化的规律.

例 5　萨缪尔森乘数——加速数模型.

设 y_t 为 t 期国民收入，C_t 为 t 期消费，I_t 为 t 期投资，G 为政府支出(各期相同). 著名经济学家萨缪尔森建立了如下的经济模型：

$$y_t=C_t+I_t+G, \tag{4}$$

$$C_t=\alpha y_{t-1}\qquad(0<\alpha<1), \tag{5}$$

$$I_t=\beta(C_t-C_{t-1})\qquad(\beta>0), \tag{6}$$

其中 α 为边际消费倾向(常数)；β 为加速数(常数). 试求出 y_t 和 t 的函数关系.

解　由题设，将后两个等式代入第一式，得

$$y_t=\alpha y_{t-1}+\beta(\alpha y_{t-1}-\alpha y_{t-2})+G,$$

即

$$y_t-\alpha(1+\beta)y_{t-1}+\alpha\beta y_{t-2}=G,$$

改成标准形式为

$$y_{t+2}-\alpha(1+\beta)y_{t+1}+\alpha\beta y_t=G,$$

这是一个二阶常系数非齐次差分方程.

(1)先求对应的齐次方程的通解 Y_t.

原方程对应的齐次方程为

$$y_{t+2}-\alpha(1+\beta)y_{t+1}+\alpha\beta y_t=0,$$

其特征方程为

$$\lambda^2-\alpha(1+\beta)\lambda+\alpha\beta=0,$$

特征方程的判别式为

$$\Delta=\alpha^2(1+\beta)^2-4\alpha\beta$$

(ⅰ)若 $\Delta>0$，则特征方程有两个不相等的实根

$$\lambda_1=\frac{1}{2}[\alpha(1+\beta)+\sqrt{\Delta}],$$

$$\lambda_2=\frac{1}{2}[\alpha(1+\beta)-\sqrt{\Delta}],$$

于是

$$Y_t=C_1\lambda_1^t+C_2\lambda_2^t.$$

(ⅱ)若 $\Delta=0$，则特征方程有两个相等的实根

$$\lambda=\lambda_{1,2}=\frac{1}{2}\alpha(1+\beta)=\sqrt{\alpha\beta},$$

于是 $$Y_t=(C_1+C_2t)\lambda^t.$$

(ⅲ)若$\Delta<0$,则特征方程有一对共轭复根

$$\lambda_1=\frac{1}{2}[\alpha(1+\beta)+\mathrm{i}\sqrt{-\Delta}],$$

$$\lambda_2=\frac{1}{2}[\alpha(1+\beta)-\mathrm{i}\sqrt{-\Delta}],$$

于是 $$Y_t=r^t(C_1\cos\theta t+C_2\sin\theta t),$$

其中$r=\sqrt{\alpha\beta}$,$\theta=\arctan\dfrac{\sqrt{-\Delta}}{\alpha(1+\alpha)}\in(0,\pi)$.

(2)再求原方程的一个特解y_t^*.

对于非齐次方程

$$y_{t+2}-\alpha(1-\beta)y_{t+1}+\alpha\beta y_t=G,$$

由于1不是齐次方程的特征方程的根,于是令$y_t^*=A$代入原方程解出$A=\dfrac{G}{1-\alpha}$,从而

$$y_t^*=\frac{G}{1-\alpha}.$$

(3)原方程的通解为

$$y_t=Y_t+y_t^*=\begin{cases}C_1\lambda_1^t+C_2\lambda_2^t+\dfrac{G}{1-\alpha} & (若\Delta>0)\\ (C_1+C_2t)\lambda^t+\dfrac{G}{1-\alpha} & (若\Delta=0)\\ r^t(C_1\cos\theta t+C_2\sin\theta t)+\dfrac{G}{1-\alpha} & (若\Delta<0)\end{cases}.$$

这说明,随着α,β的取值的不同,国民收入I_t随时间的变化将呈现出各种不同的规律.

习题 11-9

1. 设某产品在时期t的价格,总供给与总需求分别为P_t,S_t与D_t,并设对于$t=0,1,2,\cdots$,有:①$S_t=2P_t+1$;②$D_t=-P_{t-1}+5$;③$S_t=D_t$.(1)求证:由①、②、③可推出差分方程$P_{t+1}+2P_t=2$.(2)已知P_0时,求上述方程的解.

2. 设y_t为t期国民收入,C_t为t期消费,I为投资(各期相同),设三者有关系:

$$y_t=C_t+I,C_t=\alpha y_{t-1}+\beta,$$

且已知$t=0$时,$y_t=y_0$,其中$0<\alpha<1$,$\beta>0$,试求y_t和C_t.

3. 设某商品在t时期的供给量S_t与需求量D_t都是这一时期该商品的价格P_t的线性函数,已知$S_t=3P_t-2$,$D_t=4-5P_t$.且在t时期的价格P_t由$t-1$时期的价格P_{t-1}及供给量与需求量之差$S_{t-1}-D_{t-1}$按关系式$P_t=P_{t-1}-\dfrac{1}{16}(S_{t-1}-D_{t-1})$确定,试求商品的价格随时间变化的规律.

4. 设某商品的供需方程分别为

$$S_t=12+3\left(P_{t-1}-\frac{1}{3}\Delta P_{t-2}\right),D_t=40-4P_t,$$

且以箱为计量单位.设 P_{t-1} 和 P_{t-2} 分别为第 $t-1$ 期和第 $t-2$ 期的价格(单位:百元/箱),供方在 t 期售价为 $P_{t-1}-\frac{1}{3}\Delta P_{t-2}$,需方以价格 P_t 就可使该商品在第 t 期售完,已知 $P_0=4,P_1=\frac{13}{4}$,试求出 P_t 的表达式.

本章小结

1. 微分方程的基本概念

含有一元未知函数导数或微分的方程称为常微分方程,简称为微分方程.微分方程中未知函数导数或微分的最高阶数称为方程的阶;含有与阶数相同个数的独立的任意常数的解称为方程的通解;根据初始条件确定出通解中所有任意常数所得到的解称为特解.在高等数学中只求方程的通解与特解.

2. 变量可分离方程

形如 $M_1(x)N_1(y)\mathrm{d}x+M_2(x)N_2(y)\mathrm{d}y=0$,或 $\frac{\mathrm{d}y}{\mathrm{d}x}=M(x)N(y)$ 的方程称为变量可分离方程.其解法:将方程化为

$$\frac{M_1(x)}{M_2(x)}\mathrm{d}x=-\frac{N_2(y)}{N_1(y)}\mathrm{d}y,$$

或

$$\frac{\mathrm{d}y}{N(y)}=M(x)\mathrm{d}x,$$

两边取积分即得方程的通解.该解法称为分离变量法.

3. 齐次方程

形如 $\frac{\mathrm{d}y}{\mathrm{d}x}=f(x,y)$,其中 $f(tx,ty)=f(x,y)(t\neq 0)$ 的方程称为齐次方程.其解法:设 $u=\frac{y}{x}$,则 $\frac{\mathrm{d}y}{\mathrm{d}x}=u+x\frac{\mathrm{d}u}{\mathrm{d}x}$,原方程便化为以 u 为新未知函数的变量可分离方程,解出 u 后,需将 $u=\frac{y}{x}$ 代入才能得到原方程的通解.

4. 一阶线性方程

形如 $\frac{\mathrm{d}y}{\mathrm{d}x}+P(x)y=Q(x)$ 的方程称为一阶线性方程.其解法:该方程通解可由公式

$$y=\mathrm{e}^{-\int P(x)\mathrm{d}x}\left[\int Q(x)\mathrm{e}^{\int P(x)\mathrm{d}x}\mathrm{d}x+C\right]$$

给出,式中的积分仅表示 $P(x)$ 的一个原函数.

***5. 贝努里方程**

形如 $y'+P(x)y=f(x)y^n(n\neq 0,1)$ 的方程称为贝努里方程.其解法:令 $z=y^{1-n}$,将方程化为 z 的一阶线性方程,求出 z 后再用 $z=y^{1-n}$ 代入即可.

6. 可降阶的高阶微分方程

可降阶的高阶微分方程有以下三类.

第一类:形如 $y^{(n)}=f(x)$ 的方程,可通过两边取积分的方法将其降阶,从而求出解来.

第二类：形如 $y''=f(x,y')$（不显含 y）的方程，可令 $y'=P(x)$，得一阶方程 $P'=f(x,P)$，求得 $P(x)$后代入 $y'=P(x)$，便求得原方程通解.

第三类：形如 $y''=f(y,y')$（不显含 x）的方程，可令 $y'=P(y)$，得一阶方程 $PP'=f(y,P)$，求得 $P(y)$后代入 $y'=P(y)$，便求得原方程通解.

7. 二阶线性微分方程解的结构理论

关于 y 的二阶线性微分方程的一般形式为

$$y''+P(x)y'+Q(x)y=f(x),$$

其中 $f(x)$称为自由项，$P(x)$、$Q(x)$称为系数函数，它们均为某个区间上的连续函数. 当 $f(x)\equiv 0$ 时方程称为线性齐次方程；当 $f(x)\not\equiv 0$ 时，方程称为线性非齐次方程.

若 $y_1(x)$，$y_2(x)$为线性齐次方程的两个线性无关解（即$\dfrac{y_1(x)}{y_2(x)}\not\equiv C$），则 $y=C_1y_1(x)+C_2y_2(x)$（C_1，C_2 为独立的任意常数）即为该线性齐次方程的通解. 若 $y^*(x)$是线性非齐次方程的一个特解，则 $y^*(x)$与相应的线性齐次方程通解之和便为线性非齐次方程的通解. 若二阶线性非齐次方程的自由项 $f(x)=f_1(x)+f_2(x)$，则该方程一特解可取为 $y_1^*(x)+y_2^*(x)$，其中$y_1^*(x)$，$y_2^*(x)$分别为原方程的自由项为 $f_1(x)$，$f_2(x)$时的特解.

8. 二阶常系数线性齐次微分方程

形如 $y''+py'+qy=0$（p，q 为常数）的方程，称为二阶常系数线性齐次微分方程. 其通解的确定：先写出其对应的特征方程 $r^2+pr+q=0$，求出特征根 r_1，r_2，然后根据下表直接写出齐次方程的通解.

特征方程的根 r_1，r_2	齐次方程的通解
r_1，r_2 为不相等的实根（单根）	$C_1e^{r_1x}+C_2e^{r_2x}$
r_1，r_2 为相等的实根（重根）	$(C_1+C_2x)e^{r_1x}$
$r_{1,2}=\alpha\pm i\beta$	$e^{\alpha x}(C_1\cos\beta x+C_2\sin\beta x)$

9. 二阶常系数线性非齐次微分方程

形如 $y''+py'+qy=f(x)$（p，q 为常数）的方程称为二阶常系数线性非齐次微分方程. 其通解为该方程的一特解 $y^*(x)$与其相应的齐次方程（即 $y''+py'+qy=0$）的通解之和.

当自由项 $f(x)$具有下面特殊形式时，非齐次方程的特解可用待定系数法确定（即先确定特解形式，而后代入方程确定出待定的系数，便得到特解表达式）. 具体说明如下.

当 $f(x)=e^{\alpha x}P_m(x)$时，可设 $y^*(x)=x^ke^{\alpha x}Q_m(x)$，其中 $P_m(x)$为 m 次多项式，$Q_m(x)$为待定的 m 次多项式；当α 不是相应的齐次方程特征根时取$k=0$，当α 是特征方程的单根时取 $k=1$，当 α 是特征方程的重根时取 $k=2$.

当 $f(x)=e^{\alpha x}P_m(x)\cos\beta x$（或 $f(x)=e^{\alpha x}P_m(x)\sin\beta x$）时，可设 $y^*(x)=x^ke^{\alpha x}[A_m(x)\cos\beta x+B_m(x)\sin\beta x]$，其中 $P_m(x)$为 m 次多项式，$A_m(x)$与 $B_m(x)$为待定的 m 次多项式；当 $\alpha+i\beta$ 不是相应的齐次方程的特征根时取 $k=0$，当 $\alpha+i\beta$ 是特征根时取 $k=1$.

10. 差分方程

形如 $y_{x+1}-ay_x=f(x)$的方程，称为一阶差分方程，其对应的齐次方程 $y_{x+1}-ay_x=0$ 的特征方程为 $r-a=0$，$r=a$ 称为特征根. 该齐次方程的通解为 $y=Ca^x$. 而非齐次方程的特解，在 $f(x)=b^xP_m(x)$情形下（其中 $P_m(x)$为 m 次多项式），可设

$$y_x^* = \begin{cases} b^x Q_m(x), b\text{ 不是特征根} \\ x b^x Q_m(x), b\text{ 是特征根} \end{cases},$$

其中 $Q_m(x)$ 为 m 次多项式，因此非齐次方程的通解为 $y_x = Ca^x + y^*$.

11. 差分方程的简单经济应用

复习题 11

1. 选择题

(1)微分方程 $3y^2 \mathrm{d}y + 3x^2 \mathrm{d}x = 0$ 的阶数是(　　).

A. 1　　B. 2　　C. 3　　D. 0

(2)微分方程 $\frac{\mathrm{d}^2 y}{\mathrm{d}x^2} + y = 0$ 的通解是(　　).

A. $y = C_1 + C_2 \mathrm{e}^{-x}$　　B. $y = C_1 + C_2 \mathrm{e}^{x}$

C. $y = C_1 \sin x + C_2 \cos x$　　D. $y = \sin x + \cos x$

(3)微分方程 $y'' - 2y' + y = \mathrm{e}^x$ 的特解结构形式是(　　).

A. $y^* = M\mathrm{e}^x$　　B. $y^* = Mx\mathrm{e}^x$　　C. $y^* = Mx^2\mathrm{e}^x$　　D. $y^* = Mx^3\mathrm{e}^x$

(4)差分方程 $y_{x+1} - 5y_x = 3$ 的对应齐次方程的特征方程是(　　).

A. $r + 5 = 0$　　B. $r - 5 = 0$　　C. $r + 5 = 3$　　D. $r - 5 = 3$

2. 填空题

(1)微分方程 $(y'')^4 + 3(y')^3 + 2y^5 - x^6 = 0$ 的阶数是________.

(2)微分方程 $y' + 3y = \mathrm{e}^{-2x}$ 的通解是________.

(3)微分方程 $y'' + 3y' - 4y = 0$ 的通解是________.

(4)微分方程 $y'' + 3y' + 4y = 0$ 的通解是________.

(5)微分方程 $y'' + 4y' + 4y = 0$ 的通解是________.

(6)差分方程 $y_{x+1} - 2y_x = 0$ 的通解是________.

3. 计算题

(1)求下列方程的通解：

①$(x+1)y' - 2y = (x+1)^4$

②$\sec^2 x \tan y \mathrm{d}x + \sec^2 x \tan x \mathrm{d}y = 0$

③$y'' = 1 + y'^2$

④$y'' + 2y' = 3\mathrm{e}^{-2x}$

(2)求下列方程的特解：

①$xy' - y = \sqrt{x^2 + y^2}, y(1) = 0$

②$y'' + y + \sin 2x = 0, y(\pi) = 1, y'(\pi) = 1$

③$y_x + y_{x-1} = (x-1) \cdot 2^{x-1}, y_0 = 0$

4. 应用题

(1)已知曲线经过点(1,1)，它的切线在纵轴上的截距等于切点的横坐标，求它的方程.

(2)设某商品在 t 时期的供给量 S_t 与需求量 D_t，都是这一时期该商品的价格 P_t 的线性函数，已知 $S_t = 3P_t - 2, D_t = 4 - 5P_t$. 且在 t 时期的 P_t 由 $t-1$ 时期的价格 P_{t-1} 及供给量与需求

量之差 $S_{t-1}-D_{t-1}$ 按关系式 $P_t=P_{t-1}-\frac{1}{16}(S_{t-1}-D_{t-1})$ 确定，试求商品的价格随时间变化的规律.

第十二章　无穷级数

无穷级数是表示函数、研究函数性质和进行数值计算的有力工具.许多自然科学和经济管理的问题都可以用无穷级数来解决.本章先介绍常数项级数的概念、性质及敛散性的判别方法,然后讨论幂级数及函数展开成幂级数的问题.

第一节　常数项级数的概念和性质

一、引例

在实际问题中,我们经常会遇到无穷多个数量相加的情形.我们先来看两个例子.

(1)我们知道$\frac{1}{3}=0.333\cdots$,而在近似计算中,可取小数点后若干位作为$\frac{1}{3}$的近似值.若记

$$a_1=\frac{3}{10},a_2=\frac{3}{10^2},\cdots,a_n=\frac{3}{10^n},\cdots,$$

则

$$\frac{1}{3}\approx a_1,\frac{1}{3}\approx a_1+a_2,\cdots,\frac{1}{3}\approx a_1+a_2+\cdots+a_n,\cdots.$$

n越大,近似的精确程度越高,若n无限增大,则和式$a_1+a_2+\cdots+a_n$的极限就是$\frac{1}{3}$.这时和式的项数无限增多,就出现了无穷多个数量相加的数学式子.

(2)如图12-1,在求由$y=x^2,y=0,x=1$所围曲边三角形OAB的面积时,先用直线$x=\frac{i}{n}(i=1,2,\cdots,n-1)$把曲边三角形分为$n$个小曲边梯形,而它们的面积近似地等于阴影部分的各小矩形的面积.可求得小矩形的面积分别为

$$S_1=0,S_2=\frac{1}{n^3},S_3=\frac{2^2}{n^3},\cdots,S_n=\frac{(n-1)^2}{n^3},$$

则曲边三角形的面积$S\approx S_1+S_2+\cdots+S_n$.如果$n$无限增大,和式$S_1+S_2+\cdots+S_n$的极限$\frac{1}{3}$就是曲边三角形$OAB$的面积.这时也出现了无穷多个数量相加的数学式子.

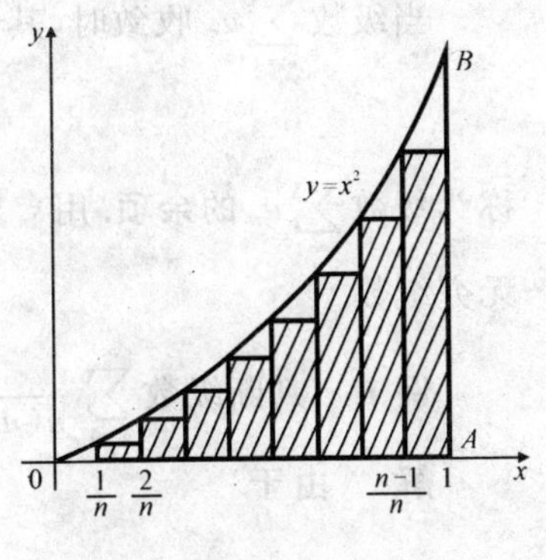

图 12-1

二、常数项级数的概念

定义1　给定一个数列$\{u_n\}$,我们称表达式

$$u_1+u_2+\cdots+u_n+\cdots \tag{1}$$

为(常数项)无穷级数,简称(常数项)级数,记为$\sum_{n=1}^{\infty}u_n$,即

$$\sum_{n=1}^{\infty} u_n = u_1 + u_2 + \cdots + u_n + \cdots,$$

其中第 n 项 u_n 称为级数式(1) 的**一般项或通项**.

级数(1) 的前 n 项之和 $u_1 + u_2 + \cdots + u_n$ 称为级数的**部分和**,记为 s_n,即

$$s_n = u_1 + u_2 + \cdots + u_n = \sum_{k=1}^{n} u_k. \tag{2}$$

n 依次取 1,2,3,… 时,得到一个新的数列$\{s_n\}$,称为级数(1) 的**部分和数列**.

例如,级数

$$\frac{3}{10} + \frac{3}{10^2} + \cdots + \frac{3}{10^n} + \cdots$$

的一般项为$\frac{3}{10^n}$,部分和为

$$s_n = \sum_{k=1}^{n} \frac{3}{10^k} = \frac{\frac{3}{10}\left(1 - \frac{1}{10^n}\right)}{1 - \frac{1}{10}} = \frac{1}{3}\left(1 - \frac{1}{10^n}\right).$$

定义 2 如果级数$\sum\limits_{n=1}^{\infty} u_n$ 的部分和数列$\{s_n\}$有极限 s,即$\lim\limits_{n\to\infty} s_n = s$,则称级数$\sum\limits_{n=1}^{\infty} u_n$ 是**收敛**的,且称 s 为$\sum\limits_{n=1}^{\infty} u_n$ 的**和**,记为

$$s = \sum_{n=1}^{\infty} u_n = u_1 + u_2 + \cdots + u_n + \cdots.$$

如果$\{s_n\}$没有极限,则称级数$\sum\limits_{n=1}^{\infty} u_n$ **发散**,即它没有和.

当级数$\sum\limits_{n=1}^{\infty} u_n$ 收敛时,其部分和 s_n 是其和 s 的近似值,它们的差

$$r_n = s - s_n = u_{n+1} + u_{n+2} + \cdots$$

称为级数$\sum\limits_{n=1}^{\infty} u_n$ 的**余项**.用 s_n 代替 s 产生的误差就是这个余项的绝对值$|r_n|$.显然,r_n 也是一个无穷级数.

例 1 判断级数$\sum\limits_{n=1}^{\infty} \frac{1}{n(n+1)} = \frac{1}{1 \cdot 2} + \frac{1}{2 \cdot 3} + \cdots + \frac{1}{n(n+1)} + \cdots$ 的敛散性.

解 由于

$$u_n = \frac{1}{n(n+1)} = \frac{1}{n} - \frac{1}{n+1},$$

因此

$$\begin{aligned} s_n &= \frac{1}{1 \cdot 2} + \frac{1}{2 \cdot 3} + \cdots + \frac{1}{n(n+1)} \\ &= \left(1 - \frac{1}{2}\right) + \left(\frac{1}{2} - \frac{1}{3}\right) + \cdots + \left(\frac{1}{n} - \frac{1}{n+1}\right) \\ &= 1 - \frac{1}{n+1}, \end{aligned}$$

从而

$$\lim_{n\to\infty}s_n=\lim_{n\to\infty}\left(1-\frac{1}{n+1}\right)=1,$$

所以级数 $\sum_{n=1}^{\infty}\frac{1}{n(n+1)}$ 收敛且其和为 1.

例 2 证明**调和级数**

$$\sum_{n=1}^{\infty}\frac{1}{n}=1+\frac{1}{2}+\frac{1}{3}+\cdots+\frac{1}{n}+\cdots \tag{3}$$

是发散的.

证 假设级数(3)是收敛的,其和为 s,部分和为 s_n,则

$$\lim_{n\to\infty}(s_{2n}-s_n)=\lim_{n\to\infty}s_{2n}-\lim_{n\to\infty}s_n=s-s=0,$$

又因为

$$s_{2n}-s_n=\frac{1}{n+1}+\frac{1}{n+2}+\cdots+\frac{1}{2n}>\underbrace{\frac{1}{2n}+\frac{1}{2n}+\cdots+\frac{1}{2n}}_{n个}=\frac{1}{2},$$

在上式中令 $n\to\infty$,便有 $\lim_{n\to\infty}(s_{2n}-s_n)\geqslant\frac{1}{2}$,与上面已证 $\lim_{n\to\infty}(s_{2n}-s_n)=0$ 相矛盾.

故原假设不成立,即级数 $\sum_{n=1}^{\infty}\frac{1}{n}$ 是发散的.

例 3 讨论**等比级数**(又称**几何级数**)

$$\sum_{n=0}^{\infty}aq^n=a+aq+aq^2+\cdots+aq^n+\cdots \tag{4}$$

的敛散性,其中 $a\neq0$,q 称为级数的公比.

解 (1)若 $q\neq1$,则 $s_n=\frac{a(1-q^n)}{1-q}$.

当 $|q|<1$ 时,由于 $\lim_{n\to\infty}q^n=0$,从而 $\lim_{n\to\infty}s_n=\frac{a}{1-q}$,所以级数(4)收敛,其和为 $\frac{a}{1-q}$.

当 $|q|>1$ 时,由于 $\lim_{n\to\infty}q^n=\infty$,从而 $\lim_{n\to\infty}s_n=\infty$,所以级数(4)发散.

(2)当 $q=-1$ 时,$s_n=\sum_{k=0}^{n-1}a(-1)^k=\begin{cases}a, n\text{ 为奇数时}\\0, n\text{ 为偶数时}\end{cases}$,此时 $\{s_n\}$ 发散,所以级数(4) 发散.

若 $q=1$,则 $s_n=na$,有 $\lim_{n\to\infty}s_n=\infty$,所以级数(4)发散.

综上所述,当 $|q|<1$ 时,级数 $\sum_{n=0}^{\infty}aq^n$ 收敛;当 $|q|\geqslant1$ 时,级数 $\sum_{n=0}^{\infty}aq^n$ 发散.

例 4 设某项投资每年可收获回报 10 万元,年利率为 5%,若以年复利计算利息,求该项投资回报的现值.

解 因为以年复利计算利息,则

第一笔回报在一年后实现,其现值(单位:万元)为:$\frac{10}{(1+5\%)^1}=\frac{10}{1.05}$.

第二笔回报在两年后实现,其现值(单位:万元)为:$\frac{10}{(1+0.05)^2}$.

如此继续下去直到永远，故总的现值为：

$$\frac{10}{1.05}+\frac{10}{1.05^2}+\cdots+\frac{10}{1.05^n}+\cdots.$$

这是一个 $a=\frac{10}{1.05}$，公比 $q=\frac{1}{1.05}<1$ 的等比级数，由例 3 可知它是收敛的，其和为

$$\frac{\frac{10}{1.05}}{1-\frac{1}{1.05}}=200.$$

所以该投资的现值为 200 万元，也就是说，按年复利计算，若存入 200 万元，就可以每年获得 10 万元的回报直到永远.

三、收敛级数的基本性质

性质 1 如果级数 $\sum\limits_{n=1}^{\infty}u_n$ 收敛，其和为 s，则级数 $\sum\limits_{n=1}^{\infty}ku_n$ 也收敛，且其和为 ks.

证 设级数 $\sum\limits_{n=1}^{\infty}u_n$ 与级数 $\sum\limits_{n=1}^{\infty}ku_n$ 的部分和分别为 s_n 与 σ_n，则

$$\sigma_n=ku_1+ku_2+\cdots+ku_n=ks_n,$$

于是

$$\lim_{n\to\infty}\sigma_n=\lim_{n\to\infty}ks_n=k\lim_{n\to\infty}s_n=ks,$$

故级数 $\sum\limits_{n=1}^{\infty}ku_n$ 收敛，其和为 ks.

其实，容易知道，当 $k\neq 0$ 时，级数 $\sum\limits_{n=1}^{\infty}u_n$ 与级数 $\sum\limits_{n=1}^{\infty}ku_n$ 同时收敛或同时发散.

性质 2 如果级数 $\sum\limits_{n=1}^{\infty}u_n$ 与 $\sum\limits_{n=1}^{\infty}v_n$ 都收敛，它们的和分别为 s 与 σ，则级数 $\sum\limits_{n=1}^{\infty}(u_n\pm v_n)$ 也收敛，且其和为 $s\pm\sigma$.

证 设级数 $\sum\limits_{n=1}^{\infty}u_n$、$\sum\limits_{n=1}^{\infty}v_n$ 与 $\sum\limits_{n=1}^{\infty}(u_n\pm v_n)$ 的部分和分别为 s_n、σ_n 与 w_n，则

$$\begin{aligned}w_n&=(u_1\pm v_1)+(u_2\pm v_2)+\cdots+(u_n\pm v_n)\\&=(u_1+u_2+\cdots+u_n)\pm(v_1+v_2+\cdots+v_n)\\&=s_n\pm\sigma_n,\end{aligned}$$

于是

$$\lim_{n\to\infty}w_n=\lim_{n\to\infty}(s_n\pm\sigma_n)=\lim_{n\to\infty}s_n\pm\lim_{n\to\infty}\sigma_n=s\pm\sigma,$$

故 $\sum\limits_{n=1}^{\infty}(u_n\pm v_n)$ 收敛于 $s\pm\sigma$.

此性质说明：两个收敛级数可以逐项相加或逐项相减.

注意： 若级数 $\sum\limits_{n=1}^{\infty}u_n$ 收敛，$\sum\limits_{n=1}^{\infty}v_n$ 发散，则级数 $\sum\limits_{n=1}^{\infty}(u_n\pm v_n)$ 一定发散；但当级数 $\sum\limits_{n=1}^{\infty}u_n$ 和 $\sum\limits_{n=1}^{\infty}v_n$ 均发散时，级数 $\sum\limits_{n=1}^{\infty}(u_n\pm v_n)$ 也有可能收敛.

例 5 判断级数$\sum_{n=1}^{\infty}\left[2\left(\frac{3}{4}\right)^{n-1}-\frac{3}{n(n+1)}\right]$是否收敛，若收敛求其和.

解 因为级数$\sum_{n=1}^{\infty}2\left(\frac{3}{4}\right)^{n-1}$是$a=2$，公比$q=\frac{3}{4}$的几何级数，由例 3 可知它是收敛的，且其和为$\frac{2}{1-\frac{3}{4}}=8$. 又由例 1 知级数$\sum_{n=1}^{\infty}\frac{1}{n(n+1)}$收敛，其和为 1. 所以根据性质 1,2 可知级数$\sum_{n=1}^{\infty}\left[2\left(\frac{3}{4}\right)^{n-1}-\frac{3}{n(n+1)}\right]$收敛，并且

$$\sum_{n=1}^{\infty}\left[2\left(\frac{3}{4}\right)^{n-1}-\frac{3}{n(n+1)}\right]=8-3=5.$$

性质 3 在级数中去掉、增加或改变有限项，级数的敛散性不变.

证 我们只需证明"在级数的前面部分去掉或增加有限项，级数的敛散性不变"即可，因为在级数的任意位置上去掉、增加或改变有限项，都可看成原级数去掉前面部分的有限项，再在前面部分增加有限项的结果.

将级数

$$u_1+u_2+\cdots+u_k+u_{k+1}+\cdots+u_{k+n}+\cdots$$

的前 k 项去掉，得到新级数

$$u_{k+1}+u_{k+2}+\cdots+u_{k+n}+\cdots,$$

其部分和为

$$\sigma_n=u_{k+1}+u_{k+2}+\cdots+u_{k+n}=s_{k+n}-s_k,$$

其中 s_{k+n} 为原级数的前 $k+n$ 项之和. 由于 s_k 为常数，所以当 $n\to\infty$ 时，σ_n 与 s_{k+n} 同时有极限或同时无极限，因此两级数同时收敛或同时发散.

类似地，可证明在级数的前面增加有限项不会改变级数的敛散性.

性质 4 对收敛级数任意加括号得到的级数仍然收敛，且其和不变.

证 设收敛级数$\sum_{n=1}^{\infty}u_n$的部分和为 s_n，其和为 s，加括号后所得级数

$$(u_1+\cdots+u_{n_1})+(u_{n_1+1}+\cdots+u_{n_2})+\cdots+(u_{n_{k-1}+1}+\cdots+u_{n_k})+\cdots$$

部分和为 A_k，则

$$A_1=u_1+\cdots+u_{n_1}=s_{n_1},$$

$$A_2=(u_1+\cdots+u_{n_1})+(u_{n_1+1}+\cdots+u_{n_2})=s_{n_2},$$

$$\cdots\cdots$$

$$A_k=(u_1+\cdots+u_{n_1})+(u_{n_1+1}+\cdots+u_{n_2})+\cdots+(u_{n_{k-1}+1}+\cdots+u_{n_k})=s_{n_k},$$

$$\cdots\cdots$$

显然，数列$\{A_k\}$是数列$\{s_n\}$的一个子数列，因此当$\{s_n\}$收敛时，$\{A_k\}$也收敛，且$\lim\limits_{k\to\infty}A_k=\lim\limits_{n\to\infty}s_n=s$. 即对一收敛级数加括号后所得的级数仍收敛且其和不变.

反之，如果加括号之后的级数发散，则原级数也必发散.

注意：有括号的级数收敛，去括号后所得级数不一定收敛. 例如，级数

$$(1-1)+(1-1)+\cdots=\sum_{n=1}^{\infty}(1-1)$$

收敛于零，而级数

$$1-1+1-1+\cdots=\sum_{n=1}^{\infty}(-1)^{n+1}$$

是发散的. 由此可见，级数中括号是不能任意去掉的.

性质 5(级数收敛的必要条件) 如果级数 $\sum_{n=1}^{\infty}u_n$ 收敛，则 $\lim_{n\to\infty}u_n=0$.

证 设级数 $\sum_{n=1}^{\infty}u_n$ 的部分和为 s_n，其和为 s，则有

$$\lim_{n\to\infty}s_n=\lim_{n\to\infty}s_{n-1}=s,$$

所以

$$\lim_{n\to\infty}u_n=\lim_{n\to\infty}(s_n-s_{n-1})=\lim_{n\to\infty}s_n-\lim_{n\to\infty}s_{n-1}=0.$$

由此可知，若级数的一般项不趋于零，则该级数必定发散. 例如，级数 $\sum_{n=1}^{\infty}\frac{n}{n+1}$ 的一般项不趋于零，故发散.

注意：级数的一般项趋于零只是级数收敛的必要条件，而不是充分条件，也就是说，一般项趋于零的级数也不一定收敛. 例如，级数 $\sum_{n=1}^{\infty}\frac{1}{n}$ 发散，但其一般项却趋于零.

习题 12-1

1. 填空题：

(1) 已知级数 $\sum_{n=1}^{\infty}(-1)^{n-1}\left(\frac{4}{5}\right)^n$，则 $u_1=$______，$u_2=$______，$u_n=$______，$s_1=$______，$s_2=$______，$s_n=$______.

(2) 若级数 $\sum_{n=1}^{\infty}u_n$ 收敛，则 $\lim_{n\to\infty}(u_n^2+2u_n+3)=$______.

(3) 已知级数 $\sum_{n=1}^{\infty}u_n=s$，则级数 $\sum_{n=1}^{\infty}(2u_n+u_{n+1})=$______.

(4) $|x|<1$ 时，$\sum_{n=1}^{\infty}x^n$ 的和为______.

2. 用级数收敛和发散的定义判断下列级数的敛散性，若收敛，求其和：

(1) $\sum_{n=1}^{\infty}\frac{1}{(2n-1)(2n+1)}$　　(2) $\sum_{n=1}^{\infty}(\sqrt{n+1}-\sqrt{n})$

(3) $\sum_{n=2}^{\infty}\frac{1}{n^2-1}$　　(4) $\sum_{n=1}^{\infty}\ln\frac{n+1}{n}$

3. 判断下列级数的敛散性：

(1) $\frac{1}{5}+\frac{1}{\sqrt{5}}+\frac{1}{\sqrt[3]{5}}+\cdots+\frac{1}{\sqrt[n]{5}}+\cdots$

(2) $\cos\frac{\pi}{2}+\cos\pi+\cos\frac{3\pi}{2}+\cdots+\cos\frac{n\pi}{2}+\cdots$

(3) $-\frac{2}{3}+\frac{2^2}{3^2}-\frac{2^3}{3^3}+\cdots+(-1)^n\frac{2^n}{3^n}+\cdots$

(4) $\frac{1}{3}+1+\frac{1}{6}+\frac{1}{2}+\frac{1}{9}+\frac{1}{4}+\cdots+\frac{1}{3n}+\frac{1}{2^{n-1}}+\cdots$

(5) $\frac{1}{3}+1+\frac{1}{6}-\frac{1}{5}+\frac{1}{5^2}+\cdots+\frac{(-1)^n}{5^n}+\cdots$

(6) $\left(\frac{1}{2}+\frac{1}{3}\right)+\left(\frac{1}{2^2}+\frac{1}{3^2}\right)+\left(\frac{1}{2^3}+\frac{1}{3^3}\right)+\cdots+\left(\frac{1}{2^n}+\frac{1}{3^n}\right)+\cdots$

4. 设 c 为任意非零常数,证明:$\sum_{n=1}^{\infty}cu_n$ 与 $\sum_{n=1}^{\infty}u_n$ 有相同的敛散性.

5. 若级数 $\sum_{n=1}^{\infty}u_n$ 和 $\sum_{n=1}^{\infty}v_n$ 均发散,举例说明级数 $\sum_{n=1}^{\infty}(u_n+v_n)$ 可能收敛.

B

1. 求下列级数的和:

(1) $\sum_{n=1}^{\infty}(\sqrt{n+2}-2\sqrt{n+1}+\sqrt{n})$　　(2) $\sum_{n=1}^{\infty}\frac{n}{2^n}$

2. 已知级数 $\sum_{n=1}^{\infty}\frac{1}{n^2}=\frac{\pi^2}{6}$,求级数 $\sum_{n=1}^{\infty}\frac{1}{(2n-1)^2}$ 的和.

3. 判断下列级数的敛散性:

(1) $\sum_{n=1}^{\infty}\left(\frac{1}{n^2+n+1}+\frac{1}{n^2+n+2}+\cdots+\frac{n}{n^2+n+n}\right)$

(2) $\frac{1}{\sqrt{2}-1}-\frac{1}{\sqrt{2}+1}+\frac{1}{\sqrt{3}-1}-\frac{1}{\sqrt{3}+1}+\cdots+\frac{1}{\sqrt{n}-1}-\frac{1}{\sqrt{n}+1}+\cdots$

第二节　正项级数

一、正项级数及其基本性质

对于级数 $\sum_{n=1}^{\infty}u_n$,如果 $u_n\geqslant 0(n=1,2,\cdots)$,则称此级数为**正项级数**.

正项级数是一类重要的级数,因为正项级数在实际应用中经常会遇到,并且一般级数的敛散性的判别问题往往可以归结为正项级数的敛散性的判别问题.

设 $\sum_{n=1}^{\infty}u_n$ 是一个正项级数,其部分和为 s_n,因为 $u_n\geqslant 0$,所以

$$s_{n+1}=s_n+u_{n+1}\geqslant s_n\quad(n=1,2,\cdots),$$

于是 $\{s_n\}$ 是一个单调增加数列,由单调有界数列必有极限的准则,立即可得到下面定理.

定理 1　正项级数 $\sum_{n=1}^{\infty}u_n$ 收敛的充分必要条件是它的部分和数列 $\{s_n\}$ 有上界.

由此定理可知，如果正项级数$\sum\limits_{n=1}^{\infty}u_n$发散，则它的部分和数列$s_n \to +\infty(n\to\infty)$，此时记$\sum\limits_{n=1}^{\infty}u_n=+\infty$.

二、正项级数的审敛法

根据定理1，我们可得到判别正项级数敛散性的几个常用判别法.

定理2(比较判别法) 设$\sum\limits_{n=1}^{\infty}u_n$与$\sum\limits_{n=1}^{\infty}v_n$是两个正项级数，并且满足$u_n\leqslant v_n(n=1,2,\cdots)$，那么

(1) 若级数$\sum\limits_{n=1}^{\infty}v_n$收敛，则级数$\sum\limits_{n=1}^{\infty}u_n$收敛；

(2) 若级数$\sum\limits_{n=1}^{\infty}u_n$发散，则级数$\sum\limits_{n=1}^{\infty}v_n$发散.

证 设正项级数$\sum\limits_{n=1}^{\infty}u_n$与$\sum\limits_{n=1}^{\infty}v_n$的部分和分别为$s_n$与$\sigma_n$，则

$$s_n=u_1+u_2+\cdots+u_n\leqslant v_1+v_2+\cdots+v_n=\sigma_n.$$

(1) 若$\sum\limits_{n=1}^{\infty}v_n$收敛，其和为$\sigma$，则

$$s_n\leqslant\sigma_n<\sigma,$$

即$\{s_n\}$有界，故由定理1可知，级数$\sum\limits_{n=1}^{\infty}u_n$收敛；

(2) 若$\sum\limits_{n=1}^{\infty}u_n$发散，假设$\sum\limits_{n=1}^{\infty}v_n$收敛，则由结论(1)得$\sum\limits_{n=1}^{\infty}u_n$收敛，矛盾，因此级数$\sum\limits_{n=1}^{\infty}v_n$发散.

由于级数的每一项同乘一个不为零的常数以及去掉级数前面部分的有限项不会影响级数的敛散性，我们可得到以下推论.

推论 设$\sum\limits_{n=1}^{\infty}u_n$与$\sum\limits_{n=1}^{\infty}v_n$都是正项级数，并且存在自然数$N$及常数$k>0$，使得当$n\geqslant N$时，有$u_n\leqslant kv_n$，那么

(1) 若级数$\sum\limits_{n=1}^{\infty}v_n$收敛，则级数$\sum\limits_{n=1}^{\infty}u_n$收敛；

(2) 若级数$\sum\limits_{n=1}^{\infty}u_n$发散，则级数$\sum\limits_{n=1}^{\infty}v_n$发散.

例1 判别级数$\sum\limits_{n=1}^{\infty}\dfrac{1}{n^n}$的敛散性.

解 因为

$$\frac{1}{n^n}=\frac{1}{\underbrace{n\cdot n\cdot\cdots\cdot n}_{n个}}\leqslant\frac{1}{2^{n-1}}\quad(n=1,2,\cdots),$$

并且等比级数$\sum\limits_{n=1}^{\infty}\dfrac{1}{2^{n-1}}$收敛，则由比较判别法可知级数$\sum\limits_{n=1}^{\infty}\dfrac{1}{n^n}$收敛.

例2 判别级数$\sum\limits_{n=2}^{\infty}\dfrac{1}{\ln n}$的敛散性.

解 因为 $n\geqslant 2$ 时,有

$$\frac{1}{\ln n}\geqslant\frac{1}{n},$$

而调和级数 $\sum_{n=1}^{\infty}\frac{1}{n}$ 发散,则由比较判别法的推论可得级数 $\sum_{n=2}^{\infty}\frac{1}{\ln n}$ 是发散的.

例 3 讨论 p-级数

$$\sum_{n=1}^{\infty}\frac{1}{n^p}=1+\frac{1}{2^p}+\frac{1}{3^p}+\cdots+\frac{1}{n^p}+\cdots \tag{1}$$

的敛散性,其中 $p>0$ 为常数.

解 若 $p\leqslant 1$,因为$\frac{1}{n^p}\geqslant\frac{1}{n}$,而$\sum_{n=1}^{\infty}\frac{1}{n}$ 发散,则由比较判别法可知,级数(1) 发散.

若 $p>1$,由于当 $k-1\leqslant x\leqslant k$ 时,有$\frac{1}{k^p}\leqslant\frac{1}{x^p}$,所以

$$\frac{1}{k^p}=\int_{k-1}^{k}\frac{1}{k^p}\mathrm{d}x\leqslant\int_{k-1}^{k}\frac{1}{x^p}\mathrm{d}x\quad(k=2,3,\cdots,n),$$

从而,当 $n\geqslant 2$ 时,级数(1) 的部分和

$$\begin{aligned}s_n&=1+\frac{1}{2^p}+\frac{1}{3^p}+\cdots+\frac{1}{n^p}\\&=1+\int_1^2\frac{1}{2^p}\mathrm{d}x+\int_2^3\frac{1}{3^p}\mathrm{d}x+\cdots+\int_{n-1}^{n}\frac{1}{n^p}\mathrm{d}x\\&\leqslant 1+\int_1^2\frac{1}{x^p}\mathrm{d}x+\int_2^3\frac{1}{x^p}\mathrm{d}x+\cdots+\int_{n-1}^{n}\frac{1}{x^p}\mathrm{d}x\\&=1+\int_1^n\frac{1}{x^p}\mathrm{d}x\\&<1+\int_1^{+\infty}\frac{1}{x^p}\mathrm{d}x\\&=1+\frac{1}{p-1},\end{aligned}$$

这表明数列$\{s_n\}$有界,因此,级数(1)收敛.

综上所述,$p\leqslant 1$ 时 p-级数发散;$p>1$ 时 p-级数收敛.

在实际使用中,比较判别法的下述极限形式往往更方便.

定理 3(比较判别法的极限形式) 设 $\sum_{n=1}^{\infty}u_n$ 与 $\sum_{n=1}^{\infty}v_n$ 都是正项级数,且

$$\lim_{n\to\infty}\frac{u_n}{v_n}=l,$$

那么

(1)若 $0<l<+\infty$,则级数 $\sum_{n=1}^{\infty}u_n$ 与级数 $\sum_{n=1}^{\infty}v_n$ 同时收敛或同时发散;

(2) 若 $l=0$ 且级数 $\sum_{n=1}^{\infty}v_n$ 收敛,则级数 $\sum_{n=1}^{\infty}u_n$ 收敛;

(3) 若 $l=+\infty$ 且级数 $\sum_{n=1}^{\infty}v_n$ 发散,则级数 $\sum_{n=1}^{\infty}u_n$ 发散.

证 (1)若 $0<l<+\infty$,由 $\lim\limits_{n\to\infty}\dfrac{u_n}{v_n}=l$ 知,对 $\varepsilon=\dfrac{l}{2}$,存在自然数 N,当 $n>N$ 时,有

$$\frac{l}{2}<\frac{u_n}{v_n}<\frac{3}{2}l,\quad 即\frac{l}{2}v_n<u_n<\frac{3l}{2}v_n,$$

故由比较判别法的推论可知,$\sum\limits_{n=1}^{\infty}u_n$ 与 $\sum\limits_{n=1}^{\infty}v_n$ 同时收敛或同时发散.

(2)若 $l=0$,由 $\lim\limits_{n\to\infty}\dfrac{u_n}{v_n}=0$ 知,对 $\varepsilon=1$,存在自然数 N,当 $n>N$ 时,有

$$\frac{u_n}{v_n}<\varepsilon=1,\quad 即\ u_n<v_n,$$

故由比较判别法的推论可知,若 $\sum\limits_{n=1}^{\infty}v_n$ 收敛,则 $\sum\limits_{n=1}^{\infty}u_n$ 收敛.

(3)若 $l=+\infty$,由 $\lim\limits_{n\to\infty}\dfrac{u_n}{v_n}=+\infty$ 知,对 $M=1$,存在自然数 N,当 $n>N$ 时,有

$$\frac{u_n}{v_n}>M=1,\quad 即\ u_n>v_n,$$

故由比较判别法的推论可知,若 $\sum\limits_{n=1}^{\infty}v_n$ 发散,则 $\sum\limits_{n=1}^{\infty}u_n$ 发散.

例 4 判别下列的级数敛散性:

(1) $\sum\limits_{n=1}^{\infty}\sin\dfrac{1}{n}$　　(2) $\sum\limits_{n=1}^{\infty}\ln\left(1+\dfrac{1}{n^2}\right)$

(3) $\sum\limits_{n=2}^{\infty}\dfrac{4^n}{5^n-3^n}$

解 (1)由于

$$\lim_{n\to\infty}\frac{\sin\frac{1}{n}}{\frac{1}{n}}=1,$$

而级数 $\sum\limits_{n=1}^{\infty}\dfrac{1}{n}$ 发散,所以级数 $\sum\limits_{n=1}^{\infty}\sin\dfrac{1}{n}$ 发散.

(2)由于

$$\lim_{n\to\infty}\frac{\ln\left(1+\frac{1}{n^2}\right)}{\frac{1}{n^2}}=1,$$

而级数 $\sum\limits_{n=1}^{\infty}\dfrac{1}{n^2}$ 收敛,所以级数 $\sum\limits_{n=1}^{\infty}\ln\left(1+\dfrac{1}{n^2}\right)$ 收敛.

(3)由于

$$\lim_{n\to\infty}\frac{\frac{4^n}{5^n-3^n}}{\left(\frac{4}{5}\right)^n}=\lim_{n\to\infty}\frac{5^n}{5^n-3^n}=\lim_{n\to\infty}\frac{1}{1-\left(\frac{3}{5}\right)^n}=1,$$

而级数 $\sum\limits_{n=2}^{\infty}\left(\dfrac{4}{5}\right)^n$ 收敛,所以级数 $\sum\limits_{n=2}^{\infty}\dfrac{4^n}{5^n-3^n}$ 收敛.

我们看到，用比较判别法及其极限形式来判别级数的敛散性时，都需要选择一个已知收敛或发散的级数来进行比较，等比级数和 p-级数是常用来做比较的级数.若我们将所给级数与等比级数比较，就可得到只依赖于级数本身的更简便的判别法.

定理 4(比值判别法，即达朗贝尔判别法) 设 $\sum_{n=1}^{\infty} u_n$ 为正项级数，如果

$$\lim_{n\to\infty}\frac{u_{n+1}}{u_n}=\mu \quad (\mu \text{ 允许为} +\infty),$$

则

(1)当 $\mu<1$ 时，级数 $\sum_{n=1}^{\infty} u_n$ 收敛；

(2)当 $\mu>1$ 时，级数 $\sum_{n=1}^{\infty} u_n$ 发散.

证 (1)当 $\mu<1$ 时，取一适当小的正数 ε，使 $0<\mu+\varepsilon=q<1$ 时，则由 $\lim\limits_{n\to\infty}\frac{u_{n+1}}{u_n}=\mu$ 知，存在自然数 N，当 $n\geqslant N$ 时，有

$$\frac{u_{n+1}}{u_n}<\mu+\varepsilon=q, \quad \text{即 } u_{n+1}<qu_n,$$

因此

$$\begin{gathered} u_{N+1}<qu_N, \\ u_{N+2}<qu_{N+1}<q^2u_N, \\ \cdots\cdots \\ u_{N+k}<q^k u_N, \\ \cdots\cdots \end{gathered}$$

由于级数 $\sum_{k=1}^{\infty} u_N q^k$ 收敛，所以根据比较判别法的推论可知，级数 $\sum_{n=1}^{\infty} u_n$ 收敛.

(2)当 $\mu>1$ 时，取一适当小的正数 ε，使 $\mu-\varepsilon>1$，则由 $\lim\limits_{n\to\infty}\frac{u_{n+1}}{u_n}=\mu$ 知，存在自然数 N，当 $n>N$ 时，有

$$\frac{u_{n+1}}{u_n}>\mu-\varepsilon>1, \text{即 } u_{n+1}>u_n.$$

故当 $n>N$ 时，u_n 逐渐增大，从而 $\lim\limits_{n\to\infty}u_n\neq 0$，所以 $\sum_{n=1}^{\infty} u_n$ 发散.

类似地，当 $\mu=+\infty$ 时，也有 $\lim\limits_{n\to\infty}u_n\neq 0$，所以 $\sum_{n=1}^{\infty} u_n$ 发散.

注意：当 $\mu=1$ 时，级数可能收敛也可能发散.例如，对于 p-级数 $\sum_{n=1}^{\infty}\frac{1}{n^p}$，不论 p 为何值都有

$$\lim_{n\to\infty}\frac{u_{n+1}}{u_n}=\lim_{n\to\infty}\frac{\frac{1}{(n+1)^p}}{\frac{1}{n^p}}=\lim_{n\to\infty}\left(\frac{n}{n+1}\right)^p=1.$$

但我们知道，当 $p>1$ 时级数收敛；当 $p\leqslant 1$ 时级数发散.因此仅根据 $\mu=1$ 不能判别级数收敛或发散.

例 5 判别下列级数的敛散性：

(1) $\sum_{n=1}^{\infty}\frac{1}{n!}$　　(2) $\sum_{n=1}^{\infty}\frac{n!}{a^n}$　$(a>0)$

(3) $\sum_{n=1}^{\infty}\frac{n!}{n^n}$　　(4) $\sum_{n=1}^{\infty}\frac{n\cos^2\frac{n\pi}{2}}{2^n}$

解 (1)由于

$$\lim_{n\to\infty}\frac{u_{n+1}}{u_n}=\lim_{n\to\infty}\frac{\frac{1}{(n+1)!}}{\frac{1}{n!}}=\lim_{n\to\infty}\frac{1}{n+1}=0<1,$$

所以级数$\sum_{n=1}^{\infty}\frac{1}{n!}$收敛.

(2)由于

$$\lim_{n\to\infty}\frac{u_{n+1}}{u_n}=\lim_{n\to\infty}\frac{\frac{(n+1)!}{a^{n+1}}}{\frac{n!}{a^n}}=\lim_{n\to\infty}\frac{n+1}{a}=+\infty>1,$$

所以级数$\sum_{n=1}^{\infty}\frac{n!}{a^n}$发散.

(3)由于

$$\lim_{n\to\infty}\frac{u_{n+1}}{u_n}=\lim_{n\to\infty}\frac{\frac{(n+1)!}{(n+1)^{n+1}}}{\frac{n!}{n^n}}=\lim_{n\to\infty}\left(\frac{n}{n+1}\right)^n=\lim_{n\to\infty}\frac{1}{\left(1+\frac{1}{n}\right)^n}=\frac{1}{\mathrm{e}}<1,$$

所以级数$\sum_{n=1}^{\infty}\frac{n!}{n^n}$收敛.

(4)由于

$$\frac{n}{2^n}\cos^2\frac{n\pi}{2}\leqslant\frac{n}{2^n},$$

而级数$\sum_{n=1}^{\infty}\frac{n}{2^n}$满足

$$\lim_{n\to\infty}\frac{u_{n+1}}{u_n}=\lim_{n\to\infty}\frac{\frac{n+1}{2^{n+1}}}{\frac{n}{2^n}}=\lim_{n\to\infty}\frac{n+1}{2n}=\frac{1}{2}<1,$$

所以根据比值判别法可知级数$\sum_{n=1}^{\infty}\frac{n}{2^n}$收敛，又根据比较判别法可得级数$\sum_{n=1}^{\infty}\frac{n\cos^2\frac{n\pi}{2}}{2^n}$收敛.

习题 12-2

A

1. 用比较判别法或其极限形式判断下列级数的敛散性：

(1) $\sum\limits_{n=1}^{\infty}\frac{2}{3n-1}$　　(2) $\sum\limits_{n=1}^{\infty}\frac{1}{n^2+1}$

(3) $\sum\limits_{n=1}^{\infty}\frac{1+n}{n^2+1}$　　(4) $\sum\limits_{n=1}^{\infty}\frac{1}{n\sqrt{n+1}}$

(5) $\sum\limits_{n=1}^{\infty}\frac{1}{\sqrt{n(n+1)}}$　　(6) $\sum\limits_{n=1}^{\infty}\sin\frac{1}{2n}$

(7) $\sum\limits_{n=1}^{\infty}\frac{1}{2^n+1}$　　(8) $\sum\limits_{n=1}^{\infty}\left(1-\cos\frac{1}{n}\right)$

2. 用比值判别法判断下列级数的敛散性：

(1) $\sum\limits_{n=1}^{\infty}\frac{n!}{4^n}$　　(2) $\sum\limits_{n=1}^{\infty}\frac{2^n n!}{n^n}$

(3) $\sum\limits_{n=1}^{\infty}\frac{2^n}{n(n+1)}$　　(4) $\sum\limits_{n=1}^{\infty}\frac{2^n}{n3^n}$

3. 用适当方法判断下列级数的敛散性：

(1) $\sum\limits_{n=1}^{\infty}\frac{n^2+1}{(n^2+3)(n^2+2)}$　　(2) $1+\frac{2}{3}+\frac{2^2}{3\cdot 5}+\frac{2^3}{3\cdot 5\cdot 7}+\cdots$

(3) $\sum\limits_{n=1}^{\infty}2^n\sin\frac{\pi}{3^n}$　　(4) $\sum\limits_{n=1}^{\infty}\frac{n^2+3^n}{2^n}$

(5) $\sum\limits_{n=1}^{\infty}\frac{1+n}{n^2+1}\cos^2\frac{2}{n}$　　(6) $\sum\limits_{n=1}^{\infty}\frac{n^{n+1}}{(n+1)^{n+2}}$

(7) $\sum\limits_{n=1}^{\infty}\left(\frac{na}{n+1}\right)^n$　$(a>0)$

4. 证明：$\lim\limits_{n\to\infty}\frac{3^n}{n^n}=0$.

B

1. 用适当方法判断下列级数的敛散性：

(1) $\sum\limits_{n=1}^{\infty}\left[\frac{1}{n}-\ln\left(1+\frac{1}{n}\right)\right]$　　(2) $\sum\limits_{n=1}^{\infty}\frac{1}{1+a^n}$　$(a>0)$

2. 证明：如果正项级数 $\sum\limits_{n=1}^{\infty}u_n$ 收敛，则级数 $\sum\limits_{n=1}^{\infty}\frac{u_n}{1+u_n}$ 与 $\sum\limits_{n=1}^{\infty}\frac{\sqrt{u_n}}{n}$ 均收敛.

第三节 任意项级数

若在级数 $\sum\limits_{n=1}^{\infty}u_n$ 中,有无穷多个正项和无穷多个负项,则称其为任意项级数.

一、绝对收敛与条件收敛

对于任意项级数,正项级数收敛的判别法不再适用,但是可以将它的各项取绝对值得到一个新的级数 $\sum\limits_{n=1}^{\infty}|u_n|$,然后根据正项级数 $\sum\limits_{n=1}^{\infty}|u_n|$ 的敛散性来判别 $\sum\limits_{n=1}^{\infty}u_n$ 的敛散性.

定理 1 如果级数 $\sum\limits_{n=1}^{\infty}|u_n|$ 收敛,则级数 $\sum\limits_{n=1}^{\infty}u_n$ 也收敛.

证 设 $v_n=\frac{1}{2}(u_n+|u_n|)(n=1,2,\cdots)$,因为 $-|u_n|\leqslant u_n\leqslant|u_n|$,所以 $0\leqslant v_n\leqslant|u_n|$.由于 $\sum\limits_{n=1}^{\infty}|u_n|$ 收敛,故由正项级数的比较判别法可知,级数 $\sum\limits_{n=1}^{\infty}v_n$ 收敛,从而 $\sum\limits_{n=1}^{\infty}2v_n$ 也收敛.又因为 $u_n=2v_n-|u_n|$,所以 $\sum\limits_{n=1}^{\infty}u_n$ 亦收敛.

注意:若级数 $\sum\limits_{n=1}^{\infty}|u_n|$ 发散,级数 $\sum\limits_{n=1}^{\infty}u_n$ 不一定发散.例如,级数 $\sum\limits_{n=1}^{\infty}\frac{1}{n}$ 发散,但级数 $\sum\limits_{n=1}^{\infty}(-1)^{n-1}\frac{1}{n}$ 却收敛,原因见本节例 3.

定义 如果级数 $\sum\limits_{n=1}^{\infty}|u_n|$ 收敛,则称级数 $\sum\limits_{n=1}^{\infty}u_n$ **绝对收敛**;如果级数 $\sum\limits_{n=1}^{\infty}|u_n|$ 发散,而级数 $\sum\limits_{n=1}^{\infty}u_n$ 收敛,则称级数 $\sum\limits_{n=1}^{\infty}u_n$ **条件收敛**.

例 1 判断级数 $\sum\limits_{n=1}^{\infty}\frac{\sin n}{n^2}$ 的敛散性.

解 因为 $\left|\frac{\sin n}{n^2}\right|\leqslant\frac{1}{n^2}$,而级数 $\sum\limits_{n=1}^{\infty}\frac{1}{n^2}$ 收敛,所以级数 $\sum\limits_{n=1}^{\infty}\left|\frac{\sin n}{n^2}\right|$ 收敛.因此级数 $\sum\limits_{n=1}^{\infty}\frac{\sin n}{n^2}$ 绝对收敛.

虽然从 $\sum\limits_{n=1}^{\infty}|u_n|$ 发散不能判定级数 $\sum\limits_{n=1}^{\infty}u_n$ 也发散,但如果我们是用比值判别法判断了 $\sum\limits_{n=1}^{\infty}|u_n|$ 发散,则 $\sum\limits_{n=1}^{\infty}u_n$ 也发散.这是因为在比值判别法中,若 $\mu>1$,则有 $\lim\limits_{n\to\infty}|u_n|\neq0$,所以 $\lim\limits_{n\to\infty}u_n\neq0$,故 $\sum\limits_{n=1}^{\infty}u_n$ 发散,因此有如下定理.

定理 2 如果级数 $\sum\limits_{n=1}^{\infty}u_n$ 满足

$$\lim_{n\to\infty}\left|\frac{u_{n+1}}{u_n}\right|=\mu,$$

则当 $\mu<1$ 时，$\sum\limits_{n=1}^{\infty}u_n$ 绝对收敛；当 $\mu>1$ 时，$\sum\limits_{n=1}^{\infty}u_n$ 发散.

例 2 判断级数 $\sum\limits_{n=1}^{\infty}\dfrac{(-1)^{n-1}n^n}{n!}$ 的敛散性.

解 设 $u_n=\dfrac{(-1)^{n-1}n^n}{n!}$，因为

$$\lim_{n\to\infty}\left|\frac{u_{n+1}}{u_n}\right|=\lim_{n\to\infty}\frac{(n+1)^{n+1}n!}{(n+1)!\ n^n}=\lim_{n\to\infty}\left(1+\frac{1}{n}\right)^n=\mathrm{e}>1,$$

所以级数 $\sum\limits_{n=1}^{\infty}\dfrac{(-1)^{n-1}n^n}{n!}$ 发散.

对非绝对收敛的级数 $\sum\limits_{n=1}^{\infty}u_n$，我们可通过级数收敛的定义、性质等来判断它是否条件收敛. 通常说明一个任意项级数条件收敛，是比较困难的，而对于一种特殊的级数——交错级数，却有一个很简便的方法.

二、交错级数及其审敛法

若级数的各项正负交错，则称其为**交错级数**. 交错级数的一般形式为

$$\sum_{n=1}^{\infty}(-1)^{n-1}u_n=u_1-u_2+u_3-u_4+\cdots+(-1)^{n-1}u_n+\cdots, \tag{1}$$

或

$$\sum_{n=1}^{\infty}(-1)^{n}u_n=-u_1+u_2-u_3+u_4+\cdots+(-1)^{n}u_n+\cdots, \tag{2}$$

其中 $u_n>0(n=1,2,\cdots)$.

因为级数(2)可以由级数(1)乘以 -1 得到，故我们在此只讨论级数(1)收敛的情况.

定理 3(莱布尼茨定理) 若交错级数 $\sum\limits_{n=1}^{\infty}(-1)^{n-1}u_n(u_n>0)$ 满足下列两个条件：

(1) $u_n\geqslant u_{n+1}(n=1,2,\cdots)$；

(2) $\lim\limits_{n\to\infty}u_n=0$，

则级数 $\sum\limits_{n=1}^{\infty}(-1)^{n-1}u_n$ 收敛，且其和 $s\leqslant u_1$，其余项 r_n 的绝对值 $|r_n|\leqslant u_{n+1}$.

证 设 s_n 为级数 $\sum\limits_{n=1}^{\infty}(-1)^{n-1}u_n(u_n>0)$ 的前 n 项之和，为了证明 $\lim\limits_{n\to\infty}s_n$ 存在，我们来证明 $\lim\limits_{n\to\infty}s_{2n}=\lim\limits_{n\to\infty}s_{2n+1}$.

先看数列 $\{s_{2n}\}$，由于 $u_n\geqslant u_{n+1}$，故

$$s_{2(n+1)}=s_{2n}+(u_{2n+1}-u_{2n+2})\geqslant s_{2n},$$

即数列 $\{s_{2n}\}$ 是一个单调递增数列. 又因为

$$s_{2n}=u_1-(u_2-u_3)-(u_4-u_5)-\cdots-(u_{2n-2}-u_{2n-1})-u_{2n}\leqslant u_1, \tag{3}$$

所以数列 $\{s_{2n}\}$ 有上界. 由单调有界数列必有极限的准则可知，$\lim\limits_{n\to\infty}s_{2n}$ 存在，记为 s.

再看数列 $\{s_{2n+1}\}$，因为 $\lim\limits_{n\to\infty}u_n=0$，我们有

$$\lim_{n\to\infty}s_{2n+1}=\lim_{n\to\infty}(s_{2n}+u_{2n+1})=\lim_{n\to\infty}s_{2n}+\lim_{n\to\infty}u_{2n+1}=s+0=s,$$

综上，有 $\lim\limits_{n\to\infty}s_n=s$，即级数 $\sum\limits_{n=1}^{\infty}(-1)^{n-1}u_n$ 收敛.

又由式(3)可知
$$s=\lim_{n\to\infty}s_{2n}\leqslant u_1,$$

还易知，级数 $\sum\limits_{n=1}^{\infty}(-1)^{n-1}u_n$ 的余项可写为
$$r_n=\pm(u_{n+1}-u_{n+2}+u_{n+3}-\cdots),$$
其绝对值为
$$|r_n|=u_{n+1}-u_{n+2}+u_{n+3}-\cdots,$$
也是一个交错级数，且满足定理中的两个条件，所以其和不超过级数的第一项 u_{n+1}，即 $|r_n|\leqslant u_{n+1}$.

注意：定理 3 中的条件(1) 是交错级数收敛的充分条件，而不是必要条件.

例 3 证明交错级数
$$\sum_{n=1}^{\infty}(-1)^{n-1}\frac{1}{n}=1-\frac{1}{2}+\frac{1}{3}+\cdots+\cdots$$
条件收敛，且其和 $s\leqslant 1$，余项 r_n 满足 $|r_n|\leqslant\dfrac{1}{n+1}$.

证 由于 $\sum\limits_{n=1}^{\infty}\left|(-1)^{n-1}\dfrac{1}{n}\right|=\sum\limits_{n=1}^{\infty}\dfrac{1}{n}$ 为调和级数，故发散. 设 $u_n=\dfrac{1}{n}$，那么 $u_n>u_{n+1}$，且 $\lim\limits_{n\to\infty}u_n=\lim\limits_{n\to\infty}\dfrac{1}{n}=0$. 由莱布尼茨定理可知，级数 $\sum\limits_{n=1}^{\infty}(-1)^{n-1}\dfrac{1}{n}$ 收敛，故 $\sum\limits_{n=1}^{\infty}(-1)^{n-1}\dfrac{1}{n}$ 条件收敛，且其和 $s\leqslant u_1=1$，$|r_n|\leqslant u_{n+1}=\dfrac{1}{n+1}$.

例 4 判别下列级数的敛散性，若收敛，指出是绝对收敛还是条件收敛：

(1) $\sum\limits_{n=1}^{\infty}\dfrac{(-1)^n}{\sqrt{n(n+1)}}$ (2) $\sum\limits_{n=1}^{\infty}\dfrac{x^n}{n}$ (3) $\sum\limits_{n=1}^{\infty}(-1)^n\dfrac{\ln n}{n}$

解 (1)因为
$$\frac{1}{\sqrt{n(n+1)}}>\frac{1}{\sqrt{(n+1)^2}}=\frac{1}{n+1},$$
而级数 $\sum\limits_{n=1}^{\infty}\dfrac{1}{n+1}$ 发散，所以由比较判别法，级数 $\sum\limits_{n=1}^{\infty}\left|\dfrac{(-1)^n}{\sqrt{n(n+1)}}\right|=\sum\limits_{n=1}^{\infty}\dfrac{1}{\sqrt{n(n+1)}}$ 发散. 设 $u_n=\dfrac{1}{\sqrt{n(n+1)}}$，显然 $\lim\limits_{n\to\infty}u_n=0$，又
$$u_n\geqslant\frac{1}{\sqrt{(n+1)(n+2)}}=u_{n+1},$$
故由莱布尼茨定理可知，级数 $\sum\limits_{n=1}^{\infty}\dfrac{(-1)^n}{\sqrt{n(n+1)}}$ 收敛. 因此级数 $\sum\limits_{n=1}^{\infty}\dfrac{(-1)^n}{\sqrt{n(n+1)}}$ 条件收敛.

(2)设 $u_n=\dfrac{x^n}{n}$，因为
$$\lim_{n\to\infty}\left|\frac{u_{n+1}}{u_n}\right|=\lim_{n\to\infty}\left|\frac{nx^{n+1}}{(n+1)x^n}\right|=|x|,$$

所以，当 $|x|<1$ 时级数绝收收敛；当 $|x|>1$ 时级数发散；当 $x=1$ 时，原级数为调和级数，发散；当 $x=-1$ 时，级数为 $\sum\limits_{n=1}^{\infty}\frac{(-1)^n}{n}$，条件收敛.

(3) 对级数 $\sum\limits_{n=1}^{\infty}\left|(-1)^n\frac{\ln n}{n}\right|$，即 $\sum\limits_{n=1}^{\infty}\frac{\ln n}{n}$，

当 $n\geqslant 3$ 时，$\frac{\ln n}{n}>\frac{1}{n}$，而 $\sum\limits_{n=3}^{\infty}\frac{1}{n}$ 发散.

故 $\sum\limits_{n=3}^{\infty}\frac{\ln n}{n}$ 发散，从而 $\sum\limits_{n=1}^{\infty}\frac{\ln n}{n}$ 发散.

再由 $\lim\limits_{x\to+\infty}\frac{\ln x}{x}=\lim\limits_{x\to+\infty}\frac{\frac{1}{x}}{1}=0$，

可得 $\lim\limits_{n\to\infty}\frac{\ln n}{n}=0$.

设 $f(x)=\frac{\ln x}{x}(x\geqslant 1)$，则 $f'(x)=\frac{1-\ln x}{x^2}$，

当 $x>\mathrm{e}$ 时，$f'(x)<0$，$f(x)$ 单调递减.

因此当 $n\geqslant 3$ 时，$\frac{\ln(n+1)}{n+1}\leqslant\frac{\ln n}{n}$.

由莱布尼茨定理知 $\sum\limits_{n=1}^{\infty}(-1)^n\frac{\ln n}{n}$ 收敛，从而得证级数 $\sum\limits_{n=1}^{\infty}(-1)^n\frac{\ln n}{n}$ 条件收敛.

习题 12-3

A

1. 判断下列交错级数是否收敛：

(1) $\sum\limits_{n=1}^{\infty}(-1)^{n-1}\sin\frac{1}{n}$　　(2) $\sum\limits_{n=1}^{\infty}\frac{(-1)^{n-1}}{\ln(n+1)}$

(3) $\sum\limits_{n=1}^{\infty}(-1)^n\sqrt{n}$

2. 判断下列级数是否收敛，如果收敛，是绝对收敛还是条件收敛？

(1) $\sum\limits_{n=1}^{\infty}(-1)^{n-1}\frac{1}{n^2}$　　(2) $\sum\limits_{n=1}^{\infty}(-1)^n\frac{1}{\ln n}$

(3) $\sum\limits_{n=1}^{\infty}(-1)^n\frac{n}{3^n}$　　(4) $\sum\limits_{n=1}^{\infty}\frac{1}{n}\sin\frac{n\pi}{2}$

(5) $\sum\limits_{n-1}^{\infty}\left[\frac{(-1)^n}{\sqrt{n}}+\frac{1}{n}\right]$　　(6) $\sum\limits_{n=1}^{\infty}(-1)^n\frac{2^{n^2}}{n!}$

(7) $\sum\limits_{n=1}^{\infty}(-1)^n\frac{a^n}{n+1}$

3. 若级数 $\sum\limits_{n=1}^{\infty}a_n^2$ 和 $\sum\limits_{n=1}^{\infty}b_n^2$ 都收敛，证明级数 $\sum\limits_{n=1}^{\infty}a_nb_n$ 绝对收敛.

B

1. 判断下列级数是否收敛，如果收敛，是绝对收敛还是条件收敛？

(1) $\sum_{n=2}^{\infty} \frac{(-1)^n}{\sqrt{n}+(-1)^n}$　　(2) $\sum_{n=2}^{\infty} \frac{(-1)^n}{\sqrt{n+(-1)^n}}$

2. 设 $\lambda > 0$，且 $\sum_{n=1}^{\infty} a_n^2$ 收敛，证明：$\sum_{n=1}^{\infty} (-1)^n \frac{|a_n|}{\sqrt{n^\alpha+\lambda}}$ 当 $\alpha > 1$ 时绝对收敛.

3. 若级数 $\sum_{n=1}^{\infty} u_n$ 和 $\sum_{n=1}^{\infty} v_n$ 都条件收敛，级数 $\sum_{n=1}^{\infty} (u_n + v_n)$ 的敛散性如何？并举例说明.

第四节　幂级数

形如

$$a_0 + a_1(x-x_0) + a_2(x-x_0)^2 + \cdots + a_n(x-x_0)^n + \cdots \tag{1}$$

的级数称为**幂级数**，简记为 $\sum_{n=0}^{\infty} a_n(x-x_0)^n$，它的一般项是 $a_n(x-x_0)^n$，其中 $a_n(n=0,1,2,\cdots)$ 叫做**幂级数的系数**.

如果作代换 $t = x - x_0$，则级数(1) 变成 $\sum_{n=0}^{\infty} a_n t^n$，因此只需讨论形如

$$\sum_{n=0}^{\infty} a_n x^n = a_0 + a_1 x + \cdots + a_n x^n + \cdots \tag{2}$$

的幂级数.

一、幂级数的敛散性

对于某个确定的数 x_0，$\sum_{n=0}^{\infty} a_n x_0^n$ 是一个常数项级数. 如果 $\sum_{n=0}^{\infty} a_n x_0^n$ 收敛，则称 x_0 为幂级数(2) 的一个**收敛点**；如果 $\sum_{n=0}^{\infty} a_n x_0^n$ 发散，则称 x_0 为幂级数(2) 的一个**发散点**. 幂级数(2) 的所有收敛点的全体称为它的**收敛域**，所有发散点的全体称为它的**发散域**.

对于收敛域 I 内的任一点 x，幂级数成为一个收敛的常数项级数，因而有一确定的和 s. 这样，在收敛域 I 上，幂级数的和就是 x 的函数 $s(x)$，称 $s(x)$ 为幂级数(2) 的**和函数**，并记为

$$s(x) = \sum_{n=0}^{\infty} a_n x^n \quad (x \in I).$$

例如，幂级数

$$\sum_{n=0}^{\infty} x^n = 1 + x + x^2 + \cdots + x^n + \cdots.$$

可以看成一个公比为 x 的等比级数. 故当 $|x| < 1$ 时，这级数收敛于和函数 $\frac{1}{1-x}$；当 $|x| \geqslant 1$ 时，这级数发散，因此这个幂级数的收敛域为 $(-1,1)$. 若 x 在收敛域 $(-1,1)$ 上取值，则

$$\frac{1}{1-x} = 1 + x + x^2 + \cdots + x^n + \cdots.$$

由于对任意一个固定的 x,幂级数(2)是一个常数项级数,因而可借助于常数项级数的审敛法研究幂级数的敛散性.

定理1(阿贝尔定理) 如果幂级数 $\sum_{n=0}^{\infty}a_nx^n$ 在 $x_1\neq 0$ 收敛,则对任意满足 $|x|<|x_1|$ 的 x,幂级数绝对收敛;如果幂级数 $\sum_{n=0}^{\infty}a_nx^n$ 在 x_2 发散,则对任意满足 $|x|>|x_2|$ 的 x,幂级数发散.

证 设 $\sum_{n=0}^{\infty}a_nx^n$ 在 $x_1\neq 0$ 收敛,即常数项级数 $\sum_{n=0}^{\infty}a_nx_1^n$ 收敛,则根据级数收敛的必要条件,有 $\lim\limits_{n\to\infty}a_nx_1^n=0$,从而数列 $\{a_nx_1^n\}$ 有界,即存在一个正数 M,使得 $|a_nx_1^n|\leqslant M$. 故对任意满足 $|x|<|x_1|$ 的 x 有

$$|a_nx^n|=|a_nx_1^n|\left|\frac{x}{x_1}\right|^n\leqslant M\left|\frac{x}{x_1}\right|^n,$$

因为等比级数 $\sum_{n=0}^{\infty}M\left|\frac{x}{x_1}\right|^n$ 收敛,由比较判别法知 $\sum_{n=0}^{\infty}|a_nx^n|$ 收敛,所以 $\sum_{n=0}^{\infty}a_nx^n$ 绝对收敛.

设 $\sum_{n=0}^{\infty}a_nx^n$ 在 x_2 发散,因为 $\sum_{n=0}^{\infty}a_nx^n$ 在 $x=0$ 收敛,故 $x_2\neq 0$. 如果存在 x_0 且 $|x_0|>|x_2|$,使 $\sum_{n=0}^{\infty}a_nx^n$ 在 x_0 收敛,则由刚才的证明知 $\sum_{n=0}^{\infty}a_nx^n$ 在 x_2 收敛,这与假设 $\sum_{n=0}^{\infty}a_nx_2^n$ 发散矛盾,从而对任意满足 $|x|>|x_2|$ 的 x,$\sum_{n=0}^{\infty}a_nx^n$ 发散.

由阿贝尔定理可知,如果幂级数 $\sum_{n=0}^{\infty}a_nx^n$ 在点 $x_0\neq 0$ 处收敛,则必在开区间 $(-|x_0|,|x_0|)$ 内处处收敛;如果它在某点 x_1 处发散,则必在区间 $(-\infty,-|x_1|)\cup(|x_1|,+\infty)$ 内处处发散. 因此,若幂级数既有收敛域,又有发散域,我们就可以找到一点 $R>0$,使级数在 $(-R,R)$ 内处处收敛,而在 $(-\infty,-R)\cup(R,+\infty)$ 内处处发散,即 $x=\pm R$ 两点成为级数收敛与发散的分界点. 我们将这样的 R 称为幂级数 $\sum_{n=0}^{\infty}a_nx^n$ 的**收敛半径**,$(-R,R)$ 称为幂级数的**收敛区间**.

如果幂级数 $\sum_{n=0}^{\infty}a_nx^n$ 是在 $x=0$ 处收敛,则规定其收敛半径 $R=0$,此时收敛域为 $\{0\}$;如果 $\sum_{n=0}^{\infty}a_nx^n$ 对一切实数 x 都收敛,则规定其收敛半径 $R=+\infty$,此时收敛域为 $(-\infty,+\infty)$.

阿贝尔定理还告诉我们 $\sum_{n=0}^{\infty}a_nx^n$ 与 $\sum_{n=0}^{\infty}|a_nx^n|$ 有相同的收敛半径,故利用正项级数的比值判别法可以确定 $\sum_{n=0}^{\infty}a_nx^n$ 的收敛半径.

定理2 如果幂级数 $\sum_{n=0}^{\infty}a_nx^n$ 的系数满足

$$\lim_{n\to\infty}\left|\frac{a_{n+1}}{a_n}\right|=\rho,$$

则幂级数的收敛半径

$$R=\begin{cases}\dfrac{1}{\rho} & (0<\rho<+\infty)\\ +\infty & (\rho=0)\\ 0 & (\rho=+\infty)\end{cases}.$$

证 对正项级数 $\sum\limits_{n=0}^{\infty}|a_nx^n|$，有

$$\lim_{n\to\infty}\frac{u_{n+1}}{u_n}=\lim_{n\to\infty}\left|\frac{a_{n+1}x^{n+1}}{a_nx^n}\right|=\lim_{n\to\infty}\left|\frac{a_{n+1}}{a_n}\right||x|=\rho|x|.$$

(1)当 $0<\rho<+\infty$ 时，则由达朗贝尔判别法知，若 $\rho|x|<1$ 即 $|x|<\dfrac{1}{\rho}$，则幂级数绝对收敛；若 $\rho|x|>1$ 即 $|x|>\dfrac{1}{\rho}$，则幂级数发散，所以幂级数的收敛半径为 $R=\dfrac{1}{\rho}$；

(2)当 $\rho=0$ 时，对任意 x，有 $\rho|x|=0<1$，所以幂级数都收敛，故收敛半径 $R=+\infty$；

(3)当 $\rho=+\infty$ 时，对任意 $x\neq0$，有 $\rho|x|=+\infty$，所以幂级数都发散，故收敛半径 $R=0$.

例 1 求下列幂级数的收敛半径与收敛域：

(1) $\sum\limits_{n=0}^{\infty}\dfrac{x^n}{n!}$ (2) $\sum\limits_{n=1}^{\infty}(-1)^n\dfrac{x^n}{n}$ (3) $\sum\limits_{n=0}^{\infty}n!x^n$

解 (1)由于

$$\rho=\lim_{n\to\infty}\left|\frac{a_{n+1}}{a_n}\right|=\lim_{n\to\infty}\frac{n!}{(n+1)!}=\lim_{n\to\infty}\frac{1}{n+1}=0,$$

所以收敛半径 $R=+\infty$，收敛域为 $(-\infty,+\infty)$.

(2)由于

$$\rho=\lim_{n\to\infty}\left|\frac{a_{n+1}}{a_n}\right|=\lim_{n\to\infty}\frac{n}{n+1}=1,$$

所以收敛半径 $R=1$.

当 $x=1$ 时，级数为 $\sum\limits_{n=1}^{\infty}\dfrac{(-1)^n}{n}$ 是收敛的；当 $x=-1$ 时，级数为 $\sum\limits_{n=1}^{\infty}\dfrac{1}{n}$ 是发散的，所以收敛域为 $(-1,1]$.

(3) 由于

$$\rho=\lim_{n\to\infty}\left|\frac{a_{n+1}}{a_n}\right|=\lim_{n\to\infty}\frac{(n+1)!}{n!}=\lim_{n\to\infty}(n+1)=+\infty,$$

所以收敛半径 $R=0$，收敛域为 $\{0\}$.

例 2 求 $\sum\limits_{n=0}^{\infty}(n+1)(x-1)^n$ 的收敛域.

解 令 $t=x-1$，则原级数变为 $\sum\limits_{n=0}^{\infty}(n+1)t^n$，$a_n=n+1$，则

$$\rho=\lim_{n\to\infty}\left|\frac{a_{n+1}}{a_n}\right|=\lim_{n\to\infty}\frac{n+1}{n}=1,$$

所以收敛半径 $R=\dfrac{1}{\rho}=1$.

当 $t=1$ 时，$\sum\limits_{n=0}^{\infty}(n+1)$ 发散；当 $t=-1$ 时，$\sum\limits_{n=0}^{\infty}(n+1)(-1)^n$ 也发散. 因而 $\sum\limits_{n=0}^{\infty}(n+1)t^n$ 的收敛域为 $(-1,1)$，从而 $\sum\limits_{n=0}^{\infty}(n+1)(x-1)^n$ 的收敛域为 $(0,2)$.

例 3 求 $\sum\limits_{n=0}^{\infty}2^n x^{2n+1}$ 的收敛域.

解 这是缺偶次项的幂级数，不能用上述定理求其收敛半径. 这里，我们用正项级数的比值判别法来求幂级数的收敛半径.

记 $u_n=|2^n x^{2n+1}|$，由于

$$\lim_{n\to\infty}\frac{u_{n+1}}{u_n}=\lim_{n\to\infty}\left|\frac{2^{n+1}x^{2n+3}}{2^n x^{2n+1}}\right|=2x^2,$$

故由比值判别法，当 $2x^2<1$ 即 $|x|<\frac{\sqrt{2}}{2}$ 时，幂级数收敛；而当 $x=\pm\frac{\sqrt{2}}{2}$ 时，幂级数成为 $\pm\sum\limits_{n=0}^{\infty}\frac{\sqrt{2}}{2}$ 是发散的，所以幂级数 $\sum\limits_{n=0}^{\infty}2^n x^{2n+1}$ 的收敛域为 $\left(-\frac{\sqrt{2}}{2},\frac{\sqrt{2}}{2}\right)$，收敛半径 $R=\frac{\sqrt{2}}{2}$.

二、幂级数的性质

不加证明，幂级数有如下常用性质.

性质 1 设幂级数 $\sum\limits_{n=0}^{\infty}a_n x^n$ 和 $\sum\limits_{n=0}^{\infty}b_n x^n$ 的收敛半径分别为 R_1 和 R_2，记 $R=\min\{R_1,R_2\}$，则在 $(-R,R)$ 内，有

(1) $\sum\limits_{n=0}^{\infty}a_n x^n \pm \sum\limits_{n=0}^{\infty}b_n x^n = \sum\limits_{n=0}^{\infty}(a_n \pm b_n)x^n$；

(2) $$\left(\sum_{n=0}^{\infty}a_n x^n\right)\cdot\left(\sum_{n=0}^{\infty}b_n x^n\right)=\sum_{n=0}^{\infty}\left(\sum_{k=0}^{n}a_k b_{n-k}\right)x^n$$
$$=a_0b_0+(a_0b_1+a_1b_0)x+(a_0b_2+a_1b_1+a_2b_0)x^2+\cdots.$$

性质 2 幂级数 $\sum\limits_{n=0}^{\infty}a_n x^n$ 的和函数 $s(x)$ 在其收敛域 I 上连续.

性质 3 设幂级数 $\sum\limits_{n=0}^{\infty}a_n x^n$ 的和函数 $s(x)$ 在其收敛域 I 上可积，并有逐项积分公式

$$\int_0^x s(x)\mathrm{d}x=\int_0^x\left(\sum_{n=0}^{\infty}a_n x^n\right)\mathrm{d}x=\sum_{n=0}^{\infty}\int_0^x a_n x^n\mathrm{d}x$$
$$=\sum_{n=0}^{\infty}\frac{a_n}{n+1}x^{n+1},$$

逐项积分后所得幂级数和原幂级数有相同的收敛半径.

性质 4 幂级数 $\sum\limits_{n=0}^{\infty}a_n x^n$ 的和函数 $s(x)$ 在其收敛区间 $(-R,R)$ 内可导，且有逐项求导公式

$$s'(x)=\left(\sum_{n=0}^{\infty}a_n x^n\right)'=\sum_{n=0}^{\infty}(a_n x^n)'=\sum_{n=1}^{\infty}na_n x^{n-1},$$

逐项求导后所得的幂级数和原级数有相同的收敛半径.

反复应用上述结论可得:幂级数 $\sum_{n=1}^{\infty} a_n x^n$ 的和函数 $s(x)$ 在其收敛区间 $(-R,R)$ 内具有任意阶导数.

利用公式 $\sum_{n=0}^{\infty} x^n = \frac{1}{1-x}(|x|<1)$ 以及幂级数的上述性质,我们可以很方便地求出一些简单幂级数的和函数.

例 4 求幂级数 $\sum_{n=1}^{\infty} \frac{x^n}{n}$ 的和函数.

解 先求收敛域,由

$$\rho=\lim_{n\to\infty}\left|\frac{a_{n+1}}{a_n}\right|=\lim_{n\to\infty}\frac{n}{n+1}=1$$

得收敛半径为 $R=1$. 当 $x=1$ 时, $\sum_{n=1}^{\infty}\frac{1}{n}$ 发散;当 $x=-1$ 时, $\sum_{n=1}^{\infty}\frac{(-1)^n}{n}$ 收敛,所以收敛域为 $[-1,1)$. 设

$$s(x)=\sum_{n=1}^{\infty}\frac{x^n}{n}\quad (x\in[-1,1)),$$

则

$$s'(x)=\sum_{n=1}^{\infty}\left(\frac{x^n}{n}\right)'=\sum_{n=1}^{\infty}x^{n-1}=\sum_{n=0}^{\infty}x^n=\frac{1}{1-x}\quad (x\in[-1,1)).$$

注意到 $s(0)=0$,所以

$$s(x)=\int_0^x s'(x)\mathrm{d}x=\int_0^x\frac{1}{1-x}\mathrm{d}x=-\ln(1-x)\quad (x\in[-1,1)).$$

又因为 $s(x)$ 在收敛域 $[-1,1)$ 上连续,因此

$$s(x)=-\ln(1-x)\quad (x\in[-1,1))$$

例 5 求级数 $\sum_{n=1}^{\infty}\frac{n}{2^n}$ 的和.

解 易求得幂级数 $\sum_{n=1}^{\infty} nx^n$ 的收敛域为 $(-1,1)$. 设其和函数为 $s(x)$,由于

$$\sum_{n=1}^{\infty}nx^n=x\sum_{n=1}^{\infty}nx^{n-1}=x\sum_{n=0}^{\infty}(x^n)'=x\left(\sum_{n=0}^{\infty}x^n\right)'\quad (-1<x<1),$$

因此

$$s(x)=x\left(\frac{1}{1-x}\right)'=\frac{x}{(1-x)^2}\quad (-1<x<1),$$

所以

$$\sum_{n=1}^{\infty}\frac{n}{2^n}=s\left(\frac{1}{2}\right)=\left.\frac{x}{(1-x)^2}\right|_{x=\frac{1}{2}}=2\,.$$

习题 12-4

A

1. 填空题：

(1) 若幂级数 $\sum\limits_{n=1}^{\infty} a_n x^n$ 在 $x=2$ 处收敛，则它在 $x=-1$ 处______.

(2) 若幂级数 $\sum\limits_{n=1}^{\infty} a_n x^n$ 在 $x=-2$ 处条件收敛，则它的收敛半径为______.

(3) 若幂级数 $\sum\limits_{n=1}^{\infty} a_n (x-2)^n$ 在 $x=0$ 处收敛，在 $x=4$ 处发散，则它的收敛域为______.

(4) 若幂级数 $\sum\limits_{n=1}^{\infty} a_n x^n$ 的收敛域为 $[-9,9]$，则幂级数 $\sum\limits_{n=1}^{\infty} a_n x^{2n}$ 的收敛域为______.

(5) 级数 $\sum\limits_{n=1}^{\infty} \frac{1}{n!}$ 的和为______.

2. 求下列幂级数的收敛域：

(1) $\sum\limits_{n=1}^{\infty} n x^n$　　(2) $\sum\limits_{n=1}^{\infty} \frac{(-1)^n x^n}{n^2}$

(3) $\sum\limits_{n=1}^{\infty} \frac{x^n}{n 3^n}$　　(4) $\sum\limits_{n=1}^{\infty} (nx)^n$

(5) $\sum\limits_{n=1}^{\infty} \frac{x^n}{2\cdot 4\cdot \cdots \cdot (2n)}$　　(6) $\sum\limits_{n=1}^{\infty} \frac{(-1)^n x^{2n-1}}{2n-1}$

(7) $\sum\limits_{n=1}^{\infty} \frac{n+1}{3^n} x^{2n}$　　(8) $\sum\limits_{n=1}^{\infty} \frac{(x-4)^n}{\sqrt{n}}$

3. 利用逐项求导或逐项积分，求下列幂级数的和函数：

(1) $\sum\limits_{n=1}^{\infty} n x^{n-1}$　　(2) $\sum\limits_{n=1}^{\infty} \frac{x^{2n-1}}{2n-1}$

(3) $\sum\limits_{n=1}^{\infty} n(n+1) x^n$

4. 求下列级数的和：

(1) $\sum\limits_{n=1}^{\infty} \frac{(-1)^{n-1}}{(2n)!}$　　(2) $\sum\limits_{n=1}^{\infty} \frac{1}{2^n \cdot (2n-1)}$

B

1. 求下列幂级数的收敛域：

(1) $\sum\limits_{n=1}^{\infty} \frac{2+(-1)^n}{2^n} x^n$　　(2) $\sum\limits_{n=1}^{\infty} \frac{x^n}{a^n+b^n} (a>0, b>0)$

2. 求下列幂级数的和函数：

(1) $\sum_{n=0}^{\infty} \frac{x^n}{n+1}$ (2) $\sum_{n=1}^{\infty}(2n+1)x^n$

第五节 函数的幂级数展开

由上一节我们看到，幂级数在其收敛域内可表示为一个函数. 幂级数的每一项都是幂函数，其部分和 $s_n(x)$ 是 x 的一个多项式，幂级数不仅形式简单，而且有很多优越的性质. 这就使人们想到与此相反的一个问题，即能否把一个给定的函数 $f(x)$ 表示成幂级数？本节就讨论这个问题.

一、泰勒公式与泰勒级数

在初等函数中，多项式函数是最简单的函数. 如果能将函数用多项式函数近似表示，而误差又能满足要求，这对研究函数的性质和近似计算都有重要意义.

在微分中我们介绍了近似公式

$$f(x) \approx f(x_0)+f'(x_0)(x-x_0) \quad (\text{当} |x-x_0| \text{很小时}),$$

当 $|x-x_0|$ 很小，而且实际要求的精确度不是很高时，我们可以用此公式进行近似计算，其误差为 $x-x_0$ 的一个高阶无穷小.

对于精确度要求较高且要估计误差的时候，我们可用高次多项式来近似表示此函数，同时给出误差公式.

定理 1（泰勒定理） 如果函数 $f(x)$ 在 x_0 的某个邻域内有 $n+1$ 阶导数，则对该邻域内的任何一点 x，在 x 与 x_0 之间至少存在一点 ξ，使得

$$f(x)=f(x_0)+f'(x_0)(x-x_0)+\frac{1}{2!}f''(x_0)(x-x_0)^2+\cdots+\frac{1}{n!}f^{(n)}(x_0)(x-x_0)^n+R_n(x), \tag{1}$$

其中

$$R_n(x)=\frac{1}{(n+1)!}f^{(n+1)}(\xi)(x-x_0)^{n+1}. \tag{2}$$

定理证明从略. 多项式(1)称为函数 $f(x)$ 在 x_0 处的 n 阶**泰勒公式**，式(2)称为泰勒公式的**拉格朗日型余项**.

当 $n=0$ 时，泰勒公式就成为拉格朗日公式

$$f(x)=f(x_0)+f'(\xi)(x-x_0),$$

所以，泰勒公式是拉格朗日公式的推广.

当 $x_0=0$ 时，泰勒公式变为

$$f(x)=f(0)+f'(0)x+\frac{1}{2!}f''(0)x^2+\cdots+\frac{1}{n!}f^{(n)}(0)x^n+R_n(x), \tag{3}$$

其中

$$R_n(x)=\frac{1}{(n+1)!}f^{(n+1)}(\xi)x^{n+1} \quad (\xi \text{在} x \text{与} 0 \text{之间}),$$

或

$$R_n(x)=\frac{1}{(n+1)!}f^{(n+1)}(\theta x)x^{n+1}\quad(0<\theta<1),$$

称式(3)为 $f(x)$ 的 n 阶**麦克劳林公式**.

泰勒公式表明,在 x_0 的某个邻域内,$f(x)$ 可用多项式

$$f(x_0)+f'(x_0)(x-x_0)+\frac{1}{2!}f''(x_0)(x-x_0)^2+\cdots+\frac{1}{n!}f^{(n)}(x_0)(x-x_0)^n$$

近似表示,这种表示的误差 $r_n(x)$ 就是余项 $R_n(x)$.

例 1 求 $f(x)=\mathrm{e}^x$ 的 n 阶麦克劳林公式.

解 因为 $f^{(n)}(x)=\mathrm{e}^x$,故 $f^{(n)}(0)=1(n=1,2,\cdots)$,所以

$$\mathrm{e}^x=1+x+\frac{1}{2!}x^2+\cdots+\frac{1}{n!}x^n+\frac{\mathrm{e}^{\theta x}}{(n+1)!}x^{n+1}\quad(0<\theta<1).$$

由泰勒公式,如果函数 $f(x)$ 在 x_0 的某个邻域内具有各阶导数,我们就可以得到一个幂级数

$$f(x_0)+f'(x_0)(x-x_0)+\frac{1}{2!}f''(x_0)(x-x_0)^2+\cdots+\frac{1}{n!}f^{(n)}(x_0)(x-x_0)^n+\cdots \tag{4}$$

称为 $f(x)$ 在 x_0 处的**泰勒级数**.

$x_0=0$ 时的泰勒级数

$$f(0)+f'(0)x+\frac{1}{2!}f''(0)x^2+\cdots+\frac{1}{n!}f^{(n)}(0)x^n+\cdots \tag{5}$$

称为 $f(x)$ 在 x_0 处的**麦克劳林级数**.

现在的问题是,$f(x)$ 在 x_0 的某个邻域内是否等于式(4),即它的泰勒级数是否收敛于函数 $f(x)$?

如果在 x_0 的某个邻域内,$f(x)=\sum\limits_{n=0}^{\infty}\frac{f^{(n)}(x_0)}{n!}(x-x_0)^n(f^{(0)}(x_0)=f(x_0))$,则称函数 $f(x)$ 可以展开成泰勒级数或 $f(x)$ 可以展开成 $x-x_0$ 的幂级数.

下面的定理回答了在什么条件下,$f(x)$ 可以展开成泰勒级数.

定理 2 设 $f(x)$ 在 x_0 的某个邻域 $U(x_0)$ 内具有各阶导数,则 $f(x)$ 在该邻域内能展开成泰勒级数的充分必要条件是 $f(x)$ 的泰勒公式中的余项 $R_n(x)$ 满足

$$\lim_{n\to\infty}R_n(x)=0\quad(x\in U(x_0)).$$

证明从略.

注意:如果 $f(x)$ 在 x_0 的某个邻域 $U(x_0)$ 内能展开成 $x-x_0$ 的幂级数,则函数在 x_0 处的展开式是唯一的,即为它的泰勒级数.

二、函数的幂级数展开

这里着重介绍函数的麦克劳林展开.

将函数展开成幂级数的方法有两种:直接法和间接法.

1. 直接法

把函数 $f(x)$ 展开成 x 的幂级数(即麦克劳林级数),可以按下列步骤进行:

(1)求出 $f(x)$ 的各阶导数 $f^{(n)}(n=1,2,\cdots)$；

(2)计算 $f(0)$ 及 $f^{(n)}(x)$ 在 $x=0$ 处的值 $f^{(n)}(0)(n=1,2,\cdots)$；

(3)写出 $f(x)$ 的麦克劳林级数 $\sum\limits_{n=0}^{\infty}\dfrac{f^{(n)}(0)}{n!}x^n$，并求出其收敛半径和收敛域 I；

(4)考察在收敛域 I 内 $R_n(x)$ 的极限是否为零，如果 $\lim\limits_{n\to\infty}R_n(x)=0$，则函数 $f(x)$ 在收敛域 I 内可展开成麦克劳林级数，即

$$f(x)=\sum_{n=0}^{\infty}\frac{f^{(n)}(0)}{n!}x^n \quad (x\in I).$$

例 2　将函数 $f(x)=\mathrm{e}^x$ 展开成麦克劳林级数.

解　由例 1 可得 e^x 的麦克劳林级数为

$$1+x+\frac{1}{2!}x^2+\cdots+\frac{1}{n!}x^n+\cdots,$$

其收敛半径 $R=+\infty$，收敛域为 $(-\infty,\infty)$.

对任意固定的 $x\in(-\infty,+\infty)$，余项的绝对值

$$|R_n(x)|=\left|\frac{\mathrm{e}^{\theta x}}{(n+1)!}x^{n+1}\right|<\mathrm{e}^{|x|}\frac{|x|^{n+1}}{(n+1)!}\quad(0<\theta<1).$$

因为 $\mathrm{e}^{|x|}$ 相对于 n 是常数，又 $\dfrac{|x|^{n+1}}{(n+1)!}$ 是收敛级数 $\sum\limits_{n=1}^{\infty}\dfrac{|x|^{n+1}}{(n+1)!}$ 的一般项，故有 $\lim\limits_{n\to\infty}\dfrac{|x|^{n+1}}{(n+1)!}=0$，所以 $\lim\limits_{n\to\infty}R_n(x)=0$.

于是 $f(x)=\mathrm{e}^x$ 的麦克劳林展开式为

$$\mathrm{e}^x=1+x+\frac{1}{2!}x^2+\cdots+\frac{1}{n!}x^n+\cdots\quad(x\in(-\infty,+\infty)).\tag{6}$$

例 3　将函数 $f(x)=\sin x$ 展开成 x 的幂级数.

解　由于 $f^{(n)}(x)=\sin\left(x+\dfrac{n\pi}{2}\right)(n=1,2,\cdots)$，所以 $f(0)=0,f'(0)=1,f''(0)=0,f'''(0)=-1,\cdots,f^{(2n)}(0)=0,f^{(2n+1)}(0)=(-1)^n$，故 $\sin x$ 的麦克劳林级数为

$$x-\frac{1}{3!}x^3+\frac{1}{5!}x^5+\cdots+\frac{(-1)^n}{(2n+1)!}x^{2n+1}+\cdots.$$

其收敛半径 $R=+\infty$，收敛域为 $(-\infty,+\infty)$.

又对任意固定的 $x\in(-\infty,+\infty)$，ξ 在 x 与 0 之间，有

$$|R_n(x)|=\left|\frac{\sin\left[\xi+\frac{(n+1)\pi}{2}\right]}{(n+1)!}x^{n+1}\right|\leqslant\frac{|x|^{n+1}}{(n+1)!}\to 0\quad(n\to\infty).$$

于是 $\sin x$ 的麦克劳林展开式为

$$\sin x=x-\frac{1}{3!}x^3+\frac{1}{5!}x^5+\cdots+\frac{(-1)^n}{(2n+1)!}x^{2n+1}+\cdots(x\in(-\infty,+\infty)).\tag{7}$$

2. 间接法

从上面的例子看到，用直接法展开虽然步骤分明，但计算量大，判断 $\lim\limits_{n\to\infty}R_n(x)=0$ 是否成立往往比较困难. 因此我们通常是从已知函数的幂级数展开式出发，通过变量代换、幂级数的运算，或逐项求导、逐项求积分等方法求出所给函数的幂级数展开式，这就是间接法. 间接展开法方便、快捷，不需要验证余项的极限是否为零，但需要准确地掌握一些基本初等函数的幂级

数展开式及其收敛域.

例 4　将函数 $f(x)=\cos x$ 展开成麦克劳林级数.

解　因为 $\cos x=(\sin x)'$,又 $\sin x$ 的麦克劳林展开式为

$$\sin x=x-\frac{1}{3!}x^3+\frac{1}{5!}x^5+\cdots+\frac{(-1)^n}{(2n+1)!}x^{2n+1}+\cdots\quad(x\in(-\infty,+\infty)),$$

于是对上式逐项求导得

$$\cos x=(\sin x)'=1-\frac{1}{2!}x^2+\frac{1}{4!}x^4+\cdots+\frac{(-1)^n}{(2n)!}x^{2n}+\cdots\quad(x\in(-\infty,+\infty)).\tag{8}$$

例 5　将函数 $f(x)=\frac{1}{1+x^2}$ 展开成麦克劳林级数.

解　因为

$$\frac{1}{1-x}=1+x+x^2+\cdots+x^n+\cdots\quad(-1<x<1),\tag{9}$$

把 x 改成 $-x^2$,得

$$\frac{1}{1+x^2}=1-x^2+x^4+\cdots+(-1)^n x^{2n}+\cdots\quad(-1<x<1).$$

例 6　将函数 $f(x)=\ln(1+x)$ 展开成麦克劳林级数.

解　因为

$$\ln(1+x)=\int_0^x\frac{1}{1+t}\mathrm{d}t,$$

而

$$\frac{1}{1+x}=1-x+x^2+\cdots+(-1)^n x^n+\cdots\quad(-1<x<1),$$

所以将上式从 0 到 x 逐项求积分,得

$$\ln(1+x)=x-\frac{1}{2}x^2+\frac{1}{3}x^3+\cdots+\frac{(-1)^n}{n+1}x^{n+1}+\cdots\quad(-1<x\leqslant 1).\tag{10}$$

因为级数 $\sum\limits_{n=0}^{\infty}\frac{(-1)^n}{n+1}x^{n+1}$ 在 $x=1$ 时收敛,而 $\ln(1+x)$ 在 $x=1$ 处有定义且连续,所以上述展开式在 $x=1$ 处也成立.

函数 $f(x)=(1+x)^\alpha$(α 为任意常数)的麦克劳林级数可由直接展开法与间接展开法结合得到,这里直接给出

$$(1+x)^\alpha=1+\alpha x+\frac{\alpha(\alpha-1)}{2!}x^2+\cdots+\frac{\alpha(\alpha-1)\cdots(\alpha-n+1)}{n!}x^n+\cdots(-1<x<1),\tag{11}$$

在 $x=\pm1$ 展开式是否成立,要由 α 的取值决定.

公式(10)叫做**二项展开式**. 当 α 为正整数时,级数为 x 的 α 次多项式,就是代数学中的二项式定理.

我们以后常引用公式(6)～(11)间接地展开其他函数.

例 7　将下列函数展开成麦克劳林级数:

(1) e^{2x}　(2) $\sin^2 x$　(3) $\arctan x$　(4) $\ln(1-x-2x^2)$

解　(1)由 $e^x=1+x+\frac{1}{2!}x^2+\cdots+\frac{1}{n!}x^n+\cdots\quad(x\in(-\infty,+\infty))$,得

$$e^{2x}=1+2x+\frac{1}{2!}(2x)^2+\cdots+\frac{1}{n!}(2x)^n+\cdots$$

$$=1+2x+\frac{2^2}{2!}x^2+\cdots+\frac{2^n}{n!}x^n+\cdots\quad(-\infty<x<+\infty).$$

(2)因为

$$\sin^2 x=\frac{1-\cos 2x}{2}=\frac{1}{2}-\frac{1}{2}\cos 2x,$$

又

$$\cos x=1-\frac{1}{2!}x^2+\frac{1}{4!}x^4+\cdots+\frac{(-1)^n}{(2n)!}x^{2n}+\cdots\quad(x\in(-\infty,+\infty)),$$

所以

$$\sin^2 x=\frac{1}{2}-\frac{1}{2}\left[1-\frac{1}{2!}(2x)^2+\frac{1}{4!}(2x)^4+\cdots+\frac{(-1)^n}{(2n)!}(2x)^{2n}+\cdots\right]$$

$$=\frac{2}{2!}x^2-\frac{2^3}{4!}x^4+\cdots+\frac{(-1)^{n-1}}{(2n)!}2^{2n-1}x^{2n}+\cdots\quad(-\infty<x<+\infty).$$

(3)因为

$$\arctan x=\int_0^x\frac{1}{1+t^2}\mathrm{d}t,$$

而

$$\frac{1}{1+x^2}=1-x^2+x^4+\cdots+(-1)^n x^{2n}+\cdots\quad(-1<x<1),$$

所以将上式从 0 到 x 逐项求积分,得

$$\arctan x=x-\frac{1}{3}x^3+\frac{1}{5}x^5+\cdots+\frac{(-1)^n}{2n+1}x^{2n+1}+\cdots\quad(-1\leqslant x\leqslant 1).$$

因为级数 $\sum\limits_{n=0}^{\infty}\frac{(-1)^n}{2n+1}x^{2n+1}$ 在 $x=\pm1$ 时收敛,而 $\arctan x$ 在 $x=\pm1$ 处有定义且连续,所以上述展开式在 $x=\pm1$ 处也成立.

(4)由于

$$\ln(1-x-2x^2)=\ln(1+x)(1-2x)=\ln(1+x)+\ln(1-2x),$$

且由例 6 有

$$\ln(1+x)=x-\frac{1}{2}x^2+\frac{1}{3}x^3+\cdots+\frac{(-1)^n}{n+1}x^{n+1}+\cdots$$

$$=\sum_{n=1}^{\infty}\frac{(-1)^{n-1}}{n}x^n\quad(-1<x\leqslant 1),$$

$$\ln(1-2x)=\sum_{n=1}^{\infty}\frac{(-1)^{n-1}}{n}(-2x)^n=-\sum_{n=1}^{\infty}\frac{2^n}{n}x^n\quad\left(-\frac{1}{2}\leqslant x<\frac{1}{2}\right),$$

于是

$$\ln(1-x-2x^2)=\sum_{n=1}^{\infty}\frac{(-1)^{n-1}}{n}x^n-\sum_{n=1}^{\infty}\frac{2^n}{n}x^n$$

$$=\sum_{n=1}^{\infty}\frac{(-1)^{n-1}-2^n}{n}x^n\quad\left(-\frac{1}{2}\leqslant x<\frac{1}{2}\right).$$

例 8 将 $f(x)=\frac{1}{x+2}$在 $x=2$ 展开成泰勒级数.

解 因为

$$\frac{1}{x+2}=\frac{1}{4+(x-2)}=\frac{1}{4}\cdot\frac{1}{1+\frac{x-2}{4}},$$

又
$$\frac{1}{1+x}=1-x+x^2+\cdots+(-1)^n x^n+\cdots\quad(-1<x<1),$$

所以,将上式中的 x 换成$\frac{x-2}{4}$可得

$$\frac{1}{x+2}=\frac{1}{4}\left[1-\frac{x-2}{4}+\left(\frac{x-2}{4}\right)^2+\cdots+(-1)^n\left(\frac{x-2}{4}\right)^n+\cdots\right]\quad\left(-1<\frac{x-2}{4}<1\right)$$
$$=\frac{1}{4}-\frac{x-2}{4^2}+\frac{(x-2)^2}{4^3}+\cdots+(-1)^n\frac{(x-2)^n}{4^{n+1}}+\cdots\quad(-2<x<6).$$

习题 12-5

A

1. 将下列函数展开成 x 的幂级数,并求展开式成立的区间:

(1)$a^x(a>0,a\neq1)$　　(2)$\cos\frac{x}{2}$

(3)$\ln(a+x)(a>0)$　　(4)$\frac{1}{5-x}$

(5)$\frac{1}{x^2-3x+2}$　　(6)$\frac{1}{(1-x)^2}$

(7)$(1+x)\ln(1+x)$

2. 将下列函数在指定点展开成幂级数,并求展开式成立的区间:

(1)$f(x)=\ln x,x_0=1$　　(2)$f(x)=e^x,x_0=2$

(3)$f(x)=\frac{1}{x},x_0=3$　　(4)$f(x)=\frac{1}{x^2+3x+2},x_0=-4$

B

1. 将 $f(x)=\arctan\frac{1+x}{1-x}$展开成 x 的幂级数,并求级数 $\sum_{n=0}^{\infty}\frac{(-1)^n}{2n+1}$ 的和.

2. 设 $f(x)=x\ln(1-x^2)$,求 $f^{(101)}(0)$.

第六节　函数幂级数展开式的应用

一、近似计算

有了函数的幂级数展开式，就可以用它来进行近似计算. 即在展开式有效的区间上，函数值可以近似地用这个级数按精确度选择前几项计算出来.

例 1　计算 e 的近似值.

解　在 e^x 的麦克劳林展开式

$$e^x=1+x+\frac{1}{2!}x^2+\cdots+\frac{1}{n!}x^n+\cdots\quad(-\infty<x<+\infty)$$

中，令 $x=1$，得

$$e=1+1+\frac{1}{2!}+\cdots+\frac{1}{n!}+\cdots.$$

若取前 $n+1$ 项作为 e 的近似值，则

$$e\approx1+1+\frac{1}{2!}+\cdots+\frac{1}{n!},$$

误差 $|r_n|\leqslant\frac{e}{(n+1)!}$. 例如，取 $n=7$，则

$$e\approx1+1+\frac{1}{2!}+\cdots+\frac{1}{7!}\approx2.7183,$$

误差 $|r_n|\leqslant\frac{e}{8!}<\frac{1}{10^4}$.

例 2　计算 $\sqrt[5]{245}$ 的近似值，要求误差不超过 10^{-4}.

解　因为 $\sqrt[5]{245}=\sqrt[5]{3^5+2}=3\left(1+\frac{2}{3^5}\right)^{\frac{1}{5}}$，故在 $(1+x)^\alpha$ 的麦克劳林展开式

$$(1+x)^\alpha=1+\alpha x+\frac{\alpha(\alpha-1)}{2!}x^2+\cdots+\frac{\alpha(\alpha-1)\cdots(\alpha-n+1)}{n!}x^n+\cdots\quad(-1<x<1)$$

中，令 $\alpha=\frac{1}{5}$，$x=\frac{2}{3^5}$，得

$$\begin{aligned}\sqrt[5]{245}&=3\left[1+\frac{1}{5}\left(\frac{2}{3^5}\right)+\frac{1}{2!}\cdot\frac{1}{5}\left(\frac{1}{5}-1\right)\left(\frac{2}{3^5}\right)^2+\cdots\right]\\&=3+\frac{3}{5}\left(\frac{2}{3^5}\right)-\frac{3}{2!}\cdot\frac{1}{5}\cdot\frac{4}{5}\left(\frac{2}{3^5}\right)^2+\cdots,\end{aligned}$$

这个级数从第二项起是一个交错级数，满足莱布尼茨定理，如果取前 n 项的和作为近似值，则其误差 $|r_n|\leqslant u_{n+1}$. 由于

$$|u_2|=\frac{3}{2!}\cdot\frac{1}{5}\cdot\frac{4}{5}\left(\frac{2}{3^5}\right)^2=\frac{8}{25\cdot3^9}<10^{-4},$$

所以，要保证误差不超过 10^{-4}，只要取整个级数的前两项作为其近似值即可，于是有

$$\sqrt[5]{245}\approx3+\frac{3}{5}\left(\frac{2}{3^5}\right)\approx3.0049.$$

例 3 利用 $\sin x\approx x-\frac{x^3}{3!}$ 求 $\sin 9^\circ$ 的近似值,并估计误差.

解 首先把角度化为弧度,有

$$9^\circ=\frac{\pi}{180}\cdot 9=\frac{\pi}{20},$$

从而

$$\sin\frac{\pi}{20}\approx\frac{\pi}{20}-\frac{1}{3!}\left(\frac{\pi}{20}\right)^3.$$

其次估计这个近似值的误差. 在 $\sin x$ 的麦克劳林展开式

$$\sin x=x-\frac{x^3}{3!}+\frac{x^5}{5!}+\cdots+\frac{(-1)^n}{(2n+1)!}x^{2n+1}+\cdots\quad(-\infty<x<+\infty)$$

中,令 $x=\frac{\pi}{20}$ 得

$$\sin\frac{\pi}{20}=\frac{\pi}{20}-\frac{1}{3!}\left(\frac{\pi}{20}\right)^3+\frac{1}{5!}\left(\frac{\pi}{20}\right)^5+\cdots,$$

等式右端是一个收敛的交错级数,且满足莱布尼茨定理,若取它的前两项之和作为 $\sin\frac{\pi}{20}$ 的近似值,则其误差

$$|r_2|\leqslant\frac{1}{5!}\left(\frac{\pi}{20}\right)^5<\frac{1}{120}(0.2)^5<10^{-5}.$$

因此,取 $\frac{\pi}{20}\approx 0.157\,080$,则有

$$\sin 9^\circ=\sin\frac{\pi}{20}\approx\frac{\pi}{20}-\frac{1}{3!}\left(\frac{\pi}{20}\right)^3\approx 0.156\,43,$$

此时误差不超过 10^{-5}.

例 4 计算积分 $\int_0^1 e^{-x^2}\,dx$ 的近似值,要求误差不超过 0.000 1.

解 积分 $\int_0^1 e^{-x^2}\,dx$ 不能表示为初等函数. 由

$$e^{-x^2}=1-x^2+\frac{1}{2!}x^4+\cdots+\frac{(-1)^n}{n!}x^{2n}+\cdots\quad(-\infty<x<+\infty),$$

逐项从 0 到 1 求积分得

$$\int_0^1 e^{-x^2}\,dx=1-\frac{1}{3}+\frac{1}{5\cdot 2!}+\cdots+\frac{(-1)^n}{(2n+1)\cdot n!}+\cdots,$$

由于 $\frac{1}{15\cdot 7!}<0.0001$,所以

$$\int_0^1 e^{-x^2}\,dx\approx 1-\frac{1}{3}+\frac{1}{5\cdot 2!}+\cdots+\frac{(-1)^6}{13\cdot 6!}\approx 0.746\,8.$$

二、微分方程的幂级数解法

当微分方程的解不能用初等函数或其积分形式表达时,我们寻求其他解法. 幂级数就是常用的解法之一. 我们这里仅介绍一阶微分方程初值问题的幂级数解法.

为求一阶微分方程的初值问题

$$\begin{cases} y'=f(x,y) \\ y\big|_{x=x_0}=y_0 \end{cases} \tag{1}$$

的解，其中 $f(x,y)$ 是 $(x-x_0)$，$(y-y_0)$ 的多项式，即

$$f(x,y)=a_{00}+a_{10}(x-x_0)+a_{01}(y-y_0)+\cdots+a_{lm}(x-x_0)^l(y-y_0)^m.$$

我们可以假设所求解 $y(x)$ 可以展开成 $x-x_0$ 的幂级数

$$y(x)=y_0+a_1(x-x_0)+a_2(x-x_0)^2+\cdots+a_n(x-x_0)^n+\cdots, \tag{2}$$

其中 $a_1,a_2,\cdots,a_n,\cdots$ 是待定的系数. 把式(2)代入式(1)中，便得到一个恒等式，比较这恒等式两端 $x-x_0$ 的同次幂的系数，就可定出常数 $a_1,a_2,\cdots,a_n,\cdots$，以这些常数为系数的级数(2)在其收敛域内的和函数就是初值问题(1)的特解.

例 5 求方程 $y'=x+y^2$ 满足初始条件 $y\big|_{x=0}=0$ 的特解.

解 这时 $x_0=0$，$y_0=0$，故设

$$y=a_1x+a_2x^2+a_3x^3+a_4x^4+a_5x^5+\cdots,$$

把 y 及 y' 的幂级数展开式代入原方程，得恒等式

$$\begin{aligned} &a_1+2a_2x+3a_3x^2+4a_4x^3+5a_5x^4+\cdots \\ &=x+(a_1x+a_2x^2+a_3x^3+\cdots)^2 \\ &=x+a_1^2x^2+2a_1a_2x^3+(a_2^2+2a_1a_3)x^4+\cdots, \end{aligned}$$

由此，比较恒等式两端 x 的同次幂的系数，得

$$a_1=0,2a_2=1,3a_3=a_1^2,4a_4=2a_1a_2,5a_5=a_2^2+2a_1a_3,\cdots,$$

即

$$a_1=0,a_2=\frac{1}{2},a_3=0,a_4=0,a_5=\frac{1}{20},\cdots,$$

于是所求解 y 的幂级数展开式的开始几项为

$$y=\frac{1}{2}x^2+\frac{1}{20}x^5+\cdots.$$

习题 12-6

1. 利用函数的幂级数展开式计算下列各数的近似值：

(1) $\sqrt{e}$（误差不超过 0.001）

(2) $\cos 2°$（误差不超过 0.000 1）

(3) $\sqrt[9]{522}$（误差不超过 0.000 01）

(4) $\int_0^1 \frac{\sin x}{x}\mathrm{d}x$（误差不超过 0.000 1）

2. 利用函数的幂级数展开式求下列微分方程的解（求解的幂级数的前五项）：

(1) $(x+1)y'=x^2-2x+y$

(2) $(1-x)y'+y=1+x,y\big|_{x=0}=0$

B

利用函数的幂级数展开式计算下列各数的近似值(误差不超过 0.000 1):

(1)ln 3　　　　(2)π

本章小结

1. 正确理解无穷级数的概念

无穷多个数量不一定有和,它们的形式和就称为级数.部分和数列收敛的级数称为收敛的级数(否则是发散的级数),收敛的级数才有和.

2. 了解收敛级数的基本性质

(1)若级数 $\sum_{n=1}^{\infty}u_n$ 与 $\sum_{n=1}^{\infty}v_n$ 都收敛,则对于任意数的 λ、μ 有

$$\sum_{n=1}^{\infty}(\lambda u_n+\mu v_n)=\lambda\sum_{n=1}^{\infty}u_n+\mu\sum_{n=1}^{\infty}v_n.$$

(2)在级数中去掉、加上或改变有限项,不会改变级数的敛散性.

(3)收敛级数可任意添加括号且其和不变.

(4)(级数收敛的必要条件)　若级数 $\sum_{n=1}^{\infty}u_n$ 收敛,则 $\lim\limits_{n\to\infty}u_n=0$.

3. 了解绝对收敛和条件收敛的概念和区别

如果级数 $\sum_{n=1}^{\infty}|u_n|$ 收敛,则级数 $\sum_{n=1}^{\infty}u_n$ 绝对收敛;如果级数 $\sum_{n=1}^{\infty}|u_n|$ 发散,而级数 $\sum_{n=1}^{\infty}u_n$ 收敛,则 $\sum_{n=1}^{\infty}u_n$ 条件收敛.

4. 掌握级数敛散性的判别方法

(1)两个重要级数.

1)等比级数 $\sum_{n=0}^{\infty}aq^n$:$|q|<1$ 时收敛,$|q|\geqslant 1$ 时发散.

2)p- 级数 $\sum_{n=1}^{\infty}\frac{1}{n^p}$:$p\leqslant 1$ 时发散,$p>1$ 时收敛.

(2)正项级数的审敛法.

设 $\sum_{n=1}^{\infty}u_n$ 与 $\sum_{n=1}^{\infty}v_n$ 为正项级数.

1)级数收敛的充分必要条件:部分和数列$\{s_n\}$有上界.

2)比较判别法:若 $u_n\leqslant kv_n(n>N)$,则当 $\sum_{n=1}^{\infty}v_n$ 收敛时,级数 $\sum_{n=1}^{\infty}u_n$ 收敛;当 $\sum_{n=1}^{\infty}u_n$ 发散时,级数 $\sum_{n=1}^{\infty}v_n$ 发散.

3)比较判别法的极限形式:若 $\lim\limits_{n\to\infty}\frac{u_n}{v_n}=l$,则当 $0<l<+\infty$ 时,级数 $\sum_{n=1}^{\infty}u_n$ 与级数 $\sum_{n=1}^{\infty}v_n$ 同

时收敛或同时发散；当 $l=0$ 且级数 $\sum_{n=1}^{\infty}v_n$ 收敛时，级数 $\sum_{n=1}^{\infty}u_n$ 收敛；当 $l=+\infty$ 且级数 $\sum_{n=1}^{\infty}v_n$ 发散时，级数 $\sum_{n=1}^{\infty}u_n$ 发散.

4)比值判别法：若 $\lim\limits_{n\to\infty}\frac{u_{n+1}}{u_n}=\mu$，则当 $\mu<1$ 时，级数 $\sum_{n=1}^{\infty}u_n$ 收敛；当 $\mu>1$ 时，级数 $\sum_{n=1}^{\infty}v_n$ 发散；$\mu=1$ 时，此法失效.

(3)交错级数的审敛法(莱布尼茨定理).

若交错级数 $\sum_{n=1}^{\infty}(-1)^{n-1}u_n(u_n>0)$ 满足下列两个条件：

1)$u_n\geqslant u_{n+1}(n=1,2,\cdots)$；

2)$\lim\limits_{n\to\infty}u_n=0$.

则级数 $\sum_{n=1}^{\infty}(-1)^{n-1}u_n$ 收敛，且其和 $s\leqslant u_1$，其余项 r_n 的绝对值 $|r_n|\leqslant u_{n+1}$.

(4)其他级数收敛的判别方法.

首先考察级数 $\sum_{n=1}^{\infty}|u_n|$，如果 $\sum_{n=1}^{\infty}|u_n|$ 收敛，则 $\sum_{n=1}^{\infty}u_n$ 绝对收敛；如果 $\sum_{n=1}^{\infty}|u_n|$ 发散，则考察 $\sum_{n=1}^{\infty}u_n$ 是条件收敛还是发散，这时可以利用级数收敛和发散的概念及收敛级数的基本性质来判断.

5. 会求幂级数的收敛半径和收敛域

(1)当幂级数不缺项时，若 $\lim\limits_{n\to\infty}\left|\frac{a_n}{a_{n+1}}\right|$ 存在或为 $+\infty$，则收敛半径

$$R=\lim_{n\to\infty}\left|\frac{a_n}{a_{n+1}}\right|.$$

(2)当幂级数缺项时，可用比值判别法求其收敛半径.

6. 了解幂级数在其收敛域内的一些基本性质

(1)若幂级数 $\sum_{n=0}^{\infty}a_nx^n$ 和 $\sum_{n=0}^{\infty}b_nx^n$ 都收敛，则在它们的公共收敛区间内有

1) $\sum_{n=0}^{\infty}a_nx^n\pm\sum_{n=0}^{\infty}b_nx^n=\sum_{n=0}^{\infty}(a_n\pm b_n)x^n$；

2)
$$\left(\sum_{n=0}^{\infty}a_nx^n\right)\cdot\left(\sum_{n=0}^{\infty}b_nx^n\right)=\sum_{n=0}^{\infty}\left(\sum_{k=0}^{n}a_kb_{n-k}\right)x^n$$
$$=a_0b_0+(a_0b_1+a_1b_0)x+(a_0b_2+a_1b_1+a_2b_0)x^2+\cdots.$$

(2)设 $\sum_{n=0}^{\infty}a_nx^n$ 的收敛半径为 R，$s(x)$ 为其和函数，则有

1)$s(x)$在其收敛域 I 上连续；

2)$s(x)$在其收敛域 I 上可积，并有逐项积分公式

$$\int_0^x s(x)\mathrm{d}x=\int_0^x\left[\sum_{n=0}^{\infty}a_nx^n\right]\mathrm{d}x=\sum_{n=0}^{\infty}\int_0^x a_nx^n\mathrm{d}x=\sum_{n=0}^{\infty}\frac{a_n}{n+1}x^{n+1},$$

逐项求积分不改变幂级数的收敛半径；

3) $s(x)$在其收敛区间$(-R,R)$内可导,且有逐项求导公式

$$s'(x)=\left(\sum_{n=0}^{\infty}a_nx^n\right)'=\sum_{n=0}^{\infty}(a_nx^n)'=\sum_{n=1}^{\infty}na_nx^{n-1},$$

逐项求导不改变幂级数的收敛半径.

7. 会将一些简单函数展开成幂级数

(1)直接法.

若 $f(x)$在 x_0 的某个邻域 $U(x_0)$内具有各阶导数,且其泰勒公式的余项满足 $\lim\limits_{n\to\infty}R_n(x)=0$,则 $f(x)$在该邻域内能唯一地展开成泰勒级数

$$f(x_0)+f'(x_0)(x-x_0)+\frac{1}{2!}f''(x_0)(x-x_0)^2+\cdots$$

$$+\frac{1}{n!}f^{(n)}(x_0)(x-x_0)^n+\cdots.$$

(2)间接法.

利用已知函数的麦克劳林展开式以及幂级数的性质,常用函数的麦克劳林展开式列在下面,望读者尽量记住.

1) $e^x=1+x+\frac{1}{2!}x^2+\cdots+\frac{1}{n!}x^n+\cdots\quad(-\infty<x<+\infty)$.

2) $\sin x=x-\frac{1}{3!}x^3+\frac{1}{5!}x^5+\cdots+\frac{(-1)^n}{(2n+1)!}x^{2n+1}+\cdots\quad(-\infty<x<+\infty)$.

3) $\cos x=1-\frac{1}{2!}x^2+\frac{1}{4!}x^4+\cdots+\frac{(-1)^n}{(2n)!}x^{2n}+\cdots\quad(-\infty<x<+\infty)$.

4) $\ln(1+x)=x-\frac{1}{2}x^2+\frac{1}{3}x^3+\cdots+\frac{(-1)^n}{n+1}x^{n+1}+\cdots\quad(-1<x\leqslant 1)$.

5) $(1+x)^\alpha=1+\alpha x+\frac{\alpha(\alpha-1)}{2!}x^2+\cdots+\frac{\alpha(\alpha-1)\cdots(\alpha-n+1)}{n!}x^n+\cdots\quad(-1<x<1)$.

特别

$$\frac{1}{1-x}=1+x+x^2+\cdots+x^n+\cdots\quad(-1<x<1),$$

$$\frac{1}{1+x}=1-x+x^2+\cdots+(-1)^nx^n+\cdots\quad(-1<x<1).$$

8. 了解幂级数展开的简单应用

(1)近似计算;

(2)微分方程的幂级数解法.

复习题 12

A

1. 填空题:

(1) $\lim\limits_{n\to\infty}u_n=0$ 是级数 $\sum\limits_{n=1}^{\infty}u_n$ 收敛的______条件,不是它收敛的______条件.

(2)部分和数列$\{s_n\}$有界是正项级数 $\sum_{n=1}^{\infty}u_n$ 收敛的______条件.

(3)若级数 $\sum_{n=1}^{\infty}u_n$ 绝对收敛,则级数 $\sum_{n=1}^{\infty}u_n$ 必定______;若级数 $\sum_{n=1}^{\infty}u_n$ 条件收敛,则级数 $\sum_{n=1}^{\infty}|u_n|$ 必定______.

(4)若级数 $\sum_{n=1}^{\infty}u_n$ 的部分和数列$\{s_n\}$为$\left\{\frac{2n}{n+1}\right\}$,则 $u_n=$______,$\sum_{n=1}^{\infty}u_n=$______.

(5)级数 $\sum_{n=0}^{\infty}\frac{(-1)^n}{4^n}$ 的和为______.

(6) 级数$\sum_{n=1}^{\infty}\frac{(-1)^n}{n^{a-2}}$ 当______时条件收敛,当______时绝对收敛,当______时发散.

(7)若幂级数 $\sum_{n=1}^{\infty}a_nx^n$ 的收敛区间为$(-3,3)$,则幂级数 $\sum_{n=1}^{\infty}na_n(x-1)^{n-1}$ 的收敛区间为______.

2.选择题:

(1)以下说法正确的是( ).

A. 若$\sum_{n=1}^{\infty}u_n$ 收敛,则$\{u_n\}$也收敛　　B. 若$\{u_n\}$收敛,则$\sum_{n=1}^{\infty}u_n$ 收敛

C. 若 $\sum_{n=1}^{\infty}u_n$ 发散,则$\sum_{n=1}^{\infty}ku_n$ 也发散　　D. 以上说法都不正确

(2)设 $0\leqslant u_n<\frac{1}{n}(n=1,2,\cdots)$,则下列级数中肯定收敛的是( ).

A. $\sum_{n=1}^{\infty}u_n$　　B. $\sum_{n=1}^{\infty}(-1)^nu_n$　　C. $\sum_{n=1}^{\infty}\sqrt{u_n}$　　D. $\sum_{n=1}^{\infty}(-1)^nu_n^2$

(3)已知幂级数 $\sum_{n=1}^{\infty}a_n(x-1)^n$ 在 $x=-2$ 处收敛,则它在 $x=0$ 处( ).

A. 发散　　B. 条件收敛　　C. 绝对收敛　　D. 敛散性不确定

3.判定下列级数的敛散性:

(1) $\sum_{n=1}^{\infty}(-1)^n\frac{n+1}{3n-2}$　　(2) $\sum_{n=2}^{\infty}\frac{1}{\ln^{10}n}$

(3) $\sum_{n=1}^{\infty}\frac{1}{\ln^n n}$　　(4) $\sum_{n=1}^{\infty}\frac{1}{2^n-n}$

(5) $\sum_{n=1}^{\infty}\frac{1}{n\sqrt[n]{n}}$　　(6) $\sum_{n=1}^{\infty}\frac{(n+1)!}{n^{n+1}}$

(7) $\sum_{n=1}^{\infty}(\sqrt[2n+1]{a}-\sqrt[2n-1]{a})$　　(8) $\sum_{n=1}^{\infty}\frac{a^n}{n^p}(a>0,p>0)$

4.讨论下列级数是绝对收敛还是条件收敛:

(1) $\sum_{n=1}^{\infty}(-1)^{n+1}\frac{\ln n}{\pi^n}$　　(2) $\sum_{n=1}^{\infty}\frac{n^2\cos nx}{2^n}$

(3) $\sum_{n=1}^{\infty}\sin\left(n\pi+\frac{1}{\ln n}\right)$ (4) $\sum_{n=2}^{\infty}\frac{(-1)^n}{n-\ln n}$

5. 设正项级数 $\sum_{n=1}^{\infty}u_n$ 和 $\sum_{n=1}^{\infty}v_n$ 都收敛，证明级数 $\sum_{n=1}^{\infty}(u_n+v_n)^2$ 也收敛.

6. 求下列幂级数的收敛域：

(1) $\sum_{n=1}^{\infty}\frac{2^n}{\sqrt{n+1}}(x+1)^n$ (2) $\sum_{n=1}^{\infty}(\sqrt{n+1}-\sqrt{n})x^{2n}$

(3) $\sum_{n=1}^{\infty}(n+1)\left(\frac{x}{2}\right)^n$ (4) $\sum_{n=1}^{\infty}\frac{3^n+(-2)^n}{n}(x-2)^n$

7. 求下列幂级数的和函数：

(1) $\sum_{n=1}^{\infty}n(x-1)^n$ (2) $\sum_{n=1}^{\infty}\frac{(-1)^{n-1}}{2n-1}x^{2n-1}$

(3) $\sum_{n=1}^{\infty}\frac{2n-1}{2^n}x^{2n-2}$

8. 求下列级数的和：

(1) $\sum_{n=1}^{\infty}\frac{(-1)^{n-1}}{n}$ (2) $\sum_{n=1}^{\infty}\frac{1}{n\cdot 2^n}$

(3) $\sum_{n=1}^{\infty}\frac{2n-1}{2^n}$

9. 设 $I_n=\int_0^{\frac{\pi}{4}}\sin^n x\cos x\mathrm{d}x(n=0,1,2,\cdots)$，求 $\sum_{n=0}^{\infty}I_n$.

10. 将下列函数在指定点展开成幂级数：

(1) $f(x)=\frac{1}{(2-x)^2},x_0=0$ (2) $f(x)=\int_0^x\frac{\sin t}{t}\mathrm{d}t,x_0=0$

(3) $f(x)=\cos x,x_0=-\frac{\pi}{3}$

B

1. 设 $f(x)$ 在点 $x=0$ 的某邻域内具有二阶连续导数，且 $\lim_{x\to 0}\frac{f(x)}{x}=0$，证明级数 $\sum_{n=1}^{\infty}f\left(\frac{1}{n}\right)$ 绝对收敛.

2. 记 $u_n=\int_{n\pi}^{(n+1)\pi}\frac{\sin x}{\sqrt{x}}\mathrm{d}x$，证明级数 $\sum_{n=1}^{\infty}u_n$ 收敛.

3. 求下列级数的收敛域：

(1) $\sum_{n=1}^{\infty}\frac{(-1)^n}{2n-1}\left(\frac{1-x}{1+x}\right)^n$ (2) $\sum_{n=1}^{\infty}\frac{2^n\sin^n x}{\sqrt{n}}$

4. 设 $a_n=\int_0^1 x^2(1-x)^n\mathrm{d}x$，讨论 $\sum_{n=1}^{\infty}a_n$ 的敛散性，若收敛，求其和.

5. 求幂级数 $\sum_{n=1}^{\infty}\frac{n^2}{n!}x^n$ 的和函数，并利用它求常数项级数 $\sum_{n=1}^{\infty}\frac{n^2}{n!}$ 的和.

6. 将函数 $\ln(x+\sqrt{x^2+1})$ 展开成 x 的幂级数.

7. 求满足 $\int_x^{2x} f(x)\mathrm{d}x = \mathrm{e}^x - 1$ 的函数 $f(x)$ 的幂级数展开式及收敛域.

8. 求幂级数 $\sum\limits_{n=0}^{\infty} \dfrac{x^{2n}}{(2n)!}$ 的和函数.

附录1　初等数学中一些计算公式

1. 指数幂运算法则

(1)$x^0=1$

(2)$x^{-\alpha}=\dfrac{1}{x^\alpha}$

(3)$x^\alpha \cdot x^\beta=x^{\alpha+\beta}$

(4)$\dfrac{x^\alpha}{x^\beta}=x^{\alpha-\beta}$

(5)$(x^\alpha)^\beta=x^{\alpha\beta}$

(6)$(xy)^\alpha=x^\alpha y^\alpha$

(7)$\left(\dfrac{x}{y}\right)^\alpha=\dfrac{x^\alpha}{y^\alpha}$

(8)$x^{\frac{\beta}{\alpha}}=\sqrt[\alpha]{x^\beta}$

2. 对数运算法则($a>0,a\neq1$)

(1)$\log_a 1=0$

(2)$\log_a a=1$

(3)$a^{\log_a m}=m$　(对数恒等式)

(4)$\log_a(mn)=\log_a m+\log_a n$

(5)$\log_a(\dfrac{m}{n})=\log_a m-\log_a n$

(6)$\log_a m^n=n\log_a m$

(7)$\log_a m=\dfrac{\log_b m}{\log_b a}$　(换底公式)

(8)零和负数无对数

3. 指数与对数互化

$a^b=N\Leftrightarrow b=\log_a N$　($a>0,a\neq1$)

4. 常见的三角公式

(1)同角三角函数的关系

$\sin\alpha\cdot\csc\alpha=1$

$\cos\alpha\cdot\sec\alpha=1$

$\tan\alpha\cdot\cot\alpha=1$

$\sin^2\alpha+\cos^2\alpha=1$

$1+\tan^2\alpha=\sec^2\alpha$

$1+\cot^2\alpha=\csc^2\alpha$

$\tan\alpha=\dfrac{\sin\alpha}{\cos\alpha}$，　$\cot\alpha=\dfrac{\cos\alpha}{\sin\alpha}$

(2)和角公式

$\sin(\alpha\pm\beta)=\sin\alpha\cos\beta\pm\cos\alpha\sin\beta$

$\cos(\alpha \pm \beta) = \cos\alpha\cos\beta \mp \sin\alpha\sin\beta$

$\tan(\alpha \pm \beta) = \dfrac{\tan\alpha \pm \tan\beta}{1 \mp \tan\alpha \cdot \tan\beta}$

(3)倍角公式和降幂公式

$\sin 2\alpha = 2\sin\alpha\cos\alpha$

$$\begin{aligned}\cos 2\alpha &= \cos^2\alpha - \sin^2\alpha \\ &= 2\cos^2\alpha - 1 \\ &= 1 - 2\sin^2\alpha\end{aligned}$$

$\tan 2\alpha = \dfrac{2\tan\alpha}{1-\tan^2\alpha}$

$\cos^2\alpha = \dfrac{1+\cos 2\alpha}{2}$

$\sin^2\alpha = \dfrac{1-\cos 2\alpha}{2}$

(4)和差化积和积化和差公式

$\sin\alpha + \sin\beta = 2\sin\dfrac{\alpha+\beta}{2}\cos\dfrac{\alpha-\beta}{2}$

$\sin\alpha - \sin\beta = 2\cos\dfrac{\alpha+\beta}{2}\sin\dfrac{\alpha-\beta}{2}$

$\cos\alpha + \cos\beta = 2\cos\dfrac{\alpha+\beta}{2}\cos\dfrac{\alpha-\beta}{2}$

$\cos\alpha - \cos\beta = -2\sin\dfrac{\alpha+\beta}{2}\sin\dfrac{\alpha-\beta}{2}$

$\sin\alpha \cdot \cos\beta = \dfrac{1}{2}[\sin(\alpha+\beta) + \sin(\alpha-\beta)]$

$\cos\alpha \cdot \sin\beta = \dfrac{1}{2}[\sin(\alpha+\beta) - \sin(\alpha-\beta)]$

$\cos\alpha \cdot \cos\beta = \dfrac{1}{2}[\cos(\alpha+\beta) + \cos(\alpha-\beta)]$

$\sin\alpha \cdot \sin\beta = -\dfrac{1}{2}[\cos(\alpha+\beta) - \cos(\alpha-\beta)]$

附录 2　参数方程和极坐标

1. 曲线的参数方程

我们以前学习的平面曲线方程都是用曲线上点的坐标 x、y 本身之间的某种函数关系来表达的，这种关系是曲线上的点所具有的规律性的反映．但是，在某些情况下，曲线上的点所具有的规律性要通过某一个适当的参变数表示出来，即要用参变数的两个表达式分别表示曲线上点的两个坐标．或者，为了便于进行分析讨论，也需要采取这种间接表示点的坐标之间的关系的方式．这就是我们要介绍的参数方程．

设一质点自点$(R,0)$出发，绕坐标原点且和坐标原点距离保持不变作等角速度 ω 的运动，见图附 2-1，试求运动曲线的方程．

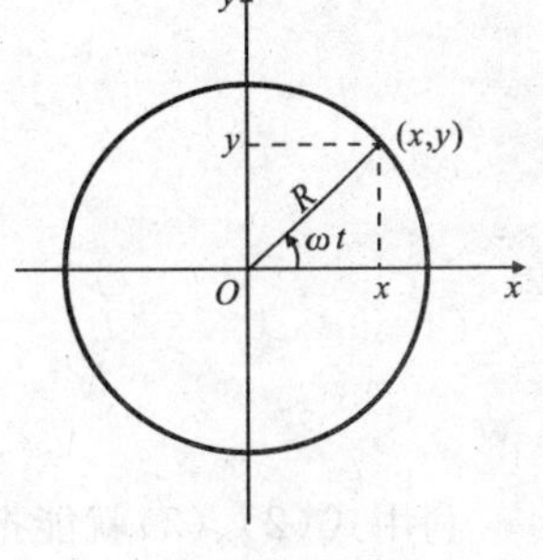

图附 2-1

要写运动方程，就是要找出运动着的质点的坐标对时间的依赖关系．为此，假设在 t 时刻，质点运动到点(x,y)，由于质点旋转的角度为 ωt，于是得到质点的运动曲线方程为

$$\begin{cases} x=R\cos\omega t \\ y=R\sin\omega t \end{cases} \quad (0\leqslant t<+\infty). \tag{1}$$

像这样通过第三变量 t，把 x,y 联系在一起的，表示曲线上的点(x,y)所具有的规律性的方程，称为曲线的参数方程，这里的 t 称为参变数（简称参数）．

将参数方程(1)中的 t 消去，即可得曲线的普通方程为

$$x^2+y^2=R^2.$$

若令 $\alpha=\omega t$ 作参数，则式(1)变为

$$\begin{cases} x=R\cos\alpha \\ y=R\sin\alpha \end{cases}.$$

可见，参数方程不是唯一的，参数方程中的参数不一定有物理上或几何上的意义，也不一定用 t 表示．

今后，我们将用 $\begin{cases} x=\varphi(t) \\ y=\phi(t) \end{cases}$ $t\in[\alpha,\beta]$来表示平面的曲线，并称之为参数方程．

2. 平面极坐标系

表示平面上点 M 的位置通常采用平面直角坐标系，也常采用平面极坐标系．究竟哪一种坐标表示法用起来方便，要具体问题作具体分析．

表示炮的射击目标时，通常是指出目标的方向和距离．用方向和距离表示点的位置，这正是极坐标的基本思想．下面我们介绍极坐标概念并讨论一些常见曲线的极坐标方程．

在平面上取一点 O，称为极点，由 O 引一条射线 Ox，称为极轴，取定长度单位，并规定从极轴逆时针转动的角度为正，这样就构成了一个平面极坐标系，平面上点 M 位置可用$|OM|=\rho$ 和 OM 与 Ox 轴的夹角 φ 来确定，记作 $M(\rho,\varphi)$．如图附 2-2(a)表示，ρ 称为点 M 的极径，φ 称为点 M 的极角．规定点 $M(\rho,\varphi)$关于极点对称点 $P(\rho,\varphi+\pi)$可记为 $P(-\rho,\varphi)$．

如果将平面直角坐标系的原点作为极坐标的极点，将 x 轴正半轴作为极坐标系的极轴，则平面上同一个点 M 有两种表示法，在平面直角坐标系中为$M(x,y)$，在极坐标系中为

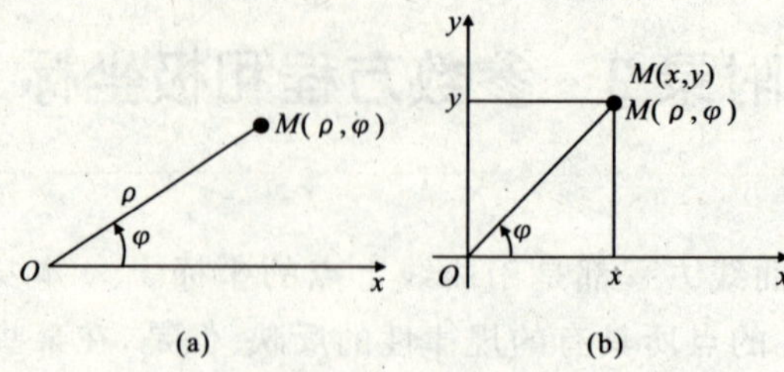

图附 2-2

$M(\rho,\varphi)$，如图附 2-2(b)所示.由此，我们可以得到两种坐标系之间有下列关系

$$\begin{cases} x=\rho\cos\varphi, \\ y=\rho\sin\varphi \end{cases} \tag{2}$$

或

$$\begin{cases} \rho=\sqrt{x^2+y^2} \\ \cos\varphi=\dfrac{x}{\sqrt{x^2+y^2}}. \\ \sin\varphi=\dfrac{y}{\sqrt{x^2+y^2}} \end{cases} \tag{3}$$

利用式(2)、(3)就能把一条曲线的极坐标方程和直角坐标方程互相转化.

下面各例中极坐标系和直角坐标系的相对位置均假定按上述方式取定.

例 1　已知极坐标点 $A(2,\frac{\pi}{4})$，求相应的直角坐标点.

解

$$x=2\cos\frac{\pi}{4}=2\cdot\frac{\sqrt{2}}{2}=\sqrt{2},$$

$$y=2\sin\frac{\pi}{4}=2\cdot\frac{\sqrt{2}}{2}=\sqrt{2},$$

所以，相应的直角坐标点为 $A(\sqrt{2},\sqrt{2})$.

例 2　已知点 P 的直角坐标为$(-2,2)$，求它的极坐标.

解

$$\rho=\sqrt{(-2)^2+2^2}=2\sqrt{2},$$

$$\sin\varphi=\frac{2}{2\sqrt{2}}=\frac{\sqrt{2}}{2},$$

$$\cos\varphi=\frac{-2}{2\sqrt{2}}=-\frac{\sqrt{2}}{2}.$$

由此可知，$\varphi=\frac{3}{4}\pi$，所以点 P 的极坐标是$(2\sqrt{2},\frac{3}{4}\pi)$.

例 3　求圆 $x^2+y^2=R^2$，在极坐标系下的方程.

解　将式(2)代入 $x^2+y^2=R^2$，得极坐标方程为 $\rho=R$.

例 4　作心脏线 $\rho=a(1+\cos\varphi)$的图形.

解　因为 $a[1+\cos(-\varphi)]=a(1+\cos\varphi)$，所以，图形对称于极轴.于是，可先作出 $0\leqslant\varphi\leqslant\pi$ 的图形，$\pi<\varphi<2\pi$ 的图形可根据对称性作出.

计算对应值，列表如下：

φ	0	$\frac{\pi}{4}$	$\frac{\pi}{2}$	$\frac{3}{4}\pi$	π
ρ	$2a$	$1.87a$	a	$0.29a$	0

描点作图,图形为图附 2-3.

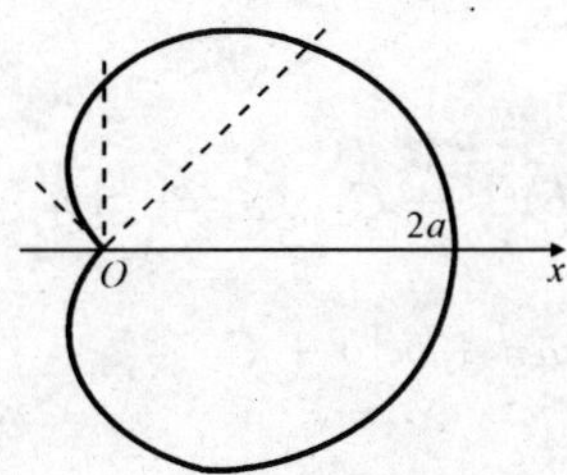

图附 2-3

今后我们将用 $\rho=\rho(\theta)$ 表示极坐标系下的曲线方程,称为极坐标方程.

极坐标方程也能写成参数式

$$\begin{cases}x=\rho(\theta)\cos\theta\\y=\rho(\theta)\sin\theta\end{cases}.$$

附录3　积分表

(一)含有 $ax+b$ 的积分

1. $\int \frac{dx}{ax+b} = \frac{1}{a}\ln|ax+b|+C$

2. $\int (ax+b)^{\alpha}dx = \frac{1}{a(\alpha+1)}(ax+b)^{\alpha+1}+C \quad (\alpha \neq -1)$

3. $\int \frac{x}{ax+b}dx = \frac{1}{a^2}(ax+b-b\ln|ax+b|)+C$

4. $\int \frac{x^2}{ax+b}dx = \frac{1}{a^3}\left[\frac{1}{2}(ax+b)^2-2b(ax+b)+b^2\ln|ax+b|\right]+C$

5. $\int \frac{dx}{x(ax+b)} = -\frac{1}{b}\ln\left|\frac{ax+b}{x}\right|+C$

6. $\int \frac{dx}{x^2(ax+b)} = -\frac{1}{bx}+\frac{a}{b^2}\ln\left|\frac{ax+b}{x}\right|+C$

7. $\int \frac{x}{(ax+b)^2}dx = \frac{1}{a^2}\left(\ln|ax+b|+\frac{b}{ax+b}\right)+C$

8. $\int \frac{x^2}{(ax+b)^2}dx = \frac{1}{a^3}\left(ax+b-2b\ln|ax+b|-\frac{b^2}{ax+b}\right)+C$

9. $\int \frac{dx}{x(ax+b)^2} = \frac{1}{b(ax+b)}-\frac{1}{b^2}\ln\left|\frac{ax+b}{x}\right|+C$

(二)含有 $\sqrt{ax+b}$ 的积分

10. $\int \sqrt{ax+b}\,dx = \frac{2}{3a}\sqrt{(ax+b)^3}+C$

11. $\int x\sqrt{ax+b}\,dx = \frac{2}{15a^2}(3ax-2b)\sqrt{(ax+b)^3}+C$

12. $\int x^2\sqrt{ax+b}\,dx = \frac{2}{105a^3}(15a^2x^2-12abx+8b^2)\sqrt{(ax+b)^3}+C$

13. $\int \frac{x}{\sqrt{ax+b}}dx = \frac{2}{3a^2}(ax-2b)\sqrt{ax+b}+C$

14. $\int \frac{x^2}{\sqrt{ax+b}}dx = \frac{2}{15a^3}(3a^2x^2-4abx+8b^2)\sqrt{ax+b}+C$

15. $\int \frac{dx}{x\sqrt{ax+b}} = \begin{cases} \frac{1}{\sqrt{b}}\ln\left|\frac{\sqrt{ax+b}-\sqrt{b}}{\sqrt{ax+b}+\sqrt{b}}\right|+C & (b>0) \\ \frac{2}{\sqrt{-b}}\arctan\sqrt{\frac{ax+b}{-b}}+C & (b<0) \end{cases}$

16. $\int \frac{dx}{x^2\sqrt{ax+b}} = -\frac{\sqrt{ax+b}}{bx}-\frac{a}{2b}\int \frac{dx}{x\sqrt{ax+b}}$

17. $\int \frac{\sqrt{ax+b}}{x}dx = 2\sqrt{ax+b}+b\int \frac{dx}{x\sqrt{ax+b}}$

18. $\int \frac{\sqrt{ax+b}}{x^2}\mathrm{d}x = -\frac{\sqrt{ax+b}}{x} + \frac{a}{2}\int \frac{\mathrm{d}x}{x\sqrt{ax+b}}$

(三)含有 $x^2 \pm a^2$ 的积分

19. $\int \frac{\mathrm{d}x}{x^2+a^2} = \frac{1}{a}\arctan\frac{x}{a} + C \quad (a \neq 0)$

20. $\int \frac{\mathrm{d}x}{(x^2+a^2)^n} = \frac{x}{2(n-1)a^2(x^2+a^2)^{n-1}} + \frac{2n-3}{2(n-1)a^2}\int \frac{\mathrm{d}x}{(x^2+a^2)^{n-1}}$

21. $\int \frac{\mathrm{d}x}{x^2-a^2} = \frac{1}{2a}\ln\left|\frac{x-a}{x+a}\right| + C$

(四)含有 ax^2+b　($a>0$)的积分

22. $\int \frac{\mathrm{d}x}{ax^2+b} = \begin{cases} \frac{1}{2\sqrt{-ab}}\ln\left|\frac{\sqrt{a}x-\sqrt{-b}}{\sqrt{a}x+\sqrt{-b}}\right| + C & (b<0) \\ \frac{2}{\sqrt{ab}}\arctan\sqrt{\frac{a}{b}}x + C & (b>0) \end{cases}$

23. $\int \frac{x}{ax^2+b}\mathrm{d}x = \frac{1}{2a}\ln|ax^2+b| + C$

24. $\int \frac{x^2}{ax^2+b}\mathrm{d}x = \frac{x}{a} - \frac{b}{a}\int \frac{\mathrm{d}x}{ax^2+b}$

25. $\int \frac{\mathrm{d}x}{x(ax^2+b)} = \frac{1}{2b}\ln\frac{x^2}{|ax^2+b|} + C$

26. $\int \frac{\mathrm{d}x}{x^2(ax^2+b)} = -\frac{1}{bx} - \frac{a}{b}\int \frac{\mathrm{d}x}{ax^2+b}$

27. $\int \frac{\mathrm{d}x}{x^3(ax^2+b)} = \frac{a}{2b^2}\ln\frac{|ax^2+b|}{x^2} - \frac{1}{2bx^2} + C$

28. $\int \frac{\mathrm{d}x}{(ax^2+b)^2} = \frac{x}{2b(ax^2+b)} + \frac{1}{2b}\int \frac{\mathrm{d}x}{ax^2+b}$

(五)含有 ax^2+bx+c　($a>0$)的积分

29. $\int \frac{\mathrm{d}x}{ax^2+bx+c} = \begin{cases} \frac{1}{\sqrt{b^2-4ac}}\ln\left|\frac{2ax+b-\sqrt{b^2-4ac}}{2ax+b+\sqrt{b^2-4ac}}\right| + C & (b^2>4ac) \\ \frac{2}{\sqrt{4ac-b^2}}\arctan\frac{2ax+b}{\sqrt{4ac-b^2}} + C & (b^2<4ac) \end{cases}$

30. $\int \frac{x}{ax^2+bx+c}\mathrm{d}x = \frac{1}{2a}\ln|ax^2+bx+c| - \frac{b}{2a}\int \frac{\mathrm{d}x}{ax^2+bx+c}$

(六)含有 $\sqrt{x^2+a^2}$　($a>0$)的积分

31. $\int \frac{\mathrm{d}x}{\sqrt{x^2+a^2}} = \ln(x+\sqrt{x^2+a^2}) + C$

32. $\int \frac{\mathrm{d}x}{\sqrt{(x^2+a^2)^3}} = \frac{x}{a^2\sqrt{x^2+a^2}} + C$

33. $\int \frac{x}{\sqrt{x^2+a^2}}\mathrm{d}x = \sqrt{x^2+a^2} + C$

34. $\int \frac{x}{\sqrt{(x^2+a^2)^3}}dx = -\frac{1}{\sqrt{x^2+a^2}} + C$

35. $\int \frac{x^2}{\sqrt{x^2+a^2}}dx = \frac{x}{2}\sqrt{x^2+a^2} - \frac{a^2}{2}\ln(x+\sqrt{x^2+a^2}) + C$

36. $\int \frac{x^2}{\sqrt{(x^2+a^2)^3}}dx = -\frac{x}{\sqrt{x^2+a^2}} + \ln(x+\sqrt{x^2+a^2}) + C$

37. $\int \frac{dx}{x\sqrt{x^2+a^2}} = \frac{1}{a}\ln\frac{\sqrt{x^2+a^2}-a}{|x|} + C$

38. $\int \frac{dx}{x^2\sqrt{x^2+a^2}} = -\frac{\sqrt{x^2+a^2}}{a^2 x} + C$

39. $\int \sqrt{x^2+a^2}dx = \frac{x}{2}\sqrt{x^2+a^2} + \frac{a^2}{2}\ln(x+\sqrt{x^2+a^2}) + C$

40. $\int \sqrt{(x^2+a^2)^3}dx = \frac{x}{8}(2x^2+5a^2)\sqrt{x^2+a^2} + \frac{3a^4}{8}\ln(x+\sqrt{x^2+a^2}) + C$

41. $\int x\sqrt{x^2+a^2}dx = \frac{1}{3}\sqrt{(x^2+a^2)^3} + C$

42. $\int x^2\sqrt{x^2+a^2}dx = \frac{x}{8}(2x^2+a^2)\sqrt{x^2+a^2} - \frac{a^4}{8}\ln(x+\sqrt{x^2+a^2}) + C$

43. $\int \frac{\sqrt{x^2+a^2}}{x}dx = \sqrt{x^2+a^2} + a\ln\frac{\sqrt{x^2+a^2}-a}{|x|} + C$

44. $\int \frac{\sqrt{x^2+a^2}}{x^2}dx = -\frac{\sqrt{x^2+a^2}}{x} + \ln(x+\sqrt{x^2+a^2}) + C$

(七)含有 $\sqrt{x^2-a^2}$ $(a>0)$的积分

45. $\int \frac{dx}{\sqrt{x^2-a^2}} = \ln|x+\sqrt{x^2-a^2}| + C$

46. $\int \frac{dx}{\sqrt{(x^2-a^2)^3}} = -\frac{x}{a^2\sqrt{x^2-a^2}} + C$

47. $\int \frac{x}{\sqrt{x^2-a^2}}dx = \sqrt{x^2-a^2} + C$

48. $\int \frac{x}{\sqrt{(x^2-a^2)^3}}dx = -\frac{1}{\sqrt{x^2-a^2}} + C$

49. $\int \frac{x^2}{\sqrt{x^2-a^2}}dx = \frac{x}{2}\sqrt{x^2-a^2} + \frac{a^2}{2}\ln|x+\sqrt{x^2-a^2}| + C$

50. $\int \frac{x^2}{\sqrt{(x^2-a^2)^3}}dx = -\frac{x}{\sqrt{x^2-a^2}} + \ln|x+\sqrt{x^2-a^2}| + C$

51. $\int \frac{dx}{x\sqrt{x^2-a^2}} = \frac{1}{a}\arccos\frac{a}{|x|} + C$

52. $\int \frac{dx}{x^2\sqrt{x^2-a^2}} = \frac{\sqrt{x^2-a^2}}{a^2 x} + C$

53. $\int \sqrt{x^2-a^2}dx = \frac{x}{2}\sqrt{x^2-a^2} - \frac{a^2}{2}\ln|x+\sqrt{x^2-a^2}| + C$

54. $\int \sqrt{(x^2-a^2)^3}\mathrm{d}x = \frac{x}{8}(2x^2-5a^2)\sqrt{x^2-a^2} + \frac{3a^4}{8}\ln|x+\sqrt{x^2-a^2}| + C$

55. $\int x\sqrt{x^2-a^2}\mathrm{d}x = \frac{1}{3}\sqrt{(x^2-a^2)^3} + C$

56. $\int x^2\sqrt{x^2-a^2}\mathrm{d}x = \frac{x}{8}(2x^2-a^2)\sqrt{x^2-a^2} - \frac{a^4}{8}\ln|x+\sqrt{x^2-a^2}| + C$

57. $\int \frac{\sqrt{x^2-a^2}}{x}\mathrm{d}x = \sqrt{x^2-a^2} - a\arccos\frac{a}{|x|} + C$

58. $\int \frac{\sqrt{x^2-a^2}}{x^2}\mathrm{d}x = -\frac{\sqrt{x^2-a^2}}{x} + \ln|x+\sqrt{x^2-a^2}| + C$

(八)含有 $\sqrt{a^2-x^2}$ $(a>0)$ 的积分

59. $\int \frac{\mathrm{d}x}{\sqrt{a^2-x^2}} = \arcsin\frac{x}{a} + C$

60. $\int \frac{\mathrm{d}x}{\sqrt{(a^2-x^2)^3}} = \frac{x}{a^2\sqrt{a^2-x^2}} + C$

61. $\int \frac{x}{\sqrt{a^2-x^2}}\mathrm{d}x = -\sqrt{a^2-x^2} + C$

62. $\int \frac{x}{\sqrt{(a^2-x^2)^3}}\mathrm{d}x = \frac{1}{\sqrt{a^2-x^2}} + C$

63. $\int \frac{x^2}{\sqrt{a^2-x^2}}\mathrm{d}x = -\frac{x}{2}\sqrt{a^2-x^2} + \frac{a^2}{2}\arcsin\frac{x}{a} + C$

64. $\int \frac{x^2}{\sqrt{(a^2-x^2)^3}}\mathrm{d}x = \frac{x}{\sqrt{a^2-x^2}} - \arcsin\frac{x}{a} + C$

65. $\int \frac{\mathrm{d}x}{x\sqrt{a^2-x^2}} = \frac{1}{a}\ln\frac{a-\sqrt{a^2-x^2}}{|x|} + C$

66. $\int \frac{\mathrm{d}x}{x^2\sqrt{a^2-x^2}} = -\frac{\sqrt{a^2-x^2}}{a^2x} + C$

67. $\int \sqrt{a^2-x^2}\mathrm{d}x = \frac{x}{2}\sqrt{a^2-x^2} + \frac{a^2}{2}\arcsin\frac{x}{a} + C$

68. $\int \sqrt{(a^2-x^2)}\mathrm{d}x = \frac{x}{8}(5a^2-2x^2)\sqrt{a^2-x^2} + \frac{3a^4}{8}\arcsin\frac{x}{a} + C$

69. $\int x\sqrt{a^2-x^2}\mathrm{d}x = -\frac{1}{3}\sqrt{x^2-a^2} + C$

70. $\int x^2\sqrt{a^2-x^2}\mathrm{d}x = \frac{x}{8}(2x^2-a^2)\sqrt{a^2-x^2} + \frac{a^4}{8}\arcsin\frac{x}{a} + C$

71. $\int \frac{\sqrt{a^2-x^2}}{x}\mathrm{d}x = \sqrt{a^2-x^2} + a\ln\frac{a-\sqrt{a^2-x^2}}{|x|} + C$

72. $\int \frac{\sqrt{a^2-x^2}}{x^2}\mathrm{d}x = -\frac{\sqrt{a^2-x^2}}{x} - \arcsin\frac{x}{a} + C$

(九)含有 $\sqrt{\pm ax^2+bx+c}$ $(a>0)$ 的积分

73. $\int\frac{\mathrm{d}x}{\sqrt{ax^2+bx+c}}=\frac{1}{\sqrt{a}}\ln|2ax+b+2\sqrt{a}\sqrt{ax^2+bx+c}|+C$

74. $\int\sqrt{ax^2+bx+c}\,\mathrm{d}x=\frac{2ax+b}{4a}\sqrt{ax^2+bx+c}$

$+\frac{4ac-b^2}{8\sqrt{a^3}}\ln|2ax+b+2\sqrt{a}\sqrt{ax^2+bx+c}|+C$

75. $\int\frac{x}{\sqrt{ax^2+bx+c}}\mathrm{d}x=\frac{1}{a}\sqrt{ax^2+bx+c}$

$-\frac{b}{2\sqrt{a^3}}\ln|2ax+b+2\sqrt{a}\sqrt{ax^2+bx+c}|+C$

76. $\int\frac{\mathrm{d}x}{\sqrt{c+bx-ax^2}}=-\frac{1}{\sqrt{a}}\arcsin\frac{2ax-b}{\sqrt{b^2+4ac}}+C$

77. $\int\sqrt{c+bx-ax^2}\,\mathrm{d}x=\frac{2ax-b}{4a}\sqrt{c+bx-ax^2}$

$+\frac{b^2+4ac}{8\sqrt{a^3}}\arcsin\frac{2ax-b}{\sqrt{b^2+4ac}}+C$

78. $\int\frac{x}{\sqrt{c+bx-ax^2}}\mathrm{d}x=-\frac{1}{a}\sqrt{c+bx-ax^2}+\frac{b}{2\sqrt{a^3}}\arcsin\frac{2ax-b}{\sqrt{b^2+4ac}}+C$

(十)含有 $\sqrt{\pm\frac{x-a}{x-b}}$ 或 $\sqrt{(x-a)(b-x)}$ 的积分

79. $\int\sqrt{\frac{x-a}{x-b}}\mathrm{d}x=(x-b)\sqrt{\frac{x-a}{x-b}}+(b-a)\ln(\sqrt{|x-a|}+\sqrt{|x-b|})+C$

80. $\int\sqrt{\frac{x-a}{b-x}}\mathrm{d}x=(x-b)\sqrt{\frac{x-a}{b-x}}+(b-a)\arcsin\sqrt{\frac{x-a}{b-a}}+C$

81. $\int\frac{\mathrm{d}x}{\sqrt{(x-a)(b-x)}}=2\arcsin\sqrt{\frac{x-a}{b-a}}+C\quad(a<b)$

82. $\int\sqrt{(x-a)(b-x)}\,\mathrm{d}x=\frac{2x-a-b}{4}\sqrt{(x-a)(b-x)}$

$+\frac{(b-a)^2}{4}\arcsin\sqrt{\frac{x-a}{b-a}}+C\quad(a<b)$

(十一)含有三角函数的积分

83. $\int\sin x\,\mathrm{d}x=-\cos x+C$

84. $\int\cos x\,\mathrm{d}x=\sin x+C$

85. $\int\tan x\,\mathrm{d}x=-\ln|\cos x|+C$

86. $\int\cot x\,\mathrm{d}x=\ln|\sin x|+C$

87. $\int\sec x\,\mathrm{d}x=\ln\left|\tan\left(\frac{\pi}{4}+\frac{x}{2}\right)\right|+C=\ln|\sec x+\tan x|+C$

88. $\int \csc x\mathrm{d}x = \ln\left|\tan\frac{x}{2}\right| + C = \ln|\csc x - \cot x| + C$

89. $\int \sec^2 x\mathrm{d}x = \tan x + C$

90. $\int \csc^2 x\mathrm{d}x = -\cot x + C$

91. $\int \sec x\tan x\mathrm{d}x = \sec x + C$

92. $\int \csc x\cot x\mathrm{d}x = -\csc x + C$

93. $\int \sin^2 x\mathrm{d}x = \frac{x}{2} - \frac{1}{4}\sin 2x + C$

94. $\int \cos^2 x\mathrm{d}x = \frac{x}{2} + \frac{1}{4}\sin 2x + C$

95. $\int \sin^n x\mathrm{d}x = -\frac{1}{n}\sin^{n-1}x\cos x + \frac{n-1}{n}\int \sin^{n-2}x\mathrm{d}x$

96. $\int \cos^n x\mathrm{d}x = \frac{1}{n}\cos^{n-1}x\sin x + \frac{n-1}{n}\int \cos^{n-2}x\mathrm{d}x$

97. $\int \frac{\mathrm{d}x}{\sin^n x} = -\frac{1}{n-1}\frac{\cos x}{\sin^{n-1}x} + \frac{n-2}{n-1}\int \frac{\mathrm{d}x}{\sin^{n-2}x}$

98. $\int \frac{\mathrm{d}x}{\cos^n x} = \frac{1}{n-1}\frac{\sin x}{\cos^{n-1}x} + \frac{n-2}{n-1}\int \frac{\mathrm{d}x}{\cos^{n-2}x}$

99. $\int \cos^m x\sin^n x\mathrm{d}x = \frac{1}{m+n}\cos^{m-1}x\sin^{n+1}x\sin^{n+1}x + \frac{m-1}{m+n}\int \cos^{n-2}x\sin^n x\mathrm{d}x$

$$= -\frac{1}{m+n}\cos^{m+1}x\sin^{n-1}x + \frac{n-1}{m+n}\int \cos^m x\sin^{n-2}x\mathrm{d}x$$

100. $\int \sin ax\cos bx\mathrm{d}x = -\frac{1}{2(a+b)}\cos(a+b)x - \frac{1}{2(a-b)}\cos(a-b)x + C$ $(a \neq b)$

101. $\int \sin ax\sin bx\mathrm{d}x = -\frac{1}{2(a+b)}\sin(a+b)x + \frac{1}{2(a-b)}\sin(a-b)x + C$ $(a \neq b)$

102. $\int \cos ax\cos bx\mathrm{d}x = \frac{1}{2(a+b)}\sin(a+b)x + \frac{1}{2(a-b)}\sin(a-b)x + C$ $(a \neq b)$

103. $\int \frac{\mathrm{d}x}{a+b\sin x} = \frac{2}{\sqrt{a^2-b^2}}\arctan\frac{a\tan\frac{x}{2}+b}{\sqrt{a^2-b^2}} + C \quad (a^2 > b^2)$

104. $\int \frac{\mathrm{d}x}{a+b\sin x} = \frac{1}{\sqrt{b^2-a^2}}\ln\left|\frac{a\tan\frac{x}{2}+b-\sqrt{b^2-a^2}}{a\tan\frac{x}{2}+b+\sqrt{b^2-a^2}}\right| + C \quad (a^2 < b^2)$

105. $\int \frac{\mathrm{d}x}{a+b\cos x} = \frac{1}{a+b}\sqrt{\frac{a+b}{b-a}}\ln\left|\frac{\tan\frac{x}{2}+\sqrt{\frac{a+b}{b-a}}}{\tan\frac{x}{2}-\sqrt{\frac{a+b}{b-a}}}\right| + C \quad (a^2 < b^2)$

106. $\int \frac{dx}{a+b\cos x} = \frac{2}{a+b}\sqrt{\frac{a+b}{a-b}}\arctan\left(\sqrt{\frac{a-b}{a+b}}\tan\frac{x}{2}\right)+C \quad (a^2>b^2)$

107. $\int \frac{dx}{a^2\cos^2 x+b^2\sin^2 x} = \frac{1}{ab}\arctan\left(\frac{b}{a}\tan x\right)+C$

108. $\int \frac{dx}{a^2\cos^2 x-b^2\sin^2 x} = \frac{1}{2ab}\ln\left|\frac{b\tan x+a}{b\tan x-a}\right|+C$

109. $\int x\sin ax\,dx = \frac{1}{a^2}\sin ax-\frac{1}{a}x\cos ax+C$

110. $\int x^2\sin ax\,dx = -\frac{1}{a}x^2\cos ax+\frac{2}{a^2}x\sin ax+\frac{2}{a^3}x\cos ax+C$

111. $\int x\cos ax\,dx = \frac{1}{a^2}\cos ax+\frac{1}{a}x\sin ax+C$

112. $\int x^2\cos ax\,dx = \frac{1}{a}x^2\sin ax+\frac{2}{a^2}x\cos ax-\frac{2}{a^3}\sin ax+C$

(十二)含有反三角函数的积分(其中 $a>0$)

113. $\int \arcsin\frac{x}{a}dx = x\arcsin\frac{x}{a}+\sqrt{a^2-x^2}+C$

114. $\int x\arcsin\frac{x}{a}dx = \left(\frac{x^2}{2}-\frac{a^2}{4}\right)\arcsin\frac{x}{a}+\frac{x}{4}\sqrt{a^2-x^2}+C$

115. $\int x^2\arcsin\frac{x}{a}dx = \frac{x^3}{3}\arcsin\frac{x}{a}+\frac{1}{9}(x^2+2a^2)\sqrt{a^2-x^2}+C$

116. $\int \arccos\frac{x}{a}dx = x\arccos\frac{x}{a}-\sqrt{a^2-x^2}+C$

117. $\int x\arccos\frac{x}{a}dx = \left(\frac{x^2}{2}-\frac{a^2}{4}\right)\arccos\frac{x}{a}-\frac{x}{4}\sqrt{a^2-x^2}+C$

118. $\int x^2\arccos\frac{x}{a}dx = \frac{x^3}{3}\arccos\frac{x}{a}-\frac{1}{9}(x^2+2a^2)\sqrt{a^2-x^2}+C$

119. $\int \arctan\frac{x}{a}dx = x\arctan\frac{x}{a}-\frac{a}{2}\ln(a^2+x^2)+C$

120. $\int x\arctan\frac{x}{a}dx = \frac{1}{2}(a^2+x^2)\arctan\frac{x}{a}-\frac{a}{2}x+C$

121. $\int x^2\arctan\frac{x}{a}dx = \frac{1}{3}x^3\arctan\frac{x}{a}-\frac{a}{6}x^2+\frac{a^3}{6}\ln(a^2+x^2)+C$

(十三)含有指数函数的积分

122. $\int a^x dx = \frac{1}{\ln a}a^x+C$

123. $\int e^{ax}dx = \frac{1}{a}e^{ax}+C$

124. $\int xe^{ax}dx = \frac{1}{a^2}(ax-1)e^{ax}+C$

125. $\int x^n e^{ax}dx = \frac{1}{a}x^n e^{ax}-\frac{n}{a}\int x^{n-1}e^{ax}dx$

126. $\int xa^x dx = \frac{x}{\ln a}a^x-\frac{1}{(\ln a)^2}a^x+C$

127. $\int x^n a^x \mathrm{d}x = \frac{1}{\ln a} x^n a^x - \frac{n}{\ln a}\int x^{n-1} a^x \mathrm{d}x$

128. $\int \mathrm{e}^{ax} \sin bx \mathrm{d}x = \frac{1}{a^2+b^2}\mathrm{e}^{ax}(a\sin bx - b\cos bx) + C$

129. $\int \mathrm{e}^{ax} \cos bx \mathrm{d}x = \frac{1}{a^2+b^2}\mathrm{e}^{ax}(b\sin bx + a\cos bx) + C$

130. $\int \mathrm{e}^{ax} \sin^n bx \mathrm{d}x = \frac{1}{a^2+b^2n^2}\mathrm{e}^{ax}\sin^{n-1}bx(a\sin bx - nb\cos bx) + \frac{n(n-1)b^2}{a^2+b^2n^2}\int \mathrm{e}^{ax}\sin^{n-2}bx\mathrm{d}x$

131. $\int \mathrm{e}^{ax} \cos^n bx \mathrm{d}x = \frac{1}{a^2+b^2n^2}\mathrm{e}^{ax}\cos^{n-1}bx(a\cos bx + nb\cos bx)$

$$+ \frac{n(n-1)b^2}{a^2+b^2n^2}\int \mathrm{e}^{ax}\cos^{n-2}bx\mathrm{d}x$$

(十四)含有对数函数的积分

132. $\int \ln x\mathrm{d}x = x\ln x - x + C$

133. $\int \frac{\mathrm{d}x}{x\ln x} = \ln|\ln x| + C$

134. $\int x^n \ln x\mathrm{d}x = \frac{1}{n+1}x^{n+1}\left(\ln x - \frac{1}{n+1}\right) + C$

135. $\int (\ln x)^n \mathrm{d}x = x(\ln x)^n - n\int (\ln x)^{n-1}\mathrm{d}x$

136. $\int x^m (\ln x)^n \mathrm{d}x = \frac{1}{m+1}x^{m+1}(\ln x)^n - \frac{n}{m+1}\int x^m(\ln x)^{n-1}\mathrm{d}x$

(十五)定积分

137. $\int_{-\pi}^{\pi} \cos nx\mathrm{d}x = \int_{-\pi}^{\pi}\sin nx\mathrm{d}x = 0$

138. $\int_{-\pi}^{\pi} \cos mx \sin nx\mathrm{d}x = 0$

139. $\int_{-\pi}^{\pi} \cos mx \cos nx\mathrm{d}x = \begin{cases} 0 & (m \neq n) \\ \pi & (m = n) \end{cases}$

140. $\int_{-\pi}^{\pi} \sin mx \sin nx\mathrm{d}x = \begin{cases} 0 & (m \neq n) \\ \pi & (m = n) \end{cases}$

141. $\int_{0}^{\pi} \sin mx \sin nx\mathrm{d}x = \int_0^{\pi}\cos mx\cos nx\mathrm{d}x = \begin{cases} 0 & (m \neq n) \\ \frac{\pi}{2} & (m = n) \end{cases}$

142. $I_n = \int_0^{\frac{\pi}{2}} \sin^n x\mathrm{d}x = \int_0^{\frac{\pi}{2}}\cos^n x\mathrm{d}x$,

$I_n = \frac{n-1}{n}I_{n-2}$

$$\begin{cases} I_n = \frac{n-1}{n}\cdot\frac{n-3}{n-2}\cdot\cdots\cdot\frac{4}{5}\cdot\frac{2}{3}\text{(}n\text{ 为大于 1 的正奇数)}, I_1 = 1 \\ I_n = \frac{n-1}{n}\cdot\frac{n-3}{n-2}\cdot\cdots\cdot\frac{3}{4}\cdot\frac{1}{2}\cdot\frac{\pi}{2}\text{(}n\text{ 为正偶数)}, I_0 = \frac{\pi}{2} \end{cases}$$

参考答案

习题 1-1

A

1. (1)$[-3,3]$　(2)$[-\sqrt{2},-1]\cup[1,\sqrt{2}]$　(3)$[\frac{3}{2},+\infty)$

(4)$(-\infty,0)\cup(0,3]$　(5)$(-\infty,-1)\cup(1,3)$　(6)$(1,4)$

2. 略

3. (1)不是同一函数,定义域不同

(2)不是同一函数,因为 $f(x)=|\sin x|,g(x)=\sin x$

(3)不是同一函数,定义域不同

(4)不是同一函数,定义域不同

4. (1)偶函数　(2)非奇非偶函数　(3)奇函数　(4)奇函数　(5)奇函数　(6)奇函数

5. $f(0)=2;f(2)=2\sqrt{2};f(\frac{1}{a})=\sqrt{4+\frac{1}{a^2}}=\frac{1}{|a|}\sqrt{4a^2+1}$

$f(x-1)=\sqrt{x^2-2x+5},f(t_0+h)=\sqrt{t_0^2+2t_0h+h^2+4}$

6. $f(0)=0;f(-1)=-\frac{\pi}{2};f(\frac{\sqrt{3}}{2})=\frac{\pi}{3};f(-\frac{\sqrt{2}}{2})=-\frac{\pi}{4}$

7. ah

8. $\Delta y=\frac{1}{x+h}-\frac{1}{x}=-\frac{h}{x(x+h)}$

9. $f(x)=x^2+1$

10. 令 $F(x)=f(x)+f(-x)$

则 $F(-x)=f(-x)+f(x)=F(x)$

故 $F(x)=f(x)+f(-x)$是偶函数

同理可证:$f(x)-f(-x)$是奇函数

11. $f[f(3)]=f(2)=1$

12. (1)$[-a,a+1]$　(2)$[-1,1]$　(3)$[2k\pi,(2k+1)\pi](k\in\mathbf{Z})$

13. (1)$y=x^3-1\quad(x\in\mathbf{R})$　(2)$y=\frac{1-x}{1+x}\quad(x\neq-1)$　(3)$y=10^{x-1}-2\quad(x\in\mathbf{R})$

(4)$y=\frac{1}{2}\log_3 x-\frac{5}{2}\quad(x>0)$　(5)$y=\log_2\frac{x}{1-x}\quad(0<x<1)$

14. (1)0　(2)-3　(3)4　(4)n　(5)3.1　(6)10

15. (1)$4=\log_5 625$　(2)$-2=\log_3\frac{1}{9}$　(3)$2^3=8$　(4)$2^{-2}=\frac{1}{4}$

16. $f(-1)=\pi;f(0)=\frac{\pi}{2};f(\frac{\sqrt{3}}{2})=\frac{\pi}{6};f(-\frac{1}{2})=\frac{2\pi}{3}$

B

略

习题 1-2

A

1. (1) $y=\sin u, u=2^x$　　(2) $y=\log_3 u, u=1+2x$

(3) $y=\sqrt{u},\quad u=\tan x$　　(4) $y=u^{\frac{2}{3}}, u=1+2x$

(5) $y=4^u, u=v^2, v=3x-2$　　(6) $y=\sqrt{u}, u=\ln v, v=\tan t, t=\frac{x}{2}$

(7) $y=u^4, u=\sin v, v=x^2$　　(8) $y=u^{\frac{2}{3}}, u=v+1, v=2^x$

2. $f[\varphi(x)]=4\sin^3 2x-3\sin 2x$

$\varphi[f(x)]=\sin 2(4x^3-3x)$

$f[f(x)]=4(4x^3-3x)^3-3(4x^3-3x)$

3. (1)、(2)是初等函数,(3)不是初等函数

4. (1) $g(x)+g(y)=\log_a x+\log_a y=\log_a xy=g(xy)$

(2) $g(x)-g(y)=\log_a x-\log_a y=\log_a \frac{x}{y}=g(\frac{x}{y})$

5. $S=\frac{1}{2}+4x+\frac{2}{x}$

B

1. $f(\ln x)$的定义域为$[1,e]$

$f(x+a)+f(x-a)$的定义域为$[a,1-a]$

2. $f[f(x)]=\frac{x}{\sqrt{1+2x^2}}$, $f[f(f(x))]=\frac{x}{\sqrt{1+3x^2}}$

3. $\varphi[\varphi(x)]=\begin{cases} x & x\geqslant 0 \\ 3+x & -3\leqslant x<0 \\ 6+x & x<-3 \end{cases}$

习题 1-3

1. $x=9$ t 时, $u=\frac{3}{2}$万元, $y=98.5$ 万元

2. $L=(200-x)(x-50)$

3. (1) $P_0=80, D(P_0)=S(P_0)=70$　(2)略

4. $x=50$ 时,利润最大值为 25 元

5. $L=10x-0.01x^2-(5x+200)=-0.01x^2+5x-200$

当 $x=250$ 时, L 为最大.

复习题 1

1. B　2. B　3. D　4. A　5. C　6. B　7. A　8. B　9. A　10. D

11. 略

12. (1) $y=2^u, u=3x^2-5$　　(2) $y=\log_a u, u=\sqrt{v}, v=\sin t, t=2x$

13. 定义域 **R**,值域$[0,\pi]$

14. (1) $y=x^3-1$　　(2) $y=\frac{1-x}{1+x}$

15. $4x+1+2h$

16. $\varphi(x)=-|x|, f(x)=|x|, \varphi[f(x)]=-|x|$

习题 2-1

A

1. (1) $n>1$　　(2) $n>3$　　(3) $n>m$

2. (1) $n>9$　　(2) $n>99$　　(3) $n>10^n-1$

3. 略

B

1. 略

2. 略

3. $\{u_n\}$不收敛. $\{|u_n|\}$收敛$\nRightarrow\{u_n\}$收敛

习题 2-2

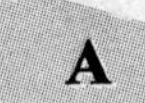

1. (1) $\lim\limits_{x\to -1} f(x)=4$ 等价于任给 $\varepsilon>0$,存在 $\delta>0$,当 $0<|x+1|<\delta$ 时,有 $|f(x)-4|<\varepsilon$.

(2)～(6)略

习题 2-3

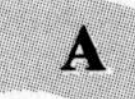

1. (1) 3　　(2) 49　　(3) 9　　(4) $\frac{3}{4}$

2. (1) 0　　(2) ∞

3. (1) 3　　(2) $-\frac{2}{5}$　　(3) 2　　(4) $\frac{5}{7}$

4. (1) $\frac{1}{3}$　　(2) 0　　(3) ∞

5. (1) 1　　(2) 4　　(3) $\frac{m}{3}$　　(4) $-\frac{1}{2}$

B

1. (1) $\frac{1}{10}$　　(2) $\frac{1}{3}$

2. (1) $\frac{1}{2}$　　(2) $\frac{1-b}{1-a}$

3. $\lim\limits_{x\to 0} f(x)=-1$, $\lim\limits_{x\to +\infty} f(x)=0$, $\lim\limits_{x\to -\infty} f(x)=-\infty$

习题 2-4

1. (1)3　(2)$\frac{1}{2}$　(3)2　(4)2　(5)2　(6)$\frac{4}{3}$　(7)2　(8)$\frac{1}{2}$　(9)$\frac{4}{3}$

(10)$\cos\alpha$　(11)1　(12)3　(13)$\frac{2}{5}$　(14)0

2. (1)e^2　(2)e^{-1}　(3)e^{-1}　(4)e^3　(5)e^2　(6)e^{-3}　(7)e　(8)e^3　(9)e^{-1}　(10)e^{-1}

习题 2-5

A

1. 不是. 因为$\lim\limits_{x\to\infty}\dfrac{1}{x\sin\dfrac{1}{x}}=1$

2. (1)因为$\lim\limits_{x\to 0}\dfrac{x^3}{x^2}=0$　　(2)因为$\lim\limits_{x\to 1}\dfrac{x-1}{(x-1)^2}=\infty$

3. 略

4. (1)$\frac{3}{2}$　(2)1　(3)$\frac{1}{2}$　(4)$\frac{2}{3}$　(5)$\frac{1}{4}$

5. (1)等价无穷小　(2)等价无穷小　(3)高阶无穷小

(4)高阶无穷小　(5)同阶无穷小　(6)高阶无穷小

B

1. $a=2, b=-8$

2. $a=-4, b=-4$

习题 2-6

1. 略

2. (1)$x=-1$　无穷间断点

(2)$x=1$　第一类间断点(可去间断点)

$x=2$　无穷间断点

(3)$x=0$　可去间断点

$x=k\pi(k\neq 0)$　无穷间断点

(4)$x=0$　可去间断点

(5)$x=1$　第一类间断点(跳跃间断点)

(6)$x=0$　可去间断点

3. (1)$f(x)$在$[0,2]$上连续　(2)$f(x)$在$[-1,2]$上连续

4. 连续区间为$(-\infty,-3),(-3,2),(2,+\infty)$, $\lim\limits_{x\to 0}f(x)=\frac{1}{2}$, $\lim\limits_{x\to 2}f(x)=\infty$, $\lim\limits_{x\to -3}f(x)=-\frac{8}{5}$

5. $\Delta y=\ln(x+\Delta x)-\ln x=\ln(1+\dfrac{\Delta x}{x})$

所以当$\Delta x\to 0$时, $\Delta y\to 0$

6. (1)$\sqrt{5}$ (2)$-\frac{1}{\sqrt{2}}$ (3)$-\frac{1}{\sqrt{2}}$ (4)$\frac{1}{20}$ (5)0

7. $a=1$

8. $k=\frac{1}{\mathrm{e}}$

B

3. $a=4, b=-5$

复习题 2

1. B 2. C 3. C 4. A 5. C 6. B 7. C 8. B 9. C 10. C 11. A 12. D

13. (1)0 (2)$\frac{2}{3}$ (3)1 (4)$\frac{1}{2}$ (5)0 (6)$\frac{1}{2}$ (7)1 (8)0 (9)e^{-3}

14. (1)与 x 等价 (2)$\sqrt{x}+\sin x$ 是 x 的低阶无穷小 (3)$\ln(1+2x)$ 是 x 的同阶无穷小

15. (1)$x=0$ 是可去间断点

(2)$x=0$ 是可去间断点

$x=k\pi(k\neq 0)$ 是无穷间断点

$x=\frac{k\pi}{2}(k\neq 0)$ 是第一类间断点

习题 3-1

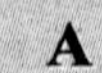

1. (1)2,2 (2)$b, a+b, 0$

2. 27

3. $y=6x-9$

4. $\frac{3}{2\sqrt{x_0}}$

5. (1)$\frac{2}{5}x^{-\frac{3}{5}}$ (2)$\frac{1}{6}x^{-\frac{5}{6}}$ (3)$(a\mathrm{e})^x\ln(a\mathrm{e})$ (4)$-\frac{2}{x^3}$ (5)$\frac{1}{x\ln 10}$ (6)$\frac{3}{4}x^{-\frac{1}{4}}$

6. $f'_+(0)=0, f'_-(0)=-1, f'(0)$不存在

7. 不可导 $[f'_-(1)\neq f'_+(1)]$

8. $f'(x)=\begin{cases}\cos x & (x<0)\\ 1 & (x\geqslant 0)\end{cases}$

9. $\frac{1}{2}, 0$

10. 证略$(\cos x)'|_{x=0}=(-\sin x)|_{x=0}=0$

B

1. A,C,D

2. A,B,C,D

3. (1)$f(0)=1$ (2)可导,$f'(0)=-1$

4. $f'(0)=100!$

5. $b=-2, c=-1$

6. 在 $x=1$ 处不可导，$F'(x)=\begin{cases}1 & (0<x<1)\\ -\frac{1}{x_2} & (1<x<2)\end{cases}$

7. ～9. 证略

习题 3-2

A

1. 略

2. (1) $f'(x)=100x^{99}+5$　　(2) $G'(y)=6y^2-14y+2$

(3) $y'(x)=2x-\frac{2}{x^3}$　　(4) $f'(t)=\frac{1}{2\sqrt{t}}+\frac{1}{2t\sqrt{t}}$

(5) $f'(u)=-\frac{4u}{(1+u^2)^2}$　　(6) $H'(t)=\frac{4}{3}t^{\frac{1}{3}}+\frac{2}{3}t^{-\frac{2}{3}}$

(7) $y=\frac{1}{\sqrt{x}(\sqrt{x}+1)^2}$　　(8) $y'=\frac{2x^4(x^3-5)}{(x^3-2)^2}$

(9) $y'=-\sin x-2\sec^2 x$　　(10) $y'=-\csc x(\cot^2 x+\csc^2 x)$

(11) $y'=\frac{x\sec^2 x-\tan x}{x^2}$　　(12) $y'=\frac{(1+x)\sin x+(1-x)\cos x}{1+\sin 2x}$

(13) $y'=\frac{1}{2}\sin 2x+x\cos 2x$　　(14) $y'=\frac{2x\tan x+x^2}{\sec x}$

(15) $y'=a^x\ln a+e^x$　　(16) $y'=e^x(x^2+x)$

(17) $y'=\frac{10^x\cdot 2\ln 10}{(10^x+1)^2}$　　(18) $y'=-2e^{-x}\sin x$

3. (1) $y=4$　　(2) $3x-2y+1=0$

(3) $x-2y+2=0$　　(4) $4x-2y+2-\pi=0$

(5) $y-3\sqrt{3}x+\sqrt{3}\pi-1=0$　　(6) $y=\frac{x}{e}$

B

1. $(2n+1)\pi\pm\frac{\pi}{3}$，$n$ 为任意整数

2. 证略

3. (1) $y'=\frac{2xf(x)-x^2f'(x)}{[f(x)]^2}$　　(2) $y'=\frac{xf(x)+2x^2f'(x)-1}{2x\sqrt{x}}$

4. 在 $x=1$ 处不可导，$g'(x)=\begin{cases}-2 & (x<-1)\\ 2x & (-1\leqslant x\leqslant 1)\\ 1 & (x>1)\end{cases}$

5. 在 $x=1$、-2 处不可导，$h'(x)=\begin{cases}-2 & (x<-2)\\ 0 & (-2<x<1)\\ 2 & (x>1)\end{cases}$

6. 点(1,0)处的切线方程：$y=2(x-1)$

点(−1,0)处的切线方程：$y=2(x+1)$

7. 因为$\frac{dP}{dV}=-\frac{C}{V^2}$

所以$-V\cdot\frac{dP}{dV}=-V(-\frac{C}{V^2})=\frac{C}{V}=P$

证毕

习题 3-3

A

1. $\frac{3}{2}$

2. (1)1　(2)$\frac{1}{4}$　(3)$\frac{1}{3}$　(4)$\frac{1}{e+1}$

3. 证略

4. (1)$f'(x)=\frac{1}{\sqrt{x}}+\frac{\ln x}{2\sqrt{x}}$　(2)$f'(x)=\sec^2 x+\frac{1}{x\ln 10}$

(3)$f'(x)=\frac{x\ln x-x-1}{x\ln^2 x}$　(4)$f'(x)=1+2x\arctan x$

(5)$f'(t)=\frac{1}{t\sqrt{1-t^2}}-\frac{\arcsin t}{t^2}$　(6)$g'(x)=(\sin x+x\cos x)\arccos x-\frac{x\sin x}{\sqrt{1-x^2}}$

5. (1)$\sin 2x\sin x^2+2x\sin^2 x\cos x^2$　(2)$-\frac{3(\arcsin\frac{1-2x}{3})^2}{\sqrt{2-x-x^2}}$

(3)$\frac{1+2\sqrt{x}}{4\sqrt{x}\sqrt{x+\sqrt{x}}}$　(4)$\frac{1}{x^2}\tan\frac{1}{x}$

(5)$-\frac{1}{x^2}e^{-\cos^2\frac{1}{x}}\sin\frac{2}{x}$　(6)$-\frac{1}{1+x^2}$

(7)$3e^{-\frac{x}{2}}\cos 3x-\frac{1}{2}e^{-\frac{x}{2}}\sin 3x$　(8)$\sec x$

(9)$-\frac{7}{8}x^{-\frac{15}{8}}$　(10)$\frac{1}{x\ln x\cdot[\ln(\ln x)]}$

B

1. B,D

2. B

3. $\frac{f(x)f'(x)+g(x)g'(x)}{\sqrt{f^2(x)+g^2(x)}}$

4. (1)$2xf'(x^2)$　(2)$\sin 2x[f'(\sin^2 x)-f'(\cos^2 x)]$

(3)$\frac{-1}{|x|\sqrt{x^2-1}}f'(\arcsin\frac{1}{x})$　(4)$f'(e^x+x^e)\cdot(e^x+ex^{e-1})$

(5)$f'\{f[f(x)]\}\cdot f'[f(x)]\cdot f'(x)$　(6)$e^{f(x)}[f'(e^x)e^x+f(e^x)f'(x)]$

5. $-\frac{1}{(1+x)^2}$

6. $-xe^{x-1}$

7. $f'(x)=2+\frac{1}{x^2}$

8. 证略

习题 3-4

A

1. (1)$\dfrac{y}{y-x}$ (2)$\dfrac{ay-x^2}{y^2-ax}$ (3)$\dfrac{e^{x+y}-y}{x-e^{x+y}}$ (4)$-\dfrac{e^y}{1+xe^y}$ (5)$\dfrac{x+y}{x-y}$

2. 1

3. (1)$(x^2+1)^3(x+2)^2x^6\left(\dfrac{6x}{x^2+1}+\dfrac{2}{x+2}+\dfrac{6}{x}\right)$ (2)$x^x\cdot x^{x^x}(\dfrac{1}{x}+\ln x+\ln^2 x)$

(3)$\dfrac{(2x+1)^2\sqrt[3]{2-3x}}{\sqrt[3]{(x-3)^2}}\left[\dfrac{4}{2x+1}-\dfrac{1}{2-3x}-\dfrac{2}{3(x-3)}\right]$

(4)$-(1+\cos x)^{\frac{1}{x}}\dfrac{x\tan\dfrac{x}{2}+\ln(1+\cos x)}{x^2}$

4. (1)$-(at+1)e^{3t}$ (2)$\tan\theta$ (3)$-\tan\theta$ (4)$-2\cos\theta\sin^3\theta$

5. (1)$y=x$ (2)$4x+3y-12a=0$

B

1. 证略

2. $\dfrac{x_0x}{a^2}-\dfrac{y_0y}{b^2}=1$

3. 证略

4. $(-5,6),(-\dfrac{208}{27},\dfrac{32}{3})$

5. $v=\sqrt{\left(\dfrac{dx}{dt}\right)^2+\left(\dfrac{dy}{dt}\right)^2}=\sqrt{v_1^2+(v_2-gt)^2}$

$\varphi=\arctan\dfrac{v_2-gt}{v_1}$

6. $4x+4y=5+3\sqrt{3}$

习题 3-5

A

1. (1)$\dfrac{2-2x^2}{(1+x^2)^2}$ (2)$\dfrac{1}{x}$ (3)$2\arctan x+\dfrac{2x}{1+x^2}$ (4)$2xe^{x^2}(3+2x^2)$

2. (1)$-\dfrac{1}{y^3}$ (2)$-\dfrac{b^2}{a^2y^3}$ (3)$-2\csc^2(x+y)\cot^3(x+y)$ (4)$\dfrac{e^{2y}(3-y)}{(2-y)^3}$

3. (1)$\dfrac{1}{t^3}$ (2)$\dfrac{4}{9}e^{3t}$

4. 略

5. 略

6. (1)$y^{(20)}=2^{20}e^{2x}(x^2+20x+95)$ (2)$y^{(50)}=2^{50}(-x^2\sin 2x+50x\cos 2x+\dfrac{1\,225}{2}\sin 2x)$

7. (1)$2f'(x^2)+4x^2f''(x^2)$　(2)$\dfrac{f(x)f''(x)-[f'(x)]^2}{[f(x)]^2}$

B

1. 证略

2. $P(x)=x^2-x+3$

3. 证略

4. (1)$y^{(n)}=2^{n-1}\sin[2x+(n-1)\dfrac{\pi}{2}]$　　(2)$y^{(n)}=(-1)^n\dfrac{(n-2)!}{x^{n-1}}$　$(n\geqslant 2)$

(3)$y^{(n)}=e^x(x+n)$

(4)$y=\dfrac{1}{x^2+x}=\dfrac{1}{x}-\dfrac{1}{1+x}$

$$y^{(n)}=(-1)^n n!\left[\frac{1}{x^{n+1}}-\frac{1}{(x+1)^{n+1}}\right]$$

5. $f^{(n)}(x)=(n+1)!\ (x+\dfrac{n}{2})$

6. $F^{(n)}(x)=(-1)^n f^{(n)}(-x)$

7. $\dfrac{d^2y}{dx^2}=-\dfrac{[1-f'(y)]^2-f''(x)}{x^2[1-f'(y)]^3}$

习题 3-6

1. 当 $\Delta x=1$ 时，$\Delta y=18$，$dy=11$

当 $\Delta x=0.1$ 时，$\Delta y=1.161$，$dy=1.1$

当 $\Delta x=0.01$ 时，$\Delta y=0.110601$，$dy=0.11$

2. (1)$(10x+3)dx$　(2)$(3x^2-4x+8)dx$　(3)$\dfrac{2xdx}{|x|\sqrt{1-x^2}}$

(4)$(\dfrac{4}{x}\ln x+1)dx$　(5)$\sec t dt$　(6)$\left[\dfrac{-2\sin 2x}{1+\sin x}-\dfrac{\cos x\cos 2x}{(1+\sin x)^2}\right]dx$

3. $-\dfrac{2xy^2+y\sin(xy)}{x\sin(xy)+2yx^2}dx$

4. 证略

5. $30.301\ m^3$；$30\ m^2$

6. $2.01\pi\ cm^2$；$2\pi\ cm^2$

7. (1)2.0017　(2)0.01　(3)1.05　(4)0.495

B

1. (1)$2x+C$　　(2)$\dfrac{3}{2}x^2+C$　　(3)$-\dfrac{1}{\omega}\cos\omega x+C$　　(4)$\ln(1+x)+C$

(5)$-\dfrac{1}{2}e^{-2x}+C$　　(6)$2\sqrt{x}+C$　　(7)$\dfrac{1}{3}\tan 3x+C$　　(8)$-\dfrac{1}{2}\cot 2x+C$

2. $e^{f(x)}[f(\ln x)f'(x)+\dfrac{1}{x}f'(\ln x)]dx$

4. 没有

复习题 3

1. 填空题

(1)$2k$　　(2)$2f(x)f'(x)$

(3)2 或 98　　(4)2,−1

(5)0　　(6)1

(7)$4a^6$　　(8)4

2. 单项选择题

(1)D　(2)C　(3)B　(4)A　(5)A

3. 计算题

(1)$(\ln 2)\varphi(0)$

(2)1

(3)①$f'_-(0)=1, f'_+(0)=1, f'(0)=1$　②$f'_-(0)=0, f'_+(0)=1$, $f'(0)$不存在

4. (1)$y'=\dfrac{\sin 2x\sin(\sin^2 x)}{2\sqrt{\cos(\sin^2 x)}}$　(2)$y'=\dfrac{3x-2}{x^2-x}$

(3)$y'=2x\sec^2(x^2)e^{\tan x^2}\sec(e^{\tan x^2})\tan(e^{\tan x^2})$　(4)$y'=\dfrac{1}{x}-\dfrac{x}{1-x^2}+\cot x$

(5)$y'=-\left[\dfrac{2}{x}\cos(2\ln x)+2e^{2x}\sec^2(e^{2x})\right]\cdot\sin[\sin(2\ln x)+\tan e^{2x}]$

(6)$y'=\dfrac{\ln 2}{2\sqrt{x}(1+x)}2^{\arctan\sqrt{x}}$

(7)$y'=(\cos x)^{\sin x}[\cos x\cdot\ln(\cos x)-\tan x\cdot\sin x]$

(8)$y'=\dfrac{\sqrt{x+2}(2-x)^3}{(1-x)^5}\left[\dfrac{1}{2(x+2)}-\dfrac{3}{2-x}+\dfrac{5}{1-x}\right]$

5. (1)$-2\cos 2x\cdot\ln x-\dfrac{2\sin 2x}{x}-\dfrac{\cos^2 x}{x^2}$ (2)$\dfrac{1}{-2(1-x)^2}-\dfrac{1-x^2}{(1+x^2)^2}$

6. (1)$(-1)^n\dfrac{2\cdot n!}{(1+x)^{n+1}}$　(2)$(-\ln 3)3^{-x}$

7. $y'=-\dfrac{ye^{xy}+\sin x}{xe^{xy}+2y}$

8. $\left.\dfrac{dy}{dx}\right|_{x=1}=\dfrac{e-1}{e^2+1}$

9. $3x-y-7=0$

10. $\dfrac{dx}{x(1+\ln y)}$

习题 4-1

A

1. (1)$\xi=0$　(2)$\xi=\sqrt[3]{\dfrac{15}{4}}$　(3)$\xi=\dfrac{14}{9}$

2. 方程在(−2,−1),(−1,0),(0,1),(1,2)上各有一个实根

习题 4-2

A

1. (1)3　(2)2　(3)$\cos\alpha$　(4)5/3　(5)$-1/8$　(6)4/e

(7)1　(8)e^a　(9)1/2　(10)$-1/2$　(11)1　(12)1

2. 略

B

(1)e　(2)1　(3)1

习题 4-3

A

1. 在定义域上单调递减
2. (1)在$(-\infty,-1]$,$[3,+\infty)$上单调递增;在$[-1,3]$上单调递减

(2)在$(-\infty,+\infty)$上单调递增

(3)在$(-\infty,1/2]$上单调递减;在$[1/2,+\infty)$上单调递增

(4)在$(-\infty,0]$上单调递增;在$[0,+\infty)$上单调递减

B

1. (1)在$(-\infty,-2]$,$[0,+\infty)$上单调递增;在$[-2,0]$上单调递减

(2)在$(-\infty,0]$,$[1,+\infty)$,$[0,\frac{1}{2}]$上单调递减;在$[\frac{1}{2},1]$上单调递增

2. 证明略

习题 4-4

A

(1)在$(-\infty,+\infty)$上凹

(2)在$(-\infty,-2)$上凸;在$(2,+\infty)$上凹,拐点$(2,0)$

(3)在$(-\infty,-2)$上凸;在$(2,+\infty)$上凹,拐点$(2,-10)$

(4)在$(-\infty,-2)$上凸;在$(2,+\infty)$上凹,拐点$(2,\frac{2}{e^2})$

B

(1)在$(-\sqrt{3},0)\cup(\sqrt{3},+\infty)$上凹;在$(-\infty,-\sqrt{3})\cup(0,\sqrt{3})$上凸;拐点$(\pm\sqrt{3},\frac{\sqrt{3}}{2})$,$(0,0)$

(2)在$(-\infty,-1)\cup(1,+\infty)$上凸;在$(-1,1)$上凹,拐点$(\pm1,\ln2)$

习题 4-5

A

1. (1)极大值 $y(0)=6$,极小值 $y(1)=5$　(2)极小值 $y(-\frac{\ln 2}{2})=2\sqrt{2}$

(3)极大值 $y(1)=2$　(4)极大值 $y(-1)=3$,极小值 $y(0)=0$

(5)极大值 $y(0)=4$,极小值 $y(-2)=\frac{8}{3}$　(6)无极值

2. $a=2$ 时,极值 $f(\frac{\pi}{3})=\sqrt{3}$

3. (1)最小值 $y(-3)=27$,无最大值

(2)最小值 $f(\frac{\pi}{4})=\frac{\pi}{2}-1$,最大值 $f(\pi)=2\pi$

(3)最小值 $f(1)=2e^{-1}$,最大值 $f(4)=5e^{-4}$

(4)最小值 $f(0)=0$,最大值 $f(-0.5)=y(1)=0.5$

4. 长为 18 m,宽为 12 m
5. 单价 $P=6.5$ 时获利最大
6. 最优订购批量为 100 台

B

1. (1)极大值 $y(0)=0$,极小值 $y(2.5)=-\frac{3}{5}\sqrt[3]{\frac{4}{25}}$

(2)极大值 $y(\frac{12}{5})=\frac{\sqrt{205}}{10}$

(3)极大值 $y(-1.5)=0$,极小值 $y(-0.5)=-13.5$

2. 其他三边长为 r 时面积最大,最大值为 $S=\frac{3\sqrt{3}}{4}r^2$

3. $P=6$ 元

习题 4-6

A

1. (1)$y=0$　(2)$y=x+2,x=1$　(3)$y=x,x=0$　(4)$y=-2,x=0$
2. 略

习题 4-7

1. (1)$y'=2ax+b$,　$\frac{Ey}{Ex}=\frac{2ax^2+bx}{ax^2+bx+c}$

(2)$y'=ax^{a-1}e^{-b(x+c)}-bx^a e^{-b(x+c)}$,　$\frac{Ey}{Ex}=a-bx$

(3)$y=240e^{4x}$,　$\frac{Ey}{Ex}=4x$

2. 9 075,199.5,199

3.

x	$C(x)$	$\overline{C}(x)$	$C'(x)$
1 000	5 600	5.60	4.00
2 000	10 600	5.30	6.00
3 000	17 600	5.87	8.00

4. $C'(10)=12$

5. (1)$R'(Q)=200+\frac{Q}{10}$，$C'(Q)=5+\frac{Q}{5}$(元)，$L'(Q)=195-\frac{Q}{10}$；(2)192.5

6. (1)$R'=100-1.6Q$；(2)$R'(50)=20$；(3)$\left.\frac{ER}{EQ}\right|_{Q=50}=\frac{1}{3}$

7. $\frac{EQ}{EP}=2P$，$P>1/2$，$P=1/2$，$P<1/2$

B

1. (1)$\frac{EQ}{EP}=\frac{P}{P-20}$；(2)$-\frac{3}{7}$；(3)总收益增加，它将增加 0.82%

2. (1)$Q'(4)=-8$，当 $P=4$ 时，价格变化一个单位，需求量反方向变化 8 个单位

(2)$\eta(4)\approx0.35$，说明当 $P=4$ 时，价格上涨 1%，需求减少 0.35%

(3)$P=4$ 时，价格上涨 1%，总收益增加 0.65%

(4)$P=7$ 时，价格上涨 1%，总收益减少 0.66%

(5)$P=6$

复习题 4

1. (1)$e^{-\frac{4}{\pi}}$　(2)$\frac{1}{4}$　(3)0　(4)$\frac{2a}{b}$　(5)2　(6)e　(7)$a_1a_2\cdots a_n$

2～5. 证明从略

6. 极大值 $f(0)=2$，极小值 $f(\frac{1}{e})=e^{-\frac{3}{e}}$

7. $e^2y+x-4=0$

8. (1)$\frac{EC}{EQ}=\frac{1}{2}\frac{\sqrt{Q}}{1+\sqrt{Q}}$　　(2)$\frac{ER}{EQ}=\frac{1}{1+Q}$　　(3)$\frac{ER}{EP}=\frac{P}{P-5}$

9. 11(年)

习题 5-1

A

1. (1)$\frac{1}{4}x^4+C$　(2)$3x^2$　(3)$-\frac{1}{3}\cos 3x+C$　(4)$3\cos 3x$

2. 略

3. $y=\sqrt{x}+1$

4. (1)$8x-6x^2+2x^3-\frac{1}{4}x^4+C$　　(2)$\frac{6}{11}x^{\frac{11}{6}}-\frac{3}{4}x^{\frac{4}{3}}+\frac{2}{3}x^{\frac{3}{2}}-x+C$

(3)$\frac{2}{3}x^{\frac{3}{2}}-\ln|x|-2x^{-\frac{1}{2}}+C$　　(4)$\frac{8}{15}x^{\frac{15}{8}}$

(5)$e^x-\frac{1}{\ln 2-1}\left(\frac{2}{e}\right)^x+C$ (6)$3\arctan x-2\arcsin x+C$

(7)$-\frac{1}{x}-\arctan x+C$ (8)e^x+x+C

(9)$\sin x+\cos x+C$ (10)$-\frac{1}{2}\cot x+C$

B

(1)B、C (2)B (3)B (4)A (5)D (6)A、B、D (7)A (8)B (9)A (10)D

习题 5-2

A

1. (1)$-\frac{1}{2}$ (2)$\frac{1}{6}$ (3)$-\frac{1}{9}$ (4)-1 (5)-2 (6)$\frac{1}{2}$

(7)$-\frac{1}{4}$ (8)-2 (9)$-\frac{1}{3}$ (10)2 (11)$\frac{1}{3}$ (12)$\frac{1}{3}$

2. (1)$\frac{1}{2}x^2+C$ (2)$-\frac{1}{x}+C$ (3)$\ln x+C$ (4)$\frac{1}{3}e^{3x}+C$

(5)$\frac{1}{3}\sin 3x+C$ (6)$\frac{1}{2}\arctan\frac{x}{2}+C$ (7)$\sqrt{x^2+a^2}+C$ (8)$\arctan(\ln x)+C$

3. (1)$\frac{1}{2}\ln(1+x^2)+C$ (2)$-\frac{1}{2}e^{-2x}+C$

(3)$\frac{1}{3}(u^2-5)^{\frac{3}{2}}+C$ (4)$-e^{\frac{1}{x}}+C$

(5)$\frac{1}{5}(\arcsin x)^5-\arcsin x+C$ (6)$-\frac{1}{x\ln x}+C$

(7)$\frac{1}{2}\tan x+\frac{1}{2}x+C$ (8)$\frac{1}{2}(1+e^x)^2+C$

(9)$\frac{1}{3}\sec^3 x-\sec x+C$ (10)$\tan x+\frac{1}{3}\tan^3 x+C$

(11)$-2\cos\sqrt{x}+C$ (12)$\frac{2}{5}(x+1)^{\frac{5}{2}}-\frac{2}{3}(x+1)^{\frac{3}{2}}+C$

(13)$-\frac{1}{6}(1-\sin x)^6+C$ (14)$2\sqrt{x+1}-4\ln(\sqrt{x+1}+2)+C$

(15)$\frac{3}{8}x-\frac{1}{4}\sin 2x+\frac{1}{32}\sin 4x+C$ (16)$\frac{1}{5}\sin^5 x-\frac{1}{7}\sin^7 x+C$

(17)$-\frac{1}{16}\sin 8x+\frac{1}{4}\sin 2x+C$ (18)$\frac{1}{3}\sin\frac{3}{2}x+\sin\frac{x}{2}+C$

(19)$\arccos\frac{1}{|x|}+C$ (20)$\arcsin x-\frac{x}{1+\sqrt{1-x^2}}+C$

(21)$2\arcsin\sqrt{x}+C$ (22)$\ln|x+1+\sqrt{x^2+2x+2}|+C$

B

(1) $(\arctan\sqrt{x})^2+C$

(2) $-\frac{1}{\ln 10}10^{\arccos x}+C$

(3) $x-4\sqrt{x+1}+4\ln(\sqrt{x+1}+1)+C$

(4) $\ln\left|\frac{\sqrt{1-x}-\sqrt{1+x}}{\sqrt{1-x}+\sqrt{1+x}}\right|+C$

(5) $\frac{x}{8(1+x^2)}+\frac{1}{2}\arctan x+C$

(6) $\frac{x(x^2-1)\sqrt{x^2-2}}{4}-\frac{1}{2}\ln|x+\sqrt{x^2-2}|+C$

(7) $\frac{x}{\sqrt{1+x^2}}+C$

(8) $\frac{1}{2}(\arcsin x-x\sqrt{1-x^2})+C$

(9) $\frac{1}{2}\arcsin x^2+C$

(10) $-\frac{1}{1+\tan x}+C$

习题 5-3

A

1. (1) $-xe^{-x}-e^{-x}+C$

(2) $-\frac{1}{2}x\cos 2x+\frac{1}{4}\sin 2x+C$

(3) $\frac{1}{3}x^3\ln x+x\ln x-\frac{1}{9}x^3-x+C$

(4) $-\sqrt{1-x^2}\arcsin x+x+C$

(5) $x(\arcsin x)^2+2\sqrt{1-x^2}\arcsin x-2x+C$

(6) $\frac{1}{4}x^4\ln x-\frac{1}{16}x^4+C$

(7) $\frac{e^{2x}}{5}(2\sin x-\cos x)+C$

(8) $2e^{\sqrt{x}}(\sqrt{x}-1)+C$

(9) $x\ln^2 x-2x\ln x+2x+C$

(10) $-\frac{1}{x}\ln^2 x-\frac{2}{x}\ln x-\frac{2}{x}+C$

(11) $\frac{1}{2}e^x(\sin x-\cos x)+C$

(12) $\frac{x}{2}(\cos\ln x+\sin\ln x)+C$

(13) $-\frac{1}{4}x\cos 2x+\frac{1}{8}\sin 2x+C$

(14) $-\frac{x}{1+e^x}-\ln(1+e^{-x})+C$

习题 5-4

(1) $\frac{1}{16}[\ln|4x+3|+\frac{3}{4x+3}]+C$

(2) $\frac{1}{2}\ln|2x+\sqrt{4x^2-9}|+C$

(3) $\frac{1}{2}\arcsin\frac{x+1}{2}+C$

(4) $\ln[(x-2)+\sqrt{5-4x+x^2}]+C$

(5) $\frac{x}{2}\sqrt{2x^2+9}+\frac{9\sqrt{2}}{4}\ln(\sqrt{2}x+\sqrt{2x^2+9})+C$

(6) $-\frac{1}{13}e^{-2x}(2\sin 3x+3\cos 3x)+C$

(7) $(\frac{x^2}{2}-1)\arcsin\frac{x}{2}+\frac{x}{4}\sqrt{4-x^2}+C$

(8) $\frac{x}{18(9+x^2)}+\frac{1}{54}\arctan\frac{x}{3}+C$

(9) $-\frac{1}{2}\frac{\cos x}{\sin^2 x}+\frac{1}{2}\ln|\tan\frac{x}{2}|+C$

(10) $-\frac{1}{13}e^{-2x}(2\sin 3x+3\cos 3x)+C$

(11) $2\sqrt{x-1}-2\arctan\sqrt{x-1}+C$

(12) $\frac{\cos^5 x\cdot\sin x}{6}+\frac{5\cos^3 x\sin x}{24}+\frac{15}{24}\left(\frac{x}{2}+\frac{\sin 2x}{4}\right)+C$

(13) $\frac{x(x^2-1)\sqrt{x^2-2}}{4}-\frac{1}{2}\ln|x+\sqrt{x^2-2}|+C$

(14)$\frac{2}{3}\arctan[\frac{1}{3}(3\tan\frac{x}{2}-4)]+C$

(15)$(x+5)\sqrt{\frac{x-2}{x+5}}+(-7)\ln(\sqrt{|x-2|}+\sqrt{|x+5|})+C$

(16)$-\sqrt{1+x-x^2}+\frac{1}{2}\arcsin\frac{2x-1}{\sqrt{5}}+C$

复习题 5

1. (1)$y=\frac{x^2}{6}$ (2)$\frac{x^2}{2}+C$

(3)$\frac{1}{2}F(x^2)+C$ (4)$\frac{1}{1+\sin^2 x}+C$

(5)$x\sin x-\cos x+C$ (6)$\frac{3}{2}(x+1)^{\frac{2}{3}}+C$

(7)$x+2\ln(1+\mathrm{e}^{-x})+C$ (8)$-\frac{1}{u(x)}+C$

(9)$\arctan x+4$ (10)$\frac{1}{2}F^2(x)+C$

2. (1)A (2)B、C、D (3)B、D (4)D (5)C (6)C (7)D (8)A (9)B

3. (1)$-\frac{1}{3}\sqrt{2-3x^2}+C$ (2)$(\arctan\sqrt{x})^2+C$

(3)$\arctan \mathrm{e}^x+C$ (4)$\frac{1}{6}\ln\left|\frac{1+x^3}{1-x^3}\right|+C$

(5)$\ln x(\ln\ln x-1)+C$ (6)$2\arcsin\frac{x}{2}-\sqrt{4-x^2}+C$

(7)$\ln|x+\frac{1}{2}+\sqrt{x(x+1)}|+C$ (8)$\frac{\sqrt{1+x^2}}{x}+C$

(9)$\frac{1}{4}x^2-\frac{x}{4}\sin 2x-\frac{1}{8}\cos 2x+C$ (10)$\frac{1}{a^2+b^2}\mathrm{e}^{ax}(a\cos bx+b\sin bx)+C$

(11)$\ln\frac{\sqrt{1+\mathrm{e}^x}-1}{\sqrt{1+\mathrm{e}^x}+1}+C$ (12)$(4-2x)\cos\sqrt{x}+4\sqrt{x}\sin\sqrt{x}+C$

(13)$x\ln(1+x^2)-2x+2\arctan x+C$ (14)$(x+1)\arctan\sqrt{x}-\sqrt{x}+C$

(15)$\frac{1}{\sqrt{2}}\ln|\csc x-\cot x|+C$ (16)$\frac{\sin x}{2\cos^2 x}-\frac{1}{2}\ln|\cos x|+C$

(17)$\ln|1+\sin x|+C$ (18)$-\sqrt{1-x^2}\arccos x-x+C$

(19)$\frac{1}{3}\tan^3 x+2\tan x-\cot x+C$ (20)$\frac{1}{4}\tan^4 x+\frac{3}{2}\tan^2 x+3\ln|\tan x|-\frac{1}{2}\cot^2 x+C$

4. $Q=1\ 000\cdot 0.5^P$

习题 6-1

1. e−1

2. 略

3. (1)$\int_0^1 x^2\mathrm{d}x+\int_1^{\frac{4}{3}}(4-3x)\mathrm{d}x$ (2)$\int_2^S(S^2+1)\mathrm{d}S$ (3)$\int_0^3(4+t^2)\mathrm{d}t$

习题 6-2

A

(1)C (2)D (3)D (4)B,D

B

1. 略

2. (1) $6 \leqslant \int_1^4 (x^2+1)\mathrm{d}x \leqslant 51$ (2)$\pi \leqslant \int_{\frac{\pi}{4}}^{\frac{5}{4}\pi} (1+\sin^2 x)\mathrm{d}x \leqslant 2\pi$

(3)$0 \leqslant \int_1^2 (2x^3 - x^4)\mathrm{d}x \leqslant \frac{27}{16}$ (4)$2\mathrm{e}^{-\frac{1}{4}} \leqslant \int_0^2 \mathrm{e}^{x^2-x}\mathrm{d}x \leqslant 2\mathrm{e}^2$

3. (1)< (2)> (3)< (4)>

习题 6-3

A

1. $y'|_{x=0}=0, y'|_{x=\frac{\pi}{4}}=\frac{\sqrt{2}}{2}$

2. (1)$\Phi'(x)=\sqrt{1+x^2}$ (2)$\Phi'(x)=-x\mathrm{e}^{-x}$

(3)$\Phi'(x)=\frac{2x}{\sqrt{1+x^4}}$ (4)$\Phi'(x)=3x^2\mathrm{e}^{x^3}-2x\mathrm{e}^{x^2}$

3. (1)6 (2)$\frac{1}{15}a^2\sqrt{a}$ (3)$\frac{1}{12}$ (4)$\frac{1}{2}(25-\ln 26)$ (5)1 (6)$\frac{\pi}{2}$ (7)$1-\frac{\pi}{4}$ (8)$\frac{\pi}{6}$

(9)$\frac{\pi}{3a}$ (10)4

4. $\frac{2}{3}+\mathrm{e}^3-\mathrm{e}$

5. (1)1 (2)$\frac{2}{3}$ (3)$\frac{1}{2\mathrm{e}}$

B

1. (1)B、C、D (2)A (3)D (4)B (5)A、D (6)D (7)D (8)A (9)C (10)A、C

2. $\frac{\cos x}{\sin x-1}$

3. 极小值 $f(0)=0$

习题 6-4

A

1. (1)$2(2-\arctan 2)$ (2)$3\ln 3$ (3)$\frac{1}{3}$ (4)$2(\sqrt{3}-1)$ (5)$2(1-\frac{\pi}{4})$ (6)$\frac{\pi}{16}$

(7)$\frac{\pi}{4}$ (8)$\ln\frac{2+\sqrt{3}}{\sqrt{2}+1}$ (9)$\frac{4}{3}$ (10)$2\sqrt{2}$

2. (1)0 (2)$\frac{1}{96}\pi^3$

3. 略

4. (1)$\frac{1}{4}(e^2+1)$ (2)$\frac{1}{4}$ (3)$\frac{\pi^2}{4}-2$ (4)$\frac{2}{5}(e^{4\pi}-1)$ (5)$4(2\ln 2-1)$

(6)$\frac{\pi^2}{4}-2$ (7)$\frac{\pi}{2}-1$ (8)$\frac{1}{2}(e\sin 1-e\cos 1+1)$

5. $I_{100}=\frac{1\cdot 3\cdot 5\cdot \cdots \cdot 99}{2\cdot 4\cdot 6\cdot \cdots \cdot 100}\cdot\frac{\pi^2}{2}$

B

1. (1)$\frac{1}{2}$ (2)$4\frac{58}{105}$ (3)$\frac{1}{3}$ (4)14 (5)$\frac{1}{2}(1-\ln 2)$ (6)$\ln 2-\frac{\pi^2}{64}$ (7)$\frac{2}{3}$

(8)$-\frac{1}{8}\ln^2 2$ (9)$\frac{e^2-1}{4}$ (10)$2(1-\frac{1}{e})$

2.、3. 证明略

习题 6-5

A

1. (1)$\frac{1}{2}$ (2)发散 (3)$\frac{1}{4}$ (4)$\frac{1}{2}$ (5)π (6)1 (7)发散 (8)$2\frac{2}{3}$ (9)$\frac{\pi}{2}$ (10)2

2. 当$k>1$时收敛于$\frac{1}{(k-1)(\ln 2)^{k-1}}$；当$k\leqslant 1$时发散；当$k=1-\frac{1}{\ln\ln 2}$时取得最小值

3. (1)$\Gamma(m+1)=m!$ (2)$\Gamma(\frac{3}{2})=\frac{\sqrt{\pi}}{2}$ (3)$\frac{1}{2}\Gamma(3)=1$ (4)$\Gamma(p+1)=p!$

复习题 6

1. (1)$\frac{9}{14}$ (2)1 (3)$2x\sin^{10}x^2-\sin^{10}x$ (4)$\frac{1}{3}$ (5)$\arctan e-\frac{\pi}{4}$ (6)$2-\frac{\pi}{2}$

(7)$\frac{1}{9}(2e^3+1)$ (8)7 (9)$2(e^2+1)$ (10)$\frac{1}{\pi}$

2. (1)B、D (2)A (3)A (4)A (5)D (6)D (7)D (8)A、C (9)C (10)C

3. (1)$\frac{\pi}{6}$ (2)$2(1-\frac{\pi}{4})$ (3)$\frac{\pi}{8}$ (4)$\frac{1}{2}$ (5)$2e^2$

(6)单调增加区间为$(-\infty,0)$，$(1,+\infty)$；

单调减少区间为$(0,1)$；

极大值$\varphi(0)=0$；

极小值$\varphi(1)=-\frac{1}{6}$.

习题 7-2

A

1.(1)$\frac{1}{6}$ (2)1 (3)$\frac{32}{3}$ (4)$2\pi+\frac{4}{3}$,$6\pi-\frac{4}{3}$ (5)$\frac{3}{2}-\ln 2$ (6)$b-a$

2.(1)$\frac{128}{7}\pi$,$\frac{64}{5}\pi$ (2)$\frac{3}{10}\pi$ (3)$160\pi^2$ (4)$\frac{13}{6}\pi$

B

1. $\frac{\pi R^2 h}{2}$ 2. $\pi H^2(R-\frac{H}{3})$

3. $12\frac{2}{3}$ 4. $8a$

习题 7-3

A

1. 总产量是 260.8 单位
2. 总费用函数 $F(x)=0.2x^2-12x$
   总利润函数 $L(x)=32x-0.2x^2$
   最大利润 1 280 元
3. $C(x)=1\,000+7x+50\sqrt{x}$
4. $R(x)=ax-\frac{b}{2}x^2$
5. 500
6. 75

B

(1)$\frac{10}{1-\mathrm{e}^{-1}}$ (2)$5\rho=1-\mathrm{e}^{-10\rho}$ (3)$100-200\mathrm{e}^{-1}$

复习题 7

1.(1)$21\frac{1}{3}$ (2)$1\frac{1}{3}$ (3)4

2. $V_y=2\pi^2$

3.(1)$a=\frac{\sqrt{2}}{2}$,最小值为$\frac{1}{6}(2-\sqrt{2})$ (2)$V_x=\frac{\sqrt{2}+1}{30}\pi$

4. $a=-\frac{5}{3}$,$b=2$,$c=0$

5. $\frac{8}{9}[(\frac{5}{2})^{\frac{3}{2}}-1]$

6. $\frac{a}{2}\pi^2$

7. 开采 8 年后停产获利最大，最大利润为 1 840 万元

8. (1)9 920　(2)248.5,245.5

习题 8-1

1. 关于 xOy 面：$(3,-4,-5)$；关于 yOz 面：$(-3,-4,5)$；关于 zOx 面：$(3,4,5)$

2. 关于 x 轴：$(3,4,-5)$；关于 y 轴：$(-3,-4,-5)$；关于 z 轴：$(-3,4,5)$

3. $(-3,4,-5)$

4. 略

5. $(0,0,\frac{14}{9})$

习题 8-2

1. $5\boldsymbol{a}-11\boldsymbol{b}+7\boldsymbol{c}$

2. 略

3. $\boldsymbol{MA}=-\frac{1}{2}(\boldsymbol{a}+\boldsymbol{b}),\boldsymbol{MC}=\frac{1}{2}(\boldsymbol{a}+\boldsymbol{b}),\boldsymbol{MD}=\frac{1}{2}(\boldsymbol{b}-\boldsymbol{a}),\boldsymbol{MB}=\frac{1}{2}(\boldsymbol{a}-\boldsymbol{b})$

习题 8-3

1. $\{1,-2,-2\},\{-2,4,4\}$

2. 模：2；方向余弦：$-\frac{1}{2},-\frac{\sqrt{2}}{2},\frac{1}{2}$；方向角：$\frac{2\pi}{3},\frac{3\pi}{4},\frac{\pi}{3}$

3. $\pm\frac{1}{11}(6\boldsymbol{i}+7\boldsymbol{j}-6\boldsymbol{k})$

4. $m=15,n=-\frac{1}{5}$

5. $(12,10,0)$

6. $\boldsymbol{a}=\frac{3}{2}(\boldsymbol{i}+\boldsymbol{j}\pm\sqrt{2}\boldsymbol{k})$；$\left(\frac{7}{2},\frac{3}{2},-1\pm\frac{3\sqrt{2}}{2}\right)$

习题 8-4

1. (1)$3,5\boldsymbol{i}+\boldsymbol{j}+7\boldsymbol{k}$　(2)$\frac{3}{2\sqrt{21}}$　(3)$-18;10\boldsymbol{i}+2\boldsymbol{j}+14\boldsymbol{k}$　(4)$-\frac{3}{2}$

2. 略

3. 略

4. $\pm\frac{1}{\sqrt{17}}(3\boldsymbol{i}-2\boldsymbol{j}-2\boldsymbol{k})$

5. $\frac{\sqrt{19}}{2}$

6. $\{-4,2,-4\}$

习题 8-5

1. $x+7y+3z-59=0$

2. $3x-7y+5z-4=0$

3. $4x-3y-z-6=0$

4. $x+3y=0$

5. $\frac{x}{4}+\frac{y}{2}+\frac{z}{4}=1$

6. $y+5=0$

7. $\frac{1}{3},\frac{2}{3},\frac{2}{3}$

8. 1

9. 略

10. $\frac{x-2}{3}=\frac{y-2}{-1}=\frac{z+1}{2}$

11. $\frac{x+1}{3}=\frac{y-2}{-1}=\frac{z-1}{1}$

12. $\cos\varphi=\frac{2\sqrt{2}}{27}$

13. $\frac{x+8}{5}=\frac{y-1}{-1}=\frac{z-7}{-5}$

14. $(36,-28,13)$　$5°6'40''$

习题 8-6

1. (1)球心$\left(-2,1,-\frac{1}{2}\right)$;$R=2$　(2)球心$\left(0,0,\frac{1}{4}\right)$,$R=\frac{1}{4}$

2. 略

3. 略

4. (1)$y^2+z^2=5x$　(2)$\frac{x^2+y^2}{4}+\frac{z^2}{9}=1$

(3)$4(x^2+z^2)-9y^2=36$;$4x^2-9(y^2+z^2)=36$

5. (1)$\begin{cases}\frac{x^2}{4}+\frac{y^2}{9}=1\\ z=0\end{cases}$ 绕 x 轴旋转　(2)$\begin{cases}x^2-\frac{y^2}{4}=1\\ z=0\end{cases}$ 绕 y 轴旋转

(3)$\begin{cases}x^2-y^2=1\\ z=0\end{cases}$ 绕 x 轴旋转　(4)$\begin{cases}z-a=x\\ y=0\end{cases}$ 绕 z 轴旋转

6. $3y^2-z^2=16$;$3x^2+2z^2=16$

7. $\begin{cases}x^2+y^2+(x-1)^2=9\\ z=0\end{cases}$

8. (1)椭球面　(2)椭圆抛物面　(3)单叶双曲面　(4)双叶双曲面

(5)圆锥面　(6)双曲抛物面

9. 略

10. 略

复习题 8

1. (1)$\left(0,0,\frac{14}{9}\right)$　(2)$\boldsymbol{i}+5\boldsymbol{j}-3\boldsymbol{k}$

(3)$\frac{1}{a}\boldsymbol{i}+\frac{1}{b}\boldsymbol{j}+\frac{1}{c}\boldsymbol{k}$,分别为该平面在 x 轴、y 轴、z 轴上的截距

(4)$(1,0,-2)$,$\sqrt{17}$　(5)$4x^2-3(y^2+z^2)=12$,双叶双曲面

2. (1)C　(2)C　(3)A　(4)C　(5)C

3. (1)$x+2y+z=0$　(2)$\frac{x+1}{2}=\frac{y-2}{3}=\frac{z-6}{1}$　(3)$\frac{1}{2}\sqrt{1562}$　(4)$d=\frac{20}{3}$

(5)单叶双曲面:(a)$\begin{cases}\frac{z^2}{\frac{20}{9}}-\frac{y^2}{\frac{125}{9}}=1\\ x=2\end{cases}$　(b)$\begin{cases}\frac{x^2}{9}+\frac{z^2}{4}=1\\ y=0\end{cases}$

(c) $\begin{cases}\dfrac{x}{3}=\dfrac{y}{5}\\ z=2\end{cases}$ 及 $\begin{cases}\dfrac{x}{3}=\dfrac{y}{-5}\\ z=2\end{cases}$ (d) $\begin{cases}\dfrac{x^2}{\frac{27}{4}}-\dfrac{y^2}{\frac{75}{4}}=1\\ z=1\end{cases}$

(6) $\begin{cases}x^2+(y-1)^2=1\\ z=0\end{cases}$

(7)(a)椭球面;(b)椭圆抛物面;(c)椭圆抛物面;(d)双叶双曲面;

(e)双曲抛物面

习题 9-1

A

1. $f(1,3)=5, f(s,1)=\dfrac{s-2}{2s-1}$

2. $\phi(0,1)=1, \phi(-1,-1)=1$

3. (1) $\begin{cases}-\infty<x<+\infty\\ 0\leqslant y<+\infty\end{cases}$ (2) $\begin{cases}x\geqslant 0\\ x^2+y^2\neq 0\end{cases}$

(3) $xy>0$ (即平面 xOy 上的第Ⅰ、Ⅲ象限内部(不含坐标轴))

(4) $D=\{(x,y,z)\mid x>0, y>0, z>0\}$

(5) $\dfrac{x^2}{a^2}+\dfrac{y^2}{b^2}\leqslant 1$ (即 xOy 平面上椭圆 $\dfrac{x^2}{a^2}+\dfrac{y^2}{b^2}=1$ 的边界及其内部)

4. (1) $\begin{cases}-\dfrac{\sqrt{2}}{2}\leqslant x\leqslant\dfrac{\sqrt{2}}{2}\\ x^2\leqslant y\leqslant 1-x^2\end{cases}$ 或 $\begin{cases}0\leqslant y\leqslant\dfrac{1}{2}\\ -\sqrt{y}\leqslant x\leqslant\sqrt{y}\end{cases}$ 及 $\begin{cases}\dfrac{1}{2}\leqslant y\leqslant 1\\ -\sqrt{1-y}\leqslant x\leqslant\sqrt{1-y}\end{cases}$

(2) $\begin{cases}2\leqslant y\leqslant 4\\ \dfrac{y}{2}\leqslant x\leqslant\dfrac{8}{y}\end{cases}$ 或 $\begin{cases}1\leqslant x\leqslant 2\\ 2\leqslant y\leqslant 2x\end{cases}$ 及 $\begin{cases}2\leqslant x\leqslant 4\\ 2\leqslant y\leqslant\dfrac{8}{x}\end{cases}$

(3) $\begin{cases}0\leqslant x\leqslant 1\\ x-1\leqslant y\leqslant 1-x\end{cases}$ 或 $\begin{cases}-1\leqslant y\leqslant 0\\ 0\leqslant x\leqslant 1+y\end{cases}$ 及 $\begin{cases}0\leqslant y\leqslant 1\\ 0\leqslant x\leqslant 1-y\end{cases}$

5. 略

6. $\dfrac{x^2-xy}{2}$

7. 略

8. (1)(0,0) (2) $y^2=2x$

9. (1)在 xOy 面上连续 (2) $xy\geqslant 0$,即在平面的第Ⅰ、Ⅲ象限(包含坐标轴)上连续

10. (1)0 (2)1 (3) $-\dfrac{1}{4}$

B

1. $(x+y)^{xy}+(xy)^{2x}$

2. 略

3. (1)e (2)ln 2

习题 9-2

A

1. (1) $\frac{\partial z}{\partial x}=\frac{1}{3}x^{-\frac{4}{3}},\frac{\partial z}{\partial y}=-6y^{-3}$　(2) $\frac{\partial z}{\partial x}=\frac{y}{2xy\sqrt{\ln(xy)}},\frac{\partial z}{\partial y}=\frac{x}{2xy\sqrt{\ln(xy)}}$

(3) $\frac{\partial z}{\partial x}=\frac{-2y}{(x-y)^2},\frac{\partial z}{\partial y}=\frac{2x}{(x-y)^2}$　(4) $\frac{\partial z}{\partial x}=2y+\frac{1}{y},\frac{\partial z}{\partial y}=x-\frac{x}{y^2}$

(5) $\frac{\partial z}{\partial x}=ye^{xy},\frac{\partial z}{\partial y}=xe^{xy}$　(6) $\frac{\partial z}{\partial x}=\frac{y(y^2-x^2)}{(x^2+y^2)^2},\frac{\partial z}{\partial y}=\frac{x(x^2-y^2)}{(x^2+y^2)^2}$

(7) $\frac{\partial z}{\partial x}=\frac{y^2}{1+xy}(1+xy)^y,\frac{\partial z}{\partial y}=(1+xy)^y[\frac{xy}{1+xy}+\ln(1+xy)]$

2. $f_x(1,0)=1,f_y(1,0)=\frac{1}{2}$

3. (1) $\frac{\partial^2 z}{\partial x^2}=2y(2y-1)x^{2y-2},\frac{\partial^2 z}{\partial x\partial y}=2x^{2y-1}(1+2y\ln x),\frac{\partial^2 z}{\partial y^2}=4x^{2y}(\ln x)^2$

(2) $\frac{\partial^2 z}{\partial x^2}=\frac{2xy}{x^2+y^2},\frac{\partial^2 z}{\partial x\partial y}=-\frac{x^2-y^2}{x^2+y^2},\frac{\partial^2 z}{\partial y^2}=-\frac{2xy}{x^2+y^2}$

(3) $\frac{\partial^2 z}{\partial x^2}=\frac{y^2-x^2}{(x^2+y^2)^2},\frac{\partial^2 z}{\partial x\partial y}=-\frac{2xy}{(x^2+y^2)^2},\frac{\partial^2 z}{\partial y^2}=\frac{x^2-y^2}{(x^2+y^2)^2}$

(4) $\frac{\partial^2 z}{\partial x^2}=12x^2-8y^2,\frac{\partial^2 z}{\partial x\partial y}=-16xy,\frac{\partial^2 z}{\partial y^2}=12y^2-8x^2$

4. 略

5. 略

6. (1) $\frac{EQ_A}{EP_A}=-1,\frac{EQ_B}{EP_B}=-0.6$　(2) 0.71

B

1. $\frac{\partial^2 z}{\partial x^2}=\frac{x+2y}{(x+y)^2};\frac{\partial^2 z}{\partial y^2}=-\frac{x}{(x+y)^2}$

2. 略

3. 略

习题 9-3

A

1. (1) $(y+\frac{1}{y})dx+(x-\frac{x}{y^2})dy$　(2) $\frac{x}{\sqrt{x^2+y^2}}dx+\frac{y}{\sqrt{x^2+y^2}}dy$

(3) $yx^{y-1}dx+x^y\ln x dy$　(4) $e^{xy}(ydx+xdy)$

2. $19.2\pi\gamma$

3. $\Delta z=15.17,dz=14.8$

4. -2.8 mm　$-14\ 000$ mm^2

B

1. 2.039

2. 略

习题 9-4

A

1. $-\mathrm{e}^{\cos t-t^2}(\sin t+2t)$

2. $\dfrac{\mathrm{e}^x}{\ln x}-\dfrac{\mathrm{e}^x}{x(\ln x)^2}$

3. (1)$\dfrac{\partial z}{\partial u}=\dfrac{2u}{v^2}\ln(3u-2v)+\dfrac{3u^2}{v^2(3u-2v)}$，$\dfrac{\partial z}{\partial v}=-\dfrac{2u^2}{v^3}\ln(3u-2v)-\dfrac{2u^2}{v^2(3u-2v)}$

(2)$\dfrac{\partial z}{\partial u}=(2xy-y^2)\cos v+(x^2-2xy)\sin v$，

$\dfrac{\partial z}{\partial v}=-(2xy-y^2)u\sin v+(x^2-2xy)u\cos v$

(3)$\dfrac{\partial z}{\partial x}=2x\dfrac{\partial z}{\partial u}+x\mathrm{e}^{xy}\dfrac{\partial z}{\partial v}$，$\dfrac{\partial z}{\partial y}=-2y\dfrac{\partial z}{\partial u}+x\mathrm{e}^{xy}\dfrac{\partial z}{\partial v}$

$(u=x^2-y^2, v=\mathrm{e}^{xy})$

(4)$\dfrac{\partial f(u,v)}{\partial u}+y\dfrac{\partial f(u,v)}{\partial v}$，$x\dfrac{\partial f(u,v)}{\partial v}$　$(u=x, v=xy)$

4. 略

5. $\dfrac{\mathrm{d}y}{\mathrm{d}x}=\dfrac{y^2-\mathrm{e}^x}{\cos y-2xy}$

6. $\dfrac{\partial z}{\partial x}=\dfrac{yz}{\mathrm{e}^z-xy}$，$\dfrac{\partial z}{\partial y}=\dfrac{xz}{\mathrm{e}^z-xy}$

7. 略

8. $-\dfrac{1}{5}$，$-\dfrac{11}{5}$

9. $\dfrac{\partial^2 z}{\partial x^2}=-\dfrac{z^2}{(x+z)^3}$，$\dfrac{\partial^2 z}{\partial y^2}=-\dfrac{x^2z^2}{y^2(x+z)^3}$

习题 9-5

A

1. (1)极大值 $f(0,0)=0$，极小值 $f(2,2)=-8$

(2)极小值 $f(\dfrac{1}{2},-1)=-\dfrac{\mathrm{e}}{2}$

2. 极小值$\dfrac{a^2b^2}{a^2+b^2}$

3. 长 $2\sqrt{10}$ m，宽为 $3\sqrt{10}$ m，所用材料费最少约为 189.74 元

4. 用 250 个劳动力，投入 50 个单位资本时，可获得最大产量

5. $P_1=80$，$P_2=80$ 时有最大利润 $L=435$

6. 最大值 $z(1,0)=1$，最小值$|_{x^2+y^2=2x}=0$

7. 边长为$\dfrac{2a}{\sqrt{3}}$的立方体，$V=\dfrac{8}{3\sqrt{3}}a^3$

8. 略

9. $x_1=b\left(\frac{P_2\alpha}{P_1\beta}\right)^{\beta}$，$x_2=b\left(\frac{P_1\beta}{P_2\alpha}\right)^{\alpha}$ 时，可使投入总费用最小

10. 甲 120 件，乙 80 件时最大利润 $L_{(120,80)}=320$ 元

B

1. $f(x,y)$ 在 $(0,0)$ 点无极值

2. 当长、宽均为 $\frac{2a}{\sqrt{3}}$，高为 $\frac{a}{\sqrt{3}}$ 时，可取最大体积

复习题 9

A

1. $x^2-y^2>0$
2. $2<x^2+y^2\leqslant 4$
3. 略
4. $f(x)=\sqrt{1+x^2}$
5. $f_x(1,1)=\frac{1}{3}\sqrt[3]{2}$，$f_y(1,2)=\frac{4}{15}\sqrt[3]{5}$
6. $2xye^{x^2y}$
7. $-\sin 2t+3t^2\cos t^3$
8. (1) $\frac{\partial z}{\partial x}=\frac{x}{x^2+y^2}$，$\frac{\partial z}{\partial y}=\frac{y}{x^2+y^2}$

   (2) $\frac{\partial u}{\partial x}=\frac{z}{y}\left(\frac{x}{y}\right)^{z-1}$，$\frac{\partial u}{\partial y}=-\frac{z}{y}\left(\frac{x}{y}\right)^{z}$，$\frac{\partial u}{\partial z}=\left(\frac{x}{y}\right)^{z}\ln\left(\frac{x}{y}\right)$
9. $du=e^{ax+by}\quad(adx+bdy)$
10. $\frac{\partial z}{\partial x}=-\frac{c^2x}{a^2z}$，$\frac{\partial z}{\partial y}=-\frac{c^2y}{b^2z}$
11. 极小值 $3(ab-a^2-b^2)$
12. 极大值 $z(\frac{1}{2},\frac{1}{2})=\frac{1}{4}$
13. 劳动力 225 人，原料为 37.5 个单位

B

1. $f_y(x,x^2)=-\frac{1}{2}$

2. (1) $\frac{\partial^2 z}{\partial x^2}=2\cos(x+y)-x\sin(x+y)$，$\frac{\partial^2 z}{\partial x\partial y}=\cos(x+y)-x\sin(x+y)$，$\frac{\partial^2 z}{\partial y^2}=-x\sin(x+y)$

   (2) $\frac{\partial^2 z}{\partial x^2}=y(y-1)x^{y-2}$，$\frac{\partial^2 z}{\partial x\partial y}=x^{y-1}(1+y\ln x)$，$\frac{\partial^2 z}{\partial y^2}=x^y(\ln x)^2$
3. $a>2$ （提示：利用 $\sqrt{x^2+y^2}\leqslant|x|+|y|\leqslant 2\sqrt{x^2+y^2}$）
4. 略
5. $x=90$，$y=140$

习题 10-1

A

1. $m=\iint\limits_D \rho(x,y)\mathrm{d}\sigma$

2. $\iint\limits_D (x+y)^2\mathrm{d}\sigma \geqslant \iint\limits_D (x+y)^3\mathrm{d}\sigma$

3. $\iint\limits_D \ln(x+y)\mathrm{d}\sigma \geqslant \iint\limits_D [\ln(x+y)]^2\mathrm{d}\sigma$

4. (1)π　　(2)$\frac{2}{3}\pi R^3$

5. (1)$2\leqslant I\leqslant 8$　　(2)$36\pi\leqslant I\leqslant 100\pi$

B

1. 0

2. 0

习题 10-2

A

1. (1) $I=\int_1^2\mathrm{d}x\int_0^{\frac{\pi}{2}} f(x,y)\mathrm{d}y=\int_0^{\frac{\pi}{2}}\mathrm{d}y\int_1^2 f(x,y)\mathrm{d}x$

(2)$I=\int_0^4\mathrm{d}x\int_x^{2\sqrt{x}} f(x,y)\mathrm{d}y=\int_0^4\mathrm{d}y\int_{\frac{y^2}{4}}^{y} f(x,y)\mathrm{d}x$

(3)$I=\int_{-1}^1\mathrm{d}x\int_{1-\sqrt{1-x^2}}^{1+\sqrt{1+x^2}} f(x,y)\mathrm{d}y=\int_0^2\mathrm{d}y\int_{-\sqrt{2y-y^2}}^{\sqrt{2y-y^2}} f(x,y)\mathrm{d}x$

(4)$I=\int_0^1\mathrm{d}x\int_x^{2x} f(x,y)\mathrm{d}y+\int_1^{\sqrt{2}}\mathrm{d}x\int_x^{\frac{2}{x}} f(x,y)\mathrm{d}y$

$=\int_0^{\sqrt{2}}\mathrm{d}y\int_{\frac{y}{2}}^{y} f(x,y)\mathrm{d}x+\int_{\sqrt{2}}^2\mathrm{d}y\int_{\frac{y}{2}}^{\frac{2}{y}} f(x,y)\mathrm{d}x$

2. (1)$(\mathrm{e}-\frac{1}{\mathrm{e}})^2$　(2)$\frac{2}{3}$　(3)1　(4)$\frac{9}{4}$

3. (1) $I=\int_{-\frac{\pi}{2}}^{\frac{\pi}{2}}\mathrm{d}\theta\int_0^{2\cos\theta} rf(r\cos\theta,r\sin\theta)\mathrm{d}r$

(2)$I=\int_{\frac{\pi}{4}}^{\frac{3}{4}\pi}\mathrm{d}\theta\int_0^R rf(r\cos\theta,r\sin\theta)\mathrm{d}r$

(3)$I=\int_{-\frac{\pi}{2}}^{\frac{\pi}{2}}\mathrm{d}\theta\int_{2\cos\theta}^2 rf(r\cos\theta,r\sin\theta)\mathrm{d}r+\int_{\frac{\pi}{2}}^{\frac{3}{2}\pi}\mathrm{d}\theta\int_0^2 rf(r\cos\theta,r\sin\theta)\mathrm{d}r$

4. $\frac{7}{2}$

5. 略

6. (1) $\int_0^1\mathrm{d}x\int_x^1 f(x,y)\mathrm{d}x$　　(2)$\int_0^4\mathrm{d}x\int_{\frac{x}{2}}^{\sqrt{x}} f(x,y)\mathrm{d}y$

(3)$\int_0^1 dy\int_{e^y}^{e} f(x,y)dx$　　(4)$\int_0^2 dx\int_{\frac{1}{2}x}^{3-x} f(x,y)dy$

7. $\frac{4}{3}$

8. (1)$\pi(e^4-1)$　　(2)$\frac{\pi}{4}(2\ln 2-1)$

9. $\frac{3}{32}\pi a^4$

B

1. (1)$\frac{9}{4}$　(2)$14a^4$　(3)$\frac{2}{3}\pi(b^3-a^3)$

2. 略

习题 10-3

A

1. $(\frac{1}{2},\frac{2}{5})$

2. $(0,\frac{2\sqrt{2}}{5}a)$

3. $\frac{1}{2}M(R^2+r^2)$

4. $\frac{ab^3}{12};\frac{a^3b}{12}$

B

1. $\frac{R^3}{3}(\frac{\pi}{2}-\frac{2}{3})$

2. $\frac{81}{10}$

复习题 10

A

1. (1)$\frac{1}{4}$　(2)2π　(3)$\frac{3}{4}$　(4)-2　(5)$\frac{1}{2}$

2. $c\pi R^2$

3. (1)$\frac{9}{2}$　(2)$\frac{\pi}{2}$　(3)$\frac{7}{6}\pi$

4. 18π

5. 51.2 m^3

6. (1)$\ln\frac{2+\sqrt{3}}{1+\sqrt{2}}$　(2)$\frac{3}{4}\pi a^4$

B

1. 0

2. $\frac{32}{3}\pi$

习题 11-1

A

1. (1)一阶非线性方程 (2)二阶线性非齐次方程 (3)二阶非线性方程
   (4)二阶非线性方程 (5)二阶线性齐次方程 (6)二阶线性非齐次方程
2. (1)通解 (2)通解 (3)通解 (4)特解
3. (1)$C=-25$ (2)$C_1=0, C_2=1$ (3)$C_1=0, C_2=2$ (4)$C_1=-1, C_2=0$

B

1. $yy'+2x=0$
2. $xyy''+xy'^2-yy'=0$
3. $x(P)+P\cdot x'(p)=0, \frac{Ex}{EP}=\frac{P}{x}\frac{dx}{dP}=-1$

习题 11-2

A

1. (1)$y=e^{Cx}$ (2)$e^{-y}=1+Ce^x$ (3)$e^y=\frac{1}{2}(e^{2x}+1)$
   (4)$u=5e^{t+\frac{t^3}{3}}$ (5)$(1+e^x)\sec y=2\sqrt{2}$
2. (1)$y=xe^{1+Cx}$ (2)$Cy=e^{\frac{y}{x}}$ (3)$y=Cx(x-y)$ (4)$y^2=x^2(\ln x^2+4)$
3. (1)$y=(x+C)e^{-x}$ (2)$y=(x+C)e^{-\sin x}$ (3)$x=\frac{y^2}{2}+Cy^3$
   (4)$y=\frac{1}{x}(\pi-1-\cos x)$ (5)$2y=x^3-x^3e^{\frac{1}{x^2}-1}$

B

1. $R=R_0e^{-0.000\,433t}$
2. $f(x)=\frac{1}{2}(e^{2x}+1)$
3. (1)$\frac{1}{y}=2(1+\ln x+Cx)$ (2)$\frac{1}{y^2}=Ce^{x^2}-x^2-1$

习题 11-3

A

1. (1) $y=\frac{x^2}{6}-\cos x+C_1x+C_2$ (2) $y=x\arctan x-\frac{1}{2}\ln(1+x^2)+C_1x+C_2$
(3) $y=C_1\mathrm{e}^x-\frac{x^2}{2}-x+C_2$ (4) $y=\ln|x+C_1|+C_2$
(5) $\frac{1}{2}y^2=C_1x+C_2$ (6) $y=\arcsin(C_1\mathrm{e}^x)+C_2$

2. (1) $y=\sqrt{2x-x^2}$ (2) $y=\frac{1}{8}\mathrm{e}^{2x}-\frac{\mathrm{e}^2}{4}x^2+\frac{\mathrm{e}^2}{4}x-\frac{\mathrm{e}^2}{8}$
(3) $x=\pm\ln(\mathrm{e}^y+\sqrt{\mathrm{e}^{2y}-1})$ (4) $y=x^4+4x+1$

B

1. $y=\frac{1}{3}x^3-\frac{2}{3}x^2+\frac{1}{3}$

2. $y=\frac{1}{2}[\frac{5}{6}(1-x)^{\frac{6}{5}}-\frac{5}{4}(1-x)^{\frac{4}{5}}]+\frac{5}{24}$

习题 11-4

A

1. (1)线性无关 (2)线性无关 (3)线性相关 (4)线性无关 (5)线性相关
(6)线性无关

2. $y=C_1\mathrm{e}^{x^2}+C_2x\mathrm{e}^{x^2}$

B

1. $y''+y=0$ 2. $y=C_1\mathrm{e}^x+C_2x^2+3$

习题 11-5

A

1. (1) $y=C_1\mathrm{e}^x+C_2\mathrm{e}^{-2x}$ (2) $y=C_1+C_2\mathrm{e}^{4x}$
(3) $y=C_1\cos x+C_2\sin x$ (4) $y=\mathrm{e}^{-3x}(C_1\cos 2x+C_2\sin 2x)$
(5) $y=(C_1+C_2x)\mathrm{e}^{2x}$ (6) $y=C_1\mathrm{e}^x+C_2\mathrm{e}^{-x}+C_3\cos x+C_4\sin x$

2. (1) $y=3\mathrm{e}^{-2x}\sin 5x$ (2) $y=\mathrm{e}^{-\frac{x}{2}}(2+x)$
(3) $y=4\mathrm{e}^x+2\mathrm{e}^{3x}$ (4) $y=2\cos 5x+5\sin 5x$

3. (1) $y=C_1\mathrm{e}^{\frac{x}{2}}+C_2\mathrm{e}^{-x}+\mathrm{e}^x$ (2) $y=C_1+C_2\mathrm{e}^{-\frac{5}{2}x}+\frac{1}{3}x^3-\frac{3}{5}x^2+\frac{7}{25}x$
(3) $y=C_1\mathrm{e}^{-x}+C_2\mathrm{e}^{-2x}+\left(\frac{3}{2}x^2-3x\right)\mathrm{e}^{-x}$ (4) $y=\mathrm{e}^x(C_1\cos 2x+C_2\sin 2x)-\frac{1}{4}x\mathrm{e}^x\cos 2x$
(5) $y=C_1\cos x+C_2\sin x+\frac{1}{2}\mathrm{e}^x+\frac{x}{2}\sin x$ (6) $y=C_1\mathrm{e}^x+C_2\mathrm{e}^{-x}+\frac{1}{10}\cos 2x-\frac{1}{2}$

4. (1) $y=-\cos x-\frac{1}{3}\sin x+\frac{1}{3}\sin 2x$ (2) $y=-5e^x+\frac{7}{2}e^{2x}+\frac{5}{2}$

(3) $y=(x^2-x+1)e^x-e^{-x}$ (4) $y=\frac{11}{16}+\frac{5}{16}e^{4x}-\frac{5}{4}x$

B

1. $\varphi(x)=\frac{1}{2}(\cos x+\sin x+e^x)$ 2. $y=C_1e^x+C_2e^{-x}+xe^x$

习题 11-6

1. (1) $\Delta y_x=6x^2+4x+1$， $\Delta^2 y_x=12x+10$；

(2) $\Delta y_x=e^{3x}(e^3-1)$， $\Delta^2 y_x=e^{3x}(e^3-1)^2$；

(3) $\Delta y_x=\log_a\left(1+\frac{1}{x}\right)$， $\Delta^2 y_x=\log_a\left(\frac{x(x+2)}{(x+1)^2}\right)$；

(4) $\Delta y_x=4x^{(3)}$， $\Delta^2 y_x=12x^{(2)}$.

3. A.

4. $a=2e-e^2$

5. (1) 3 阶； (2) 6 阶.

习题 11-7

1. (1) $y_x=C\left(\frac{3}{2}\right)^x$； (2) $y_x=C(-1)^x$；

(3) $y=C$.

2. (1) $y_x^*=3\left(-\frac{5}{2}\right)^x$； (2) $y_x^*=2$.

3. (1) $y_x=C\cdot 5^x-\frac{3}{4}$； (2) $y_x=C(-4)^x+\frac{2}{5}x^2+\frac{1}{25}x-\frac{36}{125}$；

(3) $y_t=\frac{2^{t+1}}{3}+C\cdot\left(\frac{1}{2}\right)^t$； (4) $y_x=\frac{1}{10}x^{(10)}+C$；

(5) $y_t=(t-2)2^t+C$； (6) $y_t=C+\left(\frac{3}{4}-\frac{t}{2}\right)3^{t-1}-\frac{t}{3}$；

(7) $y_t=C\cdot 3^t-0.1\cos\left(\frac{\pi}{2}t\right)-0.3\sin\left(\frac{\pi}{2}t\right)$；

(8) $y_x=C\cdot 3^x-\frac{1}{2}x+\frac{1}{4}$

4. (1) $y_x^*=2+3x$； (2) $y_x^*=\frac{5}{3}(-1)^x+\frac{1}{3}\cdot 2^x$；

(3) $y_x^*=\frac{2}{9}(-1)^x+\left(\frac{x}{3}-\frac{2}{9}\right)2^x$；

(4) $y_x^*=-\frac{36}{125}+\frac{x}{5}+\frac{2x^2}{5}+\frac{161}{125}\cdot(-4)^x$.

习题 11-8

1. (1) $y_x=C_1(-1)^x+C_2 6^x$； (2) $y_x=(C_1+C_2x)(-5)^x$；

(3) $y_x=\left(\frac{1}{3}\right)^x\left(C_1\cos\frac{\pi}{2}x+C_2\sin\frac{\pi}{2}x\right)$；

(4) $y_x=C_1(-1)^x+C_2\cdot 4^x$;

(5) $y_x=(-1)(-4)^x+2\cdot 3^x$.

2. (1) $y_x=C_1+C_2(-4)^x+x$;　　(2) $y_x=(C_1+C_2x)\left(\frac{1}{2}\right)^x+8$;

(3) $y_x=C_1(-1)^x+C_2(-2)^x+x^2-x+3$;

(4) $y_x=C_1+C_2\cdot 2^x+\frac{1}{4}\cdot 5^x$;

(5) $y_x=C_1+C_2\cdot(-4)^x+x\left(-\frac{7}{50}+\frac{1}{10}x\right)$;

(6) $y_x=3+3x+2x^2$;

(7) $y_x=4x+\frac{4}{3}(-2)^x-\frac{4}{3}$.

习题 11-9

1. (2)　$P_t=\left(P_0-\frac{2}{3}\right)(-2)^x+\frac{2}{3}$.

2. $y_t=\left(y_0-\frac{I+\beta}{I+\alpha}\right)\alpha^t+\frac{I+\beta}{I-\alpha}$,　$C_t=\left(y_0-\frac{I+\beta}{I-\alpha}\right)\alpha^t+\frac{I-\beta}{I-\alpha}$.

3. $P_t=C\left(\frac{1}{2}\right)^t+\frac{3}{4}$.

4. 通解为 $P_t=4+\left(\frac{1}{2}\right)^t\left(C_1\cos\frac{2}{3}\pi t+C_2\sin\frac{2}{3}\pi t\right)$,满足初始条件的特解为 $P_t=4-\sqrt{3}\left(\frac{1}{2}\right)^t\sin\frac{2}{3}\pi t$.

复习题 11

1. (1)A　(2)C　(3)C　(4)B

2. (1). 2　(2) $y=Ce^{-3x}+e^{-2x}$　(3) $y=C_1e^{4x}+C_2e^{-x}$　(4) $y=e^{-\frac{3}{2}x}(C_1\cos\frac{\sqrt{7}}{2}x+\mathrm{i}\sin\frac{\sqrt{7}}{2}x)$　(5) $y=(C_1+C_2x)e^{-2x}$　(6) $y_x=C\cdot 2^x$

3. (1)① $y=\frac{1}{2}(x+1)^4+C(x+1)^2$　　② $\tan x\cdot\tan y=C$

③ $y=-\ln|\cos(x+C_1)|+C_2$　　④ $y=-\frac{3}{2}xe^{-2x}+C_1+C_2e^{-2x}$

(2)① $y=x\sin\ln x$　　② $y=-\cos x-\frac{1}{3}\sin x+\frac{1}{3}\sin 2x$

③ $y_x=\frac{2}{9}(-1)^x+(\frac{x}{3}-\frac{2}{9})2^x$

4. (1) $y=x-x\ln x$　　(2) $P_t=C\left(\frac{1}{2}\right)^t+\frac{3}{4}$

习题 12-1

A

1. (1) $\frac{4}{5},-(\frac{4}{5})^2,(-1)^{n-1}(\frac{4}{5})^n,\frac{4}{5},\frac{4}{5}-(\frac{4}{5})^2,\frac{4}{5}-(\frac{4}{5})^2+(\frac{4}{5})^3-\cdots+(-1)^{n-1}(\frac{4}{5})$

(2)3　(3) $3s-u_1$　(4) $\frac{x}{1-x}$

2.(1)收敛，和为$\frac{1}{2}$　(2)发散　(3)收敛，和为$\frac{3}{4}$　(4)发散

3.(1)发散　(2)发散　(3)收敛　(4)发散　(5)收敛　(6)收敛

4. 略

5. 例如：$u_n=1,v_n=-1$

B

1.(1)$1-\sqrt{2}$　(2)2

2. $\frac{\pi^2}{8}$. 提示：$\sum_{n=1}^{\infty}\frac{1}{n^2}=\sum_{n=1}^{\infty}\frac{1}{(2n-1)^2}+\sum_{n=1}^{\infty}\frac{1}{(2n)^2}$

3.(1)发散　(2)发散

习题 12-2

A

1. (1)发散　(2)收敛　(3)发散　(4)收敛　(5)发散　(6)发散　(7)收敛　(8)收敛

2.(1)发散　(2)收敛　(3)发散　(4)收敛

3. (1)收敛　(2)收敛　(3)收敛　(4)发散　(5)发散　(6)收敛

(7)$a\geqslant1$ 时发散，$0<a<1$ 时收敛

4. 略

B

1. (1)收敛. 提示：$u_n\leqslant\frac{1}{n^2}$　(2)$a>1$ 时收敛；$0<a\leqslant1$ 时发散

2. 略

习题 12-3

A

1.(1)收敛　(2)收敛　(3)发散

2. (1)绝对收敛　(2)条件收敛　(3)绝对收敛　(4)条件收敛　(5)发散

(6)发散　(7)$|a|>1$ 时发散，$|a|<1$ 时绝对收敛，$a=1$ 时条件收敛，$a=-1$ 发散

3. 略

B

1. (1)发散　(2)条件收敛，提示：s_{2n} 单调减少有下界

2. 略

3. 一定收敛，可能条件收敛，如 $\sum_{n=1}^{\infty}(-1)^{n+1}\frac{1}{n}$ 和 $\sum_{n=1}^{\infty}(-1)^n\frac{2}{n}$；也可能绝对收敛，如

$\sum_{n=1}^{\infty}(-1)^{n+1}\frac{1}{n}$ 和 $\sum_{n=1}^{\infty}(-1)^n\frac{1}{n}$

习题 12-4

A

1. (1)收敛 (2)2 (3)$[0,4)$ (4)$[-3,3]$ (5)$e-1$

2. (1)$(-1,1)$ (2)$[-1,1]$ (3)$[-3,3)$ (4)$\{0\}$ (5)$(-\infty,+\infty)$

(6)$[-1,1]$ (7)$(-\sqrt{3},\sqrt{3})$ (8)$[3,5)$

3. (1)$s(x)=\frac{1}{(1-x)^2}$ $(-1<x<1)$ (2)$s(x)=\frac{1}{2}\ln\left(\frac{1+x}{1-x}\right)$ $(-1<x<1)$

(3)$s(x)=\frac{2x}{(1-x)^3}$ $(-1<x<1)$

4. (1)$1-\cos 1$ (2)$\frac{\sqrt{2}}{2}\ln(1+\sqrt{2})$

B

1. (1)$(-2,2)$ (2)$(-\max\{a,b\},\max\{a,b\})$

2. (1)$s(x)=\begin{cases}-\frac{1}{x}\ln(1-x) & x\in[-1,0)\cup(0,1]\\ 1 & x=0\end{cases}$ (2)$\frac{3x-x^2}{(1-x)^2}$ $(-1<x<1)$

习题 12-5

A

1. (1) $a^x=\sum_{n=0}^{\infty}\frac{(\ln a)^n}{n!}x^n$ $(-\infty,+\infty)$

(2)$\cos\frac{x}{2}=\sum_{n=0}^{\infty}\frac{(-1)^n}{4^n\cdot(2n)!}x^{2n}$ $(-\infty,+\infty)$

(3)$\ln(a+x)=\ln a+\sum_{n=1}^{\infty}\frac{(-1)^{n-1}}{na^n}x^n$ $(-a,a]$

(4) $\frac{1}{5-x}=\sum_{n=0}^{\infty}\frac{x^n}{5^{n+1}}$ $(-5,5)$

(5) $\frac{1}{x^2-3x+2}=\sum_{n=0}^{\infty}\frac{2^{n+1}-1}{2^{n+1}}x^n$ $(-1,1)$

(6) $\frac{1}{(1-x)^2}=\sum_{n=1}^{\infty}nx^{n-1}$ $(-1,1)$

(7)$(1+x)\ln(1+x)=x+\sum_{n=2}^{\infty}\frac{(-1)^n}{n(n-1)}x^n$ $(-1,1]$

2. (1)$\ln x=\sum_{n=1}^{\infty}\frac{(-1)^{n-1}}{n}(x-1)^n$ $(0,2]$

(2)$e^x=\sum_{n=0}^{\infty}\frac{e^2}{n!}(x-2)^n$ $(-\infty,+\infty)$

(3) $\frac{1}{x}=\sum_{n=0}^{\infty}\frac{(-1)^n}{3^{n+1}}(x-3)^n$ $(0,6)$

(4) $\frac{1}{x^2+3x+2}=\sum_{n=0}^{\infty}\left(\frac{1}{2^{n+1}}-\frac{1}{3^{n+1}}\right)(x+4)^n \quad (-6,-2)$

B

1. $\arctan\frac{1+x}{1-x}=\frac{\pi}{4}+\sum_{n=0}^{\infty}\frac{(-1)^n}{2n+1}x^{2n+1} \quad [-1,1)$，$\sum_{n=0}^{\infty}\frac{(-1)^n}{2n+1}=\frac{\pi}{4}$

2. $-\frac{101!}{50}$

习题 12-6

A

1. (1)1.648 (2)0.994 0 (3)2.004 30 (4)0.946 1

2. (1)$y=C(1+x)-x^2+\frac{2}{3}x^3-\frac{1}{3}x^4+\frac{1}{5}x^5-\frac{2}{15}x^6+\cdots$

   (2)$y=x+\frac{1}{1\cdot 2}x^2+\frac{1}{2\cdot 3}x^3+\frac{1}{3\cdot 4}x^4+\frac{1}{4\cdot 5}x^5+\cdots$

B

(1)1.098 6 (2)3.141 6

复习题 12

A

1. (1)必要，充分 (2)充分必要 (3)收敛，发散 (4)$\frac{2}{n(n+1)}$，2 (5)$\frac{4}{5}$

   (6)$2<\alpha\leqslant 3$，$\alpha>3$，$\alpha\leqslant 2$ (7)$(-2,4)$

2. (1)A (2)D (3)C

3. (1)发散 (2)发散 (3)收敛 (4)收敛 (5)发散 (6)收敛 (7)收敛

   (8)当 $a<1$ 时收敛；当 $a>1$ 时发散；当 $a=1$ 时，若 $p>1$ 则收敛，若 $p\leqslant 1$ 则发散

4. (1)绝对收敛 (2)绝对收敛 (3)条件收敛 (4)条件收敛

5. 略

6. (1)$\left[-\frac{3}{2},-\frac{1}{2}\right)$ (2)$(-1,1)$ (3)$(-2,2)$ (4)$\left[\frac{5}{3},\frac{7}{3}\right)$

7. (1)$s(x)=\frac{x-1}{(2-x)^2} \quad (0,2)$ (2)$s(x)=\arctan x \quad [-1,1]$

   (3)$s(x)=\frac{x^2+2}{(2-x^2)^2} \quad (-\sqrt{2},\sqrt{2})$

8. (1)ln 2 (2)ln 2 (3)3

9. $\ln(2+\sqrt{2})$

10. (1) $\frac{1}{(2-x)^2}=\sum_{n=1}^{\infty}\frac{n}{2^{n+1}}x^{n-1} \quad (-2,2)$

    (2)$\int_0^x\frac{\sin t}{t}\mathrm{d}t=\sum_{n=0}^{\infty}\frac{(-1)^n}{(2n+1)\cdot(2n+1)!}x^{2n+1} \quad (-\infty,+\infty)$

(3) $\cos x = \sum\limits_{n=0}^{\infty}\left[\frac{\left(x+\frac{\pi}{3}\right)^{2n}}{2\cdot(2n)!}+\frac{\sqrt{3}\cdot\left(x+\frac{\pi}{3}\right)^{2n+1}}{2\cdot(2n+1)!}\right]$ $(-\infty,+\infty)$

B

1. 提示：由泰勒公式有 $f\left(\frac{1}{n}\right)=\frac{f''(\xi)}{2n^2}$，故 $\left|f\left(\frac{1}{n}\right)\right|\leqslant\frac{M}{2n^2}$

2. 提示：$\sum\limits_{n=1}^{\infty}u_n$ 为交错级数，利用莱布尼茨定理

3. (1) $(0,+\infty)$ (2) $\left[2k\pi-\frac{\pi}{6},2k\pi+\frac{\pi}{6}\right)\cup\left((2k+1)\pi-\frac{\pi}{6},2(k+1)\pi+\frac{\pi}{6}\right]$，

$k=0,\pm1,\pm2,\cdots$

4. 收敛，和为 $\frac{1}{6}$

5. $\sum\limits_{n=1}^{\infty}\frac{n^2}{n!}x^n=x(1+x)e^x$，$\sum\limits_{n=1}^{\infty}\frac{n^2}{n!}=2e$

6. $\ln(x+\sqrt{x^2+1})=x+\sum\limits_{n=1}^{\infty}(-1)^n\frac{(2n-1)!!}{(2n)!!}\frac{x^{2n+1}}{2n+1}$ $[-1,1]$，提示：利用积分 $\int_0^x\frac{dt}{\sqrt{t^2+1}}$

7. $\sum\limits_{n=0}^{\infty}\frac{x^n}{n!(2^{n+1}-1)}$ $(-\infty,+\infty)$

8. $\sum\limits_{n=0}^{\infty}\frac{x^{2n}}{(2n)!}=\frac{1}{2}(e^x+e^{-x})$. 提示：$\sum\limits_{n=0}^{\infty}\frac{x^{2n}}{(2n)!}$ 满足微分方程 $y''-y=0$